ACHSEN.

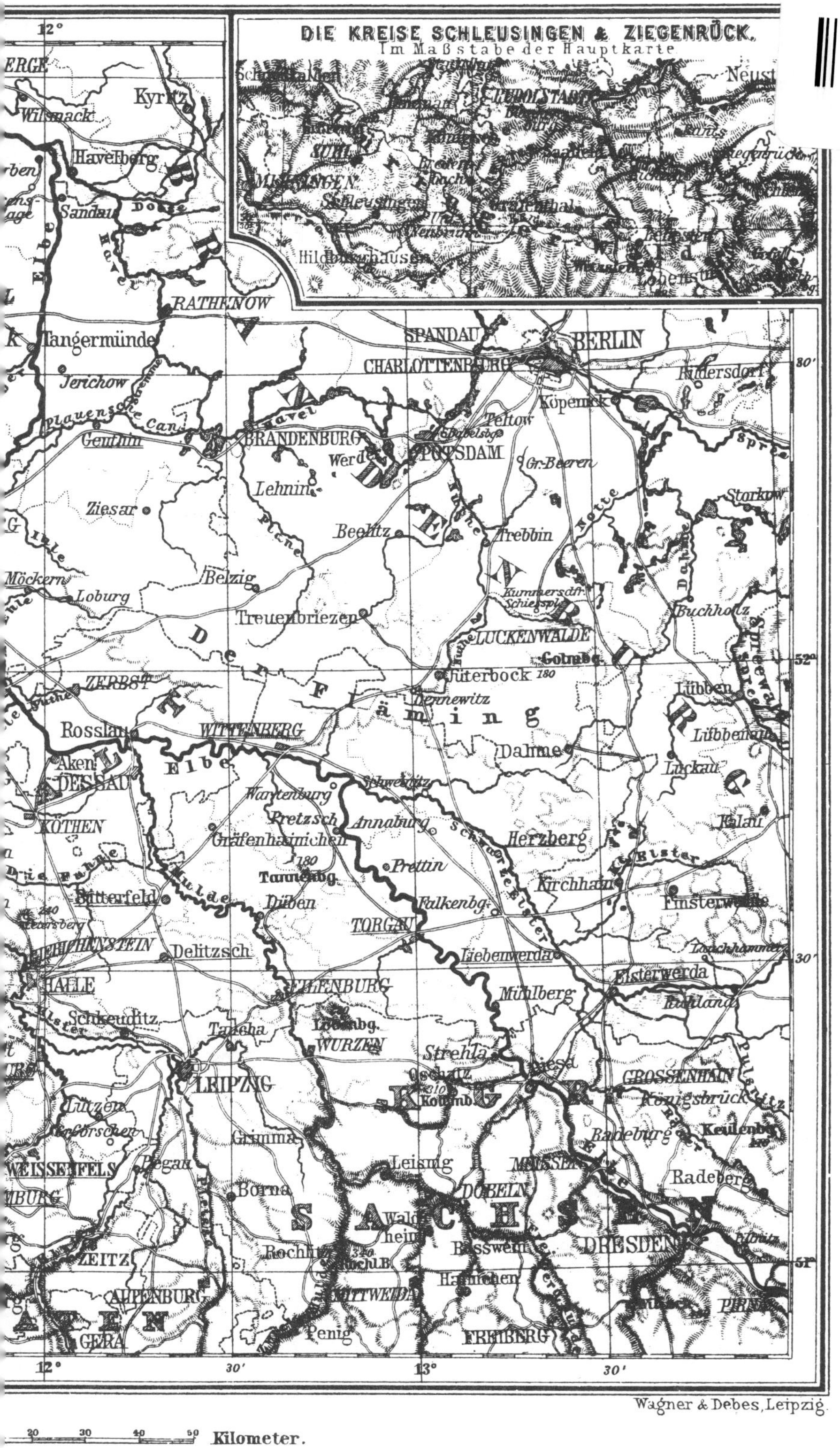

20 30 40 50 Kilometer.

Die

Provinz Sachsen

in Wort und Bild.

Herausgegeben von dem

Pestalozziverein der Provinz Sachsen.

Mit etwa 200 Abbildungen.

Berlin W. 9.
Verlag von Julius Klinkhardt
1900.

Unveränderter Nachdruck der 1900 im
Verlag von Julius Klinkhardt, Berlin,
erschienenen Ausgabe durch
Weltbild Verlag GmbH, Augsburg 1998
Gesamtherstellung: Wiener Verlag, Himberg bei Wien
Printed in Austria
ISBN 3-8289-3570-2

Inhaltsverzeichnis.

Widmung.

Altsachsen! Aus der Zeiten Dämmrung steigt
Wie Morgenrot es auf in seinen Marken
Und reckt die angeborne Kraft des Starken,
Die's trutzig schon in harten Kämpfen zeigt,
Da in Germaniens wälderreichen Gauen
Zum erstenmal des Stammes Name klingt
Und schnell um ihn, erregend Furcht und Grauen,
Der Ruf des Unbezwinglichen sich schlingt.

Es ist ein blühend, ein gesegnet Land,
Fruchtbar sind seines Ackers braune Schollen,
Ergiebig seiner Schächte tiefe Stollen,
Kernfest und wüchsig seiner Forsten Stand.
Ein blond, blauäugig Volk mit steifem Nacken
Ist sesshaft hier und mehrt sein Hab und Gut,
Die Arbeit weiss es, weiss den Feind zu packen,
Schwer seine Faust, leicht seines Herzens Blut.

Gern schaut es rückwärts seinen Weg, so weit
Erkennbar ihn beleuchtet die Geschichte
Mit Bürgschaft und urkundlichem Berichte
Von grosser, rühmlicher Vergangenheit.
Gern lauscht es dem Geraune dunkler Sagen,
Die nächtens schaurig um die Berge wehn
Und mit der Väter Geist aus Wodans Tagen
Geheimnisvoll von Mund zu Munde gehn.

Noch spukt am Blocksberg zur Walpurgisnacht
Des Hexensabbaths schwirrend Abenteuer,
Noch flammen auf den Höh'n Johannisfeuer,
Und Hackelberg jagt noch mit Sturmes Macht.
Von Thaten und Erinnerungen reden
Bemoost Gestein, Roland und Siegesmal,
Manch grauer Burgrest träumt von Ritterfehden,
Weistum und Chronik ruhn im Rathaussaal.

Heinrich der Vogelsteller weiland fing
Als Sachsenherzog hier des Reiches Krone,
Friedrich der Rotbart sass hier auf dem Throne,
Bis im Kiffhäuserschloss er schlafen ging.
In Wittenberg schlug Luther seine Thesen
Einst an die Kirchenthüre donnernd an,
Und ist nicht unser Bismarck auch gewesen
Der Altmark Sohn, ein echter Sachsenmann?

So hat Geschichte mit gerechter Hand
Des Stammes Ehren in ihr Buch geschrieben,
Und seine Wehr ist nicht daheimgeblieben,
Als auf der Wacht am Rhein der Hüter stand.
Heut aber hämmert in der Werkstatt Frieden
Ein unermüdlich schaffensfroher Fleiss,
Dem Bürger ist, dem Bauersmann beschieden
Der Lohn für seiner Mühe sauren Schweiss.

Vom Harzgebirge zu der Elbe Strom
Blick' ich hinab und sehe Städte winken
Und Dörfer schimmern, Kirchturmhähne blinken,
Und in der Ferne ragt ein stolzer Dom.
So seh' ich dich, so kenn' ich dich und preise,
Was du besitzest, was du eingebüsst,
In Wort und Bild und schlichten Liedes Weise, —
Mein Heimatland, Altsachsen, sei gegrüsst!

Julius Wolff.

Natur und Volk der Provinz Sachsen.

Bodenbau und Gewässer.

Die Provinz Sachsen ist ein rein geschichtliches Gebilde ohne geographische Einheit. In ihrem Südwesten gehört sie dem deutschen Mittelgebirgsland an, in ihrem Nordosten dem norddeutschen Tiefland. Zwar ist sie stark überwiegend Elbgebiet, jedoch sowohl von ihrem westthüringischen als auch von ihrem oberharzischen Anteil fließen Gewässer zur Weser.

Nur annäherungsweise schmiegen sich die drei Regierungsbezirke der Provinz in ihrer wechselseitigen Abgrenzung den natürlichen Bodenverhältnissen an. Der Regierungsbezirk Erfurt umfaßt ausschließlich thüringisches Land, abgesehen von seinem äußersten Norden, wo er nordwestlich von Nordhausen mit ehedem hohnsteinischem Gebiet bei Ellrich und Sachsa ein wenig in den Harz übergreift. Der Nordosten Thüringens, bereits vom Kreis Sangerhausen und Eckartsberga ab, gehört zum Regierungsbezirk Merseburg; dieser reicht mit dem Mansfelder Gebirgs- und Sangerhäuser Kreis tiefer in den Unterharz hinein und umschließt außerdem die Niederung ostwärts bis ins Flußgebiet der Schwarzen Elster, wo im fernsten Osten unsere Provinz zwischen Brandenburg und dem Königreich Sachsen dem Niederlausitzer Anteil Schlesiens die Hand reicht. Bei Aschersleben, wo die Provinz Sachsen durch den kleineren Westteil nebst dem größeren Ostteil des Herzogtums Anhalt zu einem Isthmus von nur 6 km Breite zusammengeschnürt wird, gliedert sich der Regierungsbezirk Magdeburg an, der den Nordflügel der Provinz ausmacht (wie der vorige den Ostflügel) und bis auf zwei in das Harzgebirge ausgereckte Zipfel, den von Quedlinburg-Thale und den des Fürstentums Wernigerode, lauter Flachland begreift.

An dem Südgebirge Thüringens, das vom Fichtelgebirge aus genau in der nämlichen Richtung streicht wie auf der anderen Seite der Böhmerwald, nimmt die Provinz bloß mit ihren beiden südlichsten Kreisen Anteil. Der in sechs Stücke zertrennte Kreis Ziegenrück breitet sich auf beiden Seiten der oberen Saale aus, wo diese die paläozoische Schiefergebirgsplatte des Frankenwaldes in ganz ähnlichen Mäanderschlingen durchsetzt wie die Lahn oder die Mosel die verwandtschaftlichen Abrasionsplatten des rheinischen Schiefergebirges. Die Hochflächen selbst sind eintönige, auf weiten Strecken mit Fichtenwaldung bestandene, nur mäßig fruchtbare Höhen aus Grauwackenfelsen mit magerer Ackerkrume. Landschaftlich reizvoll dagegen erscheinen die tief eingeschnittenen Flußthäler, voran das der Hauptader, der Saale, mit ihren den engen Flußkrümmungen entsprechenden wechselvollen Ufercoulissen und den freundlichen schiefergedeckten Ortschaften vom Typus des Hauptortes Ziegenrück inmitten der größten jener sechs Parzellen, von denen eine kleinere westwärts, gleichfalls an der Saale, vier ganz kleine flußaufwärts und rechts abseits des Flusses gelegen sind.

Größeren Raum nimmt der unzertrennte Kreis Schleusingen ein. Er allein gehört der Südwestabdachung des Gebirges an, wo Schleuse und Hasel ihre Quellwasser nahe der Wasserscheide, auf welcher der Rennstieg verläuft, sammeln, um dann der Werra zuzueilen. Hier hat sich das Gebirge schon zur schmaleren Mauerform des echten Thüringerwaldes zusammengezogen, besteht nicht mehr aus grauem Schiefergestein, sondern aus Porphyr und Rotliegendem, zum Teil aus Granit (so in der Gegend oberhalb Suhl) mit einem breiten Vorgelände aus Buntsandstein. Kamm- wie Gipfelhöhen steigen höher wie am Frankenwald, ja dicht an der Kreisgrenze ragt (auf gothaischem Gebiet) der höchste Berg Thüringens, der Große Beerberg, zu 983 m. Unweit des letzteren springt weiter vom Kamm der Adlersberg (ostwärts von Suhl) hervor und bietet deshalb eine umfassende Aussicht dar von der Coburger Feste bis zur Rhön: im Süden die schönen Basaltkegel der Gleichberge bei Römhild jenseits der Werra, im Westen der Große Dolmar hinter der Hasel, dessen Gipfelkappe aus Basalt mit Unterlagerung von Keuper und Muschelkalk, den sie, einst umfangreicher, vor Vernichtung beschirmt hat, verrät, wie gewaltige Massen dieser höheren Triasstufen über dem Buntsandstein hier im Laufe der Zeit den abtragenden Kräften anderwärts zum Opfer gefallen sind. Man überschaut von diesen Höhen ein wahres Wipfelmeer von Rotbuchen und Fichten, dazwischen das Lichtgrün saftiger Wiesen, aber nur wenige falbe Streifen von Ackerländerei. Der Kreis Schleusingen ist der waldreichste der ganzen Provinz Sachsen, deren Durchschnittsverhältnis von rund 60 vom Hundert Acker, rund 20 vom Hundert Waldung sich hier nahezu umkehrt. Der Grund dafür liegt offenkundig im allzu geringfügigen Feldertrag einerseits des Buntsandsteinbodens, anderseits des in klimatisch rauhe Höhe emporsteigenden Felsbodens. Allein in diesem Kreis sinkt der mittlere Reinertrag vom Hektar Ackerland innerhalb unserer Provinz auf 3 Mark und verhält sich zu dem des Wiesenlandes wie 3:8. Dafür ist dem Kreis in den Bergen um Suhl eine Fülle des besten Eisenerzes beschert worden, Suhl daher seit alters die Hauptwaffenstätte des Thüringerwaldes immerdar gewesen; wie es einst zur Ritterzeit Schwerter und Harnische schmiedete, so lieferte es in den neueren Jahrhunderten massenhaft Kriegs- wie Jagdgewehre und erwuchs so zur industrie- und volkreichsten Stadt der zur Werra abwässernden Abdachung des Thüringerwaldes.

Umfassenderen Anteil nimmt die Provinz am Harz. Aber es ist bezeichnend, daß, wie wir schon sahen, die Harzgebiete aller drei Regierungsbezirke zwar mehr oder weniger weit über den Gebirgsrand hereinragen, ohne sich jedoch im Gebirgskern zu berühren. Der Erfurter sowie der Merseburger Bezirk berührt sich überhaupt nicht mit dem Magdeburger im Harz. So deutlich wirkt noch heute die Thatsache nach, daß dieses Waldgebirge erst im weiteren Verlauf des Mittelalters von seiner

Umrandung aus besiedelt und staatlich aufgeteilt wurde; zugleich offenbart sich in den so kunterbunt zackig das Gebirge durchziehenden Staats- wie Verwaltungsgrenzen dessen fast völlige Kammlosigkeit. Denn der Harz ist ein gründlich abgeschliffenes Horstgebirge, ähnlich dem Thüringerwald, nur eine viel breitere, ungefähr elliptische Abrasionsplatte, geneigt gen Südosten, zumeist aus stark geknitterten uralten Schichtgesteinen aufgebaut wie der Frankenwald, indessen durchbrochen von vereinzelten Granit- und Porphyrmassen, die bei ihrer Widerstandskraft gegenüber dem Zahn der Zeit regelmäßig die aussichtsreichen Gipfel bilden. Die Provinz Sachsen hat an allen diesen Landschaftsformen ihr Teil bekommen, an den noch besser den Bauernfleiß lohnenden Flächen des buchengrünen Unterharzes mit dem anmutigen Thalgrund der Wipper, dem Geschwister der lieblichen Selke, und mit dem blanken Metallsegen des Mansfelder Bergbaus, ebenso aber an den fichtendunkeln Höhen des Oberharzes. Ihr gehört die herrliche Porphyrkuppe der Josephshöhe östlich von Stolberg, die bis zu ihrem Südnachbar, dem Kiffhäuser, einem kleineren Abbild des Harzes, hinüberschaut, ihr die prachtvolle Erosionsschlucht der Bode im Granit der Roßtrappe und des Hexentanzplatzes, ihr der Granitdom des Brockens, der, mit 1142 m der Hochgipfel unserer Provinz, zum Olymp des alten Sachsenstammes erhoben wurde, der berühmteste aller deutschen Blocks-, d. h. heiligen Berge.

Zwischen den Horstgebirgen des Harzes und des Thüringerwaldes sind die vom paläo- wie vom mesozoischen Meer hinterbliebenen Schichtungsabsätze in die Tiefe gesunken. Auf diese Weise entstand das Thüringer Becken mit im allgemeinen wirklich becken- oder wannenförmigem Oberflächenbau. In dieser geschützteren Lage ist mehr von jenen Absätzen der Vernichtung entgangen als auf den beiden Grenzgebirgen. An der Umsäumung letzterer nimmt fast lückenlos das jüngste Glied der paläozoischen Formationen, der Zechstein, teil, meist nur als schmales Band, nur in der Eisleber Gegend, wo er so reich ist an silberhaltigem Kupfererz, nimmt er auch an der Oberfläche einen breiteren Raum ein; dann schießen seine Schichten dort wie überall in beträchtliche Tiefe ein und lassen aus einem von ihnen umschlossenen Salzstock die Hallische Sole emporquellen. Die weithin blickenden, blendend weißen und gewöhnlich steilwandigen Gipsberge des Zechsteins verleihen besonders dem Südrand des Harzes, so in der Nordhäuser Gegend, einen eigenartigen Reiz. Im Thüringer Becken liegt der Zechstein unter der dicken Rinde der Trias, der ältesten der mesozoischen Formationen, begraben. Sie bildet nahezu allein das anstehende Gestein Innerthüringens, denn die Juradecke über ihr ist bis auf ein paar winzige Reste ganz verschwunden, wie auf der Höhe der Einschlußgebirge auch Zechstein samt Trias der Abtragung fast restlos erlagen.

Wie ein Satz ungleich großer Teller setzen die drei Triasglieder das Thüringer Becken zusammen. Der unterste der Teller, der rötliche Buntsandstein, tritt im breiten Umring zumeist an die Oberfläche und trägt bei seiner geringeren Fruchtbarkeit noch umfangreiche Wälder; der blaugraue oder gelbliche Muschelkalk mit schrofferen Bergformen, weniger Wald, aber um so massenhafterem Feldbau, fügt ungefähr einen mittleren Ring ein; der meist aus bräunlichen Mergeln oder braungelben Sandsteinen bestehende Keuper deckt vorzugsweise die Mitte, er bedingt den

Kornreichtum der Erfurter und Sömmerda-Kölledaer Fluren wesentlich mit. Jedoch in streng konzentrischen Flächen baut sich Thüringen aus diesen triadischen Stockwerken doch nicht auf. Die stärkere Abschleifung der jedesmaligen höher gelegenen Schichtenteile hätte das allerdings bei völlig regelmäßigem Einsinken des Beckens zur Folge haben müssen, und in der That liegt der Keuper, der als oberstes Stockwerk ursprünglich doch nach Rückzug des Meeres die höchste Seehöhe einhielt, in Thüringen gemäß der Beckenverkrümmung der Gesteinsschichten durchschnittlich tiefer als der Muschelkalk und Buntsandstein der randnäheren Umgebung. Aber die Versenkung geschah eben nicht in ruhiger Gleichmäßigkeit. Die seitliche Zusammenpressung führte vielmehr gleichzeitig zu einem Aufreißen in geradlinig verlaufenden Verwerfungslinien, namentlich solchen von hercynischer (d. h. nordwest-südöstlicher) Richtung, mithin sehr ähnlich der Längsrichtung von Thüringerwald und Harz. Dieser Umstand verleiht Innerthüringen seinen anmutigen Formen- und Landschaftswechsel. Denn längs den Verwerfungsspalten sanken auch wieder die Gesteinslagen nicht ungestört senkrecht hinab, vielmehr krempten sie sich vielfach längs dieser Rutschflächen empor, es entstanden dadurch Gebirgskämme, wenn auch nur von untergeordneter Höhe, und in ihnen zeigen sich nun tiefere Schichten mit aufgekrempten Schichtenköpfen an der Oberfläche, daher selbst nach der Landesmitte hin Streifen von Buntsandstein, von Muschelkalk, auch wenn die niederschwebende Scholle reine Keuperdecke trug.

Die bedeutungsvollste Bildung solcher Art ist der schmale Gebirgszug der Hainleite und Finne, der Thüringen in hercynischer Streichung scheidet in ein größeres südliches Teilbecken mit Erfurt als Centrum und in die nordthüringische Mulde, in der die Helme, die thüringische Wipper (ehe sie zuletzt so seltsam quer durch die Hainleite ins Südbecken einbricht) und unterhalb des Sachsenburger Durchbruchs die Unstrut fließen.

Verschiedenartig ausgestaltet sind gleichfalls Ost- und Westrand des thüringischen Gesamtbeckens. Die östlichen Randflächen erscheinen tiefer gesunken als die westlichen, bilden gleichförmigere Flächen, die über die Saale hinüber ins Osterland so gut wie unterschiedslos weiter ziehen. Gleichwie die paläozoischen Schiefer der Saalplatte nach der Elster hin fortziehen, so reichen die Triasmassen der Ilmplatte ebenfalls über die Wasserscheide von Saale und Elster. Zeitz liegt auf demselben thüringischen Triasboden wie Naumburg oder Weißenfels. Die Saale war Thüringens Grenzgraben nur im geschichtlich-ethnographischen Sinn. Gegen den sächsischen Osten erwies sich Thüringen stets offener als gegen den hessischen Westen. Das machte der Eichsfelder Grenzwall. Über die Saale hinüberzugelangen hinderte nirgends eine Bodenschwelle, an die Werra dagegen war nur zu kommen durch Umgehung des Eichsfeldes oder auf wenigen Durchwegen durch letzteres, so in der Fortsetzung des obersten Wipperthals durch die westlich ziehende Leinethalung über Heiligenstadt, die Unteres und Oberes Eichsfeld scheidet. Beide stellen mehr plattenförmige Bodenerhebungen dar, doch nicht ohne weit ausschauende Kuppen und malerisch durchsägte Ränder. Das obere Eichsfeld (südwärts von Heiligenstadt) geht noch etwas über Münchener Seehöhe hinaus, wie im unteren nur die isolierte Klotzmasse des Ohmgebirges im Osten (nördlich von Worbis), so merkwürdig durch seine in Grabenversenkung auf seinem Muschelkalk-Scheitel vor Abtrag bewahrt gebliebene Scholle von Kreidegestein, die uns Zeugnis davon liefert, daß der Ocean der Kreidezeit, der Thüringen sonst nicht mehr bedeckt hat, von der heutigen norddeutschen Niederung her doch noch bis hierher gereicht haben muß.

Die Eichsfeldplatten rühren weder dicht an den Harz noch dicht an den Thüringerwald. Das Ober-Eichsfeld steht aber in inniger Fühlung mit der Hainleite durch seinen östlichen Ausläufer, den Dün, wie durch einen südöstlichen, den Hainich, mit einem obwohl lückenhafteren Parallelzug der Hainleite, der sich unter den Namen Haart und Fahnersche Höhe bis zum Erfurter Petersberg verfolgen läßt, dem aber jenseits der Gera keine Finne folgt. In dieser weiten Nische zwischen den genannten Parallelzügen und dem Eichsfeld ist es, wo Thüringens Hauptfluß, die Unstrut, ihre neuere Wiegenstätte fand. Freilich haben Untersuchungen vorgeschichtlicher Flußgerölle ergeben, wie gar anders vormals die Unstrut floß. Sie kam vom nordwestlichen Thüringerwald, empfing noch keine Gera, die sich damals der Ilm zuwandte, dafür an der anderen Uferseite den namenlosen Bach, der heute ihren eigenen Oberlauf ausmacht, füllte danach anscheinend einen großen See, von dem Restseen (wie die nun ausgetrockneten, nach denen Weißensee heißt) und weite Riedflächen künden, den sie jedoch beim tieferen Einsägen der Sachsenburger Thalpforte abzapfte, und mündete, Thüringerwaldschotter abladend, beim heutigen Salzmünde in die Saale, als es noch keine Eisleber Seen gab, denn die hätten die Schottermassen sicher zurückgehalten. Eine mäßige Bodenaufwölbung nahe der Quelle der Rohne, des kleinen Helmezuflusses im Nordosten von Artern, mag es verursacht haben, daß die Unstrut die scharfe Biegung von Artern nach Südost einschlug und nun die Trias auf der Linie Memleben-Freyburg in reizvollem Engthal entzweischnitt in Finne zur Rechten, Thüringer Grenzplatte zur Linken. Man könnte ja vielleicht auch an das große skandinavische Inlandeis denken, das während einer der größten der diluvialen Eiszeiten um den Harz von Nordosten her dem vorgeschichtlichen Unstrutlauf genau entgegenrückte, folglich dem Strom einen Eiswall vorschob. Indessen deckte ja das alles vernichtende furchtbare Eis in der nämlichen Zeit, da es über die Porphyrkuppen von Landsberg und Halle schrammend vordrang, weit und breit das Thüringerland bis gegen den Fuß seines Südgebirges; höchstens also im Beginn seiner Invasion hätte die vorderste Eiskante auf die Unstrut im gedachten Sinne ablenkend wirken können.

Erst nach der argen Verstörung durch die langdauernde Übergletscherung vermochte sich das heutige thüringische Flußnetz zu bilden und das Gezweig der Thäler naturgesetzlich so auszugestalten, wie wir es zur Zeit schauen. Von der nunmehrigen Wasserscheide zur Weser ab sammelt sich jetzt vom ganzen Thüringer Boden das rinnende Wasser im Lateralfluß des Ostens, in der thüringischen Saale. Neben der bescheidenen Ilm ist es vor allem die Unstrut, die ihr jenen Wassertribut zuführt. Sie ist der hochwichtige Verknüpfer Süd- und Nordthüringens, nicht sowohl als Schiffahrtsweg als durch die Thalwege, die sie samt ihren Nebenadern ausgetieft hat. Die niedrigen Hochflächen Innerthüringens, die sich durchschnittlich etwa bei 300 m halten, senken sich von Erfurt ab längs Gera, Unstrut, Wipper und Helme unter 200 m, also ins Niveau des Tieflandes hinab. In diesem Nordosten war darum auch der thüringische Weinbau seit Alters vorzugsweise heimisch. Der Erfurter Weinbau blühte noch bis ins 19. Jahrhundert, bei Weißenfels, Naumburg, Freyburg tragen sonnige Buntsandstein- oder Muschelkalkhänge noch immer gute Trauben, die Kelterung lohnen; an den Ufern der kleinen Salzke, die nun das einstmalige Thal der untersten Unstrut zur Entwässerung des Eisleber Seebeckens benutzt, wird gegenwärtig der nördlichste Weinbau der Provinz Sachsen betrieben, der, begünstigt durch die neue Eisenbahnverknüpfung der Thalung, erkleckliche Traubenausfuhr in die rebenlose nördliche Niederung bis nach Hamburg ermöglicht. Im übrigen gleichen unsere thüringischen Gaue nicht mit dem Schmuck von Rebengeländen den gesegneten Stromthälern des deutschen Westens, aber sie stehen keiner deutschen Landschaft nach in dem freundlichen Wechsel von naturfrischen Höhen mit oft stattlichen Eichen-, Buchen- und Fichtenwäldern, grünen Wiesen im Thalgrund, wo das Mühlrad am duftigen Hollunderbusch rauscht, und wogenden Saaten auf weithin sich öffnenden Fluren. Nicht Hoch- oder Tiefebene, Hügel- oder Bergland drückt den Naturcharakter richtig aus, es ist ein buntes Nebeneinander von dem allen.

Lassen wir schließlich über Halle, den Brückenkopf von Thüringen, hinaus den Blick weiter schweifen gen Ost und Nord, so wird zwar das Bodenrelief immer einförmiger. Die Tiefebene herrscht durchaus vor. Zufolge des geringeren Gefälls der Bäche und Flüsse macht sich die Form der Ebene landschaftlich auch durch die Staffage der Windmühlen geltend, die uns in Thüringen viel seltener begegnen. Gleich in der Mündungsebene der Saale fühlt man sich durch die zahlreichen Windmühlen auf saftgrüner, tafelebener Flur fast an Holland erinnert. Indessen namentlich in dem Nordflügel dieses Tieflandes, der dem Regierungsbezirk Magdeburg zugehört, treten so viele Unterbrechungen der Ebene durch kleinere Höhenzüge auf, daß das Ganze, je näher nach dem Harz um so mehr, den Eindruck eines verschütteten Gebirgslandes erweckt. Zum Harz stehen jene „subhercynischen“ Erhebungen schon dadurch in Beziehung, daß sie seine hercynische Längsrichtung einhalten. So springt eine ganze Flucht kurzer, steilwandiger Felsriffe aus dem Vorland des nordöstlichen Harzrandes auf; sie bestehen alle aus dem Quadersandstein der Kreideformation und sind, wie die Teufelsmauer bei Thale, der Regenstein nördlich von Blankenburg, gleich Schaugerüsten dicht vor das Gebirge gestellt. Weiterhin tauchen aber gleichfalls Berg- und Hügelzüge aus Trias und Jura auf, so der Huywald im Nordwesten von Halberstadt, aus Muschelkalk und Buntsandstein zusammengesetzt. Nordwärts der Bode liegen zwischen Magdeburg und dem Drömling breite und lange Gebirgsrücken von paläo- und mesozoischen Gesteinen unter einer dünnen Diluvialdecke größtenteils begraben; das ist das sogenannte Alvensleber Hügelland, wiederum von Nordwest zu Südost streichend und aus echt Harzer Kulmgrauwacke, Dyas nebst Porphyr und allen drei Triasgliedern bestehend, dabei aber noch nicht einmal das obere Grenzniveau der Tiefebene, 200 m, erreichend. Fast nichts als Porphyrmassen ragen von den anstehenden Gesteinen dieses verhüllten Gebirges zur Oberfläche (es sind die nördlichsten vulkanischen oder Ausbruchsgesteine ganz Deutschlands), die Kulmgrauwacke zieht jedoch unterirdisch fort, weit gen Südost, wo sie den festen Baugrund Magdeburgs ausmacht und im Magdeburger Elbbett vom Strom angeschnitten vorliegt. Zuerst war es das Weltmeer der früheren Tertiärzeit, welches mit seinem thonigen Schlamm diese Gebirgszüge um- und einhüllte, und zwar das der zweiten (oligocänen) Tertiärepoche, während unmittelbar nach der Kreideperiode, also während der ersten (eocänen) Tertiärära das Land meerfrei gewesen sein muß. In unregelmäßig umrandeten Flächen liegt noch heute dies Oligocän (Septarienthon) zu Tage, in größeren mehr südwärts, namentlich links von der untersten Saale, in kleineren auf der Strecke von Neuhaldensleben nach Loburg. Sonst aber ist es überdeckt vom Geschiebelehm und Sand, als Hinterlassenschaften der nordischen Inlandvereisung, als sich diese bis an den Harz ausdehnte. Besonders mächtig zeigt sich diese minder fruchtbare Diluvialdecke mit ihren skandinavischen Moränenblöcken in der Altmark, wo die Letzlinger Heide in ihr wurzelt, und rechts der Elbe in den beiden Jerichowkreisen. Diluviale Bodendecken sind die einzige Formation, welche die drei natürlichen Abschnitte, in die wir unsere Provinz einteilten, mit einander verknüpfen. Denn außer nach Thüringen ziehen sie auch durch den ganzen Ostflügel der Provinz über Mulde, Elbe, Schwarze Elster. Gerade diesen Ostflügel erfüllen sie fast allein und bedingen seine Ebenflächigkeit. Von geschichteten Bodenarten unterbricht nur jüngeres Tertiär (Miocän) dies Diluvium wie kleine Flachinseln, doch unterteuft ihr Boden gewöhnlich mit seinen Schätzen an Braunkohlen und plastischen Thonen noch allseitig den diluvialen Eiszeitschutt ihrer Umgebung; die Bitterfelder Thonröhren- und Terrakotta-Industrie beruht auf solchen Schatzgruben, die oberflächlich kaum angedeutet sind. Eine hübsche Landschaftszierde gewähren hingegen unserem Ostflügel die Porphyrkuppen und -Rücken, die seit der paläozoischen Dyaszeit allen Zeitenwechsel von Meeresbedeckung, atmosphärilischer Abtragung, Gletscherangriff bei der Widerstandskraft ihres harten Gesteins siegreich überstanden haben. Diese rötlichen Felsen, die, so niedrig sie sind, doch des öfteren mit steilen Gehängen die diluviale Niederung weithin beherrschen, haben die Aufmerksamkeit des Menschen von jeher auf sich gezogen. Auf der Gipfelhöhe des vom Hallischen Süden her wie ein Vulkankegel erscheinenden Porphyrrückens des „Luterberges" (d. h. des lauter, klar im Sonnenglanz über die weite Ebene schauenden Berges) ward auf vermutlich schon heidnischer Kultusstätte das berühmte Peterskloster erbaut, in dem das Wettiner Fürstenhaus seine Gruftstatt fand. Auf schroff am rechten Saaleufer emporragender Porphyrwand steht noch heute das Schloß Wettin wie weiter südlich die Burg Giebichenstein; Burgen thronten einst auch auf den Porphyrkuppen von Landsberg, von Burgkemnitz (an der jetzigen Eisenbahnlinie Bitterfeld-Wittenberg). Wenigstens als Bruchsteinvorräte waren selbst kleine und flache Porphyrbuckel in dem mürben Diluvium ohne jegliches anstehende Gestein von Wert; darauf münzte man zur Slavenzeit ihren Namen Kemnitz- oder dann (deutsch verkürzt) Kemzenberg d. h. Felsenberg. Nichts von solcher Namensherkunft ahnend, hat man aus einem dieser Kemzenberge, dem bei Niemberg (nordöstlich von Halle) gar einen Gemsenberg auf der Generalstabskarte gemacht, ein Fehler der nun nicht wieder gut zu machen ist, weil der Rest des Berges für die Fundamentierung des neuen Bahnhofsgebäudes in Halle verwandt wurde. Jenseits von Torgau auf dem rechten Elbufer fehlen Porphyrhöhen gänzlich. Da decken noch mächtige Kiefer-waldungen das sandige, völlig ebene Erdreich, da es doch nicht viel mehr trägt als Kartoffeln und mit mäßigem Erntelohn Roggen oder Hafer. Allein in diesem äußersten Osten sinkt gleichwie in der sandreichen Nordhälfte des Nordflügels unserer Provinz und im Schmalkaldener Kreis der mittlere Reinertrag vom Ackerhektar unter 5 Mark. Und obwohl in den Kreisen Torgau, Schweinitz und Liebenwerda nahezu doch die Hälfte des Bodens sich unter dem Pflug befindet, gehört wie sonst inner-halb unserer Niederung nur noch im altmärkischen Kreis Gardelegen fast ein volles Flurdrittel dem Wald.

Im grellsten Gegensatz zu der kärglichen Nutzbarkeit des diluvialen Sandes steht die glänzende Ertragsfähigkeit des Lößbodens. Diese meist gelbbräunlich kalk-haltige Lehmerde feinsten Kornes ist ebenfalls als Erzeugnis der Altquartär- oder Diluvialepoche allen drei Bezirken unserer Provinz beschert worden, aber nicht als Grundmoräne des nordischen Inlandeises, sondern als Niederschlag trockner Winde, die während einer Steppenklima-Episode jene leichten Erdteilchen irgendwo von der Oberfläche abhoben und sie in gelblichen Staubwolken entführten; die winzigen Staubkörnchen blieben dann in Bodeneinschnitten oder, beim Erlahmen des Windes, auch auf offner Fläche liegen, wo sie durch Ansiedlung von Gräsern zu ganzen Löß-flächen verfestigt wurden. Westwinde scheinen uns hauptsächlich den Löß zugeführt zu haben, denn in ungefähr nordsüdlich verlaufenden Thalfurchen pflegt die West-seite, also der „tote Winkel" für einen von Westen kommenden Luftstrom, der löß-bedeckte zu sein. Dem Ursprung gemäß ist der Löß der Provinz Sachsen meistens ungeschichtet; im Nordosten des Harzes findet man indessen auch geschichteten Löß, wahrscheinlich aber „an sekundärer Lagerstätte", nämlich aufgerührt und abgesetzt von Schmelzwasser, das sich von der nordostwärts zurückweichenden Stirnkante des Inlandeises zwischen ihr und dem Harz sammelte. Wie auf dem fettesten Schwemmland-boden gedeihen auf unserem Löß goldene Saaten an Weizen und Gerste, vorzügliche Zuckerrüben. In der eben durch ihren Löß so gesegneten Börde westlich von Magde-burg geht diese sonst lichtfarbige Bodenart nach oben hin durch humose Beimengung in eine dem südrussischen Tschernosjom verwandte Schwarzerde über.

Außer durch ihre, wie man sieht, recht verschiedenartige Diluvialdecke werden Nord- und Ostflügel der Provinz vornehmlich mit einander geeint und als Bestand-teile des norddeutschen Tieflandes gekennzeichnet durch ihre breiten Alluvialstreifen. Als schlammige Flußabscheidungen der spätquartären, der nachdiluvialen Epoche bilden sie vollkommen söhlige Flächen in der tiefsten Lage. Sie sind immer noch wasserdurchtränkter Boden, jüngsten, aber trotzdem größtenteils vorgeschichtlichen Alters. Ungeheuere Fluten müssen sich beim allmählichen Wegschmelzen des von Skandinavien über uns gekommenen Gletschereises über diese Niederung ergossen haben. Wohl haben sich die heutigen Flüsse aus diesen Urströmen entwickelt und decken nun zu Überschwemmungszeiten mit frischen Schwemmlandsäumen auf beiden Uferseiten die mächtigen Gebreite des Altalluviums ihrer ungleich gewaltigeren Vor-gänger. Aber manche Gezweige jenes Urstromsystems sind erloschen; quer durch eingegangene Vergabelungen des letzteren ziehen jetzt Wasserscheiden. Die Elbe wälzte einstmals ihre Gewässer wie ein deutscher Amazonas schon ungefähr in ihrer gegenwärtigen Laufrichtung, verschmolz aber da, wo jetzt Genthin liegt, mit einem anderen Urstrom, der, durch die Diluvialhöhe des Fläming von ihr abgeschlossen, wie sie selbst aus Südost herkam. Zwischen der Eilenburger und der Torgauer Gegend verknüpften sich Mulde und Elbe durch einen Querarm, und auf dem anderen Ufer der heutigen Torgauer Elbe stand der ganze Zwickel zwischen ihr und der Schwarzen Elster unter Wasser, so daß die Eisenbahnfahrt von Eilenburg über Torgau bis über unsere Provinzgrenze hinter Übigau fast durchweg über tafelglattes Altalluvium führt. Ferner entsandte die Elbe unterhalb Magdeburg einen linken Arm im derzeitigen Ohrethal ins heutige Allerthal; weiter abwärts zerfaserte sie sich in eine Mehrzahl von Armen gen Nordosten, floß über Genthin und Rathenow im Thal der jetzigen Unterhavel, umfing die breite Klietzer Diluvialinsel, in deren Norden (bei Sandau) jene nun wieder vereinigten Seitenarme auf den Tangermünder Westarm stießen. Wie auf diesem Flachboden, wo Schlammablagerung so leicht einen Ablauf verstopfen, somit zuletzt absterben lassen kann, Flußänderungen noch in geschichtlicher Zeit ihren Fortgang genommen haben, das beweist die Ohre. Noch in der ersten Hälfte des Mittelalters mündete sie bei Wolmirstedt in einen linken Nebenarm der Magdeburger Elbe, dann versandete der letztere, und nur sein nördlicher Teil, dessen Gewässer durch den Zutritt der Ohre einen etwas hurtigeren Abfluß für sich hatte, blieb ein offener Wasserweg, gehörte fortan aber der Ohre. Daß die Ohre nunmehr von ihrem Südpunkt aus, der Elbe schon so nahe, plötzlich gen Nordost abbiegt, so daß sie die Elbe erst bei Rogätz erreicht, würde man ohne diesen entwicklungsgeschichtlichen Zug gar nicht verstehen. Noch zur Slavenzeit hieß Wolmirstedt Usti-Ure d. h. Mündungsort der Ohre.

Nach der nützlichen wie nach der schädlichen Seite haben Flüsse und Flußauen stets einen besonders tiefen Einfluß auf die Bewohner auch unserer Provinz geübt. Ist der immer thonreiche, schwere Boden des Flußschwemmlandes soweit ausgetrocknet, daß er auch bei Hochwasser vor Überschwemmung verschont bleibt, so spendet er so saftige Wiesengräser wie unsere Nordseemarschen und dazu reichsten Feldersegen. Das beweist die Goldene Aue an der thüringischen Helme, die Wische an der Elbe bei Osterburg. Und was für herrliche Laubwälder schmücken unsere Flußauen, wo man sie wegen ungenügender Sicherheit vor Wasserbedeckung nicht zu landwirtschaftlicher Nutzung gerodet hat! Auenwälder nennt der Botaniker diese bezeichnende auf dem Schwemmland regelmäßig sich einbürgernde Mischung von Eichen, Rüstern, Eschen, Hainbuchen, Zitterpappeln und (als Unterholz) Weiden nebst Haselstrauch; nur die Rotbuche fehlt auch bei uns in allen zeitweilig überschwemmten Auenwaldungen, weil sie die tiefe Durchweichung ihres Wurzelbodens nicht aushält. Schaden stifteten die weiten Sumpfgebreite, in die sich manche Ströme auf undurchlässigem Boden bei Gefällmangel in weiter Niederung verliefen, durch Hemmung des Verkehrs; so der Fiener Bruch, der letzte amphibische Rest der Mündung jenes Urstroms, der sich bei Genthin der Elbe vermählte; so der Drömling, der vor seiner modernen Entwässerung die Rolle der einstigen Harzöde im kleinen wiederspiegelte: Siedelung wie

Staatshoheit stockte am Saum des brüchigen Geländes, bis schließlich braunschweigisches, altmärkisches, erzstiftisch magdeburgisches Gebiet vom Rand her hineinwuchs. Der schmale, ehemals kaum betretbare Fuhne-Sumpfgürtel, der wie eine Guirlande aufgehängt ist zwischen Saale und Mulde, auf dessen Grund das Wasser nun als Fuhne zur Saale unterhalb Bernburg, gen Osten als Landgraben zur Mulde schleicht, während der Strengbach von Süden her sein Gewässer beiden zugleich mitteilt, war ob seiner trennenden Wirkung eine uralte Südgrenze für Anhalt und bildet noch immer eine der wenigen Naturgrenzen der Provinz Sachsen.

Aber welch unschätzbare Summe lebendiger Kraft ist dieser beschieden in dem Triebwerk ihrer Flüsse! Die Schiffbarkeit ihrer Ströme, allen voran die der Elbe, schafft dem Niederungsanteil der Provinz einen großen Vorsprung vor Thüringen mit seinen höchstens flöß- oder kahnbaren Gewässern. Genau bis zur Schwelle Thüringens, bis in den Flußhafen von Halle, reicht die Saalkette für die großen Lastboote als Seitenzweig der so viel längeren Kette, die auf dem Stromboden der Elbe von Hamburg bis Prag lagert. Diese Elbkette offenbart den Wert unserer Provinz als Zwischenglied des Handelsverkehrs zwischen dem Südosten und dem Nordwesten Mitteleuropas dank seinem Hauptstrom. Wohl hat die Saale-Elbe-Straße schon seit uralter Zeit und auch für den Verkehr in nordöstlicher Richtung gedient, als man arge Flußumwege nicht scheute, da Flüsse allein durch die fast pfadlosen Dickichte Waren zu fördern erlaubten; solchen Weg hat das Hallische Salz in den salzleeren Nordosten genommen; auch Otto von Bamberg schiffte sich 1127 in Halle ein, um mit seinen verlockenden Prunkgewändern, Gold- und Silbergefäßen auf Saale, Elbe, Havel ins Land der zu bekehrenden Pommern zu gelangen. Aber wie weit war der Abstand dieser altertümlichen kleinen Kahnflotille von den Schleppdampfern auf der Elbe unserer Tage, die Lasten bis gegen 20000 Doppelcentner auf der Karawanenschnur angehängter Boote rascher und billiger denn je stromauf, stromab führen, die Bedeutung des Hamburger Welthafens für sein Hinterland wesentlich steigernd!

An stehenden Gewässern ist die Provinz nicht gerade reich. Auf der Elbthalsohle erblicken wir allerdings eine ganze Menge kleiner Seespiegel, nur einen etwas größeren, den Großen Teich dicht bei Torgau; diese sämtlich Flachbecken im Elballuvium darstellenden Seen sind jedoch weiter nichts als Überreste des Elbstroms selbst, teils herrührend von seeartigen Ausweitungen der Urelbe, die dann wenigstens oberflächlich die Fühlung mit dem zusammengeschwundenen Strom verloren, viel häufiger Reste von alten Elbkrümmungen, deren Zusammenhang mit dem sich von selbst oder durch menschliches Zuthun geradstreckenden Fluß versandete; daher die massenhaft begegnende Mondsichel- bis Hufeisengestalt der Seen. Eine andere Gruppe kleiner, mehr rundlicher Weiher ist über das Zechsteinband des Südharzes verteilt, so bei Ellrich; es sind Einsturzbecken, die örtlicher Auslaugung des Zechsteingypses ihr Dasein verdanken. Von den beiden „blauen Augen" der alten Grafschaft Mansfeld hat sich leider das größere seit 1892 geschlossen. Der Salzige See, der seinen schwachen Salzgehalt der aufsteigenden Sole des oben erwähnten Salzstocks entnahm, ist verschwunden durch Verzug seines Wassers in den schluftigen Untergrund. Es hinterblieb nur der langstreckige flachere Süße See, so genannt, weil er einst noch schwächer gesalzen war als sein Nachbar, was nun zu dem Oxymoron geführt hat, daß man den einzigen Salzsee Deutschlands den Süßen nennt. Dicht vor der Nordgrenze der Provinz, innerhalb des Kreises Osterburg, glänzt uns aber noch in schönem Oval der Arendsee entgegen. Er ist durch mehrmalige Erdstürze zu einer Kesseltiefe von fast genau 50 m gediehen, mithin einer der tiefsten aller deutschen Seen, überhaupt der einzige tiefe See zwischen Rhein und Elbe, dabei seit dem Eingang des Salzigen Sees der größte Seespiegel unserer Provinz, denn er übertrifft den Süßen See um mehr als das Doppelte an Fläche.

Klima.

Da sich die Temperatur Deutschlands von Südwest nach Nordost abstuft, und die Provinz Sachsen eben in dieser Richtung eine mittlere Lage einnimmt, so genießt sie, zunächst in ihren Wärmeverhältnissen, ein echtes deutsches Durchschnittsklima. Die mittlere Jahreswärme beträgt außerhalb der höheren Bodenlagen, namentlich also des Harzes und Thüringerwaldes, 8—9° C. Der häufigste Wind ist der vom golfstromerwärmten nordatlantischen Meer kommende milde Südwest, der glücklicherweise gerade im Winter am meisten vorwaltet. Deshalb sinkt die Mitteltemperatur selbst des Januars (natürlich wieder außerhalb der Gebirge, die dann Frostinseln darstellen) nur ganz unbedeutend unter den Gefrierpunkt, sogar in Städten, die wie Erfurt oder Nordhausen an der oberen Tieflandsmarke liegen, nicht auf einen vollen Minusgrad. In Meeresspiegelhöhe würde wohl so ziemlich das ganze Land dem westeuropäischen Raum mit durchschnittlich frostfreiem Januar angehören; die steil von der jütländischen Westküste südwärts gegen die Wesermündung hereinziehende 0-Isotherme des kältesten Wintermonates wäre mithin wahrscheinlich mit einem östlich vorspringenden Bogen um unsere Provinz herumzuziehen, so daß sie höchstens deren Osten streifte. Trotzdem hat die Elbe bei Magdeburg nach 50jährigem Durchschnitt 21 Tage Eisstand und behelligt noch weitere 26 Tage lang durch Eisgang die Schiffahrt. Im Sommer, wo unsere deutschen Wärmelinien mehr westöstlich verlaufen, gehört das Land dem deutschen Norden mit einer auch im Julimittel 20° nirgends erreichenden Temperatur. Bei 20° Juliwärme würde der Mais reifen; in unserem um 18° schwankenden, 19° kaum irgendwo voll erreichenden Juli bemerken wir zwar, wo man Futtermais baut, die Maiskolben sich entwickeln, aber die Körner nicht ausreifen. Gleichfalls in der Bewölkung wie in der Niederschlagshöhe hält sich die Provinz auf mittleren Werten. Etwa $^6/_{10}$ des Himmels sind das Jahr über bewölkt; klarer pflegt der Himmel meist im Spätsommer und im September zu sein, wolkengrauer vor allem im November und Dezember. Der Niederschlag mißt abseits der gebirgigen Erhebungen etwas über 600 mm im Westen und geht gen Osten bald gegen 500 mm herab, teilweise auch darunter. Überall spendet der Hochsommer den ergiebigsten Regen; bereits im September ist der Regenfall sehr viel geringer, der November bringt gewöhnlich den ersten Schnee, der April den letzten. Für die Feldfrüchte und für den Obstbau ist dieses Klima recht förderlich; dem Ausreifen der Traube kommt insbesondere die sonnige Septemberzeit zu gute; trotzdem ist bei uns wie anderwärts in Deutschlands Norden der Anbau der Rebe aus rein wirtschaftlichen Ursachen zurückgewichen, er wird nur noch auf 988 Hektaren in der Provinz betrieben. Manche Striche des Thüringer Beckens (zumal die das Regenwasser schlecht haltenden Muschelkalkgegenden) leiden während der heißen Jahreszeit etwas an Trockenheit, weshalb im Regierungsbezirk Erfurt das Wiesengrün mehr als sonst zurücktritt und darum die Viehhaltung dort eine beschränktere ist.

Der Einfluß der Geländeform vermannigfaltigt das Klima ganz ersichtlich. Namentlich der Süden fühlt stark die Einwirkung der Thüringer Grenzhöhen samt der des Harzes. Daraus, daß nächst südwestlichen Winden solche aus Nordwest am meisten herrschen, und zwar vorzugsweise in der regenreichen Sommerzeit, folgt schon im allgemeinen die besagte stärkere Benetzung der Westseite. Für Thüringen macht sich dabei aber noch der Umstand geltend, daß die Beckenniederung sich im Regenwindschatten des Harzes, des Eichsfeldes und des Thüringerwaldes befindet. Was auf jenen Höhen an Niederschlag (gegen und über 1 m) der von außen her ansteigenden, folglich sich abkühlenden feuchten Luft abgesetzt wird, das ist eben dem sodann von dieser Luft überzogenen Gebiet entzogen. Daher die Niederschlagsverarmung in der südthüringischen Beckentiefe sowie in der nordthüringischen Mulde. Weiterziehend erholt sich wohl der Luftstrom wieder durch Aufnahme neuer Feuchtigkeit, scheidet diese jedoch nur da ab, wo er wieder höhere Flächen (wie auf der Ilm- und Saalplatte) zu ersteigen hat. Die Weinberge von Freyburg, Naumburg, Weißenfels fallen in einen eng umschlossenen sonnenbeglänzten Raum von weniger als 500 oder kaum 500 mm Niederschlag. Der regenärmste Strich der ganzen Provinz zieht als breiter Gürtel zu beiden Seiten der Unstrut über Artern nach Nordost, wo er sich ansehnlich verbreitert bis zur unteren Mulde, nach dem Unterharz, über das Harzvorland, über die Elbe dicht ober- und unterhalb Magdeburgs, golfartig vordringend noch über die Ohre bei Neuhaldensleben; auf dieser durchweg weniger als das Mittelmaß von 500 mm Regen empfangenden Fläche liegen in der nordöstlichen Verbreiterung, die offenbar auf der Windschattenlage gegenüber dem Harz, hauptsächlich dem Oberharz, beruht, die Städte Halle, Bitterfeld, Kalbe und Barby, Halberstadt, Quedlinburg, Aschersleben, Eisleben, Wippra, Sangerhausen und Kelbra. Auf einem kaum 5 km breiten Schmalstreifen längs des linken Saaleufers, der von Höhnstedt, westlich von Halle, bis nach Güsten an der unteren Wipper verläuft, sinkt sogar der Niederschlag, wie wir erst seit kurzem wissen, unter 400 mm.

Föhne, als Südweststürme durch plötzliche Luftdruckverringerung über den Thüringerwald oder über den Oberharz herübergerissen, haben sich durch jähe Temperatursteigerung mitten im Winter bis nach Erfurt wie am Wernigeröder Harzfuß beobachten lassen. Im Schutz der Bodenerhebungen nach allen Hauptwindseiten, bildet der tiefere Innenteil des Thüringer Beckens gleichwie im Schutz des Harzes dessen Vorland mit Halberstadt und Quedlinburg die wolkenfreisten, schon darum also durch höhere Temperatur vor ihrer Umgebung ausgezeichneten Landstriche. Das schließt indessen nicht aus, daß die fast allseitig von ansteigendem Gelände umfaßte Beckentiefe um Erfurt, die im Sommer mitunter eine Hitze über

36° zugestrahlt erhält, bei ebenso von keinem Wolkenschirm gehemmter winterlicher Ausstrahlung bis auf —26° erkaltet und zu Zeiten der „Wärmeumkehr" (wenn bei anticyklonaler Luftbewegung die eisige Luft von den Höhen herab sanft niedersinkt, in der Tiefe „einen See kalter Luft" bildend) Tage hindurch weit kälter sein kann als die gleichzeitig in strahlender Sonne oder monderhellt leuchtenden Schneegipfel des Thüringerwaldes.

Pflanzen- und Tierwelt.

Auch in floristischer und faunistischer Hinsicht ermangelt die Provinz Sachsen einer scharf umrissenen Geschlossenheit. Wie ihre deutschen Nachbarländer erfreut sie sich nicht mehr des Erbes der reichen Organismenwelt der Tertiär- und auch noch der frühesten Quartärzeit. Die mehrmaligen nordischen Übergletscherungen haben ihr diesen Schatz so gut wie ganz geraubt. Blieb auch der Harz wie der Kiffhäuser und der Thüringerwald von der Bedeckung des Inlandeises ob seiner Hochlage verschont, so waren diese Höhen ihrerseits gleichzeitig in tiefem Schnee begraben; von einer Firnmulde des Brockengipfels ging ein eigener Gletscher südwärts im Oderthal hinab, wo wir noch heute die cyklopisch übereinander gehäuften Felsblöcke seiner Moränenwälle erklettern können. Als in dichter Pelzbehaarung das Mamut und das nordische Nashorn in unserer Heimat weideten, Rudel von Moschusochsen sich im Saalthal tummelten wie heute im nördlichsten Grönland, da kann von der ganzen Fülle bisheriger Lebewesen nur ein winziger Rest derjenigen übrig geblieben sein, die sich dem hereingebrochenen rauhen Klima anzupassen im Stande waren. Manche Pflanzen- und Tierarten nordischer Widerstandsfähigkeit gegen Klima-Unbilden mochten auch wie Mamut, Rhinoceros, Moschusochse damals zugewandert sein. Hierhin zählt vermutlich die arktische Zwergbirke, das alpine Windröschen, die sehr seltene Schneemaus, die am Brocken, dem klimatisch noch am meisten an die Eiszeit erinnernden Gipfel unseres Landes, nachmals einen letzten Zufluchtsort fanden. Aus den Steppenlanden des fernen Südostens, wohl bis zur Kirgisensteppe, erhielten wir dann Zuzug, als trockene, warme Winde das Eis schmolzen, zwar den Waldwuchs hemmten, aber mit dem Grün der Steppengräser die Fluren überzogen. Von zierlichen Nagern aus der Gruppe der Springmäuse, vom Bobak, der noch zu Tausenden in der südrussischen Ebene seine ausgewühlten Gruben ähnlich seinem Verwandten, dem Murmeltier der Alpen, bewohnt, haben wir bloß noch die Knochenreste in unserem Löß übrig. Aber das schöne Federgras (in Thüringen nach seinem dortigen Hauptvorkommen Kiffhäusergras genannt) läßt noch hie und da in sonniger Sommerluft sein blondes „Waisenmädchenhaar" wehen wie in den Pußten Ungarns. Salzpflanzen und Salzkäfer jener Steppenära, die sich auf dem trocknen, mithin leicht an der Oberfläche etwas durchsalzenen Boden wohlfühlten, leben noch an einigen Örtlichkeiten bei uns fort, die aus anderer Quelle Salz erhielten, als die feuchter werdende Ära, in der wir nun leben, das Salz der Bodenkruste im übrigen fortspülte, so auf dem Boden des früher schon ausgetrockneten Erdeborner Westzipfels des früheren Salzigen Sees bei Eisleben, ferner am Nordrand des Kiffhäusers, wo er von Zechsteinsole durchsalzt ist. Ein höchst merkwürdiges aus der diluvialen Steppenzeit stammendes Relikt stellt unser Hamster dar: selbst in den Harz wanderte er ein, als jedoch vom atlantischen Westen her allmählich feuchtere Lüfte daherzogen, Wälder wieder aufwuchsen, die mit ihrem Wurzelwerk den Hamster gänzlich ausschließen, zog sich letzterer wie aus Frankreich so aus unseren Gebirgen zurück, während er in den Niederungen um den Harz sich forterhielt, weil dort das Gräsermeer der Steppe länger weitergrünte, bis daß ein ackerbauendes Menschengeschlecht die Kultursteppe der Saatländerei erzeugte, wo nun zumal in Thüringen das feiste Nagetier als ungebetener Gast am ungleich reicher als dereinst gedeckten Tisch es sich äußerst wohl sein ließ und läßt.

Der Hauptsache nach haben wir es also zu thun mit Gewächs- und Tierarten, die seit der Diluvialzeit aus Gegenden keiner oder nur teilweiser Vereisung einwanderten. Schon das bedingt eine nahe Verwandtschaft mit der Flora und Fauna der Nachbarlande. Von Westdeutschland war allerdings denjenigen Arten der Eintritt verwehrt, die nur mäßige Winterkälte, keinen anhaltenden Frost vertragen konnten. Wir beobachten das am Hülsenstrauch (Ilex Aquifolium), der sein glänzendes dunkelimmergrünes Blatt nebst seinen scharlachroten Beerentrauben wohl noch in der Altmark und ganz vereinzelt in Thüringen zeigt, im ferneren Osten der Provinz indessen nicht mehr gedeiht, während der klimmende Epheu und auf dem Waldboden das bescheidene Sinngrün noch weit über deren Ostgrenze hinausgeht.

Innerhalb der Provinz stimmt natürlich die Lebewelt des Südwestens in ihren Wesenszügen überein mit der unserer übrigen deutschen Mittelgebirgslandschaften, die des Nordostens mit der unseres norddeutschen Tieflandes überhaupt. In den Laubwaldungen äußert sich zwischen beiden Hälften ein geringerer Unterschied. Kräftige Eichen- und Rotbuchenwälder schmücken beiderseits die Landschaft; zur Letzlinger Heide gehörte sogar noch vor kurzem ein größerer Lindenwald (wohl der letzte in ganz Deutschland), der jedoch nun auch in Kiefernbestand umgewandelt wird. Die Kiefer und die Fichte haben auch bei uns im forstmäßigen Betrieb die Laubgehölze zurückgedrängt, weil jene rasch aufwachsen und gut verkäufliches Nutzholz liefern. Wir müssen uns also hüten, die auf dem felsigen Gestein unseres Südwestens vorwaltenden Fichtenwälder wie die auf dem Diluvialboden des Nordostens so weite Striche einnehmenden Kieferforste, in deren nordisches Einerlei nur die silberstämmige Birke mit ihrem lichtgrünen Laub eine freundliche Abwechslung bringt, für ursprüngliche Vegetationsformen zu halten. Wo immer wir der Vergangenheit nachspüren können, war ehedem der Waldwuchs nicht bloß umfangreicher, sondern auch bunter. Aber stets hatte doch wohl die Kiefer die Vorhand im Nordosten, die Fichte (volkstümlich hier Tanne genannt) im Südwesten, denn jene hält bei ihrer tiefwachsenden Pfahlwurzel, die noch die letzten Reste von Bodenfeuchtigkeit im Sandboden ergattert, lange Sommerdürre aus, diese hingegen hat oberflächliche Wurzelverzweigung, gut geeignet zum Umklammern der Felsen. Auch die im Aussterben begriffene Eibe, ob ihres langsamen Wachstums nicht des Försters Freund, liebt felsigen Wurzelboden; an ihrem schönen dunkelgrünen Nadelblatt erkennen wir sie unter mannigfaltigem anderen Gehölz des Steilgehänges vom Hexentanzplatz zur Bode, auch auf den Höhen des Eichsfeldes hat sie sich noch an manchen Stellen erhalten; der dortige Iberg trägt nach ihnen den Namen (mittelhochdeutsch Iben, danach Ibenberg, Ibberg). Auf dem Harz macht gegenwärtig der Buchenwald bei etwa 550 m Halt, die größeren Erhebungen gehören dem Fichtenwald; auch hierbei hat jedoch der Forstmann die Hand im Spiel, der weiß, daß die Buche nur in wärmeren trockenen Lagen bessere Rente abwirft, die Fichte dagegen feuchteren, kälteren Standort gut verträgt.

Hat sich nun schon unsere Waldung weit von ihrer ursprünglichen Natur entfernt, so ist das auf den in Feldbenützung übergegangenen Strichen der offenen Flur selbstverständlich erst recht der Fall. Und eben darum steht der Anteil des Waldes der Gesamtfläche unserer Provinz hinter dem Reichsmittel (von ein Viertel) zurück, weil weit mehr als die Hälfte des Bodens, wie wir schon bemerkten, urbar gemacht wurde. Mit den Feldfrüchten kamen auch unbeabsichtigter Weise viele Feldunkräuter, wie der so prächtig rot blühende Mohn, erst durch die Menschen hierher, während die heimische Pflanzenwelt arg verdrängt ward. Aber man meine nur nicht, daß deshalb unser Land außerhalb der Gebirge und der waldbestandenen Flächen der Niederung so arm an eigener Flora und der von ihr abhängigen Fauna sei. Birgt doch die Umgegend von Halle, so voll von Getreide-, Kartoffel- und Rübenfeldern, fast genau die Hälfte der gesamten Blütengewächse Deutschlands! Auch vermißt man durchaus nicht in der Organismenverteilung Züge uralter Einwirkung von Boden und Klima, nur daß die starke Entwaldung nebst der Trockenlegung von Morästen diese Wirkung mehrfach verändert hat. Ganz märkisch ist der Eindruck der Föhrenwaldung der Ebene mit dem Kleingestrüpp des Heidekrautes und den typischen Sandkräutern. Auf dem Triasboden hebt sich die Muschelkalkflora deutlich ab von der des Buntsandsteins. Muschelkalkgehänge (in Thüringen noch altertümlich „Leiten" genannt) leuchten gar oft kahl ins Land; ihre dürftige Grasnarbe dient als Schaftrift, neben kleinen Lippenblütlern, durch ihre nach Pfefferminz- oder ähnlichem Aroma duftende Lufthülle vor dem Verschmachten in trockner Sommerglut beschirmt, wächst da wenig mehr als was die Schafe unberührt lassen, besonders Wolfsmilch, Diesteln, das stachelige Eryngium, Schlehe und Wildrose. Reicher geziert mit vielfarbigem Blumenschmuck zeigt sich der Boden lichter Muschelkalkhaine, den fallendes Laub vor Austrocknung schützt; da prangen zur Frühlings- und Sommerzeit unter anderen kalkholden Kräutern in seltener Artenfülle vor allem die hübschen Orchideen. Sobald wir den Fuß auf Buntsandsteinboden setzen, verlassen uns die Leitgewächse des Muschelkalks. Die kieselreiche, wasserhaltige Bodenkrume wird gern von Kryptogamen besiedelt; Adlerfarne bilden mitunter einen wahren Wald unter dem Wald, und der hochstämmige Wald setzt sich nicht selten wie auf dem gleichfalls sandigen Diluvium aus Kiefern zusammen; auf Waldschlägen machen sich gewöhnlich das goldgelb blühende Waldkreuzkraut und das ebenfalls hoch aufschießende Weidenröschen mit seinen vollen lichtrötlichen Blütenständen rasch heimisch. Blumenreicher als der üppigste Tropenwald prangen unsere Wiesen. Auf den Riedflächen an Gera und Unstrut wie auf den Brüchen der Nordostniederung kennzeichnen schon von weitem die im Wind wehenden weißen Fähnchen des Wollgrases die Sumpfflora mit ihren gar verschiedenartigen Sauergräsern, aber auch oft zierlichen Blumen. Aus den Wiesengräben Thüringens ist ein weltweit durch alle Erdteile verbreiteter Kreuzblütler zuerst im Dreienbrunnenfeld Erfurts der Kultur gewonnen worden: die Brunnenkresse. Der Gebirgsflora ist besonders der purpurrote Fingerhut eigen; die Landstraßen sind im höheren Gebirge nicht mehr mit Pappeln und Obstbäumen gesäumt, sondern mit wetterharten Ebereschen. Wo der Sturmwind am furchtbarsten saust, auf dem Brockengipfel, findet sich nur noch da und dort verkrüppelter Fichtenwuchs, aber kein Wald.

Tierarten beherbergt unsere Provinz noch viel zahlreicher als Pflanzenarten; zählt doch allein die Ordnung der Käfer (freilich, wie fast allerwegen, die größte von allen, die auch hier jedweder Landschaftsform beschieden ist), nach Tausenden. Von großen Säugern ist das Renntier wohl noch im Mittelalter hier gejagt worden, wie Funde von ziemlich frisch aussehenden Geweihen vermuten lassen. Ob noch das Wildpferd bis in neuere Jahrhunderte hier vorkam, läßt sich nicht entscheiden; doch im Elgersburger Revier des Thüringerwaldes hat es noch zur Reformationszeit Wildpferde gegeben. Bär und Wolf sind, zuletzt in die Gebirgswälder verscheucht, im Lauf des 18. Jahrhunderts ausgerottet worden. Fuchs und Dachs leben weiter, in einsamen Forsten auch noch die Wildkatze; Hirsch, Reh und Wildschwein, die Waldbewohner, stehen, wie die meist offene Flur vorziehenden Hasen unter Jagdschutz. An unserer (nebst der anhaltischen) Elbe hält sich noch der letzte Rest der Biber in Deutschland. Die aus Südeuropa eingeführten Kaninchen sind in ansehnlichen Kolonien verwildert und bauen sich im weichkrumigen Löß mit Vorliebe ihre Grotten aus, so daß sie (unter dem aus lapins angeähnlichten Namen „Lapphengste") z. B. in der Umgebung des früheren Salzigen Sees vom Volk gern zum Festtagsbraten erwählt werden. Dieser fischreiche See lockte mit seiner weithin glänzenden Spiegelfläche eine Masse von Wasservögeln an, teils zu vorübergehendem Rasten beim Frühlings- und Herbstzug, teils auch zum Nisten im bergenden Uferschilf. Ganze Geschwader von Wildenten und Wildgänsen sah man herbeiziehen, im Winter fand sich wohl sogar der nordische Singschwan ein. Möven beobachtet man noch gegenwärtig am Süßen See wie auf der Saale bei Halle. Der Fischadler ist seit Einschwinden des großen Eisleber Sees in jener Gegend selten geworden, stellt sich indessen noch öfters bei den Dieskauer Weihern ein im Südosten von Halle.

Neuen Zuwachs empfing unsere Fauna mehrfach, seit man solchen Dingen in neuerer Zeit aufmerksamere Beachtung schenkt; aus früheren Jahrhunderten fehlt wohl nur die Kunde davon. Die größere bräunliche Wanderratte, im 18. Jahrhundert aus Asien eingedrungen, hat auch bei uns nun die graue Hausratte fast überall verdrängt. Am Harz spürt man das eben jetzt sich vollziehende allmähliche Eindringen des nordischen Bergfinken in südlicher, das des kleinen Zitronenfinken in nordöstlicher Richtung. Zur Großtrappe hat sich in den offenen Niederungsfluren die Zwergtrappe gesellt, die man zuerst 1870 in der Gegend zwischen Tennstedt und Weißensee erblickte. Ein anderer Steppenvogel, das Steppenhuhn, überzieht gleichfalls neuerdings aus entlegenem Südosten gelegentlich unsere Fluren in ganzen Völkern; indessen fragt es sich noch, ob diese Art dauerndes Bürgerrecht bei uns erwerben wird. Ein ganz vereinzelter Besucher war jener grönländische Seehund, der im März 1896 in der unteren Mulde gefangen wurde. Viel merkwürdiger verrät uns ein niederes Wassertier die Bedeutung der nämlichen Wasserstraße für sogar völlige Einbürgerung fremder Tierarten: der Kolonien bildende Keulenpolyp (Cordylophora lacustris), ein Bewohner der Nordsee, der seit 1861 sich in der Elbmündung zeigte, wo er anfing, sich an das Brackwasser zu gewöhnen, kam elbaufwärts mit seinen kleinen Siedelungen gegen Ende der siebziger Jahre in die Saale und 1880 durch die Salzke in den Salzigen, aus diesem bis in den Süßen See. Dank den erfolgreichen Bemühungen des Vereins für künstliche Fischzucht ist der im mittelalterlichen Thüringen einst so häufig gewesene Lachs in den dortigen Gewässern wieder angesetzt; man bemerkt auch ihn nun wieder die große Elbstraße aus der Nordsee tief in unsere Provinz hinaufziehen und in lustigem Sprung das erste Mühlwehr in der untersten Saale überwinden, um sich den Weg saalaufwärts zu bahnen.

Zum Schluß seien noch zweierlei anziehende Farbenwandlungen erwähnt, die unsere heimische Tierwelt in ursächlicher Verknüpfung mit der örtlichen Umgebung erlebt hat. Im Harz beobachtet man nämlich Dunkelungen bei einigen Tierarten ganz verschiedener Klassen, die sehr wahrscheinlich als Anpassung an die kältere Luft gedeutet werden dürfen, da schwarze Flächen mehr Wärme aufzunehmen vermögen. Die Eulen-Schmetterlinge nehmen dort ganz so wie in den Alpen, dem Riesengebirge oder in der Arktis auffallend düstere Schattierungen an im Gegensatz zur Umgebung niedrigerer Lage; die Eichhörnchen, deren gewöhnliche Form ja allerdings auch den rötlichen Pelz zur Winterzeit mehr grau erscheinen läßt, kommen, je höher man im Gebirge emporsteigt, immer häufiger in der ganz schwarzen Spielart vor; und gleichfalls nehmen nach oben hin unter den großen Nacktschnecken (Arion empiricorum) diejenigen von brauner oder Orangefarbe ab, die pechschwarzen aber zu, so daß uns nach dem Brocken zu fast ausschließlich nur noch die letzteren begegnen. Umgekehrt ist in den alten, längst verlassenen Erzgruben bei Klausthal (die freilich schon der Provinz Hannover angehören) bei vollkommenem Lichtabschluß eine Kleintierwelt von zum Teil bleichem oder ganz farblosem Aussehen zu finden. Unsere gewöhnliche Stechmücke fliegt, wenn das Grubenlicht dort das nächtliche Dunkel plötzlich erhellt, ganz gespensterhaft schneeweiß umher als „Stundenfliege“, wie der Bergmann sie nennt; sie hat hier also in den wenigen Jahrhunderten seit Erschluß der Gruben die Farbe gänzlich eingebüßt.

Bevölkerung.

Die Provinz Sachsen führt bekanntlich ihren Namen bloß danach, daß ihr Süden, von der Werra bis ins Gebiet der Schwarzen Elster, dieses breite Fundament des unregelmäßig pyramidalen Aufbaus des Ganzen, aus dem soeben mit der Königskrone geschmückten kursächsischen Gebiet herausgelöst wurde. Ihrer Bevölkerung nach gebührte ihr vielmehr der Name der thüringischen, gleichwie unserer Rheinprovinz zur Seite des echt sächsischen Westfalenlandes der der rheinfränkischen. Denn fast der ganze Raum war einstmals von Altthüringern (Hermunduren) bewohnt.

Freilich waren das keineswegs die frühesten Bewohner. Schon zur großen Eiszeit, also vor etwa 50000 Jahren, streifte der Mensch in spärlichen Horden durch das Land auf Jagdbeute. Der endgültige Rückzug des Eises gewährte sodann umfänglicheren Wohnraum. Spät, in nachdiluvialer Zeit, setzte Siedelung und Bodenbestellung ein, vermutlich zuerst auf unbewaldeten Lößstrecken (die eingeborene Flora am Hallischen Petersberg weist auf uralte Waldlosigkeit des dortigen Lößbodens, der wie überall die Feuchtigkeit weniger hält, daher den Waldwuchs nicht fördert); nachmals drang man dann in die Urwaldung rodend vor, eroberte durch Trockenlegung selbst den Sümpfen Weide und Saatland ab. Welcher Volksschlag bei uns zuerst feste Hütten gründete, meldet die Geschichte nicht. Eine schier unüberschaubare Reihe von Vorbewohnern verschiedenster Abkunft lebt sicher im heutigen Volk unserer Provinz fort; die mindeste Blutzumischung aus so unbekannter Quelle wird aus der Nomadenzeit herrühren, stärkere aus der Zeit der allmählichen Besiedelung. In vorchristlichen Zeitfernen mögen schon Indogermanen hier gesiedelt haben, und zwar Kelten, deren Stämme noch Cäsar am linken Rheinufer traf und deren Verdrängung durch die Germanen im nördlichen Mitteleuropa von Osten, im südlichen von Norden her sicher bezeugt ist. Sprachkundige leiten den Namen der Finne von keltisch penna (Höhe) ab und führen gleichfalls den so deutsch klingenden Ortsnamen Eisenach auf keltische Wortwurzel zurück; in Halle (keltisch: Salzort) haben wohl einst keltische Halloren die Salzpfannen bedient. Doch spätestens im Zeitalter Alexanders des Großen beginnt die Hermundurensiedelung, die im ersten Jahrhundert unserer Zeitrechnung (wo der Hermundurenname den früheren, allgemeineren Suebennamen hier erst ablöst) von der Elbe bis ins Mainland reichte. In diesem weiten Gebiet läßt uns die ausschließlich altthüringische Ortsnamenendung „leben“ den Umfang altthüringischen Wohnens gut ermessen: mit „leben“ zusammengesetzte Ortsnamen reichen durch die Altmark, wo Gardelegen aus Gardeleben entstellt ist, ins Harzvorland westwärts bis zur Oker, der Grenze gegen den nordwestdeutschen Hauptstamm, die Sachsen, begleiten uns um den Unterharz nach Thüringen, wo sie uns besonders häufig begegnen, und verschwinden erst in der Würzburger Gegend. Daß sie dem Harz wie dem Thüringerwald ausweichen, beweist die Nichtbesiedelung beider Gebirge durch die Hermunduren, denn als diese gegen Ausgang des Altertums unter dem Thüringernamen auftreten, scheint das alte, für das Thüringervolk so kennzeichnende Wort leiba bald außer Übung gekommen zu sein; es bedeutete wahrscheinlich das Verbleibende, das Erbgut, und weist mithin auf klanschaftliche Gemeindesiedelung unter einem Familienhaupt; Hadmersleben z. B. wird heißen Eigengut und Siedelung des Hadmerschen Klans. Als im Jahre 531 das Thüringerreich den Waffen der verbündeten Franken und Sachsen erlag, kam dessen Süden unter fränkische Herrschaft, der Norden (von der Unstrut, abwärts der Helmemündung, östlich und nördlich um den Harz herum) fiel an Sachsen. Ins Werrathal zogen nun Mainfranken, über die Oker ins frühere „Nordthüringen“, östliche Sachsen (Ostfalen). Das sächsische Stammesherzogtum erweiterte sich sonach mit einem Schlag bis zur Saale und Unstrut, und von dem geschmälerten Thüringen reichte lediglich der Helmegau in den Südharz. Jedoch, obschon unsere nordwestlichste Stadt Salzwedel an der Jeetze (ursprünglich Saltwedel) ihre sächsische Gründung deutlich durch ihren Namen verrät (niedersächsisch wedel bezeichnet Furt), die sächsische Einwanderung nach 531 auch sicher bis über die Bode hinaus sich ergoß, so verschwand dennoch die thüringische Bevölkerung keineswegs dort überall. Im Balsamgau um Stendal wohnten noch im 8. Jahrhundert Thüringer; am Nordthüringgau zwischen Ohre, Magdeburger Elbe, Saale und Bode blieb am längsten der Name Nordthüringens haften; die Bode mit der Harz-Wipper gemahnen an thüringische Namentaufe wie das vom Ohmgebirge niederrinnende und bei Bleicherode sich vereinende Flußpaar Wipper und Bode. Das Sachsenhaus, unter dessen hohem Strohdach der Mensch mit seinem Hausvieh zusammen weilt, tilgte östlich der Oker nicht den bisherigen thüringischen Ausbau des Gehöftes mit gesonderter Stallung und Scheuer. Der Sachsenspiegel überliefert den Vorgang derart, es seien von den gewaltsam sich einnistenden Sachsen, „do ihr so viel nicht en was, daß sie den Acker mochten gebuwen“, nur die thüringischen Herren erschlagen oder vertrieben, dagegen das thüringische Bauernvolk „unerschlagen gelassen“ worden. Indessen der Nordwesten unserer Provinz erhielt in der Merowingerzeit doch wohl einen starken ostfälischen Bevölkerungszuschlag und redet bis zur Stunde niedersächsisches Plattdeutsch. Der Harzgau, der sich aus der Halberstädter Gegend links von der Bode breit in den Nordharz einschob, bewahrte als „Hardagau“ am treuesten die niederdeutsche Form „Hard“, während sonst bei der in der ersten Hälfte des Mittelalters sich vollziehenden oberdeutschen Lautverschiebung Hard in Hart und (durch seltsame zweite Verschiebung) in Harz überging. Einen Beweis der doch nicht so geringen Kopfzahl jener ostfälischen Kolonisation erkennen wir in der Thatsache, daß gegen das Jahr 569 über 20000 Sachsen aus dem Land zwischen Bode und Wipper aufbrachen, um mit den Langobarden nach Italien zu ziehen, worauf „Nordschwaben“ unbekannter Herkunft ihre Wohnsitze einnahmen und der Landschaft den Namen des Schwabengaus eintrugen. Im äußersten Westen des nachbarlichen, bis zur Unstrut und an den Helmegau reichenden Hosgaus (später irreführend Hessegau genannt) siedelte sich im „Friesenfeld“ sogar eine kleine Friesenschar an, die bei Wippra die Friesenburg und Friesdorf gründeten, jedoch nachher gleich den Nordschwaben im Volkstum ihrer neuen Heimat ununterscheidbar aufgingen. Im Schwabengau deutet nur die plötzlich auftretende Endung „schwende“ (von althochdeutsch swandjan, schwinden machen, nämlich des Waldes) neben der sonst im Thüringischen allein üblichen Endung „rode“ bei Namen auf Waldrodungen gegründeter Ortschaften auf allophyle Mitsiedler.

Seit dem 7. Jahrhundert besetzten Slaven (von den Deutschen Winden, später Wenden geheißen) das Land östlich von der Saale und Elbe, ja sie rückten in kleineren Trupps auch aufs linke Elbufer, in den Unterharz (innerhalb des Mansfeldischen) und tief hinein nach Thüringen, so daß die Saale unter Karl dem Großen zwar staatsrechtlich als Ostgrenze gegen die Slaven galt, es aber ethnisch längst nicht mehr war. Noch zur Ottonenzeit hieß die Saale ganz slavisch Salawa, Nienburg an der Bodemündung, sinngetreu übersetzt, Nowgorod d. h. Neustadt. Es waren im ganzen Süden den Tschechen verwandte Sorben, die auch über die Flachplatte des Frankenwaldes hinüberstiegen in die Waldöden des östlichen Mainlandes. Sie haben ihre slavische Sprache noch bis in die Schlußjahrhunderte des Mittelalters beibehalten. Weiter im Norden gehörten unsere Wenden wohl schon zu den den Polen verwandten nordostdeutschen Slaven, deren vorderste Westgruppe man Polaben d. h.

die an (po) der Labe (Elbe) zu nennen pflegt. Noch wimmelt es in den beiden Jerichowkreisen wie im östlichen Niederungsflügel unserer Provinz von Stadt- und Dorfnamen auf ow oder an, itz, itzsch, ig, und wer möchte glauben, daß diese unzweifelhaft wendischen Gründungen nicht mehr von Nachkommen der fremdsprachigen Begründer bewohnt würden! Nicht ausgerottet sind Sorben und Polaben, sondern mit deutschem Blut gekreuzt und durch eine massenhafte deutsche Kolonisation in Sprache wie Gesittung germanisiert.

Dieses folgenreiche Zurückfluten der Deutschen gen Osten erfolgte während der zweiten Mittelalterhälfte im Norden der Provinz durch Niedersachsen, im Süden durch Thüringer. Sehr spät setzte sich das Deutschtum an der oberen Saale auf Kosten des Wendentums fest; dort waren es Mainfranken aus der Bamberger Gegend, die den Schlußstein der Regermanisierung unseres Landes einfügten, weshalb die von ihnen auf gerodetem Waldboden angelegten Siedelungen die Frankenendung „reuth“ empfingen. In der nämlichen Periode der Verdeutschung unseres Ostens, besonders im 12. und 13. Jahrhundert wurden von geistlichen wie weltlichen Herren Niederländer von der Rhein- und Scheldemündung herbeigerufen. Fläminger nennt man sie gewöhnlich; sie ragten nicht an Kopfzahl hervor, wurden daher bald von der eingesessenen Bevölkerung aufgesogen, leisteten aber Großes als Meister in der Entwässerung der Sumpfgebiete mittelst kunstvoll angelegter Abzugsgräben und in der Feld- und Gartenkultur auf dem frisch der menschlichen Nutzung gewonnenen Erdreich. Die Goldene Aue, vermutlich auch das Dreienbrunnenfeld dicht oberhalb Erfurt, mit der ganz einzigen Anlage seiner parallelen Brunnenkreßklingen und den zwischen ihnen verlaufenden langen schmalen Gemüsebeeten, haben die kunstfertigen Fläminger aus dem Sumpf gezogen. Vielleicht geht auf ihre Anregung auch die großartige, feldmäßig betriebene Blumenzucht sowohl von Erfurt als von Quedlinburg zurück. Westlich von Quedlinburg wenigstens bezeugt der „flämische Grund“ in der Flur von Westerhausen, daß dieses Dorf von eigentümlich langgestreckter Anlage gleichfalls im Mittelalter eine Niederländerkolonie erhalten hat, die offenbar zum Urbarmachen des benachbarten großen Bruches hier angesiedelt war. Immer noch zeichnen sich die Westerhäuser „Zippelburen“ durch ihren umfassenden, ganz einseitigen Zwiebel- und Gemüsebau sowie durch ihre zäh bewahrte Tracht in der gesamten Umgebung aus. Mit ihren Bodenerzeugnissen besuchen sie die Märkte nicht bloß von Quedlinburg, Blankenburg und Halberstadt, nein bis nach Helmstedt und Braunschweig hin, wo die Männer mit der Kiepe auf dem Rücken sofort auffallen durch ihre langen, blauen Kittel und die grauweißen Gamaschen, die Frauen durch ihre blau gestreiften Mäntel.

Man ersieht aus vorstehendem, daß die Bevölkerung unserer Provinz doch recht mannigfaltig zusammengesetzt ist, auch wenn wir absehen von der nicht zahlreichen Einstreuung des jüdischen Elements, vorzugsweise in den größeren Städten, und der neuzeitlichen Beimischung einiger pfälzischen und französischen (Réfugié-)Kolonien, welche letztere an Kopfzahl ganz zurücktreten, indessen als Ferment für städtische Gewerbs- und Handelsblüte eine ähnliche Bedeutung gehabt haben, wie für den Bodenanbau die mittelalterlichen Flämingersiedelungen. Der Hauptsache nach ist unser Volk thüringischen und niedersächsischen Stammes, im Gebiet ostwärts der Elbe und Saale kommt dabei noch ein stärkerer slavischer Zuschlag in Betracht. Möglicherweise bedingt letzterer die Abnahme des Höhenwuchses von Mittelthüringen zur Saale und über diese hinaus, wie sie aus folgenden Zahlen hervorgeht, die sich auf die Größe der stellungspflichtigen Mannschaft bezieht:

Landkreis Erfurt	1670	mm
Kreis Weißensee	1667	"
Kreis Eckartsberga	1664	"
Mansfelder Seekreis	1653	"
Halle	1652	"
Saalkreis	1649	"

Sollte also das Sorbenvolk eins der kleinwüchsigen Slavenvölker gewesen sein? Obwohl die nach Millionen zählenden zuverlässigen Messungen der Wuchshöhe noch größtenteils wissenschaftlich unverwertet in den Akten der Militärbehörde schlummern, will es einem nach dem Augenschein so vorkommen, als besäße unser viertes Armeekorps durchschnittlich höheren Wuchs als das zwölfte im benachbarten Königreich Sachsen, dessen Volk unzweifelhaft stärker sorbisch durchmischt ist.

Sprachlich gehört die Provinz im Süden der thüringischen, im Norden der niedersächsischen Zunge im allgemeinen an. Abseits stehen die beiden abgesonderten allersüdlichsten Kreise mit mainfränkischer Mundart: der Kreis Schmalkalden spricht hennebergisch, der Kreis Ziegenrück sogenanntes Sorbisch-Ostfränkisch. Der äußerste Nordwestrand des Erfurter Regierungsbezirks gehört der engrischen Gruppe der niedersächsischen Sprache an, soweit sein Anteil am Unter-Eichsfeld ein wenig übergreift in den alten Lisgau d. h. ins Ruhmegebiet. Im übrigen reden die Bewohner dieses Bezirks ebenso wie die der thüringischen Kreise des Merseburger Bezirks echtes Thüringisch, woran auch die von Thüringern kolonisierte Hauptmasse des Ostflügels der Provinz mit geringfügigen dialektischen Schwankungen teilnimmt. Ebenso einfach liegt das Verhältnis im Norden, wo man im Regierungsbezirk Magdeburg auf der Westseite der Elbe bis zur Einschnürung bei Aschersleben niedersächsisches Platt seit Alters redet wie auf der Ostseite des Stroms seit der Germanisierung der Wenden.

Es bedarf nur noch einer wichtigen Bemerkung über den mittleren Provinzstreifen, der vom Unterharz ostwärts bis über die Elbe reicht. Im Mansfelder Gebirgs- und Seekreis gleichwie in Halle hat man noch um 1500, also zu Luthers Zeit, niederdeutsch gesprochen. Unkritisch behaupten darum noch immer manche Historiker, Halle sei eine „niedersächsische Kolonie". Das ist aber ein Fehlschluß. Denn das im Mansfeldischen sowie in Halle einst geredete Platt war offenbar ein noch nicht in die oberdeutsche Konsonantenverschiebung eingetretenes Thüringisch, so gewiß die Bevölkerung des ganzen Hosgaus wesentlich aus Thüringern bestand. Selbst da, wo man noch heute zu beiden Seiten der Saalemündung platt redet, vernimmt man so echt thüringische Anklänge, wie ng für nd und nt (Lenge für Lende, hingen für hinten). Das Thüringische steht also dem Rheinfränkischen durch die Merkwürdigkeit zur Seite, daß es in seinem dem süddeutschen Ausgang der oberdeutschen Lautverschiebung fernsten Norden noch dem einst gemeindeutschen, jetzt fast nur noch in Niederdeutschland bewahrten altertümlichen Konsonantismus treu verblieben ist. Die Grenze zwischen Niederdeutsch und verschobenem Deutsch oder, wie man gewöhnlich sagt, zwischen Dat- und Das-Sprache darf mithin innerhalb unserer Provinz nicht als niedersächsisch-thüringische Stammesgrenze gelten, sie hat sich vielmehr erst im Verlauf der letzten vier Jahrhunderte vorwärts bewegt, ist über den ehemaligen Hosgau in den alten Schwabengau vorgerückt bis in die Gegend von Aschersleben, von wo sie ostwärts zur Elbe verläuft, unterhalb Wittenberg diese überschreitet und, den Fläming dem plattdeutschen Raum überlassend, schnurgerade östlich zieht bis zur Provinzgrenze.

Nicht die so leicht veränderliche Sprache, sondern die viel länger in der Vererbung von Geschlecht zu Geschlecht dauernden körperlichen Merkmale verraten uns die bunte, mosaikartige Zusammenwürfelung unseres Volkstums. Wie völlig gleichsprachig mit ihren nunmehrigen Landsleuten erweisen sich die Nachkommen der im 17. Jahrhundert dem Glaubenszwang entflohenen Franzosen auch bei uns, und wie echt französisch doch ist oft ihr schwarzes Haar, das funkelnde schwarze Auge! Auf den Übersichtskarten von der Verteilung der Blonden und Brünetten, wie wir solche neuerdings empfingen, prägt sich der oben betonte Unterschied des vorwiegend sächsischen Nordens gegenüber dem wesentlich thüringischen Süden ziemlich deutlich aus: dort steigt der Prozentsatz derer mit dunkler Augen- und Haarfarbe fast nirgends über zehn, hier bis fünfzehn und darüber. Aber auch innerhalb der thüringischen Landesgrenzen, folglich des thüringischen Volksschlags, nehmen die Brünetten zu und erreichen schon am Zusammenfluß von Gera und Unstrut wie zumeist in den ernestinischen Fürstentümern, auch in unserem Schleusinger Kreis über fünfzehn vom Hundert. Das ist ein sichtlicher Übergang vom blonden Norden zu dem weit mehr brünetten Süden Mitteleuropas, wobei sich vorgeschichtliche, vielleicht keltische Blutmischung äußert.

Als man zum erstenmal die Bewohnerzahl der neu geschaffenen Provinz Sachsen im Jahre 1816 ermittelte, ergab sich die Summe von 1 197 053; schon 1864 war die Volkszahl über zwei Millionen gestiegen, 1895 auf 2 698 549, so daß sie gegenwärtig der Füllung der dritten Million nahe sein wird. Da sich diese Bevölkerung auf 25 252 qkm verteilt, so besaß unsere Provinz bereits 1895 eine mittlere Volksdichte von 105. Demnach ist letztere eine der am dichtesten bevölkerten des ganzen preußischen Staates; sie kommt der Volksverdichtung Italiens ganz nahe, wird hierin innerhalb Preußens nur wenig überboten von Schlesien und Hessen-Nassau, stärker allein von Westfalen und der Rheinprovinz. Das beruht auf der blühenden Landwirtschaft und dem neuzeitlich so hochgesteigerten Betrieb von Industrie und Handel. Wir erkennen dies aus den verschieden hohen Dichtegraden der einzelnen Teile der Provinz: im Nordosten, auf magerem Diluvialboden sinkt die Volksdichte unter 75 auf 1 qkm, aber etwa von einer Linie ab, die den Süden der Altmark mit der Wittenberger Elbgegend verbindet und dann südöstlich weiter zieht, steigt sie rasch bis 100, 150, ja stellenweise noch höher auf dem fruchtbaren, großenteils lößbedeckten Erdreich des Südwestens gegen und um den Harz mit den industriellen Hauptsitzen

Magdeburg, Halle, Erfurt. Die nachfolgenden Schilderungen werden in Einzelbildern des genaueren zeigen, wie diese Provinz ihre derzeitige Höhe der Thatkraft und dem Fleiße ihres Volkes auf allen Gebieten des schaffenden Lebens verdankt, sie werden aber auch erkennen lassen, wie all diese Regsamkeit doch allein getragen und zum Ziel gefördert wird durch den reichen Segen der Landesnatur.

Alfred Kirchhoff.

Heil, Sachsen, Dir!

Den deutschen Gauen sang zum Ruhm und Preise
Gar manches Sängers Mund ein prächtig Lied,
Und immer wieder klingt des Liedes Weise,
Wo tief im Herzen noch die Treue glüht.
Wie preist's die Gauen, wo die Rebe blühet,
Am meerumrauschten Strand die Möwe ziehet,
Wo durch zerfall'ne Burgen streicht der Wind,
Der Heilung Quell aus dunklem Schoße rinnt,

Auch Dir des Ruhmes Kranz, Du Land der Sachsen,
Du Wiege stolzer Macht und Herrlichkeit!
Ist doch aus Dir Borussia erwachsen,
Du Perle jetzt in seines Herrn Geschmeid'!
Und die mit Dir den gleichen Namen tragen,
Die Lande all' von gleichem Ruhme sagen;
O schirm' Dich Gott allweg mit starker Hand,
Du Gau, so schön, Du herrlich Sachsenland!

Von Böhmens Bergen eilet raschen Fußes
Zu Dir das Riesenkind, der Elbe Strom,
Zieht hin an Städt' und Dörfern lauten Grußes,
An goldnen Au'n und deutscher Eichen Dom.
Und Fluß und Bächlein senden ihre Wellen
Von Ost und West, des Stromes Kraft zu schwellen,
Der auf- und abwärts nun auf breiter Flut
Zum sichern Hafen trägt der Menschen Gut.

Dort waldumkränzt die Thäler und die Berge,
Wo der Cherusker einst zwang Ur und Bär;
Von Nixen, Riesen und dem Volk der Zwerge
Weiß jeder Fels und Quell fast eine Mär.
Und zu den Höhen rings in Glanz und Frieden
Weht's leis und lind daher vom nahen Süden:
Ein Brudergruß aus Thüring'ns holdem Land,
Dem Herz und Sinn auf ewig zugewandt.

O Sachsenland, wie scholl durch Deine Wälder
Der Streitaxt Schlag doch einst so grimm, so grell,
Wie tränkten Ströme Blutes Deine Felder,
Eh' Christi Kreuz Dir flammte sonnenhell!
Wie ward in alten und in jungen Tagen
Um Dich so manche heiße Schlacht geschlagen,
Eh' Dich der Zollern Scepter treu und gut
Für immer nahm in seine starke Hut.

Im Schatten ihres Throns bist Du erblühet,
Der deutschen Eiche gleich, in Herrlichkeit;
Wo heut Dein Volk auf Berg und Thal sich mühet,
Allüberall der Segen sein Geleit.
Voll Stolz nennt es viel wack'rer Männer Namen,
Die ausgestreut auf Dir des Edeln Samen,
Und hellen Aug's es auf die Stätten blickt,
Wo sich zum Opferdienst die Liebe bückt.

Auch dieses Buches Blätter sollen künden
Laut Deinen Ruhm in Bild und sinn'gem Wort,
Im Wort und Bilde Dir den Lorbeer winden,
Der nicht im Sonnenbrand der Zeit verdorrt.
Gesegnet jedes Land auf weiter Erde,
Wo fromme Treue wacht am Heimatherde!
Hüt' denn auch Du in Treu mit Herz und Hand,
O Sachsenvolk, Dein herrlich Heimatland!

Ernst Fürste.

Geschichte der Provinz Sachsen.

Die Provinz Sachsen, — in den ersten Zeiten nach der Wiederherstellung unseres preußischen Staates, seit Abschluß der Befreiungskriege auch gern das „Herzogtum Sachsen“ genannt — ist kein so geschlossenes Glied unseres Reiches, mit einer langen selbständigen Geschichte, wie etwa Ostpreußen und Brandenburg. Sie ist vielmehr erst eine Schöpfung des zweiten Jahrzehnts des 19. Jahrhunderts, eine kunstvolle Schöpfung administrativer Arbeit, wie diese nötig wurde, als es galt, nach Abschüttelung der französischen Fremdherrschaft unseren Staat neu zu organisieren. Die Art ihrer Entstehung und geographischen Zusammensetzung wird sich am besten mit jener der sog. Rheinprovinz vergleichen lassen.

Die Provinz Sachsen gehört nur mit etwa zwei Fünfteilen ihres Flächeninhaltes zu den wirklich alten Besitzungen des preußischen Staates; der altpreußische Kern (von der Altmark abgesehen) hatte während langer Jahrhunderte seine eigene Geschichte als der weltliche Besitz der Erzbischöfe von Magdeburg und der Bischöfe von Halberstadt, der zuletzt auf Grund der Bestimmungen des Westfälischen Friedens 1648 und 1680 an das Haus Hohenzollern-Brandenburg übergegangen ist. Gerade diese Länder nun mit Einschluß der Altmark, des preußischen Mansfelds, und der Städte und Gebietsteile zwischen dem Harz und dem Thüringer Walde, die Preußen durch den sog. Reichsdeputationshauptschluß 1802/3 gewonnen hatte, waren im Tilsiter Frieden 1807 verloren gegangen, dann durch Napoleon I. dem neuen Königreich „Westfalen“ zugeteilt worden. Nach Niederwerfung Napoleons I. 1813 und 1814 hatte Preußen die ältesten, die jüngeren und die jüngsten Besitzungen zwischen der Elbe und der Werra wieder erlangt. Während nun noch teils über das Einverständnis des Wiener Kongresses und die Zustimmung des besiegten Königs Friedrich August von Sachsen hinsichtlich des an Preußen abzutretenden Teiles seines Staates unterhandelt, teils mit den übrigen Nachbarländern über verschiedene Grenzausgleichungen Verträge eingeleitet wurden, waren die Vorbereitungen für die Ausgestaltung einer großen westelbischen Provinz in vollem Gange. Als endlich König Friedrich August von Sachsen am 21. Mai 1815 den Vertrag, der einen großen Teil seiner bisherigen Besitzungen an Preußen abtrat, unterzeichnet, am nächsten Tage die Bevölkerung dieser Landschaften aus ihren Pflichten und Eiden gegen ihn entlassen, und König Friedrich Wilhelm III. von Preußen seinerseits an diesem 22. Mai formell die Besitzergreifung vollzogen hatte, war von seiten der preußischen Verwaltung bereits am 30. April der äußere „Rahmen“ der neu zu bildenden Provinz, deren (nachher nur noch in untergeordneten Stücken wieder abgeänderte) Zusammensetzung und Einteilung nach den für die innere Gliederung unseres Staates jetzt aufgestellten Grundsätzen bestimmt worden. Die anfangs für die drei „Regierungsbezirke“ der neuen Provinz angewandten Benennungen — die Regierung zu Magdeburg galt als Regierung in Niedersachsen, die in Merseburg als die des „Herzogtums“ Sachsen, die zu Erfurt als die in Thüringen — sind bald wieder aufgehoben worden. Wirklich aktiv wurde die neue Art der Verwaltung, als endlich mit dem

1. April 1816 die „Regierungen" zu Magdeburg, zu Merseburg und zu Erfurt und zugleich die Oberlandesgerichte zu Magdeburg, Halberstadt und Naumburg in Thätigkeit traten. (Seit 1849 sind indessen an deren Stelle Ober-Appellationsgerichtshöfe getreten; seit der letzten Justizreform in unserem Staate giebt es dagegen für unsere Provinz nur noch einen obersten Gerichtshof, — das große Oberlandesgericht [seit 1879] in Naumburg.) Als erster Oberpräsident der neuen Provinz regierte seit dem 1. April 1816 in Magdeburg der Geheime Staatsrat Friedrich von Bülow.

Bei dieser neuen administrativen Schöpfung wurden also zu einem neuen Ganzen sehr zahlreiche Landschaften verbunden, die bisher durchaus selbständige Wege gegangen waren. Uralt „altpreußisch" war dabei die jetzt bleibend von den übrigen Marken gelöste sog. Altmark; nach ihrer Abtretung an das Königreich „Westfalen" ist sie nach dessen Wiederauflösung mit der neuen Provinz Sachsen verbunden worden. Dazu traten die immerhin schon seit der Mitte des 17. Jahrhunderts mit dem Staate der Hohenzollern verbundenen magdeburgischen und halberstädtischen Landschaften, und der seit 1580 zu den letzteren gehörende kleinere Teil (zwei Fünftel) der Grafschaft Mansfeld, der endgültig preußisch dann seit 1780 gewesen, aber auch 1806 mit dem ephemeren Königreich „Westfalen" verbunden worden war. Dazu kamen die nordthüringischen Besitzungen, wie die Grafschaft Hohnstein, deren altpreußischer Teil schon durch den westfälischen Frieden als ein altes halberstädtisches Lehen an Brandenburg gefallen war; wie Nordhausen, Mühlhausen und das Eichsfeld (von dem aber jetzt ein Teil an Hannover fiel), und namentlich Erfurt mit seinem alten Gebiet. Diese Städte und das Eichsfeld waren bereits 1802 (infolge des sog. Reichsdeputationshauptschlusses, der 1803 rechtskräftig wurde) für fünf Jahre an Preußen gekommen. Dasselbe galt von dem sog. Fürstentum oder reichsunmittelbaren Stift Quedlinburg, wo die preußische Regierung übrigens bereits seit 1697 die Schutzherrschaft oder Erbvogtei geführt hatte. Die 1890 „gefürstete" Grafschaft Wernigerode hatte schon seit 1419 unter Brandenburgs Lehnshoheit gestanden. Dazu wurde nun aber die größere Masse der Gebietsteile geschlagen, welche der König Friedrich August von Sachsen auf dem Wiener Kongreß hatte an Preußen abtreten müssen. Die langwierigen Unterhandlungen hatten, wie bereits bemerkt worden ist, endlich ihren Abschluß am 21. Mai 1815 erreicht. Von den damals an Preußen abgetretenen sächsischen Bezirken wurden mit der neuen Provinz Sachsen nunmehr verbunden: der ehemalige Wittenberger und Thüringer Kreis (dieser ohne das an Weimar fallende Amt Tautenburg), der Meißener Kreis (ohne die davon zu Brandenburg gezogenen Striche), ein Teil des Neustädter und des Leipziger Kreises, und größere Teile der Nieder- und Oberlausitz. Dazu noch die alten Stifter Naumburg-Zeitz und Merseburg, und das Fürstentum Querfurt, der sächsische Anteil an Henneberg und (drei Fünftel) an Mansfeld, Gommern und die Grafschaft Barby. (Mansfeld, Gommern und Barby waren jedoch schon 1807/8 aus sächsischem Besitz an das Königreich Westfalen übergegangen.) Zur Provinz Sachsen fügte man ferner noch die Grafschaften Stolberg, die Herrschaft Dorla, dann (durch Vertrag mit England vom

29. Mai 1815) das ehemalige Hannöversche Amt Klötze, und die von Schwarzburg eingetauschten Ämter Heringen, Kelbra und Bodungen und die „Gerichte“ Hainrode und Allersberg. (Im Jahre 1866 ist als kleine Erweiterung zu der Provinz nachher noch gekommen das bis dahin bayerische, nunmehr dem Kreise Ziegenrück zugeteilte Dorf Kaulsdorf mit seinem Gebiet.)

Alle diese Landesteile sind nun bei mancherlei kleineren Abstrichen und verschiedenen Veränderungen der inneren Abgrenzung in dem Rahmen der neuen Provinz zusammengefaßt worden, die ihren Namen „Sachsen“ nach der ethnographischen Seite nur insofern mit Recht trägt, weil ein wesentlicher Teil der altpreußischen Bevölkerung in den magdeburgischen und halberstädtischen Landschaften wirklich dem alten niedersächsischen Stamm angehört, dessen koloniale Stammverwandte dann die Märker geworden sind. „Herzogtum Sachsen“ wurde die neue Provinz anfangs vielfach genannt, weil König Friedrich Wilhelm III. am 22. Mai 1815 die ihm damals zugefallenen, bisher kursächsischen Länder als sog. „Herzogtum Sachsen“ in Besitz genommen, auch seinen Titeln den eines „Herzogs von Sachsen“ zugefügt hatte. (Lediglich historischen Wert hat die Erinnerung, daß unsere Provinz allerdings das einst von Kaiser und Reich an die Askanier verliehene, seit 1421 in seinem damaligen Umfange an das Haus Wettin vererbte, ältere Herzogtum Sachsen mit einschließt.)

Weiter nach unten wurde also die Provinz bei ihrer administrativen Ausgestaltung in drei sog. Regierungsbezirke gegliedert. „Magdeburg“, von dem südlichen Teile der Provinz fast ganz durch die Anhaltiner Lande getrennt, umfaßte die Masse der eigentlich altpreußischen Besitzungen. „Merseburg“, der südöstliche Teil, umschloß neben einem kleinen altpreußischen Anteil (Saalkreis und das altpreußische Stück der Grafschaft Mansfeld) die Masse der von dem früheren Kurstaat Sachsen im Jahre 1815 abgetretenen Bezirke. „Erfurt“ endlich, der südwestliche Teil, dessen Gebiet einen Hauptteil der Schwarzburger Lande einschloß, wurde aus dem Gebiete der Stadt Erfurt und der früheren Reichsstädte Mühlhausen und Nordhausen, aus dem Eichsfeld und aus verschiedenen thüringischen Bezirken zusammengesetzt, die bis 1815 zu dem kurfürstlichen Sachsen gehört hatten. Diese Regierungsbezirke sind wieder — und zwar mit sehr geschickter Hand und mit feiner Rücksicht auf die ältere Geschichte — in eine bestimmte Anzahl (meistens) landrätlicher Kreise zerlegt worden, aus denen heraus sich im Laufe des 19. Jahrhunderts noch einige selbständige Stadtkreise herausgelöst haben. Gegenwärtig zählt der Regierungsbezirk Magdeburg (mit den Stadtkreisen Magdeburg und Halberstadt) 16 Kreise, Merseburg (mit den Stadtkreisen Halle und Weißenfels) 18 Kreise und Erfurt (mit den Stadtkreisen Erfurt und Nordhausen) 11 Kreise.

Der Flächeninhalt der Provinz wird auf 25 252 qkm angeschlagen, die Gesamtzahl der Einwohner nach der bis jetzt letzten Zählung am 2. Dezember 1895, auf 2 698 549 (gegenüber den nur erst 1 214 219 Seelen im Jahre 1817). Davon kommen auf Magdeburg: 11 512 qkm mit 1 122 635 Einwohnern; auf Merseburg: 10 210 qkm mit 1 129 259 Einwohnern; auf Erfurt: 3530 qkm mit 446 655 Einwohnern.

Die keineswegs leichte Aufgabe blieb es nun, die weitere Entwickelung dahin zu fördern, daß einerseits dieses überaus bunte Mosaik von Bruchstücken mit sehr verschiedener Vorgeschichte zu einer wirklichen Provinz zusammenwuchs, — daß andererseits bei der Bevölkerung allmählich das preußische Staatsgefühl, oder vielmehr die Anhänglichkeit an den Staat der Hohenzollern das Übergewicht gewann. In dieser Art der Arbeit ist ein sehr erheblicher Teil von dem verlaufen, was man jetzt etwa die „Geschichte der Provinz Sachsen" nennen mag. Dabei mußte das Grundprinzip sein, in erster Reihe die heilenden Kräfte der Natur wirken zu lassen, mit sicherem Blick und mit fester, aber milder Hand weniger zu leiten, als zu regulieren und zu fördern. Die Sache war, wie gesagt, keineswegs leicht, keineswegs einfach. Es war doch ein sehr buntes Gemisch, was sich hier unter dem historisch und ethnographisch doch nur für einen Teil wirklich zutreffenden Namen der (preußischen) Sachsen zusammenfand. Die Nachkommen der alten echten Niedersachsen in dem „Herzogtum" Magdeburg und in dem „Fürstentum" Halberstadt, ein Teil von der alten kolonialen Abzweigung derselben in der Altmark; dann wieder die Nachkommen des alten Kolonialvolkes an der mittleren Elbe, im übrigen Deutschland mit ihren südlichen Nachbarn gewöhnlich mit dem heute völlig erloschenen Namen der „Obersachsen" bezeichnet; weiter die sprachlich und ethnographisch viel umstrittenen Mansfelder; endlich die große Masse, die in Bausch und Bogen als „Thüringer" bezeichnet wurde, — alle diese sollten jetzt staatlich neu zusammengefaßt werden. Dabei stand natürlich die gut preußische Gesinnung der Altmärker und der magdeburgisch-halberstädtischen Länder außer aller Frage; aber die Neigungen der Altmärker gravitierten doch (wie wohl teilweise noch heute) weit mehr hinüber nach der „Ostelbischen" Mark Brandenburg, zu der sie seit uralter Zeit gehört hatten, und von der sie nur bei und infolge der Gründung des Königreichs „Westfalen" für mehrere Jahre getrennt gewesen waren. (Wirtschaftlich blieb die Altmark mit Brandenburg, wie früher bis 1811, auch seit 1817 wieder dauernd verbunden, indem zwei „ständische" Institute, die brandenburgische provinzielle Feuerversicherungssozietät und im Schuldenwesen das Pfandbrief-Kredit-Institut auch über die Altmark ausgedehnt sind.) Der alte Gegensatz allerdings zwischen Märkern und Magdeburgern war wohl während der mehr als 150jährigen gemeinsamen Zugehörigkeit zu den preußischen Staaten stark abgestumpft worden. Dagegen kostete es große Mühe, die Bewohner der bis 1815 zu den sächsischen Kurstaaten gehörigen, jetzt an Preußen abgetretenen Landschaften zu gewinnen, die nur mit tiefem Schmerz die Trennung von ihren früheren Landsleuten ertrugen. Namentlich Wittenberg verschmerzte nur sehr schwer den Verlust seiner Universität (1817), obwohl dieselbe bereits vor dem Jahre 1813 tief herabgekommen, obwohl das Verhältnis zwischen ihren Lehrern und den städtischen Behörden damals so feindselig war, daß die Professoren wiederholt in Dresden die Verpflanzung nach einer anderen sächsischen Stadt beantragt hatten. Erst in der zweiten Hälfte des 19. Jahrhunderts ist der herbe Gegensatz zwischen den sächsischen „Neupreußen", oder auch wohl „Mußpreußen" und den Einwohnern der älteren preußischen Landesteile gänzlich erloschen. Leichter ist es geworden, die kleineren Gebiete des Westens für die neuen

Verhältnisse zu gewinnen. Der frühere Gegensatz innerhalb der evangelischen Bevölkerung, wie er einst zwischen Preußen und Sachsen bestanden hatte, war wohl schon 1815 nicht mehr sehr fühlbar: schwieriger ist die Ausgleichung mit dem katholischen Eichsfeld geworden.

In welcher Weise die gemeinschaftlichen Schicksale des preußischen Staates, wie sie die Provinz Sachsen mit den übrigen Teilen unseres Staates zusammen erfahren hat, — wir erinnern nur an die Erschütterungen des Jahres 1848 und an die weltbewegenden Kriege der Jahre 1866 und 1870 — auch auf das innere Leben unserer Provinz gewirkt haben, bleibt hier unerörtert. Sehr fühlbar und wirksam aber ist die Arbeit der Staatsregierung für die Verschmelzung der einzelnen Teile der Provinz geworden, die auf die Verbesserung und Vermehrung der Verkehrswege berechnet war. Nur sehr alte Leute erinnern sich noch heute an die endlosen Reihen hochragender Pappeln oder rotleuchtender Ebereschenbäume, die, seltener mit Obstbäumen abwechselnd, die langen Straßenlinien begleiteten, durch welche alle Teile unserer weitgedehnten Provinz mit einander in bequeme Verbindung gebracht wurden. Besonders wichtig wurde dabei die rheinische Linie von Halle nach dem Eichsfeld, mit ihrer Abzweigung nach Erfurt. Noch mehr der mühevolle Straßen- und Brückenbau, welcher seit 1818 bis 1821 endlich die Sumpflandschaft der unteren weißen Elster bei Ammendorf durchschnitt, und — entsprechend der etwas älteren „Chaussierung“ der einst äußerst schwierigen Stelle zwischen Naumburg und Kösen — endlich die allezeit ungehinderte Verbindung zwischen den nördlichen und den südlichen Strichen des Merseburger Regierungsbezirkes möglich machte. Der hohe Wert dieses Kulturmittels auch für die bessere Zusammenfassung unserer Provinz war noch kaum recht erkannt worden, als bereits die Zeit anbrach (gegen Ende des vierten Jahrzehnts des 19. Jahrhunderts), wo die Anlage der Eisenbahnen, zuerst der von Magdeburg nach Leipzig führenden, begonnen wurde. Während einer Zeit von drei bis vier Jahrzehnten ist dann unsere Provinz in umfassendster Weise mit „Schienenwegen“ — mit Magdeburg und Halle als deren Hauptmittelpunkten — bedeckt worden, die teils den großen Interessen des Verkehrs mit Hamburg, mit Berlin, mit Hannover und den Rheinlanden, mit Kassel und Göttingen, mit Thüringen und Frankfurt a. M., mit Bayern, mit Leipzig, mit Posen und Schlesien dienen, — teils die dem großen Verkehr ferner liegenden Teile der Provinz ergänzend „aufschließen“. Dieses neue Verkehrsmittel hat natürlich in erhöhtem Grade auch für die innere Verschmelzung der verschiedenen Landschaften der Provinz gewirkt.

Während die seit 1876 bestehende, an die Stelle der alten Provinzialstände getretene Provinzialvertretung, die ihren Sitz in Merseburg hat (wo anfangs bis 1830 vor seiner bleibenden Verlegung nach Magdeburg auch das General-Kommando der Provinz sich befunden hatte) dem bezeichneten Zweck in anderer Weise dient, werden wir in derselben Richtung der alten Fridericiana in Halle a. S., nach dem Ausleben der Erfurter (12. Nov. 1816) und nach der Vereinigung (1817) mit der Wittenberger, der einzigen kraftvollen Provinzial-Universität, eine große Wichtigkeit zuzuschreiben haben. An ihrer Seite sind in analoger Weise die wissenschaftlichen

Arbeiten historischer Vereine, seit dem Jahre 1876 namentlich auch die der „historischen Kommission“ förderlich gewesen.

Freilich kann noch jetzt nicht davon die Rede sein, daß die Bevölkerung der Provinz Sachsen in ähnlicher Weise, wie die von Ostpreußen, von Schlesien, von Pommern, von Schleswig-Holstein, und wie die der unter ähnlich schwierigen Verhältnissen entwickelten Rheinprovinz, sich als ein geschlossenes Glied der deutschen Völkerfamilie zu fühlen vermöchte. Ein „Provinzialbewußtsein“, wie in den vorher genannten Landschaften, hat sich in unserem „Sachsen“ noch nicht ausgebildet; die verschiedenen Charaktere der hier vereinigten Stämme sind noch immer recht deutlich zu erkennen. Wohl aber sind eine Menge alter Gegensätze ausgeglichen, und die großen geschichtlichen Erinnerungen der verschiedenen in ihren Grenzen jetzt vereinigten Gebiete gelten ihrer gebildeten Bevölkerung als ein schöner Gemeinbesitz.

Während der 74 Jahre seit ihrer äußeren Ausgestaltung ist unsere Provinz zu einer der blühendsten des preußischen Staates emporgewachsen. Von dem vorher Bemerkten abgesehen, ist ihre Geschichte seit 1816 wesentlich Kulturgeschichte gewesen. Die kraftvolle Verwertung der ihren Einwohnern durch die Natur gebotenen Mittel hat es möglich gemacht, die gewaltige Einbuße während der Zeit von 1806 bis 1817 durchaus zu überwinden, und viele neue Quellen des Wohlstandes zu erschließen. Die geschichtlich ältesten Zweige der Erwerbsthätigkeit in diesen Landschaften waren Landwirtschaft und Salzproduktion, beide stehen noch jetzt in überaus eifrigem Betrieb. Wie unsere Provinz nicht nur geographisch in der Mitte steht zwischen dem östlichen und dem westlichen Teile unseres Staates, so wird sie auch gegenwärtig die Mitte halten zwischen jenen Provinzen, wo die moderne Industrie die Landwirtschaft überflügelt hat, und denen, wo dieses Verhältnis noch nicht eingetreten ist. Die besonders fruchtbaren Landstriche der Provinz, wie die Magdeburger Börde, wie die Wische, wie die sog. goldene Aue und ein Teil von Mansfeld, haben selbst in der Gegenwart ihren alten Ruf behauptet. Im ganzen steht in dieser Provinz die Landwirtschaft und die Landeskultur auf einer besonders hohen Stufe. In ähnlicher Weise hat sich die Erfurter und Quedlinburger Gartenwirtschaft trefflich erhalten. — Eine sehr bedeutende Steigerung hat, namentlich während der letzten Hälfte des 19. Jahrhunderts, die Salzgewinnung erfahren. Freilich kämpfen die Salinen in Halle a. S. trotz der unverminderten Vortrefflichkeit ihres Salzes, in der Gegenwart, gegenüber einer fast übermächtigen Konkurrenz, schwer um ihr Leben. Dagegen ist die Kraft der ebenfalls uralten Schönebecker Salzwerke ungebrochen, und der modernen Betriebsamkeit ist es gelungen, früher kaum oder nur wenig bekannte Bodenschätze zu entdecken und zu verwerten; wir meinen die großen Steinsalzlager in der Gegend von Erfurt und von Artern. Von ganz besonderer Wichtigkeit aber wurde die Entdeckung des großen Salz- und Kalilagers bei Staßfurt 1839 (seit 1851 „aufgeschlossen“, seit 1857 bergmännisch ausgebeutet, seit 1871 noch sehr erheblich ausgedehnt), dem seit etwa 1896 die Entdeckung eines nicht minder bedeutenden auf der Südseite des ehemaligen „Salzigen Sees“ sich anreiht.

Seit dem vierten Jahrzehnt des 19. Jahrhunderts sind aber der reinen Landwirtschaft und der Ausbeutung der altbekannten Bodenschätze neue Erwerbszweige zur Seite getreten, die in anderer Art die Verwertung der Naturprodukte ermöglichen. Einerseits ist die Provinz Sachsen, namentlich das alte Magdeburger, Halberstädter und Hallische Gebiet, ein Hauptsitz der deutschen Rübenzucker-Industrie geworden; andererseits ist vorzugsweise in dem Merseburger Regierungsbezirk in gewinnbringender Weise der bergmännische Betrieb großer Braunkohlenlager und die industrielle Verarbeitung mancher seiner Ergebnisse im Gange.

Der auf ein Alter von 700 Jahren veranschlagte Betrieb des Silber- und Kupfer-Bergbaues in der Grafschaft Mansfeld hat während der zweiten Hälfte des 19. Jahrhunderts unter Überwindung sehr verschiedenartiger Schwierigkeiten und Hindernisse an Umfang und Ergiebigkeit sehr zugenommen. — Daneben haben sich nun in verschiedenen Teilen der Provinz andere Arten der Industrie in ausgedehnter Weise entwickelt. Während die großartigen Schöpfungen der Familien Boltze in Salzmünde und Nathusius in Hundisburg und Althaldensleben auf dem Boden der Landwirtschaft ihren Ausgangspunkt genommen haben, sind verschiedene Städte, wie namentlich Magdeburg und Halle mit ihrer Umgebung außer vielem anderen durch ihre Maschinenfabriken und andere Metallarbeiten außerordentlich wichtig geworden. Während ferner verschiedene andere Arten des Gewerbefleißes fast überall die größeren wie die mittleren und kleineren Städte beleben, sei noch der ebenfalls über mehrere der mittleren Kreise verbreiteten chemischen Großindustrie, und der ebenfalls viel verbreiteten sog. Textilindustrie (wo Burg an der Spitze steht) gedacht. Dem hochentwickelten Betrieb aller dieser Erwerbszweige und der kräftigen Pflege des Straßen- und Eisenbahnwesens entspricht ein überaus reger Verkehr und ein sehr lebhafter Handel. Unter diesen Umständen sind verschiedene der Städte der Provinz seit 1816 allmählich besonders glänzend gediehen, nur wenige materiell zurück geblieben. Besonders stattlich sind Magdeburg, Halle, Zeitz, Burg, Weißenfels, Mühlhausen, Nordhausen, Erfurt, Halberstadt, Quedlinburg und Stendal emporgewachsen; unter den kleineren Städten sind Calbe a. S., Staßfurt, Schönebeck, Aken, Sangerhausen sehr merklich gewachsen.

Der uralten Kultur und der reichen „geistigen Geschichte" verschiedener Teile der Provinz entspricht es endlich, daß die Zahl der verschiedenen Bildungsanstalten höheren und niederen Ranges in ihrem Bereich seit 1816 in großem Maße sich vermehrt hat. Wie das Königreich Sachsen, so ist auch die Provinz Sachsen noch in der Gegenwart — vor anderen deutschen Landschaften — recht eigentlich die Heimat einer großen Menge Pfleger der deutschen Bildung auf den verschiedensten Stufen und in den verschiedensten Richtungen des Volkslebens.

Prof. Dr. G. Hertzberg-Halle a. S.

Das preußische Sachsenland.

1. Aufbau.

Das preußische Sachsenland ist vor manchem Ländchen dadurch ausgezeichnet, daß es ein fast vollständiges Archiv bildet aller der Urkunden, die mit Lapidarschrift im Schoße des Erdballs verzeichnet stehn. Das älteste Erzeugnis der Erdbildung, das auf dem europäischen Festland überhaupt gefunden wird, ist im preußischen Sachsenlande mehrfach vertreten. Der Kern des Harzes, der Unterbau des Kreises Ziegenrück und der Nordfuß des Kyffhäusers werden durch silurischen Thonschiefer gebildet. Ihm sind stellenweise die nächstjüngeren devonischen Urschiefer aufgelagert. Beide sind im Harze durch Massenhebungen des Granits, diese wieder durch plutonische Pfeiler und Rippen von Diorit, basaltähnlichem Hornfels, Quarzfels — seltner Porphyr — durchbrochen. Fast auf der Hälfte der Westgrenze gipfelt der Grundbau der Provinz Sachsen im **Brocken**, der uns den Granit nur noch im verwitterten Zustande als lehmige Erde zeigt, aus welchem die stehengebliebenen festeren Adern des Grundgesteins als Klippen und wirkliche Fels-„Brocken" hervorragen, unvergängliche Zeugen des ursprünglichen Bodengehalts der ganzen Felswarte. Von ihr aus streicht ein Zug aller Gebirgsarten durch die Mitte der Provinz in südöstlicher Richtung über den Petersberg hin zum — vielfach unter erdiger Deckung liegenden — Anschluß an das im Königreich Sachsen die Mulde umsäumende Porphyrgebirge. Dieser Riesendamm teilt weite Gebiete der Provinz in die niedersächsische und die thüringische Salzmulde. Die erstere wird gegen Südwest durch den Harz und den diesen mit dem Petersberge verbindenden Rücken Rotliegenden Sandsteins begrenzt, von welchem sich zwischen Löbejün und Gröbzig über Köthen, Gommern, Magdeburg ein allerdings meist tief unter tertiären und diluvialen Deckungen hinziehender Gürtel ältester Formationen als Ostrand des Steinsalzbeckens hinzieht, während als Nordostgrenze desselben die in Neustadt-Magdeburg als trefflicher Baustein gebrochene Grauwacke und weiter das in der Richtung auf Öbisfelde streichende Porphyrgebirge die Westgrenze offen läßt zum Anschluß an die ferneren Steinsalzablagerungen jenseits des Rahmens der Provinz.

Die andere, die thüringische Steinsalzmulde, wird von der ersteren geschieden nordostwärts durch den Porphyr von Halle und Wettin, den rotliegenden Sandstein von da bis am ganzen Südfuße des Harzes hin, ist offen gegen die außer der Provinz anschließenden Salzgebiete der Werra, und hat von Eisenach ab die Ränder der alten Gebirgsarten, über Gotha, Jena, Gera, Altenburg zur Grenze gegen Süd, während sie ostwärts nach dem Königreich Sachsen keine bis jetzt gemessenen Grenzen hat. Nur an einer Stelle auf dieser weiten Strecke bei Schladebach, unweit Dürrenberg, ist die Abwesenheit des Steinsalzes durch Erbohrung des Porphyrs in nahezu 2000 m Tiefe erwiesen. Als Insel erhebt sich aus ihr das auf ältestem Grund ruhende mit Rotliegendem abschließende Kyffhäusergebirge. Diese Steinsalzmulden stellen unverkennbar vormalige tiefe Seebecken dar, in welchen das übersättigte Meerwasser den größten Teil seines Salzgehaltes um so leichter niederschlug, da damals die Temperatur der Erde den Graden nahe stand, unter welchen jetzt das Salz im Feuer der Saline aus der Soole herauskrystallisiert. Die vormaligen Ufer dieser Salzmagazine sind durch ein dieselben fast überall einfassendes Band von Zechstein mit Kupferschiefer gesäumt, das überall auf Rotliegendem (selten Porphyr) auflagernd wiederum von den untersten Bänken des Buntsandsteins überlagert wird.

Wie der Kupferschiefer vom kohlensauren Kalk, so wird das Steinsalz vom schwefelsauren Kalk überlagert; dieser bildet teils wasserfreien harten Gips, Anhydrit, teils wasserhaltigen Gips, Gipshydrat. Während der erstere vielfach als Gipsmarmor geschliffen wird, wird der andere durch Brennen — Austreiben des Wassergehalts — zu Bauzwecken vielfach verwertet. Das aus dem Meereswasser niedergeschlagene Salz muß viel Schwefelsäure enthalten haben wie das Glaubersalz, die dann von den darüber niedergesunkenen Kalkmassen aufgesogen wurde und sie zu Gips machte. Über diesen Gipsmassen, zum Teil durchsetzt von ihnen, lagert dann die ganze Reihenfolge der jüngeren Flötzbildungen bis zum Diluvium und Alluvium, natürlich nicht so, daß alle Entwicklungsstufen überall gleichmäßig ausgebildet wären. So bildet das untere Bodethal von Staßfurt bis Nienburg eine Rinne im Muschelkalkgebirge, gegen welche von beiden Seiten alle Gesteinschichten abfallen; auf der Südseite sind diese vorherrschend nordwärts, auf der Nordseite vorherrschend südwärts geneigt. Auf diesem weiten Raume findet sich keine sekundäre Bildung, jünger als der Muschelkalk, während solche von Staßfurt westlich und nördlich ausgedehnte Räume einnehmen.

Im Regierungsbezirk Magdeburg mündet die Saale, deren Mittellauf dem Merseburger Regierungsbezirk sein Gepräge aufdrückt. Sie verbindet eine Reihenfolge weiter Auenfelder durch Verengungen des Thales zwischen Höhen, deren Gesteinschichten auf beiden Seiten nicht nur dieselben sind, sondern die auch genau in der Richtung der auf der anderen Stromseite gegenüberliegenden anstehen, also augenscheinlich von jenen gewaltsam losgetrennt sind. Jene Auenfelder ruhen größtenteils auf grobem Kies, dem Produkte zerwaschener Felsen, abgesetzt auf dem Grund vormaliger Seen, die voneinander durch die Höhenzüge getrennt waren, aus deren Durchbrechung der jetzige Wasserlauf entstand. Jede dieser Senken zeigt eine Abdachung nach Osten, tiefer liegend als die durchbrochenen Höhenzüge, meist Braunkohlenlager enthaltend und dadurch die einstmalige Verstopfung des Abflusses andeutend. Diese auf dem Ostufer der Saale wahrnehmbaren Senken lassen sich auf dem Westufer bis in den Vorharz hinauf verfolgen, führten also die Gebirgswasser durch die Seen des jetzigen Saalethales bis in die Mulde bei Jeßnitz.

Die untersten drei dieser Durchbrüche liegen in Anhalt, müssen aber um des Zusammenhanges willen hier erwähnt werden. Von der Mündung aufwärts an Calbe vorbei hat das Saalethal eine fast ebenmäßige Breite von 1 km, erweitert sich aber oberhalb Nienburg zu einem fast ovalen Becken von ca. 5 km langem Durchmesser. In seinen nördlichen Ausfluß mündet bei Nienburg die Bode. Die

Muschelkalkbank, welche das Bodethal nordwärts begrenzt, setzt sich auf dem jenseitigen Saaleufer fort und trug daselbst noch vor 40 Jahren den unverkennbaren Charakter des Unterwaschenseins, der durch Abbau des Kalksteines seitdem verwischt ist. Am stärksten hat diese Unterwaschung jedenfalls auf der Strecke genagt, welche jetzt Strombett und Stromaue — bei Hochwasser noch jetzt erweitertes Flußbett — ist. Am Westende dieses Seebeckens liegt Bernburg in einem zweiten Durchriß, den die entsprechenden Schichtenköpfe des oberen Buntsandsteins charakterisieren. Oberhalb Bernburg erweitert sich das Saalethal wieder; 4 km aufwärts wird es wieder eingeengt. Klippen des Roggensteins und des unter demselben lagernden Hornkalks bei Aderstedt und in Gröna weisen auch hier unverkennbar einen Durchbruch auf. Oberhalb desselben dehnt sich eine ca. 6 km weite Aue aus, deren Hälfte dem Regierungsbezirk Merseburg angehört, die bis Alsleben a. S. reicht. Weitere 8 km aufwärts zeigen ja die Ränder des Saalethals manche Spuren von entsprechenden Schichten beider Seiten, das eigentliche Durchbruchsgebiet aber liegt zwischen Rothenburg und Friedeburg, und ist 4 km lang. Auf beiden Ufern erhebt sich ziemlich ebnes Hochland ca. 60 Meter über den Saalespiegel. Das Thal hat eine ganz geringe Weite und windet sich zwischen starren Klippen rotliegenden Sandsteins hin. Ehe derselbe durchbrochen war, bildete er einen zusammenhängenden Uferrand 30 Meter über den Wassern, die an Wettin und Halle und Merseburg vorbei in der Elsteraue bis gegen Schkenditz hinauf einen langgestreckten See bildeten, dessen Abfluß nach Osten dadurch gekennzeichnet ist, daß die weite Ebene nordostwärts von Halle über Niemberg und Zörbig zur Mulde bei Jeßnitz abfallend nur 30 Meter über dem Saalespiegel liegt und häuserhohe erdige Auffüllung auf dem den Grundfels bildenden Porphyr hat.

Wiederum finden wir oberhalb Naumburg das Saalethal verengt durch die Felsenpforte, in welcher die nach ihr benannte vormalige Klosterschule Pforta und das Salzstädtchen Kösen liegen. Welchen Weg aber die Wasser der oberen Saale und der Ilm vor dem Durchbruche des Felsendammes genommen haben, ob sie in der Senke über Sulza und Buttstädt sich zur Unstrut gewandt haben, dürfen wir nicht näher untersuchen, da beide Städte auf herzoglichem und großherzoglichem Boden liegen. Desto fester halten wir uns an die preußische Unstrut. Hat dieselbe die Finne bei Heldrungen von der Schmücke bei Oldisleben durch ein tief eingeschnittenes Thal getrennt, so läßt sie uns nicht die Möglichkeit nachweisen, daß sie früher ihre Wasser nach anderer Richtung entsandt habe. Wir müssen annehmen, daß sie zwischen den beiden vorbenannten Ortschaften den Felsendamm in einem Wasserfalle überschritten und allmählich zerbröckelt hat. Anders aber ist es mit dem zweiten Durchbruche derselben unterhalb der alten Burg Wendelstein an der sogenannten Steinklebe. Hier waren die Höhen zu hoch, um überflutet zu werden. Aber sie wurden erschüttert, gelockert und zerklüftet durch das Aufsteigen des Gipsblockes, auf dem die Burgruine Wendelstein liegt. Die durchbrechenden Wasser des meilenweit aufgestauten Seegrundes, dessen Mittelpunkt jetzt die Stadt Artern einnimmt, wuschen nun das Bett des von Liederstädt kommenden Baches weiter aus und bildeten dadurch das gegenwärtige unterhalb Freiburg ins Saalethal auslaufende Flußbett der Unstrut.

Aber wo blieben die Wasser jenes großen Sees von Artern? Die Antwort ergiebt sich aus dem merkwürdigen Umstande, daß sich auf dem Boden des vormaligen Mansfelder Salzsees und in seinem Abflusse, der Salzke, Trümmer von Gesteinen finden, die nur im oberen Gebiete der Unstrut anstehen. Also durch den Salzsee floß vormals die Unstrut mit der oberen Saale in den See von Halle ab, allerdings nicht im Bette der Salzke, die erst durch Zerreißung des Muschelkalkflötzes bei Cölme ihr Bett bildete, sondern durch die erst später entstandenen Braunkohlengebirge zwischen Halle und dem Salzsee.

Fragen wir nun aber, wie sie diesen Weg gefunden hat, so sehen wir staunend, daß sich vom Salzsee nach der goldenen Aue ein Verbindungsthal hinzieht, aus welchem ein jetzt fast versiechtes Bächlein sich in die Westspitze des Salzsees ergoß, das unweit des Dorfes Hornburg entspringt, während auf der anderen Seite in demselben Thalgrunde ein Quellbach der unweit Artern in die Unstrut fallenden Rohne entspringt. Dieser „Zellgrund“ zeigt uns also den Weg, den einst die vereinigten Wasser der oberen Saale, Ilm und Unstrut genommen haben, als das Thal noch tiefer und weiter war. Vielleicht förderte seine Ausfüllung und Verengung den Durchbruch der Unstrut an der Steinklebe unterhalb Wendelstein.

Auch die Wipper hat in zwei Durchbrüchen ihren Lauf verändert. Wo jetzt ihr Thal und dessen steile Hänge von dem Bergstädtchen Hettstedt bedeckt werden, zog sich in der Urzeit das Zechsteingebirge ununterbrochen fort, das jetzt eine auf beiden Seiten gleich hohe Hochebene bildet, die später von der Wipper durchbrochen wurde. Der frühere Lauf der Wipper wird deutlich gekennzeichnet durch zwei parallel laufende Senken, die unverkennbar die östliche Richtung des oberen Wipperlaufes fortsetzend unweit Gerbstedt sich in das vorstehend als vormaligen Seegrund bezeichnete bis über Halle hinausreichende Thal verlieren. Eine tiefe Senke, von Sandersleben über Belleben und Cönnern zur Mulde bei Jeßnitz streichend, zeigt uns den Weg, auf welchem die jetzt zwischen Hettstedt und Sandersleben in die Wipper mündenden Bäche weiterflossen, ehe das Muschelkalkgebirge nördlich von Sandersleben, durch aufsteigende Gipspfeiler gelockert, von der Wipper durchbrochen wurde, die dann verschiedene Bachthäler weiter und tiefer auswaschend auf anhaltischem Gebiete ihre Mündungsstelle fand.

Die Flußgebiete der Weser und der Elbe sind in unserer Provinz an zwei Stellen in interessanter Weise verbunden. Vom mittleren Laufe der Bode bis zur Ocker dehnt sich ein weiter Bruch aus, der bei Hochwasser die Gestalt eines ausgedehnten Sees gewinnt und solchen jedenfalls auch bei niederem Wasserstande darstellte, ehe durch Auswaschung der beiderseitigen Flußläufe der Wasserspiegel tiefer gelegt wurde. Er wird von verschiedenen Entwässerungsgräben durchschnitten, deren stärkster von Hornburg an der Ocker bis Oschersleben an der Bode führt — völlig gefällelos die Bruchwasser nach beiden Seiten führend.

Ein kleinerer Bruch, der Drömling, vertritt die Stelle der Wasserscheide zwischen der südöstlich zur Elbe fließenden Ohre und der nordwestlich fließenden Aller im Wesergebiete. Durch ihn führt die Spetze, unterhalb Flechtingen sich teilend, ihre Wasser in einem Arme der Aller, im andern der Ohre zu.

Unverkennbare Spuren gewaltiger Meeresfluten haben sich dem nördlichen Vorharz aufgeprägt. Die Spiegelschen Berge, der gläserne Mönch, der Hoppelberg, der Regenstein, die Teufelsmauern bei Blankenburg und Quedlinburg, sowie die Gegensteine bei Ballenstedt sind die stehengebliebenen Reste von den dem Harze vorgelagerten Gebirgsketten, deren losere Teile von den wilden Fluten losgerissen und fortgeführt wurden. Sie wurden abgelagert auf den Rändern des vormaligen Sees von Frose und weiter über Aschersleben hinaus längs dem Wipperthale. Noch vor 50 Jahren lagerten sie massenweise an den Lehden bei Königsaue, Mehringen, Sandersleben, spärlicher von da ostwärts von Cönnern an bis Löbejün. Fast sämtlich sind sie zu Straßenbauten verarbeitet. So weit verschleppt konnten sie durch die riesigsten Fluten nur werden, wenn sie von Eisschollen getragen wurden. Nur auf oder in riesigen Eisschollen können auch die zahllosen Blöcke nordischer Geschiebe angetrieben sein, die wie über ganz Norddeutschland, so auch über das preußische Sachsenland zerstreut sind, und als dem Norden entstammend vorzugsweise auf der Nordseite des dieselbe durchziehenden Felsendammes, überhaupt an südwärts geneigten Hängen sich abgelagert fanden, aber auf der Oberfläche und in den oberen Schichten von Kulturland nur noch vereinzelt vorkommen.

2. Belebung.

Wenn die silurischen Thongesteine bei einer Temperatur der Erdkugel abgesetzt wurden, die mindestens der Siedehitze entsprach, so mußte sie azoisch, lebensunfähig sein. Aber schon in der devonischen Grauwacke beginnt sich das Leben zu regen. Sie hat uns die Abdrücke der ältesten Pflanzengebilde erhalten, zuerst Kryptogamen — Blätterquirle, Stengel und Blüten von Schachtelhalmen in Grauwacke, Chara-Körner in Fruchtschiefer, aber auch schon phanerogamische Monokotylen — schilfartige Blätter und Stengel — Kalamiten — im Schieferthon. Das tierische Leben erscheint in seinen ersten Anfängen noch pflanzenartig an den Boden des Meeresgrundes gefesselt. Die den Tulpenknospen vergleichbaren Enkrinitenköpfe finden sich versteinert eingebettet im Grauwackensandstein von Plötzky bei Gommern und losgelöst aus ihrer Bettung in manchem Kieslager, z. B. westlich vom Petersberge in der Nähe der Eisenbahn Halle-Halberstadt. Eine reiche Flora von Kryptogamen — baumartige Schachtelhalme, ähnlich den jetzigen Kasuarien, an denselben aufgerankt die Selaginellen der Urzeit, Lepidodendren, riesige Baumfarne — Stämme, Sigillarien, Wurzelstöcke, Stigmarien genannt — neben den verschiedensten Blattpflanzen niederer Ordnungen bildeten die Wälder, denen wir jetzt die tief verschütteten schwarzen Diamanten entnehmen, allerdings in unserem Gesichtskreise nur noch einem einzelnen Schachte am Nordfuße des Petersberges, nachdem die Steinkohlengruben von Löbejün und Wettin im Saalekreise erschöpft sind, d. h. der noch vorhandene Kohlengehalt der Flötze nicht mehr für abbauwürdig erachtet ist. Ausführliche illustrierte Beschreibung der bei Wettin gefundenen Pflanzenreste dieser ältesten Bildung hat gegen die Mitte des scheidenden Jahrhunderts Professor Dr. Germar zu Halle a. S. geliefert.

Zahlreiche Reste jener ältesten Baumwelt hat uns das die Steinkohlen deckende Rotliegende erhalten, die durch Aufnahme von Kieselsäure in schwarzen Hornstein verwandelten Stämme und Aststücke — Ligniten. Drei derselben waren bis zur Mitte des Jahrhunderts als aufrechte, in Mannshöhe abgebrochene Baumstämme von nahezu 30 cm Durchmesser in einem Bruche schieferigen Rotliegenden nördlich von Wettin zu sehen — sogar die Verästlung der Wurzeln bloßgelegt. Angeblich wurden zwei derselben ausgehoben und in ein bergmännisches Museum versetzt. Der dritte war an der Fundstätte stehen gelassen und überdacht, zerfiel aber nach Jahren durch Zersetzung unter den Einflüssen aller Witterungswechsel.

Das unter der linken Thalbegrenzung der Aller lang hingestreckte Steinkohlenflötz mag jüngerer Bildung entstammen, liefert uns also keine Denkmäler der ältesten Lebenszeichen innerhalb der Provinz. Außerhalb derselben dagegen treten uns am Wege von Kelbra nach dem Kyffhäuser hinauf hochgerichtete schwarze Stämme versteinerten Holzes entgegen. Aus solchem besteht auch die Rathaustreppe zu Nordhausen.

Ist die ganze Formation des Rotliegenden nur ein Zerstörungsprodukt, riesige Anhäufung von Schutt und Trümmern zerstörter älterer Gebirge, so ist es selbstverständlich, daß sie keinerlei Reste eigenen Lebens, sondern nur unverwüstliche Reste des Lebens enthält, das sie zerstörte und begrub. Desto reicheres Tierleben fand seinen Untergang in dem bituminösen Thonschlamme, aus welchem der Kupferschiefer sich absetzt. Vorzüglich stark vertreten war der fast kugelförmige, wenigstens mehr als scheibenförmige Platysomus und der dem Hering an Gestalt und Größe gleichende Palaeoniscus, vom Hering verschieden dadurch, daß der Rücken eingezogen, der Bauch gewölbt erscheint. Der Schwanz gabelt nicht wie bei den Grätenfischen, sondern spitzt sich einseitig zu wie bei den Rochen, Haien u. dgl. Ein Exemplar, dessen einschließendes Gestein sich in des Fisches Länge auseinander gab, legt in zwei Hälften das Innere des Fisches frei, zeigt den Knochenbau der Knorpelfische und einen reichen Vorrat von Laichkörnern.

Im Buntsandsteine mehren sich die Lebensspuren, indem er verschiedenen Arten von Sauriern — Echsen zeigt. Eine illustrierte Zusammenstellung derselben mit genauer Beschreibung hat gegen 1870 der Hallische Professor Dr. André geliefert. Die reichste Entwicklung des Lebens der Schaltiere weist aber der Muschelkalk auf. Besonders reich an den verschiedensten Ammoniten war das unterwaschene Flötz von Muschelkalk auf dem rechten Saaleufer gegenüber Nienburg — allerdings in Anhalt, läßt aber erwarten, daß auch auf preußischem Boden im gleichen Gesteine gleiche Funde zu machen sind.

Die jüngeren Bildungen der Sekundärzeit sind in der Provinz so wenig häufig und so wenig charakteristisch aufgetreten, daß sie besonderer Erwähnung nicht bedürfen. Die Tertiärzeit hat uns reiche Braunkohlenlager geliefert, in welchen ausgestorbene Coniferenarten mit Bäumen untermischt begraben liegen, die mit keiner jetzt bekannten Pflanzenart verglichen werden können. Die Früchte derselben, vielfach in Gestalt einer Citrone, sind als Schwefelkiese erhalten, leider nicht luftbeständig. Der Braunkohle gleichalterig, oft auch sie deckend, ist ein plastischer Thon, der zu

Ziegelwaren, vielfach auch zu Töpferwaren verarbeitet wird. Wertvoller für solche Zwecke ist die Porzellanerde, Kaolin, entstanden aus verwittertem Porphyr, vielfach noch dessen krystallinische Struktur zeigend.

Das Diluvium, die Sintflut, hat auch über unser Ländchen sich ergossen, und weiten Strichen einen Überzug von Diluviallehm gegeben. In demselben sind, namentlich, wo er Klüfte gefüllt, die Knochen von Tieren enthalten, denen gleiche, wenigstens denen ähnliche, noch jetzt, wenn auch in anderen Teilen der Erde, gefunden werden. Aber auch das Dasein des Menschen in so früher Zeit ist durch das Auffinden eines wohlerhaltenen Schädels 20 Fuß tief unter Diluviallehm beim Ausschachten der Eisenbahn südöstlich des anhaltischen Sandersleben erwiesen. Angeblich hat Professor Dr. Virchow in Berlin über denselben geurteilt, daß er sich nicht wesentlich von Menschenschädeln der Gegenwart unterscheide und keine Spur einer Entwicklung aus einem Affenschädel erkennen lasse. Wenn die vor einigen Jahren gemeldete Auffindung eines allerdings durch Vermoderung stark geschädigten Einbaumkahnes bei Erdarbeiten in der Nähe des Sudenburger Thores vor Magdeburg unter Diluviallehm keine Zeitungsente war, so dürfen wir annehmen, daß in demselben vorsintflutliche Menschen auf der Elbe gefahren sind, jedenfalls auch gefischt haben.

Hatte die Sintflut riesige Eismassen aus den Polarmeeren und von den skandinavischen Alpen — Kjölen — angetrieben, so zeigen einerseits die von denselben bis zur Höhe von über 300 Metern abgesetzten Geschiebe mit aktenmäßiger Zuverlässigkeit die Flutmarke des damaligen höchsten Wasserstandes; andererseits mußte deren langsames Abschmelzen jene tiefe Erniedrigung der Temperatur bringen, die eine Eiszeit herbeiführte. Finden wir nach derselben Reste von Renntieren in Deutschland, ja in der Höhle von Thaingen unweit des Bodensees gar Zeichnungen von Renntieren, mit Kohle gezeichnet (nach dem Urteile der Entdecker wirklich uralt), so dürfen wir annehmen, daß die ersten Bewohner Sachsens nach der Eiszeit auch einem Renntiere züchtenden Stamme angehörten und Verwandte der Lappländer waren. Ihnen folgten wahrscheinlich die heimatlos streifenden Iberier, diesen die Kelten und diesen wieder die Teutonen und andere deutsche Stämme. Alle diese wurden zeitweise zurückgedrängt von den aus dem Osten vordrängenden Slaven. Nach deren Unterwerfung wurden die Deutschen wiederum der herrschende Stamm. Diese vermischten sich mit den Resten der überwundenen Slaven. Hieran erinnern noch heute viele slavische Familiennamen, die sich besonders in der Altmark, in dem überelbischen Teile des Regierungsbezirks Magdeburg und auch im Regierungsbezirk Merseburg erhalten haben. An manchen Stellen übersteigt sogar vielfach die Zahl der slavischen Namen von Ortschaften und Wüstungen die Zahl der deutschen Namen.

Von der Keltenzeit an erkennen wir die Fortschritte der kulturellen Entwicklung aus den Gräberfunden. Die Keltengräber deuten auf Eingrabung der Leiche, die Slavengräber auf Verbrennung und Beisetzung von Aschenkrügen mit verkohlten Knochenresten. Bei den Deutschen scheint das Verbrennen eine seltne Auszeichnung gewesen zu sein. Angesehene Leichen wurden bei den Kelten in Kammern, aus rohen Steinen erbaut, beigesetzt, während bei den deutschen Gräbern die Umgebung der Leiche mit aufgerichteten Steinen weniger ausgebildet ist. Halbkugelförmige oder gar oben spitz auslaufende Hügel zeichnen die Grabstätten bevorzugter Edelinge aus. Findet man vielfach in Kieslagern $^1/_3$ bis $^2/_3$ Meter unter der Oberfläche Schichten, in welchen der Kies mit Kalk durchtränkt ist, so darf man annehmen, daß in demselben die Reste der Knochen hier Begrabener enthalten sind, auf die vielleicht zur Beschleunigung der Verwesung und Aufsaugung der Verwesungsdünste Kalk geschüttet war. In den ältesten dieser Gräber finden sich nur Steingeräte und Steinwaffen, teils aus dem Feuersteine, der vielfach im Diluvium auftretenden Kreidegeschiebe, teils aus dem orientalischen Nephritsteine, und so auf Einwanderung aus dem Osten deutend. Die folgende Bronzezeit beweist, daß man das Rohkupfer zwar noch nicht zu Rotkupfer auszureinigen, aber doch mit Feuer zu bearbeiten und zu härten verstand. Ob die darauf folgende Eisenzeit eigene Produkte oder wenigstens teilweise eingeführte darbietet, mag ebenso fraglich sein, wie die Erfindung der Eisenbereitung oder die Erlernung derselben von Nachbarvölkern. Jedenfalls importiert waren die in den Gräbern vielfach gefundenen Schmucksachen.

War zu Anfang des 9. Jahrhunderts der größte Teil des Regierungsbezirks Magdeburg im Besitze der Ostphalen, des bis zur Elbe vorgerückten östlichen Zweiges der Sachsen, so war ein großer Teil der Kreise Merseburg und Erfurt Bestandteil des Thüringer Königreiches, über das wir allerdings nur wenige sichere Nachrichten haben. Das Dasein eines Königs Bisino ist urkundlich erwiesen, sofern die beiden Dörfer Beesenstedt und Bösenburg, zwischen Wettin und Gerbstedt, in alten Urkunden Bisinistede und Bisiniburg heißen. Es liegt nahe anzunehmen, daß alle auf besagtem Raume liegenden Ortschaften, deren Name mit Bisen, Bösen, Besen anfängt, Besitzungen des Königs Bisino, Domänen oder Gründungen desselben gewesen sind. Wir haben Bösenrode in der Goldenen Aue, Biesenrode im Vorharz, Beesen bei Halle und Beesen als früher selbständiger Teil des jetzigen Beesenlaublingen und als das Stammgut der anschließenden Domäne Neubesin, eine Wüstung Neubeesen bei Löbejün u. a. m. Das Beesen, aus welchem die Königliche Domäne Neubeesen bei Alsleben hervorging, bildete wahrscheinlich eine Grenzfestung des Thüringer Reiches gegen Norden, während die jetzigen herzoglich anhaltischen Domänen Körmigk und Gerlebogk — damals Hornbeke und Erlebeke — die Nordostgrenze des Reiches bezeichneten. Harte Kämpfe um die Stammesgrenzen fanden an der Unstrut zwischen Sachsen und Thüringern statt, die damit endeten, daß beide Stämme einander als ebenbürtig achten lernten und ihre Grenzen beiderseitig respektierten. Noch sind dieselben im Südharz deutlich erkennbar. In den altpreußischen Ortschaften wird der rauhe Gebirgsdialekt gesprochen, die Thüringer Mundart, in den braunschweigischen und den vormals hannöverschen Orten wird die niedersächsische platte Sprache immer mehr von dem in Schulen und Kirchen gepflegten Hochdeutsch verdrängt. Die nördlichste Abzweigung des thüringischen Stammes ist gekennzeichnet durch den noch in der ersten Hälfte des 19. Jahrhunderts bis nahe an Alsleben a. S. gesprochenen, allmählich immer weiter zurückweichenden Dialekt der „Monsfalr" — Mansfelder, der durch Luthers Bibelübersetzung maßgebend für die Ausbildung der hochdeutschen Schrift- und Verkehrssprache geworden ist.

Bildete um das Jahr 800 die Elbe bis zur Mündung der Saale die Naturgrenze zwischen Deutschen und Slaven, so waren die letzteren oberhalb der Saalemündung schon weit westlich von der Elbe vorgedrungen und drängten die Deutschen immer weiter gegen die Saale. An der unteren Elbe besetzten sie die Altmark. Wie weit westlich der Elbe sie einzelne Ansiedlungen vorgeschoben haben, auch oberhalb Magdeburg, zeigen die Ortsnamen Schleibnitz bei Wanzleben, Tarthun bei Egeln, ja Heudeber und Reddeber jenseit Halberstadt, Burg Wendhausen in Thale und Wendefurt oberhalb desselben an der Bode. Ihre westlichen Vorposten im Regierungsbezirk Merseburg geben uns die Namen der noch heute bestehenden Dörfer Hübitz bei Mansfeld, Sebnitz bei Eisleben (im Volksmunde Siebenhitze), Döcklitz und Göhritz bei Querfurt. Wie deutsche Namen auf der rechten Seite der Saale slavische Form bekamen, davon wurden schon weiter oben die Beispiele angeführt: Hornbeke = Körmigk, Erlebeke = Gerlebogk. Wie hartnäckig aber der Rassenkampf um die Saale als Grenzfluß ein Jahrhundert lang geführt wurde, das zeigt der konstante Wechsel deutscher und slavischer Ortsnamen auf beiden Ufern derselben und in deren nächster Umgebung. Stellen wir uns eine von der Saalemündung bis über Halle hin ausgedehnte Kampfeslinie vor, so sehen wir deren rechte Flanke gedeckt durch die Sumpfburg Buzici oder Budisco, deren Name noch in dem heutigen Patzetz, Haltepunkt der Eisenbahn zwischen Wulfen und Grizehna, nachklingt. Sie deckte die Dörfer Tornitz, Werkleitz, Trabitz, Grizehna, zwischen welche das deutsche Rosenburg sich schließlich einschob. Ihr gegenüber entstand die deutsche Burg Calbe. Den Dörfern Wispitz und Wedlitz und einer nur noch durch zahlreiche Gräberstätten markierten jetzigen Wüstung trat rechts die Burg Grimsleben, gegenüber auf dem linken Saaleufer die Alte Burg und die mit einem Kloster verbundene Neue Burg (Münchenneuenburg) entgegen, ferner Waldau — Bernburg, Gröna — Aderstedt, Sarau, Krakau — Phule (Wüstungen), Plötzkau — Wierschleben, Zeitz (Wst.) — Reckwitz und Drosiehn — Alsleben, Trebnitz — Cönnern, Panine, Sputine (Wst.) — Rothenburg, Zellwitz, Zickeritz, Rumpin — Friedeburg, Wettin, Zaschwitz, Closchwitz, Treibitz — Müchelu, Brachwitz, Schiepzig — Salzmünde, Cröllwitz — Giebichenstein, Diemitz, Gronau — Halle, Wörmlitz — Böllberg, Beuchlitz, Delitz — Holleben, Radewell — Ammendorf, Kollenbei, Schkopau — Merseburg u. s. w.

Zwei feste Burgen stützten diese lange Verteidigungslinie der Slaven im Centrum, Sputine über Rothenburg, auf drei Seiten steil abfallend in das Saalethal und demselben anschließende Schluchten, auf der vierten durch drei Wälle und zwischenliegende Gräben geschützt — jetzt nur noch diese, sonst kaum nur Spuren von Mauerwerk erhalten. Desto vollständiger erhalten ist die Burg Wettin auf einer Porphyrkuppe, die steil abfällt nach der Saale und dem Schackenthale, nordwärts gegen die Fläche, die die Stadt Wettin trägt, gegen Ost nach dem ebenen Vorplatze der Burg, der selbst wieder nach drei Seiten schroff abfällt und auf seiner schmalen Ostspitze das Festungsvorwerk, das Schloß zum Winkel, trägt. Hier herrschten die dem Hause Buzici entstammten, später germanisierten deutschen Reichsgrafen von Wettin, die ihren Eifer für den angenommenen Christenglauben durch Stiftung des Klosters auf dem Petersberge bethätigten, unter dessen Kathedrale ihre Gebeine ruhen, von welchem auch die Unterwerfung der umwohnenden Slaven unter das Kreuz ausging.

Vielleicht war es Mißfallen an dem veränderten Tone ihrer Umgebung, das sie bewog, Wettin mit seinem Gebiet an das Erzbistum Magdeburg zu verkaufen und sich auf Meißen zurückzuziehen.

Inzwischen waren die Grenzen des deutschen Kaiserreiches bis weit östlich vom Petersberge vorgeschoben. Noch hat sich um Zörbig die Überlieferung erhalten, als „Sorbigk" sei es die Hauptstadt eines Gebietes der Sorben gewesen, die nach ihrem Übertritt zum Christentume ihre Götzen im Fuhnebruch versenkt haben. Einer derselben scheint besondere Verehrung genossen zu haben in dem anhaltischen Flecken Radegast auf dem Nordrande des Fuhnebruchs, der heute noch seinen Namen führt.

Die Dörfer auf dem den Slaven abgerungenen Teile der Provinz Sachsen sind meistens klein und liegen nahe beieinander. Daß sie früher einander viel näher gelegen haben und meist aus kleinen Häusergruppen bestanden, ist zu erkennen aus den vielen Ortsnamen der jetzt zwischen den bewohnten Orten liegenden Wüstungen. Westlich der Saale sind die Ortschaften meist größer, fast immer in ihren Feldmarken mehrere Wüstungen umschließend. Viele derselben sind darauf zurückzuführen, daß nach der Schlacht am Welfesholze 1115 die Sieger meilenweit die dem Überwundenen gehörenden Ortschaften niederbrannten. Die Wüstungen in der Merseburger Gegend mögen vielfach auf Rechnung der Ungarn zu setzen sein, die Kaiser Heinrich I. 933 in blutiger Feldschlacht niederwarf. Von Verwüstungen im Dreißigjährigen Kriege hatte besonders die Gegend um Eilenburg zu leiden, die von den Schweden meilenweit ausgebrannt wurde, damit sie den Kaiserlichen keine Winterquartiere gewähren könne. Daß die geflüchteten Bewohner meistens dem Hungertyphus erlagen, kam nicht in Betracht.

Die schrecklichste Erinnerung an jene Tage ist die Zerstörung Magdeburgs, die schmerzlichste der augenscheinlich durch verräterischen Meuchelmord herbeigeführte Tod Gustav Adolfs bei Lützen. Aus dem Siebenjährigen Kriege ist an die Schlachten bei Roßbach und bei Torgau zu erinnern.

Der Rückzug der bei Leipzig geschlagenen Franzosen über Weißenfels, die Bekämpfung derselben bei Freiburg geschah damals zwar noch auf sächsischem Boden. Doch nach dem Sturze Napoleons und den Niederlagen Frankreichs sind auch diese Landesteile unter preußische Herrschaft gekommen und mit den früher schon preußischen Besitzungen zu der Provinz Sachsen vereinigt.

Pastor Schwen-Beesenlaublingen.

Die Bedeutung der Elbe und der Saale für die Provinz Sachsen.

In Rücksicht auf die sog. Hydrographie gehört die Provinz Sachsen zu den interessantesten Teilen des preußischen Staates. Allerdings fällt sie in ihrer Flächenausdehnung keineswegs mit dem „Gebiet" eines unserer deutschen Flüsse zusammen. Der große Strom, der einen Teil ihrer östlichen Bezirke durchzieht, ist für ihre geographische Ausgestaltung nicht entfernt in der Art bestimmend, wie die Oder in ihrem oberen Laufe für Schlesien, oder wie der Rhein für die oberländischen und die unteren Landschaften, die seinen langen Lauf auf deutschem Reichsgebiet begleiten. Die größere östliche Masse des Gebietes der Elbe gehört vielmehr zu einer anderen Provinz, nämlich zu Brandenburg; von den rechtsseitigen Zuflüssen der Elbe bewässert nur die aus der Lausitz kommende sog. schwarze Elster in ihrem langen mittleren und unteren Laufe den südöstlichen Teil der Provinz Sachsen. Auf ihrem linken Ufer bildet die größere Masse des Gebietes der aus dem sächsischen Erzgebirge kommenden Mulde den westlichen und mittleren Teil des Königreichs Sachsen. Aber auch das für den nicht übermäßig langen Stromlauf von 442 km Lauflänge ganz ungewöhnlich große Stromgebiet (23 439 km Flächeninhalt) des mächtigsten Nebenflusses der Elbe auf ihrer westlichen Seite, nämlich der thüringischen Saale, der schönen Tochter des Fichtelgebirges, fällt wenigstens teilweise aus den politischen Grenzen unserer Provinz heraus. Die aus dem Vogtlande kommende „weiße" Elster gehört größtenteils dem Königreich Sachsen und den Reußischen Ländern an, ebenso gehören die Ilm und großenteils auch die Gera mit ihren Zuflüssen den thüringischen Herzogtümern an, und die Saale selbst teilt unsere Provinz oder besser deren südlicheren westelbischen Teil in zwei sehr ungleiche Hälften, ohne dieselben in der Art zu beherrschen und in ihrem wirtschaftlichen Leben so zu bestimmen, wie dieses bei anderen großen Gewässern in Deutschland der Fall ist.

Nichtsdestoweniger haben Saale und Elbe für die Provinz Sachsen eine sehr hohe Bedeutung. Was zunächst die Saale angeht, so ist sie die wichtige Wasserader, in welcher sich die sog. „Wasserschätze" eines großen Teils der verschiedensten Gebirge in Mittel- und Norddeutschland sammeln, um endlich der Elbe zugeführt zu werden. Um von kleineren Flüßchen nicht zu reden, so kommen ihr die meisten Wasser von der Nordseite des Thüringer Waldes teils unmittelbar durch die Ilm, teils mittelbar durch die Gera und deren Gefolgschaft zu. Dieser Fluß mündet allerdings zunächst in die mittlere Unstrut, die ihrerseits den westlichen Bergzügen an der hessischen Grenze entstammt, weiter aber auch aus den südlichen Teilen des Harzes sehr erhebliche Wassermassen aufnimmt und der Saale zuführt. Die kräftigste Wasserader, die von der Ostseite des Harzes nach der Saale geht, ist bekanntlich die Bode. Auf dem rechten Ufer der Saale bringt dieser dagegen ein langer Parallelfluß, die schon erwähnte weiße Elster, nicht weit oberhalb der Stadt Halle, die Abflüsse des Vogtlandes zu. Die Saale gehört nicht gerade zu den für die Kultur der Landschaften an ihren Ufern gefährlichsten Flüssen in Deutschland; immerhin aber hat auch sie im

Laufe der Jahrhunderte an zerstörenden Überschwemmungen recht Erhebliches geleistet. Besonders schlimm haben sich die Verhältnisse — namentlich auch für die Uferlandschaften oberhalb und unterhalb der Stadt Halle — gestaltet, wenn bei übermäßigem Sommerregen oder bei der Bildung von sog. „Eisschutz“ oder bei ungewöhnlich schnellem Schmelzen großer Schneemassen in den Gebirgen die Hochwasser der Unstrut und der weißen Elster unmittelbar zusammentreffen.

Nach der geschichtlichen Seite übertrifft die Saale viele andere, weit größere Flüsse in Deutschland, in der Provinz selbst die Elbe, an Bedeutung. Nicht davon zu reden, daß sie schon den Römern der Kaiserzeit bekannt gewesen ist, die sie (so scheint es) irrtümlich bis gegen Ende des zweiten Jahrhunderts n. Chr. für den oberen Lauf der Elbe gehalten haben, — so liegt der Grund dieser Erscheinung darin, daß die Saale seit dem Ausgang des sechsten Jahrhunderts n. Chr. für mehrere Menschenalter der vielumstrittene „Grenzgraben“ zwischen den mittel- und niederdeutschen Völkern (Thüringern und Niedersachsen) und den Slaven des Nordostens (Sorben-Wenden) gewesen ist. Die Folge war, daß zunächst die Ufer des schönen Stromes sich mit Grenzburgen beider Völkergruppen bedeckten. Als zu Anfang des neunten Jahrhunderts unter dem starken Schutze der Karolinger die Uferlandschaften der Saale und der unteren Elbe wieder sicher für das Deutschtum gewonnen waren, ist ihre ganze Linie und weiter das Land abwärts der Elbe bis über das starke Magdeburg hinaus, die Basis geworden, von wo aus die Germanisierung der östlich anliegenden, nun wieder eroberten slavischen Landschaften mit Nachdruck und Erfolg betrieben werden konnte. Von dieser Basis aus sind unter anderem die Bistümer Naumburg-Zeitz und Merseburg gegründet worden. Die Stadt Merseburg aber war in den Zeiten der Lindolfinger eines der mächtigsten Bollwerke der damaligen deutschen Ostgrenze und zugleich der reich belebte Lieblingssitz des Hofhaltes und der Reichstage der starken sächsischen Kaiser. Viele Punkte, die zuerst nur als feste Plätze oder als Sitze „geistlicher Citadellen“ — Missionsklöster — gedacht waren, sind der Ausgang für die Entwicklung noch heute blühender Städte geworden. Unter ihnen ist jetzt die bedeutendste Halle — in den ältesten Jahrhunderten ihres Bestehens auch wiederholt Ausgangspunkt kaiserlicher Heereszüge nach Osten, namentlich nach Polen — wo die Behauptung und Ausbeutung der einst so wertvollen Salzquellen allmählich eine sehr lebhafte Handels- und Hansastadt erwachsen ließ, die seit dem Ausgang des 17. Jahrhunderts, nach den Zerstörungen des 30jährigen Krieges, als Schul- und Universitätsstadt eine neue großartige Bedeutung gewinnen sollte, ehe das 19. Jahrhundert sie wieder als Handels- und Fabrikstadt aufblühen sah.

Die ältere Wichtigkeit der Saale als eines fischreichen Flusses ist in den neueren Zeiten sehr geschwunden. Dagegen hat sich der Wert dieser Linie als einer vielbefahrenen Wasserstraße dauernd erhalten. Sobald im früheren Mittelalter die wilden Völkerkämpfe zwischen Deutschen und Slaven aufgehört hatten, diente die Saale — namentlich für den Vertrieb des Hallischen Salzes und für die (jetzt wesentlich auf das Oberland bis Kösen abwärts beschränkte) Flößerei — trotz der damaligen Regellosigkeit ihrer Gewässer und trotz des erst seit Mitte des 14. und während des 16. Jahrhunderts einigermaßen abgestellten Mangels von Schleusen als wichtiger Verkehrsweg. Denn der Zustand der Heerstraßen — deren schlimmste Stellen erst während des 19. Jahrhunderts gründlich gebessert worden sind, so das Stück zwischen Kösen und Naumburg in des ersten Napoleon Zeit, so das Stück zwischen Ammendorf und Skopau 1818 bis 1821 — ist noch sehr lange ein überaus kümmerlicher und mangelhafter gewesen. Wiederholt ist in den neueren Jahrhunderten, so namentlich 1817—1822 durch mancherlei Strom- und Schleusenbauten an den Verhältnissen des Flusses gebessert, seit 1797 auch die Unstrut bis Artern hinauf schiffbar gemacht worden. Allerdings aber hat der Wasserverkehr wieder starke Einbuße erlitten, seitdem seit Anfang des fünften Jahrzehnts des 19. Jahrhunderts in immer ausgedehnterer Weise die alten und die neuen Heerstraßen, welche den Fluß begleiteten, durch Eisenbahnen ersetzt und teilweise verdrängt worden sind.

Etwas kürzer können wir uns bei unseren Bemerkungen über den größeren Strom fassen, mit dem die Saale sich oberhalb der Stadt Barby vereinigt. Die Elbe gehört eben nur den östlichsten Grenzstrichen und den nördlichsten Teilen unserer Provinz an; auch ihre hydrographischen Verhältnisse sind lange nicht so interessant, wie die der Saale. Bemerkt aber sei, daß sie unter den großen Strömen des östlichen Deutschlands für den mindest gefährlichen gilt. Obwohl auch sie unter Umständen, namentlich durch die Wasser ihres böhmischen Heimatlandes und die der Mulde geschwellt, sehr ausgedehnte Überflutungen veranlassen kann, ist die Wildheit ihrer Gewässer doch mit der der Weichsel und der Oder keineswegs zu vergleichen. Aber auch der feinere geschichtliche Nimbus geht ihr ab, der auf der kleineren thüringischen Schwester ruht. Mit Ausnahme des südlichen, meißenischen Stückes und wieder des nördlichen Teiles ihres langen Laufes, etwa von Barby an bis zur Altmark, ist — für das Gebiet der jetzigen Provinz Sachsen — die Elbe niemals in der Art „Grenzgraben" gewesen, wie in der älteren deutsch-slavischen Kriegszeit die Saale. Dagegen fällt nach der geschichtlichen Seite natürlich ein ganz besonderes Gewicht auf die stattlichen Städte, die an ihren Ufern erwachsen sind. Abgesehen von dem schlachtberühmten Mühlberg, ist ja Wittenberg der Platz teils akademischen, teils weltgeschichtlichen Ruhmes gewesen. Wittenberg und Torgau, so lange sie als Festungen erhalten wurden, hatten endlich in preußischer Zeit die Aufgabe, die nach der mittleren Elbe und nach den brandenburgischen und schlesischen Ländern unseres Staates führenden Straßen und Wege von Westen und Südwesten her im Notfall militärisch zu sperren. Weiter nördlich hat Tangermünde seine kurze mittelalterliche Blüte nicht auf die neuere Zeit zu bringen vermocht. Unverwüstlich dagegen blieb die Gunst der Lage für Magdeburg: eine überaus reichhaltige Kriegs- und Handelsgeschichte, die großen Erinnerungen an die Zeiten der tüchtigsten Karolinger und Liudolfinger, eine vielbewegte innere Geschichte unter seinen Erzbischöfen bis zu dem Heldenkampfe im Schmalkaldischen Kriege, der tragische Untergang des alten Magdeburg im Dreißigjährigen Kriege, das Wiederaufblühen der Stadt in preußischer Zeit, das neue mächtige Gedeihen seit Abschluß der Befreiungskriege, — das alles deutet in kurzen Worten die ungeheuere Bedeutung dieses

Stückes des Elbgebietes für unsere Provinz an. Als Verkehrsweg endlich ist die Elbe zu allen Zeiten unvergleichlich bedeutender gewesen, als die bescheidene Saale. Für die Gegenwart ist namentlich der Stromteil abwärts von Roßlau, Aken und Magdeburg vorzugsweise wichtig. Bemerkt sei noch, daß, wie oberhalb Barby die Saale die meisten Wasserschätze unserer Provinz, so bei Sandau die mächtige Havel der Elbe die Masse der märkischen Gewässer zuführt, und daß der unterhalb von Burg mündende Plauesche Kanal den Stromverkehr von Magdeburg mit Brandenburg und Berlin wesentlich kürzt und erleichtert.

Prof. Dr. G. Hertzberg-Halle a. S.

Die erste Besiedelung der Provinz Sachsen.

Die Geschichte eines Volkes oder eines Landes beginnt mit seinen schriftlichen Denkmälern; je früher ein Volk Schriftzeichen angewendet hat, desto älter ist seine Geschichte. Die ägyptische Geschichte beginnt im 48. Jahrhundert v. Chr. mit dem Könige Mena; der Beginn der assyrisch-babylonischen ist durch neue Funde von Keilinschriften bis auf Urukagina um 4000 v. Chr., ja neuerdings noch weiter zurückverlegt. Die griechische Geschichte hebt um 800 an; die deutsche erst mit dem Beginn unserer Zeitrechnung, und unsere Kenntnis der ersten Jahrhunderte beruht nicht auf deutschen Quellen. Die Gegenden der Provinz Sachsen erhalten ihr erstes historisches Licht erst durch die Nachrichten von Gregor von Tours und Widukind über den Zusammenstoß der Fränkischen und Thüringischen Königreiche um 530 n. Chr.

Vor dem ersten Auftreten in der Geschichte liegt bei allen Völkern eine lange Periode stummer Entwicklung. Der Gebrauch der Schrift wird immer erst bei einer hohen Stufe der Kultur gewonnen; nur dunkle Überlieferungen sind aus dieser vorhistorischen Periode in die Zeit schriftlicher Aufzeichnung hinübergerettet, Überlieferungen, die für die Ermittelung des Thatsächlichen wenig brauchbar sind, wenn sie nicht mit Hilfe zuverlässiger Zeugen gedeutet werden können. Wer hätte nicht schon den Trieb in sich verspürt, den Schleier zu lüften, der vor den Anfängen der Geschichte auf der Menschheit ruht, oder mit geschärftem Auge durch das Dunkel zu dringen, das über unserer Heimat lagert in Zeiten, da die Mittelmeerländer schon vom hellen Lichte der Geschichte bestrahlt sind!

Die Völker mit früherer Litteratur wissen über die Zustände der nördlichen Länder und ihrer Bewohner nichts zu sagen, bis jene anfingen, sich bemerklich zu machen; und doch sind diese Völker da, wo sie zuerst sich der Beachtung der Römer aufdrängen, schon längst über die Anfänge der Kultur hinaus, treiben Ackerbau, haben geordnete Staatseinrichtungen und sind von sittlichen Ideen in hohem Maße durchdrungen. — Was lag vor diesem Zustande? was lag vor dem ersten Bekanntwerden?

Der Erdboden, der uns über Naturvorgänge unterrichtet, die kein Mensch gesehen hat, der uns die Reste vormenschlicher Pflanzen- und Tierwelten aufbewahrt hat — er allein kann uns Aufschluß geben über Geschlechter, die ohne Schrift ins Grab gesunken sind, denn er hat treu bewahrt, was Menschen der Urzeit ihm anvertraut haben. Die Wissenschaft der Vorgeschichte hat deshalb den Erdboden nach seinen Urkunden zu befragen.

Es sind nun 64 Jahre her, daß man anfing, die Unterschiede vorgeschichtlicher Gräber und sonstiger Nachlassenschaft zu erkennen, daß man lernte, aus den Beigaben von Steingerät, von Bronzesachen oder von Eisenwerkzeugen die verschiedenen Perioden zu unterscheiden. Viel jünger ist der Fortschritt, daß man durch den Inhalt umfassender Grabfelder, die jahrhundertelang benutzt sind, durch die Hinterlassenschaft der verschiedenen Pfahlbauten und durch die Zusammensetzung der verschiedenen Schatzfunde die Übergänge der Perioden, die Reihenfolge im Auftreten der verschiedenen Formen der Stein- und Metallsachen, sowie des Topfgerätes zu unterscheiden lernte. Der neueste Fortschritt unserer Wissenschaft besteht darin, daß durch die zahlreichen neueren Ausgrabungen in südlichen Ländern, Ägypten, Assyrien, Cypern, Kreta, in Troja und Mykenä, in den untersten Schichten von Olympia, ganz besonders auch in Italien es möglich geworden ist, die Haupterscheinungen mit der allgemeinen Chronologie in Zusammenhang zu bringen.

Die frühesten Spuren des Menschen in Europa sind im Diluvium nachgewiesen, am zahlreichsten in Frankreich, aber auch bei uns an mehreren Stellen. In den Kalktuffen von Taubach bei Weimar erscheint der diluviale Mensch als Zeitgenosse des Elefanten, des Rhinoceros, des Höhlenlöwen und der Höhlenhyäne, also vor der letzten Eiszeit. In der Gesellschaft des Höhlenlöwen, des Mammut und des Rhinoceros sind seine Spuren auch in dem Gipsbruch bei Thiede (Braunschweig), mit dem Höhlenbären in den Höhlen von Rübeland (Harz) gefunden; mit Mammut und Rhinoceros zusammen in den Uferterrassen der Saale bei Jena. Aus der Zeit der letzten Vereisung und des Rückganges der großen Gletscher sind die Spuren des Menschen ähnlich wie in Oberschwaben (an der Schussenquelle bei Schussenried) auch in unserer Provinz beobachtet worden, nämlich zusammen mit Resten von Renntier, Steppenziesel, Murmeltier in den mit Löß durchsetzten Gipsbrüchen von Westeregeln; mit Renntier, Lemming, Moor-Schneehuhn bei dem schon genannten braunschweigischen Dorfe Thiede. In den meisten Fällen bleiben derartige Vorkommnisse unbeachtet. Der Mensch dieser Periode lebte von erlegten Tieren und wildwachsenden Früchten; als Waffen und Geräte hat er nur geschlagene (nicht geschliffene) Steine hinterlassen, namentlich Feuersteine, denen er durch Absplitterung die zweckdienliche Form gab; kein gezähmtes Tier begleitete ihn, Feldfrüchte zu bauen lag ihm fern; Thongefäße zu bilden und zu brennen verstand er nicht; Feuer benutzte er. Zu darben brauchte er übrigens nicht;

denn das jagdbare Wild war sehr zahlreich, ganz besonders das Renntier der Nacheiszeit.

Ein großer Zwischenraum liegt in Mittel- und Norddeutschland zwischen diesem (paläolithischen) Menschen und dem der jüngeren Steinzeit (neolithische Periode). Die Tiere des Diluviums sind zum großen Teil verschwunden. Mammut und Höhlenbär sind ausgestorben; Löwe, Leopard und Hyäne sind vor der letzten Eiszeit nach Süden entwichen; das Renntier ist nach der Eiszeit mit den Moosen, die seine Nahrung sind, in nördliche Gegenden abgezogen, mit ihm der Renntierjäger. Geblieben sind Wildschwein, Wildpferd, Auerochs, Hirsch, Reh, Biber, Bär, Wolf. Das Klima hat sich gebessert; die vom Gletscherwasser zurückgelassenen Schichten von Lehm und Lehmsand haben sich mit reicher Vegetation bedeckt, weniger die Gegenden, die eine sandige Oberfläche haben. Jetzt erscheint ein höher kultivierter Mensch; er hat Tiere gezähmt, den Hund zu seinem Gehilfen, das Rind, die Ziege, das Schaf zu seiner Nahrung; nebenbei säet und erntet er auch Getreide. Seine steinernen Werkzeuge macht er sich nicht mehr allein durch Schlagen von Feuersteinknollen zurecht, er hat die Geduld und das Geschick steinerne Äxte und Beile, Hämmer und Hobel, Schaber und Meißel durch Reiben auf rauhen Steinflächen zu formen, zu schleifen und zu polieren, die Äxte zu durchbohren. Und was der merkwürdigste Fortschritt ist, er vermag aus weichem Thon Gefäße herzustellen, denen er durch Brennen leidliche Festigkeit giebt. Die Form der meisten Gefäße dieser Periode und die eigentümlichen Verzierungen derselben bekunden einen bemerkenswerten Schönheitssinn und bieten zu Vergleichen Anlaß mit Topfgeschirr vom alten Ägypten, Cypern, Troja. Die größeren Gefäße sind durch kleine Ösen (Henkel im eigentlichen Sinne) oder vorspringende Zapfen zum Aufhängen eingerichtet; auf andere Weise konnte man ihren Inhalt, Milch, Getreide, Fleisch oder dergl., vor allerhand Mitessern nicht schützen, denn die Wohnungen boten diesen Schutz nicht.

Diese Menschen der jüngeren Steinzeit waren Nomaden und Jäger; das Suchen nach neuen Weideplätzen und ergiebigen Jagdgründen scheint sie aus dem Osten hierher geführt zu haben, denn die mitgebrachten Getreidearten, Weizen und Gerste, haben in den Steppen Asiens ihre Heimat. Ihre Hütten bestanden aus vergänglichen Stoffen. In den Vorländern der Alpen haben sie Pfähle in den Seegrund gerammt, haben diese durch Balken verbunden und durch wagerecht gelegte Hölzer eine Fläche hergestellt, auf welcher sie ihre Hütten in großer Sicherheit aufrichten und bewohnen konnten. In unserer Gegend haben nur ab und zu trichterförmige Gruben mit Asche, Speiseabfällen, Geräten von Stein, Knochen oder Geweih und Thonscherben gefüllt die Stelle verraten, wo ihre Hütten gestanden haben; dennoch hat diese Bevölkerung manche merkwürdige Bauten hinterlassen, welche die Jahrtausende überdauert haben und als ehrwürdige Zeugen uralter Vergangenheit in unsere Zeit hineinragen, das sind die steinernen Grabdenkmale, Hünenbetten, Steintische, mit einem bretonischen Ausdruck Dolmen genannt.

Über senkrecht aufgestellten Blöcken oder Steinplatten liegt wagerecht eine oder mehrere Deckplatten, so daß ein höhlenartiger Raum gebildet wird. Die einfachsten megalithischen Gräber dieser Art bestehen aus drei senkrechten und einem wagerechten Steine, aber es giebt auch viel ausgedehntere, so daß sie gedeckte Gänge von zwanzig Schritt Länge bilden; manche haben im Innern eine Teilung durch eine Steinplatte, manche haben außen einen oder mehrere Anbauten. Diese Gräber sind in Skandinavien und in den Gegenden Norddeutschlands, welche nordische Geschiebe enthalten, also bis zur Grenze der eiszeitlichen Gletscher, von Geschiebeblöcken (Findlingen) erbaut, so in Hannover, der Altmark, auf der mecklenburgischen und pommerschen Seenplatte; in Gegenden, wo erratische Blöcke fehlen, in Spanien, Nordfrankreich, im südlichen Teile Englands, sind anstehende Gesteine, namentlich bankartig geschichtete, die sich als Platten abnehmen ließen, zu den Grabdenkmälern verwendet worden, so auch größtenteils im südlichen Teile der Provinz Sachsen, in Thüringen. An Stelle der Hünenbetten treten also hier die Steinplattenhäuser;

Hünengrab von Schadewohl, Kreis Salzwedel. 1,95 m hoch.
Nach Zeitschrift für Ethnologie, Band 25, Tafel IX.

dieselben sind meist mit Erde überhäuft worden, wahrscheinlich weil die senkrecht aufgestellten Steinplatten nicht dieselbe Sicherheit gegen Umsturz boten, wie die auf breiter Fläche ruhenden Findlingsblöcke und die darauf lagernden wuchtigen Decksteine.

Diese steinernen Bauten haben wahrscheinlich die Felsenhöhle ersetzen sollen, in denen man sonst die Toten zu bergen gewohnt war. Im Süden Deutschlands und Europas finden wir diese Bauten nicht; dafür sind neolithische Bestattungen in Felshöhlen entdeckt worden, z. B. in der fränkischen Schweiz, in Böhmen, in Mähren (bei Brünn), in der Gegend von Krakau, ferner auch in Ligurien bei Mentone, in Frankreich und England. Abraham kaufte nach dem ersten Buche Mose eine Höhle zum Begräbnis seiner Frau und zu seinem eigenen, Jakob dagegen richtete über dem Grabe der Rahel ein Steindenkmal auf. Wo Höhlen fehlten, erbaute man sie; in Ägypten mußte der Backsteinbau künstliche Felsen und Höhlen schaffen. Die Ärmeren oder Dienenden werden sich überall einfacher beholfen haben; auch in unserer Provinz sind viele Bestattungen dieser Periode ohne Steinbau gefunden worden.

Den langen Zeitraum der Steinzeit hat man in verschiedene Perioden zu zerlegen versucht auf Grund verschiedenartiger Formen der steinernen Beile, Hacken und Hämmer. Für unsere Gegend ist das bisher nicht gelungen. Wohl aber können wir innerhalb der neolithischen Periode an dem Topfgeschirr eine Änderung der Mode und damit eine jüngere Zeit von einer älteren unterscheiden. Das schon erwähnte Topfgeschirr mit seinen Bechern und Amphoren, die durch eingedrückte Schnuren oder durch eingestochene Linien und Dreiecke verziert sind, gehört bei uns der Zeit jener Steindenkmäler an und ist namentlich in Thüringen sehr oft in den erwähnten Steinplattengräbern bei Skeletten gefunden worden; dieselben Gefäße sind aber auch bei einfachen Erd- und Hügelbestattungen angetroffen und haben bewiesen, daß nicht alle Toten jener Periode in mühsam er-

Steinplattengrab bei Hohen im Saalkreis. 1,30 m hoch.
Nach Vorgeschichtl. Altertümer der Provinz Sachsen, Heft IX.

richteten Steinplattengräbern oder Hünenbetten beigesetzt worden sind; in Gegenden, wo geeignete Steine fehlten, mußten die Steinbauten überhaupt unterbleiben.

Von der älteren Topfware läßt sich in unserer Provinz manche jüngere Sorte unterscheiden. Anstatt der Amphoren und Becher erscheint z. B. als Mitgabe der Toten eine Anzahl verschiedener kleinerer Gefäße, teils tassenförmige mit breitem flachen Henkel, teils Töpfe mit gewelltem Rande und breiten Zapfen um die Mitte des Bauches; anstatt der Henkel finden sich auch wagerecht herumgelegte Röhren oder abstehende Vorsprünge mit je zwei senkrecht durchbohrten Löchern, die eine Schnur aufnehmen sollen, ähnlich wie Räucherfäßchen. Es ist gewiß sehr merkwürdig, daß eine ähnliche Topfware in den unteren Schichten von Hissarlik (Troja) zu Tage gekommen ist. Die Grabstätten, welche bei uns diese Töpfe enthalten, sind meist Steinkammern in Erdhügeln; aber die Kammern bestehen vielfach aus geschichteten Steinen, sind auch nicht mehr mit den gewaltigen Deckplatten überdeckt, sondern mit kleineren Steinen, die in Masse aufeinander gepackt sind, nachdem das Innere der Kammer über den Toten mit Erde gefüllt war. Diese Steinpackung ist von den Ausgrabenden zum Teil mit einem Gewölbe verglichen worden; von einem wirklichen Gewölbe kann natürlich nicht die Rede sein. Diese Kammern enthalten oft eine ganze Menge Skelette, während die Steinplattengräber meist nur einen oder zwei und nur in seltenen Fällen bis sechs Tote bergen. Die Toten sind während der ganzen Steinzeit unverbrannt und meist in hockender Stellung, d. h. mit hochgezogenen Knien beigesetzt, steinerne Beile oder Hämmer, auch Feuerstein-messer sind ihnen mitgegeben; als Schmuck erscheinen höchstens Reihen von durch-

Amphoren und Becher aus Steinplattengräbern der Provinz Sachsen.

bohrten Zähnen, Muscheln oder Steinperlen, nur selten Armringe von Muschel oder Marmor; die zuletzt genannten jüngeren Gräber weisen auch schon Spuren von Metall, kupferne Nadeln und Ringe auf.

Ob derartige veränderte Grabsitten und Topfformen lediglich auf einen Unterschied der Zeit zurückzuführen oder etwa von einem neu eingewanderten Hirtenstamme herzuleiten sind, wird vielleicht noch durch weitere Vergleichung mit alten und neuen Funden anderer Länder ermittelt werden.

Fragen wir nun, in welchen Gegenden unserer Provinz diese Bevölkerung der Steinzeit gewohnt oder geweilt hat, so geben uns die auf fast allen Fluren gemachten Einzelfunde von steinernen Beilen, Hämmern und Äxten den Beweis, daß auch dort die neolithischen Viehhirten geweidet haben; die Zahl derartiger Funde ist an Orten, wo mit Ausdauer gesammelt ist, außerordentlich groß, auch wenn man die Steingeräte abzieht, welche den späteren Perioden (Bronze- und I. Eisenzeit) angehören; dennoch verbürgen sie noch nicht länger dauernden oder regelmäßig wiederkehrenden Aufenthalt der steinzeitlichen Bevölkerung; diesen erkennen wir nur an den Wohn- und Herdgruben, an Steinwerkstätten und am deutlichsten an den Grabstätten.

Freilich sind die Grabbauten der Steinzeit leider sehr der Zerstörung ausgesetzt gewesen. Der Ackerbau ist ein Feind aller Steine, und schon Donnars, des ackerbauschützenden Gottes Hauptthätigkeit bestand darin, mit seinem Eisenhammer Steinriesen zu zerschmettern; die immer intensiver werdende Bodenbenutzung, namentlich nach Aufteilung der Gemeindeländerei beseitigte nur zu eifrig derartige Hindernisse, um den früher von Steinplatten bedeckten Boden dem Pfluge zu unterwerfen. Auch zum Bau der mittelalterlichen Stadtmauern, welche viele Findlingsblöcke enthalten, mögen viele Steinbauten der Urzeit das Material geliefert haben. Und noch in der Mitte des 19. Jahrhunderts dienten bei Chausseebauten die megalithischen Denkmale der Vorzeit als bequem zusammengetragenes Material, das der

Gefäße der jüngeren Periode der Steinzeit aus der Provinz Sachsen.

nüchterne Geschäftssinn ohne Gewissensbedenken mit Pulver zersprengte und mit Hämmern in Stücke schlug. Es ist begreiflich, warum in der Lüneburger Heide sich die meisten derartigen Denkmäler Norddeutschlands, die sogenannten Hünenbetten, erhalten haben, ebenso wie die meisten französischen in der Bretagne.

Dennoch ist in unserer Provinz noch immer eine genügende Anzahl derartiger Denkmale bekannt, teils noch vorhanden, teils durch zuverlässige Nachrichten bezeugt, um allgemeine Schlüsse auf die Besiedelungsverhältnisse und die Bewohnbarkeit unserer Gegenden in jener Urzeit zu gestatten. In der Altmark werden noch 45 gut oder leidlich erhaltene Denkmale gezählt, welche, von Geschiebeblöcken erbaut, in ihrer Form sowie im Stil ihrer Topfware mit den Hünenbetten Hannovers, Mecklenburgs und Pommerns übereinstimmen; vor 60 Jahren waren dort noch 190 vorhanden. Namentlich sind es die Kreise Salzwedel, Stendal und Osterburg, welche diese Bauten aufweisen. Was aber die Bodenbeschaffenheit anbetrifft, auf welcher diese Denkmäler der Steinzeit vorkommen, so haben die beiden Beschreiber der altmärkischen Megalithgräber, Krause und Schötensack, gezeigt, daß immer die von diluvialem Lehm oder Mergel bedeckten Plateaus es sind, welche die Gräber enthalten oder enthalten haben, während die mit Sand bedeckten Hochflächen derartige Reste nicht aufweisen. Die tiefer gelegenen Flächen aber, die jetzt mit fruchtbarem Alluvialboden bedeckt sind (z. B. die Wische), besitzen niemals Denkmäler der Steinzeit, sie waren damals offenbar nur vorübergehend zur Zeit des niedrigsten Wasserstandes zugänglich; und in der Elbniederung sind es immer nur inselartig hervorragende Hochflächen (Tangermünder und Arneburger Plateau), auf denen sich Reste steinzeitlicher Ansiedelungen und Bestattungen vorfinden*); dieselbe Beobachtung ist auch rechts der Elbe in Brandenburg, sowie in Dänemark gemacht worden; sie läßt deutlich erkennen, daß in der jüngeren Steinzeit das Alluvium noch in Bildung begriffen war, daß die Flußthäler und sonstigen Niederungen noch im größten Teil des Jahres überflutet oder versumpft waren. Dagegen luden die fruchtbaren vom diluvialen Lehm bedeckten Hochflächen, die schon seit der Eiszeit eine reiche Vegetation hervorbrachten, zu längerem Verweilen und zur Ansiedelung ein, während die von Sand bedeckten Gebiete mit ihrer kümmerlichen Vegetation, dürftigem Gras und Heidekraut wohl zu vorübergehender Weide aber nicht zu dauerndem Wohnsitz oder gar zu gelegentlicher Aussaat reizen konnten. Dieselben Verhältnisse finden sich in Mecklenburg und Pommern.

Für den südlichen Teil der Provinz Sachsen und die Nachbarstaaten fehlt zwar noch eine Statistik der Steinplattengräber und der übrigen Reste der Steinzeit; aber die mehr als 60 Steinplattengräber, die mir aus dieser Gegend bekannt sind, bekunden eine gleiche Auswahl des Bodens wie die altmärkischen Megalithgräber. Es ist immer der höher gelegene fruchtbare Diluvialboden, der bevorzugt worden ist, so auf dem Lattdorfer Höhenrücken bei Bernburg, wo sich noch 4 Steinplattengräber befinden, so bei Halle, wo große Steinkammern sich bis etwa 1835 erhalten haben und vor ihrer Zerstörung glücklicherweise untersucht worden sind, so bei Merseburg und besonders auf dem Hochplateau, das sich nördlich der Unstrut von Freiburg bis nach Allstedt erstreckt, und an verschiedenen Stellen, z. B. im Ziegelrodaer Forst, bei Oberfarnstedt und bei Allstedt, zahlreiche Steinplattengräber enthält.**)

*) Die sehr verdienstvolle Arbeit von Krause und Schötensack über die megalithischen Gräber der Altmark, welche eine vollständige Statistik enthält, findet sich in der Zeitschrift für Ethnologie, Jahrg. 1893.

**) Eine vollständige Statistik aller vorgeschichtlichen Funde Thüringens nebst archäologischer Karte ist in Arbeit. Zur vorläufigen Orientierung zähle ich die mir bekannt gewordenen von großen Steinen erbauten Gräber der Steinzeit aus dem südlichen Teile der Provinz und den angrenzenden Staaten auf; die mit B versehenen enthalten den jüngeren Typus: Kreis Neuhaldensleben: Althaldensleber Forst und Waldgebiet westlich von Neuhaldensleben: zahlreiche Denkmäler. Kreis Halberstadt: Osterode am Fallstein 1, Lausehügel bei Halberstadt 1 (B). Kreis Blankenburg: Börnecke 1. Kreis Oschersleben: Beckendorf (Blockberg) 1. Kreis Bernburg: Grimmschleben 2, Lattdorf 2 und 1 (B), Borgesdorf 1, Ilberstedt 1. Kreis Cöthen: Wulfen 1, Drosa 1. Seekreis Mansfeld: Friedeburg 1 (B), Stedten bei Schraplau 1, Gerbstädt 1, Gorsleben 1, Polleben 1. Saalkreis (bei Halle): Trebnitz 1, Morl 1, Lettin 1, vor der Heide 3, Weinberg 1, Reilsberg 1, Galgenberg 1, Nietleben-Passendorf 1 (B). Kreis Merseburg: Merseburg auf der Altenburg 1, Kötschen 1, Göhlitzsch 1, Frankleben 1, Goddula 1, Keuschberg 2, Zscherben 1 (B), Kleincorbetha 1.

Über den Kulturzustand dieser Menschen der jüngeren Steinzeit liefern die Funde unserer Provinz manchen Fingerzeig; Ergänzungen gewähren gleichaltrige Fundstellen des übrigen Deutschlands, Böhmens und Mährens, auch die neolithischen Höhlenwohnungen, besonders aber die steinzeitlichen Pfahlbauten der Voralpenländer. Der Spinnwirtel, jene steinerne oder thönerne Scheibe, welche die Umdrehung der Spindel zu verstärken hat, ist in vielen neolithischen Wohn- und Grabstätten gefunden worden, er zeigt uns, daß die neolithische Frau spann. Wohngruben Nordböhmens und der fränkischen Schweiz, auch mehrere Stellen unserer Provinz haben uns Webstuhlgewichte aus Thon aufbewahrt, polnische Höhlen auch Weberschiffchen aus Bein und Holz. Daß die neolithischen Frauen webten, zum Teil in Höhlen, wie die Nymphe Kalypso, ist also ausgemacht. Es findet sich auch die Nähnadel aus Hirschhorn oder Bein. Getreidequetscher und Handmühlen geben Zeugnis von gelegentlichem Getreidebau; an neolithischen Gefäßen sind Abdrücke von Weizenkörnern gefunden; die steinzeitlichen Pfahlbauten der Schweiz bergen gemeinen Weizen, Einkorn, Gerste. (Roggen, Hafer, Linse, Bohne kommen erst in der Bronzezeit vor.)

Unter den Rindern erscheint der Urstier (bos primigenius) und der Auerochse (bison europaeus), aber auch schon Arten, die sich bis heute in Skandinavien erhalten haben (bos longifrons und brachyceros); Ziege, Schaf, Hund und Schwein sind schon erwähnt; wie es scheint, war auch das Pferd schon gezähmt. Durchlöcherte Näpfe lassen auf Käsebereitung schließen. Pfeil und Bogen, Keule, Hammer, Meißel, Beil, Lanze, Messer, Schleudersteine, Klopfsteine sind die Werkzeuge und

Kreis Weißenfels: Tzschörnhügel bei Weißenfels 1, Lesau (Wachhügel) 1. Kreis Querfurt: Freyburg 1, Burgscheidungen 1, Kirchscheidungen 1, Tröbsdorf 2, Ziegelrodaer Forst 8, Oberfarnstedt 6, Unterfarnstedt 1, Roßleben 2, Kuckenburg 2, Rothenschirmbach 1. Verwaltungsbezirk Apolda: Allstedt 4, Einsdorf 2, Niederröblingen 1, Hainichen bei Dornburg 1. Kreis Sangerhausen: Artern 1.

Steinzeitliche Gräber ohne Steinbauten oder solche, bei denen Steinbau nicht erwähnt ist, sind an folgenden Orten meist in Hügeln gefunden: Westeregeln 1, Huy-Neinstedt 1 (B), Quedlinburg 1 (B), Aschersleben (3 Hügel und Kiesgrube) 2, Preußisch-Börnecke 1, Thale 1; Ballenstedt 1, Güsten 1, Gröna (bei Bernburg) 1 (B), Sandersleben (3 Hügel) 1. Im Mansfelder Gebirgskreise: Conradsburg 1 (B) und Quenstedt (mehrere Hügel). Hochebene zwischen Friedeburg und Zickeritz (Mansfelder Seekreis) mehrere Grabhügel (B). Zwischen Merseburg und Lauchstädt: der Brauntshügel 1 (B), Lützen 1, Rössen bei Merseburg: viele Grabhügel. Im Kreise Querfurt: Braunsdorf 1, Reinsdorf 1, Grockstedt 2, Klein-Wangen 2. In Sachsen-Weimar: Oldisleben bei Allstedt 1, Schloß-Vippach 1, Vippach-Edelhausen 1, Vogelsberg 1, Schwansee 1, Nerkewitz bei Dornburg 1, Klein-Romstedt 1. Im Kreise Naumburg in der Kiesgrube zwischen Naumburg und Altenburg 1. Im Kreise Weißenfels: bei Schkölen im Lohholz 5, Dörstewitz 2, Nautschütz 1, ferner Lobitzsch 1 (B). Im Kreise Zeitz: Nickelsdorf bei Crossen 4, Heuckewalde 1, Braunshain 7. Bei Erfurt im Steiger 3. Bei Gotha im Berlach mehrere Hügel. Im Kreise Langensalza bei Hornsömmern 1 (B). Im Kreise Sangerhausen: bei Nienstedt 1 (B), Riethnordhausen 1, Auleben 2, Uthleben 1. Auf der Hainleite 12—15 Hügel. Nordhausen 1 (B).

Steinzeitliche Wohnstätten sind außerdem bemerkt bei Taubach (S.-Weimar), Schinditz (S.-Meiningen), bei Erfurt (Höhenzug längs der Gera), Mittelhausen (bei Erfurt), Asendorf (Mansf. Seekreis), Alt-Ranstedt (Kr. Merseburg), Mescheide (Kr. Bitterfeld), Derenburg (Kr. Halberstadt), Tangermünde und Arneburg (Kr. Stendal), Frose (Kr. Ballenstedt).

Waffen der Männer (Pfeil- und Lanzenspitzen sowie die Messer sind von Feuerstein); Jagdbeute waren der Hirsch, das Reh, das Wildschwein, der Biber.

Vom Hausbau dieser Zeit wissen wir nicht viel. Über die Wohngrube war vielleicht nur ein Dach, vielleicht auch schon eine kreisrunde Wand von Stäben und Ruten gestellt und mit Lehm beworfen. Lehmbewurf mit Abdrücken von Stäben und Ruten wird oft in Wohngruben gefunden, gehärtet und gut konserviert, wenn die Hütte durch Feuer ihren Untergang gefunden hat. Wenn wir bedenken, daß den Frauen die Herstellung der Töpfe zufiel, ferner das Spinnen, Weben, Mahlen, Backen, Kochen und vielleicht auch die Käsebereitung, während die Männer nicht bloß mit dem Hüten des Viehes, sondern auch mit Schleifen und Durchbohren der harten Steinäxte und Hämmer und ihrer Schäftung, ferner mit Fällen und Zerkleinern von Holz, Herstellung von Holzgefäßen, mit Jagd und Fischfang, mit Zurichtung eines Getreidefeldes, Reinigen und Lockern des Bodens, Säen, Umzäunen, Ernten und Dreschen, ab und zu auch mit Abbau und Aufbau von Hütten oder mit Errichtung eines Steindenkmals zu thun hatten, so stellt sich uns ein mannigfaches und arbeitsvolles Leben dieser neolithischen Bevölkerung dar. Übrigens wird unter dem Thongeschirr des jüngeren Typus ein eigentümliches Gefäß als Trommel gedeutet; dieselbe kann nur als Handtrommel benutzt sein und läßt uns an Reigentänze der neolithischen Frauen denken, ähnlich denen, die nach dem zweiten Buch Mose von den hebräischen Frauen mit der „Pauke" in der Hand aufgeführt worden sind.

Aus dem gefällig geformten und verzierten Thongeschirr dieser Leute darf man auf ein gewisses Schönheitsgefühl schließen; die Bewegung und Hebung so schwerer Lasten, wie sie zu den Steinbauten verwendet wurden, läßt ein Zusammenwirken vieler Menschen zum gemeinsamen Zweck erkennen, sie setzt ein Gemeinschaftsleben voraus, die Unterordnung vieler unter ein Oberhaupt, also die ersten Keime staatlicher Ordnung. Erwägen wir aber den Sinn, der diesen Bauten zu Grunde liegt, so scheint in dieser pietätvollen Sorge für die Toten sich die Spur einer religiösen Vorstellung zu offenbaren. Den Toten ist oft eine Waffe oder auch mehrere mitgegeben, den Frauen ein Spinnwirtel, außerdem ein oder mehrere Gefäße, in denen sich oft noch Tierknochen befinden; die Becher, welche in der Hand oder neben dem Kopfe des Skelettes gefunden werden, sind leer, sie haben gewiß einen Trunk enthalten. Diese Fürsorge setzt den Glauben an ein Fortleben voraus, welches solcher Mitgaben bedurfte, ähnlich wie bei Homer, in der Edda, in den Vorstellungen der Araber, der Indianer und anderer Naturvölker den Abgeschiedenen eine Fortsetzung ihrer Lieblingsbeschäftigungen zugeschrieben wird.

Wann war diese jüngere Steinzeit? Absolute Zahlen zu nennen ist naturgemäß für die Steinzeit am schwersten. Nur auf Schätzung beruht es, wenn nordische Archäologen den Beginn dieser Periode, d. h. die Einwanderung dieser neolithischen Bevölkerung um 3000 vor unserer Zeitrechnung ansetzen. Mit größerer Gewißheit läßt sich das Ende derselben bestimmen, denn viele Beobachtungen sprechen dafür, daß um 1500 die ersten Metalle, namentlich die Bronze, in Nordeuropa einen kulturbestimmenden Einfluß gewonnen haben.

Woher war die Bevölkerung der jüngeren Steinzeit gekommen? und wo ist sie geblieben? Die letzte Frage wird durch die Altertumskenner derjenigen Länder, wo sich die Überbleibsel der vorgeschichtlichen Perioden am zahlreichsten erhalten haben und am sorgfältigsten gesammelt und beobachtet worden sind, nämlich in Dänemark und Schweden, mit großer Sicherheit beantwortet, nämlich dahin, daß die später dort wohnenden Germanen die Nachkommen dieser neolithischen Bevölkerung sind. Die Schädel stimmen überein, und in der allmählichen Entwickelungsreihe der Werkzeuge, Waffen und Schmuckstücke zeigt sich keine Unterbrechung, kein Sprung. Auch für Norddeutschland werden wir demgemäß dasselbe sagen dürfen, was schon Tacitus gesagt hat: daß die Germanen eine durchaus einheimische und eigentümliche, durch keinen fremden Einfluß bedingte Völkerschaft seien. Der Übergang von den älteren zu den jüngeren Kulturformen zeigt sich auch in den deutschen Altertumsfunden als ein ganz allmählich vollzogener; neue Erscheinungen treten immer zuerst in Verbindung mit dem Inventar der früheren heimischen Stufe auf, nirgends ist ein Sprung, der mit einem Schlage lauter Neues brächte, auch da nicht, wo die Einführung des Leichenbrandes eine Änderung der Sitten ankündigt, denn auch diese ist ganz allmählich geschehen.

Diese Erkenntnis steht auch nicht im Widerspruch mit den Lehren der Sprachwissenschaft, welche eine Verwandtschaft der europäischen Völker: Griechen, Italiker, Kelten, Germanen, Illyriker, Slaven und Letten mit den asiatischen Persern und Indern aus der Übereinstimmung vieler Worte und ihrer Flexion erwiesen und deshalb eine Einwanderung aller dieser Völker aus Asien angenommen hat.

Die Sprachwissenschaft hat die Worte festgestellt, welche den genannten indoeuropäischen Völkern ursprünglich gemeinsam sind, um daraus zu schließen, was für Begriffe, Kenntnisse, Hilfsmittel, Einrichtungen, Gegenstände jene Völker aus ihrer Urheimat mitgebracht haben, auf welcher Kulturstufe demnach dieses arische Muttervolk gestanden haben muß. Es ergiebt sich aus diesem gemeinsamen Wortschatz, daß dieses Urvolk ein zahlreiches, seßhaftes Hirtenvolk gewesen ist in einem mit Gebirge umgebenen Binnenlande, unbekannt mit dem Ackerbau, mit den Metallen, mit Städtebau. Diese Urindogermanen besaßen Herden von Rindern, Schafen, Schweinen, Ziegen, die von Hunden behütet wurden. Man jagte den Hirsch, den Eber, den wilden Stier. Waffen und Werkzeuge fertigte man aus Stein, Knochen und Geweihen. Man hatte Bogen aus Ebenholz, Speerschäfte aus Eschenholz, Wagen auf Rädern, man wußte zu nähen und aus Schafwolle Decken, Tücher und Mützen, aus Bast Stricke, Matten, Gewandstoffe, Netze herzustellen.

Dieser Kulturzustand des Urvolkes entspricht merkwürdig genau der neolithischen Kultur. Die Verwandtschaft der arischen Völker dürfte deshalb weiter zurückzuverlegen sein, als es früher meist geschehen ist. Nicht die fertigen Völker mit ihren ausgeprägten Stammesmerkmalen sind aus dem Osten eingewandert, sondern jene neolithischen Viehhirten sind bei dem Suchen nach immer neuen Weideplätzen aus den Steppen Asiens und Südrußlands längs der Donau an den Fuß der Alpen und in immer neuen Abzweigungen in die übrigen unbevölkerten Länder Europas gelangt; erst dort haben sich in langen Zeiträumen die Nachkommen zu seßhaften Völkern mit besonderen Stammesunterschieden entwickelt, die einen früher, die anderen später. Nur so ist es zu begreifen, daß die germanischen Völker Rassenmerkmale aufweisen, weiße Haut, blaugraue Augen, blondes Haar, wie sie nur der Norden, aber nicht Mittelasien erzeugt haben kann.

Bei den großen Fortschritten und neuen Erkenntnissen, welche die vorgeschichtliche Forschung in den letzten Jahren durch Ausgrabungen in den frühesten Kulturländern gewonnen hat, ist die Hoffnung nicht ausgeschlossen, daß durch weitere Aufschlüsse und Beobachtungen in östlichen Ländern es gelingen wird, über die Wege, die Herkunft, das Zeitalter der Besiedelung Europas noch genauere Auskunft zu erlangen.

Ähnliches ist schon gelungen hinsichtlich einer anderen schwierigen Frage; nämlich der Frage nach der Herkunft der ersten Metalle, des Kupfers und der Bronze. Ohne in die Einzelheiten dieser weitschichtigen Frage einzugehen, will ich hier nur anführen, daß Mesopotamien als der Ausgangspunkt der ältesten Bronze erkannt ist; und zwar sind es die Sumerier, diese erfindungsreiche Vorbevölkerung der Babylonier gewesen, welche zu der Einsicht gelangt sind, daß Kupfer durch den Zusatz von Zinn härter und brauchbarer wird; in Mesopotamien ist denn auch nach manchen tastenden Versuchen das klassische Rezept, 10 Teile Zinn auf 90 Teile Kupfer, festgestellt worden. Nach den Mittelmeerländern ging der Weg der Bronze über Phönizien, nach dem europäischen Norden über das schwarze Meer und die Donau.

Höchst beachtenswert ist jedenfalls, daß fast überall in Europa, Vorderasien und Ägypten die Bronze, sowie vorher das Kupfer bei ihrem ersten Auftreten in derselben Formengebung, in denselben primitiven Typen erscheint, ein Beweis, daß die Metallzeit in allen diesen Ländern fast gleichzeitig begonnen hat; der Anfang der Bronzezeit ist deshalb auch für Deutschland mit Hilfe der ägyptischen Zeichnungen, der assyrischen Schatzkammern, der Funde von Cypern, Mykenä, Hissarlik, mit ziemlicher Sicherheit zu ermitteln. Die rasche Aufnahme des Metalls in den verschiedensten Gegenden erklärt sich einerseits durch seine praktische Verwendbarkeit für den zur höheren Kultur schreitenden Menschen, andererseits durch seine glänzende Außenseite, welche auch dem Naturkinde den Tauschartikel begehrenswert machte.

Neben dem Bronzegerät behielt die hiesige Bevölkerung die Geräte von Stein und Bein noch viele Jahrhunderte bei; die Steinhämmer wurden durch manche Stilisierungen zierlicher gestaltet, sogar die Gußnaht der Metallwaren nachgeahmt. Auch in der Lebensweise scheint zunächst durch das neue Kulturmittel nicht viel geändert zu sein. Die Bestattungen sind meist noch Einzelgräber in Hügeln oder in flacher Erde; manchmal findet sich auch eine Gruppe von Hügeln, oder eine größere Zahl von Skeletten in einem Grabe vereinigt, wie in der Steinzeit; nicht selten sind auch bronzezeitliche Gräber auf alten Bestattungen z. B. über Steinplattengräbern angelegt. Aber auch Steinplattengräber sind noch zu Anfang dieser Periode errichtet worden, wie die kupfernen und bronzenen Beigaben in manchen dieser Denkmäler beweisen*); viel häufiger allerdings ist die Steinplattenkammer durch eine niedrige, lange Steinkiste ersetzt, welche das gestreckte Skelett umschließt; auch hölzerne Gehäuse und Bretter als Unterlage und Decke der Toten kommen vor. Berühmt ist der große Hügel bei Leubingen (Kreis Eckartsberga), der in seiner Tiefe eine Hütte von Eichenbohlen als Behausung von zwei Skeletten mit goldenem Schmuck und bronzenen Waffen enthielt. Die Anlage dieser Grabstätten der älteren Bronzezeit, von denen mir 54 in unserer Provinz bekannt sind, liefert den Beweis, daß jenes Geschlecht im ganzen an denselben Stellen sich aufgehalten hat, wie die steinzeitlichen Bewohner, nur daß hier und da auch schon der Schwemmboden zu Gräbern benutzt ist; die Niederung muß also an solchen Stellen schon trocken genug gewesen sein, um darauf wohnen zu können.

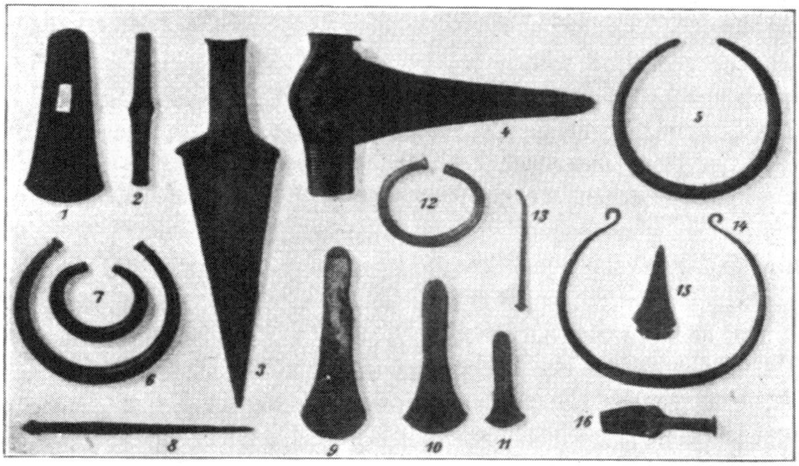

Früheste Kupfer-, Bronze- und Goldsachen in der Provinz Sachsen.

1, Kupferbeil von Egeln. 2, kupferner Meißel von Hedersleben. 3, bronzener Dolch vom Huy. 4, bronzener Schwertstab von Welbsleben. 5, bronzener Halsring von Wegeleben. 6, bronzener Halsring von Königsaue. 7, bronzener Armring von Trotha. 8, Haarnadel. 9, 10, 11, bronzene Celte (Beile) von Schkopau. 12, goldener Armring und 13, goldene Gewandnadel von Leubingen. 14, bronzener Halsring von Börnecke. 15, bronzene Speerspitze von Egeln. 16, bronzener Dolch von Reideburg (ähnlich von Neuenheilingen).

Dennoch hat das Metall eine bedeutende Wirkung geübt. Noch die Skelette dieser Periode lassen die Freude am Putz erkennen; das Verlangen, den eigenen Körper durch die gelbleuchtenden Zierrate hervorzuheben, mußte dem Handel eine große Pforte öffnen, damit zugleich den Einflüssen der vorgeschrittenen Kultur der südöstlichen Länder. Das Verlangen nach solchem Besitz mußte anderseits den gleichmütigen Nomaden betriebsamer machen um Tauschwerte zu erzeugen, und in dem engen Vorstellungskreise des auf die täglichen Bedürfnisse gerichteten Gemütes belebte sich die

*) Z. B. ein Steinplattengrab aus Porphyrplatten auf dem Hohen Petersberge mit 8 kupfernen (?) Spiralrollen; ein Steinplattengrab bei Kl. Romstedt bei Weimar mit Bronzedrahtring; ein dgl. bei Dornstedt bei Schraplau (Skelett mit Bronze-Armring); ein Steinplattenhaus auf dem Galgenberge bei Bottendorf (Kr. Querfurt) enthielt Skelett mit 3 kupfernen Ringen um ein Fingerglied; 1 dgl. bei Oberfarnstedt (Unterweden) mit Dolch und kupferner Speerspitze; 1 dgl. auch, wie es scheint, bei Allstedt mit bronzenen Armspangen.

Ahnung eines reicher ausgestatteten Lebens und kühner Thaten, durch welche geheimnisvollen Mächten ihre Schätze entrungen werden.

Spuren eines solchen Handels in der älteren Bronzezeit haben sich in unserer Provinz gefunden. Bei Schkopau wurden im Jahre 1821 im Wasserlauf der schwarzen Lache 124 Flachcelte (kleine Äxte von Bronze) entdeckt, die so geschichtet waren, als wären sie ursprünglich in einem cylindrischen Holzgefäß eingeschlossen gewesen. Bei Bennewitz im Saalkreise wurde 1879 ein Massenfund von 297 derselben Art Celte in 3 Sorten gemacht. Beide Schatzfunde scheinen aus dem Besitz eines Händlers dorthin gelangt zu sein und haben die Vermutung nahe gelegt, daß überhaupt in der Form dieser Beile die Bronze bei uns eingeführt worden sei. Ein anderer Schatz der älteren Bronzezeit ist 1861 bei Groß Schwechten in der Nähe von Stendal entdeckt, wo 10 Klingen von Schwertstäben in einem Thongefäß, mit breitem Granitstein bedeckt, enthalten waren, auch dieser Fund läßt sich am besten auf den Besitz eines Händlers zurückführen. Bei Giersleben in Anhalt lagen in einem Thongefäße 8 Flachcelte von verschiedener Größe, darunter einer mit hinterem Ausschnitt, wie sie in Italien heimisch sind. Bei Orlishausen in Sachsen-Weimar wurde 1859 unter einer Steinplatte ein Topf mit 20 Bronzehalsringen (schwere mit umgeschlagenen Enden) und 8 Flachcelten, bei Börnecke im Kreise Blankenburg 1897 ein Thongefäß mit 14 Halsringen derselben Sorte gefunden. Auch diese Halsringe mit umgeschlagenen Enden werden mit Rücksicht auf einen Massenfund in Oberbayern für Rohbronze angesehen, d. h. für eine Form, in welcher Bronze in Deutschland eingeführt worden ist. Bei Neuenheilingen unweit Langensalza ist im Jahre 1776 ein Schatzfund mit mehr als 60 Flachcelten, 4 breiten Dolchklingen, 2 Dolchen mit Griff, einer doppelschneidigen Axt mit Schaftloch und 2 hohlgegossenen Schäften von Schwertstäben gemacht worden, der ebenfalls als Besitz eines Händlers anzusehen ist. Andere Bronzefunde unserer Provinz, die nicht als Habe eines fremden Händlers, sondern als sorgsam versteckter Besitz eines Einheimischen zu deuten sind, mögen hier übergangen werden.

Manche Grabstätte der älteren Bronzezeit hat zwischen den Skeletten auch eine Urne mit verbranntem Gebein finden lassen. Die Sitte der Leichenverbrennung fand nach der Mitte der Bronzezeit (etwa um 900 n. Chr.) immer mehr Eingang, die Gräber wurden infolgedessen viel kleiner und sind wohl oft durch den Ackermann beseitigt worden, ohne daß etwas davon bekannt geworden ist. Die Gruben, die nicht viel größer sind, als das Thongefäß, welches das zerkleinerte gebrannte Gebein enthält, sind während der jüngern Bronzezeit meist mit senkrecht stehenden Steinplatten ausgesetzt und mit einer größern Platte bedeckt; als Beigaben finden sich außer einem oder mehreren Töpfchen meist nur kleinere Gegenstände der Toilette von Bronze: Nadeln, Rasiermesser, Pinzetten, Ringe; ab und zu kommen diese Gegenstände auch schon von Eisen vor, diese zeigen noch dieselbe Form wie die Bronzesachen, und sind von Südosten importiert, wo um diese Zeit das Eisen schon häufiger neben der Bronze benutzt wurde, wie für Griechenland im 8—9 Jahrhundert die Gedichte Homers beweisen, wie für Österreich namentlich jene 1036 Gräber von Hallstatt im Salzkammergut mit ihrem reichen Inhalt bewiesen haben. Dieselben Gräber haben dargethan, daß auch dort die Änderung der Grabsitte nicht mit einem Schlage, sondern sehr allmählich vor sich gegangen ist; denn durcheinander finden sich dort Skelettgräber und Brandgräber und zwar derselben Zeit angehörig, wie die Beigaben bekunden. In der Provinz Sachsen ließ sich der Übergang von der einen zur andern Bestattungssitte erkennen auf dem ausgedehnten Gräberfelde bei Halle, auf dem Gräberfelde von Havemark bei Genthin, bei den Skelettgräbern zu Waltersleben bei Erfurt, auf dem Urnenfelde zu Hoym (in Anhalt) und auf der Gräberstätte zwischen Aschersleben und Westorf; auf allen diesen kamen beide Begräbnissitten nebeneinander vor; beide scheinen also längere Zeit nebeneinander bestanden zu haben, gerade so wie in Griechenland und Italien.

Der Übergang zur Brandbestattung ist allmählich in der ganzen indogermanischen Welt vollzogen worden, und durch diese Sitte unterscheiden sich die Indogermanen durchaus von den Semiten Asiens und von den Ägyptern, welche auf Konservierung oder wenigstens Verwahrung des Körpers großen Wert legten; die indogermanische Sitte scheint also auf einer Rasseneigentümlichkeit zu beruhen, es ist, als ob bei diesen Völkern der Glaube an eine Trennung der Seele vom Körper und an ein Fortbestehen der Seele außerhalb des Leibes kräftiger ausgebildet gewesen sei; dem Feuer schrieb man die Kraft zu, am besten die Seele von den Schlacken des Körpers zu reinigen; ohne Läuterung des Scheiterhaufens konnte deshalb nach homerischer Vorstellung die Seele nicht in die ewigen Gefilde eingehen. Aber aus der Glut des Scheiterhaufens schwingt sie sich auf wie ein Vogel. Das Bild eines Vogels, von Thon dargestellt, findet sich deshalb oft in den Brandgräbern dieser Periode; und den im Luftraum schwebenden Vögeln hat man Teilnahme am Menschengeschick und Weissagung zugeschrieben.

Man kann wohl annehmen, daß ohne Kenntnis des Metallgusses die Völker den Gedanken von der läuternden Kraft des Feuers nicht gefaßt haben würden; aber unrichtig wäre es, zu meinen, daß gleich mit der Verbreitung der Bronze auch die Sitte der Leichenverbrennung sich verbreitet habe, die älteren Bronzesachen, Flachbeile, breite Dolche, Lanzenspitzen mit Nieten (ohne Tülle), starke massive Hals- und Handgelenkringe, große dicke Nadeln für das Haar und kleine gebogene mit Öse für die Gewandung, und viele andere ältere Stücke sind — abgesehen von Schatzfunden — in der Provinz Sachsen nur bei Skelettbestattungen vorgekommen. Erst etwa um 900 v. Chr. ist auch in unsern Gegenden die Brandbestattung allgemeiner geworden.

In dieser jüngeren Bronzezeit erreichte der Bronzeguß in Ungarn, Skandinavien und zum Teil auch in Deutschland eine hohe Blüte. Daß Bronzesachen im nördlichen Europa nicht bloß eingeführt, sondern auch gegossen sind, ist hinlänglich bewiesen, nicht bloß durch die vielfach gefundenen Gußformen und verunglückten Gusse, sondern besonders durch die eigentümlichen Stilarten, die sich auf Grund der gemeinsamen, importierten Formen in verschiedenen Ländern entwickelt haben, nordische Formen, auch mitteldeutsche, die sich im Süden nicht finden.

Aus dieser etwa bis 400 v. Chr. reichenden Periode der jüngeren Bronze und der ersten (Hallstättischen) Eisensendlinge finden sich auch zuerst ausgedehnte Begräbnisfelder in unserer Provinz, namentlich im östlichen Teile, ähnlich wie sie die Lausitz, Böhmen, Schlesien, Mähren, Südbrandenburg, Posen und Westpreußen aufweisen; Begräbnisfelder, welche jahrhundertelang benutzt worden sind und uns beweisen, daß die Bevölkerung jener Gegend dauernd seßhaft gewesen sein muß. Die Dichtigkeit der Bevölkerung, welche durch jene großen Urnenfelder bezeugt wird, und ihre dauernde Seßhaftigkeit läßt auf intensivere Bodenbenutzung, also auf Ackerbau als Hauptnahrungszweig schließen.

Auch der von Herden lebende Mensch säete und erntete, wenn er einen geeigneten Boden zur Aussaat fand. Geeignet war aber bei den dürftigen Werkzeugen nur der lockere und im Frühling feuchte Boden der Niederung (Alluvium), der die Saat ähnlich aufnahm wie der Nilschlamm Ägyptens. Der härtere Diluvialboden der Hügel und Hochebenen, der den Herden die beste Nahrung spendete, war hierzu nicht geeignet. Sehr charakteristisch wird im ersten Buche Mose von Isaak erzählt, daß er, der sonst seine Herden auf dem Hochplateau von Südpalästina weidete, als Gast in der Ebene (Niederung) der Philister Getreide gesät habe; und ebenso charakteristisch werden in demselben Buche die mageren Jahre Ägyptens darauf zurückgeführt, daß man nicht hat pflügen können. In allen zur Kultur schreitenden Ländern, ist die Entwickelung eingetreten, die sich in der Frühzeit Griechenlands erkennen läßt, daß ein Teil der Bevölkerung „bereits den Übergang vom Jäger- und Hirtenleben zum Ackerbau und zu festen Wohnsitzen gemacht" hat, während der andere, der namentlich in den Gebirgen seinen Sitz hat, noch ganz überwiegend dem Hirtenleben angehört; letztere Bewohner sind noch sehr lange das halbnomadische und unruhige Element, während der wohlhabendere Ackerbauer auf ruhigen Fortschritt der Kultur bedacht ist.

Wenn wir in der Lausitz die Urnenfelder sehr reichlich vertreten finden, von einer neolithischen Bevölkerung aber fast keine Spur, so werden wir schließen dürfen, daß die von vielen Wasserläufen und Sümpfen durchzogene Landschaft in der Steinzeit noch unbewohnbar war, daß aber in der jüngeren Bronzezeit der inzwischen angesetzte Alluvialboden gerade dem Ackermann leicht zu pflügende, brauchbare Felder bot; das eigentümliche Topfgeschirr der bronzezeitlichen Bevölkerung dieser Gegend deutet auf Zusammenhang mit Österreich hin. Ähnliche Verhältnisse liegen in den östlichen Kreisen unserer Provinz vor, in Liebenwerda, Torgau, Schweinitz, Delitzsch, Bitterfeld, Wittenberg; die Urnenfelder dieser Periode finden sich bis an die Saale bei Weißenfels und Halle; dann aber auch weiter im Norden in den fruchtbaren Gefilden und Alluvien des Nordharzgebietes bis in das Braunschweigische und Magdeburgische. Und gerade die Urnenfelder dieser Gegend haben uns ein interessantes Anschauungsmittel der damaligen Kultur aufbewahrt, nämlich die Hausurnen, d. h. thönerne Nachbildungen damaliger Häuser, die den Zweck haben, das verbrannte Gebein eines Einwohners aus der Zeit der jüngeren Bronze und des Hallstättischen Kultureinflusses zu bergen.

Die Altmark hat in dieser Zeit noch keine Urnenfelder, sondern ähnlich wie die benachbarten Hannover, Nordbrandenburg, Mecklenburg nur Hügel mit einer oder mehreren Brandbestattungen in Steinkisten. Die Besiedelung scheint also dort noch nicht so intensiv, die Ernährungsweise noch die althergebrachte gewesen zu sein; erst die folgende Periode der entwickelten Eisenzeit (hier etwa von 300 v. Chr. an) hat dort die größeren Urnenfelder, die Zeugen größerer Volksdichtigkeit und Seßhaftigkeit, also zunehmenden Ackerbaues, hervorgebracht; wohl noch zahlreicher die römische Periode.

Auch die westlichen Gebiete der Provinz links der Saale zeigen einen andern Charakter als die östlichen Teile. Hier in Thüringen hat man in der jüngeren

Hausurnen aus der Provinz Sachsen und aus Anhalt.

1 und 2 gefunden bei Hoym (Anhalt), 3 bei Polleben (Mansfelder Seekreis), 4 bei Wilsleben, 5 bei Königsaue (beide Kreis Aschersleben), 6 bei Wulferstedt, 7 bei Schwanebeck (beide Kreis Oschersleben).

Bronzezeit noch keine Urnenfelder, kein Eisen von Hallstatt, auch keine Brandbestattung, wenigstens nicht als Regel; erst die entwickelte Eisenzeit (la Tène-Periode) hat hier ausgedehntere Urnenbegräbnisstätten hervorgebracht; eine Erscheinung, die um so auffälliger ist, als die südlich des Thüringer Waldes angrenzenden Gegenden Frankens und Bayerns von den südlichen (hallstättischen) Kultureinwirkungen durchaus beherrscht sind. Thüringen scheint demnach erst in der entwickelten Eisenzeit (etwa seit 400) unter dem Einfluß einer mächtigeren Kulturströmung, nämlich der von Südwesten und Westen ausgehenden (gallischen) Eisen- oder la Tène-Kultur zu einer ausgedehnteren Bodenbewirtschaftung übergegangen zu sein; und selbst aus dieser Periode sind die Zeugen einer dichteren Bevölkerung selten. Die jetzt fruchtbaren Auen und Flußniederungen der Unstrut und Helme sind zum großen Teil noch in historischer Zeit als Riede dem Ackerbau unzugänglich gewesen; und vermutlich hat die nur vom Eisenpflug zu überwältigende Festigkeit des Thüringer Hügelbodens die Bevölkerung länger als in den andern Gegenden der Provinz beim Hirtenleben festgehalten. Hirtenvölker aber bewahren zäher die alten Sitten, als Ackerbau treibende Stämme, daher mag es kommen, daß in Thüringen vielfach Skelettbestattungen noch aus der la Tène-Periode angetroffen werden.

Der weiter nach Westen gelegene gebirgige Teil unserer Provinz sowie der Harz sind während der jüngeren Steinzeit und in den folgenden vorgeschichtlichen Perioden, wie es scheint, überhaupt nicht bewohnt worden, sie werden schon in neolithischer Zeit mit Urwald bedeckt gewesen sein. Wohl aber haben die bewaldeten Randberge dieser Gebirgsgegenden durch Umwallung und Verhau gesichert, seit der jüngeren Bronzezeit bis ins fränkische Zeitalter hinein der benachbarten Bevölkerung als Zufluchtsstätten für sich, ihr Vieh und sonstige fahrende Habe gedient. Solche Wallburgen finden sich noch zahlreich auf den waldigen Höhen der Schmücke, Finne und Hainleite, auf Bergen des Eichsfeldes und auf den Ausläufern und Vorsprüngen des Harzes am Süd- und Nordrande. Auch auf andern jetzt längst bebauten Anhöhen der Provinz mögen einst solche Fliehburgen bestanden haben, Stätten an denen das Volk sich auch bei andern Anlässen, die Vereinigung erforderten, zusammenfand. Manche solcher Burgen sind später zu ummauerten Burgsitzen, manche zu kirchlichen Wallfahrtsorten, manche auch zu Oberstädten geworden, nachdem in ihrem Schutz sich eine Unterstadt angebaut hatte.

Prof. Dr. Paul Höfer-Wernigerode.

Die alten Sachsen und der Name unserer Provinz.

Unsere Provinz trägt den Namen der alten Sachsen. Diese wohnten einst von der Nordsee bis an den Harz, von der Elbe bis an den Rhein und sollen ihren Namen von ihrer Lieblingswaffe, dem kurzen, messerartigen Schwerte, das stets an ihrer Seite hing und Sachs hieß, erhalten haben. Bei ihrem Eintritt in die Geschichte, einige Jahrhunderte vor der Geburt Christi, finden wir sie nördlich von der Elbe im heutigen Schleswig-Holstein; während der Völkerwanderung nahmen sie dann die Gegend in Besitz, die ihre dauernde Heimat werden sollte, und der sie ein charakteristisches Gepräge ihrer Volksart aufdrückten, das Jahrhunderte nicht haben verwischen können, und das heute noch nachzuweisen ist. Ihre östliche Grenze reichte in unserer Provinz bis in die Altmark hinein, während sie nach Süden sogar bis zur Unstrut vordrangen und im Vereine mit den Franken das hier bestehende alte Thüringer-Königreich zertrümmerten. Allerdings haben sie in dieser Gegend südlich vom Harz nicht so lange und nicht in dem Maße das Übergewicht über die hier wohnenden Thüringer gehabt, daß sie die dortigen Verhältnisse auch ganz nach ihrer Weise umgestalten konnten. Thüringische und fränkische Einflüsse verhinderten hier ein Festwurzeln sächsischer Gewohnheiten, und heute ist fast jede Spur davon verloren. Nur einige Namen in dieser Gegend erinnern noch an die Sachsen, so die Sachsenburg bei Heldrungen, der Sachsengraben, die Stadt Sachsa, Ober- und Niedersachswerfen. Auch die Sprache der Sachsen, das Platt- oder Niederdeutsche, das jetzt noch überall, wo einst die alten Sachsen gewohnt haben, als Umgangssprache gesprochen wird, ist nicht in die Gegend südlich vom Harze gedrungen. Nur in Benneckenstein und Sorge im sächsischen Harze wird heute noch Plattdeutsch gesprochen.

Neben der Sprache bildete ein gleiches Recht das Band, das alle Sachsen zusammenschloß, und es ist eigentümlich, daß gerade im Südharze die Aufzeichnung des alten sächsischen Rechtes entstand. Auf Veranlassung des Grafen Hoyer von Falckenstein schrieb Eicke von Repkow auf dem Schlosse Falckenstein in der Mitte des 13. Jahrhunderts den berühmten „Sachsenspiegel“, der bald durch ganz Deutschland als Rechtsbuch Verbreitung fand.

Die alten Sachsen waren ein kräftiger Menschenschlag. Ihr langes, blondes Haar wallte frei über die Schulter herab. Vor vielen andern deutschen Stämmen zeichneten sie sich durch unverdorbene, schlichte, einfache Sitten aus. Mit Liebe hingen sie an ihren alten Gewohnheiten und Gebräuchen. Ihre Freiheit ging ihnen über alles. Sie wohnten deshalb auch am liebsten in Einzelgehöften, um welche die Äcker und Wiesen herumlagen. Die Anlage der Häuser geschah nach dem Grundsatze: Menschen, Vieh und Vorräte unter einem Dach zu vereinigen, und so nahm das alte sächsische Haus die charakteristische Form an, die sich bis heute in dem nördlichen Westfalen und Hannover und zum Teil auch in der Altmark auf dem Lande erhalten hat. In den ältesten Zeiten war das Haus nicht gemauert, sondern nur gezimmert, so daß das alte Gesetz der Sachsen die Möglichkeit ins Auge faßte, daß ein Dieb sich nachts unter der Seitenwand durch die Erde ins Innere wühlen konnte. Später bilden roh behauene Steine den Grund, auf dem sich die niedrigen Umfassungsmauern erheben. Über diesen liegt ein breites Strohdach. Der Giebel des Hauses ist stets der Straße zugekehrt, und an dieser Seite befindet sich auch die große, breite Thür, der Haupteingang des Hauses. Durch dieselbe betritt man die sogenannte Diele, welche das Haus bis zu dreiviertel seiner Länge durchzieht und aus festgestampftem Lehm besteht. Hier wird ein Teil der Ernte abgeladen und auf die Balken und Bretter des Dachstuhls gebracht, denn das Haus dient auch als Scheune. Zu beiden Seiten der Diele steht das Hornvieh, die Köpfe nach der Diele zugewandt, gleich unten neben der großen Thür ist der Pferdestall, während der Schweinekoben und der Schafstall auf dem Hofe sind. Oben, quer vor der

Diele sind die Wohnräume für die Menschen; hier waltet die Hausfrau, und die eigentümliche Bauart des Hauses ermöglicht es ihr, von ihrem Platze am Herde aus das ganze Haus mit einem Blicke zu übersehen und zu regieren. Am Giebel erblickt man aus Brettern roh gesägt zwei sich einander zugekehrte Pferdeköpfe; denn den alten Sachsen war das weiße Roß heilig, das sie auch in ihrem Wappen führten.

Eine große Veränderung ging mit den Sachsen im achten Jahrhundert vor, als sie unter die Herrschaft Karls des Großen kamen: sie verloren ihre Unabhängigkeit und wurden Christen. In dreißigjährigem Kampfe unterwarf sie Karl der Große seinem Scepter und beugte ihren Nacken unter das Kreuz. Das letztere war fast noch schwerer, als das erstere. Freilich verfuhr Karl bei der Einführung des Christentums häufig recht summarisch; das unterworfene Volk wurde in der Regel gleich einer Massentaufe unterzogen. Man trieb es in Scharen in einen Fluß und zwang es, dem Priester auf seine Fragen folgende Entsagungs- und Glaubensformel nachzusprechen:

Forsnchistu diobole?
    ec forsacho diobole.
end allum diobolgelde?
    end ec fosacho allum diobolgelde.
end allum dioboles uuercum?
    end ec forsacho allum dioboles uuercum and uortum,
    Thuner ende Nuóden ende Saxnôte ende allum thêm
    unholdum, thê hira genôtes sint.
Gelobistû in got alamechtigan fader?
    ec gelôbo in got alamechsigan fader.
Gelobistû in Crist godes suno?
    ec gelôbo in Crist godes suno.
Gelobistû in hâlogan gâst?
    ec gelôbo in hâlogan gâst.

Darauf wurde dann die heilige Handlung mit ihnen vorgenommen. So geschah es z. B. an der Oker bei dem Dorfe Ohrum, nicht weit von Wolfenbüttel.

Hatten nun auch die alten Sachsen zunächst ihre politische Selbständigkeit verloren, so liegt doch in dieser Unterwerfung durch Karl der Keim zu einer neuen Entwickelung; denn bisher waren sie zersplittert und unter sich uneinig gewesen, nun aber faßte sie Karl mit kräftiger Hand zu einem Ganzen zusammen. Dabei verfuhr er äußerst schonend. Dem eroberten Lande ließ er seine alten Rechte und Gewohnheiten; nur die Verwaltung ordnete er nach fränkischer Weise. Als seine Stellvertreter setzte er Gaugrafen ein, die er aber aus den begütertsten und angesehensten Geschlechtern des Sachsenlandes nahm. Anfangs war diese Würde nicht erblich, wurde es aber sehr bald, und einer der Grafen brachte es durch eigenes Verdienst und kaiserliche Huld zu einem solchen Ansehen und einer solchen Macht, daß er Herzog des Sachsenstammes wurde. Und als der Sachsenherzog Heinrich zum deutschen König gewählt wurde, begann der Aufschwung der altsächsischen Geschichte zur höchsten Ruhmeshöhe. Zu gleicher Zeit, unter Otto dem Großen, fing ein anderes sächsisches Geschlecht im Sachsenlande an, die Führerrolle im Kampfe gegen den wendischen Ansturm zu übernehmen, das waren die Billunger. Und dieses Geschlecht war berufen, den Namen und die Dynastie des alten Sachsenvolkes in unsere Zeit hinein zu verpflanzen. Denn der höchsten Glanz- und Kraftentfaltung folgte plötzlich eine tiefe Erschlaffung. Im Kampfe der Welfen und Hohenstaufen unterlag Heinrich der Löwe; infolge der über ihn ausgesprochenen Reichsacht verlor er 1180 das Herzogtum Sachsen und behielt nur seine Erblande Braunschweig und Lüneburg als sein Besitztum. Von der stolzen Höhe eines Herzogs sank er herab in den Stand eines einfachen Edlen; irgend welche Rechte eines regierenden Fürsten standen ihm nicht mehr zu, selbst in seinen Erblanden nicht. Erst sein Großsohn Otto das Kind söhnte sich mit den Hohenstaufen aus und erhielt von Friedrich II. 1235 die neue Würde eines Herzogs von Braunschweig-Lüneburg.

Das alte Nationalherzogtum Sachsen ging mit dem Sturze Heinrichs des Löwen zu Grunde; es wurde zerteilt und die westliche Hälfte dem Bischof von Köln, und die östliche dem Grafen Bernhard von Askanien, dem Sohne Albrechts des Bären, übertragen, der als Großsohn der Eilika, der zweiten Tochter des letzten Billungerherzogs in Sachsen, die meisten Ansprüche auf das erledigte Herzogtum geltend machen konnte. Zu seinem Familienbesitz, den anhaltinischen Erbländern zwischen Saale, Bode und der mittleren Elbe bei Wittenberg, bekam dieser also infolge seiner Abstammung von den Billungern noch den altsächsischen Anteil nebst dem Herzogstitel und nannte sein ganzes Land nun „Herzogtum Sachsen“. Damit rückte der Name Sachsen über das ursprüngliche Gebiet der alten Sachsen nach Süden hinaus bis in die Gegend von Wittenberg.

Bernhards Söhne Heinrich und Albrecht teilten sich nach der in den Fürstenhäusern der damaligen Zeit herrschenden Sitte in das Reich ihres Vaters. Heinrich bekam als Graf von Aschersleben die alten askanischen Stammländer zwischen Unterharz und Elbe, während Albrecht seinem Vater im Herzogtume folgte. Sein Gebiet lag der Hauptsache nach zu beiden Seiten der Elbe um Wittenberg herum im heutigen Regierungsbezirk Merseburg. In den eigentlichen altsächsischen Stammlanden nördlich vom Harz war sein und seiner Nachfolger Einfluß gleich Null, hier herrschten die sächsischen Großen völlig selbständig. Im Jahre 1422 starb das Geschlecht der Herzöge von Sachsen-Wittenberg, askanischen Stammes, das auch zugleich die Kurwürde besaß, aus, und ihr Land fiel an den Markgrafen Friedrich den Streitbaren, einen Wettiner. Dieses Geschlecht hatte im elften Jahrhundert Wettin an der Saale erworben, sich hier ein Schloß erbaut und nach dieser Besitzung seinen Namen erhalten. Schon im zwölften Jahrhundert besaßen die Wettiner ein großes Gebiet: die Marken Meißen und Lausitz, das ist etwa das Gebiet des heutigen Königreichs Sachsen. Später bekamen sie auch noch Thüringen, und als nun auch noch das Kurfürstentum Sachsen dazu kam, da reichte das Gebiet der Wettiner vom Harz bis an das Erzgebirge, von der Werra bis zur Oder. Weil aber die herzogliche oder kurfürstliche Würde höher galt, als die markgräfliche, so nannte Friedrich jetzt sein ganzes Land nach dem neuerworbenen Teile „Kurfürstentum Sachsen“. Damit rückte der Name Sachsen bis an das Erzgebirge und verlor völlig alle Beziehung zum Stamm und zur Sprache des alten Sachsenlandes.

Friedrichs Söhne, Ernst und Albert, die durch die Geschichte von dem „Prinzenraube“ allgemein bekannt geworden sind, regierten nach ihres Vaters Tode bis 1486 das Land gemeinsam; dann teilten sie es. Ernst behielt den nördlichen Teil, Sachsen und Thüringen, nebst der Kurwürde; Albert bekam den südlichen Teil, die Mark Meißen, als Herzogtum. Diese Auseinandersetzung blieb bis zur Reformation bestehen. Infolge der Schlacht bei Mühlberg 1547 trat eine bedeutsame Änderung ein: der Kurfürst Johann Friedrich verlor die Schlacht und sein Land; den größten Teil desselben nebst der Kurwürde bekam Herzog Moritz. Die Söhne des Kurfürsten behielten nur die Gebiete, die heute die sächsischen Herzogtümer in Thüringen ausmachen.

So kam die Kurwürde von der ernestinischen Linie an die albertinische.

In den Unglücksjahren Deutschlands verließ der Kurfürst von Sachsen die Sache des Vaterlandes und schloß sich Napoleon an; dafür erhob dieser sein Land 1806 zu einem Königreiche. Als daher nach den Befreiungskriegen die Verhältnisse in Deutschland neu geordnet wurden, ließ man dem Könige von Sachsen zwar seinen Königstitel, aber fast die Hälfte seines Landes nahm man ihm ab und gab es Preußen, das daraus und aus einigen andern Gebieten die Provinz Sachsen bildete. Der Umfang dieser unserer Heimatprovinz deckt sich zwar nicht mit dem alten Sachsenlande, aber doch ist der Name, den sie trägt, nach eigentümlicher Wanderung wieder zurückgekehrt in Gebiete, die, wie der westliche Teil der Altmark und der Südrand des Harzes, ehemals altsächsische Bevölkerung trugen, oder die doch, wie die südlicher gelegenen Gebiete im Regierungsbezirk Merseburg, fast drei Jahrhunderte, von 1180—1422, den Namen eines Herzogtums Sachsen, wenn auch in etwas übertragener Bedeutung, thatsächlich geführt haben.

Heinrich Heine-Nordhausen.

Magdeburg in Geschichte und Sage.

I. Von der Gründung und dem Namen Magdeburgs.

Gar mancherlei wird von den Chronisten des Mittelalters über die Gründung und den Namen der Stadt Magdeburg berichtet; doch entbehren die Angaben darüber jedes glaubwürdigen Beweises. Über den Erbauer, die Zeit der Erbauung und den Ursprung des Namens von Magdeburg herrscht völlige Ungewißheit.

Erst aus der Zeit Karls des Großen liegen sichere Nachrichten vor, daß der Ort damals schon vorhanden war. Im Jahre 805 wird Magdeburgs Name zum erstenmale in der Geschichte genannt, und zwar in einer Chronik aus der Zeit der Karolinger (Chronicon Moissiacense.) Dort heißt es: „Das vierte Heer (Kaiser Karls) schiffte auf einer großen Flotte die Elbe aufwärts und kam nach Magedoburg." Aus demselben Jahre stammt eine Reichsverordnung (Capitulare) Karls des Großen, in der Magadaburg als einer der Handelsplätze erwähnt wird, die unter der Aufsicht eines kaiserlichen Beamten — der für Magdeburg hieß Aito (Hatto) — mit den Slaven und den Avaren Handel treiben, aber diesen weder Waffen noch Harnische ausliefern durften.

Daraus kann mit Recht gefolgert werden, daß der Ort damals schon eine längere Zeit der Entwickelung hinter sich gehabt haben muß. Weil er nun vor der Zeit Karls des Großen nirgends genannt wird und weil von diesem Kaiser bekannt ist, daß er in der Zeit der Sachsenkriege bis zur Elbe vordrang und dort Burgen anlegte, so knüpfen manche Geschichtsschreiber die Gründung Magdeburgs an den Namen Karls des Großen. Es ist dagegen sehr wohl möglich, wenn auch durch keinen sichern Beweis verbürgt, daß Magdeburg schon vor Karl, vielleicht durch die Sachsen nach Zerstörung des thüringischen Reiches im sechsten Jahrhundert, gegründet worden und erst unter Karl zu einiger Bedeutung gelangt ist.

Natürlich hat sich die Stadt aus geringen Anfängen entwickelt. Fischer waren es wohl, die sich von dem Fischreichtume der Elbe anlocken ließen und sich zuerst hier ansiedelten. Ihre ärmlichen Hütten lagen zerstreut am Ufer dahin und gaben dem Orte ein dorfartiges Aussehen.

Von den Erhöhungen aus, auf denen Magdeburg liegt, konnte man das Land auf weite Strecken hin überschauen und sich so vor räuberischen Überfällen rechtzeitig sichern; außerdem bot sich von diesem Punkte aus eine der besten Übergangsstellen über den Elbfluß. Daher kamen Handelsleute bis zu dieser Stelle, stapelten hier ihre Vorräte auf und erwarteten die handelslustigen Slaven oder gingen mit ihren Waren über die Elbe und verhandelten sie dort. Durch diesen Handelsverkehr mehrte sich bald die Zahl der Bewohner, und es erfolgte ein weiterer Ausbau des Ortes, der nun jedenfalls schon irgend eine Befestigung erhielt. So fand wohl Karl der Große den Ort vor und erkannte seine Bedeutung für den Handel und für die Sicherung der Elbe als Grenzfluß gegen die Slaven. Nun wurde ein Grenzgraf eingesetzt und zu seinem Wohnsitz eine Burg errichtet, die fester gefügt war als die übrigen Gebäude und Wall und Graben hatte. Sie diente gleichzeitig bei Überfällen als Zufluchtsort der Bewohner, da der Ort noch ohne Ringmauer war, und soll in der Gegend der Petrikirche gelegen haben. Daß Karl der Große es dem Orte nicht an einer Kirche fehlen ließ, ist wohl anzunehmen, da er immer in den eroberten Ländern das Christentum zu befestigen suchte. Es wird erzählt, daß die erste Kirche Stephanskapelle geheißen und hart am Ufer der Elbe gestanden habe, dann aber bei einer Überschwemmung zerstört und etwas höher hinauf an der nach ihr benannten Stephansbrücke erbaut worden sei. Doch ist diese Annahme irrig, vielmehr ist die Johannis- oder Marktkirche die älteste Kirche Magdeburgs.

Immer mehr wuchs nun der Ort zur Stadt heran; doch war sein Umfang noch gering. Der alte Markt bildete wohl den Mittelpunkt, und die alte Stadt umfaßte nicht viel mehr als den Marktplatz und die in der Nähe desselben liegenden Straßen. Am alten Markte wohnten vermutlich die Kaufleute, an der Elbe entlang die Fischer und Schiffer und nach dem Westen zu die Ackerbauer.

Nach einer photographischen Aufnahme von Carl Lohse-Magdeburg.

Magdeburg von der langen Brücke aus gesehen.

Wie über die Entstehung, so herrscht auch über den Namen der Stadt, der in den alten Chroniken Magedoburg, Magadaburg, Magathaburg, auch Meideborg und Maidburg lautet, tiefes Dunkel. Wahrscheinlich ist, daß in dem Namen Burg der Magd d. i. der Jungfrau oder, wie andere wollen, Burg der Mägde die Beziehung zu irgend einer germanischen Gottheit steckt. Etliche vermuten, daß Freya, die altsächsische Göttin der Liebe, oder die Frühlingsgöttin Ostara, die man in dieser Gegend besonders verehrte, dem Orte seinen Namen gab; andere bringen den Namen in Zusammenhang mit Magetheide, d. i. Jungfrauenheide.

Nach einer photographischen Aufnahme von Carl Lohse-Magdeburg.

Rathaus mit dem Otto-Denkmal in Magdeburg.

Von der Lüneburger Heide nämlich bis Magdeburg und weiter nach der Lochauer Heide hin zogen sich kaiserliche Bannforsten entlang, die wenigstens in ihrem nordwestlichen Teile Magetheide genannt wurden. Wer aber die Jungfrauen sind, denen diese Grenzwälder geheiligt waren, darüber verlautet nichts Gewisses, vielleicht sind es die Schlachtenjungfrauen der Germanen, die Walküren. Magdeburg soll daher bedeuten: der am Rande der Magetheide belegene, befestigte Ort.

Unter den Nachfolgern Karls des Großen wird Magdeburg noch einigemale erwähnt; sonst ist über das Schicksal der Stadt in jener Zeit nichts bekannt, als daß sie durch die Slaven und Magyaren mehrfach ausgeplündert und zerstört wurde. Erst unter Otto dem Großen tritt Magdeburg in der Geschichte mehr hervor, und es ist das Verdienst dieses Kaisers, die kleine Elbstadt erhoben und blühend gemacht zu haben.

An die Gründung und den Namen der Stadt knüpfen sich einige Sagen, die meistens auf eine Erklärung des letzteren oder des Wappens von Magdeburg hinauslaufen.

Nach der einen ist die Stadt eine Gründung Julius Cäsars, der an der Elbe eine Burg angelegt haben soll. Daselbst habe er auch einen Tempel zu Ehren der jungfräulichen Göttin Diana aufführen lassen und zu ihrem Dienste einige Jungfrauen bestimmt. Nach diesen soll der Ort „Burg der Jungfrauen" oder „Mägdeburg" genannt sein.

Eine andere Sage erzählt, daß Drusus die Stadt ins Leben gerufen habe. Von ihm sei an der Elbe der Venus ein Heiligtum errichtet und ihr einige Jungfrauen zum Tempeldienste zugeordnet worden, wonach die Stadt ihren Namen erhalten habe.

Nach einem andern Berichte sollen Amazonen, kriegerische Frauen, an der Elbe eine starke Burg besessen haben, wonach die Burg und später der Ort benannt wurde. Daher zeige das Magdeburger Wappen noch heute eine Mauer mit Zinnen und zwei Mauertürmen, zwischen welchen eine Jungfrau steht, die in der erhobenen Rechten einen Kranz hält.

R. Stumvoll.

2. Magdeburgs Aufblühen unter Otto und Editha.

Magdeburg verdankt seine Größe und seinen Wohlstand Kaiser Otto dem Großen und seiner Gemahlin Editha. Otto vermählte sich nämlich im Herbste des Jahres 929 mit Editha (Edgitha), der Tochter des englischen Königs Eduard, und diese veranlaßte ihren Gemahl zu jener landesväterlichen Fürsorge, die Magdeburg groß machte. Schon beim ersten Besuche äußerte sie ihr Wohlgefallen über den Ort, der sie wegen der Ähnlichkeit seiner Lage an ihre Heimatstadt London erinnerte. Das bewog Otto, Magdeburg seiner geliebten Gattin als Morgengabe darzubringen. Seitdem hielt sich Editha oft in dieser Stadt auf, wenn ihr Gemahl in fernen Gegenden des Reiches das Schwert zu schwingen hatte, und oft weilte auch dieser hier, wenn er siegreich heimgekehrt war. Es ist daher kein Wunder, daß Magdeburg in hohem Maße begünstigt und bevorzugt, und so der Grund zu seinem Wachstum und Wohlstand gelegt wurde. Edithas ganzes Streben ging darauf, den Ort groß und blühend zu machen, und Otto bot ihr willig die Hand dazu.

Die erste Gunst, die er der Stadt erwies, war die Gründung eines Benediktinerklosters am 21. September 937, das dem heiligen Petrus, dem heiligen Innocentius, insbesondere aber dem heiligen Mauritius geweiht war, weshalb es Mauritius- oder Moritzkloster hieß. Es stand ungefähr da, wo sich jetzt der Dom befindet, und die erste Klosterkirche wird nur klein und wahrscheinlich aus Holz aufgeführt gewesen sein. Die Stiftung wurde von Otto mit reichen Einkünften und Freiheiten ausgestattet, die er fast jedes Jahr ansehnlich vermehrte, ja, es wird berichtet, daß er von den zwanzig Mark Silber für den königlichen Tisch täglich sechs Mark der neuen Abtei zufließen ließ. Zunächst schenkte er den Mönchen den königlichen Meierhof mit den dazu gehörigen Gebäuden und Ländereien, der am neuen Markte (an Stelle des Regierungsgebäudes auf dem Domplatze) lag. Das Kloster stand unter königlichem Schutze, durfte sich selbst einen Abt wählen und hatte die Gerichtsbarkeit über alle Zugehörigen. In fast allen Dörfern der Umgegend erhielt es Güter und den Ertrag der Zölle und der Münze, wie auch die Marktgelder von Magdeburg und erlangte schließlich den Königsbann über die Stadt, wonach dort nur ein vom Kloster Ernannter Recht sprechen durfte.

Für die Stadt war die Anlegung des Klosters von großer Bedeutung; denn sichtlich hob sich von nun an die Zahl der Bewohner. Der erste Abt Anno aus Trier hatte einige gelehrte Mönche mitgebracht, mit deren Hilfe er eine Schule zur Vorbereitung auf den geistlichen Beruf ins Leben rief. Bald gelangte die Magdeburger Klosterschule zu hoher Blüte, und viele Jünglinge eilten hierher, um sich zu Geistlichen auszubilden. Der Wunsch, in der Nähe der frommen Klosterherren zu leben, deren Obhut man die Söhne anvertraut hatte, bewog wohl manchen, seinen Wohnsitz nach Magdeburg zu verlegen. Die von den Mönchen veranstalteten kirchlichen Feste, zu denen sich viele Menschen einfanden, der oftmalige Aufenthalt des Hofes in der Stadt versprachen Erwerb und Gewinn, der ebenfalls gar viele antrieb, die Stadt zum dauernden Aufenthalte zu wählen.

Für die Ankömmlinge mangelte es bald an Raum, und Editha selbst ließ sich die Erweiterung ihres Lieblingsortes angelegen sein. Man erzählt, sie sei um die Stadt gefahren und habe durch eine mit dem Pflug gezogene Furche den neuen Umfang bezeichnet. Auf ihr Bitten ließ nun Otto die Stadt mit einer steinernen Ringmauer umgeben. Damals gehörte der Raum der Katharinen-, Jakobi-, Petri-, Ulrichs- und Heiligengeist-Gemeinde noch nicht zur Stadt. Der neue Markt, der heutige Domplatz, mit der königlichen Pfalz, in der Editha residierte, lag auch noch außerhalb der Stadt. Die erste Stadtmauer zog sich ungefähr von dem Königshof an der Ostseite des Breitenweges entlang bis zum Viktoriaplatze, von hier aus bis zur Stephansbrücke, auf der Höhe hinter der Johanniskirche hin bis zum Trommelsberg und von da aus bis zum nördlichen Ende der Tischlerbrücke.

Die Königin wirkte nun dem Orte Rechte und Freiheiten aus, die für denselben die weittragendsten Folgen hatten. So erhielten die Magdeburger Kaufleute Handelsfreiheit in allen deutschen und slavischen Ländern und das Recht, Jahrmärkte abzuhalten. Diese großen Vorrechte zogen viele Kaufleute und Händler herbei, die sich in Magdeburg niederließen, um von hier aus ihre Handelsfahrten zu unternehmen. Dazu kam, daß die Stadt ein Knotenpunkt mehrerer alter Handelsstraßen war, die aus dem Westen und Süden Deutschlands hier zusammenstießen, was für den Handel ebenfalls außerordentlich günstig war. Auch Handwerker siedelten sich an; denn die wohlhabenden Kaufleute gaben ihnen reichlich zu thun, und die Stadt ließ ihnen Freiheiten, die sie an anderen Orten nicht hatten. So mehrte sich die Zahl der Bewohner, zumal ihnen der befestigte Ort Sicherheit in der Zeit der Gefahr bot. Bald wurde die Stadt abermals zu enge, und ein weiterer Ausbau besonders nach Süden und Westen erfolgte.

Nach einer photographischen Aufnahme von Carl Lohse-Magdeburg.

Dom zu Magdeburg.

Im Jahre 946 starb Magdeburgs hohe Gönnerin, tief beklagt und betrauert von den Bewohnern der Stadt und später wie eine Heilige verehrt, und wurde in der Kirche des Moritzklosters begraben; Otto aber fuhr fort, der Stadt sein Wohlwollen zuzuwenden. Nach der Besiegung der Ungarn 955 verschönerte er die Gebäude des Moritzklosters und ließ an Stelle des kleinen Klosterkirchleins eine neue, schöne Kirche, die erste Domkirche erbauen; angeblich zur Sühne dafür, daß seine Krieger auf dem Zuge nach Italien ein dem heiligen Moritz geweihtes Kloster ausgeplündert und verwüstet hatten. Zu dem Bau verwandte er einen großen Teil der in der Ungarnschlacht gemachten Kriegsbeute, sandte später von Italien aus Marmor, Gold und Edelsteine und beschenkte die Kirche mit mehreren Reliquien, vor allem mit dem Leibe des heiligen Mauritius, der von Regensburg nach Magdeburg gebracht wurde. In dem jetzigen Dome befindet sich noch eine alte Doppelstatue, die Otto, neben seiner Gemahlin sitzend, mit einer Scheibe in der rechten Hand darstellt, worin sich 19 Kugeln befinden; diese sollen die 19 Tonnen Goldes bezeichnen, die er für den Bau des Domes verwandt haben soll.

Längst hatte Otto die Bedeutung des Klosters als Pflanzschule des Christentums im Slavenlande erkannt, und er nahm sich vor, an Stelle der von ihm gestifteten Abtei ein Erzbistum zu errichten; doch hatte er viele Hindernisse zu überwinden, ehe er diesen Lieblingsplan ausführen konnte. Vor allem fand er in dem Bischof Bernhardt von Halberstadt, in dessen Sprengel Magdeburg lag, und in dem Erzbischof Wilhelm von Mainz, dem das Bistum Halberstadt unterstellt war, die heftigsten Widersacher. Diese wußten es beim Papste durchzusetzen, daß er Otto nicht zu willen war.

Im Jahre 962 bei Gelegenheit der Kaiserkrönung nahm dieser seinen Plan wieder auf, und der Papst erteilte jetzt seine Zustimmung. Doch erst 968 wurde der Lieblingswunsch Kaiser Ottos erfüllt, und Magdeburg wurde der Sitz eines Erzbischofs. In diesem Jahre starben die beiden Widersacher des Kaisers; es wurde das Bistum Merseburg gegründet und dieses wie die Bistümer Havelberg und Brandenburg und andere im Slavenlande unter die Aufsicht des neuen Erzbischofs gestellt. Zu dieser hohen geistlichen Würde berief der Kaiser den Abt Adalbert von Weißenburg, der auch von dem Papste bestätigt wurde; ihm ward der kaiserliche Palast am neuen Markte zur Wohnung angewiesen.

Nach einer Zeichnung von Fiedler-Gotha.

Statue Otto des Großen und der Editha in einer Kapelle des Doms zu Magdeburg.

Die Mönche des Moritzklosters mußten ihre Kirche und ihr Kloster mit allen Einkünften dem neuen Erzstift überlassen und siedelten über in das Kloster Berge, das der Kaiser für sie südlich vor der Stadt auf dem Riddagsberge hatte bauen lassen. Es war dem heiligen Johannes geweiht und lag da, wo sich jetzt der Friedrich-Wilhelms-Garten befindet. Der Kaiser hatte es reichlich mit Einnahmen ausgestattet, so daß die Mönche vor Mangel geschützt waren. Bis zu seinem Ende erhielt der Kaiser Otto der Stadt Magdeburg seine Gunst, und diese wuchs und gelangte zu hoher Blüte. Als dann im Jahre 973 der große Kaiser starb, herrschte überall und besonders in Magdeburg Trauer. Seine Leiche wurde einbalsamiert und an der Seite seiner Gemahlin Editha im Dome zu Magdeburg beigesetzt.

Das dankbare Magdeburg aber errichtete später ein Denkmal auf dem Markte zur Erinnerung an den Kaiser, von dem ein alter Chronist schreibt: „Wäre Beredsamkeit, Wissenschaft und Gedächtnis auch in mir vereinigt: das Lob des Kaisers zu verkünden, würden sie doch nicht hinreichen."

R. Stumvoll.

3. Die Herrenmesse in Magdeburg.

Von den Schutzheiligen des Doms genoß der heilige Moritz die höchste Verehrung, weshalb sich die Feier seines Gedenktages (22. September) zu einem großen Feste gestaltete. Dieses wurde durch eine besonders feierliche Messe eingeleitet, und im Anschluß daran erfolgte später die Vorzeigung aller Reliquien des Domes. Dies geschah in der Weise, daß die Geistlichen Magdeburgs im höchsten Schmucke die Reliquien an dem Volke, das sich auf dem Domplatze versammelt hatte, vorbeitrugen und immer das Heiligtum emporhoben, dessen Name aufgerufen worden war. Unter diesen Reliquien waren die Fahne des heiligen Moritz, die Körper und Glieder mehrerer Heiligen in prachtvollen Behältern und einige zum Teil wunderbare Sachen, wie z. B. einer von den Steinen, mit denen Stephanus gesteinigt worden war, ein Bissen von den Broten, mit denen Jesus die 5000 gespeist hatte, und dergl. mehr.

Zur Mauritiusfeier kamen viele aus der Umgegend nach Magdeburg, zumal den Anbetern der Reliquien des Domes späterhin ein besonderer Sündenablaß durch den Papst gewährt worden war. An dieses anfänglich rein kirchliche Fest schloß sich mit der Zeit ein Jahrmarkt, dessen Entstehung wohl so zu denken ist: Zunächst wurden Lebensmittel feil gehalten, damit die Fremden nach Verrichtung des Gottesdienstes sich an Speise und Trank erquicken konnten, ohne erst in die Stadt eilen zu müssen. Daran schloß sich bald ein jedenfalls von den Geistlichen betriebener Handel mit Kirchengewändern und Kirchengeräten, welche in dem Dome geweiht waren und dadurch, wie auch infolge der Berührung mit den Reliquien für die Käufer einen besonderen Wert erhalten hatten. Da die Fremden ihre Anwesenheit in Magdeburg gleichzeitig zum Ankauf anderer notwendiger Dinge, die sie hier besser bekamen, benutzten, so wurden mit der Zeit auch allerlei andere Waren verkauft. So erweiterte sich der Jahrmarkt immer mehr und mehr und gewann schließlich eine große Bedeutung für die Handeltreibenden Magdeburgs, weshalb die Dauer desselben bald verlängert wurde. Anfänglich währte das Fest wohl kaum länger als einen Tag, da die vielen Fremden in der Stadt keine Unterkunft finden konnten; dann wurde es auf acht und späterhin auf vierzehn Tage ausgedehnt.

So entstand die Herrenmesse, kurz Messe, die noch jetzt alljährlich auf dem Domplatze im September abgehalten wird. Sie ist nach den Herren, den Schutzheiligen des Domes, denen zu Ehren jenes Fest abgehalten wurde, so benannt. Sie soll von dem dritten Erzbischof Magdeburgs, Tagino, gestiftet worden sein.

Die Messe findet noch heute alljährlich auf dem Domplatz statt, hat aber von ihrer früheren Bedeutung sehr viel verloren.

R. Stumvoll.

4. Sagen vom Dom und von der Stadt Magdeburg.

a) Die beiden Gleichen.

Am ersten Wandpfeiler des nördlichen Seitenschiffs vom Dome konnte man noch im vorigen Jahrhundert zwei hölzerne Statuen sehen, die mit Ketten an die Wand geschlossen waren. Diese Holzfiguren sollten der Sage nach die beiden Grafen von Gleichen darstellen, und es wird darüber folgendes erzählt:

Als der Markgraf Otto gegen den Erzbischof Günther zu Felde zog, befanden sich unter seinen Rittern zwei Grafen von Gleichen. Dieselben wurden vom Markgrafen nach Magdeburg gesandt, um die letzte Aufforderung zur Zufriedenstellung ihres Herrn an den Erzbischof zu überbringen, oder Fehde anzusagen, wenn dieser nicht darauf eingehen wollte. Als nun der Erzbischof die Forderungen zurückwies, da sollen die Abgesandten in sträflichem Übermute gesagt haben: „Nun gut, Herr Erzbischof, dann laßt nur den Dom fegen; denn morgen wird unser Markgraf in diese Stadt einziehen und aus dem Dome einen Stall für seine Rosse machen.“

Als nun in der Schlacht bei Frohse die beiden Grafen mit ihrem Herrn und vielen Rittern gefangen genommen waren, verlangten die Magdeburger, daß die beiden trotzigen Ritter aufs strengste bestraft würden. Der Erzbischof, der selbst über sie erbittert war, bestimmte daher, daß sie in ewiger Gefangenschaft bleiben sollten.

Weil nun aber ihre Verwandten unaufhörlich um ihre Freilassung baten, auch dem Erzbischof ein hohes Lösegeld von 7000 Mark in Silber boten, ließ er sich endlich bewegen, die Gefangenen frei zu geben; doch bestimmte er, daß die in Holz geschnitzten Bildnisse der Grafen in Fesseln an der Wand des Domes aufgehängt würden und so dort in ewiger Gefangenschaft blieben. So geschah es denn auch; die Grafen erhielten ihre Freiheit wieder, die beiden Holzfiguren aber wurden im Dome angebracht.

b) Der Teufel und das eiserne Gitter im Dome.

In der Vorhalle des Domes zwischen den Türmen liegt die „Liebfrauen-“ oder „Ernestikapelle,“ die nach dem Hauptschiff hin durch ein kunstreiches Gitter abgeschlossen wird, an dem besonders die eigentümliche Verflechtung der Stäbe auffällig ist. Dieses Gitter hat zu folgender Domsage Veranlassung gegeben:

Der Erzbischof Ernst bestimmte diese Kapelle zu seiner künftigen Grabkapelle, ließ auch noch zu seinen Lebzeiten ein prächtiges Grabdenkmal arbeiten und hier aufstellen und wollte sie nun auch durch ein besonders künstliches Gitter von der eigentlichen Kirche abtrennen. Die Arbeit wurde einem geschickten Schlossermeister in Magdeburg übertragen, und dieser ging sogleich ans Werk, da ihm der Erzbischof nur eine kurze Frist gesetzt hate. Weil er aber ein Meisterstück liefern wollte, wie es ihm keiner nachthun könne, so fing er es bald so, bald so an, und der Tag der Ablieferung kam immer näher, ohne daß die Arbeit fortgeschritten wäre. Darüber geriet er in große Angst und Bekümmernis und wollte schier verzweifeln. Da trat eines Tages der Teufel zu ihm in Gestalt eines Schlossergesellen und versprach ihm, das Gitter in sieben Stunden herzustellen; doch müsse der Meister selbst sieben Schrauben anfertigen und sie an die richtige Stelle setzen, sonst sei seine Seele dem Teufel verfallen. Der Meister ging darauf ein, und zur festgesetzten Stunde fand er das Gitter fertig vor und zwar so künstlich, daß er eingestehen mußte, er hätte es so trefflich nicht zustande bringen können. Jetzt machte er sich selbst daran, die sieben Schrauben herzustellen, und schon nach einer Stunde waren sie fertig und nach seiner Meinung richtig eingeschraubt. Nun wurde das Gitter in der Kirche aufgestellt, und der Erzbischof selbst, einige Domherren und gar viele aus dem Volke kamen, das seltene Kunstwerk zu schauen, in dessen hohle Stäbe man sogar vermittelst einer kleinen Pumpe Öl treiben konnte zur Verhütung des Rostes. Da trat jener Schlossergeselle hervor, der das Gitter gebaut hatte, betrachtete es und zeigte den Anwesenden und dem erbleichenden Meister, daß auf einer Stelle eine Schraube fehle, die das Ganze zusammenhalten müsse. Dann griff er in das Gitterwerk, rüttelte es, und zum Schrecken aller fiel es zusammen. Mit Leichtigkeit aber richtete er es wieder auf und rief mit höhnischem Lachen: „Laßt nur die Schraube hier einfügen, und niemand wird das Gitter auseinander bringen!" Dabei packte er den zitternden Meister beim Genick und fuhr mit ihm unter teuflischem Hohngelächter durch die Decke. Der Erzbischof ließ nun die Schraube einfügen, und niemand konnte bisher das Gitter auseinander nehmen. Das Loch aber, durch das der Teufel mit dem Schlosser fuhr, ist noch heute zu sehen und durch eine Fallthür verdeckt.

R. Stumvoll.

c) Das freundliche Gesicht in der Münzstraße in Magdeburg.

Eine Sage.

In Magdeburg, der Feste, des Herrgotts Kanzelei,
Erzählt der Mund des Volkes der Sagen mancherlei,
Erzählt vom goldnen Pfluge, dem Helfer in der Not
Und wie einst eine Taube gebannt den grimmen Tod;

Vom schwarzen Bock, der löste einst eines Schatzes Bann
Und von der Axt, der goldnen, die Wunder schaffen kann;
So wehn die alten Sagen um Haus, um Gass' und Straß';
Laßt jetzt Euch eine künden, von der ich jüngst erst las. —

Vor alten, alten Zeiten, eh' der Wallonen Schwert
Die Pracht der stolzen Feste zertrümmert und zerstört,
Stand in der Münzenstraße ein Haus, gar schlichten Bau's,
Drin sah's trotz Gold und Silber gar trüb und traurig aus.

Herrn Gottlob Rings, des Kaufherrn, so hold und lieb Gemahl,
Das er zur Trau geführet vor wen'ger Wochen Zahl,
Von Schwermut fest umfangen sitzt dort im Kämmerlein,
Nicht freut es Schmuck und Zierat, nicht Gottes Sonnenschein.

Was Liebe kann ersinnen, zu trösten ein Gemüt,
Was Treue kann erdenken, zu bringen Freud' und Fried',
Herr Gottlieb Ring, er schafft es, doch hilft sein Sorgen nicht, —
Frau Barbara, sie machet kein freundliches Gesicht.

Nicht hilft die Kunst der Weisen, in Bangigkeit befragt,
Und nicht die Kunst der Thoren, die kühnlich alles wagt,
Ja, selbst des Schäfers Tränklein der Schwermut Bann nicht bricht, —
Frau Barbara, sie machet kein freundliches Gesicht. —

Im unverdienten Leide fehlt nie des Retters Hand;
Auf einem Gang Herr Ring einst ein seltsam Häuslein fand.
Drei Kreuze, schwarz wie Kohlen, erglänzten an dem Haus,
Aus seinem Fenster schaute ein greises Weib heraus.

Das lockt mit heis'rer Stimme: „Kommt nur herein, Herr Ring!
Noch Keiner ungetröstet aus meiner Klause ging.
Ich treib' kein höllisch Spielwerk und treib kein teuflisch Ding,
Weiß, was ich weiß, von droben! Kommt nur herein, Herr Ring!"

Scheu sinnend steht der Kaufherr, die Furcht zieht ihn zurück,
Doch vorwärts treibt die Liebe der Hoffnung Sonnenblick;
Gilt's doch nicht schnödem Mammon, dem treuen Weib allein, —
Fromm schlägt Herr Ring drei Kreuze und tritt dann hurtig ein.

Die Alte schließt das Fenster, setzt an den Tisch sich stumm;
Im alten Folianten wend't Blatt für Blatt sie um,
Und als Herr Ring will klagen ihr seines Herzens Pein,
Mit ihren welken Händen winkt sie ihm Stillesein.

Und wieder, immer wieder beschaut sie Blatt um Blatt,
Im Forschen und im Suchen wird sie nicht müd' noch matt.
Da plötzlich hält sie inne: „Hier, ruft sie, ist's heraus!
Nichts fehlet Eurem Weibe wie nur ein prächtig Haus!"

Aufhorcht Herr Ring verwundert, ihn faßt ein heimlich Graun,
Wagt kaum, auf ihrem Sitze die Alte anzuschaun;
Er kann's sich nimmer deuten, wie ihr sein Leid ward kund,
Doch will ihm nicht gefallen das Wort aus greisem Mund.

„Zeigt auch mein Haus von außen, so spricht er, keine Pracht,
Im Innern Schmuck und Zierat in allen Zimmern lacht;
Was Frauen Aug' ergötzet, du findst es ungezählt,
Wüßt auch nicht eins zu nennen, was drin zur Freude fehlt!"

Die Alte lachet heiser: „Ihr täuschet Euch, Herr Ring!
Es ist das Herz des Weibes ein unerforschlich Ding!
Sein Lieben und sein Sehnen geht wunderlichen Gang;
Thut, was ich Euch geheißen! Sag's nicht um Lohn und Dank!"

Und als Herr Ring nun wieder vor seinem Hause steht,
Ein plötzliches Erleuchten durch seine Seele geht:
Das schönste Haus der Straße hat ja sein Nachbar Klaus!
Und kostet es sein Alles, sein werden muß das Haus.

Vor Wochen ist's vollendet in seltner Schön' und Pracht,
Kein Magdeburger Meister hat seinen Plan erdacht;
Gesellen fremden Landes, die haben es erbaut,
Und wer vorüber wandelt, voll Staunens es beschaut. —

Mit hast'gen Schritten eilet Herr Ring zum Nachbar Klaus,
Sein Herz mit allem Wehe, er schüttet's ganz ihm aus;
Herr Klaus lauscht ernst der Rede, spricht dann nach einer Weil':
„Gilt's Euer Weib zu retten, ist auch mein Haus mir feil!

Doch müsset ihr erfüllen in Treuen ein Gebot:
Des Baues alten Meister fromm pflegen bis zum Tod;
Er ist aus fernen Landen, ein Meister mancher Kunst,
Wird Euch die Treue lohnen allzeit mit großer Gunst!"

Als sie nun eins in Allem, eilt hin auf schnellem Fuß
Herr Ring zu der Betrübten und beut ihr trauten Gruß.
„Komm, komm! spricht er in Freuden und reicht ihr seine Hand,
Komm, komm! Was dich kann trösten, ich endlich, endlich fand!"

Sie folget ihm verwundert heraus aus engem Haus
Und folget ihm voll Staunens zum Haus des Nachbars Klaus;
Ihr ist, als ob sich löse von ihrer Brust der Bann,
Als bräche ihrer Seele ein neuer Morgen an.

Und als sie aufwärts schreitet die Stufen von Gestein
Und rings um sie es schimmert im lichten gold'gen Schein,
Und traut: „Dein ist das alles!" Herr Ring nun zu ihr spricht,
Wie leuchtet da so freundlich Frau Barbaras Gesicht.

Voll Jubels birgt das Haupt sie an seiner treuen Brust,
Durch ihre Seele jauchzt es in lauter Freud' und Lust,
Voll Seligkeit sie leise zu dem Gemahle spricht:
„Nun sollst du immer schauen ein freundliches Gesicht!" —

Und bald darauf erprangte am Haus ein steinern Bild,
Das sah zur Straße nieder gar gütig und gar mild,
Und drunter stand geschrieben in Lettern goldenlicht: —
(Ihr könnt es wohl erraten) — „Zum freundlichen Gesicht!“

So wehn die alten Sagen um Gasse, Straß' und Haus,
Wer rechten Sinns sie höret, der hört wohl mehr heraus,
Versteht auch, was die Sage vom freundlichen Gesicht,
Wo trüb zwei liebe Augen, ernst mahnend zu ihm spricht. —

Ernst Fürste.

Der Truppenübungsplatz Alten-Grabow, Kreis Jerichow I.

Wenn man auf der Karte des Kreises Jerichow I. (Reg.-Bez. Magdeburg) die vier Orte Ziesar, Görzke, Loburg und Möckern durch gerade Linien verbindet, so bildet die dadurch entstandene Figur ein unregelmäßiges Viereck, in dessen Mitte der 1893 eingerichtete Truppenübungsplatz Alten-Grabow liegt. Der vornehmlich für das IV. Armeekorps bestimmte Platz ist rings von schönen Kiefernwäldern mit meist altem Bestande umgeben. Während früher Luthers auf Wittenbergs Umgebung angewandtes Wort, daß sich daselbst immer ein halbes Rittergut unterwegs befinde, auch für den Boden des Übungsplatzes passend war, hat sich jetzt festes Brachland gebildet, auf dem der Fuß des Wanderers leicht dahinschreitet, auf dem aber doch noch dichte Staubwolken emporwirbeln, wenn die feurigen Rosse prächtiger Kavallerieregimenter in gestrecktem Laufe über ihn hinweg eilen.

Auf diesem Platze lag früher das wohl tausend Jahre alte Dorf Gloine, seiner Anlage nach jedenfalls eine altgermanische Ansiedlung, während eine große Anzahl seiner Nachbardörfer zweifellos wendischen Ursprungs ist. Die etwa 400 Einwohner des von der Erde verschwundenen Ortes haben die alten Heimstätten verlassen und sich eine neue Heimat suchen müssen. Dasselbe Schicksal wie Gloine hatten die östlich und westlich davon gelegenen Rittergüter Rosenkrug und Thümermark mit dem dazu gehörigen Vorwerk Klitsche, sowie einzelne Gehöfte und Mühlen.

Aber ein prächtiges Gelände hat der Militärfiskus für seine Zwecke gewonnen, und wenn auch die bis auf Brusthöhe abgebrochenen Gebäude des einst blühenden Ortes ein eigentümliches Grauen vor Krieg und Verderben erwecken, so erfüllt doch die weite Aussicht über den mit exerzierenden und manövrierenden Truppen bedeckten Platz das Herz mit froher Zuversicht auf die Stärke unseres Landes, und mit Befriedigung ruht dann der Blick auf den jugendlichen Gestalten, die sich im schweren Waffendienste üben, allezeit treu bereit für des Reiches Herrlichkeit.

Die Pracht der militärischen Schauspiele vertreibt bald die trüben Gedanken, welche die verwüsteten Gärten mit ihren zum Teil geknickten Obstbäumen, die zerstörten oder verfallenen Gebäude und Gartenmauern erwecken. Mitten über den ungefähr eine Quadratmeile großen Platz ziehen einzelne zum Fläming gehörende Hügelreihen, deren höchste Erhebung in dem 100 m hohen Jerusalemsberge einen Überblick über den ganzen Übungsplatz gestattet. Das Terrain ist also nicht ganz eben, wie man wohl vermuten möchte, sondern wellig.

Zu den natürlichen Thälern zwischen den Hügeln kommen noch mehrere muldenartige Vertiefungen zwischen dem Lagerplatze und Gloine, welche jedenfalls von ausgetrockneten Bächen oder sonstigen Gewässern herrühren. Doch zeigt der

Nach einer photogr. Aufnahme v. M. Vogel-Loburg.

Das ehemalige, in eine Ruine verwandelte Dorf Gloine.

Platz auch heute noch fließende Gewässer; der Gloiner Bach durchquert ihn und bringt mit seinen frischen Ufern natürliches Leben in das Bild, welches durch reichliche Waldpartien schon vor Eintönigkeit bewahrt wird. Man hört darum von Sachverständigen oft das Urteil, daß ein für alle Truppengattungen besser geeigneter Übungsplatz kaum gefunden werden konnte. Ein großer Vorteil desselben ist der Umstand, daß sich der Platz nach allen Seiten hin erweitern läßt, wenn die militärischen Verhältnisse eine Vergrößerung notwendig erscheinen lassen.

Wie man sich wohl denken kann, ist für die Unterkunft der auf dem Platze verweilenden Truppen auf das beste gesorgt worden. Mit unglaublicher Schnelligkeit ist zwar nicht an derselben Stelle, aber doch in der Nähe des Dorfes Gloine ein Barackenlager errichtet worden, eine Soldatenstadt mit Straßen, denen selbst die Beleuchtung nicht fehlt. Ein- und Ausmärsche, Speisung, häuslicher Dienst,

Appelle u. dergl. sorgen für reges Leben, und der des Anblicks ungewohnte Besucher glaubt sich in eine fremde Welt versetzt. Trifft er es günstig, so hört er wohl ein schönes Militärkonzert, oder er hat Gelegenheit, seine vollste Zufriedenheit über eine glänzende Parade auszusprechen, wohl gar einen wirklichen Prinzen oder Fürsten dabei zu erblicken. Hat doch selbst unser Kaiser schon den Platz wiederholt besucht zur großen Freude der ganzen Umgegend, die bisher einer solchen Ehre noch nicht teilhaftig geworden war. Er hat ihn bei diesen Gelegenheiten als den schönsten und besten Übungsplatz erklärt.

Das vornehmste Gebäude auf dem Barackenplatze ist das Offizierskasino,

Nach einer photogr. Aufnahme v. M. Vogel Loburg.

Das Herrenhaus des ehemaligen Mühlengutes Alten-Grabow, jetzt Kommandantensitz.

welches mit schönen Räumlichkeiten ausgestattet ist. Während die Baracken für die Mannschaften aus Wellblech angefertigt sind, hat man für die höheren Offiziere einige kleinere Gebäude aus Stein herstellen lassen, die romantisch in einem Kiefernwäldchen liegen und dem Wanderer wie ein freundliches Dörfchen im grünen Walde erscheinen. Natürlich darf bei einer solchen Einrichtung die fachmännische Leitung nicht fehlen.

Die Kommandantur liegt östlich vom Barackenlager. Ein altes Mühlengrundstück, idyllisch an einem Teiche gelegen, ist zum Wohnsitz des Kommandanten ausgebaut worden. Die freundlichen Wohngebäude lugen in der schönen Jahreszeit aus frischem Grün hervor. Das Ganze gewährt einen so friedlichen Eindruck, daß man das kriegerische Leben in der Nähe ganz vergißt, bis man durch knatternde Gewehrsalven übender Soldaten oder durch die lustigen Weisen eines Militärmarsches oder durch schallende Kommandorufe an die Wirklichkeit erinnert wird.

Übrigens übt die Militärverwaltung auch die Künste des Friedens. In den Straßen des Barackenlagers, sowie auf den Appellplätzen sind bereits 10000 Laubbäume angepflanzt worden; viele gärtnerische Anlagen in der Nähe des Lagers zeugen von entwickeltem Schönheitssinn, und die ganz militärisch dreinschauenden Baumschulen hinter der Kommandantur beweisen, daß die Behörde auch in der Zukunft auf die Verschönerung des Platzes bedacht sein wird.

Daß man in unserem Heere praktisch ist, weiß jedermann; aber daß daneben

Nach einer photogr. Aufnahme v. M. Vogel=Loburg.

Blechbaracken des Barackenlagers.

auch für die Bequemlichkeit des Mannes trotz sonstigen Drills gesorgt wird, kann man in Gloine sehen, wenn nämlich die geplante Wasserleitung erbaut ist, die den Soldaten auf bequemste Weise Wasser liefert, welches sie bisher von vielen Pumpen herbeiholen mußten. Für das schmutzige Wasser ist bereits eine unterirdische Leitung angelegt, durch welche dasselbe erst in ein Klärbassin und von dort in den Gloiner Bach geleitet wird. Wenn nun auch noch die in Aussicht genommene elektrische Beleuchtung der Soldatenstadt zur Verwirklichung kommt, so dürfte manche kleine Stadt mit Neid auf den vorgeschrittenen Neuling unter den Wohnplätzen blicken.

Daß Handel und Wandel durch die Einrichtung des Übungsplatzes in der ganzen Umgegend einen bedeutenden Aufschwung genommen haben, ist selbstverständlich. Die Preise des Bodens in seiner unmittelbaren Nähe sind natürlich bedeutend gestiegen. Es ist auch erstaunlich, wie viele Gebäude an den Grenzen des Platzes von Privatunternehmern errichtet worden sind. Der Reisende findet — für sein gutes Geld — alles, was er braucht, und darf heute dort sogar einige Anforderungen stellen, wo er früher nur die bescheidensten Wünsche äußern durfte. Für die Preise der Lebensmittel gilt dasselbe wie für die des Ackers. Das ist für viele Bewohner der Gegend der Nachteil des Übungsplatzes, der anderen nicht nur Nahrung, sondern vielfach guten Verdienst bietet. Die Kleinbahn Burg-Steglitz-Magdeburgerforth berührt den Platz und gewährt den Besuchern desselben eine bequeme Gelegenheit, seine Sehenswürdigkeiten in Augenschein zu nehmen.

Stendal-Reesdorf bei Magdeburgerforth.

Die Jerichower Schweiz.

Vogelsang und Blumenduft,
Reine, frische Waldesluft,
Dichtes Laub mit kühlem Schatten,
Bunte Blumen, grüne Matten:
Sehet ihr, das ist der Reiz,
Uns'rer Jerichower Schweiz!

Conrad Schröder.

Die beiden Jerichower Kreise sind die Stiefkinder unseres Regierungsbezirkes Magdeburg. Auf weiten Strecken findet man den leichtesten Sandboden, der sich oft gar nicht zum Ackerbau eignet, sondern nur dürftigen Kiefernwaldungen die kümmerlichste Nahrung gewährt. Ja zuweilen findet man Stellen, die noch nicht einmal mit Kiefern bepflanzt sind, sondern nur anspruchsloses Heidekraut tragen.

So steht es in den geographischen Büchern zu lesen, so urteilt der Reisende, der mit der Eisenbahn die Strecke Magdeburg—Berlin befährt.

So schlimm ist die Sache nun aber nicht; denn es giebt in diesen Kreisen auch schweren Boden, der Weizen und Zuckerrüben trägt, und manches Dorf hat wohlhabende Bauern aufzuweisen.

Ja, es fehlt auch nicht an landschaftlichen Reizen; denn die letzten Ausläufer des Flämings bilden inmitten der Städte Loburg, Möckern, Burg, Genthin, Ziesar und des Fleckens Görzke (50 km östlich von Magdeburg) ein welliges Hügelland, dessen Höhen mit den herrlichsten Wäldern und dessen Thäler mit den saftigsten Wiesen geschmückt sind. Und diese liebliche Gegend von Magdeburgerforth nennen wir mit Stolz die Jerichower Schweiz.

Sie liegt auf der Grenze der beiden Jerichower Kreise und umfaßt die königlichen Forstreviere Magdeburgerforth, Reesdorf und Dretzen und die herrschaftlichen Forsten von Waldrogäsen, Wüstenjerichow, Ringelsdorf und Tucheim mit einer Anzahl Ortschaften.

Das wellenförmige Gebiet zeigt langgestreckte Hügelreihen und einzelne Berge, die oft eine schöne Aussicht bieten; besonders bekannt sind die Eichberge mit schönem Ausblick über das Thal und über das Dorf Magdeburgerforth, der große Kiehnberg auch Kiekerberg genannt, bei Waldrogäsen, und bei demselben Orte der große Ziegelsberg mit der Alfredshöhe, die sogar mit einem hölzernen Aussichtsturm versehen ist. Leider ist der Turm verfallen, und die hochgewachsenen Baumkronen hindern die Aussicht.

Den größten Flächenraum der Jerichower Schweiz nimmt der Wald ein. Neben prächtigen Kiefernbeständen, in denen wahre Baumriesen hervorragen, finden wir ganze Reviere, nur aus Eichen, Buchen oder Birken bestehend.

Nach einer photogr. Aufnahme v. M. Vogel=Alten=Grabow.

Magdeburgerforth.

Häufig finden sich auch gemischte Waldbestände, welche dem Auge die wunderbarsten Abwechslungen bieten.

Selbst die sonst einförmigen Kiefernwaldungen sind mit Buchenunterholz geziert; ja an vielen Stellen ist der Waldboden mit mannshohen Farnkräutern bedeckt. Dazu sind die einzelnen Partien der Forsten mit Tannen und fremdländischen Nadelhölzern geschmückt, so daß der Wald einem gut gepflegten Parke ähnlich sieht.

Der Wald birgt eine große Anzahl der saftigsten Wiesen, die von den herrlichsten Waldrändern umsäumt werden.

Hier, lieber Wanderer, suche dir ein Ruheplätzchen auf der Grabenböschung oder auf einem abgesägten Baumstamm; hier vernimmst du den Odem Gottes, hier merkst du: „Der liebe Gott wohnt in dem Wald!“

Und wenn sich der Abend herniederneigt, und die Sonne zur Rüste geht, dann beleben sich die Wiesen; heraus tritt das schlanke Reh, der Bock folgt ihm auf dem Fuße, und die Kitzchen treiben ihre neckischen Spiele. Die fleißigen Sänger des Waldes beendigen ihr tausendstimmiges Konzert, nur noch die Nachtigall flötet im lauschigen Gebüsch am plätschernden Bache.

Die ganze Gegend ist sehr wasserreich; überall rinnen kleine Gewässer, die sich zu mühlentreibenden Bächen vereinigen.

Der vornehmste unter ihnen ist der Gloinerbach, der bei der verlassenen Dorfstelle Gloine entspringt und die Jerichower Schweiz in einem schönen Thale durchfließt. Dasselbe wird zwischen Dörnitz und Magdeburgerforth auf beiden Seiten von bewaldeten Höhenzügen begrenzt. Am Rande der Eichberge führt ein wundervoller Saumpfad entlang, auf welchem man sogar einen Absturz riskieren kann. Der geneigte Leser fängt an zu merken, daß die Bezeichnung „Schweiz" ihre Berechtigung hat.

Die Ausflüsse der Quellen bei Waldrogäsen, Wüstenjerichow und Drewitz vereinigen ihr Wasser in der Nähe von Ringelsdorf zu dem Mühlenbache, welcher bei Holzhausen in den Gloinerbach fließt.

In der Jerichower Schweiz finden wir nicht eine einzige Windmühle; denn die vielen Bächlein sind alle wohlgeeignet, das Mühlrad zu drehen.

Überall ragen aus dem Grün des Waldes die roten Ziegeldächer der Mühlen hervor, welche oft eine recht idyllische Lage haben, wie die Waldmühle bei Reesdorf. Auf dem kleinen Gebiete der Jerichower Schweiz finden sich allein 12 Wassermühlen, die Bretter schneiden, Getreide mahlen oder Papier, Pappe und Kartoffelstärke fabrizieren.

Bei den meisten Mühlen befindet sich als Wasserreservoir ein großer Mühlenteich, hier ist der Aufenthalt der bekanntesten Fischarten; in manchen Teichen und in den Bächen fängt man sogar die schmackhafte Forelle. Auch die Krebse fangen wieder an, sich zu vermehren, nachdem die Krebspest ihre verheerende Wirkung eingestellt hat.

Zwar ist der gesamte Wald schön, doch sind einige Punkte besonders sehenswert. In der Nähe von Magdeburgerforth besucht der Wanderer den Schießstand, mit den ältesten Buchen, die Ottoquelle, in welcher das eisenhaltige, kühle Wasser stärker als in Armesdicke aus der Erde quillt. Das ausfließende Wasser treibt kleine Mühlen, die alljährlich von Forstlehrlingen erneuert werden, sammelt sich in einem kleinen Weiher und bildet schließlich einen niedlichen Wasserfall.

Nicht weit davon steht die stärkste aller Buchen, die Annibuche, mit einem Stammumfange von fast 5 m.

Die alte Buche.

Wenn ich im Walde Ruhe suche,
Weiß ich ein Plätzchen mir;
Ich komm' zu dir, du alte Buche,
Des Waldes schönste Zier.

Wenn deine Zweige leise rauschen
Giebt's wundersamen Klang;
Ich möchte träumend immer lauschen
Dem süßen Minnesang.

Doch tobt der Sturmwind auf und nieder,
Und rast das wilde Heer,
Dann klingt's wie trutzge Heldenlieder,
Von Deutschlands Ruhm und Ehr.

Die Väter hörten gern erklingen
Die alte Melodei;
Den Enkeln wirst du oft es singen
Das Lied von Lieb' und Treu.

Anna Moeck.

Auch die Eichberge laden zu einem Spaziergange ein. Am Eingange zu denselben steht als Wächter eine über 200 Jahre alte Eiche, unter welcher Friedrich der Große gefrühstückt haben soll, weshalb sie die Friedrichseiche genannt wird. Nicht weit von derselben spendet ein plätschernder Wasserfall angenehme Kühlung.

In Reesdorf findet der Besucher gleich hinter der Försterei einen Schießstand, der von kräftigen Eichen beschattet ist. Hier wurde bisher alljährlich das Königsschießen abgehalten; von der Kunstfertigkeit der Schützen geben die Königsscheiben Zeugnis, die seit langen Jahren im Saale des Lindenhofes in Reesdorf aufbewahrt werden.

Nach Ringelsdorf wandert der Naturfreund, um das turmgeschmückte, malerisch von Wasser und alten Bäumen umgebene moderne Schloß, den schattigen, wohlgepflegten Park und den „Kleinen Spreewald" zu genießen.

Der letztere ist eine urwaldähnliche Partie, durchzogen von dem Mühlenbache, der sich in Schlangenlinien dahinwindet und dunkle Weiher bildet. Die Ufer der Gewässer sind mit riesigen Farnkräutern und Binsen bewachsen, und kaum vermögen die Sonnenstrahlen durch die dichtstehenden Baumriesen in diesen märchenhaften Wald zu dringen.

Durch mannshohe Sumpfpflanzen, über schwankende Bretterstege führt ein kaum erkennbarer Fußweg an eine Wiese, auf der bis zum 30jährigen Kriege die Burg Klopsdorf gestanden hat, von der aber heute nur noch die Wälle und Gräben zu sehen sind.

In Holzhausen bemerkt man einen alten Park mit Fasanen und ein Wildgatter mit schönen Exemplaren von Rot- und Damwild. Das Haus, in dem sich jetzt der saubere, ländliche Gasthof „Zur Erholung" befindet, hat Friedrich Spielhagens Großvater im Jahre 1796 erbaut. Hier wohnte auch sein Vater als Förster, ehe er nach Magdeburg übersiedelte, um sich dem Baufach zu widmen.

Waldrogäsen hat ein einfaches, aber niedliches Schloß und einen schönen Park mit Beständen riesiger Eichen, mit schattigen Buchenalleen, saftigen Wiesen und stillen Fischteichen. Namen, wie Kaiserallee, Hexentanzplatz, Helenensitz, Junkerweg, Poetenweg, Grundelsee deuten auf die Poesie dieses idyllischen Fleckchens der Jerichower Schweiz hin.

In Wüstenjerichow finden wir als Naturschönheit die große und kleine Springe mit unzähligen Quellen und Bächlein. Besonders lohnend ist der Besuch der Springe im Frühjahr, wenn die vielen Nachtigallen ihre lieblichen Weisen ertönen lassen und der hier in großer Menge wachsende Waldmeister die Luft mit seinem Wohlgeruch erfüllt.

Die Perle der Jerichower Schweiz ist aber das Dorf Magdeburgerforth. Es liegt so malerisch wie ein Gebirgsdörfchen. Wenn wir erforschen wollen, woher sein Name stammt, so müssen wir uns zurückversetzen in die gute, alte Zeit, da es noch keine Kunststraßen und Eisenbahnen gab. Die große Heerstraße von Berlin nach Magdeburg führte hier vorbei. Boten schon die elenden Sandwege den Fuhrwerken manche Schwierigkeit, so noch mehr die Durchfahrten durch die Bäche, die noch nicht mit Brücken versehen waren. Diese Durchfahrten erhielten nun besondere Namen, z. B. Dunkelforth, Sandforth, Gottesforth u. s. w. Endlich kam nun die

Nach einer photogr. Aufnahme v. M. Vogel-Alten-Grabow.

Schloß Ringelsdorf.

gefürchtetste Durchfahrt durch den Gloinerbach, die letzte vor Magdeburg, darum Magdeburgerforth. Beide Ufer des Gloinerbaches steigen hier mächtig an; deshalb waren die ersten Ansiedler dieses Ortes wohl Fuhrleute, welche den vorbeifahrenden Lastwagen Vorspann leisteten.

Die Bewohner der Jerichower Schweiz sind arbeitsame, fleißige Leute. Sie haben viel Sorge und Mühe, um dem leichten Sandboden ihren Lebensunterhalt abzugewinnen. Die Männer sind meistens im Walde beschäftigt, während die Frauen den Acker besorgen und mit einem Hundewagen das nötige Futter für das Vieh heranholen; denn kein Haushalt ist — wenn nicht Pferde vorhanden sind — ohne Hundewagen.

Über Sitten und Gebräuche der Bewohner läßt sich nichts Besonderes berichten, da die Bevölkerung aus Nachkommen von Wenden, Sachsen, Schwaben u. s. w. besteht.

Die Jerichower Schweiz wurde schon seit langen Jahren von Sommerfremden aufgesucht; seitdem aber die Kleinbahnen von Burg nach Ziesar gebaut sind, ist der Besuch in den einzelnen Ortschaften immer größer geworden. Für ein gutes Unterkommen und eine kräftige Verpflegung sorgen die schmucken, saubern Gasthöfe; ja die Hotels in Magdeburgerforth, in Dörnitz und am Truppenübungsplatz genügen den weitgehendsten Ansprüchen.

So ist denn für körperliche und geistige Erholung allenthalben gesorgt. Die schöne Jerichower Schweiz ruft allen Naturfreunden zu:

Komm, komm zum grünen Wald!

Conrad Schröder-Magdeburg.

Die letzten deutschen Biber.

Im Gebiete der mittleren Elbe, da wo der Strom an den südlichen Ausläufern der Flämingsplatte westwärts dahinfließt, etwa von Wittenberg abwärts bis Magdeburg, hat sich ein kleiner Bestand von Bibern, der letzte Überrest deutscher Biber, in das neue Jahrhundert hinein gerettet. Einst fast in allen Flüssen Europas heimisch, wurde mit dem Vordringen der Kultur das Verbreitungsgebiet dieses großen Nagers immer kleiner, und unausgesetzte Nachstellungen von Seiten des Menschen brachten es im Laufe der Jahrhunderte dahin, daß die Flußgebiete verödeten. Wie zahlreich noch in historischen Zeiten Biber vorkamen, geht aus einer ganzen Reihe von Gewässer-, Flur- und Ortsbenennungen hervor, die mit dem Namen des Tieres in Zusammenhang stehen; in Deutschland allein zählt man gegen 200 solcher Namen, und auch in Norwegen, Schweden, Finnland, Österreich, Bosnien deuten ähnliche Bezeichnungen auf das Vorkommen von Bibern hin. Auch geologische und kulturhistorische Fundstücke, wie Knochen aus Flußschuttablagerungen und Mooren, Zähne aus heidnischen Gräbern, Knochenreste aus Pfahlbauten und an Opferstätten heidnischer Germanen und Finnen, benagte Knüppel aus Torflagern geben beredtes Zeugnis für die einst weite Verbreitung des Tieres; neuerdings ist in dem Auffinden prähistorischer Biberfallen, die von Irland und Wales bis Krain und Italien nachgewiesen sind, weiteres Material für die Feststellung des ehemaligen Verbreitungsgebietes des Bibers gewonnen. Kurz, es steht fest, der Biber lebte einst vom höchsten Norden, wo noch Laubwald gedeiht, bis zum Mittelmeere und vom Ural bis zum äußersten Westen. Und heute? Die Biber Europas sind bis auf spärliche Überreste vernichtet. Nicht der Schaden, den sie verursachten, trieb den Menschen zur Ausrottung des harmlosen Gesellen, sondern die Gewinnsucht. Das Bibergeil war wegen seiner heilkräftigen Wirkung ein derartig gesuchter Artikel, daß noch 1859 das Geil eines Bibers in Dessau mit 42 Thalern, in Bayern mit 132 Gulden, zwei Jahre später in Salzburg sogar mit 600 Gulden bezahlt wurde. Kein Wunder, daß bei solchen Preisen die Jagdgesetze trotz angedrohter hoher Strafen nicht respektiert wurden; die Biber fielen meist Wilddieben zur Beute.

So sind denn in dem ganzen Erdteile mit Sicherheit nur drei kleine oasenartige Gebiete bekannt, wo Biber noch heute ihr Dasein fristen: in Frankreich das Gebiet der unteren Rhone und ihres Zuflusses Gardon, im südlichen Norwegen der zwischen Kragerö und Stavangerfjord gelegene Streifen und in Deutschland das eingangs erwähnte Gebiet der Provinz Sachsen und des Herzogtums Anhalt.

Und auch hier in diesen letzten drei Zufluchtsstätten sind die Tage des Bibers gezählt. Das preußische Jagdgesetz enthält keinen Paragraphen zum Schutze des armen Nagers, er ist vogelfrei; wer ihn findet, kann ihn ungestraft totschlagen und mitnehmen; nur in Anhalt besteht eine Schonzeit vom 15. März bis 15. Juni.

Der Biber.

Verfolgt man nun auf der Karte die Zugehörigkeit der Elbufer zu dem einen oder anderen Staate, so ergiebt sich die Unzulänglichkeit des bestehenden Schongebotes: was an einem Ufer geschont wird, darf am andern geschossen werden! Daß unter so obwaltenden Verhältnissen der Biber sich überhaupt noch bis auf unsere Tage erhalten konnte, ist lediglich dem Umstande zuzuschreiben, daß das Tier seine frühere Lebensweise vollständig geändert hat; der wegen seiner kunstvollen Bauten einst vielgerühmte und bewunderte Baumeister, der in ungestörten Waldgründen noch in ganzen Kolonien lebte, ist in dem durch Dampfer und sonstige Verkehrsmittel stark beunruhigten Gebiete heute zum stillen und heimlichen Einsiedler geworden.

Immerhin verrät sich dem kundigen Auge der Aufenthaltsort eines Bibers ziemlich leicht. Am meisten fallen die kegelförmigen Stümpfe von Laubhölzern in die Augen, die, 20—30 cm hoch, auf der Schnittfläche quer verlaufende, rinnenförmige Vertiefungen, die Spuren der scharfen, meißelförmigen Nagezähne aufweisen. Nie äst nämlich der Biber, wie das wohl andere Nager, z. B. Hasen und Kaninchen thun, die Rinde stehender Stämme; stets fällt er den Baum erst, schneidet ihn in

Stücke und beginnt nun erst die Rinde, die seine hauptsächlichste Nahrung bildet, abzuschälen, wobei er die vorderen Gliedmaßen wie Hände benutzt. Die Kegelform der stehenbleibenden Stümpfe kommt dadurch zustande, daß der Biber die stärkeren Stämme zunächst ringförmig umnagt, bis eine sanduhrförmige Schnittfläche entsteht, an deren dünnster Stelle der Baum durchbricht, noch ehe er ganz durchschnitten ist. Für gewöhnlich wagt sich der Biber nur an armstarke Weiden, Eschen oder Pappeln, die er besonders bevorzugt; noch schwächere Stämme werden nur einseitig geschnitten, so daß statt der kegelförmigen eine schräge Schnittfläche hinterbleibt. Hier und da werden aber auch recht ansehnliche Stämme von Bibern gefällt. Vor einigen Jahren wurde in der Nähe von Ranies bei Schönebeck eine Pappel umgeschnitten, die 72 cm Durchmesser hatte, und im Anfange des Jahres 1899 stürzte am Gr. Kühnauer See bei Dessau eine Silberpappel, die an der Schnittstelle 1,92 m Umfang hatte. Daß der Biber mit kluger Berechnung am Wasser stehende Bäume so geschickt schneidet, daß sie beim Sturze ins Wasser fallen, ist, wie so vieles andere aus dem Leben des Bibers, Fabel. Mindestens ebenso oft findet man das Gegenteil, und wenn thatsächlich Bäume ins Wasser stürzen, so erklärt sich das ganz einfach durch die Thatsache, daß dieselben nach dem Wasser als der Lichtseite zu mehr Äste entwickeln, dadurch aber naturgemäß nach dieser Richtung das Übergewicht erhalten.

Von einem Biber gefällte Silberpappel am Gr. Kühnauer See bei Dessau.

Wenn der Biber beim Fällen großer Bäume auch sehr vorsichtig zu Werke geht, so kommt es doch zuweilen vor, daß er durch den unerwartet erfolgenden Sturz des Baumes zu Schaden kommt; so wurde im Gebiete der Oberförsterei Lödderitz im Jahre 1891 ein Biber durch eine ins Wasser stürzende Pappel erschlagen; sein Kadaver wurde zwischen den Zweigen schwimmend aufgefunden.

Zuweilen findet man auch von Bibern gefällte Eichen, die das Tier aber unberührt liegen läßt. Man erklärt dieses eigentümliche Verhalten aus dem Bedürfnis des Nagers, die unausgesetzt wachsenden Schneidezähne, die durch Benagen von Weichhölzern zu wenig abgenutzt werden, durch Bearbeiten von hartem Holze zu kürzen, ähnlich etwa wie Mäuse Holz, Bücher und dergleichen scheinbar zwecklos zerkleinern. Von den gefällten Bäumen äst der Biber die dünneren Zweige; stärkere werden nur entrindet, und ihre weißen Holzkerne bleiben als sogenannte „Schälstücke" am Ufer liegen oder schwimmen im Wasser umher. Bevorzugte Äsungsplätze findet man gewöhnlich an hohen Uferstellen oder bei länger anhaltenden Überschwemmungen auf Wildrettungsbergen, wohin der Biber die geschnittenen Hölzer transportiert, um sie dort in Ruhe zu verzehren. Durch die liegenbleibenden Knüppel und Ruten entstehen an solchen Stellen zuweilen ganze Haufen unregelmäßig geschichteten, geschälten und ungeschälten Holzes.

Gelegentlich, doch nur ausnahmsweise, weicht der Biber von dieser Art der Ernährung ab. Im Jahre 1896 wurde in der Gegend von Elbenau an der „alten Elbe" oberhalb Magdeburg die Beobachtung gemacht, daß ein Biber zur Nachtzeit ein an den toten Elbarm grenzendes Rübenfeld wiederholt besucht, Rüben herausgezogen und verzehrt hatte. Deutlich waren an zwei Stellen seine Spuren vom Wasser her zu verfolgen; im Wasser selbst, sowie am jenseitigen Ufer fand man die angebissenen Rüben mit den deutlichen Spuren seiner Nagezähne.

Die eigentliche Wohnung des Bibers liegt gewöhnlich nicht weit von dem Platze weg, wo man Schnitte und Schälstücke findet. Schlicht und einfach, wie es sich für einen Einsiedler geziemt, ist seine Klause, äußerlich so wenig auffällig, daß mancher darüber weggeht oder mit dem Kahne vorüberfährt, ohne auf sie aufmerksam zu werden. Die ganze Anlage ähnelt den allbekannten Dachsbauen; die Abweichungen von diesen sind durch die Lage am Wasser und durch die Sorge um die Sicherheit bedingt. Die Wasserverhältnisse, namentlich das Steigen des Flusses, nötigen den Biber, seine Röhre nach aufwärts zu führen, um den „Kessel", das letzte erweiterte Ende, in dem er tagsüber ruht, möglichst hoch zu legen. Deshalb liegen die meisten Biberbaue auch an hochuferigem Gelände. Die Sicherheit gebietet ferner, die Röhre unter Wasser ausmünden zu lassen. Ein Biberbau in dieser einfachsten Form ist für einen Unkundigen überhaupt nicht sichtbar, und selbst der mit den Biberverhältnissen Vertraute braucht oft lange Zeit, ehe es ihm gelingt, die Lage des Baues mit Sicherheit anzugeben. Leichter verraten sich ältere, schon Jahre hindurch bewohnte Baue. Der dicht unter der Rasendecke liegende „Kessel" bricht nämlich nicht selten ein; deswegen verläßt der Biber den Bau aber nicht, sondern jetzt erwacht plötzlich in ihm die latent gewesene Baulust wieder: er schichtet über dem Loch Reisig und Knüppel übereinander und zwar zuweilen in solchen Massen, daß Haufen bis zu 2 m Höhe und darüber entstehen. Diese Bauten hat man wegen ihrer Ähnlichkeit mit den Bauwerken der amerikanischen Biber auch „Burgen" genannt, vielleicht nicht mit Unrecht; denn ich möchte fast bezweifeln, daß diese „Burgen" der amerikanischen Biber etwas anders sein sollen, als die Reisighaufen unserer Elbbiber oder die sogenannten Hütten der norwegischen Biber. Läßt sich

Von einem Biber gefällte Silberpappel am Gr. Kühnauer See bei Dessau.

doch Zug für Zug nachweisen, daß die Biber diesseits und jenseits des Oceans in ihren Gewohnheiten übereinstimmen; eine nüchterne Untersuchung der „Burgen“ an einem amerikanischen Gewässer würde nach meiner Meinung nur dazu beitragen, das Fabelhafte und Übertriebene aus den Beschreibungen dieser Bauwerke auszumerzen. Noch bis zum Jahre 1899 befanden sich auf dem linken Elbufer oberhalb Roßlau eine ganze Reihe solcher Reisighaufen; heute sind sie durch die Hochwasser der letzten Jahre zerstört und fortgeschwemmt.

Zuweilen bricht nicht nur die Decke des „Kessels“, sondern, vom Hochwasser unterspült, der ganze Bau zusammen. Wie geräumig durch Unterspülungen zuweilen Biberbaue werden, konnte ich im Januar 1900 beobachten. Im Forstrevier Lonisium bei Dessau flüchtete ein aus seinem Baue gesprengter und angeschossener Fuchs vor dem ihn verfolgenden Jagdhunde über das Eis des Waldersees in einen am entgegengesetzten Ufer liegenden Biberbau, der nach der Wasserseite einen offenen Zugang hatte. Bei der Durchsuchung des Baues verschwand plötzlich vom Eise aus auch der Jagdhund, ein Tier schwersten Schlages, in dem Zugangsrohre und kam aus dem bereits eingebrochenen Kessel wohlbehalten wieder ans Tageslicht. Wird bei derartig ausgewaschenen Bauen die Rasendecke durch anhaltenden Regen aufgeweicht, so bricht der ganze Bau in sich zusammen.

Den latent gewordenen Bautrieb unseres Elbbibers sehen wir auch noch bei anderer Gelegenheit wieder hervorbrechen. Sehr gerne bewohnt nämlich der Biber, durch den lebhaften und geräuschvollen Schiffsverkehr vom Hauptstrome verdrängt, die Ufer von Gräben und Bächen, die in den Strom münden, sofern dieselben genügend tief und mit Laubholz bestanden sind. Wenn in diesen der Wasserstand so niedrig wird, daß die Mündungen der Baue über den Wasserspiegel zu liegen kommen, so fängt der dadurch in seiner Existenz gefährdete Insasse alsbald an, Reisig und Knüppel herbeizuschleppen, sperrt mit diesem Material den Graben unterhalb seiner Wohnung quer durch ab und verdichtet das Ganze mit Schlamm zu einem festen Damme, der das Wasser am Abfluß verhindert, so daß es sich oberhalb wieder zu genügender Höhe anstaut. Reißt man einen solchen Damm weg, so baut ihn der Biber mit großer Hartnäckigkeit nachts wieder auf. Derartige Biberdämme, die an die gleichartigen, aber weit ausgedehnteren Bauwerke der amerikanischen Biber erinnern, sind mir im Laufe der Jahre an den verschiedensten Stellen unseres Bibergebietes bekannt geworden, sind also gar nicht so selten, wie es nach den zoologischen Werken, die immer nur den Dammbau in der Nuthe vom Jahre 1822 erwähnen, der Fall zu sein scheint. Daß wir nur in den seltensten Fällen etwas von solchen Biberdämmen erfahren, hat wohl darin seinen Grund, daß diese Bauwerke von den angrenzenden Grundbesitzern wegen der durch sie verursachten Überschwemmungsgefahr möglichst schnell wieder beseitigt werden.

Alle diese Arbeiten, wie das Fällen von Bäumen, das Auftürmen von Reisighaufen und die Anlage von Dammbauten verrichtet der Biber zur Nachtzeit; während des Tages trifft man ihn nur bei Hochwasser oder aber an ganz ruhig gelegenen Stellen an. Bei einbrechender Dunkelheit verläßt er sein Lager, begiebt sich ins Wasser und schwimmt seinem Holzschlage zu, wo er alsbald eifrig zu schneiden beginnt. Wittert er Gefahr, so stürzt er sich augenblicklich ins Wasser und schwimmt, nur von Zeit zu Zeit auftauchend, seinen Weg aber durch aufsteigende Blasen verratend, davon.

Über die Paarungszeit des Bibers sind sichere Beobachtungen bisher nicht gemacht; auch über die Tragezeit schwanken die Angaben zwischen 4 und 16 Wochen. Sicher ist, daß bereits in den ersten Tagen des April junge Biber bei Hochwasser außerhalb des Baues beobachtet wurden, und ebenso, daß nach Ende Mai trächtige Biberweibchen gefangen worden sind. Die blind geborenen Jungen, gewöhnlich zwei an der Zahl, folgen schon nach acht Tagen ihrer Mutter ins Wasser, bethätigen auch schon im ersten Sommer ihren Nagetrieb, worüber die unverkennbaren Spuren an dünnen Weidenruten leicht Aufschluß geben. Spätestens im zweiten Jahre trennen sich die Jungen von ihrer Mutter, sollen aber erst im dritten Jahre fortpflanzungsfähig werden.

Die Vermehrung der Biber geschieht demnach recht langsam. Zieht man dagegen in Erwägung, daß jährlich wenigstens ein Dutzend Biber in Fischnetzen und Tellereisen enden oder schießwütigen Jägern zum Opfer fallen, so gehört nicht viel prophetische Begabung dazu, vorauszusagen, daß mit dem ersten Jahrzehnt des neuen Jahrhunderts auch der Biber aus der deutschen Fauna verschwunden sein wird. Das einzige Mittel, wodurch das Dasein des unrettbar verlorenen Tieres noch um etwas verlängert werden könnte, wäre eine zwischen Preußen und Anhalt vereinbarte gänzliche Schonzeit und Einführung einer empfindlichen Strafe für deren Übertretung. Noch ist es Zeit, geeignete Schritte zur Erhaltung der letzten deutschen Biberkolonie zu thun, für die auch namentlich in wissenschaftlichen Kreisen ein äußerst reges Interesse besteht; in wenigen Jahren schon kann es heißen — zu spät!

Dr. H. Friedrich-Dessau.

Der Plauesche Kanal.

Auf eine kürzere Wasserstraße zwischen Magdeburg und Berlin unter Benutzung der Stremme, einen Zufluß der Havel, machte schon im Jahre 1709 der Ingenieur Roulai aufmerksam. Friedrich der Große nahm im ersten Jahre nach seiner Thronbesteigung die Herstellung eines Kanals zwischen Elbe und Havel in Aussicht. Wegen des schlesischen Krieges bestimmte er am 25. Februar 1742, daß „alle Geldkosten und Vorschläge zur Verbesserung der Revenuen bis zu besseren Zeiten sistiert bleiben sollen, jedoch alles, was zur Anrichtung der proponierten Kanäle erforderlich, parat gehalten werde.“ Einige Wochen später forderte er genauen Bericht über Zweck, Kosten, Ertrag, Verlust an Zöllen, Kostenaufwand ohne Zuschuß der

Königlichen Kassen und ob Versandung zu befürchten sei. Der Minister von Görne berichtete darauf, daß es sich hauptsächlich um den Salztransport von der königlichen Saline Schönebeck nach der Provinz Brandenburg handele. Dazu erwartete der Präsident der Magdeburger Domainenkammer von Platen einen billigeren Holztransport aus den fiskalischen Forsten zwischen Elbe und Havel, aus denen nach sechsjährigem Durchschnitt jährlich 21807 Klafter geliefert würden. Die Wasserfracht sei um ein Dritteil niedriger als die Landfracht. Es würde der Fiscus beim Holzabfahren vom Dorfe Altenplathow allein 1736 Thaler als Fuhrlohn sparen.

Nach dem ersten Projekt sollte der Kanal zwischen den Elbdörfern Niegripp und Hohenwarthe beginnen und dann südlich vor Ihleburg vorbei durch die Parchener Feldmark zur Havel gehen. Man dachte jedoch nur an Fahrzeuge zweiter Größe, sogenannte kleine Breslauer Kähne, weshalb er auch nur schmal und mit geringer Tiefe hergestellt werden sollte. Insbesondere fiel bei dieser Ausführung ins Gewicht, daß die Elbe im Sommer nicht viel Wasser entbehren könne. Außerdem wurde ein Kanal neben der Elbe von Gerwisch bis Pechau geplant, weil das Befahren der Elbe bei Magdeburg wegen des Felsenbettes und der bei niedrigem Wasserstande zutage tretenden Steinblöcke mit großen Gefahren verbunden war. In neuerer Zeit ist die Fahrstraße vertieft und außerdem zur Hochwasserentlastung dieser Elbenge der „Umflutkanal" gebaut worden. Der Baumeister Riese, der die Nivellierung dieser Strecken ausführte, verwarf genannte Richtung und empfahl die Mitbenutzung der Stremme zum Bau des Kanals von Parey über Genthin nach Plaue. Diesen Vorschlag genehmigte der König und bestimmte größte Beschleunigung in der Herstellung. Die in Aussicht genommene Linie bereiste im Frühjahr 1743 der Präsident von Platen und unterhandelte mit den Grundbesitzern, durch deren Eigentum der Kanal gehen würde. Alle, außer dem Rittergutsbesitzer von Werder auf Woltersdorf, verzichteten auf Vergütigung des herzugebenden Landes. Derselbe verlangte aber eine solche, da er keinen Vorteil vom Kanal habe. Der Domherr von Printz auf Seedorf und von Werder auf Brettin behielten sich das Recht vor, einen Leinpfad*) und das Anlegen der Kähne im Bereich ihrer Grundstücke nicht gestatten zu brauchen, welche Vergünstigung noch heute besteht.

Am 10. Juni 1743 übertrug der König dem Etatsminister von Görne die Spezialdirektion der Arbeiten am Kanal und gab ihm auf ein Jahr einen freien Vorspannpaß. Für den Bau bewilligte er 130000 Thaler. Der Generaldirektor von Mahistre verpflichtete sich, die Erdarbeiten für 60000 Thaler fertig zu stellen, und der Landbaumeister Riese übernahm den Bau der drei Schleusen, der sechs Brücken und der nötigen Häuser. Von der Pareyer- bis zur Plauerschleuse ist der Kanal $4^1/_4$ Meile lang und hat $16^1/_2$ Fuß Gefälle**). Von den vorhandenen Wasserläufen wurden von der Elbe bis Parey ein altes Elbbett und von Seedorf bis Roßdorf die Stremme benutzt. Neu zu graben waren die Strecken von Parey

*) Leinpfade sind Steige zu beiden Seiten des Kanals, worauf die Schiffer gehen, wenn sie ihre Kähne ziehen.

**) 16 Fuß sind 5 m.

bis Seedorf und von Roßdorf bis Plaue, d. i. $^3/_5$ der gesamten Länge. Die Stremme hatte viele Krümmungen und breitete sich von Altenplathow bis Brettin seenartig aus. Viel mehr Schwierigkeiten als das Ausschachten bereiteten das Befestigen der niedrigen, versumpften Ufer der Stremme und das Durchdämmen der Seen des Flußlaufes.

Im Sommer des Jahres 1743 wurde der Kanalbau in Angriff genommen. Anfangs ging der Bau flott vorwärts, da auf Befehl des Königs 750 Soldaten dabei halfen, die Dörfer, in deren Nähe Schleusen zu stehen kamen, unweigerlich alle benötigten Leute zum Rammen gegen vier Groschen Tageslohn stellen mußten, und das Dorf Parey insbesondere noch alle Fuhren zur Schleuse gegen das für Holz übliche Fuhrlohn zu leisten hatte. Der Bau kam jedoch im folgenden Jahre

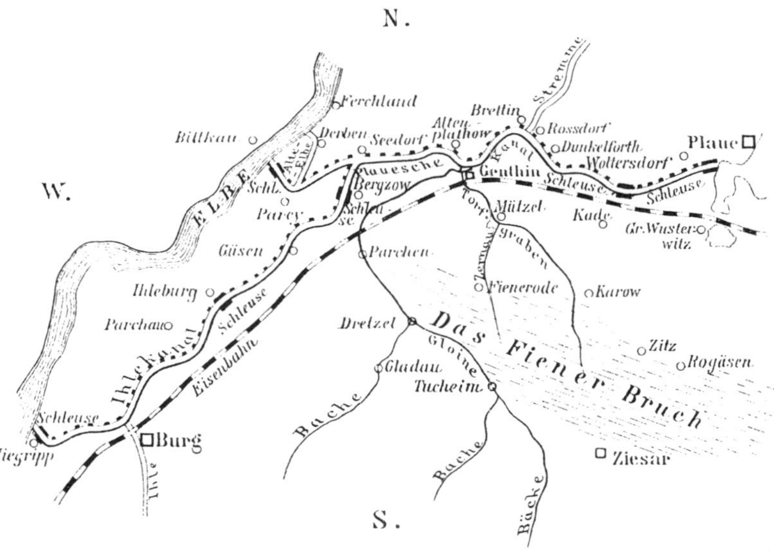

Der Plauesche Kanal.

sehr ins Stocken, weil Hochwasser eintrat, der König alle Soldaten zum Kriege abrief und die Maurergesellen die Arbeit so lange ruhen ließen, bis ihnen sechs Groschen Tagelohn bewilligt wurden. Auch im Kriegslager behielt der König die Förderung der Friedensarbeit im Auge, denn er drückte in einer Randbemerkung seinen Unwillen über Nichtbeendigung des Baues im Jahre 1744 so aus: „Es ist nicht erlaubt, daß das Jahr Wieder so Verstrichen ist, es ist nur daher, daß alle die leute, die die Aufsicht auf baue und dergleichen Sachen haben, Sehr nelige Art Seindt." Nicht minder drastisch war seine Antwort auf den Antrag des Ministers, dem Rapport statt zwei doch drei Thaler Diäten zu bewilligen: „Die Schurken kriegen nuhr fil Dieten, darüber leiden Meine Sachen und Spillen Sie in die Länge, absonderlich die Bausachen, Wohrauf die Herrn Ministers ein Wachsam auge haben Müßen." Als Generaldirektor von Mahistre Vorwürfe über Verzögerung des Baues erhielt, erklärte er: „An der Verzögerung des Ganzen haben Niemand solcher Schuld als der König selbst, da er die Soldaten zur Armee berufen habe."

Im Frühjahr 1745 wurde der Bau beendet. Am 5. April gab Friedrich von Neiße aus, wo seine Armee den Feind erwartete, den Befehl, es solle die Kriegs- und Domainenkammer-Direktion den Kanal besichtigen. Dieselbe erklärte ihn für befahrbar, wenn einige Mängel beseitigt seien. Unter diesen Ausstellungen stand ad 5: „Die Hagenbrücke bei Altenplathow ist durch die Zimmerleute dergestalt schief gesetzet, daß die Schiffe nicht durchgehen können, solches ist aber nicht gemeldet worden, soll vom Entrepreneur gefordert werden, da doch der Kanal gerade und eher als die Brücke gefertigt worden ist."

Über die Probefahrt durch den Kanal berichteten die Finanzräte Menitius und von Werm: „Dienstag, den 26ten April 1745, von Parey bis Altenplathow. Schiff mit Salz beladen, war 102 Fuß lang ohne, und mit Steuer 125 Fuß, 21 Fuß breit und ging 4 Fuß tief. Der Steuermann war selb neun Mann auf dem Schiffe. Von Seedorf bis hinter Genthin hatte der Kanal 5 Fuß Wasser. Das Schiff kam auch durch die nunmehr geänderte Brücke gut und ohne Anstoß durch. Am 27. April kamen wir bis Plaue. Der Steuermann Gottschalk erklärte, er habe sechs Tage gewonnen, da er sonst von Derben bis Plaue über Havelberg acht Tage gebraucht habe, außerdem habe er 30 Thaler gespart."

Im ersten und zweiten Sommer gingen im ganzen 1432 Kähne durch den Kanal, wovon an Zöllen 6587 Thaler 30 Pfennige als Einnahme erzielt wurden. Vom Juli bis zum Oktober 1746 mußte der Kanal gesperrt werden, weil die Schleusen bei Parey und Kade unbrauchbar geworden waren. Das ging ganz natürlich zu, denn sie waren Buschschleusen, bei denen die Seitenwände aus Buschwasen (Reisigbündel) bestanden, deren Holzwerk gegen Wasserdurchfluß mit Lehm verdichtet wurde. Auch hatten abgeschnittene Teile der Stremme verschiedene Dämme beschädigt und durchbrochen, im Sommer trat Wassermangel ein, und viele Stellen waren so verschlämmt, daß die Kähne nicht schwimmen konnten. Diese Mängel wurden beseitigt, und um dem Kanal mehr Wasser zuzuführen, befahl der König auf Vorschlag des von Wernsdorff auf Ziesar, daß das im Fienerbruch reichlich vorhandene Wasser in den Kanal geleitet würde, indem vom untersten Ende des Carowschen Fienergrabens bis an den Zernausee bei der Mützel — das jetzige Dorf Mützel gab es damals noch nicht — der Abzugsgraben auf 16 Fuß gebaut werde, von dort bis zur Vereinigung mit der Gloine beim Amte Altenplathow, von wo sie Mühlengraben heißt, 24 Fuß Breite und 2 bis 3 Fuß Tiefe erhalte und insbesondere auch die Gloine, welche an den Fienerdörfern Tucheim, Dretzel und Parchen vorbeigeht, gerade zu legen, bedeutend zu verbreitern und auf mindestens 2 Fuß zu vertiefen ist.

Durch diese Anordnung erhielt nicht nur der Kanal große Wassermassen zugeführt, sondern es wurde auch den Besitzern des vier Meilen langen und fast eine Meile breiten Fienerbruches dadurch eine große Wohlthat erwiesen, daß nun aus dem Sumpflande ertragsreiche Wiesen entstanden und außerdem der in großen Mengen dort lagernde Torf gewonnen und auf dem großen Abzugsgraben, später

Torfgraben genannt, in Kähnen bis zum Kanal geschafft werden konnte, auf welchem er dann in Schiffen nach Magdeburg, Schönebeck und anderen Städten als Brennmaterial gefahren wurde.

Infolge des nun schnellen und billigen Gütertransportes zwischen Berlin und Magdeburg wurde das Handelsgeschäft in diesen Großstädten von Jahr zu Jahr schwungvoller und der Verkehr auf dem Kanal sehr lebhaft, so daß z. B. im Jahre 1840 mehr als 2500 Schiffsgefäße, beladen mit Kaufmannswaren, Salz, Getreide, Mauersteinen u. dgl., durch denselben fuhren. Auch industrielle Unternehmungen entstanden in den Orten am Kanal. Es baute der Rittergutsbesitzer von Pieschel zu Altenplathow daselbst im Jahre 1806 eine umfangreiche Cichorienfabrik und ließ einige Jahre später einen runden, 45 m hohen und mit 1 m dicken Mauern versehenen Turm — einen solchen giebt es nur noch in Tangermünde und Königsberg — herstellen, welcher bis vor einigen Jahren zur Schrotgießerei in der Weise benutzt wurde, daß im oberen Raum desselben die schweren Bleibarren in Pfannen geschmolzen wurden, worauf man die flüssige Masse zum Leichterkörnen mit Arsenik mischte und dann durch groß- und kleinlöcherige Siebe rührte, um sie tropfenweis in die Tiefe fallen zu lassen, wo die Bleikügelchen in einem mit Wasser gefüllten Gefäße schnell erkalteten. Außerdem wurden viele Ziegeleien am Kanal erbaut und in Betrieb gesetzt, da nun die Ziegelerde der angrenzenden Äcker, welche rote Steine giebt und noch lange nicht erschöpft ist, vorteilhafte Verwendung fand, weil die daraus geformten Mauer- und Dachsteine zum Häuserbau in Berlin sehr gesuchte Ware sind. Mehrere Schiffbauereien, zwei Kalkbrennereien, eine Cementwarenfabrik, eine Stärkefabrik und drei Dampfsägemühlen bei Genthin am Kanal geben durch ihren Großbetrieb deutliches Zeugnis von den Vorteilen, die diese Wasserstraße bietet. Tausende von Arbeitern und viele Schiffer finden durch die Herbeischaffung des Rohmaterials, durch Bereitung und Beförderung der Produkte dauernde und lohnende Beschäftigung.

Für die Instandhaltung des Kanals geschah von der Regierung bis zum Jahre 1862 wenig. Es mangelte an Geld für Wasserbauten, auch fehlten zur Schlammentfernung geeignete Baggermaschinen. Die Fahrrinne wurde an den seichtesten Stellen dadurch notdürftig brauchbar erhalten, daß Arbeiter mit Leinwandbeuteln an Stangen den Schlamm herausschöpften. Daß mit solchen Werkzeugen nicht viel geleistet werden konnte, ist erklärlich. Die Klagen der Schiffer waren deshalb, besonders bei niedrigem Wasserstande, sehr berechtigt, denn oftmals konnten sie kaum die halbe Tragfähigkeit der Schiffe verwenden, auch waren die Schiffer, welche in Deckkähnen Kaufmannsgüter nach Stettin fuhren, meistens genötigt, streckenweis im Kanal „abzuleichten", d. h. sie luden auf ihre Kosten in bereitstehende, leere Schiffe einen Teil ihres Gutes und nahmen dasselbe dort wieder zurück, wo das Wasser die erforderliche Tiefe hatte. Der Grund zu dem oft geringen Wasserstand lag auch darin, daß die Schleuse bei Parey, die den Kanal aus der Elbe speiste, eine zu hohe Sohle hatte, weshalb es vorkam, daß das Wasser im Kanal der Elbe zufloß, wenn nach starken Regengüssen die Ihle und die Fienergräben dem Kanal viel Wasser zuführten. Endlich nahm der Staat sich des mangelhaften Kanals an.

Er ließ in den Jahren von 1862—1865 dessen Tiefer- und Geradelegung ausführen, wodurch dann für die Schiffahrt bessere Verhältnisse eintraten. Die begonnene Fürsorge für die Wasserstraßen fand ihre Fortsetzung in dem Bau des Ihlekanals, der bei Niegripp an der Elbe beginnt und bei Seedorf in den Planeschen Kanal mündet. Er heißt „Ihlekanal", weil er von Burg ab eine Erweiterung der Ihle ist. Gebaut wurde er von 1865—1872 mit der Motivierung, der Stadt Burg den Wasserweg näher zu bringen, die Gegend von Niegripp über Burg, Parchau, Ihleburg, Güsen und Bergzow landwirtschaftlich zu erschließen und Industrie, Handel und Verkehr zu heben.

Er ist 30 km lang und hat mit dem Planeschen Kanal gleiche Breite und Tiefe. Es dürfen ihn aber wegen seiner etwas engeren Schleusen bei Niegripp, Ihleburg und Bergzow nur Schiffe bis zu 65 m Länge und 7,7 m Breite befahren. Bei Mittelwasserstand der Elbe hat er 6 m Gefälle. Die Baukosten mit Grunderwerb betrugen fast vier Millionen Mark.

Einige Jahre später wurden noch einmal bedeutende Veränderungen und Verbesserungen vorgenommen. Damit der Kanal nämlich den Anforderungen, welche die Neuzeit wegen des fort und fort sich steigernden Verkehrs an eine gute Wasserstraße stellt, in allen Punkten genüge, und weil der Gütertransport zwischen Magdeburg, Berlin und Stettin mit den kleinen und mittleren Schiffsgefäßen nicht mehr zu bewältigen war, geschah von 1883—1893 die große Erweiterung des Planeschen- und Ihlekanals auf 32 m Breite und 2 m Tiefe. Gleichzeitig wurden die Leinpfade auf beiden Seiten ordentlich und für den Schiffer bequem hergerichtet, gehörig befestigt und schmuckvoll mit Bäumen bepflanzt. Anstatt der bisherigen Holzbrücken bekam der Planesche Kanal schon bei der ersten Vertiefung eiserne Brücken mit einer Durchfahrt, und bei der großen Erweiterung dann solche mit zwei Durchfahrtsöffnungen; die Brücken des Ihlekanals haben nur eine Durchfahrt. Auch wurde die Einfahrt von der Elbe in den Planeschen Kanal einen Kilometer stromaufwärts gelegt, die alte Schleuse abgebrochen und eine neue an der Einfahrtsstelle hergestellt, und um die am Kanal liegenden Ortschaften und Feldmarken vor Wassersnot beim etwaigen Durchbruch des ersten Elbdeiches zu schützen, erhielt die Brücke des Kanals im zweiten Deich eiserne Schutzthore. Diese zweite Erweiterung, Vertiefung und Geradelegung, einschließlich Brücken- und Schleusenbauten, kostete etwa neun Millionen Mark. Der Bau einer neuen Doppelschleuse erforderte ungefähr 600000 Mark. Durch alle diese Veränderungen ist der Planesche Kanal für die Flußschiffahrt ein Kanal ersten Ranges, ja wohl der bedeutendste in Preußen und Deutschland geworden.

Es gingen durch den Planeschen Kanal in den Jahren
1872 = 4546 Schiffe, 1876 = 6135 mit je 60—100 t Tragfähigkeit,
1881 = 7171 Schiffe, 1886 = 8509 mit je 100—250 t Tragfähigkeit,
1891 = 11825 Schiffe, 1896 = 11168 mit je 180—350 t Tragfähigkeit,
1899 = 13240 Schiffe mit je 200—550 t Tragfähigkeit.

Hieraus ist eine gewaltige Verkehrssteigerung zu erkennen. Im Jahre 1899 sind 160000 Mark an Zoll vereinnahmt. Für leer gehende Schiffe sind auf die ganze Strecke nur 20—60 und für Schleppdampfer 3—10 Pfennige Kanalzoll zu zahlen. An Unterhaltungskosten und Beamtenbesoldungen sind jährlich etwa 20000 Mark erforderlich.

Früher wurden bei der Schiffahrt nur Menschenkräfte und Segel verwendet, jetzt benutzt man wegen der vorteilhaften Abkürzung der Fahrzeit daneben auch die Dampfkraft, da ein Schleppdampfer in einem Tage drei bis vier aneinander gekettete, schwer beladene Kähne durch den Kanal ziehen kann. Dem Fischfang wird durch die Dampferfahrten ein großer Schaden zugefügt; der Kanal wird von Jahr zu Jahr fischarmer. Sollte der Transport der im letzten Jahre fortgeschafften Güter mit der Eisenbahn geschehen, so wären täglich mindestens 1000 Güterwagen erforderlich.

Der Planesche Kanal ist somit eine großartige Wasserstraße, durch welche Verkehr, Industrie, Kultur und Erwerb befördert wurde und auch ferner gehoben werden wird.

F. Wernicke-Altenplathow.

Ziesar und seine Thonwarenindustrie.

Ziesar ist ein kleines Landstädtchen von etwa 3000 Einwohnern und liegt, umgeben von zahlreichen größeren und kleineren Ortschaften, im nordöstlichsten Teile des Kreises Jerichow I unweit der Grenze der Provinz Brandenburg. Daß es der genannten Provinz, die schon von jeher als „des lieben Herrgotts Streusandbüchse" bezeichnet wurde, so nachbarlich gelegen ist, beweist auch der Boden der ganzen Umgegend von Ziesar, der vorwiegend Sandboden ist. Doch ist dieser bei weitem nicht so gering, wie er allgemein verschrieen wird. Giebt es doch in einzelnen Ortschaften sehr fruchtbare Feldmarken, auf denen sogar Weizen- und neuerdings Zuckerrübenbau mit gutem Erfolge betrieben wird. Die Haupterzeugnisse dieser Gegend sind aber Roggen und Kartoffeln, und infolge der heutigen rationellen Bewirtschaftung des Ackers unter Anwendung von künstlichen Düngemitteln werden in dieser Hinsicht jetzt dem Boden ganz erstaunliche Erträge abgerungen.

In halbstündiger Entfernung von der Stadt nach Süden zu befindet sich der sehr ausgedehnte königliche Forst mit den beiden Oberförstereien Magdeburgerforth und Schweinitz. Die prächtigen Kiefernwaldungen dieses Forstes sind sehr häufig von den herrlichsten Laubwäldern unterbrochen und liefern ebenfalls einen Beweis dafür, daß der Boden weit besser ist als sein Ruf. Der große Holzreichtum und der allgemeine Kartoffelbau dieser Gegend bedingen das Vorhandensein zahlreicher Sägemühlen und Stärkefabriken, die sich in den umliegenden Ortschaften finden.

In nördlicher Richtung hin erstreckt sich unmittelbar von Ziesar bis nach Genthin in stundenweiter Ausdehnung das sogenannte Fienerbruch, das s. Z. durch die landesväterliche Fürsorge Friedrichs des Großen trocken gelegt wurde, wodurch Tausende von Morgen fruchtbarster Wiesen geschaffen worden sind. An diesen partizipieren die einzelnen um den Fiener herum gelegenen Ortschaften, in denen eine ganz vorzügliche Pferde- und Rindviehzucht betrieben wird. Auch der Fienerdamm, eine in früherer Zeit für Ziesar sehr wichtige Verkehrsstraße, ist dem genannten König zu verdanken. Vor der Zeit der Erbauung der Eisenbahnen bildete Ziesar nämlich eine Hauptstation an der großen Heeresstraße Berlin-Magdeburg, und alljährlich kam Friedrich der Große bei seinen Truppeninspektionsreisen nach Magdeburg auf dem Hin- und Rückwege durch Ziesar und hatte hier sein Absteigequartier. Er ließ sich eigens zu diesem Zwecke hierselbst ein Haus erbauen, welches er aber niemals benutzt haben soll, weil er bei dem Bau durch den Maurermeister zu sehr übervorteilt worden war.

Nach einer photograph. Aufnahme von O. Berg-Ziesar.

Ziesar.

Ziesar selbst ist sehr alten Ursprungs, und seine Geschichte hängt mit der der jetzt zur Stadt gehörigen Burg sehr innig zusammen. Schon in der Stiftungsurkunde des Bistums Brandenburg vom 1. Oktober 949, welches Kaiser Otto I zur Bekehrung der unterjochten heidnischen Wenden gründete, wird es erwähnt, und laut derselben wurde das ganze Burggebiet Ziesar nebst dem von Pritzerbe dem neuerrichteten Bischofssitze als Pfründe zuerteilt. Die brandenburgischen Bischöfe erwählten sich in der Folgezeit Ziesar nicht allein als ihre Sommerresidenz, sondern die meisten auch zu ihrem ständigen Lieblingsaufenthaltsorte, da sie sich in dieser entlegenen Gegend hinter den wohlgefestigten Mauern der hiesigen Burg ihres Lebens weit sicherer fühlten als in ihrem eigentlichen Bischofssitze an der Havel unter dem erbitterten Wendenvolke. Aber wohl auch aus einem anderen Grunde gaben sie dem Aufenthalte zu Ziesar den Vorzug vor dem in ihrer eigentlichen Residenz zu Brandenburg. Die wenigsten Bischöfe hatten nämlich Gefallen an der Befolgung der strengen mönchischen Ordensregeln, wozu sie als Prämonstratenser verpflichtet waren, sondern sie liebten ein beschauliches und bequemes Leben, das sie sich aber in der Nähe ihrer Kathedrale und ihres Domkapitels nicht gestatten konnten. Nur bei sehr wichtigen Amtsangelegenheiten begaben sie sich dorthin, sonst lebten sie beständig zu Ziesar. Obwohl die hiesige Burg schon von jeher stark befestigt war, so ließen sich die Bischöfe die weitere Befestigung derselben mit allen möglichen Mitteln doch sehr angelegen sein und verwandelten schließlich auch die Stadt selbst durch Gräben, Wälle und vier starke Thore zu einem befestigten Orte. In der fehdereichen Zeit des Mittelalters war Ziesar als kleine Grenzfeste der Mark Brandenburg gegen das Erzbistum Magdeburg hin für die Landesverteidigung von ziemlicher Bedeutung.

Nach einer photograph. Aufnahme von O. Berg-Ziesar.

Die Burg zu Ziesar.

Es diente als Stapelplatz für die Waffenvorräte und Kriegsapparate, an denen es auch einem geistlichen Herrn damaliger Zeit nicht fehlen durfte, und gar häufig versammelten sich hier die ritterschaftlichen Mannen, die bischöflichen Kriegs- und Lehnsleute entweder auf Ruf ihres Bischofs oder ihres weltlichen Landesherrn, um sich feindlicher Angriffe zu erwehren oder dieselben von hier aus zu erwidern. So hielt es gegen d. J. 1290 der Markgraf Otto mit dem Pfeile besetzt und lieferte hierselbst seinem Vetter, dem Markgrafen Heinrich dem Langen, eine Schlacht, in welcher der schlesische Herzog Bolko, der dem letzteren, seinem Schwager, zur Hilfe gekommen war, geschlagen wurde. Die Bürger Ziesars hielten es allezeit mit ihrem Bischof, kämpften in den Reihen der rittermäßigen Kriegsmannen tapfer mit und brachten gar häufig von ihren Streif- und Raubzügen nach der Magdeburger

Gegend, mit deren Bewohnern sie fast in beständiger Fehde lebten, allerlei Beute an Viehherden, Getreide und Gerätschaften heim. Freilich wurde auch von den Magdeburgern wiederum fleißig auf die Einwohner Ziesars und deren Eigentum gefahndet. Zu erwähnen ist noch, daß die starkbefestigte Burg Ziesar zu Anfang des 15. Jahrhunderts, als Burggraf Friedrich von Nürnberg mit aller Strenge gegen den widerspenstigen Adel zu Felde zog, längere Zeit für den edlen Herrn E. G. zu Putlitz, den Hauptführer dieser bekannten Adelspartei, als sicheres Gefängnis gedient hat; denn der Bischof von Brandenburg stand in diesem Kampfe auf Seiten des neuernannten Landesherrn und war mit diesem sehr befreundet. Die

Nach einer photograph. Aufnahme von O. Berg-Ziesar.

Altarrelief in der Schloßkirche zu Ziesar.

Burg Ziesar ist erst in neuerer Zeit in Privatbesitz übergegangen, während die dazu gehörige Schloßkirche noch fiskalisch ist. Dieselbe hat geraume Zeit als reformierte Kirche gedient, wird aber gegenwärtig gar nicht mehr benutzt. In ihrem Innern birgt sie sehr charakteristische und verhältnismäßig kunstvoll ausgeführte bunte Wand- und Deckenmalerei, sowie ganz eigenartige Reliefs und ist darum heute noch sehenswürdig.

In früheren Zeiten besaß Ziesar ein Cistercienser Nonnenkloster, vorübergehend auch ein Franziskaner Mönchskloster, das man aber bald von hier nach Brandenburg verlegte. Ersteres wurde mit der Einführung der Reformation aufgehoben, und seine Gebäude dienen heute noch zu Schul- und Wohnungszwecken.

In gewerblicher Beziehung ist Ziesar niemals von hervorragender Bedeutung gewesen. Merkwürdigerweise war das Brauereigewerbe hier sehr stark vertreten.

Die sogenannte „Braugerechtsame" ruhte auf nicht weniger als 46 Häusern, welche die umliegenden Ortschaften des Burggebietes mit dem nötigen Bier zu versehen hatten, und von manchem altertümlichen Hause hört man heute noch sagen, daß es früher eine Brauerei gewesen sei. Auch Schuhmacher und Schneider scheint es damals schon in reichlicher Menge gegeben zu haben, welche sich einer besonderen Protektion des Bischofs erfreuten und ihre eigenen, vom Bischofe sanktionierten Privilegien besaßen, die zuletzt im Jahre 1555 erneuert wurden, weil die alten durch einen Brand vernichtet worden waren.

Obgleich Ziesar in meilenweitem Umkreise die einzige Stadt und von zahlreichen Ortschaften umgeben ist, für die es von jeher die Geschäftscentrale gebildet, hat es auch in neuerer Zeit weder an Umfang noch Bedeutung gewinnen können und zwar wohl aus dem sehr einfachen Grunde, weil es bisher jeder größeren, modernen Verkehrsverbindung sehr fern gelegen und größere städtische Nahrungsquellen nie besessen hat. Es trägt daher heute immer noch ein kleinstädtisches Gepräge, präsentiert sich aber jedem fremden, vorurteilsfreien Besucher als ein äußerst sauberes, freundliches und wohlverwaltetes Städtchen.

Unter den heutigen Gewerben hat sich hier wie in dem benachbarten Görzke seit den bekannten Gründerjahren die Töpferei ganz besonders entfaltet und zu einer Spezialindustrie herausgebildet. Wie aus einem alten, noch vorhandenen Siegel zu ersehen ist, ist dieselbe hierselbst schon seit Jahrhunderten betrieben worden. Für manchen, der der Sache fernsteht und keine Gelegenheit hat, die Herstellungsweise der überall bekannten braunglasierten Töpferware aus eigener Anschauung kennen zu lernen, dürfte eine Beschreibung des Verfahrens von Interesse sein. Zur Herstellung dieses Geschirres, als Töpfen, Schüsseln u. dergl., verwendet man zweierlei Sorten Thon, wovon man die eine, die magere, hier in nächster Nähe findet, die fette dagegen von weither, von Straach bei Wittenberg oder Belgern a. d. Elbe, beziehen muß. Nachdem die beiden Thonsorten in sachkundiger Weise miteinander vermischt und genügend eingeweicht worden sind, werden sie durch ein Walzwerk mit Motorbetrieb gemahlen; man will dadurch eine vollständig gleichmäßige Mischung und Geschmeidigkeit der Thonmasse erzielen. Früher mußte dieses durch mehrmaliges, mühsames Kneten mit Händen und Füßen bewirkt werden. Der so sorgfältig vorbereitete Thon wird nun zu mehr oder weniger großen Klößen geballt, je nachdem, was für Gegenstände aus ihnen angefertigt werden sollen.

Vielfach ist die Ansicht verbreitet, daß das Braungeschirr in besonders modellierten Formen hergestellt werde. Das ist nicht der Fall, sondern es wird sämtlich vom Töpfer aus freier Hand auf einer Drehscheibe gedreht, genau noch in derselben Weise, wie schon vor Jahrhunderten die alten Völker ihre Urnen u. dergl. Gerätschaften hergestellt haben. Durch Maschinenbetrieb ist dies bis jetzt noch nicht gelungen, da die Drehscheibe bei der Arbeit bald schneller, bald langsamer gedreht werden muß. Die Drehscheibe ist eine einfache Vorrichtung, bestehend aus einer senkrecht stehenden eisernen Spindel, welche unten in einer Stahlpfanne läuft. In entsprechender Höhe ist an der Spindel ein horizontales Fußblatt befestigt, welches aus einer runden, eichenen Holzplatte von etwa 10 cm Stärke und 80 cm Durchmesser besteht. Oben auf der Spindel befindet sich der Scheibenkopf, d. i. ebenfalls eine runde, eichene Holzplatte von gleicher Stärke und 30 bis 35 cm Durchmesser. Soll z. B. ein Topf angefertigt werden, so wird ein entsprechend großer Thonkloß auf die Mitte des Scheibenkopfes mit den Händen fest aufgeschlagen, die Drehscheibe mit den Füßen in horizontal kreisende Bewegung gesetzt, in die Mitte des Kloßes mittels des Daumens eine Vertiefung eingedrückt und von hier aus allmählich die Thonmasse in die Weite und Höhe zu der gewünschten Form gezogen, indem die linke Hand stets an der inneren und die rechte an der äußeren Wandung des Gefäßes arbeitet. Zuletzt wird mittels kleiner Handschienen aus Messing oder Holz die Wandung in- und auswendig vollständig ausgeglättet. Höchst interessant ist es, den Töpfer an seiner Drehscheibe sitzen und mit Händen und Füßen arbeiten zu sehen, wie sich unter seinen fachgewandten Händen die geschmeidige Thonmasse allmählich zu der gewünschten Form gestaltet. Es erfordert diese Arbeit sehr viel Geschick und Gewandtheit, und nicht jeder, der diesen Beruf erlernt, wird ein brauchbarer und gewandter Scheibenarbeiter. Ist der Gegenstand auf der Drehscheibe fertig gedreht, so wird er unten an der Bodenfläche vom Scheibenkopfe mit einem Messingdraht abgeschnitten und auf ein Brett zum Trocknen gesetzt. Bereits am folgenden Tage sind die Gegenstände von der Stubenwärme oder draußen von der Luft so hart getrocknet, daß sie das Anfassen aushalten und die Töpfe, Kannen oder Flaschen mit Henkeln versehen werden können. Sind auch diese genügend hart getrocknet, so wird das Geschirr mit einer Glasur überzogen oder begossen. Die braune Glasur besteht aus weiter nichts als aus zwei geeigneten Lehmarten, die man hier in der Nähe findet, und wovon die eine die Grundfarbe und die andere die Glätte durchs Brennen erzeugt. Der Lehm wird fast zu gleichen Teilen vermengt, genügend mit Wasser verdünnt und muß aufs sorgfältigste ausgeschlämmt werden. Sobald das glasierte Geschirr wieder vollständig lufttrocken geworden ist, beginnt das Brennen. Dieses geschieht in besonderen, aus Thon oder Kaolinsteinen gebauten, sogenannten Kasseler Öfen, deren je 2 bis 4 Stück wie Kammern hintereinander liegen und auf einmal, wie die Ziegeleiringöfen, gebrannt werden, nachdem sie in sachverständiger Weise mit trockenem Geschirr von vorn bis hinten und oben heran vollgesetzt und ihre Eingänge mit Thonsteinen, welche mit Lehm verstrichen, verschlossen worden sind. Das Brennen muß ganz allmählich begonnen und von Stunde zu Stunde gesteigert werden, bis das Geschirr vollständig durch und durch weißglühend ist. Dann werden alle Feuerungsöffnungen ebenfalls mit Thonsteinen und Lehm luftdicht verschlossen. Die Dauer des Brennens ist verschieden und richtet sich nach der Zugstärke des Fabrikschornsteines. Um drei hintereinander liegende Öfen zu brennen, braucht man 20 bis 24 Stunden und durchschnittlich 10 rm Kiefernholz. Solches kann überhaupt nur zum Brennen der Thonwaren verwendet werden, da hierzu zwar eine große, helle Flamme erforderlich ist, die aber nicht sogleich eine so intensive Hitze von sich giebt wie die Kohle und der Torf. Schon am folgenden Tage wird der erste der gebrannten Öfen wieder angelüftet, und nachdem sie noch 24 Stunden zum Verkühlen stehen geblieben sind, werden sie entleert, was in anbetracht der noch vorhandenen großen Hitze, die man zum Trocknen der frisch gearbeiteten Ware verwendet, keine leichte Arbeit ist. Um den Betrieb ungestört fortsetzen zu können, besitzt jede größere Thonwarenfabrik 6 bis 8 Öfen, von denen je drei und drei oder vier und vier auf zwei Seiten im Brennhause liegen und mit ihren Zügen nach einem gemeinsamen, 25 bis 30 m hohen Fabrikschornsteine führen. Daß zu diesen Öfen nur Thon- und keine Mauer- oder Ziegelsteine verwendet werden, hat seinen Grund darin, weil diese die große Gluthitze, welche die Töpferware beim Brennen erfordert, gar nicht aushalten und sofort zerschmelzen würden.

Der jährliche Gesamtbedarf der sieben hiesigen Thonwarenfabriken wird auf 7000 bis 7500 rm Holz, 20- bis 25000 Ctr. Thon, und der Jahresumsatz auf 120- bis 150000 Mark geschätzt.

F. Sobbe-Ziesar.

Die Kaiser- und Hohenzollernstadt Tangermünde.

Am steil abfallenden Rande einer Hochebene liegt hoch über dem Elbstrome, wo der Tanger mündet, die geschichtlich bedeutendste Stadt der Altmark, Tangermünde. Wegen ihrer herrlichen Lage und ihrer kostbaren Bau- und Kunstdenkmäler „das norddeutsche Rothenburg“ genannt, ist die Stadt das Ziel vieler Künstler und Kunstfreunde, Geschichts- und Altertumsforscher, die alljährlich in steigender Anzahl sie aufsuchen, um den Spuren nachzugehen, welche eine mehr als tausendjährige Entwicklung unter und über der Erde hier zurückgelassen hat. Uralter Kulturboden ist die ganze Gegend. In der sogenannten neolithischen Periode oder jüngeren Steinzeit wurde nach der neuesten vorgeschichtlichen Forschung die Altmark zuerst von Menschen besiedelt. Aus der älteren Zeit finden sich nur fossile Tier- und Pflanzenreste. Dicht vor den Thoren der Stadt ziehen sich die berühmten vorgeschichtlichen Leichenfelder und Urnengräber hin, deren Funde von der jüngeren Steinzeit an in ununterbrochener Reihe durch mehrere Jahrtausende bis in die geschichtlichen Zeiten führen und den Beweis liefern, daß hier eine dichte Bevölkerung der Ureinwohner, der Germanen und der Wenden gesessen hat.

Der Ursprung der jetzigen Stadt freilich liegt im Dunkel. Man nimmt an, daß der deutsche König Heinrich I auf dem höchsten Punkte der Umgebung die Burg Tangramido oder Tongeremuthi als Grenzfeste gegen das Wendenland gegründet hat, auf einer Stätte, die schon von den Wenden und vielleicht von den Germanen und von den Ureinwohnern befestigt war. Unter dem Schutze der Burg hat sich eine deutsche Niederlassung, welche die älteste Missionskirche der Altmark, die St. Stephanskirche, damals noch ein schlichtes Holzbauwerk, umgab, zur Stadt entwickelt. Die Reste der unterworfenen Wendenbevölkerung erhielten sich als Hörige der Burg in einer Vorstadt, die wegen einer Abgabe von Hühnern „das Hühnerdorf“ genannt wurde und in dem uralten wendischen Fischerdorfe Calbau, das heute mit falscher Beziehung auf Kaiser Karl IV Karlbau genannt wird.

In das helle Licht der Geschichte tritt Tangermünde erst unter der glorreichen Regierung Albrechts des Bären. Es war der Hauptort des Gaues Belxem, später Balsamgau genannt, der den südöstlichen Teil der Altmark umfaßte und in kirchlicher Beziehung zum Bistum Halberstadt gehörte. Während Stendal noch ein Dorf war, das Albrecht erst zur Stadt erhob durch Verleihung der Marktgerechtigkeit, galt Tangermünde schon als eine alte Stadt, welche wegen des hier vorhandenen Elbzollamtes für den Handel und die Elbschiffahrt eine große Bedeutung hatte. Unter dem Sohne Albrechts, dem Markgrafen Otto I, erhielt die durch flämische Kolonisten vergrößerte Stadt ihre zweite Pfarrkirche, St. Nikolai. Das schlichte romanische Gotteshaus, das älteste Gebäude der Stadt, ist noch vorhanden, wird aber nicht mehr zum Gottesdienst benutzt. In dieser Kirche hing jahrhundertelang das uralte Wahrzeichen der Stadt, „die Jungfer Lorenz“. Es ist eine kleine Holzbildsäule einer weiblichen Heiligen, auf einem mächtigen Hirschgeweih stehend. Die Sage berichtet darüber: Eine vornehme, reiche Bürgerstochter, Jungfrau Lorenz, hatte sich eines Tages in dem großen Tangerwalde, der in alter Zeit meilenweit die Stadt umgab, verirrt. Ein Hirsch trug die ermattete Jungfrau auf seinem Rücken in die Stadt zurück bis vor die Pforte der St. Nikolaikirche. Die Gerettete schenkte aus Dankbarkeit der Kirche und der Stadt ihren Grundbesitz, das Lorenzfeld. Das Wahrzeichen hängt heute in der St. Stephanskirche; das Modell eines herrlichen Kunstwerkes von Rauch, die Jungfer Lorenz auf dem Hirsche reitend, wird auf dem Rathause verwahrt.

Ottos Sohn, der fromme Graf Heinrich von Gardelegen, der auch den Stendaler Dom gegründet hat, erbaute in schönen romanischen Formen aus Backsteinen die St. Stephanskirche. Unter den askanischen Markgrafen wurde die Burg zur stärksten Feste der brandenburgischen Marken ausgebaut, hier wurde der Schatz verwahrt und hervorragende Kriegsgefangene wurden in Haft gehalten. Der berühmte Markgraf Otto IV mit dem Pfeil, der Minnesänger, residierte hier. Mit dem in der Sakristei der Kirche verwahrten Schatze wurde er durch seine Gemahlin Heilwig oder Hedwig und den treuen Ritter Johann von Buch aus der schmachvollen Gefangenschaft der Magdeburger erlöst, in die er durch die unglückliche Schlacht bei Frohse geraten war. Die Sage erzählt, als Otto das Lösegeld in Magdeburg bezahlt hatte, fragte er den Erzbischof: „Herr Bischof, bin ich los?“ und als das bejaht war, sprach er: „Ihr könnt keinen Markgrafen schätzen, ihr hättet mich auf ein Roß setzen und mir die Lanze aufrecht in die Hand geben sollen; dann hättet ihr so viel Silber verlangen sollen, daß Roß und Reiter bedeckt waren, so daß auch nicht die Lanzenspitze hervorsah, dann hättet ihr mich richtig geschätzt!“ Darauf ritt er lachend von dannen.

Häufig weilte in Tangermünde auch der große Waldemar. An einem Pfingstfeste feierte er hier seine Hochzeit und führte seine beiden Feinde, den Markgrafen Friedrich von Meißen „mit der gebissenen Wange“ und dessen Sohn Friedrich „den Ernsthaften“ hier ein. Waldemars Gemahlin Agnes, die Urenkelin des Kaisers Rudolf von Habsburg, vermählte sich nach dem Tode ihres Gemahls mit dem Herzog Otto von Braunschweig, hielt aber in Tangermünde Hof und ist auch hier gestorben, aber im Dom zu Braunschweig beigesetzt. In den folgenden Kämpfen der bayerischen Markgrafen mit dem falschen Waldemar, mit Sachsen und Magdeburg, spielte die Burg eine hervorragende Rolle. Die Stadt, deren Wohlhabenheit sich unter den askanischen Fürsten bedeutend gehoben hatte, suchte in den schweren Zeitläuften Halt durch Verbindung mit der Hansa, der auch die meisten anderen Städte der Altmark angehörten.

Die Zeit des höchsten Glanzes brach für Tangermünde an, als Kaiser Karl IV am 7. September 1373 seinen Einzug hielt. Es ist bekannt, wie er die Stadt zur Metropole der nördlichen Länder seines Reiches ersehen hatte. Als eifriger und kunstsinniger Bauherr schmückte er die Stadt mit hervorragenden Bauten. So erbaute er die riesige Futtermauer der Burg auf der Elbseite, den gewaltigen Bergfried, der unter dem Namen „Kapitelturm“ noch heute auf der höchsten Stelle steht, die Burg selbst ließ er zu einem prächtigen Schlosse umbauen und errichtete zu Ehren Johannes des Täufers und Johannes des Evangelisten die Schloßkapelle, deren Wände mit böhmischen Edelsteinen ausgeschmückt waren, und die mit den kostbarsten Reliquien und Kunstwerken ausgestattet war. Den von der Markgräfin Agnes begonnenen großartigen Umbau der St. Stephanskirche im gotischen Stil führte er fort und verband sie mit dem von ihm gestifteten Domkapitel. Auf einer glänzenden Versammlung von Reichsfürsten und Prälaten wurde die Erbeinigung Böhmens mit der Mark bestätigt. Manche Jahre residierte der Kaiser hier mit seiner durch ihre körperliche Stärke berühmten Gemahlin Elisabeth und seinen Kindern. Die späteren Kaiser Wenzel und Sigismund haben hier glückliche Jugendtage verlebt. Mit großem Behagen erzählen die alten Chroniken von der Vorliebe des großen Kaisers für die Stadt und ihre Bürger, an deren Festen er leutselig teilnahm. Noch heute leben in der Bevölkerung Sagen, die an den Kaiser erinnern, und ein auf sein „fahles Pferd“ bezügliches Trinklied hat sich erhalten. Es lautet:

De Kaiser Karolus de harr en Pärd,
Dat was 'ne fahle Stute,
Uß enem Oge da sach se nich recht,
Dat annere was rein ute.
Rein ute, rein ute, u. s. w.,

bis derjenige, dem der Rundgesang gilt, ausgetrunken und die Nagelprobe gemacht hat. Dann schließt der Chorus mit dem derben Endreim:

Da wischt he sik sine Snute!

Leider fand die schöne Zeit bald ein Ende. Nach Karls Tode kam die Altmark an seinen Sohn Sigismund, der damals erst 10 Jahr alt war. Als dieser später die Mark an seine Vettern Jobst und Procop von Mähren verpfändete, begann eine Mißregierung ohnegleichen. Endlich wendeten sich die hervorragendsten Männer der Altmark an Sigismund, der inzwischen Kaiser geworden war, mit der dringenden Bitte um Hilfe. Dieser ernannte den Burggrafen Friedrich VI von Nürnberg aus dem Hause Hohenzollern zum „rechten Obersten und Verweser der Mark“.

Am 11. November des Jahres 1412 ritt der erste Hohenzoller in die Kaiserburg zu Tangermünde ein. Im Februar des folgenden Jahres folgte ihm dahin seine Gemahlin Elisabeth von Bayern, vom Volke „die schöne Else“ genannt; sie kam von München mit ihren Töchtern, wie eine alte Chronik schreibt, „mit fürstlicher Zier und Pracht“. Während ihr Gemahl seine Streifzüge unternahm, um den widerspenstigen Adel zu unterwerfen, namentlich die Quitzows und ihren Anhang, wobei das große Geschütz „die faule Grete“ eine hervorragende Rolle spielte, blieb Elisabeth mit ihren Kindern auf dem Schlosse zu Tangermünde; hier wurden auch ihre beiden Söhne, die nachmaligen Kurfürsten Friedrich und Albrecht geboren. Das Schloß wurde eine Stätte traulichen Familienlebens. Eine Reihe froher Feste wurde hier gefeiert, so die Verlobungen und Hochzeiten der Kurprinzessinnen Cäcilia, Margarethe und Magdalena. Tangermünde galt als Residenz und Hauptstadt der ganzen Mark Brandenburg. Auf dem Schlosse waren die Schatzkammer und das Hausarchiv, und auf dem Platze vor der Schloßbrücke wurde seit uralter Zeit das höchste Gericht gehalten, denn hier war, wie der Sachsenspiegel schreibt, „die höchste Dingstatt, das ist an des Reichskämmerers Kammer, das ist zu Tangermünde.“

Neustädter Thor.

Auch Friedrichs I Sohn und Nachfolger Kurfürst Friedrich II, wegen seiner unbeugsamen Energie „der Eiserne“ oder „der Eisenzahn“ genannt, wohnte auf dem Schlosse. Ein junger Sohn Erasmus starb hier und wurde in der Schloßkapelle beigesetzt. Der Kurfürst erbaute auf dem oberen Schloßhofe die noch vorhandene geräumige Schloßkanzlei. Später trat er die Regierung seinem Bruder Friedrich dem Jüngeren, wegen seiner Körperfülle der „Fette oder Feiste“ genannt, ab. Auch dieser wohnte mit seiner Gemahlin Agnes auf dem Tangermünder Schlosse. Er starb auch hier, wurde aber in der Kapelle des Schlosses zu Arneburg, wo er ein

Domkapitel gegründet hatte, begraben. Während des Dreißigjährigen Krieges wurde seine Gruft von kaiserlichen Soldaten erbrochen und geplündert.

Friedrichs II Nachfolger, Albrecht Achilles, der schönste und tapferste Mann seines Zeitalters, das Ideal der deutschen Ritterschaft, der Sieger in zahlreichen Schlachten, ein Mann der feinsten höfischen Sitte und von gelehrter Bildung, hatte zur Altmark keine besondere Zuneigung. In den Friedenszeiten unter den ersten Hohenzollern waren die altmärkischen Städte zu großer Macht und großem Reichtum gelangt; in ihrer stolzen selbständigen Stellung wollten sie sich den Anordnungen des Kurfürsten nicht fügen. Der Einführung eines Zolles widersetzten sie sich, die Bürger von Tangermünde schossen von der Stadtmauer auf das kurfürstliche Hof

Die Burg Tangermünde.

gesinde, und sie beabsichtigten, ein großes Geschütz auf den hohen St. Stephansturm zu bringen, um das Schloß in Trümmer zu schießen. Albrecht Achilles war nicht der Mann, solchen Widerstand zu dulden. Er kam nach der Altmark, unterwarf die trotzigen Städte und erbaute zum Schutze seines Schlosses nach der Stadtseite, neben dem Eingangsthor einen gewaltigen Turm, dessen Mauern die ungeheure Stärke von über 4 m haben. Als Albrecht nach seinem Lieblingslande Franken zurückkehrte, ließ er seinen Sohn Johann als Statthalter in Tangermünde zurück. Obwohl dieser mit der größten Milde den altmärkischen Städten begegnete, ließ doch die gereizte Stimmung nicht nach. Dieses feindselige Verhalten veranlaßte den Kurfürsten Johann Cicero, seine Residenz völlig nach Köln an der Spree zu verlegen, wo Friedrich II schon ein Schloß erbaut und zeitweilig residiert hatte. Seit jener Zeit nahm die Doppelstadt Köln-Berlin, welche bis dahin gegen Stendal und andere altmärkische Städte nur unbedeutend gewesen war, einen großen Aufschwung.

Und als der große Aufstand wegen Einführung der „Bierziese“, einer Biersteuer, ausbrach, wurden die altmärkischen Städte mit Gewalt unterworfen, die Rädelsführer wurden hingerichtet, die städtischen Freiheiten aufgehoben, die Macht und Selbständigkeit der altmärkischen Städte für immer gebrochen. Ein neuerer Forscher bemerkt mit Recht, daß dieses widerspenstige Verhalten gegen die Staatsgewalt den altmärkischen Städten und ganz besonders der Stadt Tangermünde den größten Schaden gebracht hat, — andernfalls wäre heute nicht Berlin, sondern Tangermünde die Hauptstadt des Deutschen Reiches.

Die Zeit der ersten hohenzollernschen Kurfürsten war für Tangermünde eine Periode der regsten Bauthätigkeit. Unter Friedrich I wurde das Neustädter Thor erbaut, eine der schönsten deutschen Thorburgen, durch kaiserliche Huld neuerdings wieder hergestellt und mit Wappen geschmückt. Auch das Rathaus, eine der schönsten Backsteinbauten der Welt, entstand in dieser Zeit und wurde fünfzig Jahre später erweitert. Unter Markgraf Friedrich dem Jüngeren wurde die St. Elisabethkirche erbaut, welche heute im Besitz der katholischen Gemeinde ist. Der Markgraf selbst gründete das Dominikanerkloster und erbaute die prachtvolle Allerheiligenkirche, von der leider nur noch Ruinen vorhanden sind. Auch das von ihm gestiftete Domkapitel zur Klause St. Mariä vor der Stadt ist mit seiner weitberühmten Wallfahrtskapelle spurlos verschwunden. Hatte Albrecht Achilles die Burg verstärkt, so schützten auch die Bürger ihre Stadt durch stärkere Befestigungen und erbauten die schöne Roßpforte oder das Elbthor, das Hühnerdorfer Thor, die seltsamen Putinnen und mehrere Mauertürme. Die St. Stephanskirche wurde durch Erbauung des hohen Chores und des stolzen Turmes vollendet. So bietet Tangermünde heute eine solche Fülle hervorragender Bauten, wie keine andere norddeutsche Stadt von gleicher Größe.

Das Rathaus in Tangermünde.

Trotz der Verlegung der Residenz nach Berlin blieb Tangermünde noch in enger Beziehung zu den Landesfürsten. Der Kurfürst Joachim I weilte oft längere Zeit hier. Sein Sohn Johann, später „Ökonomus“ oder „von Küstrin“ genannt, wurde auf dem Schlosse geboren. Auch Joachim II weilte als Kurprinz hier; seine erste Gemahlin Magdalena von Sachsen und das Söhnchen Paul starben hier und wurden in der Schloßkapelle beigesetzt. Später wurden die Särge nach dem von Joachim II errichteten Erbbegräbnis im Berliner Domstift übergeführt. Hart=

näckig hält die Sage daran fest, daß auf der Stätte der alten Schloßkapelle noch ein silberner Sarg vergraben sei.

Trotz der verminderten politischen Bedeutung nahm jedoch die Stadt an Reichtum zu. Die Reformation wurde durch die Bemühungen des Landrichters Hieronymus Staude, der ein Freund Melanchthons war, schon ein Jahr vor dem Übertritt des Kurfürsten eingeführt.

Im Jahre 1617 traf die Stadt ein entsetzliches Unglück durch den großen Brand, der 486 Wohnhäuser und 52 volle Scheunen nebst zahlreichen Hintergebäuden einäscherte. Auch die St. Stephanskirche brannte aus, und der gewaltige Turm stürzte zusammen. Der Verdacht der Brandstiftung fiel auf die Patriziertochter Grete Minde und einige andere Personen. Es wurde ihnen der Prozeß gemacht, der mit Hinrichtung der Beschuldigten durch „Schmöchen" endete. Die interessanten Akten sind noch auf dem Rathause vorhanden. Der Wiederaufbau der Stadt erfolgte zwar bald, aber die neu hereinbrechenden Drangsale des Dreißigjährigen Krieges brachten die Stadt an den Rand des Verderbens. Zuerst hielten die Dänen hier ein längeres Standlager, dann hielt der Herzog Georg von Lüneburg die Stadt besetzt. Darauf war sie in den Händen der Kaiserlichen, bis die Schweden sie im Sturm eroberten, dann war sie abwechselnd Gustav Adolfs, Tillys und Pappenheims Hauptquartier. Im Jahre 1640 wurde das Schloß von den Schweden belagert, genommen und nach völliger Plünderung niedergebrannt. Bis zur Beendigung des großen Krieges hatte Tangermünde noch viel zu leiden. Als der Friede geschlossen war, gab es nur noch 228 bewohnbare Häuser. Die Stadt war vierzehnmal Hauptquartier hervorragender Feldherrn gewesen, siebenmal erobert und einmal vollständig geplündert. Die Burg blieb sechzig Jahre in Trümmern, dann begann der Kurfürst Friedrich III den Bau des Amtshauses auf der Stelle des alten Kaiserschlosses.

Das Hühnerdorferthor in Tangermünde.

Vom Siebenjährigen Kriege wurde die Stadt nicht berührt, hatte aber schwer zu leiden in den französischen Kriegen. Zuerst hatte Marschall Soult hier sein Hauptquartier, die Burgdomäne wurde Dotation des Marschalls Augereau, Herzogs von Castiglione. An der Erhebung Preußens gegen die Fremdherrschaft hat sich die Bürgerschaft eifrig beteiligt.

In neuester Zeit hat, wie die ganze Altmark, so auch Tangermünde einen un=

geahnten Aufschwung genommen. Großartige industrielle Unternehmungen sind entstanden und blühen, darunter besonders die Zuckerraffinerien, die zu den bedeutendsten der Welt gehören. Außerordentlich rege ist der Schiffahrtsverkehr auf der Elbe, und für den Handel mit böhmischen Braunkohlen ist hier der Hauptstapelplatz für die ganze Altmark. Durch die aus eigenen Mitteln hergestellte Eisenbahnverbindung mit dem Knotenpunkte Stendal und den Ausbau eines geräumigen Winterhafens für die Elbschiffe sind die Bedingungen einer günstigen Weiterentwicklung gegeben. So darf die betriebsame Bürgerschaft hoffen, daß die Stadt ihre frühere Bedeutung wiedergewinnt.

Pastor W. Zahn-Tangermünde.

Stendals Bauwerke.

Unter den Backsteinbauten des nördlichen Deutschlands nehmen diejenigen der Altmark eine hervorragende Stelle ein. Die Wiege des preußischen Staates ist mit aller Wahrscheinlichkeit der Ausgangspunkt für die Verbreitung des Backsteinbaues über den Nordosten Deutschlands gewesen. Die kolonisierende Thätigkeit des ersten askanischen Markgrafen ist die Veranlassung, daß niederländische Baukunst in unserm Vaterlande Einzug hielt. Neben der Kunst, Sümpfe zu entwässern und Dämme und Deiche gegen Wassersgefahr zu ziehen, brachten die seit 1146 durch Albrecht den Bären und den Bischof Anselm von Havelberg ins Land gerufenen Niederländer auch die Kunst des Backsteinbaues mit. Den nach Jerichow ziehenden Brüdern des Klosters „Unsrer lieben Frauen“ in Magdeburg liehen die Eingewanderten zuerst ihre Kunst, und aus gemeinsamem Bemühen entstand die Klosterkirche zu Jerichow als das Urbild aller Bauten dieser Art im nordöstlichen Deutschland. Jerichower Mönche trugen die neugelernte Kunst auch nach Stendal, das wie keine Stadt der Altmark reich ist an wohlerhaltenen Backsteinbauten.

Zuerst waren es natürlicherweise Kirchen und Klostergebäude, an welchen die neugewonnene Kunst geübt wurde. Die älteste der Stendaler Backsteinkirchen ist unstreitig die am nördlichen Ende der Breitenstraße stehende Jakobikirche. Einzelne Teile der heutigen Kirche sind noch Reste eines 1150—60 ausgeführten Baues.

Wie fast alle Kirchen hat auch diese im Laufe der Jahrhunderte bauliche Veränderungen erfahren müssen. In unseren Tagen ist man damit beschäftigt, dem Gotteshause den Schmuck eines imposanten Turmes zu geben, nachdem seit Einsturz des alten im Jahre 1808 diese Zierde der Westfront fehlte. Ist die Jakobikirche der älteste, so ist der Dom der herrlichste Backsteinbau nicht nur Stendals, sondern auch der Altmark. „Er muß wegen der Klarheit seiner Plananlage, der Schönheit seiner

Der Dom zu Stendal (Nordfront).

Verhältnisse im ganzen wie im einzelnen mit Recht als die reichste Schöpfung der kirchlichen Architektur des Spätmittelalters in Norddeutschland angesehen werden." (Adler.) Graf Heinrich von Gardelegen hatte 1188 das Domstift begründet. Der Bau der Stiftsgebäude und des Domes vollzog sich in den darauffolgenden Jahrhunderten, bis er durch den Anbau der Westfront mit den beiden Türmen in der Mitte des 13. Jahrhunderts seinen Abschluß fand. Der großartige Neubau des Domes begann in den zwanziger Jahren des 15. Jahrhunderts. Die Stürme kriegerischer Zeitläufte haben auch an dem herrlichen Gotteshause ihre Zerstörungsarbeit ausgeübt; aber noch ist das edle Bauwerk in allen seinen wesentlichen Teilen erhalten. „Hoch empor ragt der gewaltige dreischiffige Kreuzbau mit den hohen Spitzbogenfenstern, während die Seitenkapellen zwischen den Strebepfeilern dem Innern das Ansehen einer fünfschiffigen Kirche verleihen. Noch entzückt der Nordflügel des Querschiffes (siehe Bild), dessen breite Giebelfläche durch ein riesiges fünfteiliges Spitzbogenfenster unterbrochen ist, mit seinen elegant profilierten Giebelpfeilern und stufenartig emporsteigenden Zwischenwänden samt der reichgeteilten Rose nebst sonstigem Zierat, den der Backsteinbau verstattet, das Auge des Kenners wie des Laien, die bereitwillig diesen Teil als eine der edelsten und musterhaftesten Schöpfungen des Backsteinbaues anerkennen. Unter dem gewaltigen Fenster befindet sich der Haupteingang, bewacht von den Gestalten des heiligen Nikolaus und Bartholomäus. Noch ragt im Osten in fast schmucklosen, aber sehr reinen Verhältnissen der hohe Chor." (Götze.) Noch schließt die Westfront ab mit den beiden quadratischen Türmen, welche von hochragenden Spitzen gekrönt werden. Das Innere der Kirche enthält wenig hervorragende Kunstwerke. Unsere für altertümliche Kunst mehr empfängliche Zeit hat die ehemals in gesättigter Farbenpracht strahlende Glasmalerei der elf hohen Bogenfenster wieder in vorzüglicher Arbeit zum Teil erneuert. In den noch erhaltenen Kreuzgängen und dem Remter der ehemaligen Stiftsgebäude hat das altmärkische Museum eine gastliche Stätte gefunden.

Marienkirche mit Rathaus.

Dem Dom stellt sich würdig die Marienkirche an die Seite. Nicht unschwer überzeugt man sich, daß dieser auch das Vorbild für St. Marien gewesen ist. Wenig später als das Domkapitel den Umbau seines herrlichen Gotteshauses begann, suchte es ihm der Rat der damals reichsten Stadt der Mark gleichzuthun und errichtete die herrliche Marienkirche. „Der Grundriß zeigt eine dreischiffige gewölbte Hallenkirche, deren Seitenschiffe um den halbachteckig geschlossenen Chor herumgeführt und an allen Seiten durch niedrige, zwischen den Strebepfeilern hinausgebaute Nebenkapellen erweitert sind. Im Westen besitzt St. Maria in dem stattlichen, mit hohen Spitzen geschmückten Turmpaare die einzige wohlerhaltene Westfront unter den zahlreichen Pfarrkirchen der Altmark, und ein zierlicher Dachreiter über dem Chordache vervollständigt die einfach großartige Bauanlage." (Götze.) Die Ostseite der Kirche ist in eigentümlicher Weise mit Zinnen geschmückt.

Die mächtige Wandfläche der Südfassade zeigt hohe, drei- bis fünfteilige Spitzbogenfenster. An der Südostecke befindet sich am Zinnenkranze die hervorstehende Steinfigur eines Schafes, welche an eine liebliche Sage, die sich an die durch Geldmangel verzögerte Vollendung der Kirche anknüpft, erinnern soll. Tritt man durch den Eingang auf der Südseite in das hehre Gotteshaus, so kann man sich des erhabenen Gefühls nicht erwehren, welches die himmelanstrebenden Säulen, die das Hauptschiff von den Seitenschiffen trennen, in uns erzeugen. Erhöht wird dieser Eindruck noch dadurch, daß der dunkelrote Backstein nicht durch späteren Kalküberwurf verhüllt ist, sondern in der vollen, ernsten Majestät der alten Zeit das Innere auf uns wirken läßt. Ein hervorragendes Meisterwerk bildender Kunst des späteren Mittelalters ist das große Holzschnitzwerk des Hochaltars. „Im reichsten Farben- und Goldschmuck strahlt die große Zahl der Heiligenfiguren, welche auf dem mehrteiligen, auseinander zu faltenden Kunstwerke dargestellt sind, während von hoch oben, aus blauem Sternengrunde, das Bild der Jungfrau Maria herabschaut, zu deren Ehre dieser Hauptaltar geweiht war." Nicht so hervorragend wie diese hehren Baudenkmäler des Mittelalters sind die übrigen Gotteshäuser der Stadt: die Kirchen von St. Petri, St. Katharina und St. Annen; jedoch reihen sie sich in ihren verjüngten Maßen an die ersteren an. Dem Kenner mittelalterlicher Kunst bieten auch sie bei aufmerksamer Betrachtung hohen Genuß.

Das Ünglinger Thor.

Wenden wir uns nun zu den Profanbauten. Von einstiger Wehrhaftigkeit und Größe der Stadt erzählen zwei bedeutsame Zeugen Es sind dies zwei innere Thortürme, die als die glanzvollsten Reste mittelalterlicher Befestigung übrig geblieben sind. Auch sie nehmen unter den Backsteinbauten eine hervorragende Stelle ein. Ist doch das Ünglinger Thor ein Bau von solcher Vollendung, daß die berühmtesten Kenner ihm eine der höchsten Stufen unter den Backsteinbauten des ganzen norddeutschen Tieflandes angewiesen haben. Die Bauart des Thores verrät, daß der unbekannte Baumeister des Domes auch hier ein Meisterwerk, freilich für profane Zwecke, geschaffen hat. Die Zeit der Vollendung wird auf ungefähr 1440 festgesetzt. Der quadratische, aus Granit geschaffene Unterbau stammt aus dem Ende des 13. Jahrhunderts. Darauf erhebt sich der später entstandene Backsteinbau; die Gesamthöhe des Bauwerkes beträgt 30 m. Das eigentliche Thor ist 5 m hoch und hat eine reich profilierte Spitzbogenöffnung. „Über der Durchfahrt erheben sich zwei weitere quadratische Stockwerke, die einst der Besatzung zur Wohnung dienten. Sie schließen oberhalb mit einem reich gegliederten Zinnenkranze, während runde, zierlich gebildete Ecktürmchen, ebenfalls mit Zinnenkranz und massivem Kegeldach versehen, einen höchst wirksamen Abschluß gewähren. Hinter dem Zinnenkranze des quadratischen Unterbaues erhebt sich in zwei weiteren Stockwerken ein Rundturm, welcher oben wiederum mit einem Zinnenkranze als Brustwehr umgeben ist.“ (Götze.) Die hohen Wälle und die Stadtmauer schlossen sich dicht an das Thor an. Dem gesteigerten Verkehr der Gegenwart genügte die enge Thorfahrt nicht mehr, und der noch auf unsere Tage gekommene Wall mußte weichen, um einer erweiterten Passage Raum zu geben. Das freigelegte Thor bietet sich so noch prächtiger den Blicken dar.

Das Tangermünder Thor.

Nicht ganz so imposant ist das am Südende des Schadewachten emporragende Tangermünder Thor. Der älteste Teil aus dem 12. oder 13. Jahrhundert ist der viereckige, nach außen hin bis zu etwa 11 m Höhe in Granit ausgeführte Unterbau. Die hindurchführende schmale Durchfahrt ist von einem einfachen Tonnengewölbe halbkreisförmig überwölbt. Der obere Teil, das sogenannte Thorhaus, ist durchweg aus Backstein erbaut, wird von vier runden Ecktürmchen flankiert und ist mit doppelt übereinander ragendem Zinnenkranze gekrönt.

Jener baulustigen Zeit des späten Mittelalters, dem 15. Jahrhundert, gehört auch in seinen Hauptteilen das Rathaus an. Zwei Flügel, welche rechtwinklig zusammenstoßen, bilden dasselbe. Die frühere architektonische Schönheit verrät nur der von Norden nach Süden gerichtete Flügel, der in den letzten Jahren erst würdig restauriert worden ist. In ihm befinden sich das Gewand- und das Gerichtshaus. Vor den noch vorhandenen Gerichtslauben steht in trotziger Wehr der steinerne Roland. Auf über 1 m hohem Steinpiedestal erhebt sich das Wahrzeichen richterlicher Gewalt. Der Stendaler Roland gehört mit zu den stattlichsten der noch vorhandenen Säulen. Nur die von Bremen und Wedel überragen die 5,4 m hohe Steinfigur. In ihrer jetzigen Gestalt ist sie 1525 errichtet worden. Ein schwerer Plattenpanzer schützt den mächtigen Körper, dessen Waden stärker sind als der Brustumfang eines recht starken Mannes. Die Rechte hält das 4 m lange Schwert, während wir in der Linken einen verhältnismäßig kleinen Schild mit dem brandenburgischen Adler erblicken. An eine steinerne Stütze gelehnt, auf der sich rückwärts ein lachendes Narrenbild (Eulenspiegel) befindet, steht der Roland mit etwas gespreizten Beinen wie eine echte Schildwache da. Möge er noch lange den lebenden und kommenden Geschlechtern ein beredter Mahner an die einstige Größe der Stadt sein.

Der steinerne Roland in Stendal.

Gürnth-Stendal.

Schönhausen, der Geburtsort des ersten deutschen Reichskanzlers.

In weiter ebener Flur liegt an der Elbe das Dorf Schönhausen, der Geburtsort unseres allverehrten heimgegangenen Altreichskanzlers, des Fürsten Otto von Bismarck. Besonders drei Sehenswürdigkeiten rufen hier das Interesse eines jeden Deutschen wach: das Geburtshaus, das Bismarckmuseum und die Kirche.

Ein einfacher Landsitz, ein unscheinbares Herrenhaus, unter hundertjährigen Kastanien und Linden versteckt, birgt die Wiege des größten Deutschen des neunzehnten Jahrhunderts. Schon am Ende des dreizehnten Jahrhunderts findet man den Namen Bismarck für einzelne Bürger in verschiedenen Gegenden. Wahrscheinlich sind diese Leute aus der alten Stadt Bismark in der Altmark ausgewandert und haben sich nach ihrer Heimat benannt. Um 1270 lebte in Stendal der wohlhabende Herbord von Bismarck als Aldermann der Gewandschneider-Gilde. Er wird für den Stammvater aller jetzt lebenden Bismarcks gehalten. In der Mitte des vierzehnten Jahrhunderts wurde Klaus von Bismarck aus dem Bürgerstande in den Ritterstand des niedern Adels gehoben und mit dem Schlosse Burgstall belehnt. Durch Tausch und Abtretung ihres Anteils an Burgstall an den damaligen Kurprinzen Johann

Das Geburtshaus des Fürsten Bismarck.

Georg erhielten die beiden Brüder Jobst und Georg im Jahre 1555 Schönhausen. Seit dieser Erwerbung sind aus dem Geschlechte der Bismarcks viele bedeutende Männer hervorgegangen, Männer, welche in Krieg und Frieden treu zu Kaiser und Reich gehalten haben. — Der Schönhauser Grundbesitz besteht aus zwei Rittergütern, von denen das größere im Jahre 1830 in den Besitz des Stadtrats Gärtner aus Magdeburg überging. Im Jahre 1885 schenkte das deutsche Volk aus Dankbarkeit dem Fürsten das Gärtnersche Gut. Des deutschen Volkes Liebe und Verehrung hatte 2174000 Mark gesammelt, von denen für 1150000 Mark das Gut erstanden wurde; das übrige wurde zu einer Bismarckstiftung verwandt. — Das Herrenhaus, die Geburtsstätte des Fürsten, besteht aus dem Erdgeschoß und zwei Stockwerken. In die obern Räume führt eine breite Eichenholztreppe. Die Wand bedeckt ein in Öl gemalter Stammbaum, der noch Spuren von dem Vandalismus der französischen Soldaten zeigt, die unter dem großen Korsen unser Vaterland verwüsteten. Die Zimmer sind größtenteils mit schönem Stuck geziert. Das Mittelzimmer, in dem sich eine Büste des Fürsten befindet, ist mit einer wertvollen chinesischen Tapete geschmückt. Einst ein Geschenk der Kaiserin Katharina II an den russischen Gesandten in Berlin, gelangte sie, als das Haus für das Auswärtige Ministerium angekauft wurde, in den Besitz des preußischen Staates. Später erwarb sie Kaiser Wilhelm I und schenkte sie dem Fürsten „als Erinnerung an die große Zeit, welche diese Tapete in seinem Amtshause erlebt hatte." Im ersten Stock befindet sich auch die Bibliothek, sowie das Geburtszimmer des Altreichskanzlers.

Im anderen Schlosse befindet sich das Bismarckmuseum, ein Zeichen der herzlichen Verehrung, die dem Fürsten aus allen Erdteilen gewidmet ist. Es würde den Rahmen dieser Arbeit überschreiten, alle Gegenstände des Museums aufzuführen und zu beschreiben; es seien daher nur einige kurz erwähnt. Der Vorflur bietet Raum für eine reichhaltige Sammlung afrikanischer Gegenstände von dem Afrikaforscher Eugen Wolf. Im ersten Zimmer erscheinen lebensgroße Ölgemälde mehrerer Souveräne und die Kaiserproklamation zu Versailles. (A. v. Werner.) Durch die Genauigkeit der Ausführung fesseln den Blick des Beschauers die Modelle des Lloyddampfers „Prinzregent Luitpold" und des Panzerkreuzers „Fürst Bismarck". Durch den Wert der Arbeit fällt ein kunstvoll geschnitzter Elefantenzahn auf Ebenholzsockel, ein Geschenk der Kaiserin von China, auf. In einem anderen mit vielen Büsten Bismarcks geschmückten Zimmer erhebt sich der Kredenztisch der deutschen Studenten, den ein adlerbekrönter marmorner Obelisk ziert. (Der Wert dieses Geschenkes beträgt 42000 Mark.) Ein Zimmer enthält fast nur Geschenke vom alten Heldenkaiser. In demselben hat auch der historische Stuhl von der Unterredung zwischen Bismarck und Napoleon bei Donchery Platz gefunden. Viele, viele kostbare Gaben füllen die Räume; Spenden des Papstes, des Kaisers von Rußland, der Kaiserin von China und anderer mächtiger Persönlichkeiten wechseln mit Erzeugnissen der Kunst, der Großindustrie und des schlichten Handwerks. Hervorgehoben seien noch die vielen Ehrenbürgerbriefe, oft in glanzvollster Ausstattung, die dem Fürsten gewidmet sind.

Zimmer Nr. 7 des Bismarckmuseums mit dem Kredenztisch der deutschen Studentenschaft.

Ein hervorragendes Denkmal alter Baukunst ist die Kirche zu Schönhausen, ein großer Backsteinbau als dreischiffige Basilika mit einem breiten Turm. Eine Urkunde, die bei einem Umbau im Altar aufgefunden wurde, berichtet über die Einweihung folgendes: „Am 7. November 1212 ist die Kirche zu Seonehusen zu Ehren der heiligen Mutter Gottes Maria und des heiligen Willibrord dem ehrwürdigen Bischof Sigebodo von Havelberg geweiht worden. In dem Hauptaltar sind die Reliquien von den Thebäischen Märtyrern, dem heiligen Sebastian, dem Bischof Constantius, dem Abt Egidius, dem Märtyrer Albanus, dem Bekenner Willibrord und den anderen Märtyrern und Bekennern enthalten.“ Aus der Bauart und der Benennung St. Willibrord-Kirche muß man als die Erbauer eingewanderte Holländer annehmen. An der Außenseite der Kirche findet man hieroglyphische Zeichen, Längsrillen und Rundmarken, über deren Entstehung die Archäologen geteilter Meinung

Bismarckmuseum zu Schönhausen.

sind. Unter der Kirche und im Turme ruhen in mehreren Gewölben in teils kostbaren Särgen die Ahnen des Fürsten Bismarck. Das Innere des Gotteshauses schmücken einige alte Fahnen, die zur Erinnerung an Friedensfeste gestiftet sind. Die weißen Wände werden sehr wirkungsvoll belebt durch kunstvolle Epitaphien. Gegenüber der Kanzel befindet sich der fürstliche Stuhl, eine schön geschnitzte Empore, bekrönt mit dem bekannten Wappen der Bismarcks und dem der Gattin des Augustus von Bismarck (1666—1732), Dorothea Sophie Katten, eine Katze mit einer Maus im Maule. In einem Seitenschiff hängt an der Wand ein uraltes hölzernes, weiß übertünchtes Kruzifix, vermutlich byzantinischen Ursprungs, das in roher Bearbeitung Jesus ohne Dornenkrone darstellt. Dieses alte Gotteshaus war im Mai 1813 der Ort einer erhebenden Feier. In dem trefflichen Buche „Schönhausen und die Familie von Bismarck“ von Dr. G. Schmidt, das teilweise benutzt ist, wird folgende Schilderung dieser Stunde gegeben: „Um den Altar scharte sich eine

Zahl von Männern aus den weiten Gauen des Vaterlandes, zumeist aber aus Brandenburgs Stammland, der Altmark, alle durchglüht von jugendlicher Begeisterung für die gemeinsame große Sache, für die Befreiung des Vaterlandes, das lange Jahre unter der napoleonischen Knechtschaft geseufzt. Unter ihnen der Sohn der Altmark, der Turnvater Jahn mit seinem buschigen Haupte, der Führer der schwarzen Schar, der Major von Lützow im ernsten Mannesalter, der wackere Friesen in vollendeter Mannesschöne, und der Dichter von „Leier und Schwert" mit seinem edeln Jünglingsantlitze. Über die Grüfte der Bismarckahnen erbrauste von den Lippen der andächtigen Gemeinde der Chorgesang: „Es bricht der freche Übermut der Tyrannei zusammen. Es soll der Freiheit heil'ge Glut in aller Herzen flammen. Wir ziehn in Kampfes Ungestüm, Gott ist mit uns und wir mit ihm. Dem Herrn allein die Ehre!" Nach einer ergreifenden Ansprache des Ortsgeistlichen Petri traten die Freiheitskämpfer an den Altar heran und schwuren unter dem Geläute der Glocken auf die Schwerter der Offiziere den vorgeschriebenen Kriegseid: „Nicht eher zu ruhen und zu rasten, als bis der letzte Franzmann über den Rheinstrom gejagt worden sei." Mit dem Gesang des alten evangelischen Kriegs- und Siegesliedes: „Ein' feste Burg ist unser Gott!" schloß die patriotische Feier." — Noch lange Zeit kündete ein einfaches weißes Holzkreuz, das von der Pfarrerstochter unter alten rauschenden Eichen errichtet war, von dem Aufenthalte Körners. Auf der einen Seite befand sich die Inschrift: „Theodor Körner weilte hier gern", auf der Rückseite das Distichon: „Ruhet sanft. Ihr Geliebten, von Eurem Blute begossen, grünet der Ölbaum lustig die köstliche Saat!"

Die Kirche zu Schönhausen.

So ist Schönhausen ein Fleckchen deutschen Vaterlandes, weniger reich an landschaftlichen Schönheiten als an historischen Denkwürdigkeiten, unvergeßlich aber für uns Deutsche als Geburtsort des Schmiedes der deutschen Einheit. Mit Recht gilt daher von Schönhausen das Wort Schmidts: „Die Stätte, welche Deutschlands größten Sohn uns gab, bleibt für das ganze Volk ein Heiligtum für alle Zeiten!"

Max Wilberg-Schönhausen.

Die Familie von Bismarck.

Im Herzen der Altmark liegt ein altes Städtchen, einst Biskopesmarke (d. h. Bischofsmark), jetzt Bismark genannt, überragt von der gewaltigen Turmruine, die unter dem Namen „goldene Laus" weit bekannt ist. Nach der Volkssage war nämlich in dem Turme der Teufel in Gestalt einer Laus mit einer goldenen Kette angeschlossen. Diese Sage hat einen geschichtlichen Hintergrund. In der Krypta (unterirdischen Kirche) des Doms zu Lund in Schweden ist noch heute ein sehr altes Bildwerk vorhanden, das den Teufel als eine riesige angekettete Laus darstellt. Solches Bild befand sich, wie sicher beglaubigt ist, auch hier. Als man die Bedeutung des Bildes nicht mehr verstand, hat man allerlei Spott damit getrieben, und ein märkischer Geschichtsschreiber erzählt, „hierbei wäre ein sehr grober Scherz vorgegangen, welchen der einfältige vorwitz dazu mit einem trinkgeld bezahlen müssen." Übrigens ist der Scherz den Einwohnern der Stadt noch heute bekannt.

Der Turm ist der letzte Rest der ehemaligen großen Wallfahrtskirche „zum heiligen Kreuz", die im Mittelalter ein wunderthätiges Kreuz verwahrte und darum das Ziel zahlreicher Wallfahrten, namentlich in den Pestzeiten war.

Goldene Laus.

Es zogen nach dem ersten Auftreten des „schwarzen Todes" die Flagellanten, Geißler oder Kreuzbrüder in großen Scharen durch Norddeutschland. Mit fliegenden Fahnen zogen sie in die Städte ein, mit entblößtem Oberkörper umkreisten sie dreimal die Kirche, geißelten sich bis aufs Blut und fielen dreimal kreuzweis, d. h. mit ausgebreiteten Armen, zur Erde und ihr Meister sang:

„Nu hevet up alle juwe hende,
Dat god dat grote stervent wende.
Hevet up alle juve arme,
Dat sik god over ju vorbarme.
Crist wart gelavet mit gallen,
Des schulle wie an ein cruze vallen."

(„Nun erhebet alle eure Hände,
Daß Gott das große Sterben wende.
Nun erhebet alle eure Arme,
Daß Gott sich über euch erbarme.
Christ ward gelabt mit Gallen,
Deß sollen wir zu Kreuze fallen.")

Die Magdeburger Schöppenchronik, welche den Einzug und den Unfug der Geißler im Erzstift schildert, berichtet auch über ihren Zug nach der Altmark. „Desselben Jahres (1349) begann das Volk zu laufen nach Bismark. Da war ein wunderthätiges Kreuz. Da ward so lange geopfert, daß sie sich zuletzt schlugen und mordeten um das Opfer.“ — Noch ein zweites geschichtliches Denkmal besitzt die Stadt, es sind die Gräben und Wälle einer uralten Burg. — Nicht aus Böhmen, wie die alten Chronisten fabeln, sondern aus diesem Städtchen stammt die Familie von Bismarck, ist also ein eingeborenes altmärkisches Geschlecht, das sich nach der Stadt oder der gleichnamigen Burg genannt hat.

Wann die Familie ihre Urheimat verlassen und sich in Stendal angesiedelt hat, ist nicht bekannt, sie erscheint aber gleich nach ihrem ersten Auftreten als hochangesehen und wohlhabend. Als ältester und bekannter Ahnherr des Geschlechtes wird Herbord genannt. Er war Aldermann der Stendaler Gewandschneidergilde, d. h. der von dem Landesfürsten für den Großhandel privilegierten Kaufmannschaft. Da in dem Großhandel jener Zeit der Gewandschnitt, d. h. der Handel mit Tuch und wollenen Stoffen, der bedeutendste Handelszweig war, wurden die Kaufmannsgilden gewöhnlich Gewandschneidergilden genannt. Sie bildeten das älteste Patriziat der Städte und nahmen vielfach Geistliche und Ritter auf, selbst Landesherren verschmähten es nicht, in die Gilde einzutreten. So waren die Markgrafen Otto IV mit dem Pfeil und Ludwig der Bayer Mitglieder der Gewandschneidergilde zu Salzwedel, auch die Stendaler Gilde zählte viele Mitglieder der höheren Geistlichkeit und des Adels in ihren Reihen. Neun Mitglieder der Familie Bismarck werden in dem ältesten Gildebuche als Gildebrüder genannt. Aus der Gilde wurden die Ratsherren und Schöppen gewählt, acht Bismarcks haben in derselben Zeit diese Würde erlangt. — Herbord war im Jahre 1270, wo er zuerst genannt wird, schon hochbejahrt, muß also am Anfang des Jahrhunderts geboren sein. Seine Gemahlin hieß Heilwig. Seine drei Söhne Heino, Franko und Willeko waren Ratmänner. Die nächste Generation bilden wieder drei Familienmitglieder, entweder Brüder oder Vettern, Rudolf I, Heinrich und Johann I; Rudolf oder Rule war Altmeister und

Wappen der Familie von Bismarck.

Ratmann. Er hatte einen heftigen Streit mit dem Stendaler Domkapitel wegen der vom Rat errichteten Schule und starb deshalb im Banne. Von seiner Gemahlin Margarete hatte er vier Söhne. Der älteste, Nicolaus I, war ein hervorragender Staatsmann und hat in dem politischen Leben jener Zeit eine große Rolle gespielt. Im Jahre 1345 brach in Stendal eine Revolution aus, durch welche die bisherige Vorherrschaft der aristokratischen Geschlechter beseitigt wurde. Die hervorragendsten Männer aus den alten Familien wurden aus der Stadt vertrieben, so auch Nicolaus von Bismarck. Er zog nach dem Schlosse Burgstall am Südrand der großen Letzlinger Heide, das ihm der Markgraf Ludwig der Bayer, dessen treuer Parteigänger er war, als landesherrliches Lehen überlassen hatte. Wir finden ihn dann als Rat des Markgrafen Ludwig des Römers. Als aber sein naher Verwandter, der berühmte Dietrich Kagelwit aus Stendal, Erzbischof von Magdeburg geworden war, trat er als Stiftshauptmann in dessen Dienste. Nach dem Tode des Erzbischofs, dessen Haupterbe und Testamentsvollstrecker er war, wurde er Hofmeister des letzten bayerischen Markgrafen, Otto des Faulen. Als Kaiser Karl IV die Regierung der Mark übernahm, zog er sich nach Stendal zurück und starb dort mit Hinterlassung eines großen Vermögens.

Das Schloß Burgstall sollte nicht im Besitz der Familie bleiben. Der Kurprinz Johann Georg, begierig die herrlichen Jagdgründe um Burgstall zu besitzen, nötigte die Familie zur sogenannten Permutation, d. h. zu einem Tausche, bei dem die ältere Linie das Klostergut Crevese, die jüngere die Dörfer Schönhausen und Fischbeck auf dem rechten Elbufer erhielt. Nach dem Aussterben der jüngeren Linie vereinigte Friedrich, der Permutator, den ganzen Besitz in seiner Hand. Sein Urenkel Augustus I war ein großer Kriegsheld, der im Dreißigjährigen Kriege die seltsamsten Abenteuer erlebte, die er mit eigener Hand getreulich aufgezeichnet hat. Sein Sohn Augustus II, Landrat der alten Mark, erbaute das Stammschloß in Schönhausen. Dessen ältester Sohn August Friedrich, der Urgroßvater des Fürsten Otto, war ein tapferer Offizier Friedrichs des Großen; er fiel im ersten schlesischen Kriege. Als 41 Jahre nach seinem Tode Ferdinand, der Vater des Fürsten, dem großen Könige als Kornet vorgestellt wurde, sagte dieser: „Werde wie dein Großvater, das war ein ganzer Kerl.“ Karl Alexander, der Großvater des Fürsten, war ein feingebildeter und dichterisch begabter Mann. Sein jüngster Sohn Ferdinand war erst Offizier und widmete sich dann der Bewirtschaftung des Gutes Schönhausen. Er war vermählt mit der schönen und geistvollen Tochter des Kabinetsrates Anastasius Ludwig Mencken, Wilhelmine Luise. Als dritter Sohn dieses Paares wurde am 1. April 1815 um 1 Uhr nachmittags Otto Eduard Leopold von Bismarck geboren und am 15. Mai getauft. Bereits im nächsten Jahre siedelte die Familie nach dem ererbten Gute Kniephof in Pommern über, wo Otto seine Kinderjahre verlebte, bis er zu seiner Ausbildung nach Berlin kam. Erst im Jahre 1846 kam Bismarck nach seinem Geburtsort zurück, vermählte sich mit Johanna von Puttkamer, wurde Deichhauptmann und Abgeordneter für den preußischen Landtag. Damit begann die politische Laufbahn des großen Staatsmannes. Als treuer Altmärker diente er seinen Königen Friedrich Wilhelm IV und Wilhelm I. Als dieser einmal unter der Last seiner Krone verzagen wollte, weil er glaubte, keine zuverlässigen Räte und Diener mehr zu haben, erwiderte ihm Bismarck: „Solange noch ein märkischer Edelmann auf der Welt ist, soll man nicht sagen können, daß der König von Preußen keine Diener mehr finde.“ Was er unserem Kaiser Wilhelm, was er unserem deutschen Volke gewesen, das ist allgemein bekannt und mit ehernem Griffel in die Tafeln der Weltgeschichte eingegraben. Er ist geehrt worden wie noch nie ein preußischer Unterthan, und doch bleibt er in seinem Herzen immer derselbe schlichte und fromme, wahrhaftige und treue Altmärker. Mit Stolz hat sich Bismarck jederzeit als einen Sohn unserer Provinz, als Altmärker bezeichnet, und wie hat er sein Heimatland geliebt! Wo er sich auch befand, suchte seine Seele die Heimat, und nicht mit Unrecht hat man gesagt, die schlichte altmärkische Erika (Heidekraut) sei des eisernen Kanzlers Lieblingsblume gewesen.

Unter den Eichen des Sachsenwaldes schlummert der Altmark größter Sohn. Konnte sie ihm auch nicht die letzte Ruhstatt bieten, so wird sie doch stets mit Stolz auf ihn blicken und in seinem Geiste treu zu König und Vaterland stehen.

Pastor W. Zahn-Tangermünde.

Am Arendsee.

Im nördlichen Teile der Altmark, etwa in der Mitte zwischen den Städten Salzwedel und Seehausen, liegt der Arendsee. Er ist das Auge der Altmark. Die Fläche, die das Wasser bedeckt, umfaßt 542 ha. In die Länge dehnt er sich drei Viertelstunden weit aus, während seine Breite eine halbe Stunde und darüber mißt.

Der Arendsee bildet eines jener Wasserbecken, die das vor Jahrtausenden zurückweichende Meer hinterließ. Um ihn hatten sich im Innern Salze verschiedener Art, namentlich Kalisalze, die in jüngster Zeit bei Bohrungen noch in einer Tiefe von 800 m angetroffen worden sind, abgelagert. Regen und Grundwasser lösten die Salze mit der Zeit auf, so daß die leichte Erdkruste einsank. Derartige Erdfälle, wie ein solcher noch im Ausgang des 17. Jahrhunderts stattgefunden hat, haben den Kessel des Sees zu seiner heutigen Größe erweitert.

Das Südufer ist an einigen Stellen 15 m hoch und fällt steil zum See ab. Im Osten und Westen wird es flacher, und im Norden erhebt es sich nur wenig über den Wasserspiegel. Am Südufer weist der Boden viel Lehm und festen Thon auf, dazu findet sich viel grobkörniger Kies mit zahlreichen Feuersteinen untermischt. Weiter nach Norden hin wird das Ufer sandiger und mooriger. Der Wanderer, der an dem nordöstlichen Ufer entlang geht, findet zu seiner großen Freude im Sande vielfach ein Stückchen Bernstein. Auf dem Südufer, wo auch die Stadt Arendsee und die Trümmer eines Benediktinerklosters liegen, reiht sich Garten an Garten. Die übrigen Ufer sind teils mit Kiefern, teils mit Erlen und Weidengebüsch bewachsen, oder sie spiegeln sich nackt und weiß in den Fluten des Sees wieder. Hier und dort liegt an Ufers Rand, halb oder ganz von den leise brandenden Wogen umspült, ein erratischer Block; an anderen Orten treten grüne Werder halbinselartig in den See hinein. Durch Natur und Kunst hergestellte Promenadenwege führen rings um den See; prächtige Linden spenden Schatten; hier findet man Ruhe und kann seinen Gedanken und Träumen den weitesten Spielraum gestatten.

Der See, welcher an einigen Stellen etwa 50 m tief ist, hat klares Wasser. Dieses wird ihm aus verschiedenen Quellen und kleinen Wasserläufen zugeführt. Auf der Westseite gehen zwei Gräben ab, die das überflüssige Wasser zur Jeetze führen. Zufluß und Abfluß halten sich das Gleichgewicht. Wegen seiner großen Tiefe gefriert das Wasser nur selten. Durchschnittlich geschieht das in 9 Jahren einmal und auch dann langsam und erst gewöhnlich am Ende des Winters. Am Rande des Sees, in dem Wasser des Röhrichts, bildet sich bei starkem Frost wohl eine Eisdecke; aber die große Wassermenge liegt noch frei und schlägt dunkle, mächtige Wellen. Sie kämpft mit dem Reste ihrer Kraft mit dem immer stärker andringenden Feinde. Das ist ein wunderbares Schauspiel! Aus allen Teilen haucht der See seine innere Wärme aus. Ein weißer Dampf, der nach der Mitte hin zunimmt, steigt unaufhörlich empor. Wirft die Abendsonne ihre purpurroten Strahlen auf den See, so ist der Anblick ein bezaubernder. Der Mond mit seinem Dämmerlichte verleiht ihm ein gespensterhaftes Aussehen. Auf solche Tage folgen aber bitterkalte Nächte, und eines Morgens ist der See mit einer spiegelglatten Eisfläche bedeckt. Nun wird die Decke mit jedem Tage fester, und bald tummeln sich auf dem Eise, das am Rande grau, in der Mitte tiefschwarz erscheint, eine Menge fröhlicher Menschen.

Ein reges Tier- und Pflanzenleben entwickelt sich auf und an dem See. Über den Spiegel ziehen Seekrähen in ihrem grauweißen Gewande. Flohmücken erfüllen wie schwarze Wolken die Luft. Auf der Wasserfläche wimmelt es von Wildenten, Wasserhühnern, Möven, Tauchern und Schwänen; und auf den angrenzenden Wiesen schreit der Kiebitz. Dem Haubentaucher zuzusehen, macht großes Vergnügen. Dort über jenen Tiefen rudert still und geschäftig ein vereinzeltes Paar. Der Kopf nickt im lächerlichen Takt, und deutlich erkennt man den vordrängenden Pfriemenschnabel, sowie die schwarze Haube. Ein dumpfes „kork, kork“ läßt sich hören. Das nie gesättigte Männchen ruft dem Weibchen zu, und nun stoßen sie viele Meter in die Tiefe. Vergebens erwartet man das Emporsteigen des meisterhaften Schwimmers. Endlich, du zählst einige Hundert, hat er sich drüben erhoben, um bald von neuem zu verschwinden. Die meisten Vögel halten sich in der Ferne auf, nur das Bläßhuhn spielt zutraulich in den nahen Binsen und in dem Rohre. Wird es erschreckt, so stößt es einen schreienden, fast bellenden Ton aus. Es will sich aufschwingen, aber unfähig zum gewandten, sichern Fliegen, läuft es mit raschen Füßen dahin und fällt endlich, fern vom Ufer, ins Wasser. An Fischen liefert der See hauptsächlich Hechte, Schleie, Barsche, Aale und Plötze. Die vielen Hechte lassen es zu einem wirklichen Fischreichtume nicht kommen; denn ein einziger großer Hecht — man findet oft solche bis zu 25 Pfund Schwere — verzehrt nicht nur täglich eine Menge kleiner Fische anderer, sondern auch eigener Gattung. Pflanzen finden sich im See in Hülle und Fülle. Da sehen wir das Rohr mit seinem schlanken Schafte, den langen, scharfen und festen Blättern und mit dem prächtig braunen Büschel nickender Blüten. Hinter dem Rohr stehen das Schilf mit den sammetweichen, schwarzen Kolben und die Wasserdolde mit ihren rosigen Blütenschirmen. Lilien richten ihre gelben Blüten, die sich schroff von den dunkelgrünen, schwertartigen Blättern abheben, hoch auf. In der Tiefe wurzeln Teichrosen, ihre breiten Blattschilde ruhen unbeweglich auf der Wasserfläche; hier sind ihre Blüten goldglänzend, dort schneeweiß. Wasserhahnenfußgewächse mit ihren weißen Sternen bilden umfangreiche Blumeninseln.

Seit vielen Jahren ist Arendsee das Ziel vieler Sommerausflügler. Die Stadt, der See und die sich anschließenden Kiefernwälder bilden eine wirkliche Sommerfrische. In dem östlich vom See in dem Königlichen Forst gelegenen Kurhause werden die verschiedensten Bäder verabreicht. Am See laden eine Reihe Badehäuser zur Benutzung ein. Während der Sommermonate erscheinen alljährlich viele Leidende, um am See und in den herrlichen Kiefernwaldungen Genesung zu suchen. Da sich der See wegen seiner Tiefe nur langsam erwärmt, so beginnt die eigentliche Badesaison erst Ende Juni.

Die Stadt Arendsee hat 2200 Einwohner. Trotzdem man verschiedene Straßen unterscheidet, so bildet sie doch im großen und ganzen eine einzige Straße, die in der Richtung der Chaussee von Salzwedel nach Seehausen, also von Westen nach Osten, läuft. Dem Wanderer, der sich von Süden her der Stadt nähert, fallen viele hohe Schornsteine in die Augen, ein Beweis, daß sich in Arendsee die gewerbliche Thätigkeit in letzter Zeit kräftig entwickelt hat. Bis jetzt ist Arendsee eine freundliche, etwas abseits liegende Kleinstadt, die sich sehnt, durch einen Schienenstrang in den großen Weltverkehr hineingezogen zu werden.

Weidemann-Arendsee.

Die alte Stadt Salzwedel.

„Salzwedel!" ertönt der Ruf des Schaffners. Wir steigen schnell aus, denn wir sind an unserem Reiseziele angelangt.

Wir durchschreiten den Bahnhof und schauen uns dann im Weitergehen um. Salzwedel soll eine alte Stadt sein? Was wir hier sehen, schaut wirklich nicht so aus. Neue Häuser, ein paar geschmackvolle Villen, hinter dem Bahnhof eine Zuckerfabrik — das ist wahrlich nichts Altertümliches!

Der Burgturm.

Aber der Schein trügt; wir sind noch nicht in der eigentlichen Stadt.

Denn daß Salzwedel in der That sehr alt ist, geht schon daraus hervor, daß es einst seiner ganzen Umgebung den Namen gab. „Mark Soltwedel" hieß diese, die jetzige Altmark, nach der Burg, die hier Albrecht der Bär um das Jahr 1150 angelegt haben soll, deren Entstehung aber in viel frühere Zeit fällt, ja, die vielleicht bis zu Karl dem Großen zurückreicht. Möglicherweise haben schon seine Krieger die damals in breitem Sumpflande dahinfließende Jeetze in einer Furt durchschritten, das brackige, salzig schmeckende Wasser gekostet, und davon der neu angelegten Burg den Namen gegeben, denn Salzwedel soll „Salzfurt" bedeuten. (vadere = gehen, schreiten, waten.)

Diese Burg lag mitten im Sumpfe auf einem sogenannten Sandkopfe. In den Burggraben leitete man auf der einen Seite einen Arm der nahe vorbeifließenden Jeetze, auf der andern eine Meile weit her einen Arm des Flüßchens Dumme und schuf so eine für jene Zeit uneinnehmbare Feste. Unter dem Schutze der Burg siedelten sich später einzelne Burgmannen, Handwerker und Kaufleute an, und so entstand die erste Stadtgemeinde, die sich auch schon eine Kirche, die jetzige Lorenzkirche, baute. Das alles muß aber schon in früher Zeit geschehen sein, denn die Stadt wird, als sie im Jahre 1112 zum erstenmale urkundlich erwähnt wird, bereits „antiqua urbs" also „eine alte Stadt" genannt.

In der That zeigt die eigentliche Stadt ein ganz anderes Bild, als die moderne Umgebung. Zwar sind von den alten bürgerlichen Wohnhäusern, soweit sie Fachwerkbauten waren, nicht viele mehr erhalten, und die dafür errichteten Neubauten oft wenig schön, aber die Massivbauten der alten Zeit: Kirchen, Rathaus, Thore und Türme haben dem Zahne der Zeit getrotzt und geben uns in ihrer Gesamtheit ein schönes Bild von den mittelalterlichen Backsteinbauten.

Es treibt uns natürlich zuerst, das älteste Baudenkmal der Stadt, die Burg, zu sehen. Wenig ist von ihr geblieben. Aus den Resten der alten Wälle ragt ein etwa 30 m hoher runder Turm von gewaltigem Umfange hervor, ganz aus gebrannten Ziegeln gebaut, mit Mauern, die wohl 4 m stark sind; jedenfalls der alte Bergfried, das Hauptbefestigungswerk der Burg. Die Sage schreibt ihn, wie die ganze Burg, Albrecht dem Bären zu, und es ist immerhin möglich, daß dieser ihn erbaut hat.

Wir stehen mit Staunen vor diesem gewaltigen Bau. Welche Fülle von Arbeit hat er gekostet! Wie hat man es nur möglich gemacht, in dem damaligen Sumpflande so viele Steine zu formen und zu brennen! Und sie sind alle hart und fest, dauerhafter als die modernen Fabrikate. Und dann erscheinen andere Bilder vor unserem geistigen Auge. Von hier aus wurden die Wenden besiegt und zurückgedrängt, von hier aus die Lande östlich der Elbe erobert, von hier aus wurde das Christentum dorthin getragen. O, wenn doch der alte Turm reden könnte, — was würde er uns alles erzählen!

Die Marienkirche.

Alle anderen Stücke der alten Burg sind zerfallen oder abgebrochen, nur ein Rest der alten Burgkapelle mit einigen Grabgewölben ist noch vorhanden. Der Burgplatz, welcher der preußischen Krone gehört, ist vom Kreise Salzwedel erpachtet worden; man beabsichtigt, später auf demselben ein Kreisständehaus zu bauen.

Und nun gehen wir zur jetzigen Hauptkirche der Stadt, zur Marienkirche. Sie ist ein riesiger, fünfschiffiger Bau mit hohen Ziergiebeln und einem etwa 85 m hohen, sehr spitz zulaufenden, achteckigen, mit Metallplatten gedeckten Turme, der aus einem geräumigen Turmhause emporstrebt. Schade, daß die Nachbarhäuser so wenig weit davon entfernt sind! Man hat keinen Punkt, von welchem aus man einen Gesamteindruck dieses großartigen Gebäudes haben könnte.

Von der inneren Ausstattung der Kirche ist vieles Schöne erhalten, besonders im Chore, darunter als bedeutendstes Stück der ehemalige Hochaltar, der in der Form eines dreiteiligen Schreines eine Reihe von prachtvoll geschnitzten Bildern darbietet. Die Mittelgruppe dieser Bilder zeigt die Darstellung der Kreuzigung Christi, aus 42 meist höchst lebendigen und charakteristischen Figuren bestehend. Zu beiden Seiten dieser Hauptgruppe ist in drei übereinanderliegenden, je 5 Bilder umfassenden Reihen, — zusammen also in 30 Bildern — eine Darstellung des Lebens Christi gegeben. Alle Figuren sind aus Lindenholz, reich bemalt und vergoldet; sie heben

Inneres der Marienkirche.

sich höchst wirkungsvoll von dem tapetenartig gemusterten, gleichfalls vergoldeten Hintergrunde ab. Oben, über der Mitte des Altars steht in einer Mondsichel das lebensgroße Bild der Jungfrau Maria mit dem Christuskinde, umgeben von goldenem Strahlenkranze. Der ganze Altar, der etwa der Mitte des 15. Jahrhunderts entstammt, hat einen hohen Kunstwert; er ist eigentlich gar nicht mit Geld zu bezahlen. Auf dem Altartische steht das älteste Kunstwerk der Kirche, ein romanisches Lesepult aus der Mitte des 12. Jahrhunderts.

Zur linken Seite des Altars ist der Propststuhl, rechts der Markgrafenstuhl.

Von ihnen laufen auf beiden Seiten schön geschnitzte alte Chorstühle aus, über denen sich links die Bilder der Propheten, rechts die des Herrn Jesus und der Apostel und Evangelisten befinden. Sehr zierlich ist die große bronzene Taufe, ein Werk des Nürnberger Künstlers Hans von Köln aus dem Jahre 1520.

Der kleine Altar steht vor dem hohen Chore. Über demselben ist auf einem Querbalken ein herrliches Kruzifix mit der Maria auf einer, dem Johannes auf der andern Seite. Wendet man das Gesicht nach Westen, nach dem Turme zu, so sieht man den schönen Orgelchor mit der großen, klangmächtigen, geschmackvoll verzierten Orgel.

Einst hatte die Kirche etwa 30 Altäre, an denen neben dem Propste und den eigentlichen Priestern noch eine Schar von Commendisten, Vicaristen u. s. w. thätig war; im ganzen wohl 80 Personen.

Unweit der Kirche befinden sich mehrere Privathäuser, deren alte Holzverzierungen sich noch wohl erhalten haben; das schönste von ihnen ist die in einem prächtigen Parke stehende Propstei, einst der Sitz des Propstes der Marienkirche, jetzt im Besitze der Familie von der Schulenburg. In einem Seitengebäude rechts ist das Landratsamt des Kreises Salzwedel.

Kaum 100 Schritte von der Marienkirche liegt in nördlicher Richtung die Lorenzkirche, ursprünglich die älteste Stadtkirche, die, übrigens unfertig, noch der Zeit des romanischen Baustils angehört. Seit 1602 war sie Salzmagazin, heutzutage gehört sie der hiesigen katholischen Gemeinde.

Und nun geht es westwärts über zwei Brücken, deren erste einen Jeetzearm überspannt, während die zweite über die Dumme führt. Haben wir die letztere passiert, so befinden wir uns in dem sogenannten Bockhorn, einer meist von Ackerbürgern bewohnten Vorstadt. Hier sehen wir gleich rechts an der Dumme die frühere Gertraudenkapelle, den letzten Rest einer mittelalterlichen Hospitalstiftung, in der arme Pilger gepflegt und nach ihrem Tode christlich bestattet wurden. Jetzt ist sie schön ausgebaut und zu einem Versammlungssaal für Zwecke der innern Mission u. dergl. bestimmt. Hinter ihr steht die neue Herberge zur Heimat.

Aber wir sahen doch vorhin auf unserm Gange zur Burg noch zwei Türme? Ganz recht; und die Gebäude, denen sie angehören, erscheinen wohl der Beachtung wert; es sind die Mönchskirche und das Amtsgericht. Die erstere ward in ihren Anfängen zwischen den Jahren 1250 bis 1280 von den Franziskanern gegründet und später durch mehrere Erweiterungsbauten sehr bedeutend vergrößert, so daß jetzt ihr hohes, mit einem spitzen Türmchen gekröntes Dach weithin sichtbar ist. Als durch die Einführung der Reformation das Klosterwesen in Salzwedel aufhörte, verlegte man die Altstädtische Schule, das spätere Gymnasium, in das Klostergebäude. Augenblicklich ist die gesamte städtische Verwaltung darin untergebracht, denn das Rathaus ward vor einigen Jahren durch einen großen Brand zerstört, und ein neues ist noch nicht vorhanden. Das Innere der Mönchskirche hat schöne Holzschnitzereien im hohen Chore, auch ein schönes Altarbild, wenn auch nicht von Lucas Kranach selbst, so doch vielleicht von einem Schüler und Nachahmer desselben. Es stellt einen Weinberg dar, auf dessen einer Seite der Papst und die Priester der katholischen

Kirche die Rebstöcke zerstören, während auf der andern Luther, Melanchthon und ihre Freunde — alle sehr portraitähnlich — den Weinberg reinigen und pflegen. Eine Reihe von Versen im Hans Sachs-Stile erklärt das Bild.

Das Amtsgericht ist das frühere Rathaus der Altstadt. Es ist ein gotischer Bau aus dem Anfange des 16. Jahrhunderts, der trotz mancherlei Restaurationsbauten gut erhalten ist und deshalb mit seinen hohen Giebeln und seinem Glockentürmchen einen guten Eindruck macht. Der Schöffengerichtssaal ist gewölbt und altertümlich gemalt mit Darstellungen des jüngsten Gerichts. Neben dem Gerichtsgebäude liegt, von hohen Mauern umgeben, das Gefängnis, und insbesondere

Das Altstädter Rathaus (jetzt Amtsgericht).

eine Strafanstalt für jugendliche Gefangene. In zwei nebeneinander liegenden Räumen des Amtsgerichts befinden sich auch die wertvollen Sammlungen des Altmärkischen Geschichtsvereins zu Salzwedel. Leider sind die Räume für die Fülle des Vorhandenen viel zu klein.

Neben dem Amtsgerichte kreuzen sich zwei Straßen. Die nach Süden führende geleitet uns aus dem Neuen Thore in die davor befindliche Vorstadt, zum Bahnhofe Altstadt der Salzwedel-Oebisfelder Eisenbahn, und dann als Kreischaussee immer weiter bis zu dem neuen, von kiefernbewachsener Hügelkette herunterwinkenden Bismarckturme, und noch darüber hinaus. Die nach Osten führende Altperverstraße dagegen ist der Weg zu der zweiten größeren Vorstadt von Salzwedel, dem Perver, dem ehemaligen Judendorfe, das jetzt eine selbständige Gemeinde bildet. Etwa auf der Grenze zwischen dem Perver und dem Stadtgebiete erhebt sich ein hoher, kürzlich restaurierter Rundturm, der ursprünglich wohl der Deckung des inneren Altperverthores diente. Aus dem Jahre 1460 stammend, trägt er die in Stein gehauenen Wappenschilde der Stadt Salzwedel und der sieben deutschen Kurfürsten.

Alles, was wir bis jetzt von Sehenswürdigkeiten wahrgenommen haben, liegt in der Altstadt Salzwedel, dem älteren, ursprünglich von der Burg aus besiedelten und entstandenen Stadtteile.

Nördlich davon, aber in unmittelbarem Anschlusse an die Altstadt, befindet sich ein zweiter Stadtteil, die Neustadt. Sie ist erst im Jahre 1247 von Heinrich von Mahlsdorf und Bernhard gegründet worden, also viel jünger als die Altstadt, und verdankt ihr schnelles Emporblühen wohl hauptsächlich der Vorliebe der beiden Markgrafen Johann I. und Otto III. (seit 1226) für Salzwedel, wo sie erzogen wurden.

Anfangs waren Altstadt und Neustadt vollständig voneinander gesondert; jede Stadt hatte ihren eigenen Magistrat, erst seit 1713 sind sie vereinigt. Aber noch bis in den Anfang des 19. Jahrhunderts hinein waren beide Städte durch Thore getrennt, die teilweis sogar noch abends zugeschlossen wurden.

Die Katharinenkirche.

Die Kirche der Neustadt, die Katharinenkirche, finden wir sonderbarerweise nicht in der Mitte der Stadt, sondern auf dem höchstgelegenen Teile derselben, an der Nordseite der Stadtmauer, dicht an der Straße, die zum Bahnhof führt. Auf einem geräumigen Kirchhofe, der längst nicht mehr zu Begräbnissen benutzt wird, erhebt sich der ausgedehnte Bau, der äußere Schönheiten kaum aufweist. Auch im Innern ist die dreischiffige Kirche einfach gehalten, nur das schöne Deckengewölbe, besonders das des Chores, ist sehr kunstvoll. Das älteste Besitzstück der Kirche ist ein Taufbecken aus Bronze, von vier auf Löwen stehenden weiblichen Figuren getragen, verfertigt von „Ludolf Grapengeter, wohnhaftich in Brunswich“ im Jahre 1421. Die Einfassung dieser Taufe ist aus Holz, mit prächtigem Schnitzwerk und entstammt wohl einer späteren Zeit.

Wenn wir aus der Kirche heraustreten, fällt uns ein eigenartig geformter Turm auf, den wir vorhin, als wir eilig der Burg zustrebten, außer acht gelassen hatten. Es ist der vom Rathaus stets getrennt gewesene Rathausturm, der, im Jahre 1585 gebaut, auch die Formen seiner Zeit trägt und deshalb mit seinem helmartigen Kupferdach und den großen Wasserspeiern inmitten der sonstigen baulichen Gotik der Stadt seltsam anmutet. Auf dem zunächst dem Turme befindlichen kleinen Schmuckplatze stand bis 1894, wo es abbrannte, das Rathaus der Stadt.

Aber was ist das für ein hoher, massiger Steinbau am Ende der vom Rathausplatze abführenden Straße? Es ist eines der beiden noch erhaltenen Thore der Neustadt, das Neuperverthor. Viel zierlicher ist das zweite dieser Thore, das etwas abseits liegende Steinthor, das in ausgesprochener Weise die feineren Formen der Spätgotik zeigt. Die eisernen Kreuze, die dieses Thor oben schmücken, sind wohl später aufgesetzt, als die Neustadt einen Teil des alten Stadtwalles vor dem Steinthore als Begräbnisplatz zu benutzen anfing.

Und nun möchten wir uns wohl noch ein wenig außerhalb der Stadtmauern umsehen. Dazu bietet die um die Stadt führende Promenade die beste Gelegenheit. Da sind ja auch noch die alten Stadtmauern zum Teil wohl erhalten! Und ihren Fuß bespülen noch heute die Wasser der Jeetze und der Dumme! Aber sonst ist außerhalb der Stadtmauern wenig Altertümliches zu erblicken. Es ist charakteristisch für die Raumverhältnisse in der Stadt, daß die drei bedeutendsten Bauten der Neuzeit außerhalb der Stadtmauern errichtet wurden. Vor dem Lüchowerthore, unweit der Katharinenkirche, erhebt sich das 1882 eingeweihte Königliche Gymnasium, ein gotischer Prachtbau, der der ganzen Stadt zur Zierde gereicht. Vor dem Steinthore ist die große Turnhalle der Agricola-Stiftung, vor dem Neuperverthore das vierte Reichswaisenhaus, das ebenfalls dem Baustile der alten Stadt angepaßt ist. Vor den Thoren der Stadt finden sich auch die drei Kasernen für die drei hier garnisonierenden Schwadronen des altmärkischen Ulanen Regiments Nr. 16, das auch den Namen des Hennigs von Treffenfeld, eines altmärkischen Helden, trägt.

Das Steinthor.

Aber durch diese neue, moderne Umgebung wird die Altertümlichkeit der inneren Stadt um so mehr hervorgehoben.

Wie mögen diese alten Häuser und Straßen wohl ausgesehen haben, als noch einzelne Markgrafen des Askanischen Hauses hier residierten, — als die Stadt, ein Mitglied des Hansabundes, reiche Gilden und Zünfte barg, die durch ihr Wirken und ihre Erzeugnisse den guten Namen der Stadt weithin verbreiteten, — als sich der hohenzollernsche Kurfürst Albrecht Achilles hier 1471 huldigen ließ, — als hier die Reformation im Jahre 1541 eingeführt wurde!

Vergangen, vergangen! Die Neuzeit treibt mächtig vorwärts. Handel und Gewerbe blühen auf in der Stadt, die dadurch den Charakter einer Ackerstadt, den sie noch vor dreißig Jahren hatte, immer mehr verliert; ihr Baumkuchen ist weltberühmt. Aber einen noch größeren, idealeren Ruhm schuf der Stadt, wie der ganzen Altmark, ihr Ulanenregiment, das in dem berühmten Todesritte von Mars-la-Tour am 16. August 1870 zeigte, was altmärkische Vaterlandsliebe und Tapferkeit vermögen.

Direktor M. Schulte-Salzwedel.

Die Letzlinger Heide.

Als letzter Abschnitt des langgestreckten Höhenzuges am Südrande des norddeutschen Flachlandes streicht in nordwestlicher Richtung zwischen Elbe, Ohre, Aller, Weser und Nordsee eine Diluvialplatte, deren mittlerer Teil als Lüneburger Heide — wenigstens dem Namen nach — allgemein bekannt ist. Der südlichste Teil dieser Platte hieß das ganze Mittelalter hindurch und bis in das neunzehnte Jahrhundert hinein nach der am nördlichen Saume liegenden Stadt Gardelegen die Garleber oder Gardelegener Heide; jetzt ist dafür nach dem darauf gelegenen Jagdschlosse Letzlingen die Bezeichnung: Letzlinger Heide gebräuchlicher geworden.

Der Südrand der Heide (wie sie in der Gegend selbst schlechthin genannt wird) folgt in schwachem, südwärts gewendetem Bogen von Rogätz an der Elbe bis oberhalb der Stadt Neuhaldensleben dem noch heute vielfach sumpfigen Thale der Ohre. Im Osten fällt sie zu der breiten, mit Wiesen und Mooren erfüllten Niederung ab, die einst von den Wassern der Elbe durchflutet wurde, jetzt durch den langsam fließenden Tanger und seine Zuflüsse zur Elbe abwässert. Im Westen reicht sie bis an den Drömling, und im Norden bezeichnet etwa die Berlin-Lehrter Bahn ihre Grenze.

Ihre Oberfläche stellt eine von Westen aus ganz allmählich aufsteigende, fast ebene Hochfläche von durchschnittlich 75 bis 80 m Höhe über NN. dar, die am Nordostrande gegen 100 m erreicht. An diesem Saume erheben sich Kuppen bis zu 139 m; und da diese zum Teil steil zu dem nur etwa 40 m hohen, gebuchteten Tangerthale abfallen, so erscheint die Heide hier, wenn man sie aus einem Zuge auf der Magdeburg-Stendaler oder der Berlin-Lehrter Bahn in der Ferne auftauchen sieht, wie ein kleines Gebirge. Weiter nach Süden hin ist der Übergang zur Niederung weniger schroff. Abweichend von diesem allgemeinen Charakter zeigt der Südrand ein welliges Aussehen, indem langgestreckte, von Westen nach Osten streichende Hügelreihen, die im Fliederberg mit 123 m, im Zackelberg mit 139 m gipfeln, durch schmale Thäler getrennt werden. Landschaftlich am schönsten ist die Heide daher an diesen Rändern, wo die Niederungen in schmalen Buchten eingreifen und daher hoch und niedrig auf engem Raume miteinander abwechseln.

Des Schmuckes fließender Gewässer, sowie größerer Seen entbehrt die Heidehochfläche gänzlich; sie ist ein abflußloses Gebiet, in dem zahlreiche kleine, meist runde Wassertümpel, sogenannte Sölle, von geringer Tiefe liegen. Seit der am Ende des achtzehnten Jahrhunderts erfolgten Entwässerung des angrenzenden Drömlings und der im Zusammenhang damit durchgeführten Vertiefung und Verbreiterung des Ohrebettes ist der Grundwasserstand in der Heide infolge des schnelleren Abflusses um $1^1/_2$ bis 2 m gesunken. Dadurch ist eine ganze Anzahl dieser Sölle heute sehr zusammengeschrumpft, manche sind vollständig verschwunden.

Nur vom Rande eilen kleine Bäche, in der Regel mit starkem Gefälle, herab; unter ihnen sind der Tanger, die Dolle, die Uchte, der Lausebach und die Milde die bedeutendsten; ihre Hauptwassermenge erhalten aber auch sie erst aus den Mooren der Niederungen.

Der Boden der Heide ist seiner Entstehung als Grundmoräne des Inlandeises nach Diluvialmergel, der stellenweise stark lehmig ist. An den Rändern bildet vielfach weißer Sand die oberste Schicht. In diesen Sandgebieten, ganz besonders an der Nordostecke, in den Kesselbergen und am Landsberge, sind durch die Thätigkeit der Winde Dünen aufgetürmt, die durch ihre kühneren Formen, ihre steileren Hänge etwas Abwechselung in die Einförmigkeit des Geländes bringen. Findlingsblöcke liegen überall zerstreut, einzelne unter ihnen erreichen bedeutende Größe. Für die Anlage der ganz vorzüglichen Kunststraßen der Heide, sowie zum Bau von Kirchen und Häusern haben diese Feldsteine gute Dienste geleistet.

Diese Bodenverhältnisse im Verein mit denen der Bewässerung bedingen das Pflanzenleben der Heide. Ihr weitaus größter Teil ist heute noch Wald, und zwar ein Wald von einer Größe, wie man in Deutschland — abgesehen von den Gebirgen — nicht viele findet. Seine größte Ausdehnung von Süden nach Norden beträgt etwa 25 km, die von Osten nach Westen noch etwas mehr. Der größte Anteil gehört dem preußischen Staate, der hier in fünf zusammenhängenden Oberförstereien 28 677 ha besitzt. Um diesen Kern lagern an den Rändern die Forsten der beiden Städte Neuhaldensleben (etwa 2500 ha) und Gardelegen (gegen 750 ha), sowie die zahlreicher Rittergüter und Dörfer; an der Westseite, beim Dorfe Born, grenzt auch ein Teil der herzoglich braunschweigischen Oberförsterei Calvörde an.

In früheren Zeiten bestand der Wald fast nur im nördlichen Teile, der sogenannten Kienheide, aus Kiefern. Die jetzigen Gemeindeholzungen waren vielfach offene, als Weide benutzte Flächen, die erst spät und zwar ausschließlich mit Kiefern aufgeforstet wurden. Gegenwärtig wird auch der größte Teil der königlichen Waldungen, namentlich an den Rändern, aus Kiefernhochwald gebildet, da der ausgesogene, trockener gewordene Boden (s. o.) die alten Laubholzbestände nicht mehr erhalten kann, große Waldbrände weite Flächen vernichtet haben und auf diesen Blößen dann die schneller wachsende Kiefer der höheren Erträge wegen angebaut wurde. In den letzten Jahrzehnten scheint aber eine Besetzung mit Laubholz an geeigneten Stellen, namentlich im Interesse des Wildstandes, für zweckmäßig erachtet zu werden, da z. B. im Jävenitzer Moore große Flächen, die gewaltige Kiefern getragen hatten, jetzt wieder mit Eichen aufgeforstet sind.

Nach einer photograph. Aufnahme von Max Ziesler=Berlin.

Jagdschloß Letzlingen.

Der mittlere und südliche Teil der königlichen Forsten bestand früher aus Laubholz. Auch jetzt noch sind hier in den älteren Kiefernbeständen einzelne alte Eichen und Birken eingesprengt; und die Gegenden, wo alljährlich die Hofjagden abgehalten werden, tragen noch heute Laubwald. So führt der Königsweg, der von Kolbitz nach Letzlingen die Heide durchquert, durch lichte Bestände gewaltiger Eichen; die meisten unter diesen sind vor Alter bereits wipfeldürr geworden, strecken aber wetterhart ihre kahlen Äste in die Luft. Große mit Birken bewachsene Flächen schließen sich ihnen an. Daneben sind entweder vereinzelt oder in Gruppen zahlreiche andere Baumarten vertreten.

Fast unbekannt, selbst in der näheren Umgegend, ist das Vorhandensein eines etwa 400 ha großen Waldes schlank aufstrebender Linden im südlichen Teile der Heide. Leider fällt er nach dem Wirtschaftsplane der Axt zum Opfer, zum Teil ist er bereits gefallen. Dafür aber, daß er nicht völlig ausgerottet und durch Kiefern und Eichen ersetzt wird, sorgen die üppig aus den abgehauenen Stämmen emporschießenden Loden. Untermischt sind die Linden mit einzelnen knorrigen Weißbuchen, starken eichengraurindigen Espen und weithin leuchtenden Birken.

Die Rotbuche fehlt auf der Heide fast völlig.

In den Niederungsbuchten am Rande der Hochfläche finden wir das Erlenbruch mit Erlen, Birken, Fichten und Eschen.

Hier auf dem frischeren, moorigen Boden treffen wir auch Unterholz und, besonders im nördlichen Teile, Heidel- und Preißelbeeren, deren Früchte den armen Bewohnern der Randdörfer jährlich annehmbaren Verdienst bringen. Auf der Höhe ist der Boden unter den Hochstämmen mit trockenen, wenig nahrhaften Gräsern, Cypressenwolfsmilch, Heidekraut oder Moos bedeckt; ja in den Bauernheiden fehlen auch diese Pflanzen vielfach, da zur Gewinnung von Streu der Boden ganz kahl geharkt wird. Die Eintönigkeit in diesen Holzungen ist daher geradezu schrecklich.

In diesen großen Wäldern hat sich ein reiches Tierleben erhalten. Die großen Raubtiere sind allerdings längst ausgerottet; der letzte Luchs ist im Jahre 1655 erlegt, auf Wölfe sind noch im Jahre 1712 große Jagden abgehalten worden. Das kleine Raubzeug: Fuchs, Dachs, Marder u. s. w., ist jedoch noch reichlich vorhanden, auch die Wildkatze wird hin und wieder angetroffen. Besonders groß aber ist der Bestand an Hirschen und Schwarzwild. Im Jahre 1846 übertraf der Wildstand 10 000 Stück, ist aber durch Seuchen und die Vorgänge des Jahres 1848 zurückgegangen. Den Hauptbestandteil bildet das Damwild, von dem 1713 aus der Pirschheide bei Potsdam 200 Stück eingeführt wurden, und das jetzt etwa 7000 Stück zählt. Vordem herrschte in der Heide das Rotwild. 1573 gingen durch strenge Kälte und hohen Schnee fast 5000 Stück ein; trotzdem blieben genügend übrig, so daß 1590 der damalige Kurfürst Johann Georg zur Hochzeitsfeier des Herzogs von Braunschweig 400 Hirsche von hier als Geschenk mitnehmen konnte. Der Dreißigjährige Krieg hat jedoch sehr aufgeräumt. Seit der Eingatterung des größten Teiles der Heide ist den Hirschen das Austreten auf die Äcker unmöglich gemacht; die Äsung innerhalb des Gatters ist immer schlechter, die Waldungen sind lichter geworden; frisches Blut ist nicht mehr hinzugekommen: alles das hat ein Zurückgehen der Hirsche bewirkt. Die Männchen setzen nur noch schwache Geweihe auf, setzen auch in der Zahl der Enden zurück. Hin und wieder trifft man auf Büffelhirsche, d. h. solche, die an Stelle des Geweihs nur knopfartige Bildungen oder überhaupt nichts auf den Rosenstöcken besitzen. So mögen im ganzen jetzt nur noch 500 Stück Rotwild im Gatter sein. Die außerhalb des Gatters stehenden Hirsche, namentlich die im Bezirke der Oberförsterei Burgstall und am Landsberge, haben alles, was den eingegatterten fehlt; sie sind daher durchweg stärker und schwerer.

Dasselbe läßt sich von den Wildschweinen sagen, die auf den angrenzenden Äckern noch viel Schaden thun. Im Gatter leben etwa 500 Stück. Im Winter müssen sie wie die Hirsche wegen Nahrungsmangel gefüttert werden, erhalten aber auch im Sommer in den Saufängen etwas Kartoffeln oder Korn, um sie an diese bestimmten Stellen zu gewöhnen, wo sie dann zur Hofjagd leicht eingefangen werden können.

So zählt die Heide mit einem Wildstande von etwa 8000 Stück in dem eingegatterten, 16000 ha großen Teile noch heute zu den wildreichsten Revieren Europas.

Das Reh ist auf der Hochfläche fast gar nicht anzutreffen, findet sich aber in großer Zahl an den Rändern.

Erwähnt mag noch werden, daß das Vogelleben im Innern der großen Waldungen nicht allzu reich ist. Gelegentlich wird einmal ein Adler erlegt. Falken, Habichte, Bussarde nisten in den dichten Kronen. Der Kolkrabe ist in wenigen Exemplaren anzutreffen. Bemerkenswert ist ein großer Reiherstand in der Nähe des Dorfes Dolle, wo Hunderte von Nestern dieser Fischräuber auf den meist kahlen Ästen der Eichen sitzen. In den lichten Laubholzbeständen sieht man wohl auch dann und wann die bunte Mandelkrähe. Reich ist das Vogelleben erst wieder am Rande.

Um das Jahr 1000 war die Heidehochfläche wie der größte Teil der Altmark überhaupt, von Wenden, die sich zwischen die Deutschen geschoben hatten, bewohnt. Ihre kleinen Dörfer lagen im Walde, und nach ihnen nannte man wohl die ganze Heide die Wendenheide. So bestätigte im Jahre 1250 Papst Innocenz dem Kloster Neuendorf eine Schenkung des halben Dorfes Salchau cum deserto slavico.

Seit dem Bestehen der Altmark und des Erzstiftes Magdeburg wurde die an der Grenze gelegene Heide ein beständiger Zankapfel der beiderseitigen Fürsten. Fortwährende Fehden verwüsteten die Ortschaften, die Bauern verließen sie auch wohl freiwillig, um sich zu größeren und daher sicheren Gemeinden zusammen zu schließen. So kommt es, daß man über dreißig wüste Dorfstellen in den Waldungen zählt. Der Dreißigjährige Krieg, dem der Volksmund diese Verwüstungen zuschreibt, ist daran unschuldig, so viel Unheil er auch sonst der Gegend gebracht hat. Der Markgraf Ludwig überließ einen großen Teil der Heide dem Erzstifte; trotzdem beanspruchten seine Nachfolger, besonders die aus dem Hause Hohenzollern, das Jagdrecht in den abgetretenen Gebieten. Im Jahre 1449 verzichtete Friedrich II. für sich und seine Erben auf die Jagd um Schollene an der Havel, wogegen der Erzbischof versprach, in der Gardelegener Heide weder selbst zu jagen noch jagen zu lassen. Seit der Zeit ist die Geschichte der Heide mit den Hohenzollern aufs innigste verknüpft. Im eigenen Besitz hatten die Kurfürsten zunächst allerdings nur einen geringen Teil im Norden. Kein gastliches Obdach lud sie nach den Anstrengungen der Jagd zur Ruhe ein, die Burg in Tangermünde war zu weit entfernt. Besonders schmerzlich empfand der jagdlustige Kurprinz Johann Georg diesen Mangel. Er kaufte daher die drei wüsten Feldmarken Letzlingen, Wittewenden und Schönfeld, erbaute im Jahre 1559 in Letzlingen ein Jagdschloß, die Hirschburg, in dem er von da ab viel und gerne, selbst mit seiner Familie wohnte, und umgab es mit einem großen Wildparke. Bald fand er Gelegenheit, seine Besitzungen zu vergrößern. Durch Tausch erwarb er von der Familie v. Bismarck deren Gut Burgstall, d. i. etwa der Bezirk der heutigen Oberförsterei Burgstall. Im Jahre 1579 wurde auch die Klosterheide von Neuendorf, das Jävenitzer Revier, hinzugelegt. Da nun auch der Sohn des Kurprinzen, der 1562 Administrator des Erzstiftes geworden war, seinem Vater gegen geringe Entschädigung die Jagd im magdeburgischen Teile (Kolbitz) und in der mit Braunschweig gemeinschaftlich besessenen Halbgerichtsforst (Planken) überließ, so war damals schon das heutige Revier zusammen. Auch der Nachfolger, Joachim Friedrich, weilte gern in Letzlingen. Dann aber kam der schreckliche Krieg, der den Wildstand vernichtete. Nachdem noch der jugendliche Kurprinz Friedrich Wilhelm einige Zeit sich im Schlosse aufgehalten hatte, verödete und verfiel es. Im Jahre 1720 wurde es notdürftig ausgebessert und dann dem Oberforstmeister der Altmark als Wohnsitz angewiesen.

Die hohen Jagdherren kamen nicht mehr in die Heide. Friedrich Wilhelm I. überließ im Jahre 1726 dem damals in Gardelegen wohnenden Fürsten Leopold von Dessau die hohe Jagd, die dieser eifrige Jäger von einem in Solchau erbauten Jagdhause aus fleißig pflegte. Am Anfange des neunzehnten Jahrhunderts jagte von seinem Gute Schricke aus Prinz Louis Ferdinand gern in den ausgedehnten Waldungen. Hofjagden werden jedoch erst wieder seit dem Jahre 1843 abgehalten und seitdem jährlich wiederholt. Im Frühjahr 1843 bereiste König Friedrich Wilhelm IV. die Altmark und die Heide. Da befahl er, daß das Schloß ausgebaut und eingerichtet würde.

Alljährlich im Spätherbste erwachen nun das stille Schloß und der Wald aus ihrer Ruhe. Die Hofjagd lockt Hunderte von Leuten herbei, die sich die Gelegenheit nicht entgehen lassen wollen, den verehrten Landesvater zu sehen und innerhalb der geliebten engeren Heimat, in der Heide zu begrüßen.

Dr. A. Mertens-Magdeburg.

Der Brocken.

Man hat gesagt, jeder Deutsche hege zwei besondere Wünsche, die er eifrigst zu erfüllen strebe, nämlich die, dem Vater Rhein einen Besuch abzustatten und mit Faust und Mephisto auf dem Brocken zu verkehren. Wie mag doch der mächtige rebenumkränzte grüne Rhein mit seiner zweitausendjährigen Geschichte neben den öden windumtosten Berggipfel gestellt werden, von dem selbst ein besonderer Verehrer sagen muß: „Kahler Berg und feuchtes Thal, das ist die ganze Scene!"

Der Lösung dieses Rätsels sollen die folgenden Beobachtungen dienen, indem sie auf die ganz besondere Stellung hinweisen, die unser Berg in Natur und Geschichte einnimmt.

Vergegenwärtigen wir uns den Bau unseres reich gegliederten Erdteils, so verfolgen wir in dessen Mitte eine lange Gebirgsreihe, die, von SO. nach NW. streichend, an der unteren Donau mächtig aufsteigt und sich bis zu den letzten Ausläufern des westfälischen Osning an der mittleren Ems erstreckt. Unfern dem Ende dieser großen und wichtigen Scheidelinie zwischen dem vielgestaltigen, gebirgigen Südeuropa und den weitgedehnten deutschen und sarmatischen Ebenen im Norden steigt als letztes eigentliches Gebirge die Hochwarte des Harzes empor, dessen mächtiger granitiger Gipfel der Brocken ist. Er ragt um so freier über die nördlichen, östlichen und westlichen Ebenen hinaus, als jene mitteleuropäische Gebirgsscheide vom Lausitzer bis zum Fichtelgebirge fast im rechten Winkel abbiegt, so daß sich vom Brocken nach SO. ein ebenes oder leicht gewelltes Land ausbreitet, wie auch nach SW. die Vorberge sich bald zur niederländischen Tiefebene hinabsenken.

In solcher Lage ist der Harz, obgleich an Höhe und Breite von bescheidenen Abmessungen, doch das selbständigste, am reichsten gegliederte Gebirge Deutschlands. An seinen Nordgehängen stoßen und auf seinem Gipfel sammeln sich die Regenwolken, die vom baltischen und deutschen Meere heranziehen. Daraus erklären sich die reichen feuchten Niederschläge am Harz, und die Wettererscheinungen auf dem Brocken sind so mannigfaltiger Art, daß die sturmumtoste Höhe, die einer weiten Umwohnerschaft seit alter Zeit als Wetterprophet diente, zu unserer Zeit zu einem hervorragenden Standort für ununterbrochene Wetterbeobachtungen geworden ist.

Durch den reichen Schatz von Niederschlägen, die auch zur Bildung ausgedehnter Hochmoore führten, ist der Brocken der große Wassersammler, der das oberharzische Bergwerk mit diesem wichtigen Betriebsmittel versorgt, während auch in ungezählten Adern die Quellwasser durch Ilse und Ecker zum Wesergebiet und durch die Holtemme und Bode in das der Elbe hinabfließen.

Wie der eigenartige, an der Oberfläche teils zerklüftete, teils in mächtigen Klippen zu Tage tretende Granit, der den Leib des Berges bildet, zu ernsten Fragen über die Erdbildung Anlaß gegeben hat, so bieten auch die kleineren Gebilde seiner Tier- und Pflanzenwelt reiche Gelegenheit zur Beobachtung, denn die besonderen Bedingungen des organischen Lebens, wie die Witterungs- und Bodenverhältnisse der bis über 1140 m frei emporragenden Höhe sie darbieten, erzeugen auch eine große Mannigfaltigkeit in der Tier- und Pflanzenwelt.

Der Bedeutung des Harzgipfels für den Naturhaushalt entspricht nun aber eine noch weiter reichende für Geist und Gemüt. Jahrtausende hat er eine weite Fernwirkung auf die Vorstellungen einer großen Umwohnerschaft geübt, bevor eines Menschen Fuß seinen granitenen Scheitel betrat. Wie sein Gipfel weit in die Lande hinausschaut, so lag er auch im Gesichtskreis der Völker und Stämme, die seit grauer Vorzeit vom Osten her in den europäischen Westen vordrangen. Aus so alter Zeit ist uns kein besonderer Name unseres Berges überliefert. Es bedurfte eines solchen auch nicht, denn von fern gesehen war er nur die höchste Erhebung des Harzes, die mit diesem ein ungeteiltes Ganzes bildete. Nur der unmittelbare Anwohner hatte einen Anlaß, diese mächtige Höhe durch einen Namen von ihrer Umgebung zu unterscheiden, aber zu weiterer Kenntnis gelangte dieser Name erst, seitdem der Berg für weitere Kreise Bedeutung gewann.

Da ist es nun für den Brocken überaus merkwürdig, daß diese Bedeutung zuerst nicht in irgend etwas materiellem, körperlich greifbarem, vielmehr in etwas geistigem und im Gebiet des Glaubens und der Vorstellung beschlossen lag. Als nämlich das Christentum die Göttergestalten des alten Heidentums abthat und an ihrer Stelle den dreieinigen Gott im Geist und in der Wahrheit anbeten lehrte, da sanken die Götter verschiedener Völker zu bösen Geistern und Nebelgestalten herab, die nach der Vorstellung des Volkes zu nächtlicher Weile an öden Stätten auf Heiden und Höhen zusammenkamen und hier ihr finsteres Wesen trieben. Solcher Stellen gab es in den Kulturgegenden Europas verschiedene. Da nun aber der für den Besucher unnahbare, dem Blick aber auf weite Entfernung offen liegende Brocken für eine solche nächtliche Geisterversammlung sich besonders zu eignen schien, so wurden wie auf den Wolken des Himmels jene finsteren Nachtfahrergebilde allmählich zum Hochgipfel des Harzes getragen, und schon gegen Ende des 13. Jahrhunderts sagt uns ein Gedicht von den mannigfaltigen Nachtfahrern, schadenkräftigen Geisterwesen, „die zu dem Brochelsberge sind gerannt.“ Neben echt deutschen Göttervorstellungen, wie von Wuotanes Heer und seinem Gefolge, begegnen wir solchen, die auf fremdem, slavisch-litauischem Boden erwachsen zu sein scheinen, wie den Pilewizze, Truttan und Lodowan. Der Name Brochelsberg, der als Bezeichnung des Unholdenberges noch im 17. Jahrhundert vorkommt, ist von dem echten und einheimischen Brocken- oder Brokenberg herzuleiten.

Merkwürdig ist, daß auch die erste Gelegenheit, bei der dieser echte Name auftaucht, eine nicht mit seinem Besuch oder seiner Nutzung, sondern mit seiner Weitsichtbarkeit im Zusammenhange stehende ist: ein Haus auf dem Petersförder in Magdeburg, von wo der Berg bei klarem Wetter sichtbar ist, wird als hus tom Brokenberge bezeichnet (1424. 1438). Im Verlauf des 15. Jahrhunderts nennen dann auch einheimische Quellen unsern Berg als Brocken- oder Brackenberg, wobei man ebenso an die Felsbrocken oder Klippen, wie an die Bracken oder Bräken, als Nutzholz untaugliche Stuken und Stämme, die noch bis über die Mitte des 17. Jahrhunderts in großen Mengen auf dieser Höhe lagerten, wird denken können.

Das 15. Jahrhundert bezeugt nun auch in einer aus Erfurt stammenden Quelle die Brockensage in der neueren Gestalt, daß nachtfahrende Weiber auf Bänken, Besen und anderem Hausgerät den Berg hinaufzögen und dort ihren finsteren Reigen führten. Aber es ist sehr beachtenswert, daß ein ziemlich gleichzeitiger Leser das als ein lächerliches Wahngebilde bezeichnet. Er steht damit ganz auf dem Boden des alten nüchternen Christenglaubens, der von solchem Wahn nichts wußte. Noch eine Kirchenversammlung zu Trier erklärt im Jahre 1310 den Glauben an die nachtfahrenden Weiber als eine trügerische Eingabe des Bösen. Da belehrte ein Wort des für unfehlbar gehaltenen Papstes Innocenz VIII., vom 5. Dezember 1484 die Gläubigen, daß es, zumal im oberen Deutschland, Zauberer, besonders aber Zauberinnen gebe, die durch Buhlschaft mit Teufeln und durch ihre Beschwörung allerlei Schaden stifteten, die Früchte der Erde vernichteten und unschuldigen Menschen furchtbare Qualen bereiteten. Ihre Zahl sei eine so große, daß man sie kaum alle vernichten könne. Mit diesem Beglaubigungsbrief ließ er den sogenannten Hexenhammer ausgehen, mit welchem unter Beseitigung eines ordentlichen Gerichtsverfahrens der Dominikanerorden diese Vernichtung der Hexen bewirken sollte. Je mehr zu jener Zeit der Papst als Glaubensorakel angesehen wurde, um so furchtbarer wirkte jenes päpstliche Urteil; denn nun war ja an der Wirklichkeit der Hexen bei einem Gläubigen der päpstlichen Kirche nicht zu zweifeln. Die gefährlichste der durch die Folter erpreßten Urgichten (d. i. Geständnisse) war nun aber die von der Teufelsbuhlschaft und der damit zusammenhängenden Abschwörung des Glaubens und den Hexensabbaten. Mehr und mehr wurde in Deutschland der Brocken-Blocksberg die Stätte, wohin die durch das wahnwitzige Gericht angeregte und verderbte Einbildungskraft diese Versammlungen der nachtfahrenden Zauberweiber verlegte. An Widerspruch hat's zwar kaum je bei vernünftigen Christen gefehlt, doch hat jener Hexenwahn bis ins 18. Jahrhundert hinein seine Opfer gefordert und das Fahren der Hexen nach dem Brocken die irrende Vorstellungskraft beschäftigt.

Aber während so „irrende Völker" unseren Berg mit finsteren „Geisterreihen kränzten", soweit sie nur Augen und Gedanken zu ihm emporschickten, wirkte er geistig befreiend auf einen jeden, der den Fuß auf seinen Boden setzte und als rüstiger Wanderer die übel berufene Höhe erklomm. Diese Brockenfahrten müssen schon um die Zeit des Auflebens der Wissenschaft und Kunst in Deutschland in der zweiten Hälfte des 15. Jahrhunderts begonnen haben, denn jene Erfurter Handschrift, die den Blocksbergwahn verwirft, zeugt auch davon, daß man die Brockenkuppe schon kannte, also auch erstiegen hatte. Die erste mit Zeit und Namen bestimmbare Brockenfahrt wurde ums Jahr 1560 von Tileman Stolz (Stella) aus Siegen, einem Schüler von Melanchthon und Camerarius ausgeführt, jedenfalls im Dienst der Wissenschaft, da Stolz sich durch die Anfertigung von Landtafeln oder Karten auszeichnete. Um diese Zeit erregten auch in der Nachbarschaft die Baumannshöhle, der Regenstein und andere Merkwürdigkeiten am Harz die Aufmerksamkeit der Reformatorenschüler. So war es denn auch im Dienste der Wissenschaft, einer Harzischen Pflanzenkunde, daß seit 1572 Johann Thal, Leibarzt des Gründers der Wernigeröder Bibliothek, wiederholt von Wernigerode aus den

Brocken erstieg. Auch bei der Verfolgung gewerblicher Bestrebungen, zunächst zur Untersuchung der Hochmoore des höchsten Harzes, bestiegen zwei in der Geschichte des deutschen Gewerbewesens namhafte Männer, Heinrich Cramer von Clausbruch und C. Schelhamer, im Juli 1571 die höchste Brockenkuppe.

Nur wenig später sehen wir Männer sich den Mühen einer Brockenfahrt unterziehen, die kein wissenschaftliches Streben, auch nicht ein kräftiges Naturgefühl, sondern nur das Verlangen, die übel berufene Höhe und von dort das Land ringsum zu erschauen dazu antreibt. In diesem Sinne sieht sich am 3. August 1579 der Hildesheimer Bürgermeister Henni Arneken den Hexenbrunnen und sonstige Gegenstände, von denen der Volksglaube etwas zu erzählen wußte, näher an. Von den Herren der Brockengrafschaft, den Grafen zu Stolberg, wissen wir, daß sie

Nach einer photogr. Aufnahme v. Fr. Rose-Wernigerode.

Gipfel des Brocken mit Hotel und Aussichtsturm.

seit 1524 bis dicht unterm Brocken weidwerkten. In den Jahren 1587 und 1591 wurden sie von den Herzögen von Braunschweig in Anspruch genommen, als diese den Berg ersteigen wollten. Im Sommer des letzteren Jahres ist es Herzog Heinrich Julius, der mit seiner jungen Gemahlin, der dänischen Königstochter Elisabeth, die Höhe auf notdürftig gebahntem Wege ersteigt.

Allmählich nehmen nun die Besuche des Brockens bis zur Zeit des großen deutschen Krieges zu, ohne daß wir darüber im einzelnen Hinreichendes sagen können. Während jener traurigen Zeit erinnert uns nur ein Aufstieg Quedlinburger Schüler im Sommer des Jahres 1634 daran, daß man den vorher in Übung gekommenen Brauch nicht ganz vergessen hatte. Sobald aber das süße, edle Friedenswort erschollen war, begannen diese Unternehmungen wieder und zwar in größerer Zahl als vorher. Den Reigen beginnt mit Vettern und Gefolgschaft im Jahre 1649 Fürst Wolfgang von Anhalt-Bernburg. Von nun an werden auch häufiger die mit dem Hexenwesen in Zusammenhang gebrachten Örtlichkeiten, der Hexentanzplatz, Teufelskanzel, Hexenteich und Hexenbrunnen genannt. Von tieferer Naturempfindung ist höchstens einmal bei einem geistlichen Herrn eine Spur zu entdecken. Dem Lüneburger Professor der Geschichte und Beredsamkeit v. Miechowsky ist ums Jahr 1650 das Rauschen der über Felsgestein zu Thal fließenden Ilse in seiner Brockenbeschreibung ein „unangenehmes Geräusch“.

Eine bedeutende Zunahme der Brockenfahrten beobachten wir in den letzten Jahrzehnten des 17. Jahrhunderts. Dazu trug nicht wenig die seit 1668 erfolgte Gründung des Brockendorfes Schierke bei. Aus wirtschaftlichen Gründen mußten zunächst bis hierhin, dann im benachbarten Forst notdürftige Pfade und Wege angelegt werden. Dann fand der Wanderer hier nicht nur vorübergehende Rast und bescheidene Verpflegung, sondern auch pfadkundige Leute. Im ersten Jahrzehnt des 18. Jahrhunderts hat die Wanderung nach unserem Berge bereits in größerem Maßstabe stattgefunden; Brockenführer aus Schierke, Ilsenburg und anderen Nachbarorten stehen den Reisenden zur Verfügung, Köhler und Holzhauer, Heidelbeer- und Himbeerträger, Zigeuner und Venediger begegnen sich auf der Höhe mit den zu einem idealeren Zwecke herzugekommenen Brockengängern. Am Johannistage 1707 sollen sogar schon gegen 150 Personen hinaufgezogen sein.

Als der Verkehr auf der einst für unerreichbar gehaltenen Höhe zu solcher Ausdehnung gelangt war, vollzog sich in Deutschland, insbesondere auch in der Brockengrafschaft, eine große Wandlung auf religiös-geistigem Gebiete. An die Stelle des erstarrten altkirchlichen Wesens trat der Pietismus. In ganz augenfällig eigenartiger Weise tritt diese Veränderung auch bei der Brockenwanderung zur Erscheinung. Mit Vorliebe sehen wir bald die gräflichen Herrschaften, bald die erweckten Geistlichen mit ihren Freunden den Berg hinaufziehen und unterwegs wohl die zerstreuten Holzhauer und Köhler zur Andacht versammeln. Der Anblick der Naturwunder, besonders der Blick vom höchsten Gipfel weckt Ewigkeitsgedanken und das Bewußtsein des Gegensatzes von Sünde und Gottesgnade. Mitten im naßkalten Regen genießt man frohgemut sein bescheidenes Mahl, hält gemeinsam Andacht und wärmt, an den Fuß des Gebirges zurückgekehrt, die erstarrten Glieder durch den Genuß von warmem Wasser. Im Jahre 1751 treffen wir auf der Brockenkuppe sowohl den Verfasser des Schatzkästleins Karl Heinrich von Bogatzky, als den zugleich als Naturforscher nennenswerten Johann Esaias Silberschlag als Gäste der Grafen und in Begleitung von pietistischen Freunden aus Wernigerode. Jene Grafen, an der Spitze der bis 1771 regierende Graf Christian Ernst, waren es auch, die den Brocken wohnlich und leichter zugänglich machten. So entstand im Jahre 1736 das später so genannte Wolkenhäuschen auf dem großen Brocken, in welchem eine mäßige Zahl von Besuchern Schutz vor Wind und Wetter, nachts auch zur Not eine Unterkunft fand. Sieben Jahre später ließ der Graf ein ordentliches Wirtshaus auf dem Kleinen Brocken erbauen, das von da ab Heinrichshöhe genannt wurde.

Bei dem infolge dieser Erleichterungen vermehrten Besuch des Berges lohnte es sich, in einem Buche die Namen der von 1753—1791 in die Brockenstammbücher eingetragenen Gäste in den „Jahrbüchern des Brockens“ mit den Beischriften in gebundener und ungebundener Rede herauszugeben. Beim Lesen dieses Buches hat schon jemand bald nach dessen Erscheinen die Beobachtung gemacht, daß sich innerhalb der noch nicht vier Jahrzehnte in den hier niedergelegten Gedanken ein höchst merkwürdiger Wandel der Anschauungen von der Zeit des späteren Pietismus, der Fridericianischen bis zur Geniezeit beobachten lasse. Die letztere Periode gipfelt in den verschiedenen Besuchen des Brockenverehrers Goethe und der Beschreibung eines auf dem Brocken beobachteten Sonnenaufgangs von Gökingk.

Jene an den „Jahrbüchern des Brockens“ gemachte Beobachtung gilt hinsichtlich der Stimmen vom Brocken, wie sie uns aus dem danach folgenden Jahrhundert bekannt sind so sehr, daß man wohl sagen kann, es lasse sich der Pulsschlag der deutschen Volksseele kaum aus irgend einer andern Quelle in knapper Gestalt so kräftig und deutlich von Jahr zu Jahr verfolgen und prüfen, als aus diesen Äußerungen. Das Aufkeimen, dann die mächtige Entfaltung unseres Volks- und Vaterlandsgefühls läßt sich teilweise an ein und denselben hervorragenden Männern beobachten, die zu verschiedenen, durch gewaltige geschichtliche Bewegungen gesonderten Zeiten die Höhe erstiegen. Ein Heinrich Steffens begann seine Brockenwanderungen 1799, war dann am 27. Mai 1806 mit seinem Freunde Friedrich Schleiermacher nebst einer Anzahl von Hörern aus Halle wieder auf dem Berge, Schleiermacher mit Frau und Kindern gleich nach den Freiheitskriegen am 1. September 1815 wieder, Steffens noch öfter. An beiden Männern, Herolden des erneuerten deutschen Volksbewußtseins, ist es besonders anziehend, dieses Wachsen und Wandeln zu beobachten.

Am 30. und 31. Mai 1805 geleitete Graf Christian Friedrich zu Stolberg den König Friedrich Wilhelm III., die Königin Luise und den Prinzen Wilhelm mit zahlreichem Gefolge hinauf; die trübe regnerische Witterung schien dem Ernst der Lage zu entsprechen. Alsbald erfolgte der Sturz des Vaterlandes. Gleichsam um seine Hoheit über unser Vaterland zu besiegeln, zog am 8. August 1811 König Jérôme von Westfalen samt Gemahlin mit vielem Gepränge unseren deutschen Mittelberg hinauf. Doch kaum war der Feind besiegt, als der jugendliche hochsinnige Kronprinz Friedrich Wilhelm von Paris über England nach dem Brocken eilte, sich hier die Gemächer ansah, wo Ende Mai sein königlicher Vater und seine hohe verewigte Mutter, die Königin Luise, gewohnt hatte und im feierlichen Gläserklang auf die „Wiedergeburt des Brockens“ anstieß. Nach Beendigung des Feldzuges von 1815 eilen wieder Offiziere des ersten Garderegiments unmittelbar aus Frankreich zu derselben Stelle und machen den wieder befreiten Berg zum Altar ihres frohen Dankes.

Seitdem gilt der rauhe Brocken als der deutsche Mittelberg, Vater der deutschen Berge, Sinnbild der deutschen Kraft und Art, die in Sturm und Anfechtung treu bleibt. Es ist geradezu rührend, wie deutsche Ansiedler aus den Steppen Rußlands, aus Esth- und Lievland, wenn sie heimkehren, auf der Brockenhöhe ihre vaterländischen Gefühle ausströmen, oder wenn ein schlichter Mann aus Hessen, der im Begriff steht, Deutschland und Europa zu verlassen, sich gedrungen fühlt, sich auf dem Harz und Brocken von seinem Vaterlande zu verabschieden.

Kaum waren die Freiheitskämpfe siegreich bestanden, als man damit begann, zur Erinnerung an die große Leipziger Völkerschlacht Oktoberfeuer als Dankopfer gegen den höchsten Lenker der Schlachten auf dem Brockenscheitel anzuzünden. Dasselbe geschah, als nach den schweren ruhmreichen Kämpfen in Frankreich ein neues deutsches Reich erstanden war. Auch bei den dazwischen liegenden inneren und äußeren Bewegungen vertreten die Heroldsstimmen der Brockengäste den Chor im griechischen Schauspiel: In dem Jubeljahr der Kirchenerneuerung in Deutschland erblickt ein Sohn des Elsaß vom Brockengipfel mit freudiger Bewegung die gesegneten Wiegenlande der Reformation. Zur Zeit der Julirevolution in Frankreich erhebt sich eine warnende Stimme gegen das Eindringen des Geistes der Empörung und mahnt zur Treue gegen die angestammten Landesherrn, wie gegen den Herrn aller Herrn. Auch die auf eine Versöhnung aller Völker, allermeist der Deutschen und Franzosen, gerichteten Bestrebungen finden hier ihren Ausdruck, nicht minder die Sorgen wegen aller möglichen Gefahren Deutschlands vor inneren und äußeren Feinden.

Mit dem Schluß des Jahrhunderts hat der Brockenbesuch eine ganz neue Gestalt gewonnen; in langen Zügen strebts hinauf, wie bei einer kleinen Völkerwanderung, aber nicht zu Pferde, zu Fuß, oder, wie es längere Zeit Brauch war, auf Mauleseln, sondern unmittelbar aus der dicht besiedelten Ebene dringt das Dampfroß in den Bergwald, windet sich, kühn emporsteigend, in vielen Bogen durch das Gebirge an steilen Hängen und durch Felseinschnitte, endlich durch Hochmoore. Wie auf sanftem Schlummerpfühl wird der Fahrgast bei stetem Wechsel der Landschaft zum Scheitel des Gebirges emporgeführt; wie ein Traumbild entfaltet sich vor seinen Augen die großartige Gebirgslandschaft auf der letzten Wegstrecke. Nicht nur der kräftige Jüngling und Mann, auch der Schwache und Erholungsuchende kann nun die gesunde Höhenluft und die Schönheiten der Gebirgslandschaft genießen. Daneben findet aber der rüstige frohe Wandersmann Gelegenheit genug, mit seinem Wanderstabe durch die grünen Waldthäler und auf steilen Bergpfaden hinaufzuklimmen und seine Kraft zu stählen.

Dr. Ed. Jacobs-Wernigerode.

Wernigerode.

In der von seinem Landgebiet am meisten nach Norden sich erstreckenden Altmark schließt das preußische Sachsen die Wiege des brandenburg-preußischen Staates ein. Alle übrigen Bestandteile, aus denen die Provinz, mannigfaltiger und bunter wie jede andere, zusammengesetzt ist, sind erst seit der Mitte des 17. und bis ins 19. Jahrhundert an Brandenburg-Preußen und den Hohenzollernstaat gefallen.

Nur ein räumlich recht kleines, aber von der Natur mit einer reichen Gliederung und Schönheit ausgestattetes Stückchen Erde, die Grafschaft Wernigerode am Harz, macht hiervon eine Ausnahme; denn schon im Jahre 1268 trug Graf Konrad von Wernigerode Schloß und Stadt dieses Namens den Markgrafen Johann, Otto

— mit dem Pfeil — und Konrad von Brandenburg aus dem Hause Anhalt oder Ballenstedt zu Lehn auf.

Es sind aber nicht nur die alten Beziehungen zu unserem Staate, die uns dieses Ländchen merkwürdig machen, sondern wie sein Boden einen großen Wechsel von Berg und Wald, Gewässern und Ackerflur aufweist, so ist auch seine Geschichte besonders lehrreich und mannigfaltig.

Schon die Bezeichnung als Grafschaft veranlaßt uns, auf den eigentümlichen Werdegang dieser geschichtlichen Bildung hinzuweisen. Grafschaften sind bekanntlich die Bezirke, in welche der große Franke, Kaiser Karl, der wie ein mächtiger Markstein an der Spitze der neueren abendländischen Geschichte steht, sein weites Völkerreich einteilte. An ihre Spitze stellte er als Reichsbeamte die Grafen, denen die Leitung der Verwaltung, des Gerichts- und des Heerwesens in ihrem Gebiete anvertraut war.

In diesem Sinne war das Wernigeröder Gebiet keine Grafschaft. Der größte Teil seiner Oberfläche war mit Wald bedeckt, der noch zur Zeit der deutschen Könige vom sächsischen Stamme zu dem für den König ausgesonderten harzischen Reichsbannforst gehörte. Vom 9. bis zum 11. Jahrhundert drangen die Siedelungen im Walde bis an den Fuß des Gebirges vor, besonders die geistlichen Pflanzungen der Benediktiner, das Jungfrauenkloster Drübeck im Jahre 877 von dem ostfränkischen Könige Ludwig bestätigt, an dessen Spitze die Gräfin Adelbrin aus dem Hause der erlauchten Stifter trat und das Mannskloster Elisenaburg oder Ilsenburg am Austritt der Ilse aus den Harzbergen. Letzteres, ursprünglich ein gelegentlich als Jagdsitz benutztes festes Königshaus, hatte sich bereits im 10. Jahrhundert der frühere Königl. Kaplan, dann Bischof Arnulf von Halberstadt von Kaiser Otto III. erbeten. Heinrich II. gewährte den Wunsch des Bischofs, und ums Jahr 1009 verließen des Königs Mannen die Burg, in die nun Benediktinerbrüder von der fuldaischen Ordnung einzogen.

Mit dem zunehmenden Anbau des Landes gleich vor den Bergen fand auch dessen Aufteilung statt und wir finden hier Glieder aus verschiedenen erlauchten Häusern angesessen, darunter 1131 und 1157 den Adalbert von Ascharien, d. h. den Markgrafen Albrecht den Bären, der die Vogtei des Klosters Ilsenburg besaß und ausübte.

Unter den Edeln, die hier zu Besitz gelangten, tritt auch ein Adalbert hervor, den wir im Jahre 1121 zum erstenmal als Grafen von Wernigerode bezeichnet finden. Dieser Adalbert kam aus dem Hildesheimischen, wo er ansehnliche Familiengüter besaß. Hier und in der Gegend am Elm im Darlingau verwaltete dieses Geschlecht auch die Grafschaft als Reichsamt, dessen alte Bedeutung freilich im Lauf der Jahrhunderte mehr und mehr dahinschwand. In den Gebieten unterm Brocken hatten sie diese Amtsbefugnis nicht, sondern waren hier besonders an der Stelle der Edlen von Veckenstedt zu reichem Besitz, auch zur Vogtei der Klöster Ilsenburg und Drübeck gelangt.

Wie haben es hier nicht mit den besonderen Geschicken und Thaten dieses Geschlechts zu thun, sondern nur dessen geschichtliche Bedeutung zu kennzeichnen. Diese besteht darin, daß sie durch unentwegtes Verfolgen eines bestimmten Zieles in der Gegend, wo sie seit Beginn des 12. Jahrhunderts eine neue Heimat fanden, ihre Besitzungen und Gerechtsame so mehrten und abrundeten, daß im Jahre 1324 zum erstenmal von ihnen nicht nur als Grafen von Wernigerode, sondern auch von dem ihrem Walten unterstehenden Gebiete als von einer Grafschaft Wernigerode die Rede ist. Diese wird damals als Lehn des Markgrafen Ludwig von Brandenburg aufgeführt.

Jenes Ziel des wernigerödischen Grafenhauses wurde zeitweise mit großer Rücksichtslosigkeit und Eigengewalt verfolgt. Als der von dem großen Dichter Dante so hoch gefeierte Kaiser Heinrich VII., nachdem er angeblich das Reich nördlich der Alpen ganz beruhigt hatte, seine Kraft und sein Leben in der Verfolgung der alten Reichsidee Karls des Großen hinopferte, machte Graf Albrecht V. von Wernigerode (1268—1319) einen großen Teil von Niedersachsen unsicher. Vergeblich bot der Papst die Fürsten Niedersachsens auf, um das von Albrecht befehdete Kloster Ilsenburg vor diesem unbändigen Herrn zu schützen. So sehr das landfriedensbrüchige Verfahren Graf Albrechts zu verurteilen ist, es diente mit Erfolg dem auf die Aus-

Nach einer photogr. Aufnahme v. Fr. Rose-Wernigerode.

Schloß in Wernigerode.

dehnung seiner Gerechtsame gerichteten Streben des Hauses. Des Grafen Oberlehnsherr, der berühmte Markgraf Waldemar von Brandenburg war es, der als erkorener Schiedsrichter sowohl dem Bischof von Halberstadt gegenüber als auch bei der Vergleichung mit dem Kloster Ilsenburg am 19. Juni 1314 zu Sandow an der Elbe sein Urteil dahin aussprach, daß aus der dem Grafen zustehenden Gerichtsbarkeit nicht das Recht folgere, Steuern und Abgaben aufzulegen oder neue Gesetze auf das Land zu bringen.

Wie hier schließlich die Grafen doch den Zweck ihrer Fehde erreichten, so war ihnen auch kaum ein Vierteljahrhundert später bei einem schweren Kampfe ihrer östlichen Nachbarn das Glück besonders günstig. Als nach einem langen mutigen Ringen das einst mächtige Geschlecht der Grafen von Regenstein den rücksichtslos durchgeführten Bestrebungen der Bischöfe Albrecht I. und II. von Halberstadt, die auf Kosten der Grafen ein geschlossenes, zusammenhängendes Fürstentum begründen wollten, erlegen waren, gelang es den Grafen von Wernigerode durch Bundesgenossenschaft mit dem Bischof und durch die Gefangennahme eines Grafen Heinrich von Regenstein ihren Nachbarn eine große Summe von Grafschaftsrechten und anstoßenden Besitzungen abzudringen. Dadurch und mit dem am 26. Juli 1343 geschlossenen Abtretungsvertrage war die Bildung einer abgerundeten Grafschaft Wernigerode zum Abschluß gelangt.

Nicht immer lächelte freilich den Grafen das Glück. Als sie ungefähr vier Jahrzehnte später mit dem Erzbischof Ludwig von Magdeburg, geborenem Markgrafen von Meißen, in Streit gerieten, unterlagen sie und mußten am 24. November 1381 Schloß und Stadt Wernigerode dem Erzstift Magdeburg zu Lehn auftragen. Dadurch wurden die brandenburgischen Rechte verletzt, aber die traurigen Zustände in der Mark lassen es erklärlich erscheinen, daß damals kein Widerspruch erhoben wurde. Auch am Harz folgte dieser unruhigen Zeit eine Fehde auf die andere. Einer derselben, die mit Wort und Bild in die Tafeln der Erinnerung eingetragen ist, müssen wir hier kurz gedenken; es ist die, welche Graf Dietrich von Wernigerode, der nebst seinem älteren Bruder dem Erzbischof von Magdeburg unterlegen war, mit den Grafen von Regenstein führte. Als er im Jahre 1386, ohne die Fehde anzusagen, das Schloß Blankenburg überfiel, wurde er durch eine Fehme kurzer Hand verurteilt, getötet und am 22. Juli d. J. der Leichnam an einen Baum gehängt. Noch sind in Wernigerode sinnbildliche Darstellungen dieses Fehmgerichts erhalten. Ebenso erinnert der jüngste kirchliche Bau des Mittelalters, die Theobaldikirche vor Wernigerode, an dieses Ereignis. Denn dieses Gotteshaus, worin der 22. Juli, der Magdalenentag, besonders gefeiert wurde, entstand als Stiftung der Brüder Dietrichs zur Sühne für den gefehmten Herrn.

Mit Dietrichs jüngstem Bruder Heinrich starb am 3. Juni 1429 dieses alte Harzgrafengeschlecht aus. Dieser letzte seines Geschlechts zeichnete sich durch Schenkungen an seine Stadt aus; auch hat es etwas Versöhnendes, daß jenes dem Krieg und der Fehde so eifrig ergebene Geschlecht zuletzt in Graf Heinrichs älterem Bruder Albrecht noch einen Mann des Friedens den Halberstädter Bischofsstuhl einnehmen sah (1411—1419).

Infolge einer engen Verbindung und einer bislang nicht näher zu bestimmenden Verwandtschaft zwischen den Grafen von Wernigerode und Stolberg kam die nordharzische Grafschaft im Jahre 1429 an das letztere Geschlecht, dem schon zwölf Jahre vorher die Erbhuldigung geleistet war. Als das Haus Hohenzollern seine Herrschaft in der Mark angetreten hatte, gedachte man auch wieder der alten brandenburgischen Lehnsansprüche auf die Grafschaft und durch den Markgrafen und Kurfürsten Friedrich II. wurde am 15. Nov. 1449 im Vergleich von Zinna der alte Lehnsverband zwischen der Grafschaft und der Mark Brandenburg wiederhergestellt.

Bedeutend älter als die Grafschaft ist der Ort Wernigerode; denn als jener Adalbert von Haimar zu Anfang des 12. Jahrhunderts nach dem Nordharz übersiedelte und sich auf einer hierzu besonders geeigneten Höhe ein festes Haus baute, da erhielt dieses seinen Namen von dem darunter gelegenen Orte, nicht, wie in so manchen Fällen, der erst später im Schutze der Burg entstandene Ort nach dieser. Wann die Werninge, die Leute eines Werno, Werning oder Werinher zuerst den Wald am Fuß der Harzberge zur Anlage einer dörflichen Siedelung rodeten, wissen wir nicht zu sagen; es mag schon im 9. oder 10. Jahrhundert geschehen sein. Jedenfalls hatten die Ortsgründer sich die für den Verkehr günstigste Stelle am ganzen Harze ausgesucht. Denn hier fließen zwei Harzgewässer, die Holtemme und der Zillierbach, ursprünglich auch Holtemme genannt, zusammen, die erstere das breite, ziemlich weit in der Richtung auf den Brocken in den Harz reichende Hasseröder Thal durchfließend, der Zillierbach durch ein nicht so breites Thal herabkommend, das aber den Vorzug hat, der südliche Ausgang einer weiter ins Gebirge reichenden Thalspalte zu sein, die dieses in ihren Fortsetzungen von Norden nach Süden quert und so über Elbingerode und Hasselfelde bis zum königlichen Nordhausen führt.

Der günstigen Lage hatte Wernigerode es zu verdanken, daß es ein ganzes Dutzend weniger bevorzugter, obwohl teilweise gewiß älterer Anlagen in der Nachbarschaft überdauerte, wie die der Thiderichinge (Thiderzingerode), Heinrichinge (Hindertsingerode), Markulfinge (Marklingerode), die Rodung einer Walburg (Wolberode), die Harzrodung Hasserode, ein Altenrode, Rimbeke, Schmatzfeld, Steinbrok. Samt ihren Fluren gingen auch die Bewohner dieser Orte teilweise an das sich zur Stadt entwickelnde Wernigerode über.

Denn im Laufe der Zeit fanden sich an dem Orte auch Männer ein, welche die Gunst der Lage auszunutzen verstanden, so daß dieser sich schon am Schluß der Kreuzzugsperiode als städtisches Gemeinwesen zu entwickeln begann. Schon die frühesten Wernigeröder, die wir kennen lernen, weisen mit ihren Namen wie: der Syrer, von Damiat (Damiette) auf den Orient hin oder wir finden ums Jahr 1217 einen Wernigeröder in des syrischen Sultans Gefangenschaft, während wieder ein anderer Name auf Beziehungen zum Wendlande deutet. So beglücken denn die Grafen von Wernigerode schon im Jahre 1229 ihren Hauptort, das heißt die Kaufmannsgilde daselbst, mit dem Goslarschen Stadtrecht. Um die Mitte des 13. Jahrhunderts steht Wernigerode samt andern Städten, besonders den großen Hansestädten Niedersachsens, im Handelsverkehr mit Gent und Flandern. Ums Jahr 1279 ist neben der Altstadt schon eine Neustadt vorhanden. Die Befestigungen dieser Orte wurden damals verstärkt, und der Mauerring, der damals beide einschloß, blieb sechs Jahrhunderte lang bis zu unserer Zeit bestehen.

Aber vom 14. Jahrhundert ab entfaltete sich der Ort nicht so, wie man es nach dem Aufschwunge im 13. Jahrhundert erwarten konnte. Zu erklären ist dies doch wesentlich durch das Verhältnis zu seinen gräflichen Herren mit ihren unaufhörlichen Fehden. Krieg und Fehde an und für sich hätten freilich ein Aufsteigen der Stadt zu größerer Bedeutung nicht verhindern können, denn gerade im unermüdlichen Ringen mit solchen Hemmnissen des Gewerbes und Verkehrs sind die deutschen Städte groß geworden, aber sie bedurften dazu der Selbständigkeit und freien Bewegung.

Von dem geistigen und Kunstsinn der Bürger zeugen noch manche Bauwerke. Freilich sind meist nur noch geistliche Bauwerke aus älterer Zeit vorhanden, da Kriege und Feuersbrünste wiederholt, zumal unter den alten Ständerbauten, aufgeräumt haben. Die ältesten, von denen wir, abgesehen von älteren Spuren beim Silvesterstift, Kenntnis haben, sind die von 1455 und 1528. Das älteste Profangebäude der Stadt, das jetzige Rathaus, reicht mit seinem Keller bis in die Mitte, mit seinem Oberbau ins Ende des 15. Jahrhunderts zurück. Einzelnes an dem

„Gothischen Hause" am Markt hat ein gleiches Alter. Bemerkenswert sind noch einzelne Holzfachwerkbauten an der Marktstraße von 1556 und an der Oberpfarrkirche von 1582. Ein Jahrhundert jünger, aber wegen ihrer baulichen Gliederung oder ihres Schnitzwerks beachtenswert, sind ein paar Häuser in der Neustadt aus den Jahren 1674 und 1681.

Jahrhunderte vergingen, bevor nach den Benediktinerklöstern Drübeck und Ilsenburg neue geistliche Stiftungen innerhalb der späteren Grafschaft entstanden, das war ums Jahr 1219 unter dem Walten des Hochmeisters Hermann von Salza die Hauscomturei Langeln. Infolge eines ins Jahr 1228 gesetzten Heiligenblutmirakels entstand gegen Ende des 13. Jahrhunderts das Heiligenblutkloster Waterler

Nach einer photogr. Aufnahme v. Fr. Rose Wernigerode.

Marktplatz mit Rathaus in Wernigerode.

im heutigen Wasserleben. Für die Vorbereitung der Reformation war bedeutsam die Gründung des Augustiner-Einsiedler-Klosters Himmelpforten, das sich ums Jahr 1253 im Hasseröder Laubwalde an der Stelle einer alten Wilhelmiter-Niederlassung erhob. Hier blühte ein frisches geistliches Leben, und es ist nicht unwahrscheinlich, daß an dieser schönen verborgenen Stelle Luther die 95 Thesen beriet, mit deren Veröffentlichung die Reformation ihren Anfang nahm.

Die jüngste mittelalterliche Stiftung, deren stattliche Kirche aber noch heute im Gebrauch ist, war die des Chorherrenstifts zu St. Georgii und Silvestri in der Stadt Wernigerode, das Familienstift und die Begräbnisstätte des alten Grafenhauses, worin auch noch etliche Grafen zu Stolberg ihre letzte Ruhestätte fanden.

Dr. Ed. Jacobs-Wernigerode.

Das neue Wernigerode und seine Umgebung.

Es ist noch nicht gar lange her, daß Eingesessene und Nachbarn die Stadt unterm Brocken sprichwörtlich „Wernigerode in der Ecke" nannten, um damit einen Ort zu bezeichnen, der ganz abseits des Verkehrs liege. In der That, jahrhundertelang war die weithin sichtbare Höhe das Ziel zahlreicher Wanderer und der Gegenstand von Lied und Sage, ehe man von der Stadt zu ihren Füßen redete, mochte man auch unterwegs hier einkehren und rasten. Noch in Zeiller-Merians bilderreichen Beschreibungen suchen wir vergeblich nach einer bescheidenen Ansicht ihrer äußeren Erscheinung.

Seit sechs bis sieben Jahrhunderten hatte bis ins 19. hinein ihre Volkszahl wenig zugenommen. Auf Grund eines Häuser- und Bürgerverzeichnisses berechnen wir sie in der Mitte des 15. Jahrhunderts zu 2500 Seelen; hundert Jahre darnach vermögen wir sie nur anderthalb Hundert höher zu veranschlagen. Nachdem der große deutsche Krieg eine erhebliche Verminderung verursacht hatte, erfolgte in dem Menschenalter danach ein schnelles Wachstum, so daß die erste wirkliche Zählung im Jahre 1681 eine Einwohnerschaft von 3550 ergab. Spätere Zählungen aus dem 18. Jahrhundert ergaben wieder nicht unbedeutend niedrigere Ziffern. Gegen Ende des Jahrhunderts hob sich dann die Seelenzahl wieder, auch wuchsen die Vororte heran; der Flecken Nöschenrode stieg von 600 Bewohnern im Jahre 1750 auf 764 bei der Errichtung des Königreichs Westfalen. Hasserode im Holtemmethal, das in der ersten Hälfte des 16. Jahrhunderts wüst geworden war, wurde seit 1768 von König Friedrich II. durch Neuansiedler vermehrt; es zählte damals 476 Bewohner; im Jahre 1801 war deren Zahl auf 839 gestiegen. Nehmen wir dazu die Schloßgemeinde mit 400 Seelen, so hatte Gesamt-Wernigerode ums Jahr 1800 die Bevölkerungsziffer von 6060 erreicht.

Seitdem ist, wenn auch besonders erst seit der zweiten Hälfte des 19. Jahrhunderts, die Zunahme eine schnellere gewesen, so daß sich die Volkszahl im Jahre 1900 auf rund 17250 erhöht hat, wovon 11150 auf die Stadt, 2050 auf Nöschenrode, 3700 auf Hasserode, 350 auf die Schloßgemeinde entfallen. Nur durch eigene Gemeindeverwaltung gesondert, bilden diese verschiedenen Bestandteile im übrigen ein gemeinschaftliches Ganzes.

So bedeutend jene Vermehrung in den letzten Menschenaltern ist, so sehr dabei auch, zumal in jüngster Zeit, das innere und äußere Bild Wernigerodes sich verändert hat: als ein ungewöhnliches kann jenes Wachsen und Sichwandeln nicht angesehen werden; es entspricht vielmehr dem allgemeinen Aufschwung, den Stadtgemeinden von einiger Bedeutung in unserer Zeit fast überall genommen haben: Wernigerode ist kein schnell emporgeschossener Kur- und Vergnügungsort, dem man diese Eigenschaft überall ansähe, es ist eine geschichtlich gewordene und in naturgemäßer Weise entwickelte Stadt. Schon vor sechs bis sieben Jahrhunderten vier Kirchen einschließend, betrieb sie einen ausgedehnten Tuchhandel und Tuchbereitung, während gegen Ende des Mittelalters und im 16. Jahrhundert Brauerei und Brennerei an die Stelle trat.

Gegenwärtig zeichnet Wernigerode sich durch einen mannigfaltigen lebhaften Gewerbefleiß und eine regsame Kaufmannschaft aus. Von den alten Geschäftszweigen sind außer Bierbrauereien noch sechs zum Teil bedeutende Brennereien vorhanden. Besonders aber sind es Erzeugnisse des Harzes, die hier verarbeitet und verfrachtet werden, wobei dann, wie auch bei Gegenständen von auswärtiger Herkunft, die Triebkraft der hier zusammenfließenden Harzgewässer, Holtemme und Zillierbach, verwertet wird. So ist Wernigerode ein Mittelpunkt des Handels mit Rohholz wie mit dem durch die Sägemühlen verarbeiteten Holze geworden. Der Granit des Brockengebiets wird nicht nur in einem Dutzend Brüchen zu allerlei Erzeugnissen verarbeitet, in dem großen Granitwerk unter der Steinernen Renne werden auch geschnittene und polierte Arbeiten aus diesem festen Gestein hergestellt. Dazu kommen ein paar bedeutende Papierfabriken, drei Chokoladen-, Mostrich- und Zuckerwarenfabriken, Cigarrenfabriken, Eisen- und Kunstgießerei, Marmorfabrik, Kunst-, Möbel- und Koffertischlerei, Ackerwagenfabriken, ein lebhaftes Buchdruckgewerbe, Anstalten zur Bereitung künstlicher Mineralwässer und manches andere. Diese große Mannigfaltigkeit der Betriebe wirkt auch vorteilhaft auf das gesellige Leben, indem sie das Vorherrschen eines einseitigen Tones verhindert.

Photogr. Aufnahme v. Fr. Rose-Wernigerode.

Steinerne Renne bei Wernigerode.

Wohl bedingen schon ein so reger Gewerbfleiß und Handel einen lebhaften Verkehr; doch ist's nicht dies, was der Stadt weithin einen Namen und sie zum Anziehungspunkt von zahlreichen Sommergästen macht, das ist vielmehr die Lieblichkeit und landschaftliche Schönheit der sie umgebenden Natur. Eine erhabene Schönheit zeichnet das obere Holtemmethal im Gebiet des Brockengranits aus mit den Wasserfällen der großen und kleinen Steinernen Renne und benachbarten Klippenpartien. Dennoch ist's nicht etwa einseitig vorherrschend dieses Klippengebiet, was die zahlreichen Besucher anzieht, noch weniger die Heilkraft eines Gesundbrunnens. Daher ist Wernigerode kein Kurort im engeren Sinne, und wer das Kur- und Badeleben liebt, findet in Wernigerode seine Wünsche nicht befriedigt. Gerade bei dem Versuche, den Fremdenverkehr am Orte in einem Kurhause zu konzentrieren, zeigte sich's, daß die örtlichen Verhältnisse dazu nicht geeignet waren. Der geräumige Saal kam einem Wunsch und Bedürfnis entgegen, aber in ganz anderer Weise, als es ursprünglich gedacht war. Er wurde alsbald für größere Versammlungen,

Vorträge und Ausstellungen, Konzerte und Bühnenspiele benutzt, aber mehr im Winter, als im Sommer und allermeist von Einheimischen.

Was aber dem Orte an solcher kurhausmäßigen Konzentration abgeht, das ersetzt er reichlich durch die Mannigfaltigkeit der Anregungen für Auge und Gemüt. Kennzeichnend für die nähere Gebirgsumgebung Wernigerodes sind die gesonderten gerundeten Bergkuppen, die an keiner Stelle des Harzes so zahlreich auftreten, wie hier, und so auch eine entsprechend wechselnde Thalbildung bedingen. Wir erinnern nur an den Schloß- und Agnesberg, Jägerkopf, Harburg, Armeleuteberg, auch an den Leidenberg, Blockshornberg und Kakewieke und an die Hauptthäler der Holtemme und des Zillierbachs mit den Nebenthälern des Christianen- und Friederikenthals, des Vollhasen-, des Zwölfmorgen- und Biebendsthals, sowie der Himmelpforte.

Der eigenartigste Schmuck und die Krone der wernigerödischen Landschaft ist aber das 120 m über der Stadt gelegene Grafen- und Fürstenschloß. Wir hörten es gelegentlich von durchaus berufener Stelle als das schönst gelegene Schloß in Norddeutschland bezeichnen; und wer von der Schloßterrasse aus seinen Blick durch das Holtemmethal bis zum Brocken und über das engere Mühlenthal und die Stadt schweifen ließ oder gen Abend die gewellte fruchtbare Ebene wie ein wogendes Meer sich ausdehnen sah, das am Horizont durch die Waldhöhen des Huy und Falstein umsäumt wird, der dürfte jenem Urteil seine Zustimmung nicht versagen. Aber auch das Schloß als Objekt, als Augenpunkt für den empfänglichen Wanderer findet seinesgleichen am Gebirge nicht wieder, mag man sich vom Lande aus den Bergen nahen, oder von den umgebenden Höhen aus den Blick dahin wenden, oder endlich auf den Bergen dahinziehend, die sich fortwährend verschiebenden Höhen und Thäler zu immerfort sich wandelnden Landschaftsbildern gestalten sehen, in denen das schön gegliederte Schloß mit seinen Türmen und Spitzen überall die Krone, den fesselnden Ruhe- und Augenpunkt bildet.

Aber dieses hohe Grafen- und Fürstenhaus erinnert uns an eine geschichtliche Mitgift, mit der Wernigerode in ganz besonderer Weise ausgestattet ist. Nirgends so wie hier, nur in etwas beschränkterem Maße, etwa noch im südharzischen Stolberg, ist von seinen ersten Anfängen an das sicher bekundete geschichtliche Leben des Orts und seines Gebiets bis in unsere Tage hinein so an das ununterbrochene Schaffen und Walten einer gräflichen und fürstlichen Herrschaft geknüpft gewesen. Und es lohnt der Mühe wohl, diesem zeitweise weit über die engen Grenzen der Grafschaft hinaus bedeutsamen Wirken nachzugehen.

Doch wir denken hier weniger an die in Schrift verfaßten Überlieferungen der Vergangenheit, als an das, was sich als Frucht und Erbe dieses Wirkens und als dessen Niederschlag in Natur, Kunst und geselligem Wesen von Stadt und Land ausgeprägt und erhalten hat. Das augenfällige Denkmal solcher Überlieferung ist ja das Schloß selbst, an dem acht Jahrhunderte gebaut haben und das nun von 1862—1880 in neuer Schöne wiederhergestellt und verjüngt als ein ausgesuchtes geschichtliches Kleinod vor uns steht. Daran schließt sich der gleichfalls in das frühe Mittelalter zurückreichende Tiergarten, weiter das ausgedehnte Jagdwesen für jegliches Hochwild sowie unmittelbar am Schloß der schöne Wallpark, dann weiter unten der zuerst vom Grafen Wolf Ernst von 1570—1606 angelegte, seit etwa 1713 von Graf Christian Ernst erneuerte Lustgarten, durch den an dem stattlichen Marstall vorbei unmittelbar vom Schlosse eine schöne Fahrstraße führt. Als alte, aber im freieren Kunstgeschmack der Neuzeit umgestaltete Anlage enthält er manche durch Größe, Alter und Seltenheit bemerkenswerte Bäume. Auch der nicht weit vom Marstall stehenden schönen Tanne ist hier zu gedenken.

Zwar ist das fürstliche Museum in der Stadt erst seit wenigen Jahren der öffentlichen Benutzung zugänglich gemacht, aber es enthält in seinen Mineralien und Gesteinen, Versteinerungen, Holzproben, gepreßten Pflanzen, vorgeschichtlichen Altertümern, Waffen, Münzen, Porträts und kulturgeschichtlichen Gegenständen verschiedene Sammlungen, die teilweise schon in älterer Zeit, teils durch die Grafen Christian Ernst, Henrich Ernst, Henrich und Botho, teils durch gräfliche Beamte: Germar, Jasche, Sporleder, Friederich angelegt wurden. Und wenn auch in bescheidenem Maße wissenschaftliche Vereine, der Harzverein für Geschichte und Altertumskunde und der naturwissenschaftliche Verein des Harzes in Wernigerode einen Anteil an diesem Museumsschatze haben, so ist es doch mit in den gewordenen geschichtlichen Verhältnissen begründet, wenn diese ein weiteres Gebiet umspannenden Vereine sich in der kleineren Stadt bildeten und hier ihren Sitz fanden.

Besonderer Förderung und Pflege erfreuten sich hier seit alter Zeit Kirche und Schule. Das blühende fürstliche Gymnasium entwickelte sich ohne Unterbrechung aus der seit Beginn der Kirchenerneuerung im Jahre 1528 vom Kollegiatstift St. Silvestri abgelösten evangelischen Latein- oder Oberschule. Die mannigfaltigen aus alter Zeit auf unsere Tage gekommenen Wohlthätigkeitsanstalten der Stadt verdienen eine besondere Beachtung. Sie wurden im Verlaufe der Zeit teilweise den veränderten Bedürfnissen entsprechend umgewandelt und in stattlicheren Gebäuden untergebracht. Es kamen aber auch neuere Stiftungen christlicher Menschenliebe hinzu, besonders in der Mitte des 19. Jahrhunderts all die Einrichtungen, die sich an das von dem warmherzigen Volks- und Arbeiterfreunde Prof. Victor Aimé Huber gebaute und ausgestattete Vereinshaus St. Theobaldi knüpfen. Dasselbe enthält außer einer Herberge zur Heimat eine Lehrlingsschule, Näh- und Strickschule für Jungfrauen, einen Jünglingsverein, Volksbibliothek, und dient verschiedenen Zwecken der inneren Mission. Auch werden darin regelmäßig zur Winterszeit ernste wissenschaftliche Vorträge gehalten. In neuerer Zeit ist es auch mit Wandgemälden von Prof. Steinhausen geziert. Dazu sind dann später die Blödenanstalt „Zum guten Hirten“ in Hasserode, das Heinrichshaus für verwaiste, besonders gebrechliche Kinder, die Plemnitzstiftung zur Unterhaltung von Kindern unbescholtener Eltern und die Ferienheime der Berliner Stadtmission mit ihren verschiedenen Häusern hinzugekommen.

Wohl kaum ein anderes kräftig fortgedeihendes Vermächtnis der Vorzeit Wernigerodes kennzeichnet aber mit so kräftigen Zügen die kirchliche und ernst wissenschaftliche Richtung des erlauchten, über Wernigerode waltenden Geschlechts, als die fürstliche Bibliothek. Schon seit etwa 1570 begründet und um die Wende des 16. und 17. Jahrhunderts zu einem für damalige Verhältnisse bedeutenden Umfang gelangt, wurde sie seit 1714 vom Grafen Christian Ernst mit ganzer Hingabe wieder ausgebaut und schon 1746 der öffentlichen Benutzung übergeben. Gegenwärtig stehen unter ihrer Verwaltung über 110000 Bände. Bibeln, Gesangbücher, christlich-evangelische Erbauungslitteratur und Geschichte werden darin vorzugsweise gepflegt, doch sind auch mancherlei Schätze aus anderen Gebieten der Kunst und Wissenschaft und des schönen Schrifttums in Druckwerken und Handschriften darin enthalten.

So vereinigt denn Gesamt-Wernigerode, wo, abgesehen von kleineren kirchlichen Kreisen, fünf evangelische Kirchen und Gemeinden, eine fürstliche Verwaltung, ein königliches Amtsgericht und ein fürstliches Gymnasium bestehen, die Annehmlichkeiten einer schönen Natur mit mannigfaltigen Anregungen und Hilfsmitteln auf den Gebieten des geistigen und geselligen Lebens. Es wird dadurch nicht nur in der günstigen Jahreszeit zum Besuchsort einer auf 4000 berechneten Zahl jährlicher Sommergäste, sondern auch zum festen Aufenthalt und Ruhesitz zahlreicher Personen und Familien, die neben dem Wandern in Berg und Thal auch Nahrung für Geist und Gemüt suchen. Ihnen gewährt aber auch der Winter bei Rauhreif, Schnee und Eis in den bequem zu wandernden und befahrenden Thalstraßen manche Reize und Lieblichkeiten der schlummernden Natur, die mit denen des erwachten Lebens im grünenden und blühenden Sommer wetteifern. Außerdem sind etwas entferntere, hervorragende Anziehungspunkte der Umgegend: der reizvolle Kurort Schierke, Ilsenburg, die Perle der Thalausgänge am Nordharz, und der in ihrem nächsten Gesichtskreis liegende, gefeierte Hochgipfel des Gebirges in so bequem unmittelbare Verbindung mit Wernigerode gebracht, daß sie als dessen Zubehör und Vororte gelten können. So kann man denn die Holtemmestadt nicht mehr füglich „Wernigerode in der Ecke" nennen. Mitten vor dem Nordharze gelegen, ist es vielmehr das vielbesuchte Haupteingangsthor des Gebirges von dieser Seite geworden.

Dr. Ed. Jacobs-Wernigerode.

Der Dom zu Halberstadt.

Dem Stadtbilde der alten Bischofsstadt giebt sein eigentümliches Gepräge noch heute der Dom. Eingerahmt von den ungleichen Spitzen der Martinikirche und den gedrungenen Turmmassen von Liebfrauen, grüßen die schlanken Domtürme mit ihren kupfernen Helmen schon von ferne den Wanderer. Auf den Höhen des Harzes freut sich der Bergsteiger ihres Anblickes, wenn heller Sonnenschein ihre Kalksteinquadern mit warmem Lichte übergießt und sie am Abendhimmel wie glühende Säulen aufleuchten läßt.

Doch großartiger als die schlichten Türme ist das eigentliche Kirchengebäude, zumal wie es sich in seiner ganzen Ausdehnung frei dastehend auf der Nordseite dem Blicke darbietet — und noch schöner als das Äußere öffnet sich das Innere dem durch das Hauptportal Eintretenden. Auch hierin hat der Bau echt deutsche Art. Er hält innen viel mehr, als er von außen verspricht. Er gleicht einer germanischen Reckengestalt, die auf mächtigem Wuchs und breiter Brust einen feinen Kopf mit treuherzigen Kinderaugen trägt, in der schmalen Hand die Wehr. So sind hier Turm und Seitenschiffe klein und schmal, während der Hauptbau sich lang hinreckt und mächtig aufragt.

Dies ganz eigenartige Verhältnis wird durch die Geschichte des Baues erklärt. Als Heinrich der Löwe die Stadt mit stürmender Hand nahm, und der alte

Nach einer Photographie im Verlag von E. Schröder-Halberstadt.

Der Dom zu Halberstadt.

Dom in Asche sank (1179), haben die Reste, notdürftig überdacht, der feiernden Gemeinde zunächst noch eine Zufluchtsstätte bieten müssen; die Altäre waren ja unverletzt, der hohe Chor wohl unbeschädigt geblieben. Nur beeilte man sich, statt der bisherigen Holztürme solche von Stein festungsartig stark zu Schutz und Schmuck des Haupteinganges aufzurichten. Daran fügten sich im Laufe der nächsten Jahrzehnte die ersten drei Joche des Schiffes, mit ihren starken, einfachen Strebepfeilern hoch und kühn weit über die alten Maße und den ersten Plan emporsteigend, den Verhältnissen der Türme entwachsend; dem hohen Chor legte man ein Portal im Norden vor, ähnlich dem zwischen den Türmen, ernst und streng in den Formen. Da kam der Bau ins Stocken. Es fehlte an Mitteln, solch großes Unternehmen nach allen Seiten durchzuführen. Erst einem anderen Jahrhundert war es vorbehalten, den Bau wieder aufzunehmen; jetzt aber mit frischem Mut und in großem Wurf. Weit nach Osten wurde das Chorhaupt vorgeschoben, um für die wachsende Schar der Domkapitelsherren und ihre geistlichen Stellvertreter, die Vikare, genügenden Raum zu schaffen. Vom Osten her suchte man endlich den Anschluß an die ersten drei Joche im Westen. Am Ende des 15. Jahrhunderts erreichte man ihn. So ward die Längenausdehnung unverhältnismäßig groß, während die Breite von Anfang unveränderlich feststand. Daher die Schmalheit der Seitenschiffe, daher die Höhe der Wölbungen, daher auch der auffallende Bruch der Längsachse. Es ist aber staunenswert, wie all die Schwierigkeiten glücklich überwunden sind. Obgleich der Bau durch drei Jahrhunderte sich hingezogen hat, immer wieder ins Stocken geraten, wieder und wieder auf längere Zeit unterbrochen, ist doch der Grundgedanke treu festgehalten. Eine wunderbare Harmonie aller Teile, ein schönes Ebenmaß zeichnet das Innere des Doms vor ähnlichen Kathedralen aus. Andere mögen größer sein und machtvoller wirken, an Reinheit des Stils und Adel der Formen übertrifft ihn nicht leicht einer.

Es war ein günstiges Zusammentreffen, daß zur selben Zeit, als die Notwendigkeit des Neubaues eintrat, jener neue, für kirchliche Gebäude so stimmungsvolle Stil sich Bahn brach, den man mit einem wenig passenden Namen nach italienischer Weise den gotischen nennt. Während man an den Türmen und dem Westeingang den allmählichen Übergang vom älteren deutschen Stil, dem sog. romanischen, zu den neuen leichteren, erhabeneren Formen erkennen kann, redet die Hauptmasse des Baues nur von der Blüte der Gotik, so daß hier eigentlich von Masse nicht mehr geredet werden kann — die Last ist in Kraft umgesetzt, frei steigen die Pfeiler auf, frei und leicht schließen sich die Rippen zum Gewölbe zusammen, die Mauern sind in lichte Fenster verwandelt, die tote Masse ist ganz durchgeistigt. Die Mitte des Baues aber, Querschiff und Lettner, zeigen uns endlich die Werke der Spätgotik in ihrer überaus feinen Zierlichkeit und Formenvollendung. In dem seitlich angebauten Kapitelsaal aber finden wir Spuren vom schließlichen Verfall dieses Baustils. So haben wir an unserem Dom besser als in einem aufgeschlagenen Buche Gelegenheit, die Geschichte der Gotik von ihren ersten Anfängen bis zu ihrem Verfall zu lesen. Der Eindruck wird recht lebendig, wenn wir über den schönen, stillen, lindenumsäumten Domplatz hin und her gehen. An der einen Seite die rein romanische Liebfrauenkirche, ein edles Muster dieses wuchtigen Stils mit seinen schweren, drückenden Massen, runden Bogen und dunklen, ernsten Räumen — auf der anderen der Dom mit himmelan strebenden Pfeilern und den mildgedämpften Lichtfluten, erinnernd an Titurels Wort:

„Man soll an lichter wite
Kristenglouben künden und Kristusammet."

Beide schön, jedes des anderen Schönheit hervorhebend.

Den ersten Baumeister kennt man nicht. Ein geheimnisvoller Kopf in den Arkaden am westlichen Eingang könnte ihn wohl bezeichnen. Um die Fortführung des Baues scheint der Dompropst Johannes Semeca (1212 zuerst erwähnt) Verdienste erworben zu haben. Ein dankbarer Bischof, der Vollender des Baues, hat ihm nach mehr als zwei Jahrhunderten im Chorumgang ein Denkmal in Gestalt einer Tumba errichtet. Die darüber angebrachte lateinische Inschrift lautet im Deutschen:

Er ist, er war und wird sein, der aufgehört hat zu leben.
Des Johannes Lehre gilt, wie sie galt, wird allezeit blühen.
Das Licht der Gesetze, der Führer der Lehrer, das Vorbild der Sitten
Ruht hier, sicherlich frei von den Strafen der elend Verlornen.
Er starb im Jahre des Herrn 1245.

Die wankenden Türme mußten im Jahre 1882 nach vergeblichen früheren Herstellungsversuchen bis auf das Untergeschoß abgetragen werden; im Jahre 1896 sind die jetzigen vollendet.

Nach einer Photographie im Verlag von E. Schröder-Halberstadt.

Inneres des Domes zu Halberstadt.

Betrachten wir nun den herrlichen Bau im einzelnen. Zuerst einen Blick auf die ganz freiliegende Nordseite, da die Südseite, von einem Kranz domkapitularischer Gebäude eingefaßt, uns zum Schluß von dem malerischen Kreuzgange aus über die Baumgruppen des uralten Friedhofes (Freithof) hinweg zugänglich wird. Vor der Spiegelschen Kurie haben wir einen prächtigen Überblick, den überwältigenden Gesamteindruck. Zwölf Strebepfeiler, nur durch das die Spuren des Alters an seinem Bildwerk tragende Seitenportal unterbrochen, leiten auf jeder Seite den Druck des Gewölbes von der Mauer des Mittelschiffes nach außen. Wo der vermittelnde Strebebogen an das Dachgesims herantritt, sind zierliche Fialen aufgesetzt. Sie unterbrechen die lange Linie des „bleiernen Ganges", der um das Dach der Kirche herumführt. In dem Schmuck ihrer Zierate verraten die Strebepfeiler kaum, welche große Aufgabe sie zu erfüllen haben, nämlich die ungemeine Kühnheit des gewaltigen Gewölbebaues zu sichern. Wäre hier nicht alles aufs genaueste durchdacht, berechnet und gefestigt, so würde bei einer geringen Erschütterung

Gewölbe und Dach zusammenbrechen und die Gemeinde unter den Trümmern begraben. Darum gilt die peinlichste Sorgfalt der Behörde diesen Pfeilern, daß sie nicht etwa durch Regengüsse u. dergl. Schaden leiden. Durch ihre Einfachheit fallen die drei ältesten Pfeiler neben dem Nordturm auf. Auch sie sind in ihrer Art vollendet. Sie tragen in offenen Bildhäuschen lebensgroße Steingestalten, neben zwei Heiligen Karl den Großen mit Krone und Reichsapfel, den Stifter des Bistums.

Wenden wir uns nun zu den Türmen, so fällt unser Blick zunächst auf ein gewaltiges Fenster in der Mitte jeder Seite, das durch seine Größe sich scharf abhebt von den sehr kleinen der unteren, festungsartigen Geschosse. Es ist das Schallloch für die Hosannah, wie drüben im anderen Turme das entsprechende für die Domina, die großen Glocken, die nun schon über 700 Jahre die eine, 450 Jahre die andere von dort die Gemeinde rufen. Unter dem Fenster der Hosannah steht auf einem aus der Mauer hervorragenden Sockel eine $1\frac{1}{2}$ m hohe eiserne Laterne. Der Sage nach hat sie wie eine zweite am südlichen Turm, die jetzt durch die Uhr verdrängt ist, ein Domherr gestiftet, der sich auf dem Heimwege von dem benachbarten Stiftsgute Zilli verirrt habe. Da sei ihm in der Nacht und Not das Licht in der Laterne des Glockenläuters, der zum Abendläuten um 8 Uhr hinaufgestiegen, als Hoffnungsstern und Wegweiser erschienen. Wie er durch das Laternenlicht gerettet sei, so sollte vielen Verirrten fortan Abend für Abend ein Licht vom Dome leuchten. Darum stiftete er die beiden Laternen. Bis zum Jahre 1810 hat noch in der einen das Licht gebrannt.

Säulenstellungen und rauhe Wandflächen unten an den Türmen erinnern daran, daß hier einst eine Vorhalle gestanden hat, das sog. Paradies, in welchem die Büßer stehen mußten, die die Kirchgänger um ihre Fürbitte anflehten, bis sie Absolution erhielten und wieder ins Heiligtum eintreten durften. Nur von Holz errichtet, hat sie den Stürmen der Zeit nicht widerstanden. Erhalten aber ist bis auf die Gegenwart ein wertvolleres Stück der Vergangenheit neben dem südlichen Turm, der Leggenstein oder Lügenstein. Es ist die uralte Opferstätte der heidnischen Sachsen, einst vom Blute gefangener Feinde rauchend. Eine Sage will wissen, der Teufel habe anfangs beim Bau des Doms mit Hand angelegt und die größten Steine eifrig zugetragen, in der Meinung, sie seien für ein heidnisches Heiligtum bestimmt. Als er zu spät den Betrug merkte, habe der dumme Teufel in seinem Grimme diesen großen Stein auf die Bauleute werfen wollen. Sie aber hätten ihn schnell mit dem Versprechen umgestimmt, dicht neben dem Dom ein Wirtshaus zu erbauen. In der That hat jahrhundertelang hinter dem Opferstein ein Weinhaus gestanden, dessen Kellereien noch vorhanden und im Gebrauch sind — heute freilich nicht mehr für den Klerus, sondern zu Gunsten des Fiskus vermietet.

Das Innere des Doms betreten wir am besten nicht vom Kreuzgang aus, durch den die Fremden an Wochentagen geführt werden, sondern mit der zum Gottesdienst kommenden Gemeinde durch das Hauptportal. Wie aus einem Guß hervorgegangen steht das Werk dreier Jahrhunderte da vor uns. Wir haben kaum Zeit, die der Übergangszeit entstammenden fesselnden Säulen und Bogen zur Rechten und Linken, sowie die dort seit alters her aufgehängten Merkwürdigkeiten „Donnerkeil" und „Walfischknochen" zu betrachten —

„Wundernd schweift mein Blick dahin,
An der Gewölbe Kühnheit."

wie im Festspiel vom 18. September 1896 der Geist des Bischof Hildegrim sagte,

„Entzückt durcheilet er der Bogen lichte Reihen,
Des Lettners Kunstwerk überfliegend ruht
Er aus im mag'schen Dämmerlicht des Chorhaupts,
In dessen Farben still der Mondglanz spielt.
Es steigen wie in eigner Kraft die Pfeiler
Empor, Gebeten gleich, nicht einer Arbeit.
Es legen sich die Rippen aneinander,
Wie zur Anbetung aufgehobne Hände.
Hier ist die tote Masse ganz durchgeistet.
Nichts gilt die Schwere vor des Geists Triumph."

Auf der Grundform des lateinischen Kreuzes erheben sich drei Längsschiffe, die sich auch jenseits des lichtdurchfluteten Querschiffes im Chore fortsetzen, die Seitenschiffe einen Chorumgang bildend. Das Mittelschiff steigt bei einer Länge von 100 m zur lichten Höhe von 26,10 m auf, im Verhältnis zu der Breite von 8,46 m sehr hoch. Die Seitenschiffe sind erheblich niedriger und schmaler.

Zweiunddreißig mächtige Pfeiler tragen die Bogengewölbe, davon sieben freistehende Pfeilerpaare im Schiff, und wiederum sieben Paare im Chor. Eine jede besteht aus einem starken Cylinder, um den zwölf Säulen gestellt sind, die „Dienste", welche die Gratbögen und Schildbögen des Mittelschiffes stützen. Jeder Pfeiler bildet also ein mächtiges Säulenbündel. An den ersten Pfeilern stehen solche Dienste frei vor dem Cylinder, wahrscheinlich erst später um den Kern herumgestellt; bei leichtem Anschlagen erklingen sie gleich gewaltigen, in Schwingung versetzten Saiten.

An sämtlichen Pfeilern stehen in einer Höhe von 3 m Standbilder in Lebensgröße, 33 an der Zahl, denen sich noch der reiche Statuenschmuck des Querschiffes anschließt — eine obere Gemeinde, die ernst auf die Gemeinde der Gegenwart herabschaut, in Einigkeit des Glaubens, versteinerte Erinnerungen aus der Vergangenheit der christlichen Kirche. Sie sind so gestellt und gestimmt, daß sie nicht etwa das Auge an sich reißen, sondern dem suchenden Blicke sich eröffnen und ihre Lebensgeschichte erzählen. Jede Geschichte weist aber zuletzt immer wieder auf ihn, der in der Mitte des ganzen Gebäudes am hochragenden Triumphkreuz aller Blicke und Herzen zu sich zieht, den Gekreuzigten, ein sehr wertvolles Kunstwerk von gewaltigem Umfange, dem Ende des 12. oder Anfang des 13. Jahrhunderts entstammend. Im hohen Chor stehen die Gestalten der Apostel mit Paulus und den beiden Schutzheiligen des Doms: Stephanus und Sixtus, vollendete Kunstwerke der späteren Gotik, in Bezug auf den Faltenaufwurf der Kleidung unübertrefflich. Im Mittelschiff ordnen sich die Standbilder um die Kanzel. Ihr gegenüber Maria mit dem Christkinde, im Querschiff Adam, schwermütig auf seine Hacke gestützt, und die tieftraurige Eva, rechts von der Kanzel Johannes der Täufer und eine Anzahl Blutzeugen, an der Evangelienseite dem Altar gegenüber der heilige Georg der Drachentöter, der ideale Ritter, an der Epistelseite der Kirchenvater Hieronymus der Bibelübersetzer, der ideale Mönch. Links von der Kanzel Helden der Kirchengeschichte, paarweise, durch je 400 Jahre von dem nächsten getrennt: Augustinus, der größte Kirchenlehrer, und Martinus, der viel verehrte Bischof von Tours; Bonifacius, der das römische Christentum den Deutschen gebracht, und Hildegrim, der erste Halberstädter Bischof, Buko, der streitbare kinderliebe Bischof der Sage, und Konrad von Krosigk, der mit den Kreuzfahrern Konstantinopel einnahm, endlich an dem ersten Säulenpaar gleich am Eingang über dem mächtigen marmornen Taufstein die hohen Reformatoren: Luther und Melanchthon, die Reihe der Heiligen würdig eröffnend, der erste ein neuer Ritter Georg, der andere ein moderner Hieronymus.

Die Kanzel, erst im Jahre 1592 von Holz errichtet und dem Pfeiler angefügt, ganz im Geschmack der Zeit verziert und bemalt, stimmt am wenigsten mit dem gotischen Stile des Ganzen zusammen. Doch hat die Dankbarkeit für das reine Gotteswort, das seit jenem Jahre den Dom erfüllt, und Pietät gegen die Domherren, die dem Evangelium dort eine bleibende Stätte bereitet und zum Gedächtnis an diese Reformation ihre Wappen an den Schalldeckel angebracht haben, die Kanzel in ihrer Eigenart bewahrt.

In früheren Zeiten wurde das Wort Gottes vom Lettner aus gelesen und verkündet (Lectorium, Leseort). Er ist ein vollendetes Meisterwerk der späten Gotik, über alle Beschreibung reich, fein und zierlich. Der Stein scheint hier in tausend Gestalten aufzublühen. Er ist im Jahre 1510 vollendet.

Die Orgel, ein Werk mit 65 klingenden Stimmen, ist im Jahre 1900 von Ernst Röver in Hausneindorf neu erbaut. Nur die prächtigen Schnitzereien des Prospektes sind von dem älteren Werke des Jahres 1718 beibehalten.

Die Glasmalereien der Fenster, die besonders im hohen Chore eine wundervolle Farbenwirkung erzeugen und über den stillen Raum ein zauberhaftes Licht ausgießen, stammen zum Teil noch aus der Blütezeit dieses Kunstzweiges (14. und 15. Jahrhundert), zum Teil sind sie von 1895—1900 mit historischem Sinn und feinem Geschmack ergänzt. Es war ein sehr schwieriges Werk, aus einzelnen Bruchstücken den Gegenstand der Darstellung zu erraten, die Idee des ganzen Fensters zu ergründen und die vollständigen Reihen wieder herzustellen. Nun ist es eine Bibel in Bildern und ein Stück Kirchengeschichte, von frommer Sage durchzogen.

An den östlichen Abschluß des Chores schließt sich die Taufkapelle, einst der Maria geweiht und dem Bischof vorbehalten, fünfseitig aus dem Achteck, mit sehenswerten alten Bildwerken und sinnvollen Glasgemälden, die dem kleinen Raum ein magisches Licht geben. Sehenswert ist auch die Neuenstädter Kapelle im Süden des Doms mit einem außerordentlich kunstreichen Altaraufsatz aus der Zeit der Spätgotik, im Jahre 1897 durch den Bildhauer Weiß aus Frankfurt a. M. in glänzender Weise wieder hergestellt und vervollständigt; sodann die Stephanskapelle im Südosten, im Jahre 965 durch Bischof Bernhard erbaut, jetzt in eine Art Altertumsmuseum umgewandelt, und das anstoßende noch ältere Gewölbe, in dem man Reste aus der Karolingerzeit zu finden meint, etwa die Krypta des ersten Doms aus Hildegrims Tagen.

In dem malerischen Kreuzgang, der diese Kapellen mit dem Dom verbindet, berühren sich alle Jahrhunderte der deutschen Kunst. Die Erinnerungen eines Jahrtausend umweben ihn. In seinem Schatten ruhen Hildegrims Begleiter, die einst an König Karls Tafelrunde gesessen, neben dem jüngsten Dichter aus Gleims Freundschaftskreise, Johann Benjamin Michaelis. An seinen Mauern stehen Grabsteine mit den trotzigen Gestalten von schwedischen Obristen, die gegen Tilly hier gefallen sind. In seinen Gängen stampften aber auch französische Pferde, während ihre Reiter sich an Feuern wärmten, die sie mit den Grabkreuzen, Tafeln und Bildwerken nährten.

Zum Glück ist doch vieles vor den räuberischen Händen der Feinde in verborgenen Schränken und verschwiegenen Grüften gerettet, was heute den Domschatz bildet. Er ist in verschiedenen Räumen untergebracht. Die kostbaren Teppiche aus der Zeit der Kreuzzüge als Wandschmuck im hohen Chor. Die sehr reiche Sammlung von bischöflichen und priesterlichen Gewändern neben Altarbildern und Reliquienschreinen im Kapitelsaal. Es würde in den Rahmen dieses Werkes nicht passen, die einzelnen Elfenbeinschnitzereien, kostbaren Gewebe, Reliquienbehälter und heiligen Gefäße auch nur aufzuzählen. Sie sind eingehend beschrieben und kunsthistorisch gewürdigt in der Festschrift von E. Hermes: Der Dom zu Halberstadt, seine Geschichte und seine Schätze.

Sup. Hermes-Halberstadt.

Der alte Bischofssitz Halberstadt.

Seid mir gegrüßt, ihr waldigen Berge des Harzes, die ihr mit stolzem Haupt hineinschaut ins weithin sich dehnende Land mit seinen fleißigen Bewohnern, die ihr alljährlich viel Tausende von Menschen heranzieht, daß sie Erholung suchen auf euren waldigen Höhen und in euren herrlichen Thälern!

Sei mir gegrüßt, du altehrwürdige Stadt am nördlichen Abhang des waldigen Harzes, du Wiege germanischer Stämme, die aus deiner Umgebung hinausgezogen sind ins weite deutsche Land, du uralte Stätte, wo die Väter zu heidnischer Gottesverehrung sich vereinigten, du ehrwürdiges Heiligtum, von welchem die Predigt des Christentums hinausdrang zu den Völkern; sei mir gegrüßt, du alte Bischofsstadt Halberstadt! Was deine Bewohner erlebt und erfahren, welche Schicksale deine Kirchen und Schulen, deine Häuser und Mauern betroffen, das künde uns deine reiche Geschichte!

Es ist um das Jahr 800 nach Christi Geburt. Wir stehen im Mittelpunkt der jetzigen Stadt, dem heutigen Domplatz, wo sich unter dem Schutz der Burg Hartingau ein alter, vielleicht noch aus der Heidenzeit stammender Grafensitz und Gerichtsstuhl befand. Der harte Winter, der die Erde so lange mit einer weißen Schneehülle und glänzenden Eisdecke überzog, hat endlich den immer wärmer werdenden Strahlen der Frühlingssonne weichen müssen; Baum und Strauch, so lange ihres Laubes und Schmuckes beraubt, kleiden sich mit frischem Grün — die Natur erwacht zu einem neuen Leben. Es ist Frühlings-Tag- und Nachtgleiche. Der Abend hat sich mit seinem Dunkel herniedergesenkt — ein frischer Frühlingshauch umweht unsere Stirn — vor uns liegen die verstreuten Ansiedelungen unserer heidnischen Vorfahren, der Sachsen, welche im 6. Jahrhundert das mächtige Thüringerreich sich unterworfen — in der Mitte dieser Ansiedelungen, inmitten eines uralten heiligen Lindenhaines steht der große Opferstein. Auf den umgebenden, dunkel und geheimnisvoll ausschauenden Bergen und Hügeln leuchten mächtige Feuer auf und scheinen weithin ins Land. Hohe lange Fackeln werden in der Luft geschwungen — brennende Räder rollen von den Bergen herab — überall erschallt lauter Jubel und helle Freude. Man feiert das Fest der Frühlingsgöttin Ostara. Die Osterfeuer sind niedergebrannt — der Morgen graut — die Sterne erbleichen — mit Freudensprüngen geht die Frühlingssonne am Horizont auf. Von allen Seiten steigen fröhliche Gestalten von den Bergen hernieder, strömen die Menschen aus ihren Häusern hervor; ein Chor heiliger Sänger begrüßt mit Freudengesang die Lichtgöttin Ostara; ein Chor heiliger Priester schart sich um den Opferstein und bringt der Göttin des Frühlings, des Lichtes und Lebens ehrfurchtsvoll das schuldige Opfer dar. Festliche Spiele und Tänze wechseln miteinander ab — das Leben in der Natur, das Weichen des Winters und das Kommen des Frühlings wird im Spiel sinnbildlich dargestellt: der Drache des Winters wird hinausgetrieben, der Frühling und mit ihm Licht und Leben halten ihren siegreichen Einzug. Fröhlicher Opferschmaus und lustiges Gelage hält die Teilnehmer des Frühlingsfestes bis in die Nacht versammelt. — So haben einst die heidnischen Sachsen in unserer Gegend ihr fröhlich Ostern gefeiert.

Doch die Stunden des Heidentums waren gezählt; die Finsternis des Götzendienstes mußte dem Licht des Evangeliums weichen. Schon drangen die ersten Boten der christlichen Kirche, die Sendboten und Schüler des Apostels der Deutschen, Bonifacius, in unsere Gegend vor; dem Zwange und der Macht des Schwertes eines mächtigen Kaisers, Karls des Großen, weichend, beugten sich die stolzen Sachsen unter das Joch ihres neuen himmlischen Herrschers, Jesu Christi.

Um das Jahr 800, vielleicht zuerst in Seligenstadt (dem heutigen Osterwieck) gegründet, aber bald nach Halberstadt verlegt, wurde diese Bischofsstadt ein Mittelpunkt für die Ausbreitung christlicher Lehre, christlicher Sitte und christlicher Kultur. Und welche Wandlung bewirkte das Christentum in dem Leben der früher am Heidentum so zäh festhaltenden Sachsen!

An die Stelle der Naturverehrung trat fortan die Anbetung Gottes im Geist und in der Wahrheit. Da, wo früher an dem alten Opferstein den Götzen blutige Opfer gebracht wurden, da erscholl nun die Predigt von dem Stein, den die Bauleute des Volkes Israel verworfen, den aber Gott zu einem köstlichen und auserwählten Eckstein gemacht, die Predigt von dem Opfer auf Golgatha, von dem Blute des Lammes, welches der Welt Sünde getragen.

Der altheidnische Opferstein wurde zum Lügenstein oder Teufelsstein, welchen der Teufel nach der Sage bei dem Baue des Domes sollte heruntergeschleudert haben. Das Frühlingsspiel von dem Austreiben des Wintergottes wird umgewandelt zum sogenannten Adamsaustreiben, bei welchem ein Mensch (Adam), gleichsam mit den Sünden der Menschen beladen, am Aschermittwoch aus der Kirche (Dom) und aus dem Paradies getrieben wird, um nach abgelaufener Bußzeit am Gründonnerstag wieder gnädige Aufnahme in der Kirche zu finden.

Nach einer Photographie im Verlage von E. Schröder-Halberstadt.

Der Lügenstein vor dem Dom zu Halberstadt (dahinter der Domweinkeller).

Die Männer aber, welche dazu berufen waren, in dem neugegründeten Bistum die Kirche Christi zu gründen und zu bauen, zu pflegen und auszubreiten, waren die Bischöfe; sie haben Kirchen gebaut, fromme milde Stiftungen geschaffen und die Wissenschaft gepflegt. Aber dabei haben sie auch das äußerliche Wohl ihrer Unterthanen nicht aus dem Auge verloren: sie haben die von Feinden verwüsteten Dörfer der Umgegend wieder hergestellt, die zerfallenen Häuser in der Stadt wieder aufgebaut und die Burg (den Domplatz) mit einer Mauer umgeben.

Ursprünglich waren die Bischöfe nur mit geistlichen Machtvollkommenheiten ausgerüstet, während die Verwaltung des Landes, die Rechtspflege, die Polizei, die Erhebung von Zöllen in die Hände kaiserlicher Beamten gelegt war. Doch die Bischöfe verstanden es, durch die Gunst der Kaiser allmählich ein weltliches Recht nach dem anderen zu erhalten, z. B. den Besitz von Markt-, Zoll-, Münz- und

Blutrecht, auch das wichtige Recht, den Heerbann aufzubieten. Damit war der Grund zur Landeshoheit der Bischöfe gelegt; dadurch waren die geistlichen Herren zu weltlichen Fürsten geworden, welche über Heere befehligten und gegen weltliche Herrscher Fehden ausfechten konnten.

Seit der Mitte des 11. Jahrhunderts fingen die Bischöfe an, eine hervorragende politische Rolle zu spielen, was aber durchaus nicht zum Segen ihres Landes gereichte. Die Streitigkeiten, in welche jene verwickelt wurden, brachten dem Bistum zu wiederholten Malen die Greuel des Krieges, Verheerung des Stiftslandes, teilweise sogar völlige Einäscherung der Stadt.

So mischte sich der Bischof Burchard II in die Streitigkeiten, die zwischen dem Kaiser Heinrich IV und den sächsischen Fürsten ausgebrochen waren, beteiligte sich an der Erstürmung der Harzburg und wurde, an der Spitze des Fürstenbundes mit einem Heere von 60000 Mann stehend, im Jahre 1075 von dem Kaiser völlig geschlagen. Unter Bischof Reinhard wurde im Jahre 1112 Halberstadt vom Kaiser Heinrich V erobert, niedergebrannt und die Mauern eingerissen. Bischof Ulrich (1151—1180) wurde durch seinen unruhigen Geist in einen Krieg mit Heinrich dem Löwen verwickelt, von welchem er dem Stift gehörige Länder und Rechte zurückforderte; dieser Krieg endete mit einer vollständigen Niederlage des Bischofs, mit der völligen Einäscherung der Stadt und des Domes am 22. September 1179 und der Gefangennahme des greisen Bischofs. Im Jahre 1343 mußte es der Bischof Albrecht II, welcher in einer Fehde mit den Regensteinern deren Länder verheert hatte, erleben, daß sein eigenes Land von den Grafen von Regenstein und Mansfeld verwüstet und die bischöfliche Residenz aufs furchtbarste geplündert wurde.

Zwar haben andere Bischöfe wie Arnulf (996—1023), Rudolf (gest. 1149), Konrad von Krosigk (1201—1236) mit landesväterlichem Eifer in Stift und Stadt die Wunden wieder zu heilen versucht, welche die langjährigen Fehden dem Lande geschlagen hatten, und ihren Unterthanen eine treue Fürsorge zugewandt, wie sie von den Bischöfen als den Landesherren erwartet wurde.

Aber überwiegend sorgten die Bischöfe für die Vergrößerung ihrer Macht, ihrer Rechte und ihres äußerlichen Glanzes. Stetig wuchsen ihre Hoheitsrechte; sie schlossen Bündnisse, führten Kriege, hielten sich ein großes Gefolge, aus Geistlichen und weltlichen Dienstmannen bestehend, und umgaben sich mit einem glänzenden Hofstaat; seit dem Anfange des 13. Jahrhunderts übten sie auch die Gerichtsbarkeit über die Stadt und das zu ihr gehörende Gebiet aus.

Gar mannigfach waren die Schicksale, welche über das Bistum Halberstadt ergingen. Außer den Zerstörungen und Verwüstungen, welche Stadt und Land in den unruhigen Kriegszeiten zu bestehen hatten, wurde die Stadt öfters durch Feuersbrunst und ganz besonders durch die Pest heimgesucht.

Von ganz besonderer Bedeutung für die Entwicklung des bürgerlichen Gemeinwesens ist ein Ereignis, welches nicht unerwähnt bleiben darf: die sogenannte „Halberstädter Schicht“ 1423—1425. Bis dahin waren die Ämter der Ratsherren ausschließlich in den Händen gewisser angesehener Familien gewesen. Dagegen lehnten sich die Bürger unter Anführung des „langen Matthias“ auf, erregten einen Tumult, nahmen die Ratsherren gefangen, warfen sie in den Diebeskeller des Rathauses und ließen sie ohne Verhör und Urteil enthaupten und ihre Leichen vor der Thür der Martinikirche begraben. Zwei Jahre hindurch dauerte das Schreckensregiment des Matthias unter vielen Erpressungen und Bedrückungen. Mit der hilfreichen Unterstützung von elf Städten belagerte der Bischof Johann von Hoym die Stadt vom 20. Juli 1425 an. Matthias floh mit seinem Sohne als Bauer verkleidet aus der Stadt, wurde jedoch erkannt und gefangen genommen; die Stadt ergab sich und Matthias wurde zusammen mit seinem Bruder und Sohne und seinem Helfershelfer Werner Wynncke bei Wehrstedt enthauptet. Die Gebeine der enthaupteten Ratsherren wurden feierlich in der Martinikirche beigesetzt; die Stadt erhielt unter Auferlegung von großen Opfern ihre Verfassung wieder; der Rat sollte fortan aus zwölf durch die sechs Bauermeister der Nachbarschaften gewählten Ratsherren bestehen, welche aus ihrer Mitte den Bürgermeister ernannten; die Wahl sollte stets am 13. Januar, dem Hilariustage, stattfinden; an dem ihm zunächstliegenden Sonntage wird noch heute in den Kirchen Halberstadts eine besondere Fürbitte für den Magistrat der Stadt gethan.

In den Jahren 1480—1566 war das Bistum Halberstadt mit dem Erzbistum Magdeburg durch gemeinsame geistliche Oberhäupter vereinigt. In diese Zeit fallen die Anfänge der evangelischen Kirchenreformation, sowie die Erlaubnis zur freien Religionsübung.

Schon im Jahre 1520 hatten zwei Augustinermönche aus dem Johanniskloster in der Martinikirche das reine Evangelium gepredigt, begünstigt durch den Propst ihres Klosters D. Wiedensee und unterstützt durch den Bürgermeister Schreiber. Doch schon zwei Jahre später wurden diese beiden mutigen Zeugen vertrieben, der Bürgermeister Schreiber in der Bartholomäusnacht 24. August 1523 auf der Flucht vom Stiftshauptmann von Werthern gefangen genommen und, nachdem das Todesurteil in eine Geldstrafe verwandelt, des Landes verwiesen. Dasselbe Schicksal der Vertreibung traf die Männer, welche nach ihnen das Evangelium predigten. Darauf verstummte die evangelische Predigt, bis endlich im Jahre 1540 gegen die Zahlung einer großen Geldsumme, um die Schulden des Erzbischofs Albrecht zu decken, freie Religionsübung gewährt wurde. Nun erhielten die meisten Gemeinden der Stadt evangelische Prediger.

Nachdem Erzbischof Sigismund (1553—1566), welcher evangelisch erzogen war und evangelisch predigen ließ, ohne die Reformation selbstthätig zu fördern, im Jahre 1564 eine Kirchenvisitation im ganzen Bistum hatte abhalten lassen, wurde endlich im Jahre 1591 durch den ersten evangelischen Bischof Heinrich Julius von Braunschweig, welcher die Kirchenvisitation 1589 wiederholte, die römische Messe abgeschafft und auch im Dom die Reformation eingeführt. Seinem milden Sinn und staatsmännischen Blicke verdankten seine Unterthanen den kirchlichen Frieden; er sorgte für Hebung der Landeskultur und für Beschäftigung und Verdienst durch den Bau der Commisse (heute Hauptsteueramt auf dem Holzmarkt) und der Dompropstei, welche bis vor wenigen Jahren als höhere Töchterschule diente. Seine landesväterliche Fürsorge erstreckte sich sogar auf die einzelnen Gebiete der Verwaltung, und er unterhielt ein gutes Verhältnis zu den Bürgern des Stiftes.

Unter seinen Nachfolgern, dem Bischof Christian (1616—1624) und Erzherzog Leopold Wilhelm, brachen die Schrecken des Dreißigjährigen Krieges mit seinen Greueln und Verwüstungen, Erpressungen und Bedrückungen über das Stift Halberstadt herein, so daß gar viele Bürger die Stadt verließen und bald 282 Häuser leer standen. Im Jahre 1525 quartierte sich Wallenstein in der Stadt ein — entsetzliche Zustände herrschten überall. Da erschien im Jahre 1630 der „Löwe aus Mitternacht", Gustav Adolf, welcher durch den Erlaß einer Kirchenordnung und durch die Herausgabe einer Kirchenagende von 1632 der Wiederhersteller des evangelischen Kirchenwesens im Stift geworden ist. Der schwedische General Bannér starb 1641 in Halberstadt; im Jahre 1643 bemächtigte sich Graf Königsmark der Stadt mit List und hielt sie bis zum Schlusse jenes furchtbaren Krieges besetzt. Endlich wurde der längst erwartete und sehnsüchtig herbeigesehnte Westfälische Frieden geschlossen, durch welchen das ganze Stift dem großen Kurfürsten Friedrich Wilhelm von Brandenburg als weltliches Fürstentum zugesprochen wurde. Mit diesem Ereignis schließt die Geschichte des Bistums.

Diese Geschichte berichtete uns von weltlichen Händeln, in welche die Bischöfe sich einließen, von unglücklichen Kriegen, die sie geführt, von großen Opfern, welche den Unterthanen auferlegt wurden, von Verheerungen und Plünderungen, welche durch ihre zahlreichen Fehden über das Land kamen, von drückenden Schuldenlasten, welche den Bewohnern von Stift und Stadt aufgebürdet wurden, von Streitigkeiten zwischen Geistlichkeit und Bürgerschaft, welche den stillen Frieden störten.

Freilich wollen wir nicht vergessen hervorzuheben, daß die Bischöfe, welche selbst so viele neue Rechte gewonnen hatten, ihrerseits gern bereit waren, der Bürgerschaft ihre Privilegien, Gildebriefe, Bündnisse zu bestätigen, neue Vorrechte zu verleihen und, wenn und wo es not that, selbst die Hand zum Geben zu öffnen; lag es doch in ihrem eigenen Interesse, in den vielen Fehden, sowie in sonstigen Anforderungen die Bürger und namentlich den Rat der Stadt auf ihrer Seite zu haben.

Wohl hat es auch an ruhigen und friedlichen Zeiten nicht gefehlt, in welchen Ackerbau und Handwerk, Handel und Gewerbe herrlich emporblühten; aber wie bald wurde dann durch die unzähligen Fehden wieder zerstört und vernichtet, was Menschenfleiß und Ausdauer mit Mühe geschaffen.

Ohne den Segen und die Wohlthaten zu vergessen, welche die Bischöfe im Lauf der Jahrhunderte ihrem Stiftslande erwiesen, müssen wir es doch als einen großen Fortschritt in der geschichtlichen Entwicklung dieses Landes betrachten, daß es nach Verlauf von fast acht und einhalb Jahrhunderten durch die Bestimmung des Westfälischen Friedens aufhörte, als Bistum weiter zu existieren und fortan einem Staate einverleibt wurde, mit welchem es zwar auch schwere Zeiten teilen mußte, durch welchen es aber zugleich mit demselben zu Glanz und Wohlstand emporgehoben wurde. Und das geschah durch die Vereinigung des in ein weltliches

Fürstentum verwandelten Bistums mit dem von einem genialen, ebenso weisen als thatkräftigen Regenten geleiteten aufblühenden Staate: Kurbrandenburg.

Es war am 2. April 1650, da kam der Große Kurfürst, nachdem er in dem vorhergehenden Monat mit den Vertretern der Halberstädter Stände den sog. „Homagial-Rezeß" vereinbart hatte, nach Halberstadt, um persönlich die Huldigung der Stände entgegenzunehmen. Nach dem Festgottesdienst im Dom huldigten die Landstände auf der Commisse und die Bürgerschaft vor derselben auf dem Holzmarkt ihrem neuen Landesherrn. Es war eine schwierige, aber dennoch lohnende Aufgabe, welche dem neuen Herrscher zufiel; aber er hat sie gelöst mit seiner starken Hand und seinem warmen Herzen für seine neuen Unterthanen. In den Zeiten von Feuersbrunst und Pest war er stets bereit, Not und Elend zu lindern. Groß sind die Verdienste, welche Friedrich Wilhelm sich um das Fürstentum Halberstadt erworben hat.

Aus den Ereignissen der nachfolgenden Zeit erwähnen wir noch die Verlegung eines Regiments zu Fuß nach Halberstadt im Jahre 1713, den Durchzug der vertriebenen evangelischen Salzburger 1732, neue Kriegsdrangsale und Erpressungen während des Siebenjährigen Krieges durch den habsüchtigen Marschall Herzog von Richelieu, durch den Generalleutnant d'Argenson und durch den Feldzeugmeister Ried u. a. (1757—1763), die Anlage von Kolonistendörfern durch Friedrich den Großen, die Zeit der schmachvollen Erniedrigung und das Unglücksjahr 1806 (mit der Schlacht bei Jena 14. Oktober), die Einverleibung Halberstadts in das Königreich Westfalen, die Erstürmung Halberstadts durch die schwarze Schar unter dem Herzog Friedrich Wilhelm von Braunschweig am 29. Juli 1809, die einmütige Erhebung Deutschlands 1813—15, den Sturm der Revolution 1848, die siegreichen Feldzüge von 1866 und 1870/71.

Es ist eine ereignisreiche Geschichte, welche sowohl das Bistum als das Fürstentum Halberstadt von 1648 bis jetzt aufzuweisen hat. Trotz Krieg und Pest, trotz Bedrückungen und schwerer Zeiten ist Halberstadt gar herrlich aufgeblüht, ein Mittelpunkt für den Geschäftsverkehr, sowie für den Vergnügungs-Sommerverkehr am Nordrand des Harzes. In günstiger Lage gelegen, mit gemeinnützigen Anlagen und Anstalten versehen, von bewaldeten Bergen umgeben, erfreut sich der alte Bischofssitz einer großen Beliebtheit und nimmt teil an all den Segnungen, welche das geeinigte Deutschland uns bietet, als Glied an dem einigen großen deutschen Reiche.

Nachdem wir im Vorhergehenden die Geschichte des alten Bischofssitzes an unserem Geistesauge in kurzen Strichen haben vorüberziehen lassen, unternehmen wir nun noch eine kleine **Wanderung** durch die **Stadt** selbst mit ihren alten Kirchen und Schulen, Gebäuden und Denkmälern, Plätzen und Straßen.

Auf dem Domplatz erhebt sich — als bedeutendste Sehenswürdigkeit der Stadt — ein erhabenes Bauwerk, eine köstliche Perle gotischer Baukunst: der **Dom**, eine stumme Predigt der Steine, durch die schlanken Säulen die Seele hinauf zu Gott erhebend.

Von der gegenüberliegenden westlichen Seite des Domplatzes grüßt uns die **Liebfrauenkirche**, im Jahre 1005 begonnen und 1146 in ihrer jetzigen Gestalt vollendet. Als Pfeilerbasilika erbaut und wieder hergestellt, mit reichem Bilderschmuck versehen, dient sie heute der reformierten Gemeinde zum Gotteshaus.

In der Mitte der Stadt erhebt sich die eigentliche Stadtkirche, die Martinikirche, ungefähr im Jahre 1350 vollendet, mit zwei ungleichen Türmen. Bei allgemeinen städtischen und patriotischen Festen dient sie der Bürgerschaft als festliches Gotteshaus.

Im Norden der Stadt, an die frühere Stadtmauer sich anlehnend, liegt die Moritzkirche, seit 1237 mit dem außerhalb der Stadt gelegenen Bonifaciusstift vereinigt, 1886 restauriert, durch ihre geschmackvolle Ausmalung anheimelnd und

Nach einer Photographie im Verlage von E. Schröder-Halberstadt.

Holzmarkt mit Rathaus zu Halberstadt.

anziehend. In den alten festungsartigen Türmen hängt eine Glocke aus dem Jahre 1281. Außerdem besitzt die Stadt noch drei evangelische und zwei katholische Kirchen.

Die Synagoge der israelitischen Gemeinde, in den Jahren 1714—16 erbaut und 1879 restauriert, gehört zu den schönsten jüdischen Gotteshäusern Deutschlands.

Für die Erziehung der Jugend sorgen neben den Volksschulen zwei Gymnasien, eine Oberrealschule, Lehrerseminar, Taubstummenanstalt und mehrere Töchter- und Mittelschulen.

Den für das Vaterland gefallenen Söhnen hat Halberstadt ein Denkmal auf dem Domplatze errichtet. Das Denkmal des verdienstvollen Schulrates Kehr auf der Plantage ist ein Dankeszoll ehemaliger Schüler. Wichtiger jedoch sind die Denkmäler, welche die Stadt uns darbietet in alten, zum Teil recht gut erhaltenen Holzbauten; in dieser Hinsicht bietet Halberstadt verschiedene interessante und recht charakteristische Bauwerke.

Eins der schönsten alten Holzhäuser ist wohl der Schuhhof, mit vielen Wappen und Namen der Gildemeister, Gewerkszeichen und Figuren ausgestattet, das Haus der früheren Schuhmachergilde.

Neben demselben steht ein Haus, in welchem der Sage nach der Ablaßhändler Johann Tetzel, dessen holzgeschnitzte Figur mit der Jahreszahl 1519 über dem ersten Stockwerk angebracht ist, gewohnt haben soll. An dem gegenüberliegenden Hause sehen wir Hus vor einem Bischof knieen.

Eins der ältesten Häuser, schön und malerisch ausgestattet, mit reichem Schnitzwerk und gediegener Durchführung ist der Ratskeller, 1461 am Tage der heiligen Dorothea vollendet.

Ihm gegenüber steht das Rathaus, seinem Hauptteil nach ein Bau aus der zweiten Hälfte des 14. Jahrhunderts (1365—81) mit einigen Anbauten aus späteren Jahrhunderten. An dem westlichen Giebel desselben, sein Gesicht dem Holzmarkt zuwendend, steht der steinerne Roland, mit unbedecktem lockigem Haupt, entblößtem Schwert und Schild und mit der Jahreszahl 1433 auf dem breiten Schwertgurt. Höchstwahrscheinlich aus einer heidnischen Götzensäule entstanden, galt der Roland später als das Wahrzeichen des Marktrechtes und der Gerichtsbarkeit.

Dem Rathaus schräg gegenüber liegt die oben bereits erwähnte Commisse, wo die Huldigung 1650 stattfand.

Leider ist von den alten Thoren der Stadt kein einziges erhalten; nur der Wasserthorturm vom Jahre 1443 ist stehen geblieben und wird als Baudenkmal vergangener Jahrhunderte weiter erhalten.

Blicken wir noch einmal zurück auf das, was diese Zeilen dem freundlichen Leser darzubieten versuchten:

Es konnten selbstverständlich nur die wichtigsten Ereignisse sein, welche aus der reichen Geschichte des Bistums und Fürstentums Halberstadt ausgewählt wurden, nur eine flüchtige Wanderung, welche wir durch die Straßen der Stadt unternahmen.

Möchte der Eindruck, welchen Halberstadt in Wort und Bild in dem Leser wecken wollte, weiter fortwirken, daß, wenn derselbe einmal nach dem Nordabhange des Harzes seine Schritte lenkt, er gern einkehrt in unsere Stadt und ebenso gern zurückdenkt an den altehrwürdigen Bischofssitz Halberstadt.

Pastor Arndt-Halberstadt.

Der Hoppelberg,

eine natürliche Aussichtswarte auf den Nordrand des Harzgebirges.

Breit vorgelagert und parallel mit dem Harzgebirge laufend dehnt sich eine ziemliche Anzahl kurzer und langer Berg- und Hügelreihen, je weiter nördlich, desto mehr an absoluter Höhe abnehmend, vor dem Gebirge aus. Die Formationen dieser Erhebungen sind einander nahe verwandt. Hier Muschelkalk und Gips, dort bunter Sandstein. Daraus ergiebt sich die pflanzliche Bekleidung, nämlich Buchen- und Eichenbestände, Birken- und Mischwaldungen, auf dem Sandboden aber ausgebreitete Nadelwälder. Die Bewässerung ist unbedeutend. Durch die Gebirgsabwaschungen hat sich ein vorzüglicher, fruchtbarer Boden gebildet, dem die Landwirte dieser Gegend vor allem ihren Wohlstand verdanken.

Der Hoppelberg.

Die bedeutendsten der vorlagernden Hügelketten sind der Hakel, der Huy, der Elm, die Asse und der Fallstein bei Osterwieck. Südlich von Halberstadt aber reihen sich hintereinander die Spiegelsberge mit der sich anschließenden Klus, die Thekenberge und das Steinholz, der Hoppelberg, der Regenstein, der Großvater (besser Heidelberg) bei Blankenburg und nach Osten ziehend die Teufelsmauer bei Reinstedt, endlich der Zug der Gegensteine bei Ballenstedt.

Der Hoppelberg wie auch der Regenstein erreichen unter diesen Erhebungen eine Höhe von 300 Metern und lassen dadurch einen Weitblick zu, der nordwestlich bis Wolfenbüttel, nordöstlich sogar bis Magdeburg reicht, also eine Entfernung bis zu 60 km. Der Regenstein gewährt, weil er kaum 2 km Luftlinie von den nächsten Harzbergen entfernt liegt, ein gedrängteres Bild, das in der Stadt Blankenburg seinen Mittelpunkt hat; der Hoppelberg dagegen, etwa 6 km von den Harzbergen entfernt, läßt einen Blick auf den Nordrand des Harzes zu, der fast seinesgleichen sucht.

Der verstorbene Professor B. in Halberstadt, ein großer Harzfreund und fleißiger Besucher des Hoppelberges, hat nicht mit Unrecht zum öftern gesagt: „Wenn ich jemand zum Besuch habe, der landschaftliches Interesse besitzt und den Wunsch äußert, den Harz genauer kennen zu lernen, den führe ich zuerst auf den Hoppelberg und erkläre ihm das von dort sich darbietende Bild recht deutlich. Dann geht's in das Gebirge und nach der Rückkehr noch einmal zum Hoppelberge. Ich gebe die Versicherung, der so Geführte hat wirklich ein Studium vollendet!“ Der Professor hat recht. — Und nun hineingelugt ins Land.

Ein Blick nach Westen zeigt uns diesseits des Burgberges bei Harzburg den Sachsenberg, die Rabenklippen und die Kattennäse, den scharfen Einschnitt des Eckerthales, das Ilsethal und das Holtemmethal. Über diese Thäler fort schaut das Auge auf einen großen Teil der Brockentrabanten: Kleiner Brocken, Heinrichshöhe, Zeterklippen, Renneckenberg, Hohnezug und davor liegend die Wolfsklippe, Birken- und Jägerkopf. Von Wernigerode sieht man nur das schöne Schloß, hängend an der vorgeschobenen Agneshöhe, und alle diese Punkte überragend die Brockenkuppe, die alte Wahlstatt der Kämpfe Wotans und Donars gegen die Riesen.

Dem Hoppelberge näher liegen die Benzingeröder, Heimburger und Blankenburger Berge, die durch drei Thäler: Heiliger Grund, Dreckthal und Klostergrund streng voneinander geschieden sind. Davor leuchten rot heraus: Benzingerode, das freundliche Heimburg mit dem schönen Burgkegel, dessen Grundmauern wieder freigelegt sind, und Kloster Michaelstein am Ausgange des Goldbachthales. An dem Staufenberge klettert die Zahnradbahn nach der Bast hinauf und verschwindet hinter dem Ziegenkopfe in dem Braunesumpftunnel. Das Bild von der Stadt Blankenburg wird etwas durch den Regenstein verdeckt, doch sind Schloß, Kaserne und der Villenteil unter dem Großvater gut zu sehen. Der Heidelberg legt sich in seiner ganzen Länge daneben. Welch köstlicher Ausguck aber von der Höhe des Hoppelberges nach der Perle des Harzes, dem Bodethale, nach Quedlinburg, der sagenumwobenen Königsstadt und nach der alten Bischofsstadt Halberstadt und seiner prächtigen Umgebung.

Aber auch ein Zeuge grauer Vorzeit ist der Hoppelberg, wie zahlreiche Funde aus der Stein- und Bronzezeit beweisen. Interessant ist, was die Sage von der Entstehung des Hoppel- oder Sargberges zu erzählen weiß: Als die Wenden, Katten und Sachsen den Harz bewohnten, wurden sie am meisten durch einen Volksstamm beunruhigt, dessen riesenstarke Mannen, Hünen genannt, sehr häufig in ihr Gebiet einbrachen, um Weiber, Kinder und Greise zu töten, Vieh zu rauben und die Männer in die Knechtschaft fortzuführen.

Eine lange Zeit waren die Hünen nur vereinzelt oder in kleinen Haufen in das Land gekommen. Da sie aber überall siegten, so glaubten sie, leicht das ganze Land in ihren Besitz bringen zu können, sammelten sich zu einem Heere und zogen aus zum Kampf.

Die Völker um den Harz aber griffen zu den Waffen und stellten sich den Hünen entgegen.

Diese zögerten und stutzten bei dem Anblicke der zur blutigen Gegenwehr mit

Harnisch, Streitaxt und Kolben bewaffneten, ihnen der Zahl nach bei weitem überlegenen Schar.

Als der Hünenkönig die Unentschlossenheit seiner Krieger sah, schüttelte er grimmig sein langes Haar wie ein zürnender Löwe und schwang zornig seine Keule. „Ihr fürchtet die Zwerggestalten da drüben, wie ich sehe," rief er in Wut. „Gut, so besiege ich allein das ganze Heer! Der aber ist des Todes, der Kampf und Sieg mit mir teilen will!"

Kaum hatte er diese Worte gesprochen, da schleuderte er auch schon den Wurfspieß in den dichtesten Haufen der Feinde, seine Pfeile aber sandte er dahin, wo er die Führer derselben sie leiten sah. Er selbst blieb nicht zurück. Wie der kreiselnde Herbstwind ins fallende Laub, so wühlte er sich in die sich ihm entgegendrängenden Massen, seinen Rücken sich mit einem Wall von Leichen deckend.

Lange, lange kämpfte er; endlich wichen die Feinde. Sie hielten ihn für unverwundbar und für einen Zauberer, der ihre Waffen stumpf und ihre Schilde nutzlos machte.

Seine Krieger stürzten mit Freudengeschrei herbei, priesen seine Tapferkeit und sangen seinen Ruhm. Der Sieger selbst aber lehnte stumm auf seinem Speer, sein Auge war matt, seine Lippen waren bleich. Als man auf seinen Befehl ihm Helm und Harnisch lüftete, da stürzte das Blut in Strömen hervor und mit ihm floß seine Seele dahin. Groß war der Schmerz seines Volkes; aus seinen Freudengesängen wurden Trauerlieder.

Aber einer ihrer Ältesten unterbrach diese, indem er sagte: „Hört auf zu klagen! Der Tod ist unser aller Los! Es ist das schönste auf Erden, im Gefühl des Sieges und Ruhmes zu sterben. Lasset uns nicht mehr weinen, sondern daran denken, den Toten zu ehren. Lasset uns ihm ein Grab errichten auf dem Felde seines Sieges, das seine Asche aufnehme und seinen Ruhm in die fernsten Zeiten trage!"

So geschah es. Man errichtete einen Scheiterhaufen und verbrannte den Leichnam. Die Asche wurde in eine Urne gethan, der Schild daruntergelegt und der Panzer darüber gebreitet. Mancher legte noch von seinem Eigentum dazu, der eine sein Schwert, der andere seine Spangen, der dritte seine Streitaxt.

Als das geschehen war, fingen sie an, sein Grab zu bauen. Dazu trugen sie Felsgestein und Erde herbei, bis sich ein riesenhafter Berg über seiner Asche erhob. Dieser Berg steht noch heute und heißt der Hoppel- oder Sargberg.

H. Schröder-Halberstadt.

Der Regenstein bei Blankenburg.

Ein Chronist aus dem 17. Jahrhundert schildert den Regenstein — allerdings mit einiger Übertreibung — etwa folgendermaßen: „Ein Schloß liegt auf einem sehr harten Felsen von unglaublicher Höhe, welcher an zwei Seiten so jäh aufsteigt und so glatt ist, als wenn er von Menschenhänden behauen wäre, und daß, so zu sagen, keine Katze hinaufklettern könnte. Ja, blickt jemand von oben hinab auf die Heerstraße, die von Quedlinburg nach Wernigerode hart an dem Felsen vorbeiführt, so würden ihm Pferde, Wagen oder Reisende der Höhe wegen nicht anders erscheinen als eine Krähe oder ein anderes kleines Tier.“ Ein Schloß krönte freilich damals sein Haupt nicht, wohl aber eine Festung, und die Überreste der zum Teil uralten Befestigungen, die der Besucher heute erstaunt und gefesselt betrachtet, gehören sicher zu den interessantesten unseres Vaterlandes. Von ihnen, von der alten, trotzigen Ritterburg, die einst vom Regenstein stolz auf Harz, Hakel und Huy hinüberschaute, soll hier zunächst die Rede sein!

Aus den ältesten Zeiten ist über den Regenstein fast gar nichts bekannt. Woher stammt sein Name, der ursprünglich Reinstein gelautet zu haben scheint? Soll man denselben herleiten von dem alten „ragin“, unserem raten? Dann wäre der Berg ein Versammlungsort unserer Urväter gewesen. Hängt er zusammen mit „rein“, d. i. Grenze? Dann bedeutete Reinstein, Regenstein — Grenzstein. — Auch seine älteste Geschichte ist in fast undurchdringliches Dunkel gehüllt. In den langwierigen Kämpfen der Sachsen und Thüringer, wie in den Kriegen Karls des Großen mit den Sachsen ist im Harzgau und um den Regenstein viel und heiß gestritten worden, doch genauere Kunde fehlt. — König Heinrich I. soll am Fuße des Regensteins einst vorübergeritten sein, sofort seine strategische Bedeutung erkannt und dort eine Burg zu bauen befohlen haben. Das klingt wohl wahrscheinlich, denn dem kriegskundigen Auge des „Burgenerbauers“ und „Städtegründers“ konnte die eminent günstige Lage des nur von einer Seite zugänglichen Felsens unmöglich entgehen. — Kaiser Lothar belehnte seinen Verwandten Ritter Poppo als Lohn für seine treuen Dienste mit dem Harzgau. Dieser nahm auf der Burg zu Blankenburg Wohnung und nannte sich fortan Poppo von Blankenburg. Ihm gehörte auch der Regenstein, denn als seine Söhne sich in des Vaters Erbe teilten, wurde Siegfried Graf von Blankenburg und Konrad Graf von Regenstein. In sehr vielen, ja in den meisten Fehden des Mittelalters wird der Name der Regensteiner Grafen genannt; es waren gar trotzige, ritterliche Herren, über deren Wildheit, Raub- und Rauflust nur zu oft Klage geführt wurde, die aber auch als Schirmvögte unschuldig Verfolgter und hart Bedrängter laut gepriesen wurden.

Burgthor auf dem Regenstein.

Das uralte Wappen der Regensteiner besteht aus einem silbernen Schilde mit einer roten vierendigen Hirschstange. Drei Sprossen krümmen sich nach oben, die Spitze der vierten ist nach unten gebogen. In dieser Form erscheint die Schildfigur auf vielen Siegeln und Brakteaten des 12. bis 14. Jahrhunderts. Nach dem 14. Jahrhundert zeigt das Wappen eine etwas andere Gestalt: Der Schild ist geviertteilt, im ersten und vierten Felde befindet sich das Regensteiner, im zweiten und dritten das Blankenburger Wappen, die vierendige Hirschstange auf schwarzem Grunde. Der Grund dieser Änderung liegt darin, daß die Heimburger Grafenlinie alle Besitzungen der Regensteiner in jener Zeit unter ihrem Schutze vereinigte. Dieses Regensteiner Wappen findet sich im Blankenburger und auch im Derenburger Stadtwappen. Die letztgenannte Stadt gehörte seit alters her zum Gebiete der Regensteiner. Ihr Burgvogt hat mit seinen Mannen stets treu zu seinem Herrn gehalten und tapfer mit ihm gestritten. Der Regenstein, eine preußische Enklave im braunschweigischen Gebiet, steht auch heute noch unter der Polizeigewalt der 7 km entfernten Stadt Derenburg.

Sehen wir uns nun die staunenswerten und zum Teil unvergänglichen Überreste jener alten Burg an, in der einst die Regensteiner hausten!

Der Regenstein.

Ein Hohlweg, der sich zwischen Felsen durch Wald und dichtes Gebüsch an der von Süden sanft ansteigenden Seite des Regensteins hinaufzieht, führt zu einem alten, tiefgewölbten Thor, — Burggraben mit Zugbrücke und Fallgitter hielten ihm einst unwillkommenen Besuch fern.

Durch das Thor gelangt man bald auf einen freien Platz, um den fast im Halbkreis die in den Felsen gemeißelten Höhlen liegen, große und kleine, neben und oft übereinander. Auf diesem Platz tummelten die Knechte ihre munteren Rosse und übten sich fleißig mit Lanze und Schwert und Schild. Hier lernten die „Jungherrlin" die ritterlichen Künste: Reiten und Fechten und Stechen.

Nun zu den interessanten Felsenhöhlen! Viele dienten ehemals als Stallungen oder zur Wohnung des Ingesindes, wie zu Wirtschaftszwecken. Die größte, heute noch wohl erhaltene Felsenkammer war einst die Burgkapelle, sie besteht aus zwei Teilen; zu dem kleineren führen zwei Stufen hinauf; hier stand einst der Altar, hier las der „Burgpfaffe" die Messe. Eine ähnliche, doch nicht so große, der vorigen gegenüberliegende Höhle im Felsen ist der Rittersaal. Der könnte uns manch wundersame Mär verkünden, wollte er ausplaudern, was er alles vernommen. In der Nordwand dieses Saales befindet sich ein Fenster; lehnt man sich aus demselben hinaus, so schaut man in die schwindelnde Tiefe; jäh und schroff fällt hier der Felsen ab. Dort soll ein Graf von Regenstein sich an einer Kette hinabgelassen haben, um seiner belagerten Feste und ihren Bewohnern, denen der Mundvorrat ausgegangen war, Hilfe zu holen.

Steigen wir auf den Felsen hinauf und betreten den Vorsprung, der weit über den Abgrund hinausragt! Dort soll einst ein Wachtposten vom Sturm erfaßt und in die jähe Tiefe geschleudert sein, doch da er auf den Wipfel eines dichten Baumes fiel, wurde die Wucht des Sturzes gemildert, er sank langsam zu Boden und soll mit dem Leben davon gekommen sein. Wo einst der Palas, die Wohnung des Grafen, stand, sieht man heute nur noch geringe Mauerreste; dagegen ist die Kemnate, das Gemach der Burgfrau, noch erhalten. In der Nähe dieses Gemaches befindet sich eine enge, niedrige Felsenkammer, „das kleine Burgverließ" genannt. Von der Öffnung, die hier durch den Felsen geschlagen ist, weiß Frau Sage ein anmutiges Märlein zu erzählen.

Nordwestlich vom Regenstein lag einst die Heimburg; vom spitzen Bergkegel grüßen noch heute einige wenige Reste herüber. Dort wohnte ein Graf, der mit dem Regensteiner in ständiger Fehde lag. Auf der Heimburg wuchs ein gar liebliches, holdes Burgfräulein heran, der Stolz des Grafen und die Freude aller Bewohner, und viele Edelleute zogen auf die Burg, um der schönen Jungfrau ritterlich zu huldigen. Nur einer durfte sich nicht der Feste nahen, das war der Regensteiner Graf, ein jähzorniger, wilder Geselle. Trotzdem gelobte er sich, das schöne Burgfräulein sollte sein Ehegemahl werden, und müßte er sie mit List oder Gewalt rauben. Unablässig und aufmerksam bewachte er die Heimburg und ihre Umgebung — und sein Plan gelang. Eines Tages hatte sich die schöne Jungfrau beim Blumenpflücken etwas weiter von der väterlichen Burg entfernt, als sie sonst pflegte. Da sie allein war, stürzte der Regensteiner hervor, nahm die Wehrlose auf sein Roß und jagte nach seinem sicheren Felsennest. Die Geraubte erklärte ihm auf seine Bitte, sein Weib zu werden, daß sie ihn hasse und lieber tausendfach den Tod erleiden wolle, als ihm angehören. Ergrimmt ließ er sie in das Verließ werfen, um sie zu zwingen. Aber ihr Wille blieb unbeugsam. Als im Herbst die Regenstürme um den Felsen tobten, hörte die Jungfrau, daß der Regen an eine Stelle der Wand ihres Gefängnisses besonders laut gegenschlug, sie schloß daraus, daß dort die Felswand eine dünne, schwache Stelle haben müsse. Das war ein Hoffnungsschimmer! Schnell stammelten ihre Lippen ein heißes Gebet zum Schirmvogt der Verlassenen, dann zog sie ihren kostbaren Ring vom Finger, an dem ein großer Diamant prangte. Mit diesem begann sie in den Felsen eine Vertiefung zu kratzen. Die Arbeit war mühsam und langwierig, aber sie gelang. Der Fels zerbröckelte bei dem unablässigen Schaben, endlich war er durchbrochen, ein Sonnenstrahl fiel durch eine kleine Öffnung in das düstere Gefängnis. Die Jungfrau erweiterte den Spalt, bis sie sich hindurchzwängen konnte; — nun konnte sie fliehen! Aber o Schrecken, wie sollte sie den steilen Felsen hinabklettern! Doch die Verzweiflung, die Furcht vor dem Entsetzlichen gaben ihr Kraft, das Wagestück zu vollbringen; erschöpft langte sie auf der heimatlichen Burg an. Mit lautem Jubel wurde die längst Totgeglaubte von den Ihrigen empfangen. Jetzt sollte die Strafe an dem Regensteiner Frevler sofort vollzogen werden. Der Graf von Heimburg wappnete seine Knechte, seine Freunde kamen mit ihren Reisigen ihm zu Hilfe, und so gerüstet zogen sie zur feindlichen Festung. Aber das Felsennest erwies sich als uneinnehmbar, kein Sturm gelang, die Burg mußte ausgehungert werden. Doch auch das mißlang, die Belagerten hatten sich zu gut verproviantiert. Erst durch List konnte der Regenstein genommen werden. Die Heimburger zogen ab, als seien sie der langen Belagerung müde. Der Regensteiner schickte schleunigst Boten in seine Dörfer nach Mundvorrat. Darauf hatten die Heimburger nur gewartet, sie steckten ihre Knechte in Weiberkleider, die Ritter verbargen sich in die Wagen, die mit Brot, Gemüse u. s. w. beladen schienen. So gelangten sie in die Burg, die Besatzung war schnell überwältigt, und über den Regensteiner wurde strenges Gericht gehalten. — Das Verließ, in dem das Heimburger Burgfräulein so lange gefangen gehalten war, soll auch dem König Waldemar von Dänemark und einem Bischof von Merseburg zum Gefängnis gedient haben.

Wechselnde Schicksale hatte die stolze Burg Regenstein erlebt, 1343 kam sie an die jüngere, Heimburger Linie; als auch diese am Ende des 16. Jahrhunderts ausstarb, wurde sie Eigentum der Herzöge von Braunschweig. Doch die ragende Burg sank allmählich in Trümmer, wenn auch von den Herzögen noch ständig eine Besatzung hier gehalten wurde.

Nach dem Dreißigjährigen Kriege vertrieb der Kurfürst von Brandenburg mit Gewalt die braunschweigische Besatzung und nahm den Regenstein in Besitz, da er Ansprüche auf denselben zu haben glaubte. Heute erblickt man noch links vom Eingange, am sogenannten Pulverturm, den brandenburgischen Adler in den Felsen gemeißelt, ein Andenken an jene Besitzergreifung. Braunschweig protestierte dagegen, es kam zum Prozeß, aber das Reichskammergericht zu Wetzlar hatte noch keinen Spruch gefällt (nach mehr als hundert Jahren!), als es 1806 aufgelöst wurde. So blieb der Regenstein ein preußischer Besitz im braunschweigischen Lande.

Der große Kurfürst legte auf dem Regenstein eine moderne Festung an, die von den ersten preußischen Königen verbessert und ausgebaut wurde. Sie sollte im Siebenjährigen Kriege eine, wenn auch nur kleine unbedeutende Rolle spielen. Im Jahre 1757 hatten die Franzosen unter dem Befehl des Marschall d'Etrées unweit Hameln bei Hastenbeck das kleine Heer des Herzogs von Cumberland geschlagen und ihn zur Konvention von Kloster Seven gezwungen. Sie zogen nun siegestrunken weiter nach Niedersachsen; auf unserem Regenstein warteten ihrer neue Lorbeeren! Friedrich der Große hatte in die Festung eine Besatzung von 70—80 Mann unter dem Kommando des Oberst Joachim von Ahlimb gelegt. Diese griffen die Franzosen an, und das Glück war ihnen günstig. Die schwache Besatzung, die noch dazu meist aus alten, ausgedienten Soldaten bestand, und die gänzlich unbrauchbaren Geschütze zwangen den Kommandanten Ahlimb sich zu ergeben unter der Bedingung freien Abzuges für sich und die Seinen, was ihm gewährt wurde. So waren die Franzosen Herren vom Regenstein. Als das Gros ihres Heeres denselben verließ, blieb auf der Festung eine französische Besatzung zurück, welche bald zu einer harten Plage der umliegenden Ortschaften wurde, denn die Franzosen brandschatzten die Gegend. Doch der herrliche Sieg und die glorreiche Eroberung des Regensteins wurden, in der gehörigen Weise zurecht gemacht, nach Paris gemeldet, wo großer Jubel ausbrach; Dankgottesdienste hielt man in den Kirchen, und die Festlichkeiten wollten kein Ende nehmen. Die Franzosen ahnten ja nicht, daß, während sie in Paris so jubelten, der Regenstein vom Prinzen Heinrich bereits (Februar 1758) genommen war. Die Eroberung des Regensteins durch die Preußen und die Vertreibung der Franzosen gelang überraschend schnell. Auf dem Regenstein befand sich ein über 200 Meter tiefer Brunnen, der den Bewohnern das Wasser lieferte. Er war durch den Felsen bis zu seiner Sohle geschlagen. Das Wasser wurde in einem Eimer, der an einem langen Tau hing, aus der Tiefe heraufgewunden. Die erste Kanonenkugel, welche die Preußen den Franzosen als Gruß zusandten, zerschmetterte das Räderwerk des Brunnens und schnitt so den Belagerten das Wasser ab. Da mußten sich die Franzosen wohl oder übel ergeben. — Auf Befehl des großen Königs wurde die Festung geschleift, damit sie nicht wieder Feinden eine Zuflucht biete.

Jetzt steht auf dem Regenstein ein schmuckes Wirtshaus, dessen Saal besonders bemerkenswert ist. Derselbe ist geschmückt mit den Wappen der Harzstädte, mit Bildern einiger Kommandanten des Regensteins und ihrer Angehörigen, sowie mit Deckengemälden, die Scenen aus Julius Wolffs „Raubgraf" darstellen, der ja auf dem Regenstein spielt und auch vom Dichter zum größten Teil dort geschrieben ist. Ferner besitzt der Wirt eine schöne Sammlung von Waffen, Kugeln und anderen Altertümern, die auf dem Regenstein und in dessen Nähe gefunden wurden.

Das Schönste, das heute der Regenstein bietet, ist und bleibt aber die herrliche Aussicht. Blickt man vom Regenstein nach Süden, Südwesten und Westen, so liegt vor dem Beschauer das Harzgebirge in seiner vollsten Schönheit ausgebreitet. Da erblicken wir das Bodethal mit dem Hexentanzplatz, die zackigen Riffe der Teufelsmauer, an deren Fuß das freundliche Blankenburg liegt, überragt von dem hohen Jagdschloß der Herzöge von Braunschweig, das meilenweit in die Ebene leuchtet. Wir schauen die Kaiserwarte und den Ziegenkopf, mit Aussichtstürmen geschmückte Berge, und über all den Bergen, Felsen, Hügeln, bewaldeten und kahlen Kuppen ragt empor des Brockens Haupt, um das so oft die Nebel wallen. Wendet sich dann der Beschauer um, welch anderes reizvolles, entzückendes Bild: weit schaut man in die sonnenbeleuchtete Ebene, die nur in der Nähe des Regensteins von drei Hügelketten durchzogen wird, dann weite unendliche Ebene, soweit das Auge schauen kann! Am meisten wird der Blick angezogen von dem türmereichen Quedlinburg mit seinem hochragenden Schloß, und von Halberstadt, dem alten Bischofssitz, dessen neue weiße Domtürme weit ins Land schauen.

So ist der Regenstein ein herrlicher Punkt unseres wunderschönen Harzes, und jeder Besucher, der sich seinem Zauber hingiebt, der all die Schönheiten und interessanten Denkwürdigkeiten recht genossen und Herz und Auge daran erfreut und erfrischt hat, wird beim Abschied sagen: „Du bist mir lieb geworden, mein Regenstein, herzlich lieb!“

Rektor Cartellieri-Derenburg.

Aus Quedlinburgs Vergangenheit.

Mit Recht zeigt der Einband des vorliegenden Buches als Titelbild das ehrwürdige Kaiser- und Stiftsschloß zu Quedlinburg. Giebt es doch in der ganzen Provinz Sachsen keinen zweiten Ort, der so reich umwoben ist von den hehrsten geschichtlichen Erinnerungen!

Beim Anblick jener altersgrauen Mauern steigt vor unserer Seele auf die wundersame Geschichte, der wir einst als Knaben mit leuchtenden Augen lauschten, die Geschichte vom König Vogelsteller. Dort am Quedlinburger „Finkenherd“ — heute ein mit Häusern umbauter kleiner Platz, damals noch waldiger Abhang — auf der Nordseite des Schloßberges sehen wir den blondgelockten Sachsenherzog vor uns: „Herr Heinrich sitzt am Vogelherd, recht froh und wohlgemut.“ Da nahen die Fürsten mit der Krone und jauchzendem Zurufe: „Hoch lebe König Heinrich, hoch des Sachsenlandes Stern!“ Der Held aber blickt tiefbewegt hinauf zum Himmelszelt: „Du gabst mir einen guten Fang, Herr Gott, wie dir's gefällt.“

Von Stund an schmiedete dieser deutscheste und volkstümlichste unserer mittelalterlichen Könige hier in Quedlinburg, seinem erklärten Lieblingssitze, jene gewaltigen Pläne, welche die Befreiung vom Ungarnjoch, die innere Einigung des Reiches und die Ausbreitung deutscher Kultur ins slavische Ostland glorreich herbeiführten, bis man ihn zur Grabesruhe bettete seinem ausdrücklichen Wunsche gemäß auf eben jenem Schloßberge, von dem es sich noch heute so herzerhebend hinabschauen läßt auf die grünen, von zahllosen Vöglein belebten Bäume der Bodeaue und fernhin zu den Jagdgründen der blauen Harzberge.

Und weit über seinen Tod hinaus bis in die Stauferzeit hinein hat König Heinrich durch Begründung des freien Reichsstifts den Glanz der Kaiserhöfe an sein geliebtes Quedlinburg zu knüpfen verstanden. Nicht weniger als sechzehn deutsche Könige haben immer und immer wieder ihr Hoflager dort aufgeschlagen: bis 1207, wo Otto IV. als letzter erschien, lassen sich von diesen Besuchen mindestens fünfzig als sicher nachweisen. Wer könnte die Namen alle aufzählen der ehrwürdigen Kirchenfürsten, der mächtigen Herzöge und Grafen, der ausländischen Gesandten, die in Begleitung der Kaiser nach Quedlinburg kamen zu wichtigen Verhandlungen, zu Reichs- und Hoftagen, zu glänzenden Festen im Kreise vornehmer Frauen oder zu fröhlichem Gejaide in den nahen Harzwäldern!

Nach einer photogr. Aufnahme v. Kliche-Quedlinburg.

Das Schloß und der Dom zu Quedlinburg.

So ist das Quedlinburger Schloß für jeden Vaterlandsfreund gewissermaßen ein Nationalheiligtum geworden. Mag man den malerischen Reiz der hoheitsvollen Bauten auf sich wirken lassen, mag man im Schatzgewölbe alle die von den Kaisern geschenkten Kostbarkeiten bewundern oder drunten in der Krypta an der stillen Heinrichsgruft von weihevoller Andacht ergriffen werden, immer wird man die Wahrheit empfinden, die jüngst ein kunstverständiger Altertumsforscher unter die Abbildung jenes Schlosses schrieb: „Es giebt nur wenig Stätten im weiten deutschen Reiche, die den Besucher so von der Gegenwart abziehen und in die weit entlegene Vergangenheit des deutschen Volkes zurückversetzen, nur wenig Plätze, an die sich glänzendere geschichtliche Erinnerungen knüpfen und an denen eine Zeit kraftvollen Vorwärtsstrebens in echt nationalem Sinne in Kunstwerken verklärteren

Ausdruck gefunden hat." Es verlohnt sich daher, einen Blick zu thun auf die Entwicklung, die das merkwürdige Bauwerk bis heute genommen hat.

Als König Heinrich im Anfange seiner Regierung die Bollwerke gegen die Ungarn errichtete, mußte er auch den Lieblingssitz seiner Familie sichern, der im vorharzischen Gebiete an der Bode lag, 2 Stunden nördlich vom Gebirgsrand, $^{1}/_{2}$ km südwestlich von dem uralten Dorfe Quitlingen. Auf dem steilen, 25 m hohen Sandsteinfelsen zwischen dem Dorfe und dem Königshofe erbaute der König die Quitilingaburg. Als er dann 933 aus der Ungarnschlacht zurückkehrte, gedachte er dem Herrn der Heerscharen für diesen herrlichen Sieg ein sichtbares, dauerndes Dankopfer zu bringen durch die Gründung eines frommen Stiftes auf eben jenem Burgberge. Nachdem er 935 auf dem Reichstage zu Erfurt die einleitenden Schritte gethan, ließ er den Bau des Stiftskirchleins, das seine und seiner Gemahlin Gebeine dereinst aufnehmen sollte, sogleich in Angriff nehmen. Ohne die Errichtung des Stiftes selbst erlebt zu haben, starb er bereits 936 und ward in jenem kleinen Gotteshause beigesetzt.

Da sich der Ruhm desselben von nun an mehrte und nach Eröffnung des Stiftes durch Otto den Großen die vielen von der Königsfamilie geschenkten Reliquien auf fromme Christen eine wunderbare Anziehungskraft ausübten, machte sich ein Erweiterungsbau notwendig; in stattlichem Umfange erhob er sich seit 1021 um und über das ursprüngliche Kirchlein, das von da ab Krypta (Gruftkirche) geworden ist. Durch eine große Feuersbrunst 1070 schwer beschädigt, ward die Schloßkirche im Anfange des 12. Jahrhunderts erneuert und 1129 am Pfingstfeste in Gegenwart des Kaisers Lothar feierlich eingeweiht.

Ihre drei Schiffe und die Krypta zeigen noch heute die herrlichen romanischen Formen dieses Umbaues; nur der Chorabschluß des Mittelschiffes, den Blitzschlag baufällig gemacht hatte, ist um 1320 in gotischem Stile verändert worden unter Jutta von Kranichfeld, eben jener Äbtissin, die im „Raubgrafen", dem bekannten Romane des aus Quedlinburg stammenden Dichters Julius Wolff, als eine Hauptperson auftritt. Die Wohngebäude, die den Schloßhof im Westen und Norden umgeben, entstammen dem 16. und 17. Jahrhunderte; durch zwölf einfach gehaltene Barockgiebel in den Fronten überaus malerisch verziert, deuten sie in ihrem heiteren Aufbau den weltlichen, an nichts Klösterliches erinnernden Charakter des freien Reichsstifts an.

Nachdem man in der Reformationszeit die vielen Nebenaltäre entfernt hatte, wurden die Bemalungen der Wandflächen und Ornamente mit nüchterner weißer Tünche überstrichen und der weite Raum durch allerlei unschöne Holzemporen verbaut. Erst, als in der ersten Hälfte des 19. Jahrhunderts ein thatkräftiger romantischer Kunstsinn erwachte, kam den Altertumsfreunden zum Bewußtsein, welche Fülle von Erhabenheit und Schönheit hier der Auferstehung harre; als man in Preußen einen ehrwürdigen Dom nach dem andern der Wiederherstellung unterzog, ward auch der Quedlinburger Schloßkirche die Fürsorge des Staates zu teil.

Zwanzig Jahre lang (1862—1882) dauerten die überaus gründlichen, von den bewährtesten Kunstkennern geleiteten Erneuerungsarbeiten. Der interessanteste

Fund dabei bestand in der Wiederaufdeckung des mit altromanischen Stuckornamenten reich verzierten Betkapellchens im Boden der Krypta-Apsis dicht vor der Heinrichsgruft; damit war die Angabe der Chronisten bestätigt, daß die Königin Mathilde in einem besonderen Betraume neben dem Sarge ihres Gemahls fast täglich in stiller Andacht verweilt habe. Hocherfreulich war es, daß von Allerhöchster Stelle diese Bestrebungen warm gefördert wurden. Schenkte doch Kronprinz Friedrich Wilhelm der erneuerten Kirche den schönen neuen Kronleuchter, und seine kunstsinnige Gemahlin hat dem Vernehmen nach bei den Entwürfen zu der feingeformten Sandsteinkanzel selbst mitgewirkt. Ja, der hohe Herr soll sogar die Absicht gehabt

Nach einer photogr. Aufnahme v. Kliche-Quedlinburg.

Krypta in der Schloßkirche zu Quedlinburg.

haben, sich im Quedlinburger Schlosse eine Residenz einzurichten; dieser Plan ist freilich später, wahrscheinlich durch die großen Ereignisse von 1870/71, in den Hintergrund gedrängt worden.

So vereinigt sich denn im Quedlinburger Schlosse der Abglanz versunkener Kaiserherrlichkeit mit dem lebenspendenden Sonnenlichte des neuen Reiches. Ganz besonders schön kommt dies zum Ausdruck in den beiden neuerbauten Domtürmen. Ein Meisterwerk des Königlichen Baurats Werner, entzückt dieses Turmpaar durch seine feine Gliederung und harmonische Anpassung das Auge jedes Beschauers als eine hoch in die Lüfte ragende Zier der Stadt und der ganzen Landschaft, als ein köstlich Wahrzeichen des Hohenzollerntums, das auf den sorglich gehüteten Resten einer ehrwürdigen Vergangenheit kühn emporstrebt in verjüngender Kraft.

Das von Heinrich I. und durch Otto den Großen 936 eröffnete freie weltliche Reichsstift war für Töchter hoher Adels- und Fürstenhäuser bestimmt und gehörte zu den berühmtesten und reichsten Stiftungen des Abendlandes. Immer wieder wurden ihm Schenkungen durch kaiserliche Huld. Seine Besitztümer lagen rings um den Harz, in den Mansfelder und Thüringer Gauen, im Havellande, auf dem Eichsfelde und im fernen Vogtlande, das von den Vögten den Namen hat, die dort an Stelle der Äbtissin walteten. Bis zum Jahre 1095 ruhte der Äbtissinnenstab lediglich in den Händen von Kaisertöchtern und Kaiserschwestern. Kaiser Heinrichs I. Witwe hat seit 936 bis zu ihrem Tode (963) auf dem Schlosse gewohnt. Ihr Steinsarkophag ist noch heute in der Krypta sichtbar; wahrscheinlich birgt er auch die Gebeine ihres Gemahls, dessen Holzsarg längst in Trümmer fiel. Nur die überaus schlichte Grabplatte ist über seiner Ruhestätte erhalten geblieben.

Die beiden Kaiserinnen Adelheid, Witwe Ottos des Großen, und Theophano, Gattin Ottos II., weilten gern und dauernd im Kreise der Stiftsdamen. Sie regten ein geistiges Leben an, das reiche Früchte trug: so widmete der wichtigste Geschichtsschreiber der Ottonenzeit, Widukind von Korvey, sein Werk der ersten Äbtissin Mathilde; ein anderer namhafter Chronist, Bischof Thietmar von Merseburg, ist im Stift erzogen worden, und auf dem Schlosse selbst entstanden die für die Wende des 10. Jahrhunderts wertvollen Quedlinburger Annalen. Auch in den späteren Jahrhunderten entstammten die Äbtissinnen den erlauchtesten Fürstenhäusern; verschmähte doch selbst Friedrich der Große nicht, seine Schwester Amalie als Stiftsherrin einzusetzen.

Solange die sächsischen Kaiser regierten, schützten sie selbst das Stift; späterhin mußten sich die Äbtissinnen einen Schirmherrn erwählen und ihn mit dem Amte des Schutzvogts belehnen. Sie waren unbewehrte Frauen und die schützenden Fürsten oft eigennützige, hausmachtlüsterne Herren. Im weiteren Verlaufe des Mittelalters wurde jenes Amt hin und her verschachert und verpfändet; der Stiftsbesitz ging bei all den Streitigkeiten und Geldbedrängnissen immer mehr in Trümmer und erstreckte sich um 1500 nur noch über die Stadt Quedlinburg, ihre Feldmark und das benachbarte Dorf Ditfurt. Von 1422 ab war die Oberschirmherrschaft dauernd bei den Wettinern und zwar seit 1485 bei der Albertinischen Linie, bis Kurfürst August der Starke jenes Amt 1697 für 340000 Thaler an Kurbrandenburg verkaufte. Die nunmehr einsetzende straffe preußische Verwaltung ließ der Äbtissin wenig mehr als die persönlichen Einkünfte und die äußeren Ehren einer gefürsteten Abtei. Durch den Reichsdeputationshauptschluß ward 1803 das Stift aufgehoben und der Rest seines Gebietes dem preußischen Staate einverleibt. —

Neben dem Reichsstifte blühte seit dem 10. Jahrhundert die Stadt Quedlinburg empor, dicht neben dem Schlosse, von dem sie den Namen hat, aber bezeichnenderweise durch die Stadtumwallung von ihm scharf geschieden. Ihre Vergangenheit hat für den Geschichtsfreund ebenfalls hohes Interesse, weil sie eine der ältesten Städte der Provinz und Mitteldeutschlands ist und weil sie Entwicklungsstufen von besonders scharfer und fesselnder Ausprägung aufweist. Als Zeugen dieser Vergangenheit treten dem Besucher noch heute entgegen die stattlichen Fachwerkhäuser mit ihren Schnitzereien und Bemalungen in den engen, aber anheimelnden und malerische Durchblicke gewährenden Straßen, der weite schöne Marktplatz mit dem ehrwürdigen Rathause und dem steinernen Roland, die Urkundenschätze im Stadtarchive und die namhafte Sammlung höchst interessanter Altertümer, die nunmehr in dem geräumigen Museum übersichtlich aufgestellt wird, das die städtischen Behörden neben dem Geburtshause des berühmten Dichters Johann Gottlieb Klopstock erbauen lassen.

Der erste Zeitraum der städtischen Entwicklung reicht vom zehnten bis ins zwölfte Jahrhundert und steht unter dem Einfluß unmittelbarster Königsgunst. Der Stadt Quedlinburg ist bis auf den heutigen Tag die Lage an einer wichtigen Verkehrsstraße versagt geblieben; zudem hemmte damals noch mehr als heute das nahe, dicht bewaldete Harzgebirge die Entwickelung von Handelsbeziehungen nach Süden zu. Doch hoben die häufigen Besuche der Kaiser und Fürsten unzweifelhaft schon früh die gewerbliche Thätigkeit und zogen Kaufleute von auswärts heran, so daß Kaiser Otto III. bereits 994 ihr den größten Huldbeweis erzeigen konnte: er verlieh der Äbtissin für die Bewohner Quedlinburgs einerseits Vergünstigungen bezüglich des Marktes, der Münzen und des Zolles, andrerseits einen eignen Gerichtsbezirk, abgesondert vom Gerichtsbann der umgebenden Landschaft. Die Könige Konrad II., Heinrich III. und Lothar haben diese Vorrechte noch erweitert und die betreffenden Urkunden für die Quedlinburger Kaufleute selbst ausgestellt. Somit war der Ort bereits 994 zur Stadt erhoben; das dritte Kennzeichen einer mittelalterlichen Stadt, die Befestigung durch Mauern und Gräben, kam nun von selbst hinzu.

Nach einer photogr. Aufnahme v. Kliche-Quedlinburg.

Klopstocks Geburtshaus zu Quedlinburg.

Beim Sinken der Kaiser- und Stiftsherrlichkeit trat das städtische Gemeinwesen etwa seit 1200 in seine zweite Entwickelungsstufe ein, in das Zeitalter des trotzigen Ringens um Selbständigkeit. Die Bürger erweitern ihre Befestigungen, schaffen sich einen Heerbann mit eignem Stadthauptmann, schließen Bündnisse mit befreundeten Städten und benutzen geschickt die Interessengegensätze der benachbarten Machthaber, um die von der Äbtissin und ihrem Schirmherrn ausgeübte Oberherrschaft allmählich abzustreifen. Ihr gefährlichster Gegner bei diesen Bestrebungen war in den ersten Jahrzehnten des 14. Jahrhunderts der Graf Albrecht von Regenstein, der Hauptheld in Julius Wolffs Romane „Der Raubgraf“. Von den dichterisch ausgeschmückten Ereignissen dürfte folgendes der durch Urkunden zwar nicht belegte, aber auch nicht widerlegte geschichtliche Kern sein.

Graf Albrecht, der bereits die Vogtei über die Neustadt ausübte, wollte auch die Altstadt Quedlinburg unter seine Zwingherrschaft bringen und quälte zu diesem Zwecke die Bürger Jahre hindurch, indem er auf dem Felde ihre Gespanne überfiel, die Vorwerke vor der Stadt und die Neustadt besetzte, bis er im Jahre 1336 zur Belagerung überging. Da erhoben sich die Quedlinburger, trieben den Raubgrafen aus der Neustadt nach seiner eine Stunde südostwärts gelegenen Burg Gersdorf und eroberten sie. Der fliehende Albrecht geriet nahe der Stadt mit seinem Rosse in

Nach einer photogr. Aufnahme v. Kliche-Quedlinburg.

Das Rathaus zu Quedlinburg.

den Hakelsumpf, ward gefangen genommen und in den eiligst zusammengeschlagenen Fichtenbohlenkasten gesetzt, der noch heute auf dem Boden des Rathauses steht. Über zwanzig Monate verharrte er dort in finsterem Trotze; erst als das Todesurteil über ihn gesprochen war, ging er auf die vorgeschriebenen Bedingungen ein und ward freigelassen. Er verzichtete nunmehr auf die Vogtei über Altstadt wie Neustadt, schwor Urfehde und zahlte eine beträchtliche Strafsumme.

Von der letzteren sollen die sieben stattlichen Mauertürme gebaut worden sein, welche die Stadt besonders in der Nordfront noch heute zieren. Diese Befestigungen waren schon seit langem in weit sich dehnendem Bogen angelegt, wahrscheinlich mit der Voraussicht, daß der Zuzug der Bevölkerung um so stärker werden würde, je mehr Ansiedlungsraum vorhanden sei. Die klugen Bürger hatten sich nicht verrechnet; seit dem barbarischen Plünderungszuge Heinrichs des Löwen und bei den sich immer wiederholenden Fehden der vorharzischen Fürsten und Grafen zogen es die benachbarten Dörfler vor, ihr Heim in dem schützenden Quedlinburger Mauerringe aufzuschlagen und ihre Äcker von dort aus zu bebauen. Die Bewohner von nicht weniger als 11 Dörfern, die nun zu Wüstungen wurden, auf einem Umkreisgebiete von fast $1^1/_2$ Quadratmeilen mehrten in den letzten Jahrhunderten des Mittelalters die Einwohnerzahl zu Quedlinburg. Die Feldmark der Stadt gewann einen außerordentlich großen Umfang, wies bereits um 1500 mindestens 7500 Hektar auf und hat den Erwerbsverhältnissen bis auf den heutigen Tag ein vorwiegend feldwirtschaftliches Gepräge gegeben. Schon lange vor Beginn der Neuzeit war eine ganz eigentümliche Maßregel getroffen worden, um die weit draußen auf den Äckern Arbeitenden zu schützen. Auf erhöhten Punkten und an den Flurgrenzen wurden 10 Warttürme errichtet, von denen aus in Zeiten der Gefahr Wächter beim Nahen feindlichen Überfalls Warnungszeichen gaben und eine rechtzeitige Flucht in die Stadt ermöglichten.

Nach einer photogr. Aufnahme v. Kliche-Quedlinburg.

Der Raubgrafenkasten auf dem Boden des Rathauses zu Quedlinburg.

Nach der Besiegung des Raubgrafen wuchs die Selbständigkeit und das Selbstgefühl der Bürgerschaft immer mehr: 1327 gewann sie die höhere Gerichtsbarkeit über die von da ab mit der Altstadt völlig vereinigte Neustadt, 1396 diejenige über die Altstadt und ward für würdig erachtet, in den mächtigen Städtebund der Hansa aufgenommen zu werden. In die erste Hälfte des 15. Jahrhunderts fällt die Blütezeit der Quedlinburger Bürgermacht. Als 1458 die jugendliche Wettinische Prinzessin Hedwig Äbtissin geworden war, suchte der Rat den letzten Rest der abteilichen Oberherrschaft abzuschütteln.

Die bedrängte Hedwig rief ihre beiden Brüder, die Herzöge Ernst und Albert, zu Hilfe. Noch ehe von den verbündeten Hansastädten Beistand kommen konnte, eilten die beiden Fürsten mit einem stattlichen Söldnerheere herbei und erzwangen am 24. Juli 1477 nach kurzem Kampfe den Eingang in die Stadt, die sich nur durch völlige Unterwerfung vor dem Äußersten retten konnte. Der steinerne Roland auf dem Markte, das Zeichen eigener Gerichtsvogtei, ward gestürzt. Lange haben seine Trümmer seitdem unbeachtet im Winkel gelegen, bis das ehrwürdige Steinbild 1869 auf Veranlassung des um die heimische Altertumsforschung hochverdienten Oberbürgermeisters Dr. Brecht wieder zusammengesetzt und am Rathause neben dem malerischen Eckturme aufgestellt wurde.

Nun folgt der dritte Zeitraum der Stadtgeschichte, das stille Dahinleben im Banne der Kleinstaaterei während des 16. und 17. Jahrhunderts. Wie die Dinge damals lagen, war das für eine abseits von der Verkehrsstraße liegende Stadt wie Quedlinburg gar kein so übler Zustand. Die albertinischen Schutzherren zeigten sich allezeit wohlwollend, und auch die Frau Äbtissin war, wenn man ihr die seit 1477 zu entrichtende Jahressumme regelmäßig zahlte und die gebührlichen äußeren Ehren erwies, meist eine milde Landesmutter. Die Bürger erkannten die wirtschaftliche Stärke der Stadt in der großen, fruchtbaren Feldflur und suchten in stiller, emsiger Arbeit die Erzeugnisse derselben zu verwerten durch Viehzucht, Kornhandel, Bierbrauerei und Branntweinbrennerei. Insbesondere gelangten die beiden letzteren Gewerbe zu immer höherer Blüte. Dabei gab es in der Stadt keine berufsmäßigen Brauer noch Brenner. Das Bierbrauen ward vielmehr von denjenigen Bürgern, die nach altem Gewohnheitsrechte im glücklichen Besitze eines Brauhauses waren, als lohnender Nebenerwerb betrieben. Unter diesen Verhältnissen war es außerordentlich weise vom Rat und der Äbtissin, daß sie in den Polizeiordnungen ganz genaue Verhaltungsmaßregeln über die Häufigkeit, den Umfang, die Rohstoffe, die Herstellungsart beim Brauen und Brennen festsetzte und einen vereidigten Braumeister anstellten, der bei jedem Gebräue zugegen sein mußte. Nur so läßt es sich erklären, daß sich der gute Ruf des Quedlinburger Bieres, Gosenbräus, Broyhans und Branntweins überallhin verbreitete, eine lebhafte Ausfuhr hervorrief und den Wohlstand der Bürger immer mehr hob.

Aber über diese glücklichen Verhältnisse kam ein Unstern im vierten Entwicklungszeitraum, als am 30. Januar 1698 die Grenadiere des neuen brandenburgischen Schutzherren einrückten. Ihr dröhnender Gleichtritt war der nahende Schritt einer neuen Zeit. Die aus der gemütlichen Kleinstaaterei aufgerüttelte Stadt sollte sich nun als dienendes Glied an ein Ganzes anschließen: die unnachsichtlich eingetriebenen Steuern, der Warenzoll an den Stadtthoren, die gewaltsame Einstellung von Bürgersöhnen ins Preußenheer preßten den wackeren Quedlinburgern manchen Seufzer ab. Doch das war noch nicht das Schwerste, schlimmer war die böse Zwickmühle, in welche die städtischen Handelsbeziehungen nunmehr gerieten. Da an den Stadtthoren für eingeführte Waren Accise erhoben werden mußte, so belegten die nichtpreußischen Städte und Länder die aus Quedlinburg stammenden Erzeugnisse ebenfalls mit Eingangszöllen. In Preußen selbst aber betrachtete man die Stiftsstadt Quedlinburg trotz der preußischen Schutzherrschaft noch immer als ausländisches Gebiet und dachte gar nicht daran, ihm Zollerleichterungen zu gewähren. So geriet der Handel ins Stocken, die Bankerotte mehrten sich und der Wohlstand ging während des 18. Jahrhunderts sichtlich zurück. So war es denn für die Stadt ein Glück, als sie 1803 völlig preußisch wurde, ein Glück, das man während der Fremdherrschaft des Königreichs Westfalen 1807—1813 um so höher schätzen lernte.

Als dann Quedlinburg 1815 wieder unter die Fittiche des schwarzen Adlers zurückgeführt ward, trat es in seine fünfte, jetzt noch andauernde Entwicklungsperiode ein: der großen Wohlthat der Stein-Hardenbergschen Städteordnung teilhaftig geworden, konnte nun die Bürgerschaft die ihr noch immer innewohnende Kernkraft frei entfalten. Sie hat sich im neunzehnten Jahrhundert trotz der leider noch immer nicht beseitigten Ungunst der Verkehrsverhältnisse den andern aufstrebenden Städten der Provinz mindestens ebenbürtig erwiesen und sie auf einem eigenartigen Gebiete weit überflügelt: Quedlinburgs guter Ruf als Gärtnerstadt ist heute nicht bloß in ganz Europa, sondern auch jenseits der Weltmeere bekannt, überall, wo seine trefflichen Sämereien begehrt und geschätzt werden, und neben den durch eine große Vergangenheit geheiligten Stätten, erregen im Sommer die im Blütenschmuck prangenden Gewächshäuser und draußen in der Flur die bunten, duftigen Blumenfelder das Entzücken der Einheimischen und Fremden.

Daß dieser gärtnerische Ruhm nicht etwa nur die Folge einzelner Firmen ist, die sich mehr zufällig gerade in Quedlinburg niederließen, sondern wie so manches in der alten Kaiserstadt mit seinen Wurzeln in die Vergangenheit zurückreicht, bezeugt schon der Umstand, daß neben den Weltfirmen auch eine große Anzahl mittlerer und kleinerer Betriebe von jeher vorhanden war. Schon alte Akten aus der Reformationszeit bezeugen, daß von alters dort „viel Gartenwerks" gewesen sei; verpachtete doch der Rat damals nicht weniger als 17 größere Gärten. Dazu kam noch, daß die Äbtissinnen als edle Frauen ohne Zweifel besondere Freundinnen der Blumen und Gartenfrüchte gewesen sind. Ihren sehr umfangreichen Abteigarten südlich vom Schloß und den sich an ihn anschließenden Brühlpark ließen sie durch kundige Gartenmeister sorgsam bewirtschaften und gewährten dadurch der Bürgerschaft ein gutes Vorbild.

Eine so gewaltige Ausdehnung wie heute hätte freilich die Samenzucht nicht nehmen können, wenn nicht zugleich auch besonders günstige Feldverhältnisse vorhanden gewesen wären. Zunächst drängte der außerordentlich große Umfang der Feldmark auf möglichst ausgiebige Ausnützung, sodann ist ihre Bodenart von dem feinen, den benachbarten Hügelketten entstammenden Alluvialsande meist so durchsetzt, daß sich die für Samenzucht erforderliche Auflockerung leicht erreichen läßt. Drittens bieten eben jene Hügelketten den eingelagerten Geländemulden gegen die für junge Pflänzchen gefährlichen Winde einen wirksamen Schutz, der hier und da noch durch hohe Steinmauern erhöht wird. Bis zu welchem Umfange die gärtnerischen Betriebe, auf Grund dieser geschichtlichen und natürlichen Vorbedingungen fortgeschritten sind, wird der nachfolgende Aufsatz näher darlegen.

Dr. Hermann Lorenz-Quedlinburg.

Ein Gang durch Quedlinburgs Gärtnereien.

Die Richtung nach dem Großbetriebe macht sich wie in Industrie und Handel auch geltend in der Landwirtschaft und besonders deutlich in der Gärtnerei. Noch im vorigen Jahre lieferte eine kleine Firma Quedlinburgs Gemüse auf den Markt, heute handelt sie mit mehr Erfolg mit Schnittblumen; einige Jahre reichen Ertrages sind nötig, und die Firma wird sich dem einträglicheren Ziehen von Sämlingen und Stecklingen zuwenden. Die letzte Stufe ist in dem Augenblick betreten, wo auf Samen gebaut wird. Diesen Werdegang haben mehr oder weniger alle hiesigen Großgärtner innegehalten.

Gewächshaus mit Gloxinien.

Von dem kunstverständigen, sorgsamen, Auge und Herz erfreuenden Schaffen und Mühen dieser Großgärtner erzählen dir laut und traut die bunten Teppiche, welche unsere alte Königsstadt farbenprächtig umbreiten. Sieh! Hier scheint ein lichtblaues Meer sich auszudehnen, dort lagert weitgestreckt schwarzer Sammet, da wieder glaubst du Bielefelds Bleichereien zu sehen, so schneeigweiß das ganze Feld, zur Rechten glüht es wie ein See von Blut, links decket das Land in seltener Schöne buntfarbiges türkisches Tuch. Welch entzückender Anblick dort die 25 Hektare Astern in Blüte! Welch berauschender Duft hier von den 20 und mehr Hektaren Reseda! Du wirst lüstern nach einem Strauß! Sieh! dort auf dem Wege liegt ein ganzer Berg ausgerissener Blumen, alle voll Glanz und Duft, dir eine Freude, aber dem Gärtner ohne Wert, denn es sind unreine Exemplare, die ihren Beruf, für den Nachwuchs zu sorgen, verfehlt haben. Bange aber nicht um Garten und Blumentisch daheim! Wenn im nächsten Jahre der Frühling von den Bergen steigt und du deine Beete sich wieder schmücken lassen willst mit den duftigen Kindern Floras, dann wird dir echter und rechter Same nicht fehlen, denn alle die Blumen, die du hier in den weiten Feldern geschaut, dienen nur der Samenzucht. Ein Gang durch die weiten Fluren Quedlinburgs, ein Blick von einem Hügel gewährt einen prächtigen Anblick. Tagelang magst du wandern und schauen, und du bekommst doch nicht alle Pracht unserer Gärten und Felder zu sehen. Hier ist die Schönheit auf kurzem Raume zusammengedrängt, die im nächsten Jahre die Freude an der ewig jugendschönen Natur an fast allen Punkten der Erde erwecken soll.

Die größten Gärtnereien Quedlinburgs haben vorwiegend Samenkulturen; an der Spitze Gebrüder Dippe mit 180 ha Blumen, 600 ha Zuckerrüben, 130 ha Erbsen, 70 ha Salat und Zwiebeln u. s. w., im ganzen an 3000 ha eigene Kulturen. Zur Kennzeichnung der Größe des Betriebes mögen für Zahlenfreunde noch einige Angaben gestattet sein: 3 Dynamomaschinen erzeugen Licht für 4000 Glühlampen und Kraft zu 30 Elektromotoren von 10—12 Pferdestärken, denen außerdem noch 9 Gasmotore beim Dreschen, Reinigen, Pumpen u. s. w. helfen; 600 Stück Zugvieh liefern ihre Kraft, 8000 Hammel ihren Dung; 250 Gärtner und 1600 Arbeiter erhalten hier Lohn; 70 Handwerker hat die Firma ausschließlich für sich nötig. Zu den Kulturen im freien Lande kommen die unter Dach, hierunter befinden sich allein 350000 Töpfe Levkoyen. Beim Blick in das Preisverzeichnis gehen einem die Augen über, wenn man liest, daß die kleinen und leichten Sämereien doppelcentnerweise angeboten werden, so Dill, Fenchel, Salbei, 45 verschiedene Salatsorten, Kresse, Gurken u. s. w. Verkauft werden etwa jährlich 4000 Ctr. Möhrensamen, 1500 Ctr. Zwiebelsamen, 400000 Ctr. Rübensamen u. s. w.

Noch älter ist die Firma H. Mette, für die fast 7000 Morgen Land bebaut werden; sie bedarf 9 große Kraftmaschinen, braucht 170 Zugtiere, 2000 Schafe und beschäftigt 634 Arbeiter. Außer Getreide und vor allem Zuckerrübensamen züchtet sie alle Gemüsesämereien. In den 98 Morgen großen Gärten werden 4000 Arten Schmuckblumen gebaut. 320 Morgen zeigen Freilandkulturen; unter Glas befinden sich 5000 qm. In den Stellagen stehen 95000 Töpfe: in langen Reihen duftet Goldlack und Levkoye, glüht die Cinerarie und blendet die Calceolarie.

D. Sachs läßt 3000 Morgen mit Zuckerrüben bebauen und 1000 Morgen mit Erbsen. Auch er zieht alle Blumen- und Gemüsesämereien, als Spezialität: Fürst Bismarck-Reseda 1900.

F. Römer führt besonders Saatkartoffeln, Erdbeeren und großartig schöne Stiefmütterchen, Begonien, Phlox.

Es mag genügen, diese Firmen aus den 9 größeren, die vorwiegend Samenkultur betreiben, angeführt zu haben. Die weiteren 6 großen Firmen haben besonders Pflanzenkulturen, an der Spitze Sattler & Bethge, welche Firma 1881 ins Leben trat und bereits 3 Jahre später 8 Morgen unter Glas hatte.

Um die Thätigkeit einer Großgärtnerei Quedlinburgs kennen zu lernen, muß man wenigstens jeden Monat einmal alle Räume durchwandern. Das Bild wechselt stets, ist aber stets belehrend, stets schön; gilt es doch, Kräfte der Natur in gewünschte Bahnen zu lenken, den Schlaf der Pflanzen zu verkürzen oder zu verlängern, ihren Werdegang zu beschleunigen oder zu neuen Gestaltungen anzuhalten. Das Maiglöckchen finden wir beispielsweise das ganze Jahr in Blüte, nur nicht im Mai. Und zwar sind es bis zum November letztjährige Pflanzen, deren Schlaf im Eiskeller verlängert wurde, von da ab nächstjährige, deren Erwachen durch Wärme und feuchte Luft angeregt wird.

Asternkulturen.

Das Bestäuben der Pflanzen wird nicht mehr dem zufälligen Anfliegen der Insekten überlassen, die überdies ja den ganzen Winter streiken, sondern es wird von geübten Gärtnern mit einem zarten Pinsel ausgeführt. Hier gilt es eine Art, wie das schneeweiße Alpenveilchen, rein zu erhalten, dort bei der Pantoffelblume soll das Rot immer leuchtender, der Schuh immer größer werden, bei dem Befruchten der Pelargonien handelt es sich um möglichst viel Samen, bei den Primeln um getrennte Farben, bei den Gloxinien um das Erreichen einer gelben Blüte, bei den bunten Nesselblättern um krause und grelle Arten. Da giebt es viel zu überlegen; der Geschmack des Publikums kennzeichnet die Bahnen, wie der Pinsel des Gärtners zu führen ist, genau wie beim Künstler mit der Palette. Bei manchen Arten wird über jede Pflanze Buch geführt, Vater, Mutter, Großeltern sind nach reiflicher Überlegung gewählt und von den Kindern werden nur die brauchbaren am Leben erhalten wie in Sparta. Dank dem ewigen Wechsel der Mode wird auch der

Gärtner niemals fertig. Ist ein Ziel erreicht, schwebt schon wieder eine neue zu erreichende Form in der Ferne.

Aber nicht alle Pflanzen geben so willig brauchbaren Samen her. Denn der Sämling schlägt zurück, er artet gern wieder aus, der Heliotrop und das Negerveilchen werden hellblau, die Lobelie verliert ihre anmutige niedrige Buschform, das Eiskraut büßt oft das hellgestreifte Blatt ein, das schön gezeichnete Nesselblatt nimmt gar zu gern wieder die einfache plumpe Form und Farbe an, artet auf irgend einen Urahnen und vergißt das Kleid der Eltern. Sogar die Nachkommen der wenigen, die den Eltern ähnlich blieben, schlagen noch oft zurück. Wie hilft sich der Gärtner dagegen? Er benutzt die ungeschlechtliche Vermehrung, d. h. die durch Stecklinge. Wir sehen einen Mann die jungen Triebe der Nesselblätter abschneiden und im Korbe sammeln, ein anderer schneidet — es erregt unser Bedauern — die schönsten zarten Triebe von Fuchsien und Heliotrop ab, ein dritter sammelt Zierspargel, Dahlien, Begonien, Eiskraut oder Veilchen. Die Natur ist willig. Der abgeschnittene Trieb will weiter leben, nur muß durch feuchten Sand und abgeschlossene Luft Sorge getragen werden, daß er nicht durch Verdunsten zu Grunde geht, ehe er sich neue Saugwurzeln gebildet hat. Sogar das Veilchenblatt allein wächst an. Im allgemeinen wird nur das Blatt von saftreichen Pflanzen als Steckling benutzt; es wird glatt am Grunde abgeschnitten und in Sand gesteckt; dies geschieht bei allen gloxinienartigen Gewächsen, oder aus ihm werden nach der Aderung des Blattes Dreiecke herausgeschnitten, oder endlich werden die Hauptrippen durchschnitten und das Blatt dann flach auf die Schale gelegt und mehrfach festgehakt wie bei den Blattbegonien. Bei warmer Luft stellen sich bald massenhaft die jungen Zwerglein ein und warten auf nahrhafte Erdmischung.

Die Stecklinge werden in ammoniak- und kalkfreiem Sande, Kiesel, Coaks oder dgl. eingesteckt, d. h. in Substanzen, welche absolut nahrungsfrei sind und daher keine Pilze und Algen aufkommen lassen. In allen Fällen wird der junge Trieb benutzt, wodurch eine Pflanze leicht bis 200 mit ihr gleiche Geschwister im Jahre bekommt; denn hier von Nachkommen zu reden ist biologisch unerlaubt. So sind sämtliche Dahlien „Hohenzollern“ Geschwister. Leider ist diese vegetative Kraft nicht unerschöpflich. Der Grenze, durch Stecklinge vermehrt werden zu können, scheinen sich die berühmte Nelke Ella Dippe und die kostbare Rose **la France** schon bedenklich zu nähern. Da ist es nun sehr wertvoll, die Stammeltern zu kennen und zu versuchen, ob sie nicht noch einmal ein Samenkorn hergeben von denselben Eigenschaften. Meist aber wechselt die Mode schneller, als sich die vegetative Naturkraft erschöpft.

Um die Stecklinge schneiden zu können, müssen genügend alte Pflanzen zum Antreiben zur Verfügung stehen. **Über 200 Pelargonienarten, fast 130 Fuchsienarten, ungefähr 170 Chrysanthemumarten werden allein bei einer einzigen hiesigen Firma beschnitten; an Cactus-Dahlien fast 100, weit darüber an Canna Crozy. Sind diese Stecklinge angewachsen in gedrückter Luft, so bilden sie sofort kräftige verkaufsfähige Pflanzen, was allerdings bei der Anzucht aus Samen nicht der Fall ist. Das weiße Primelhaus allein enthielt bei einer hiesigen Firma für 20000 Mark Samen,** und nun muß man sich diesen Samen ansehen, diese Stäubchen, diese Pulver bei der Knollenbegonie oder der Gloxinie, die fast dreißigmal so teuer sind als Gold, da 1 g bis 34 Mark kostet. Diese feinen Sämereien werden nur auf die Erdoberfläche gesäet, da sonst das zarte Korn ersticken würde. Bald ist die blendend weiße Sandfläche, die den Samen empfangen hat, von zartem Grün überzogen; nicht 2 mm lang sind die Pflänzchen und schon werden diese Säuglinge verpflanzt, von geübter sorgsamer Mädchenhand, auf etwa 1 cm Entfernung in nahrhafte Erde, wo sie in Reih und Glied ihre Kinderzeit verleben; immer werden sie nach Bedarf wieder verpflanzt, bis endlich die jungen Burschen stark genug sind, um als fertige Verkaufsware die Reise in die Welt anzutreten. So wandern allein aus einer Gärtnerei jährlich über eine Million junge chinesische Primeln, ebensoviel von Alpenveilchen, Gloxinien, Begonien und Cinerarien, etwa 100000 Pantoffelblumen u. s. w in alle Welt. Und den Hauptbetrieb in Teppichbeetpflanzen habe ich noch gar nicht erwähnt. Da finden wir Prachtteppiche, nur aus unendlich verschiedenen Blütenbegonien bestehend, andere ornamentale Figuren glühen in allen Farben, sogar das tief satte Blau wird geliefert von der leider wenig bekannten Strobilanthes. Für Gruppenbeete und Rasenunterbrechungen finden wir hier eine große Anzahl von Tabakarten, Ricinus, Solaneen u. s. w.

Wollt ihr Mitte April schöne Beete sehen, so besucht Pape & Bergmann:

Narcisse und der Tulipan
Die kleiden sich viel schöner an
Als Salomonis Seide.

Diese sind noch nicht zu Ende mit blühen und schon entfalten sich die leuchtenden Anemonen de Caen und die vollen Ranunkeln mit den edelsten Amaryllisarten. Anfang Juni seht ihr im Lande 40 Schwertlilienarten in vollem Flor, jede Art auf eigenem Felde, während die Gärtner beschäftigt sind, in nächster Umgebung 18000 der neuesten Cactus-Dahlien auszupflanzen. Kommt im Hochsommer wieder und weidet den berauschten Blick an der edeln Haltung und dem vielfarbigen Flor dieser vornehmen Modeblume.

Hunderttausende von Zwiebeln und Knollen versendet diese Firma jährlich, an Gladiolen 40000, Tuberosen 35000, außerdem die edelsten Lilien. Neueinführungen von P. & B. bilden Riesen-Reseda, Stiefmütterchen und Levkoyen. Beide letztgenannten Firmen halten auch sämtliche Gartengeräte preiswert zum Verkaufe an Private. Wer Freund ist von den wirkungsvollen Calladien, buntblättrigen Aroideen, der muß im Hochsommer zu C. Sattler gehen. Rosen- bis blutrote Färbung ist vorwiegend die Zeichnung dieser großen pfeilförmigen Blätter, von denen einige sich auch im Wohnzimmer halten lassen. Im Herbst ziehen sie ein, d. h. die Blätter fallen ab, und die Knollen werden im Mai auf feuchtem Torf zu neuer Lebensarbeit angeregt, genau wie Gloxinien- und Begonienknollen. Auch eine reiche Auswahl von Fuchsien findest du hier zu wirkungsvoller Gruppe vereinigt. Die Firma Gebhardt & Co. zieht in $^1/_2$ ha bedeckenden Glashäusern Teppichbeetpflanzen, Pelargonien, Cinerarien, Dracaenen und Aralien. Gebrüder Teupel bewirtschaften 84 Morgen, versenden gegen 25000 Blattbegonien, 10000 Canna Crozy,

20000 Pelargonien Bürgerscher Züchtung u. s. w. H. Wehrenpfennig hat 3 Morgen unter Glas und 12 Morgen Freilandkulturen; bei ihm sehen wir chinesische Primeln ins Land gesät, ebenso in großen Mengen Aralien. Er führt wie alle 6 Firmen dieser Gruppe alle jungen Blumen- und Teppichbeetpflanzen, Knollen und Blumenzwiebeln.

Es ist noch nicht 50 Jahre her, daß die ersten Blumen zur Samenzucht ins Feld gepflanzt wurden, es waren Levkoyen; von diesem ersten Versuche der Firma Dippe her datiert Quedlinburgs Ruhm als Gärtnerstadt.

Übergehen wollen wir nicht die Baumschule von Klinge und den fleißigen Landschaftsgärtner Trolldenier, der seinem Boden entsprechend in Zukunft besonders Rosen züchten wird.

Schließlich müssen wir noch dem tüchtigen Louis Vieweg einen Besuch abstatten; er ist Sortimentsgärtner und führt darum alles; in besonders großer Anzahl finden wir bei ihm Erdbeeren, Gehölze, Obstbäume, Warmhauspflanzen und Palmen. Ein großes Haus enthält nur Cycadeen von zum Teil kostbarer Schönheit, er liefert jährlich 10000 Trauerwedel. In wunderbare Stimmung versetzt uns Viewegs Zwergobstkultur; ein Apfelbaum im Topfe lacht dich mit 20 roten Backen an, dort lockt dich ein Birnbaum mit saftigen Früchten. Mehr jedoch erfrischt uns die Glut und der Duft von Aristolochien, Schubertien und Orchideen, die wir alle mit Entzücken beschauen, ohne uns zum Kaufe entschließen zu können, denn einmal soll die Pflanze auch in unserm Zimmer leben können, was nicht viele Orchideen vermögen, und dann soll der Preis auch nicht zu hoch sein; der hohe Preis aber ist ein Fehler aller fremden Orchideen. Was würdest du für 5 Mark wählen: einen Zwergobstbaum mit 3 Äpfeln oder ein ganz hübsches brasilianisches Knabenkraut in Blüte? Bei Vieweg kannst du auch lernen, wie die Araucaria, diese oft bewunderte „Zimmertanne" veredelt wird und wie die Königin der Nacht vielen andern Cactusarten als Unterlage zur Veredelung dient. —

Noch manche andere Firma reizt zum Besuche und kann uns oft mit entzückenden Farbenwirkungen besonders in Rosen, Chrysanthemen und andern Schnittblumen erfreuen, aber wir haben ja nicht einmal Zeit gefunden, alle großen Samenfirmen zu erwähnen, und wie leistungsfähig sind trotzdem die Firmen, die zum Teil über die ganze Erde ihre Güter schicken, wie S. L. Ziemann, Keilholz, M. Graßhoff, diese Lehrmeisterin des Begründers der Firma Dippe, A. Graßhoff, Schobbert & Co. Ein stattlicher Band würde es wahrlich werden, wenn wir jede gebührend würdigen wollten. Ist es doch eine eigentümliche Thatsache, daß es in Quedlinburg fast keine Landwirte mehr giebt, sondern daß sich dieselben fast ausnahmslos dem Samenbau auf eigene Rechnung oder für größere Firmen zugewandt haben. Trotz der gewaltigen Feldflur Quedlinburgs — sie umfaßt 32000 Morgen — wird doch lange nicht so viel Gemüse produziert, daß der Bedarf auch nur annähernd gedeckt werden kann; es muß fast alles von auswärts bezogen werden. Ebenso ist es mit dem Viehstande bestellt. Milchvieh wird nur in sehr wenigen Landwirtschaften gehalten, so daß Milch und Butter aus entfernten Orten bezogen werden.

Von dem Versand der Quedlinburger Gärtnereien kann man sich annähernd einen Begriff machen, wenn man bedenkt, daß das hiesige Postamt allein im letzten

Verwaltungsjahre 1918202 eingegangene Briefe und Postkarten und ca. 128000 Pakete, sowie 3762500 Stück abgehende Briefe und Postkarten, sowie 236474 Stück Pakete zu bearbeiten hatte, und daß allein 7179546 Mark auf Postanweisungen ausgezahlt wurden. Und doch sind dies nur die kleineren Summen; die größeren werden durch Wechsel oder durch die Reichsbank gezahlt. Welche Riesenmenge die Bahn zu bewältigen hat, mag daraus ersehen werden, daß allein für die Firma Gebrüder Dippe in der Versandzeit, besonders in den Monaten Januar, Februar, März, jeden Tag ein Güterzug von 30 bis 40 Wagen bereit stehen muß, um den Rübensamen zu verfrachten, und doch ist es nicht möglich, alle Ansprüche zu befriedigen, so daß noch hunderte von Wagenladungen nach andern Bahnhöfen gefahren werden, insonderheit wird noch viel von Halberstadt und Neundorf aus versandt, wo die Firma ebenfalls bedeutende Ländereien besitzt.

Gurkenhaus mit Treibgurken.

In etwa 10 Blumenläden kann das Publikum seinen Bedarf an Sträußen, Kränzen, Ampeln, Jardinieren u. s. w. decken: Da sehen wir in bronziertem Körbchen in Rokokoform die elegante Medeola sich an hellvioletten Orchideen emporranken. An anderer Stelle bewundern wir die weißen, gelben, braunen und schwarzen Chrysanthemen, die auf langem Stile sich mit Asparagus plumosus, tenuissimus oder Sprengeri mit gelbem Schleierbande zu wahrhaft königlichem Strauße vereinigen. Der Quedlinburger liebt aber auch die Blumen über alles. Kein Familienereignis giebt es ohne Blumen. Die Tante kommt zu Besuch: sie wird mit Blumen am Bahnhof empfangen. Ein neuer Erdenbürger hat sich eingefunden: die Freundinnen gratulieren mit Blumen. Bei Wohnungswechsel sorgt Freundeshand für wohlthuendes Willkommen. Verstohlen schenkt der Tanzstundenjüngling seiner Schönen ein Sträußchen aus Vergißmeinnicht und roter Rose. In Blumen gebettet wird der Liebling zum Friedhof gebracht, er hatte ja im Leben die Blumen so gern;

liebevoll werden die welken durch frische ersetzt, und das arme Mutterherz findet Trost in der vergänglichen, aber immer wieder zu erneuernden Schönheit, die sie dem Entschlafenen opfert. Ein Quedlinburger lebt in Blumen, ein Quedlinburger stirbt in Blumen und ruht leicht unter der blühenden Decke.

Oberlehrer Habenicht-Quedlinburg.

Das Eisenhüttenwerk Thale,

Deutschlands größte Fabrik emaillierter Geschirre.

Die Herrlichkeit des unteren Bodethals, die sagenumwobenen Roßtrapp- und Hexentanzplatz-Felsen ziehen alljährlich Tausende für Stunden, Tage, Wochen nach Thale am Harz. Tausenden gewährt das Eisenhüttenwerk Thale jahraus, jahrein ihren Lebensunterhalt. Allerdings wollen jene Tausende von diesen und ihrer Nährquelle nicht viel wissen. Sie schelten auf die Schornsteine, die das Landschaftsbild verunzieren, auf den Rauch, der die Luft verdirbt, es berührt sie unangenehm, rußbedeckte Arbeiter zu Reisegefährten zu haben. Und wer wollte es leugnen, daß der Bund, den hier die Industrie mit einem Fleckchen Erde, voll der großartigsten Naturschönheiten, geschlossen hat, befremdlich ist? Wer wollte leugnen, daß Thale ohne seine „Hütte" noch idyllischer, noch angenehmer für den Wanderer, für den Sommerfrischler, für den Genesung Suchenden wäre? Und doch — unnatürlich und vor allem unwürdig ist der Bund nicht. Denn ist das unterste Bodethal eine der herrlichsten Gegenden Deutschlands, so haben wir in der Eisenhütte eine seiner ersten industriellen Anlagen, und dieselbe Natur, die so viele durch ihre Schönheit anlockt, sie hat auch zur Anlage der Hütte geführt. Ja, diese darf ihren Anklägern entgegenhalten: Ehe ihr an Thale dachtet, ehe Thale dem Fremdenverkehr eröffnet, ehe es Sommerfrische und Kurort wurde, war ich.

Das Eisenhüttenwerk Thale ist nicht eines der ältesten im Harze; indes gehörte es, wie uns Günther in seinem „Harz" berichtet, schon 1740 einer Gewerkschaft. 1777 erwarb es ein Graf von Reden (oder Redern), 1790 der preußische Staat. Wiederholt kam es noch in Privatbesitz, geriet 1860 in Konkurs und ist seit 1872 Eigentum einer Aktien-Gesellschaft. Im nahen Tiefenbachsthale fand man Eisenerz, der Wald lieferte billigen Brennstoff, die Bode billige Betriebskraft. Kein Wunder, daß man damals, als die Menschheit noch nicht überall Sommerfrischen, Luftkur- und Badeorte brauchte, die günstige Gelegenheit benutzte, um in Hochöfen Eisen zu gewinnen und es in der Hütte zu Schwarz- und Weißblech zu verarbeiten. Allein bald zeigte sich, daß die Erzlagerstätten nicht sonderlich reich waren. Die Nachfolger Friedrichs des Großen ließen bereits aus Schlesien Roheisen nach Thale schaffen und dort verarbeiten. Dazu brachte die Verbreitung der Steinkohle einen Umschwung in der Eisengewinnung hervor, der sie für Thale nicht mehr lohnend erscheinen ließ. Das Werk wurde zur reinen Fabrik umgestaltet. Man bezog von auswärts Roh- und Alteisen und stellte daraus, noch immer mittels Holzkohlenfeuerung und Wasserkraft, Achsen, Beile, Äxte, Schaufeln, Blechej u. dergl. her. 1831 erzeugte die Hütte in Thale die erste eiserne Wagenachsej in Deutschland. Die Aktien-Gesellschaft ging 1872, unterstützt durch die in derselben Zeit eröffnete Bahn von Halberstadt nach Thale, zur Steinkohlenfeuerung über und errichtete neu ein Puddlingswerk*), ein Stabeisenwalzwerk und ein Blechwalzwerk. Allein schon nach 10 Jahren erwies sich diese Art des Betriebes als unhaltbar. Durch die Erfindung des Bessemer-Verfahrens (1854), das dann (1878) durch Thomas und Gilchrist wesentlich vervollkommnet wurde, war es möglich geworden, in derselben Zeit etwa 200 mal soviel Flußstahl zu erzeugen, als durch das Puddelverfahren Schweißeisen. Da jenes nicht nur billiger, sondern auch weit fester ist als dieses, wurde das Schweißeisen und mit ihm der Puddelprozeß immer mehr verdrängt.

Damals nun machte die Hüttenverwaltung die entscheidende emporführende Wendung. Sie ist wesentlich das Verdienst des jetzigen Direktors Hubert Klaus, der 1874 als junger Ingenieur in den Dienst des Hüttenwerkes getreten war. Er richtete das Werk ein für Massenerzeugung emaillierter Guß- und gestanzter und emaillierter Blechwaren. Das schnelle Anwachsen des Werkes nach dieser Betriebsänderung mögen folgende Zahlen beweisen. Bei Begründung der Aktien-Gesellschaft (1872) beschäftigte die Hütte 260 Arbeiter, 1881 = 453, 1884 = 788, 1887 = 1300, 1890 = 1832, 1893 = 1910, 1896 = 2590, 1898 = 3258, 1900 = 3600 Arbeiter und Arbeiterinnen. Die erzeugten Waren hatten 1885 einen Wert von 2 Mill. Mark, 1895 von 4, 1899 von 9 Mill. Der weitaus größte Teil dieser Summe entfällt auf die emaillierten Blechwaren. Man schätzt, daß in Europa jährlich für 90 Mill. Mark solcher Waren erzeugt werden, so daß unser Thale etwa $^1/_{10}$ des gesamten Bedarfs deckt. Es übertrifft auf diesem Gebiete sämtliche Fabriken des In- und Auslandes. Den Vertrieb vermittelt ein Syndikat, das seinen Sitz in Berlin hat. Dorthin ist neuerdings auch der Hauptsitz des „Hüttenwerks Thale" verlegt worden, so daß formell Thale nur als Filiale des Berliner Geschäfts gilt.

1889 nahm die Verwaltung die Fabrikation gußeiserner Sanitätsutensilien als Nebenzweig hinzu, 1895 die emaillierten gußeisernen Badewannen, neuerdings auch die Herstellung von Aluminium-Geschirren (Feldkesseln, Feldflaschen, Trinkbechern u. s. w.) für die Heeresverwaltung. Gegenwärtig gehen aus dem Thaler Hüttenwerke hervor kleine Gefäße wie Senf-, Gewürz-, Wichs-, Pulverdosen, ferner Frucht-, Gemüse-, Farbenbüchsen aller Größen, die verschiedensten Kochgeschirre und Küchengeräte als Eimer, Kochtöpfe, Trink- und Meßgefäße, Kessel bis zu 1 m Durchmesser und $^1/_2$ m Tiefe, dazu Gußwaren: Badewannen, Ausgüsse für Wasserleitungen, Bratpfannen,

*) Beim Puddelprozeß wird Roheisen, das noch Beimengungen von Phosphor, Schwefel, Silicium und viel Kohlenstoff enthält, geschmolzen und dann fortwährend unter Zuführung atmosphärischer Luft umgerührt oder „gepuddelt". Dadurch wird der Kohlenstoff aus dem Eisen fast ganz entfernt und dieses selbst in schmiedbares Schweißeisen umgewandelt.

Gefäße und Apparate für die chemische Industrie, Kanalisations-Artikel. Täglich werden über 100 000 Stück emaillierter Blechgeschirre mit einem Gewichte von etwa 35 000 kg hergestellt. Etwa $^7/_{10}$ davon geht ins Ausland.

Treten wir nunmehr unter sachkundiger Führung einen Rundgang durch die Hauptwerkstätten der Fabrik an*). Wir beginnen mit dem Maschinenraume. Hier werden jetzt nur noch Maschinen für den eigenen Bedarf des Werkes hergestellt. Wir bewundern die gewaltigen Bohr-, Hobel-, Fräs-, Stoßmaschinen und Drehbänke, auf denen Eisen bearbeitet wird, als wäre es Holz; wir bewundern hoch über unsern Häuptern die sinnreiche Vorrichtung, die mittels elektrischer Kraft Eisenblöcke von 8000 kg Gewicht je nach Bedarf an jede Stelle der weiten Halle schafft. Allein wir halten uns weder hier noch in der nahen Gießerei lange auf; dergleichen giebt es auch anderwärts zu sehen. Unser Ziel ist es, die Herstellung der emaillierten Geschirre kennen zu lernen.

Beim Überschreiten eines Hofes fällt uns ein Haufen Bretter auf. Es sind, wie wir uns durch nähere Betrachtung überzeugen und, wie uns unser Führer belehrt, Gußstahl-Bretter oder „Platinen". Sie bilden für die Hütte den Rohstoff zur Herstellung der Blechwaren und werden zur Zeit aus westfälischen Werken bezogen. Allein noch im Laufe dieses Jahres wird das jetzt im Bau befindliche basische Martinwerk in Betrieb gesetzt werden**). Hier wird sich dann das Thaler Hüttenwerk mit Maschinen von 1500 Pferdekräften den Rohstoff selbst herstellen. Im Martinwerke werden Stahlblöcke von etwa 800 kg Gewicht gegossen und dann in dem angrenzenden Blockwalzwerk zu jenen „Platinen" ausgewalzt werden. Die Zahl der Arbeiter wird nach dieser Erweiterung des Hüttenwerkes auf etwa 4000 steigen, die ganze Fabrikation gesteigert werden; denn noch immer wächst die Nachfrage nach diesem „Eisenporzellan", wie der gegenwärtige Hüttendirektor die emaillierten Geschirre einst treffend genannt hat.

Die Platinen werden in etwa meterlange Stücke zerschnitten und kommen so in das Blechwalzwerk, das wir nunmehr betreten. In einer weiten ganz aus Stein und Eisen erbauten, etwa 150 m langen Halle befinden sich 25 Walzenpaare, die durch drei große mit je 750 Pferdekräften arbeitende Zwillingsdampfmaschinen in drehende Bewegung versetzt werden. Damit der Gang der Walzen möglichst gleichmäßig ist, sind drei mächtige zur Hälfte über den Fußboden herausragende Schwungräder eingefügt, deren jedes 100 000 kg wiegt. Die glühenden etwa 1 cm dicken Platinenstücke werden zwischen zwei der Walzen gesteckt, deren Entfernung voneinander auf einfache Weise verengert und erweitert werden kann, und durch wiederholtes Walzen in Bleche von $^1/_4$ bis 1 mm Dicke verwandelt. Nachdem sie abgekühlt sind, wird die sogenannte Zunderschicht, die durch das Glühen und Walzen ent-

*) Der Besuch der Fabrik wird fast ausschließlich Vereinen gestattet; Gesuche sind vorher an die Direktion zu richten.

**) Im Martinwerk wird Flußeisen oder Flußstahl durch Zusammenschmelzen von stark kohlenstoffhaltigem Roh- und schwach kohlenhaltigem altem Schweiß- oder Flußeisen erzeugt. Das Verfahren wurde von dem Franzosen Martin erfunden, aber erst von Siemens durch sein Regenerativsystem (Siemens-Martin-Ofen) lebensfähig gemacht.

I. Gesamtansicht des Hüttenwerks.

(Aufgenommen von der Wolfsburg aus, im Hintergrunde der Lindenberg und andere Höhen, die sich östlich zum Hexentanzplatz, westlich zur Georgshöhe hinziehen.)

standen ist, durch ein Schwefelsäurebad entfernt. Darauf glüht man die Blechtafeln, damit sie die nötige Zähigkeit für ihre weitere Verarbeitung erhalten in starken, stählernen Kasten unter möglichstem Abschlusse der Luft, kühlt sie langsam wieder ab und befördert sie in die Rohwerkstätte der Geschirrfabrik.

Hier sind die äußerst kunstvollen und sinnreichen Arbeitsmaschinen, wie Stanzen, Ziehpressen, Drückbänke, Loch-, Falz-, Nietmaschinen u. s. w. in Thätigkeit. Die Stanzen schneiden durch einen einzigen Druck aus den Blechplatten größere oder kleinere kreisrunde, elliptische und anders geformte Stücke, wie sie die daraus herzustellenden Gefäße erfordern. Die Abfälle werden durch besondere Maschinen zusammengepreßt und gehen zur Zeit noch an die westfälischen Martinstahlwerke zurück, um wieder zu Platinen verarbeitet zu werden. Die Ziehpressen stellen Gefäße ohne Naht her. Ihre Arbeit ist wohl der anziehendste Teil der Fabrikation, von dem das bloße Wort allerdings schwer eine Vorstellung zu geben vermag. Kreisförmige Blechplatten werden in kaltem Zustande zwischen zwei ringförmigen Flächen der Maschine mit starkem Drucke festgehalten. Dann drückt ein Stempel, der sich zwischen den ringförmigen Flächen abwärts bewegt, auf die nicht gepreßte Fläche der Blechplatte und zieht sie in die dem Stempel entsprechende Form, so etwa, als wenn wir einen Lappen auf eine Flaschenöffnung legen und nun den Stöpsel als Stempel hineindrücken. Nur wird bei der Blechgeschirrfabrikation Faltenbildung vermieden, da die Blechscheibe zwischen jenen aufeinander gepreßten Flächen hindurchgezogen wird. Die Maschine hält nun nicht nur die Platte fest und bewegt den Stempel abwärts, sondern sie wirft auch selbstthätig das ausgezogene Stück aus der Form heraus. Die meisten Geschirre müssen je nach der Tiefe, die sie erhalten sollen, durch mehrere solcher Ziehpressen gehen, Kochgeschirre durch 3—6, ehe sie die gewünschte Form erhalten haben. Dazwischen werden sie in geeigneten Öfen unter Abschluß der Luft geglüht, um das Blech, das durch das Ziehen spröde geworden ist, wieder geschmeidig zu machen denn auf die Zähigkeit und Geschmeidigkeit des Metalls kommt bei diesem Verfahren alles an. Die Falten, die sich hin und wieder beim Ziehen doch bilden werden auf den Drückbänken ausgebügelt. Die Gefäße werden dabei auf einen wagerecht liegenden Stempel (Piston) gesteckt, der in schnelle Drehung versetzt werden kann. Dabei wird das Gefäß an eine sich gleichfalls schnell drehende Rolle angedrückt. Auf solchen Drückbänken giebt man den Gefäßen auch gewisse Formveränderungen, z. B. den Theekannen ihre Ausbauchungen, beschneidet ihren Rand und biegt ihn um (das sogen. „Bördeln").

Eine Treppe führt uns aufwärts in die Klempnerei. Hier werden an die „gezogenen" Geschirre Griffe, Füße, Ausgüsse u. dergl. befestigt und zwar durch Anfalzen — die umgebogenen Ränder zweier Teile werden ineinander gehakt und durch starken Druck zusammengepreßt — oder durch Annieten. Hier werden auch in derselben Weise die Gefäße zusammengesetzt, die nicht gezogen werden, wie Eimer und Wannen. Das Löten ist bei allem Geschirr, das emailliert werden soll, unanwendbar, weil das Lötmetall später beim Aufbrennen der Emaille, wobei das Geschirr bis zur Weißglut erhitzt wird, schmelzen und die Einzelteile sich wieder lösen würden. Hier in der Klempnerei macht uns unser Führer auch auf die Aluminiumgefäße aufmerksam. Sie werden in gleicher Weise wie die zu emaillierenden Blechgefäße hergestellt und sehen anfangs grau aus wie alles Zinn. Ihren silberweißen Glanz erhalten sie erst durch ein Bad in heißer Natronlauge und Salpetersäure. — Ein gewaltiges Geklapper lockt uns zu einer Maschine. Wir sehen eine Art Hammerwerk, mittels dessen die Deckel und Böden für manche Gefäße ihre Wölbungen erhalten.

Aus der Klempnerei werden die Waren durch ein Paternosterwerk in den Emaillierraum geschafft. Unterwegs durchlaufen sie, damit jeder Raum und jede Zeit

II. Rohwerkstätte der Geschirrfabrik.
(Im Vordergrunde rechts zum Emaillieren fertige Schüsseln und Teller, weiter hinten auf Brettern fertige und halbfertige Gefäße; die erste Maschine rechts vom Gange ist eine sogenannte Drückbank, dahinter eine Ziehmaschine; diese ist wie alle anderen elektrisch beleuchtet.)

benutzt werde, einen Glühschacht. Hier werden alle Unreinigkeiten, die den Gefäßen etwa anhaften, verbrannt. Nachdem sie nun noch einmal mit Salzsäure gebeizt, die anhaftende Salzsäure durch ein Bad in Sodalauge wieder neutralisiert und die Gefäße getrocknet worden sind, kann endlich das Emaillieren beginnen.

Das Emaillierverfahren ist erst etwa 30 Jahre alt. Die Herstellung der Emailliermasse wurde lange Zeit von den Fabriken als Geheimnis gehütet. Heutzutage ist ihre Zusammensetzung im allgemeinen bekannt, nur Verbesserungen der Mischung, auf die einzelne Fabriken durch Erfahrung geführt worden sind, werden von ihnen noch als Geschäftsgeheimnis betrachtet. Unser Führer läßt uns demnach unbedenklich in die Emaillemühle eintreten. Er belehrt uns, daß hier Quarz, Feldspat, Flußspat und andere Stoffe zermahlen werden; denn die Emaille ist eine Art Glas, ein Silikat. Um sie undurchsichtig zu machen, setzt man Thon, Zinkoxyd, Porzellanerde, Kryolith, phosphorsauren Kalk und anderes hinzu. Die Farbe wird durch Zusatz verschiedener Metalloxyde erzielt. Nachdem diese Rohstoffe in der Mühle gehörig zerkleinert und in bestimmtem Verhältnisse gemengt worden sind, werden sie in Wannenöfen mit Glasfeuerung geschmolzen, bis sie eine flüssige, glasige Masse bilden.

Diese läßt man heiß in ein neben dem Schmelzofen stehendes Gefäß mit Wasser laufen. Durch die plötzliche Abkühlung bilden sich Körner von Haselnußgröße. Diese körnige Masse wird alsdann unter Zusatz von Thon und Wasser mittels Steinmahlgänge äußerst fein gemahlen, gesiebt, geschlemmt und ist dann zum Gebrauche fertig.

In den drei großen Emaillierwerkstätten, wo neben Männern auch 300 bis 400 Frauen thätig sind, finden wir die Emaille als dickflüssige Masse wieder. Die Arbeiter und Arbeiterinnen tauchen die Gefäße in die Emaille ein oder übergießen sie damit. So erhalten sie die Grundemaille, die weiß aussieht und schnell getrocknet wird, um Rosten des Geschirrs zu verhüten. Dieses gelangt dann in den Brennofen. Nachdem es abgekühlt ist, sieht es dunkelgrau aus und erhält nun in einer andern Werkstätte die Deckemaille mit bestimmter Farbe. Besonders beliebt sind zur Zeit beim Publikum blaues, weißes und gesprenkeltes Geschirr, letzteres als „Granitgeschirr" bekannt. Die Deckemaille wird in derselben Weise wie die Grundemaille aufgetragen. Unser Führer macht uns darauf aufmerksam, wie die weißen Teller und Schüsseln ihren blauen Rand erhalten. Mit taschenspielerartiger Fertigkeit läßt der Arbeiter einen sonst fertigen Teller mit seinem Rande auf einem mit blauer Emaille bestrichenen Brette tanzen, und fertig ist er. Das Granitgeschirr erhält seine Sprenkel durch eine drehbare Bürste, die z. B. weiße Emaille gegen graues Geschirr spritzt. Nach dem Auftragen der Deckemaille kommt das Geschirr zum letzten Male in den Brennofen. Hat es diesen verlassen, so ist es fertig zum Verpacken und zum Versand. Sowohl vor als nach dem Emaillieren wird indes jedes Stück einer Prüfung unterworfen, ob es dicht und sonst fehlerlos ist. Nur was diese Prüfungen besteht, kommt als vollwertige Ware in den Handel. Alles andere wird verworfen oder ausgebessert und als Ausschußware verkauft. Die fertigen Waren werden mittels mechanischer Beförderungseinrichtung in die Magazinräume geschafft und dort nach Art, Größe und Farbe geordnet. In besonderen Abteilungen werden sie für den Versand in Papier gewickelt und in Kisten oder Fässer verpackt. Auch hier ist ein Feld für Frauenarbeit. Neben dem Packraume dehnt sich die lange Verladerampe aus, die es gestattet, zu gleicher Zeit 15—20 Eisenbahnwagen zu befrachten, die dann der Hände Fleiß hinausführen in aller Herren Länder.

Wir atmen lange und atmen tief, wenn wir endlich aus dem Magazin- und Packraume wieder ins Freie treten und die Harzer Berge vor uns sehen. Hinter uns liegt ein gewaltiges Menschenwerk; Tag und Nacht dröhnen hier die Hämmer, rauchen die Essen, sausen die Räder, stöhnen die Maschinen. Nur am Sonnabend um 6 Uhr wird das Werk für 36 Stunden geschlossen. Hier sind Tausende von denkenden, fühlenden, hoffenden und sorgenden Menschenkindern geschäftig, ihr täglich Brot zu verdienen, Tausende haben sich hier in den Dienst der Maschine gestellt, zugleich sie meisternd und mit sicherer Hand und sicherem Auge in Dienst nehmend. Wie in einem Uhrwerk ein Rad ins andere, so greift hier Menschen- und Maschinenarbeit ineinander. Wir verlassen eine der größten Werkstätten der Gegenwart mit

III. Emaillierraum.

(In den Gitterkästen links sind die Gefäße, die mit der Grundemaille aus dem Brennofen gekommen sind. Rechts erhalten sie den zweiten Überzug, teils durch Eintauchen, teils durch Aufpinseln. Im Hintergrunde rechts stehen die Brennöfen. Die an die niedrige Mittelwand gelehnten Bretter werden gebraucht, um das mit Emaille überzogene Geschirr hinaufzustellen. Rechts liegen auf einem solchen Brette drei Schüsseln.)

Stolz, daß hier deutsche Zähigkeit und Thatkraft eine Reihe von Krisen siegreich überwunden, daß hier deutscher Erfindungs- und Unternehmungsgeist Großes geschaffen hat, und mit dem Wunsche, daß die Tausende in jenen Räumen nicht selbst zu Maschinen werden, daß das Menschliche in ihnen erhalten bleibe und gepflegt werde.*)

Edwin Wilke-Quedlinburg.

*) Für die Unterstützung, die dem Verfasser bei dieser Arbeit durch die Direktion des Werkes zu teil wurde, sagt er ihr auch an dieser Stelle besten Dank.

Das untere Bodethal.

Unter all den flinken und munteren Flüßchen im schönen Harz ist die Bode am bedeutendsten. Sie ist die Lieblingstochter des Vaters Brocken und unter den übrigen Harzkindern stets bevorzugt und an erster Stelle genannt. Ihr Oberlauf liegt auf braunschweigischem Gebiet. An der Stelle, wo sie eintritt in die Provinz Sachsen, liegt das braunschweigische Dörfchen Treseburg, vielen bekannt aus Julius Wolfs „wildem Jäger". — Unterhalb Treseburgs befindet sich rechts von der Bode ein hoher Aussichtspunkt, der „weiße Hirsch", von dem aus das obere Bodethal gut zu überschauen ist. Da liegt im Hintergrund Vater Brocken, dessen meist wolkenumhülltes Haupt sich grau und mächtig abhebt vom Firmament. Ernst schaut der alte Herr hernieder auf das übrige Harzgebirge, auf die dunklen Wälder und in die weite Ebene.

Es ist der Bode nicht immer leicht geworden, den Weg durch das Gebirge bis zu unserem Standpunkte zurückzulegen; denn wenn er auch meist durch weite Thäler dahinführt, so schieben sich doch sehr oft von rechts und links starke Bergwände vor, den Lauf der Bode hemmend und einengend, wodurch sie selbst zu mancherlei Bogen und Windungen gezwungen wird. Außerdem haben Menschenhände das wilde Brockenkind eingezwängt durch Wehre und in Gräben: es muß das Mühlrad drehen, ob es auch noch so schäumt und braust.

Am lieblichsten gestaltet sich der Bodelauf, nachdem der Fluß Rübelands Tropfsteinhöhlen gesehen und dann das Dörflein Wendefurth passiert hat; bald eng, bald weiter, zieht sich das Thal über Altenbrak hin bis Treseburg. Auf der Thalsohle eilt die Bode schnell dahin; hart am Ufer erstrecken sich saftige Wiesen mit weidenden, braunen Harzkühen, deren Glocken ihr melodisches Geläut ertönen lassen; auf den sanft ansteigenden Hängen erblickt man wenig Äcker, deren Ertrag kaum ausreicht, die notwendigsten Bedürfnisse der Besitzer zu befriedigen. Daran grenzt krauser dichter Buchen- und Eichenwald; hin und wieder aber steigen direkt aus der Bode starre Felsen auf, je weiter abwärts, desto mehr, und deuten den Charakter des unteren Bodethales an. — Muntere Forellen, gezüchtet in dem Klostergrund im Goldbachthale, wachsen und gedeihen in der Bode, schwimmen von Stein zu Stein und spiegeln sich im Sonnenschein. —

Treseburg erscheint, vom weißen Hirsch aus gesehen, gar anmutig wie auf dem Grunde eines weiten Kessels gelegen; denn es ist rings von hohen Bergen eingeschlossen, die kaum soviel Raum lassen, daß die Bode hineinfließen kann in den Kessel und wieder hinaus. Der Boden des letzteren ist flach. Ihn umrandet die Bode, die hier so langsam und friedlich fließt, wie ein Bach der Ebene durch fruchtbare Wiesen. Von der Außenseite berühren die Bode ziemlich schroff ansteigende tannenbewachsene Berglehnen; ihr linkes Ufer umsäumen schmale grüne Wiesen. Inmitten dieser Wiesen liegt das Dörflein Treseburg mit seiner einzigen schlichten Dorfstraße und den gastlichen Hotels, dem Reiseziel vieler Touristen, die durch das Bodethal wandern. Das lezte Haus Treseburgs ist Kirche und

Schule zugleich, und drin wohnt der „Herr Präceptor“, ein fast zu beneidender Mann, dem es beschieden ist, so lieblich zu wohnen an einem Ort, der von der Natur zu einer Stätte des Friedens bestimmt scheint. —

Nach dieser Umschau betreten wir das untere Bodethal, das sich von Treseburg bis Thale an zwei Stunden hinzieht. „Wanderer, zieh deine Schuhe aus; denn das Land, worauf du stehest, ist ein heiliges Land!“ so möchte man den Besucher des Bodethals aufmerksam machen; doch bedarf es dessen nicht, denn die Großartigkeit der Landschaft drängt sich jedem Besucher von selbst auf und kennzeichnet dieses Thal als einen wahren Tempel der Natur! —

Nach einer photogr. Aufnahme v. Fr. Rose-Wernigerode.

Treseburg (vom Weißen Hirsch aus gesehen).

Anfangs ist das Thal weit und freundlich: an der Bode Wiesensaum, rechts ein breiter Fußweg, links die Chaussee nach dem herrlichen Wilhelmsblick und der Roßtrappe; selbst Gartenbeete breiten sich noch aus im Thal. Die Bode fließt noch ganz ruhig, und in das Rauschen der Birken, Buchen und Tannen mischt sich nur das Rollen der Wagen, welche Sommergäste in dieses stille Thal bringen.

Felspartieen, die bis hart an die Bode vorspringen, bringen Abwechselung in das freundliche Gelände. Da rauscht von rechts her ein Bächlein, der „Dammbach“, der von der Höhe kommt. Er hat sich sein eigenes Thal gebildet, das wenig betreten wird. Wirr durcheinander liegen gestürzte Waldbäume Sie sind nicht von der Axt gefällt; niemand bringt sie hinweg. Der Boden, aus dem sie geboren, der sie genährt hat, wird ihr Grab; sie selbst, indem sie modern, werden zur Nahrung für kommende Baumgeschlechter. —

Unser Weg führt hin durch dunkle Laubgänge; der feuchte Waldboden atmet Kühle; schwarze Schnecken und feuerfleckige Salamander kriechen träge über den Weg, sich wohlig dehnend in der Feuchtigkeit.

Wieder rieselt von rechts ein Bächlein herab, der „Kästenbach". Seine Quellen sind oben auf dem Hochplateau, in der Nähe des Dammbachshauses, eines preußischen Forsthauses auf der Höhe. Das Kästenthal ist ein eigenartiges Stück Erde, ein Stück Urwald, das noch unberührt geblieben ist von Verkehr und Kultur. Hier weiden die Hirsche noch ungestört. Über einen mächtigen Felsblock, den grünes Moos fast ganz überzogen hat, rauscht der Kästenbach als Wasserfall daher. Im Geröll, das Gestein zäh umklammernd, wachsen uralte Eibenbäume. Der älteste unter ihnen ist von Sachverständigen auf 4500 Jahre geschätzt. Diese Zeugen früherer Jahrhunderte, ja Jahrtausende, schauen in ihrem schwarzgrünen Kleide ernst herab auf den Wanderer, der vermessen eindringt in diese Einsamkeit.

Die Forstverwaltung schützt diese Urstatt des Waldfriedens mit besonderem Fleiß, und teergezeichnete Buchen sagen dem Harzwanderer, daß sein Fuß diesen Ort nicht betreten soll; aber auch die Gefährlichkeit und die Wildheit dieses Thals machen es ratsam, die Warnung zu beachten.

Vom Kästenthal ab schwindet die Lieblichkeit der Landschaft mehr und mehr, und Felsen auf Felsen treten hervor. Vom linken Ufer her drängen ungeheure Blöcke gegen die Bode, und selbst in ihrem Bett sieht man die Fortsetzung der Grate. Während der Grund des Bodebettes meist von grobem Geröll gebildet wird, zeigt sich an manchen Stellen der Mutterfelsen in seiner Urgestalt, gelagert in Schichten, wie die Schöpferhand sie schichtete.

Jetzt scheint das Thal vor uns geschlossen zu sein; das Auge findet keinen Ausweg aus den steilen Wänden, und nur der Fußweg, der dem Lauf des Wassers folgt, führt uns weiter. — Da erhebt sich am linken Ufer ein hoher, nackter, massiger Fels, der „Rabenstein", und ihm gegenüber bildet die entsprechende Wand einen eigenartig geformten Winkel, die „Heuscheune". Hier tritt der sich später oft wiederholende Umstand zum erstenmal deutlich in die Erscheinung, daß ein bis in die Bode abfallender Felsgrat des einen Ufers einer Lücke in der Wand des andern Ufers entspricht, als hätte vor Zeiten der Fels die Lücke ausgefüllt und sei später losgespalten durch ungeheure Naturgewalten. Es ist die Bode, welche den klaffenden Riesenspalt erzeugt und sich in das Gebirge hineingesägt hat, sich mit Gewalt den Weg zur Ebene schaffend. Jetzt freilich bestimmen die starren Felsen ihren Lauf, und mühevoll windet sie sich schäumend und murrend herum um den Felsenfuß. — Vor der Heuscheune bietet sich dem Wanderer eine Bank. Sie ist ihm willkommen; denn der steinige Weg läßt seinen Fuß ermüden! Aber außer dem Genuß der Ruhe bietet dieser Platz den Hochgenuß einer großartigen Aussicht. Rechts und links, sowohl die Bode abwärts wie aufwärts, schieben sich die ungeheuren Wände vor: nackter Fels mit spärlichem Baumwuchs. Die Grundmauern dieser Wände bespült die Bode, sich in scharfem Winkel links herumwindend um den Felsenkeil des linken Ufers, der von hier aus wie eine riesige schroffe Pyramide erscheint. Trockene Bäume krönen dieselbe, die Nahrung des Felsens reicht nicht aus für sie. — Den Hintergrund bildet massig und gewaltig aufsteigendes Gebirge und erscheint dem Bodelauf quer vorgelagert; es ist der weiter abwärts am rechten Ufer liegende Bergrücken, welcher die Punkte „Kaiserblick“ und „Prinzensicht“ trägt! — Nunmehr verändert die Bode ihr Gesicht völlig: der Charakter des kindlichen Bergbaches geht verloren; in nichts ähnelt der Fluß dem Bächlein des oberen Thales und dem Wiesenbach bei Treseburg. Bald schäumt er wütend dahin über Felsgestein als weißer Gischt; bald bildet er Kessel schwarzgrünen Wassers, das anscheinend nicht mehr fließt und nur von unten herauf gurgelt! Ein hinabgeworfenes Felsstück schlägt platschend auf die Oberfläche; der Schlag hallt unheimlich hohl wieder an den Felswänden; der Stein versinkt in einer grausigen Flut, die sich in großen trägen Wellen über ihm schließt. —

Nun noch eine Strecke bergab, bergauf, hin unter jenem hohen Rücken, auf dem sich Kaiserblick und Prinzensicht befinden. In weitem Bogen geht es herum um den ersten Ausläufer dieses Grates, den „langen Hals“, und dann hinauf auf den letzten Fels des zweiten Ausläufers, der uns einen Standort bietet, hineinzublicken in den Hauptteil des ganzen Bodethals, in den „Bodekessel“! Doch bevor wir uns diesem zuwenden, versetzen wir uns hinauf zur Prinzensicht und zum Kaiserblick. — Dieser Punkt führt seinen Namen mit vollstem Recht, weil sich eine herrlichere Aussicht im ganzen Harz kaum bietet. — Der Beschauer überblickt das ganze Thal von Treseburg her, hin bis zu seinem Ende; es läßt sich das Thal in all seinen Windungen mitsamt den Seitenthälern verfolgen! — Was dem Wanderer unten im Thal erschien als riesige Felsvorsprünge, die gegenüberliegenden Nischen entsprechen, erkennt man von hier oben als die kleinsten Enden und Ausläufer riesenhafter, teils nackter, teils bewaldeter Grate, die sich vom Plateau des Gebirges herabziehen. „Rabenstein“ und „Gewitterklippen“ sind die größten unter ihnen. Die Nischen sind die Enden größerer und kleinerer Seitenthäler, die auf der Höhe beginnen als kleine Bodensenkungen, in denen die Quelle des zu Thal rieselnden Bächleins zu finden ist.

Nach einer photogr. Aufn. v. Kliche-Quedlinburg.

Ein über 3000 Jahre alter Eibenbaum im Bodethal.

Klar blauer Himmel wölbt sich über dem ganzen Gebirge, und Sonnenschein beleuchtet hell Thäler und Höhen im weiten Umkreis. Das Ganze liegt in einem bläulich schimmernden Schleier: die Berge und die Grate treten dunkelgrün hervor; die Thäler sind mehr verhüllt. So bilden sich die wunderbarsten Schattierungen, aus denen die nackten Felswände hervorstechen. Das verwitterte Gestein blickt trüb und grau; unter den Vorsprüngen aber schimmert der geschützt liegende Granit fast weiß im Sonnenlicht. —

Tief unten schäumt die Bode, mit den Felsengiganten kämpfend. Aus schwindelnder Tiefe vernehmen wir ihr Rauschen. Das Thal erscheint dunkel; denn selbst die Sonne erreicht den Wasserspiegel nur dann, wenn sie längs ins Thal scheint. —

Schräg gegenüber von unserem Standpunkte liegt die „Herzogshöhe". Die Stimme erreicht das Ohr der Dortweilenden, die unserem Auge fast nicht erkennbar sind, kaum. Aber wenn der Herbst den Wald bunt gefärbt hat, wenn dieser in allen möglichen Farben erscheint, viel mannigfaltiger als im grünen Sommer, dann treten die Hirsche heraus auf diese Vorsprünge und lassen ihr orgelndes Gebrüll hinüber und herüber ertönen, daß es im Thale wiederhallt, nah und fern beantwortet, und dem im bleichen Mondschein durch die Berge ziehenden einsamen Lauscher dringt es wunderbar an das Ohr und läßt ihn selbst leise erbeben in dem eigenartigen Genuß.

Wenn dann im Winter der Schneesturm durch die Thäler braust und der Berge Kuppen abrundet mit der weißen Schneedecke, oder wenn nach eingetretenem Tauwetter riesenhafte Eiszacken heraushängen aus allen Felsspalten und im Sonnenschein glitzern, oder wenn die vom Frost und vom Tauwasser gelockerten Blöcke im Frühjahr hinabdonnern in das Bodebett: dann ist das Bodethal von hier oben aus gesehen auch unsagbar schön.

Und im Frühling, wenn das Laub hervorbricht, wenn die Lärchen im hellsten Hellgrün schimmern, wenn die Birken braungrün gefärbt erscheinen, wenn die glänzenden Buchenblätter den Sonnenschein wiederspiegeln, wenn zuletzt die Eichenstämme in das ernste, dunkelgrüne Laub gekleidet werden: dann ist das Bodethal nicht minder schön. — Ja, es ist schwer zu sagen, wann der Harz, wann unser Bodethal am schönsten ist. —

Treten wir heran an das Eisengitter, welches die Prinzensicht gegen den Abgrund absperrt! Lotrecht geht es hinab an die zweihundert Meter. Das krause Eichengezweig verdeckt die Klippen und Geröllfelder auf dem Grunde. So entstehen sanfte Linien, wie die eines weichen Lagers. Da spürt der Beschauer ein eigenes Rieseln in seinen Nerven; es ist, als ob es ihn hinabzöge in die Tiefe; man möchte hinabschweben, fühlt sich leicht, wie ein Vögelein und bedauert nur, nicht auch beschwingt zu sein.

Das ist ein Blick von der Prinzensicht, der den Beschauer immer wieder entzückt! Jubelnd klingt es hinaus und hinab: „O Thäler weit, o Höhen, o schöner grüner Wald, du meiner Lust und Wehen andächt'ger Aufenthalt!" —

Zurück nun zu dem Punkte auf dem zweiten Ausläufer unseres Bergrückens, zu dem Standorte über dem Bodekessel! —

Der Bodekessel entsteht durch eine Felswand, die sich von links her hineinschiebt in den Lauf der Bode. Das Flußbett wird dadurch eingeengt bis auf wenige Meter Breite; denn an dieser Stelle fehlt die entsprechende Felsennische, und der Fluß ist gezwungen, sich förmlich hindurchzubohren zwischen den einengenden Felsen. Widerstrebend ertragen die Fluten diese Einengung; mit Riesengewalt drängen sie vorwärts, um sich den Weg zu bahnen. Der harte Fels trägt deutliche Spuren des Jahrtausende anhaltenden Anpralls der Fluten, und diese haben, unterstützt durch zu Thal fahrende Eisschollen, große Höhlungen in den harten Granit gebohrt. Wie in trotzigem Übermut hat sich ein großer Felsblock der größten Strömung in den Weg geworfen, und trotz der titanenhaften Gewalt, mit welcher der Strudel auf den Fels einstürmt, ist er doch gezwungen, ihm aus dem Wege zu gehen! Nicht die Riesengewalt des Strudels kann den Fels besiegen, aber seine Stetigkeit! Sie hat bewirkt, daß dem trotzigen Felsblock die Ecken und Kanten rund abgeschliffen sind.

Nach einer photogr. Aufn. v. Fr. Rose-Wernigerode.

Das Bodethal, die Teufelsbrücke mit Bodekessel.

Thalab weitet sich die Enge des Bodekessels allmählich; aber die Ufer sind hoch und aus steilen Felsen gebildet. An der höchsten Stelle führt eine Brücke hinüber, die „Teufelsbrücke". — Sie führt den Namen nicht zu Unrecht; denn, wer sie betritt, scheint in der That über einem Höllenrachen zu schweben, er befindet sich 20 m über dem „Bodesumpf"! — Die Fluten, die 10 m oberhalb noch in rasendstem Brausen daherstürmten, liegen hier in träger Ruhe, als wollten sie sich ermattet ausruhen von der Anstrengung im Kampfe mit den Felsen. Unheimlich tief und schwarz ist der Bodesumpf, und in dem scheinbar stillen Gewässer tost noch der erbitterte Groll des Kampfes, was die Wirbel und die weißen Schaumflocken beweisen. Nichts erinnert an dieser Stelle an die goldene Krone einer lieblichen Königstochter, von der die Sage zu berichten weiß. Mit Recht aber versetzt diese den Höllenhund hinein in diesen Schlund, der den Menschen erbeben macht und bereits die tiefe Melancholie manches armen Menschenkindes derart steigerte, daß es hier durch Selbstmord endete. —

Wenig Schritte weiter fällt unser Auge auf eine breite, steil aufstrebende, zackige Wand, die „Roßtrappe". — Diese tritt gerade von hier aus am deutlichsten in die Erscheinung und macht auf den Beschauer einen Eindruck, der im vollsten

Sinne des Wortes überwältigend ist. Die gewaltigen Dimensionen gehen weit hinaus über die Maßstäbe, mit welchen sonst das menschliche Auge die Ausdehnungen mißt. Freuen kann sich der Mensch beim ersten Erblicken dieser ungeheueren Steinmassen kaum, er kann nur erschauern; denn die unendliche Macht und Größe des Schöpfers ist ihm an dieser Stelle besonders deutlich vor die Augen geführt. Und nun gar ein Blick von oben herab! Die Mühe des Aufstieges über die „Schurre", den zickzackförmigen Weg, der durch ein großes Feld von Steingeröll gebaut ist, wird reichlich belohnt durch den Eindruck, den der Wanderer dort oben gewinnt.

Die Roßtrappe erscheint dort wie eine große, ins Thal vorspringende Felsenkanzel. Ursprünglich ein isoliert dastehender nackter Fels, wurde sie von Menschenhand durch Erdaufschüttungen mit dem übrigen Gebirge verbunden. Sie ist heute völlig gefahrlos zu erreichen. — Schwindelnde Höhe, das aus der Tiefe heraufschallende Brausen der Bode, die überall emporstrebenden starren Felszacken, die weichen Linien der sanft gerundeten Berghänge, die eigenartigen Lichter, welche der Sonnenschein erzeugt auf dem krausen Wald und auf den Felswänden, die der Sonne in allen möglichen Richtungen gegenüberstehen: das alles wirkt zugleich auf den Beobachter ein.

Kein Wunder, daß dieser Ort die menschliche Phantasie zu allen Zeiten überreichlich erregte! Diese ließ das Mal, welches dem Felsen seinen Namen giebt, entstehen durch Rosseshuf. Die Sage läßt das Roß der fliehenden Riesentochter hier aufsetzen; nach dem Glauben der alten Deutschen ist es eine Spur von Wodans Roß. Ihren opfernden Priestern diente es als Blutbecken, und es kann selbst uns im aufgeklärten Zeitalter nicht verwundern, wenn die Gläubigen von dieser Stelle die Überzeugung hegten: „Hier ist nichts anderes, denn Gottes Haus; hier ist die Pforte des Himmels!" Jedenfalls ward der Ort so würdiger gefeiert, als es in unserer Zeit gar oft in Versen und in Tönen versucht wurde.

Ehe wir von der Roßtrappe scheiden, wandern wir um den Berg herum nach dem Hotel, um noch einen Blick hinab zu thun von der Plattform vor dem Roßtrappenhotel. Dieses liegt auf der entgegengesetzten Seite des Berges und schaut hinaus in die weite Ebene. — Zur Rechten und zur Linken liegen all die dunkelgrünen, runden Kuppen, in welche das Gebirge ausläuft; mitten dazwischen befindet sich die Ebene mit ihrer vielgeschäftigen Mannigfaltigkeit. Da liegt zu Füßen der Roßtrappe der Ort Thale. Seine Straßen und Häuser erscheinen wie aus der Spielzeugschachtel eines Knaben aufgebaut. Nur die Blechhütte mit ihren rauchspeienden Schloten und schwarzen Dächern, die Eisenbahn und wenige längere Straßen heben sich in größeren Dimensionen aus dem bunten Gewirr. Die große Ebene macht den Eindruck eines in Gelb und Grün gehaltenen Riesenteppichs: gelbgrün sind die Felder, dunkel die Wälder, und die Ortschaften sind eigenartige, eingewebte Blumen. Die Eisenbahnen zeichnen wunderliche Linien hinein in das Bild, das im Hintergrunde abgeschlossen wird durch Huy und Hakel, wenn nicht gar besonders gute Aussicht den Blick bis hin gen Magdeburg schweifen läßt.

Doch wir wandern zurück. Von der Schurre aus schlingt sich unser Weg herum um den Fuß der Roßtrappe. Derselbe war nicht immer so schön und so bequem, wie er jetzt ist. Vordem führte er über einen Ausläufer der Roßtrappe hinweg, über die Studentenklippe, war unbequem und selbst lebensgefährlich; jetzt sind von dem hindernden Felsen große Massen hinweggesprengt, und der Weg führt dahin durch den ausgesprengten Fels und über grausige Abgründe; schwere eiserne Träger, starke Bohlen und Holzbalken haben ihn für den Wanderer bequem und sicher gemacht. — Dankbare Menschen haben dem Schöpfer dieses Zuganges hier ein Denkmal gesetzt; ein großer Felsblock trägt eine eiserne Tafel mit der Inschrift:

„Dank dem Menschenfreunde,
Dem Edlen von Bülow,
Der im Jahre 1818
Den Pfad uns bahnte
Zu diesem Tempel der Natur!"

Ein prächtiger Aussichtspunkt dicht unter dem Roßtrappenhotel führt den Namen „Bülowshöhe" und ist zu Ehren desselben Mannes benannt, dem dieses Denkmal gewidmet ist.

Auf der rechten Bodeseite hat uns ein steiler Bergrücken begleitet, die Prinzensicht. An der Stelle, an welcher er sich von dem Gebirge ablöst, befindet sich die letzte größere Thalschlucht, welche von der Höhe hinabführt zum Bodebett, der „Hirschgrund". Der vom Hexentanzplatz und von der Prinzensicht kommende Fußweg zieht im Hirschgrund herab und ist mit dem linken Bodeufer verbunden durch die „Jungfernbrücke". An dieser Stelle liegt im Schatten der Roßtrappe die erste Menschenansiedelung, die wir erreichen, das „Hotel zur Königsruhe". Früher „Konditorei" geheißen, erhielt es seinen neuen Namen nach einem Besuche Friedrich Wilhelms IV.; aber auch für jeden anderen, der den Weg von Treseburg oder von der Höhe herabkommt, ruht es sich hier königlich: es bietet sich dem Wanderer nicht nur leibliche Erquickung, sondern das einschläfernde Rauschen der Bode und die himmelhohen Schutzmauern dieser Stätte wirken so beruhigend auf den Menschen, daß Königsruhe gern und viel besucht wird.

Vor dem Hotel sitzend erblicken wir uns gegenüber die Felsengiganten des Bodethals noch einmal in ihrer ganzen Schönheit: da ist neben dem Hirschgrund die zackige, steil vorspringende „Laviérs Höhe" mit herrlicher Aussicht in die Ebene, nicht weit davon der „Jungfernfelsen" und die „Felsenburg", und daran reiht sich, stumpf in das Thal hineinragend, die gewaltigste und mächtigste Wand des Bodethals, der „Hexentanzplatz". Dieser Name stammt wohl aus der Zeit, als Karl der Große die alten Sachsen zum Christentum bekehren wollte und sie in der Ausübung ihres heidnischen Gottesdienstes zu hindern suchte. Wie auf der Roßtrappe, so wurde dieser auch auf dem Tanzplatz abgehalten, und als Karl der Große Wachen aufstellte, die Sachsen zu hindern, wußten letztere die Wachen durch abenteuerliche Verkleidung zu schrecken, daß sie davonliefen und sich von den Versammlungsplätzen fern hielten, die nun in den Geruch kamen, als trieben Teufel und Hexen daselbst ihr Wesen. —

Der Hexentanzplatz erscheint nur von der Bodethalseite aus als Berg; im übrigen ist er ein waldiges Hochplateau, was am deutlichsten in die Erscheinung tritt, wenn man durch das Thal des rauschenden Steinbaches, einem der lieblichsten unter allen Harzthälern, hinaufsteigt. — So imposant der große und massige Felsen ist, von der Bode aus gesehen, so großartig ist auch der Blick von oben herab. Fast senkrecht fällt die Wand ab, und trotz der starken Eisengitter scheint es gewagt, dort hinabzusehen. Der Standpunkt des Beschauers ist ein ähnlicher, wie der auf der Roßtrappe; trotzdem aber erzeugt der Blick von hier aus einen ganz anderen Eindruck, als der von jenem. Der Blick vom Tanzplatz aus ist viel weiter und umfassender als der von der Roßtrappe. Man schaut hinaus: ins ebene Land, hinein in das tiefe, tiefe Bodethal und hinüber zu den zerrissenen und zerklüfteten Felsen der Roßtrappe. Beschreiben läßt sich dieser Blick nicht, denn er ist unbeschreiblich schön und herrlich.

Nach einer photogr. Aufn. v. Kliche-Quedlinburg.

Der Hexentanzplatz.

Das Eigenartigste aber läßt sich von hier aus erblicken in kühler Sommernacht oder auch im September, wenn warme Tage mit hellen kalten Nächten wechseln. Dann lohnt es sich reichlich, ein Stück Nachtruhe zu opfern für ein Stündchen auf der „Teufelskanzel" des Hexentanzplatzes.

Der abendliche rote Schimmer, welcher nach Sonnenuntergang über dem ganzen Gebirge lagerte, ist völliger Dunkelheit gewichen. Die Felsen, am Tage schroff und drohend, treten zurück; ihre eckigen Formen verlieren sich im Dunkel. Nur aus dem Thalausgange her leuchten die elektrischen Lampen des Eisenhüttewerkes, wie große funkelnde Edelsteine.

Allmählich kommt die Mondsichel hinter dem Walde herauf, und des Mondes bleiches Licht mischt sich mit dem der funkelnden Sterne, die aus dem Dunkelblau des

Himmelsdomes herniederleuchten. Die Geisterstunde ist nahe, und es beginnt im Thale ein eigenartiges Leben. Hinter der Prinzensicht quillt es schneeweiß in tollen Wirbeln hervor, wie Geisterscharen, die sich kopfunter, kopfüber vorwärts drängen. Bald ist der ganze Kessel zwischen Prinzensicht und Roßtrappe gefüllt, und noch immer quillt es nach aus dem brodelnden Bodekessel. Jetzt wird es auch im Hirschgrund lebendig; überall kommt es geheimnisvoll hervorgehuscht in den sonderbarsten Formen: hier eine Hexe mit lang nachschleppendem Gewande, dort ein Ungetüm mit kleinem Körper und riesigem Rachen, da ein Bock, der in wilden Sprüngen einherhopst. Sie alle tauchen unter in die große Versammlung. — Immer toller wird der Geisterreigen, und selbst die Felsen scheinen mitzuthun. Jetzt stürmt das ganze Heer vorwärts. Es hat nicht Zeit, den Windungen des Thales zu folgen; im wilden Jagen geht es hin über die Einsattelung der Roßtrappe und dann hinab in die Tiefe, wie ein wilder wogender Strom, wie ein Riesenwasserfall. Der tolle Strom stürzt sich auf den Waldkater und auf die Hexentreppe. Seltsame vorwitzige Gestalten lösen sich aus dem Gros; einzelne huschen thalab, neugierig in die Ebene hinauslugend und sind plötzlich verschwunden, zergangen, andere wälzen sich die Hexentreppe hinauf bis zu den Füßen des Beobachters. Dort stockt der wilde Aufzug, und langsam zieht sich die geisterhafte Schar zurück nach dem Rabenstein und der Heuscheune; nur wenige bleiben zurück und tauchen in den Klüften und Gründen auf und nieder. — Zuweilen aber dauert die spukhafte Erscheinung die ganze Nacht, bis die ersten Sonnenstrahlen die Felsspitzen grüßen. Dann sieht man von Thale aus in dem Bodethal eine mächtige Nebelwolke, die das ganze Thal ausfüllt, während im übrigen die Luft völlig klar ist und heller Sonnenschein über dem ganzen Gebirge lagert. Nun erst zieht sich der Nebel allmählich zurück, und die starren Felsen blicken wieder stumm herab; selbst der wildeste Geisterspuk hat ihre Ruhe nicht gestört. —

An den Hexentanzplatzfelsen reihen sich noch einige allerdings weniger mächtig hervortretende Felsgrate. Der Homburgfelsen ist der größte unter ihnen. Derselbe trägt ein eisernes Medaillonbild des Altreichskanzlers Bismarck, und der höchste vorspringende Teil ist nun „Bismarckfels" getauft. Die Gemeinde Thale hat dieses Denkmal deutscher Dankbarkeit geschaffen, und so trägt auch das Bodethal den Stempel der Zugehörigkeit zum einigen deutschen Vaterlande. —

Abwärts von Königsruh erweitert sich das Bodethal allmählich. Zu beiden Seiten der Bode führen bequeme Wege hinab, hinaus zur Ebene. Riesenhaft steigen die Felsen unmittelbar vom Wege aus empor, teilweise über ihn hinweghängend, so daß der Wanderer fürchtet, jeden Augenblick vom herabstürzenden Gestein erschlagen zu werden. Mächtige Geröllfelder ziehen sich hinauf bis zur oberen Kante, bedeckt mit Felstrümmern, in welche unfaßbar mächtige Gewalten den Fels zerschlagen haben.

Durch ein solches Feld führte früher eine aus Steinen geschichtete Treppe von mehr als 1100 Stufen, die „Hexentreppe", hinauf auf den Hexentanzplatz. Sie ist jetzt zerfallen und ihr Betreten verboten. Unternimmt es trotzdem ein Vorwitziger, diesen Weg zu gehen, so wird er, auch wenn ihn die Waldpolizei nicht erwischt, doch zur Genüge gestraft durch die Schwierigkeit des Aufstieges, und ein solcher Spaziergang pflegt zu genügen, selbst für den Wagehals. —

Wer von Königsruh aus auf den ebenen Wegen hinabgeht, hat Muße, sich recht ordentlich umzusehen, und dazu empfiehlt sich der Weg am rechten Bodeufer am meisten. Der erste überwältigende Eindruck lastet nicht mehr auf der Seele und der Beobachter fängt an, die Einzelnheiten des Gesamtbildes ins Auge zu fassen. Besonders der obere Felsenfirst der linken Seite bietet mancherlei des Interessanten. Die Felszacken nehmen oft wunderliche Formen an, aus denen die Phantasie leicht allerlei Gestalten zu schaffen vermag. Neben dem massigen „Cäsarfelsen", dem Vis-à-vis des Hexentanzplatzes, fällt ein mächtiger siebenzackiger Grat ganz besonders ins Auge. Er zieht von der Höhe der Roßtrappe hinab bis ins Bodebett. Sein äußerster Fuß ist abgesprengt; das Dynamit hat auch hier dem Menschen einen bequemen Weg gebahnt. Die sieben Felszacken heißen „die sieben Brüder". Unten ist aus Holzstämmen und Birkenrinde ein Häuschen errichtet, der „Kronentempel". Zu seinen Füßen bildet die Bode einen letzten Strudel, den „Kronensumpf"; doch ist ihr Bett bereits weit geworden, und wenn auch Block auf Block dem Wasser in den Weg geworfen ist, es findet Raum auszuweichen und beginnt ruhiger zu werden. Eine einfache Holzbrücke verbindet beide Ufer; es ist die „Lebenswasserbrücke" bei dem Hotel „Zum Waldkater". Von hier ab weitet sich das Thal mehr und mehr; die Schroffheit der Felsen weicht der allmählichen Abdachung bewaldeter Bergkuppen. In diesem Teile des Thales sind neben den Verkehrswegen herrliche Promenadenwege angelegt: links führt der „Präsidentenweg" in gemütlichem Anstieg hinüber zur „Wolfsburg", rechts geht's den „Brunhildenweg" hinan. Letzterer läßt uns zu einem vielbesuchten Aussichtspunkte gelangen, dem „Bodethor". Das ist ein eigentümlicher Felsgrat, der sich in zwei massigen Blöcken erhebt über dem Hotel Waldkater. Die beiden Blöcke scheinen auf einer Riesenkonsole zu ruhen, die dem Wanderer einen breiten, sicheren Ruheplatz gewährt. Der Aufstieg ist sehr

Nach einer photogr. Aufn. v. Fr. Rose-Wernigerode.

Das Bodethal, das Bodethor mit Kronentempel.

lohnend und bietet Gelegenheit, einen letzten Blick in das Thal zu werfen zur Erzeugung eines unvergeßlichen Eindruckes; denn das Bodethor ragt mitten hinein ins Thal und schafft dadurch einen köstlichen Gesamtüberblick. Aufwärts reicht der Blick fast bis Königsruh; den mächtigen Hintergrund bildet die Prinzensicht, die von der Heuscheune aus gesehen mit ihrer anderen Seite den Blick begrenzte. — Zur Linken liegen der Tanzplatz, die Felsenburg, Jungfernfels und Laviérs Höhe, die, von anderer Seite aus gesehen als vorhin, von Königsruh aus, andere Formen erkennen lassen, teils gewaltig und massig, teils einsam aus dunklem Grün hervorragend. Links hinten erscheint der Hirschgrund als ein dunkler, grüner Winkel, dem das Thal der Bode, das sich rechts hinten nach aufwärts fortsetzt, entspricht. Zu unserer Rechten treten Cäsarfelsen und der Grat der sieben Brüder schroff heraus; unten aber fließt ruhig und majestätisch der Bergstrom nach dem furchtbaren Kampfe, dem Durchbruch durch das Gebirge, in heldenhafter Ruhe der Ebene zu, und des Gebirges Felsmauern scheinen dem Sieger ehrerbietig Platz zu machen. — Während sonst überall der helle Sonnenschein den Eindruck für den Beschauer erhöht, muß man das Bodethor besuchen, wenn die Sonne zur Rüste geht und nur noch die Felsspitzen vergoldend beleuchtet. Dann ist der Touristenschwarm verflogen und selige Ruhe liegt über dem Bodethal; dann fühlt sich der einsame Beobachter getrennt von der hastenden, eilenden Welt, allein mit seinem Gott, dessen Schöpfergröße hier überall deutlich hervortritt, im abendlichen Schimmer fast deutlicher, als im hellen Sonnenschein! — Abwärts gleitet der Blick hindurch zwischen den beiden Felsen des Bodethores. Sie schieben sich rechts und links vor, wie der halb zurückgeschlagene Vorhang einer großen Theaterbühne, auf welcher von rechts und links die Ausläufer des Gebirges als Riesencoulissen vorgeschoben sind. Dazwischen tritt das flache Land hervor. Hin durch die weite Ebene schlängelt sich die Bode. Auch dort noch rauschen ihre Wogen, doch harmlos; denn Mühlenwehre sind es, die, quer hindurchgebaut, dem Gewässer Hemmnisse bereiten. Sie, die nichts sind gegen die Felsen, welche die Bode überwand, geben dem Flusse einen ganz neuen Charakter: hin ist alle Poesie, alle Romantik des Bergstromes!

„Da draußen, stets betrogen, rauscht die geschäft'ge Welt!
Schlag noch einmal die Bogen um mich, du grünes Zelt!“

Lühmann-Thale.

Eine Wanderung über den Ramberg nach Friedrichsbrunn.

Das südwestliche Stück des Kreises Aschersleben schiebt sich wie ein trennender Keil zwischen die beiden Herzogtümer Anhalt und Braunschweig. Etwa zwei Stunden weit erstreckt sich dieser Keil in den Unterharz hinein und zwar so, daß er zugleich auch die Ramberggruppe in eine preußische und anhaltische Hälfte zerlegt. In dem äußersten Zipfel des Kreises, auf einer waldumrahmten Hochebene des Unterharzes, etwa in der Mitte zwischen dem romantischen Bode- und dem idyllischen Selkethale, liegt das Ziel unserer Wanderung, das Kolonistendorf Friedrichsbrunn. Wir würden recht wenig von den Beschwerden eines Auffstieges zu dem 540 m hoch gelegenen Gebirgsdörfchen merken, wenn wir von Suderode aus die im Jahre 1896 fertiggestellte Kreischaussee, „Kaiser-Wilhelm-Straße" genannt, zu unserer Wanderung wählten. Diese prächtige Waldstraße bietet kaum ihresgleichen im Harzgebirge, da sie so günstig angelegt ist, daß Wanderer und Fuhrleute bei ihrer Ankunft auf der Höhe selten glauben, daß sie in 1 1/2 bis 2 Stunden solch beträchtliche Steigung mit so geringer Mühe überwunden haben.

Heute wählen wir für unsre Wanderung einen kleinen, aber sehr lohnenden Umweg über „den Brocken des Unterharzes," die Viktorshöhe. Im „kalten Thale" hinter Suderode verlassen wir die gepflasterte Waldstraße und damit zugleich das preußische Gebiet und steigen auf anhaltischem Boden höher und höher, der höchsten Erhebung des anhaltischen Ramberges zu. Solcher Auffstieg durch herrliche, für den Unterharz charakteristische Eichen- und Buchenwälder in der Morgenfrische oder Abendkühle gehört für empfängliche Gemüter zu den schönsten und reinsten Genüssen. Nach einer Wanderung von einundeinhalb Stunden sind wir auf derjenigen Höhe des anhaltischen Ramberges angelangt, welche — weithin in der Ebene sichtbar — wie eine runde Kuppe aus dem Unterharze hervortritt. „Sultanskopf" heißt diese 600 m hohe Erhebung auf der Forstkarte, „Viktorshöhe" im Munde des Volkes nach dem hier oben vom Herzog Alexius von Anhalt 1829 errichteten und nach seinem Ahnherrn Viktor benannten Aussichtsturme. 65 Jahre hat dieser aus Eichenbalken gezimmerte Turm Ausschau gehalten, da begann der Einfluß der Witterung das Holz morsch und den Turm wankend zu machen.

Im Jahre 1895 ist ein neuer Turm, genau nach den Größenverhältnissen des abgetragenen, fertiggestellt und dem Verkehr übergeben worden. Wir dürfen nicht versäumen, die etwa 100 Stufen des Turmes hinaufzuklimmen. Wenn auch das Panorama von der Höhe desselben nicht so umfassend ist wie dasjenige vom Brocken, so ist doch dafür die Aussicht von hier nicht so vom Wetter abhängig wie dort. Nähe und Ferne bieten dem Beschauer ein prächtiges Rundgemälde. Meilenweit erstrecken sich die alten, mächtigen Waldungen. Der Turm selbst ist nur um ein geringes höher als die ihn umgebenden Buchen und Fichten. Wie auf ein grünes Meer mit unzähligen Wellen schaut das Auge. Tiefe Furchen ziehen sich durch die grünen Fluten. Das sind die Flußthäler des Unterharzes. Am ausgeprägtesten treten Bode- und Selkethal hervor. In nächster Nähe hebt sich eine spiegelklare Fläche aus dem Grün ab, der waldumsäumte Bremerteich. Lassen wir in der Richtung nach Süden unser Auge weiter schweifen, dem Horizonte zu, so bleibt es schließlich an den Umrissen des Kyffhäusergebirges und seines deutlich hervortretenden Kaiserdenkmales haften. Vor dem Kyffhäusergebirge erscheint der dunkle Rücken des Auerberges mit der Josephshöhe. Ist die Luft besonders klar, so treten auch am fernen Horizonte nach dieser Richtung hin die Thüringer Gebirgszüge (Inselsberg, Possen u. s. w.) dem unbewaffneten Auge erkennbar, hervor. Von der Tiefebene im

Nordosten und Norden mit den vielen Dörfern und Städten wendet sich unser Blick weiter nach links zum Brocken und dem Wurmberge.

Nachdem wir uns die herrliche „Reliefkarte in Naturgröße" genugsam betrachtet haben, steigen wir hinab, um ein wenig zu rasten in dem schlichten Forsthause, welches zur Reisezeit den ungezählten Touristen mit ihren mannigfachen Bedürfnissen in bester Weise gerecht zu werden trachtet. Von verschiedenen Seiten erklimmen sie diese Höhe, nach verschiedenen Seiten steigen sie hinab. Hier geht's nach Suderode-Gernrode, dort nach dem Sternhause, dort nach Mägdesprung, dort nach Alexisbad, dort nach der Lauenburg und dort hinab nach dem Dörfchen Friedrichsbrunn.

Viktorshöhe, Försterei und Aussichtsturm.

Diesen letzten Weg wollen auch wir ziehen. Kaum 100 Schritt vom Hause entfernt, stehen wir an einer sagenumrauschten Stelle. Mächtige Granitblöcke, Bruchstücke von dem Gestein, aus dem das Innere des ganzen Ramberges besteht, liegen hier regellos zerstreut umher. Und doch wieder kommt es uns vor, als ob an der einen Stelle, wo unsere Füße eben Halt machen, diese Steinriesen die Überreste eines gewaltigen Baues bildeten. Wir befinden uns vor der „Teufelsmühle".

In der germanischen Edda ist die Sage von einem Riesen enthalten, welcher den Göttern zum Schutze gegen wilde Bergriesen eine feste Burg in einem Winter zu bauen versprach. Als Gegenleistung gelobten ihm die Götter ihr bestes und teuerstes Gut, ihre Luft- und Liebesgöttin Freia. Als die Burg nahezu fertig war, erschien ihnen jedoch der in Aussicht gestellte Preis zu hoch. Durch List brachte es der Feuergott Loki dahin, daß dem Baumeister noch kurz vor Vollendung des

Baues unüberwindliche Schwierigkeiten in den Weg traten. Die Burg war beim Anfange des Sommers nicht fertig, der Vertrag also hinfällig geworden. Der betrogene Riese zerschmetterte wuterfüllt den angefangenen Bau und zerstreute die gewaltigen Bausteine nach allen Seiten.

Diese uralte Sage ist bei unsern Vorfahren jedenfalls wieder aufgelebt, als sie die mächtigen Granitblöcke auf dem Ramberge erblickten. Hier konnte sich das in der Edda Erzählte ganz gut zugetragen haben. Unter dem Einflusse des Christentums wurde die Sage in der Weise verändert, daß an Stelle des bauenden Riesen der Teufel, an Stelle des listigen Loki der pfiffige Windmüller aus Gernrode gesetzt wurde. Zu leisten hatte der Teufel bis zum ersten Hahnenschrei den Bau einer Windmühle auf dem Ramberge, zu fordern als Preis die Seele des Müllers. Durch eine ähnliche List, wie in der alten Sage der Riese, wurde hier der Teufel an der Vollendung des Werkes gehindert und um den Lohn geprellt. Die Reste der vom Teufel zertrümmerten Windmühle nennt man heute noch „die Teufelsmühle auf dem Ramberge".

Wir wandern in der Richtung nach Westen durch prächtigen Eichen- und Buchenwald auf wohlgepflegtem Waldwege weiter und treten nach etwa $^3/_4$ Stunden aus dem Hochwalde heraus. Die Kaiser-Wilhelm-Straße, welche wir hinter Suderode verließen, um der Viktorshöhe einen Besuch abzustatten, vereinigt sich hier wieder mit unserm Wege. Das erste Haus des Ortes Friedrichsbrunn ragt aus den Bäumen hervor. Es ist die Försterei, das erste und zugleich älteste Gebäude des Ortes. Vor 150 Jahren stand es allein und verlassen an dieser Stelle. Von dem Orte Friedrichsbrunn war noch keine Rede.

Schon der Name verrät uns den Gründer des Dorfes, welches sich heute als eine einzige lange Straße auf der freien Hochebene nach Süden hin erstreckt. Friedrich der Große, dem der zerstörende Krieg nicht als Hauptzweck eines preußischen Herrschers erschien, verwandte besonders die zweite Hälfte seiner gesegneten Regierung auf Werke des Friedens. Er suchte nicht nur die durch den Krieg verödeten Strecken wieder anzubauen und mit thätigen Bewohnern zu besiedeln, er legte auch an solchen Stellen neue Kolonien an, wo entweder auf weiter Strecke nur geringe Bevölkerung zu finden war, oder wo es, dem Werte des Bodens entsprechend, an tüchtigen Arbeitern gefehlt hatte. Im Jahre 1772 verlangt er, daß im Magdeburgischen 1200 Kolonistenstellen errichtet werden sollen, da er erkannt hat, „daß diese Gegend noch lange nicht genug peupliert sei". In den nächsten Jahren werden im Herzogtume Magdeburg 686, im Fürstentume Halberstadt 389 Kolonistenstellen besetzt. Unter diesen ist Friedrichsbrunn (1775) zu nennen.

Die ältesten Leute der jetzigen Gemeinde erzählen heute noch mit Begeisterung, wie sie es von ihren Großeltern, den ersten Ansiedlern, gehört haben, der alte Fritz habe selbst mit einem Trupp Soldaten auf der freien Fläche in der Nähe des alten Forsthauses gerastet. Der herrliche Blick von hier aus auf die von dichten Wäldern gar lieblich umsäumte Hochebene und die in der Ferne sich abhebenden Höhen des Auerberges, Ebersberges, Wurmberges und Brockens, die gesunde Höhenluft (Friedrichsbrunn liegt 540 m über dem Meere) und nicht zuletzt der frische, klare Trunk aus dem Gebirgsquell neben dem Försterhause hätten ihm rasch den Entschluß entlockt, hier eine Ansiedlung zu schaffen. Thatsächlich nennt man noch heute den Brunnen am Eingange des Dorfes, aus welchem der König getrunken haben soll, den „Friedrichsbrunnen“.

Jedenfalls hat es in der Absicht des großen Königs gelegen, in dieser Gegend, durch welche von alters her eine Heerstraße von Quedlinburg nach Nordhausen führte, wo Landwirtschaft und Forstkultur sich so gut vereinigen ließen, und wo es nur an geeigneten, seßhaften Arbeitern fehlte, eine Kolonie zu gründen. Auf ein allgemeines Ausschreiben fanden sich im Jahre 1775 funfzig Kolonisten aus den verschiedensten Gegenden ein. In einer einzigen langen Reihe wurden die ersten bescheidenen Ansiedlerhäuschen

Friedrichsbrunn.

an der alten Landstraße entlang gebaut. Jedem Ansiedler wurden vier Morgen Ackerland zum Besitz überwiesen, von denen zwei Morgen auf der Hochfläche nach Osten und zwei Morgen gegen den nahen Wald zu nach Westen gelegen sein sollten. Wie weit die Kräfte der so gewonnenen Bewohner für die Waldkultur als Gegenleistung in Anspruch genommen wurden, läßt sich heute nicht mehr feststellen. Sicher ist aber, daß die arbeitsfähigen Männer eines jeden Hauses bis weit in das 19. Jahrhundert hinein an 14 Tagen des Jahres Herrendienst auf der zwei Stunden entfernt liegenden Domäne Stecklenberg verrichten mußten. Sie hatten hier die Ernte zu bergen, Wiesen zu mähen, überhaupt allerlei Feldarbeit zu verrichten. Diese Einrichtung ist später in der Weise abgelöst, daß auf jedes Haus eine kleine Rente gelegt wurde, an welcher die Leute heute noch bis zu einem bestimmten Jahre zu zahlen haben.

Die Gegend hier oben muß doch zum Bleiben gereizt haben; denn aus den Kirchenbüchern des Ortes ist zu ersehen, daß die Namen der Kolonisten (Dippe, Jahn, Steffens, Mämecke, Schilling, Pfeifer u. s. w.) auch heute noch vertreten sind.

Die Beschäftigung des seßhaften Völkchens hat sich seit den Zeiten der Gründung nur wenig geändert. Es waren und sind noch heute anzutreffen: Wald- und Holzarbeiter, Köhler, Fuhrleute, Stockmacher und Ausstopfer von Vogelbälgen. Bei keinem ist Reichtum zu finden, Bettelarmut aber auch nicht. Am gewaltigsten hat sich die Stockfabrikation entwickelt. Friedrichsbrunn scheint in der Herstellung der handfesten eichenen oder eschenen Wanderstöcke an der Spitze der Konkurrenz zu stehen und den größten Umsatz weit und breit zu erzielen. Es werden im Jahre etwa 9- bis 10000 Dutzend abgesetzt; 4000 Dutzend wurden allein in den letzten Jahren auf die Leipziger Messe gebracht.

Zu diesem Erwerbszweige hat sich in jüngster Zeit ein neuer gesellt, das ist kurz vor Weihnachten der Verkauf von Weihnachtsbäumen in deutschen Großstädten. Im letzten Winter waren 36 Männer aus Friedrichsbrunn zu diesem Zwecke abwesend; die meisten kehrten sehr befriedigt über ihr Geschäft aus der Großstadt in ihr schlichtes Harzdörfchen zurück. Obgleich die Landwirtschaft keine hohen Erträge liefert, wird sie doch keineswegs vernachlässigt. Es gedeihen hier, wenn auch später als in der Ebene, Roggen, Hafer und Kartoffeln. Ansehnliche Flächen sind Wiesenland.

Die Höhenlage des Ortes bringt auch die Vorteile der Höhenluft zur Geltung. So war es ganz natürlich, daß sich anfangs einige, später viele in der schönen Zeit des Jahres in Friedrichsbrunn zur Luftkur einfanden. In den letzten Jahren haben sich vom Mai bis zum Herbst etwa 500 Sommerfremde längere Zeit dort aufgehalten. Schon mancher Flachlandbewohner hat hier seine angegriffene Lunge wieder gekräftigt, mancher Asthmatiker Linderung gefunden.

Ein gesundes Klima, eine reine Berg- und Waldluft, ein krystallklares Wasser, eine kräftig-schlichte Landkost bei bescheidenen Preisen und ein harmlos heiteres Gemüt der Bewohner, das war es, womit die bisherigen Besucher von Friedrichsbrunn im allgemeinen zufrieden waren. Befrackte Kellner, mit allen Bequemlichkeiten der Neuzeit eingerichtete Hotels wird man noch heute auf diesem idyllischen Fleckchen Erde vergebens suchen. Der Fremdenstrom hat sich sein bestimmtes Bett geschaffen; hier flutet er noch nicht vorüber, und das ist für viele Besucher auch etwas wert. Ein Harzort, zu dem noch keine Eisen- oder Zahnradbahn führt, wird in nicht allzu ferner Zeit zu den Seltenheiten gehören. Wer also das Harzer Volk in seinen ungezwungenen Äußerungen beobachten will, mag sich beeilen, noch hat die hastende Zeit, die moderne Kultur nicht alles Ursprüngliche verblaßt. In diesem Dörfchen findet der Suchende zu Volks- und Charakterstudien noch mancherlei Gelegenheit.

Hier zeigt sich noch so recht der Typus des Niedersachsen im Harzgebiet, den Günther in seinem Werke „der Harz" mit folgenden Worten schildert: „Bedächtig, aber nachhaltig, nicht beredsam, aber doch nicht sprachfaul, etwas zugeknöpft gegen Fremde, aber treu in Zuneigung und Freundschaft, rechthaberisch aber doch versöhnlich, langsam zum Zorn, schlägt er, wenn er sich erst allmählich hineingearbeitet hat, wuchtig mit der Faust darein, wenn er sich in seinem Rechte verletzt glaubt, doch ein Feind arglistiger Schädigung seines Widersachers, fleißig, genügsam und sparsam, doch läßt er gern die Thaler springen, wenn es sein Ansehen und die Ehre seines Hofes und Hauses erfordert, karg im Geben, doch bereit zur Hilfe, die kein bares Geld kostet; ohne sprudelnden Witz und lebhafte Phantasie, aber klaren Verstandes; konservativ, doch nicht unzugänglich für Neuerungen, kirchlich und gottesfürchtig, doch nicht frei vom Vertrauen auf Kartenschlagen und Besprechen."

Alljährlich zur Sommerzeit, wenn die Ernte glücklich eingebracht ist, wird das „Freischießen" abgehalten. Zu solcher Zeit bietet der Ort durchaus nicht das Bild einer Einöde; da ist bei jung und alt Leben und Heiterkeit. Da sitzen die Männer mit bedecktem Haupte in den Stuben der 2—3 Wirtshäuser des Ortes, da sind die sonst schwerfälligen Zungen redegewandt, da werden an den Tischen Weltverbesserungspläne mit solchem Nachdruck in Stimme und Gebärde beraten, daß der Uneingeweihte fürchten muß, hier ginge es auf Tod und Leben. An solchem Feste ruht in allen Häusern die Arbeit, nur auf dem im Freien errichteten Tanzboden sind die Füße des jungen Volkes Tag und Nacht in angestrengter Thätigkeit. Dann wird auch das Geldstück nicht mit der Überlegung betrachtet, wie zu andrer Zeit. Da wird gegessen und getrunken, da lebt man, und da läßt man leben. Von altersher sind auch im Orte die „Mädchentänze" im Maimonat sehr beliebt. Die jungen Mädchen laden die jungen Burschen hierzu öffentlich ein, und das Fest spielt sich dann in der Weise ab, daß die Damen des Ortes alle die Rechte für sich beanspruchen, die bei andern Tanzfeierlichkeiten sonst den Männern zufallen. So ist z. B. fortwährend „Damenwahl".

Im Volksmunde hat Friedrichsbrunn lange Zeit den Namen „Untrüborn" geführt nach dem Teiche, welcher am Ende des Ortes gelegen ist. Damit soll es folgende Bewandtnis haben*). In der schrecklichen Zeit des 30jährigen Krieges rotteten sich die zur Verzweiflung getriebenen Bauern am Harz und im Harz zu bewaffneten Banden zusammen, welche sich Harzschützen nannten. Aus der Notwehr wurde aber recht bald Freibeuterei. Nicht bloß den feindlichen Tillyschen Truppen wurden diese Harzschützen gefährlich, sondern auch den Städten und Dörfern des heimatlichen Gebietes. Sie machten bald zwischen Freund und Feind keinen Unterschied mehr. Ein Teil der Harzschützen hatte seinen Schlupfwinkel an dem eben erwähnten Quell des Ramberges, der damals von einem undurchdringlichen Dickicht umschlossen war. Weil die Tillyschen nicht auf andere Weise ihrer habhaft werden konnten, nahmen sie ihre Zuflucht zum Verrat. Ein heruntergekommener, durch Geld bestochener Mensch gab sich für einen Harzschützen aus. Er schüttete in das Wasser Gift, welches ihm die Feinde zugesteckt hatten. Am andern Morgen lagen die wackern Harzschützen, durch Gift und Verrat meuchlings ermordet, um den Brunnen herum. Von der Stunde an hieß er „Untreubrunnen" oder „Untrüborn".

Schmiedehausen-Quedlinburg.

*) Günther, Sagenschatz des Harzes. Hannover 1893.

Eine Rekrutierung vor 200 Jahren.

(Nach einer alten Chronik.)

Es ist bekannt, daß Friedrichs II. Vater, König Friedrich Wilhelm I., eine besondere Vorliebe für große Soldaten hatte. Mit List oder auch mit Gewalt bemächtigten sich die Werbeoffiziere derjenigen jungen Leute, die, wie weiland König Saul, sich einer besondern Körperlänge erfreuten. Eine solche gewaltsame Rekrutierung, wie sie in unserer Provinz vor fast 200 Jahren thatsächlich stattgefunden hat, soll nachstehend geschildert werden.

König Friedrich Wilhelm I. war 1697 Erbschirmvogt des Stiftes Quedlinburg geworden. Zum Stifte gehörte das Dorf Ditfurt, das damals noch eine städtische Verfassung, auch eine Ringmauer hatte. Die vier Thore des Ortes wurden allabendlich geschlossen und mit Wachen versehen. Da erschienen am 6. Mai 1717, in der Nacht vor Himmelfahrt, am Pölkenthore preußische Soldaten und baten um Einlaß. Auf die Frage, wer sie seien, antworteten sie: „Passagiere, und möchten einmal trinken.“ Die Wächter, welche angewiesen waren, niemand einzulassen, mochten sich wohl wundern über den seltsamen Durst der sonderbaren Reisenden in so später Stunde und baten die Fremden, ein wenig zu warten, um die Erlaubnis des Richters einzuholen. Davon wollten indes die zudringlichen Gäste nichts wissen. Sie hatten Leitern mitgebracht. Im Nu waren die Mauern erstiegen. Das Thor wurde von innen geöffnet. Eine große Zahl bewaffneter Soldaten stürmte herein. Die Wächter machten Lärm; einige liefen nach dem Rathause und zogen die Rathausglocke. (Das Rathaus, auch Spelhus genannt, war 1534 erbaut und ist in seiner ursprünglichen Gestalt bis heute erhalten. Siehe Abbildung.) Die friedlich schlummernden Bewohner fuhren erschreckt aus dem Schlafe auf. Sie meinten, es sei Feuer ausgebrochen und liefen zusammen. Unterdessen waren die Soldaten unter Führung des Leutnants Achtländer in ein nicht weit vom Thore liegendes Haus eingedrungen, stürmten die Treppe hinauf, rissen die Kammerthür auf, ergriffen ihren Auserwählten und führten ihn mit sich fort. Dann kehrten sie um, noch einen anderen großen und stattlichen Mann, Joachim Meier, der in der Nähe des Rathauses wohnte, zu holen. Mittlerweile war es auf den Straßen lebendig geworden. Die Mutter des Geraubten jammerte und schrie um Hilfe. Die Soldaten wurden umringt. Der Gefangene, ein Hüne von Gestalt, schlug wütend um sich. Man versuchte es, ihn zu befreien. Es kam zum

Nach einer photogr. Aufnahme v. F. Sperling-Ditfurt.

Das Rathaus in Ditfurt.

Handgemenge, bei welchem, wie der Chronist berichtet, „mehrenteils die Weiber ziemlich draufgeschmissen und den Leutnant Achtländer und andere tapfer zugedecket haben". Die Soldaten machten von ihren Waffen Gebrauch. Mehrere Einwohner wurden durch Säbelhiebe und Bajonettstiche verwundet, einer erhielt einen Schrotschuß in den linken Arm und in die linke Seite. „Er ist zwar von dem hiesigen Bader, Gottlieb Rittern, aufs fleißigste verbunden, auch aus der Stadt Dr. Schwalbe, ein medicus, dazugeholet, und dennoch ist er daran krepieret und am Tage nach Himmelfahrt mittags zwischen 1 und 2 Uhr gestorben." Dem Stiftshauptmanne in Quedlinburg wurde dieser Vorfall gemeldet. Am Montag darauf erschien der Stadtvogt mit dem Physikus Dr. Bollmann und zwei Feldscherern zur Untersuchung. Die Leiche wurde auf dem Rathause geöffnet und besichtigt, aber — keine lebensgefährliche Verletzung gefunden. Das Begräbnis fand unter großer Beteiligung der Bevölkerung am 2. Pfingsttage statt. Der Tote hinterließ eine Witwe und mehrere Kinder. Die Witwe beschwerte sich bei dem fürstlichen Konsistorium und bat um Erstattung der Begräbniskosten. Erst nach langen, mühevollen Verhandlungen gewährte man ihre Bitte und verfügte die Zahlung von 12 Thalern Beerdigungskosten aus der Gemeindekasse. — Die Ditfurter Richter und Geschwornen beschwerten sich bei dem Könige in Berlin über den nächtlichen Einfall der preußischen Soldaten und baten um Freilassung der beiden geraubten Einwohner. Die Antwort ist nicht bekannt, wird aber wohl wie bei ähnlichen Fällen gelautet haben: „sollen nit raisonnieren, sind Meine Unterthanen". Die zwei Rekruten kehrten nicht wieder in ihre Heimat zurück, wurden indes eine besondere Zierde der königlichen Leibgarde. — Als die Ditfurter acht Jahre später, im Jahre 1725, beim Könige eine Ermäßigung der Accise für Bier beantragten, schlug er es ihnen zwar ab, schrieb in seiner allergnädigsten resolution, „daß die Ditfurter sich nicht entbrechen dürften, von jedem Faß Mertz Bier, so sie zur Ernte auflegen, 1 Thaler 12 Groschen zu entrichten," fügte aber — wahrscheinlich befriedigt über den Besitz der beiden langen Kerle aus Ditfurt — wohlwollend hinzu: „Seind Euch im Übrigen mit Gnaden gewogen".

Schmidt-Ditfurt.

Die Kaliwerke bei Aschersleben.

Nachdem im Jahre 1861 die erste Chlorkaliumfabrik in Staßfurt betriebsfähig geworden war, und der außerordentliche Erfolg bekannt wurde, den die junge Industrie mit der wachsenden Erkenntnis von dem Wert der Kalipräparate erzielte, war es nur zu natürlich, daß der Wunsch nach Schaffung ähnlicher Werke rege wurde. Bei Verfolgung solcher Pläne richtete sich die Aufmerksamkeit selbstverständlich in erster Linie auf die Umgebung von Staßfurt, weil man mit Recht vermutete, daß das dortige Lager eine weit größere Ausdehnung haben möchte, als das durch die fiskalisch preußischen und anhaltinischen Bergwerke belegte Gebiet betrug. So wurden denn in den Jahren 1871 und 1873 die Schächte in Westeregeln und Neu-Staßfurt in Angriff genommen, welche 1874 beziehungsweise 1877 mit der Förderung von Kalisalzen begannen.

Ein Studium der geognostischen Verhältnisse Aschersleben führte zu dem Schlusse, daß es recht wohl denkbar sei, es könne sich das Staßfurter Kalilager auch bis hier herüber erstrecken. Unmittelbar nach dem deutsch-französischen Kriege wurden auf Grund dieser Erwägung in der Nähe Aschersleben einige Bohrlöcher niedergebracht. Über die Ergebnisse derselben ist wenig bekannt geworden; heute wissen wir genau, daß die Bohrpunkte nicht glücklich gewählt waren, und daß man nur Steinsalz aber kein Kalisalz finden konnte.

Aber die Salz-Bohrtechnik sollte gerade bei Aschersleben ganz besondere Triumphe feiern und sich hier zu der Vollendung entwickeln, mit der sie heute allerorts gehandhabt wird. Unter der Leitung ihres energischen, kaufmännisch genialen und technisch scharf und verständnisvoll blickenden Direktors Schmidtmann brachte die in London ansässige Continental-Diamond-Rock-Boring-Company vom Juli 1876 bis Oktober 1878 sieben Bohrlöcher von 303 bis 902 m Tiefe mit überraschend günstigem Erfolge nieder.

Das Wesen der Diamant-Bohrmethode besteht darin, daß man als Bohrer eine schnell rotierende Röhre anwendet, deren unterer Rand mit schwarzen Diamanten besetzt ist. Der erbohrte Steinkern schiebt sich in die Röhre hinein, während ein von oben her durch das Bohrrohr gepumpter Wasserstrahl zwischen Bohrer und Bohrlochswand das von den Steinen abgeriebene Bohrmehl aus dem Bohrloche herausspült. Eine sinnreiche Einrichtung hält den Kern im Rohre fest und gestattet, ihn voll und ganz an das Tageslicht zu fördern. So sicher das Verfahren sich bei festem und im Wasser unlöslichem Gestein bewährte, im Steinsalz und noch mehr im Kalisalz mußte es den Dienst versagen, da die Salze sich im Wasser lösten. Dennoch gelang es bei zeitweiliger Aussetzung der Wasserspülung aus den Bohrlöchern Nr. 1 und 2 Salzscheiben und Stücke zu fördern, wie sie bei dem früher üblichen Stoßbohrverfahren nie erzielt wurden. Vor Ausführung der Bohrung Nr. 3 hatte man eine Einrichtung erdacht, welche den Zweck verfolgte, den frisch erbohrten Kern sofort vor weiterer Berührung mit dem Spülwasser zu schützen; doch wenn auch die Bohrergebnisse einen wesentlichen Fortschritt zeigten, so waren sie immerhin noch sehr weit von dem erstrebten Ziele entfernt. Dasselbe wurde zum erstenmale bei Bohrloch Nr. 4 erreicht, indem man das Spülwasser durch eine Chlormagnesiumlauge von solcher Konzentration ersetzte, daß eine Lösung der Salze unmöglich wurde. Die Methode bewährte sich vorzüglich, selbst die so leicht löslichen Carnallitkerne kamen unverkürzt und unbenagt zum Vorschein, so daß die Kerne bis auf das Millimeter genau die Bestimmung von Art und Stärke der erbohrten Salze gestatteten. Es kann darum mit Recht behauptet werden, daß vor Abteufung des ersten Kalischachtes in Aschersleben nie ein Salzschacht niedergebracht wurde, bei dem man hinsichtlich der zu erwartenden Ausbeutungsergebnisse klarer geblickt hätte als hier. Und das war gut. Die unheimlichen Berggeister haben es dem gewinnsuchenden Menschen oftmals arg angethan, und viele kühne Unternehmer hat die

Absicht, die Schätze der Erde zu heben, dahin geführt, ihr Vermögen darin auf Nimmerwiedersehen zu begraben. Auch den Kaliwerken Aschersslebens sind schwere Prüfungen nicht erspart geblieben, wenn dieselben auch nicht vermochten, die Existenz des ebenso sicher fundierten wie gut geleiteten Unternehmens irgendwie zu erschüttern. Schon Schacht I bereitete bei seiner Anlage große Schwierigkeiten, die eindringenden Wasser verzögerten die Vollendung, so daß der Betrieb erst 1883 aufgenommen werden konnte. Aber nur eine kurze Lebensdauer war dem Musterbau beschieden, denn schon 1886 ging der Schacht durch Wassereinbruch verloren. Von den Schächten II und III, welche unverzüglich in Angriff genommen wurden, mußte Nr. II aufgegeben werden, weil die beim Bau nachfließenden Wasser schlechterdings nicht zu bewältigen

Die Kaliwerke bei Aschersleben (Hauptanlage).

waren, aber auch über dem Schachte Nr. III waltete ein Unstern, denn am 23. September 1895 erfolgte ganz unerwartet ein Wassereinbruch von solcher Stärke, daß jeder Versuch auf Rettung vergeblich war; die mächtigen Hohlräume, welche in etwa achtjährigem Betriebe entstanden waren, füllten sich so schnell mit Wasser, daß schon nach zwölf Stunden alles den Schacht verlassen mußte, und man nicht daran denken konnte, alle darin befindlichen kostbaren maschinellen Einrichtungen zu retten. Nach den Erfahrungen auf Schacht Nr. I hatte man rechtzeitig daran gedacht, einen Reserveschacht Nr. IV anzulegen, der nunmehr in Thätigkeit trat, und inzwischen ist seit etwa vier Jahren ein Schacht Nr. V dem Betriebe übergeben, so daß für die Gewinnung der Rohprodukte in ausgiebigster Weise gesorgt ist, und unermeßlich sind die Salzschätze, über welche die Werke verfügen. Die Bergbaugerechtsame der Gesellschaft haben sich allmählich auf sechzehn Konzessionen ausgedehnt, d. h. sie verfügt über eine Fläche von mehr als 34000000 qm. Nach 14jähriger Betriebszeit sind von diesem Gebiet einschließlich der Sicherheitspfeiler, welche man mit Rücksicht auf die Wassereinbrüche stehen lassen mußte, und der gewaltigen Abbauverluste von etwa 55 Prozent, erst kaum 9 Prozent abgebaut, so daß bei Fortbestand der gegenwärtig erheblichen Förderungsverhältnisse der Vorrat an Salzen dem Werke die Lebensdauer noch auf 150 bis 200 Jahre sichert.

Die Kalischächte Aschersleben fördern hauptsächlich Carnallit, Kainit, Sylvinit und Hartsalz. Ersteres Mineral bildet die oberste Schicht des Salzlagers und bedeckt bei 20 bis 35 m abbauwürdiger Mächtigkeit ein Steinsalzlager, das nur zwecks Förderung der Wissenschaft an einer Stelle durchbohrt und hier etwa 460 m stark befunden wurde. Unter dem Salzlager wurden die charakteristischen Gesteine der permischen Formation, auch der Mansfelder Kupferschiefer wiedergefunden, darüber liegen die der unteren Buntsandsteinformation angehörigen Bildungen, so daß das Salzlager gleichsam als Grenzschicht zwischen den triassischen und dyassischen Gebilden eingebettet ist.

Der Carnallit ist ein Doppelsalz, das neben etwa 27 Prozent Chlorkalium, 34,5 Prozent Chlormagnesium und 38,74 Prozent Wasser enthält. In ganz reinem Zustande farblos und durchsichtig und an der Luft im höchsten Grade zerfließlich, kommt es doch nur selten in diesem Zustande vor. Meist ist das Salz grau, schwärzlich, rot oder wenigstens rötlich gefärbt, und da durch alle Carnallitlager sich regelmäßig Schichten von Steinsalz und Kieserit hindurchziehen, und in kleinen Mengen auch Borazitknollen und Anhydrit darin eingelagert sind, so wird der mittlere Chlorkaliumgehalt der rohen Carnallite auf 20 Prozent und darunter herabgedrückt. Kainit, Sylvinit und Hartsalz sind nachträglich aus dem Carnallit entstandene Salze respektive Salzgemische, die durch mehr oder weniger kräftige Einwirkung des Wassers aus jenem hervorgingen. An Punkten des Lagers, wo dem Wasser nur ein spärlicher Zutritt gestattet war, wurde das Chlormagnesium aus dem Carnallit ausgelaugt, und es entstand im günstigsten Falle reines Chlorkalium, das als Mineral Sylvin genannt wird. Verblieben bei jenem Auslaugungsprozesse bei dem Sylvin auch Steinsalz und Kieserit, so gingen Salzgemische hervor, die je nach Umständen als Sylvinit und Hartsalz bezeichnet werden. Wenn aber das Wasser reichlicher zum Carnallit trat und auch gelöster Kieserit, d. h. ein ziemlich wasserfreies Bittersalz in Wechselwirkung mit dem ausgelaugten Carnallit kam, so entstanden der Kainit, ein neben Wasser aus schwefelsaurer Magnesia und Chlorkalium bestehendes Doppelsalz, oder auch Schönit, d. h. natürliche schwefelsaure Kalimagnesia, wie solcher seiner Zeit auch auf Schacht Nr. III in bedeutenden Mengen gefördert wurde.

Die auf den beiden Schächten gewonnenen Rohprodukte wandern in die Fabrikräume des Werkes, um hier entweder einfach durch Mühlen zerkleinert oder auch durch besondere chemische Operationen zu Handelswaren umgearbeitet zu werden. Die Abnehmer sind einerseits die Landwirtschaft, andrerseits die chemische Industrie, den Bedürfnissen beider müssen darum die Kaliwerke ihre Fabrikate anpassen.

Am umfangreichsten ist der Bedarf an Kalipräparaten in der Landwirtschaft. Wissenschaftliche Versuche haben jeden Zweifel darüber beseitigt, daß neben Phosphorsäure und geeigneten Stickstoffträgern wie Chilisalpeter und Ammoniaksalzen, das

Kali ein unentbehrlicher Nährstoff vieler Kulturpflanzen ist, und daß die Ertragsfähigkeit eines Feldes erst dann völlig zur Entfaltung kommt, wenn bei der Düngung auch dem Kalibedürfnis der Pflanzen in richtiger Weise Rechnung getragen wird. Der Verbreitung dieser Erkenntnis ist der Bedarf an Kalisalzen für landwirtschaftliche Zwecke immer gefolgt, und so giebt es jetzt fast kein größeres Land der Erde, das nicht deutschen Kalidünger importierte.

Der Bedarf an Kalidünger wird in Aschersleben wie auch anderwärts in sehr vielgestaltiger Weise befriedigt. Zunächst verwendet man die unreineren, kaliärmeren, gemahlenen Rohsalze Carnallit, Kainit, Bergkieserit, d. h. einen kieseritreichen Carnallit und Sylvinit, daneben die chemisch umgearbeiteten sogenannten

Die Kaliwerke bei Aschersleben (Schacht IV).

konzentrierten Kalisalze wie Chlorkalium, schwefelsaures Kali, schwefelsaure Kalimagnesia und die sogenannten kalcinierten Düngesalze. Der Gehalt an reinem Kali schwankt bei den verschiedenen Rohdüngern von 9—15 Prozent und erhebt sich bei den konzentrierten Düngern von 15 bis reichlich 60 Prozent. In welcher Gestalt man einem Acker das Kali darbietet, ist wohl oftmals nebensächlich, dann entscheidet nur der Kostenpunkt, und da für denselben bei weiten Entfernungen die Fracht einen wesentlichen Einfluß hat, so ist bei Weitversand die Anwendung der konzentrierten Kalisalze immer am vorteilhaftesten.

Während vor 40 und mehr Jahren die Kalipräparate ziemlich hohe Preise hatten, weil man nur wenige und obenein nur wenig ausgiebige Quellen für Kali kannte, wie z. B. die Asche aller Landpflanzen, hat sich mit der Entdeckung der Kalilager dieses Verhältnis wesentlich umgestaltet. Man erzeugt aus dem Carnallit das Chlorkalium und das Kainit und neuerdings auch aus Carnallit das schwefelsaure Kali, um diese Salze in besonderen chemischen Fabriken auf Ätzkali, Pottasche, Kalisalpeter, chlorsaures Kali, chromsaures Kali, Alaun und verschiedene andere Erzeugnisse umzuarbeiten; alle civilisierten Länder der Erde decken für diese Zwecke ihren Bedarf an Chlorkalium und schwefelsaurem Kali aus Deutschland, und die Aschersslebener Kaliwerke haben daran wesentlichen Anteil.

Kalisalze sind indessen nicht die einzigen Handelswaren, welche die Aschersslebener Kaliwerke auf den Markt bringen. So wurde schon angedeutet, daß der Kieserit regelmäßig im Carnallitlager gefunden wird. Der Kieserit ist ein ziemlich schwer lösliches Salz im Gegensatz zum Bittersalz, das, vom Wassergehalt abgesehen,

Die Kaliwerke bei Aschersleben (Schacht V).

chemisch mit ihm identisch ist; Kieserit enthält nämlich nur 12,9 Prozent, Bittersalz dagegen 51,22 Prozent Wasser, und damit hängt es zusammen, daß der Kieserit eine ausgesprochene Neigung hat, Wasser aufzunehmen. Die Schwerlöslichkeit des Kieserits gestattet es, ihn sehr leicht vom Carnallit und Steinsalz zu scheiden, seine Aufnahmefähigkeit für Wasser ermöglicht es, ihn ähnlich wie gebrannten Gips zu Blöcken zu formen. In dieser Gestalt wandert er weiter, um in chemischen Fabriken in Bittersalz umgewandelt zu werden.

Nur spärlich finden sich im Carnallit Knollen verschiedener borsaurer Salze, die nach dem Hauptvertreter kurz Borazit genannt werden. Ihr Gehalt an Borsäure macht sie wertvoll, sie werden darum sorgfältig ausgelesen, und mehrere Hundert Centner gehen alljährlich weiter, um auf Borsäure und Borax verarbeitet zu werden.

Endlich müssen zwei Erzeugnisse der Aschersleben̈er Kaliwerke erwähnt werden, das Brom und der Rubidiumalaun, ersteres weil von hier aus ein beträchtlicher Teil des gesamten Brombedarfs gedeckt wird, letzteres weil die Aschersleben̈er Kaliwerke das Verdienst besitzen, eine Methode gefunden zu haben, die es ermöglichte, ein Rubidiumpräparat fabrikatorisch, d. h. zu Hunderten von Kilogrammen herzustellen, während vordem der Gesamtbesitz sämtlicher chemischer Laboratorien der Erde an Rubidiumpräparaten nur wenige Kilogramme betragen mochte. Natürlich ist nur die Bromgewinnung von kommerzieller Bedeutung. Es fällt nämlich bei der Verarbeitung des Carnallits auf Chlorkalium eine Endlauge ab, die in der Hauptsache Chlormagnesium enthält, für welches man heute noch keine Verwendung kennt, die angesichts der Massenproduktion nur einen einigermaßen nennenswerten Verbrauch gestattete, man entledigt sich ihrer darum, indem man sie durch meilenlange Rohrleitungen in die Bode führt. Außer minimalen Rubidiummengen enthält die Lauge vielleicht auch 0,2 Prozent Brom, das man zuvor auf einfachem Wege in elementarem Zustande abscheidet. In geringem Maße wird das Brom wohl als Desinfektionsmittel verwendet, meist wandert es in die Fabriken der Teerfarbstoffe, und ein Teil wird in Bromkalium und andere Bromsalze umgewandelt, die in der Arzneikunde und Photographie eine ausgedehnte Verwendung finden.

Fast sämtliche im Betriebe befindlichen Kaliwerke haben sich seit Jahren zu einem Syndikat zusammengeschlossen. Laut letztem Vertrag vom Jahre 1898 haben die gemeinsamen Maßnahmen der Werkeigentümer den Zweck, den Absatz der Erzeugnisse der Syndikatswerke für alle Teile möglichst nutzbringend zu gestalten. Für den Zweck der Absatzverteilung werden die Erzeugnisse in vier Gruppen beziehungsweise Gattungen unterschieden und die eingehenden Aufträge von der Centralstelle nach einem vertragsmäßig festgesetzten Verhältnis an die zwölf beteiligten Werke vergeben. Um den Gesamtbedarf an den verschiedenen Produkten zu decken, mußten die Syndikatswerke z. B. im Jahre 1898 in Summa 22088512 Doppelcentner an Rohprodukten fördern, nämlich

Carnallit	9910383	Doppelcentner
Kainit	10834764	"
Kieserit	24443	"
Verschiedene Kalisalze	1316405	"
Borazit	2518	"

Von den Erzeugnissen wurden in dem nämlichen Jahre verkauft:

Chlorkalium (einschließlich Dünger)	1595314,00	Doppelcentner
Schwefelsaures Kali	177813,67	"
Kalcinierte schwefelsaure Kalimagnesia	105353,02	"
Krystallisierte " "	9139,43	"
Kalciniertes Düngesalz	31898,48	"
Kalcinierter gemahlener Kieserit	7282,25	"
Kieserit in Blöcken	199343,92	"
Kainit und Sylvinit	10562260,00	"
Carnallit und Bergkieserit	679817,33	"

Die Ascherslebener Kaliwerke gehören zu den größeren Werken dieser Art und sind bei den Syndikatslieferungen in den vier Erzeugungsgruppen mit je 100, 100, 102 und 100 Teilen unter 1000 beteiligt.

Bei einer so großartigen Produktion ist es selbstredend, daß die Anlagen eine entsprechende Ausdehnung besitzen müssen. Man kann sich von denselben eine Vorstellung machen, wenn man hört, daß die Dachflächen sämtlicher Gebäude der Werke 42 preußische Morgen betragen. Außer der eigentlichen Fabrikanlage mit den Verwaltungsgebäuden gehören dazu die Gebäude zweier Schächte und eines Wasserwerks. Gediegenheit der Ausführung, Zweckmäßigkeit der Einrichtung und thunlichst auch architektonische Schönheit in der äußeren Gestaltung waren die leitenden Gesichtspunkte beim Baue. Eine $2^1/_2$ km lange normalspurige Eisenbahn verbindet Schacht Nr. IV mit der Fabrik, eine ebensolche von $1^1/_2$ km Länge die Fabrik mit dem Centralbahnhof, zwei eigene Lokomotiven stellen den Verkehr zwischen diesen Punkten her. Auf einer Luftbahn von $3^1/_2$ km Länge werden die auf Schacht Nr. V gewonnenen Salze zur Fabrik befördert, das notwendige Wasser bringt eine 3 km lange Röhrenleitung vom Wasserwerk in die Fabrik und zwei $24^1/_2$ km lange Röhrenleitungen von 250 und 400 mm Durchmesser führen die Endlaugen und sonstigen Abwässer in die Bode. Diese Röhrenleitungen allein kosteten über $1^1/_2$ Millionen Mark.

Die Werke verfügen über 46 Arbeitsmaschinen mit zusammen 3750 Pferdestärken, und zur Erzeugung des nötigen Dampfes sind im ganzen 52 Cornwallflammrohrkessel mit je 90 qm Heizfläche in 5 Gebäuden aufgestellt. Das Wasserwerk liefert täglich bis 5000 cbm Wasser. Die in den Schächten und den Fabrikräumen thätige Mannschaft beziffert sich auf 1250 Personen; großartige Badeeinrichtungen sorgen mit für deren äußeres Wohl. Die Beleuchtung des ganzen Werkes erfolgt durch Elektricität, und die unterirdischen Arbeitsmaschinen werden ebenfalls durch Elektricität getrieben.

Es geht über Zweck und Rahmen dieser Zeilen hinaus, in die Einzelheiten der gewaltigen Anlage näher eindringen zu wollen; die hingeworfenen Andeutungen genügen aber, um dem unkundigen Leser begreiflich zu machen, daß Aschersleben in seinen Kaliwerken eine Stätte besitzt, die vielseitig an der Hebung und Förderung des Volkswohlstandes mitwirkt und unter ihren gleichartigen Mitbewerberinnen eine würdige Stellung einnimmt.

Prof. Dr. Brasack-Aschersleben.

Die Speckseite bei Aschersleben.

Zu den sieben Wunderdingen der Stadt Aschersleben gehört die Speckseite. Sie liegt an der Schierstedter Chaussee, jenseits der Eisenbahnlinie Halle-Halberstadt, wenige Minuten östlich von der Stadt. In einer Breite von etwa 50 m und einer Länge von 70 m erhebt sich hier ein ungefähr 10 m hoher Hügel, der sich zumeist aus Kies zusammensetzt. An der Westseite tritt dieser Kies deutlich zu Tage, da man ihn hier zum Teil abgegraben hat. An die Südseite ist man beim Baue der Halle-Halberstädter Eisenbahn herangekommen. Auf dem höchsten Punkte des Hügels steht ein Stein aufgerichtet, dessen Höhe über dem Erdboden ungefähr 1,82 m und dessen Breite 2 m ausmacht. Die Steinplatte ist roh und unbehauen und zeigt eine Dicke von etwa 30 cm. Mißt man die Höhe des Steins bis zu seinem Endpunkte, der tief in der Erde liegt, so ergiebt sich eine solche von fast 3 m. Man kann daraus ersehen, welche ungeheure Last dieser Stein darstellt und welche große Mühe es gemacht haben muß, diesen Stein einst aufrecht hinzustellen. Dazu kommt, daß der Stein nicht an der Stelle, wo er sich jetzt befindet, „gewachsen“ ist, sondern daß er erst durch Menschenhand auf den Hügel hinaufgebracht sein muß. Es ist nämlich einer der Findlinge oder der erratischen Blöcke, wie sie sich in dieser Art sehr häufig in unserer Gegend nachweisen lassen. Nicht aus Granit besteht er und nicht den Gegenden Schwedens und Norwegens entstammt er, sondern es ist ein Sandstein aus der Braunkohlenformation, der einen nahen Verwandten hat in dem Riesensteine, der jetzt zum Bismarcksteine auf der alten Burg geworden ist. Nun hat aber unser Stein noch eine besondere Eigentümlichkeit, und diese gerade ist es, die ihn berühmt gemacht hat. Die größeren und kleineren Hornspalten, die er aufweist, sind mit einer Unzahl von Nägeln, lauter eisernen, darunter von solchen mit ziemlicher Größe und umfangreichem Kopfe, beschlagen. Dabei weist die nach Osten gerichtete Seite bei weitem mehr Nägel auf als die Westseite. Es liegt das vor allem daran, daß die Westseite weniger Hornspalten darbietet. Der Stein ist um 1700 eine Zeit lang umgestürzt gewesen, ist aber 1720 wieder aufgerichtet worden, und man kann annehmen, daß er damals wieder ebenso aufgestellt ist, wie er früher stand, und daß er also schon von Anfang an die bekannte symbolische Richtung von W. nach O. inne hat, die uns auf eine Beziehung zu der Sonne hinweist.

Die geschäftige Sage in der Stadt weiß zu erzählen, daß jeder Schmiedelehrling oder jeder Fuhrmann, der zum erstenmale hier durchgekommen sei, gezwungen worden wäre, in die Ritzen des aufgerichteten Blockes einen Nagel zu schlagen. Eine andere Überlieferung giebt die Lehrlinge der Roßkämme als diejenigen an, die dieses Kunststück hätten ausführen müssen. Dabei habe der Lehrling so lange Prügel bekommen, bis der Nagel fest saß. Natürlich heißt es auch, daß in dem Hügel Franzosen begraben lägen.

Wir werden nun wohl zuerst fragen, woher der Name Speckseite kommt. Es sind da wundersam gelehrt klingende Deutungen unternommen worden, und die entferntesten Sprachen haben dabei herhalten müssen. Ich glaube, daß der Name einfach von der Form des Steines entlehnt ist, der allerdings eine gewisse Ähnlichkeit mit einer Speckseite hat. Es ist mir auch nicht erinnerlich, daß hierorts unter dem Namen Speckseite, wie wohl behauptet worden ist, der Hügel verstanden werde, sondern man denkt bei dieser Bezeichnung immer nur an den Stein. Wann der Name aufgekommen ist, weiß ich nicht zu sagen.

Natürlich lag es den Aschersleben unserer Tage auch daran, einmal näher zu untersuchen, was in dem Hügel verborgen läge, und dazu wurde im Jahre 1885 im Auftrage des Magistrats unter Leitung des Herrn Pastor Becker aus Wilsleben, jetzt in Lindau-Anhalt, eine Nachgrabung in größerem Maßstabe vorgenommen, über die damals in der Harzzeitschrift ausführlichere Mitteilungen gegeben sind.

Nach den vier Himmelsrichtungen sollten vom Steine aus Gräben bis auf den gewachsenen Boden in den Hügel gezogen werden. Bei der Arbeit ergab sich aber bald die Wahrnehmung, daß hier schon früher gewühlt worden war. Die Gräben nach Westen und Norden wurden trotzdem bis auf den festen Boden fortgeführt, der nach Süden aber wurde bald aufgegeben, da er kein Resultat versprach. Besonders interessant schien sich der Graben nach Osten zu gestalten, da man hier in einer Tiefe von 2—5 Fuß unter der Erde auf menschliche Gerippe stieß. Sechs solche wurden bloßgelegt, und merkwürdiger Weise fand sich außerdem noch ein Schädel ohne weitere Körperteile. Der Kopf der Leichen war nach Osten, der aufgehenden Sonne zu, gerichtet, wie wir ja diese Sitte noch heute bei unsern Beerdigungen üben. Virchow hat diese Schädel untersucht und sie für nicht prähistorischen Ursprungs erklärt. Von Kriegern scheinen sie nicht herzustammen, da ein Kinderschädel und zwei weibliche Schädel dabei waren, ebensowenig aber gehören sie einem fremden Volke an, sondern gleichen durchaus der einheimischen Rasse. Auch auf gewaltsamen Tod, etwa durch Henkershand, deuten keinerlei Umstände. So werden uns diese Leichname bei der Erklärung der Speckseite kaum Hilfe bringen können. Von Urnen sind bei der Umwühlung des Hügels nur 2 oder 3 kleine Stücke ohne besondere Kennzeichen gefunden. Wohl aber sollen beim Eisenbahnbaue und beim Pflanzen von Bäumen Urnen früher hier gefunden sein. Sie sind leider nicht mehr nachweisbar.

Etwas anderes aber fiel bei der Nachgrabung auf. Rings um den Stein fand sich, in einer Entfernung von etwa 5 m, schon äußerlich sichtbar, eine künstliche Erhöhung, und diese zeigte eine Mischung von Asche, von Steinen, die nicht aus dem Hügel stammten, und von Humus, fast 1 m hoch. Diese Aschenlage weist entschieden auf Feuer hin, die einst hier angezündet worden sind und zwar so lange, bis ein Lager von solcher Mächtigkeit entstehen konnte.

Endlich muß erwähnt werden, daß am Ostfuße des Hügels sich noch heute eine Linde befindet und daß nach mündlicher Überlieferung einst mehr Linden um den Berg herum gestanden haben, ja daß wenige hundert Schritte stadteinwärts sich ein Gehöft befindet, das bis auf den heutigen Tag die Bezeichnung: „der Lindenhof“ trägt. Das alles möchte wohl beweisen, daß hier eine altheilige Stätte sich befand, deren geheiligter Bezirk einst durch Linden von dem übrigen Lande getrennt war.

Bevor wir es aber nun wagen, nach Becker eine Ansicht über die Speckseite zu äußern, wollen wir noch einen Blick werfen auf die vielen ähnlichen Steine, die sich in unserer Umgegend befinden. Bei einigen von ihnen läßt sich die Sage nachweisen, daß sie nur während des Gewitters so weich würden, daß Nägel hineingeschlagen werden könnten.

Da ist zuerst die blaue Gans, deren Name noch nicht erklärt ist. Sie liegt nördlich von Aschersleben in dem Feldplane zwischen den Ortschaften Hecklingen, Winningen und Aschersleben, etwa 1 Stunde von der Speckseite entfernt. In Größe und Form ähnelt sie dieser, der Art des Steines nach ist sie ihr gleich. Nägel finden sich nur 6—7 in ihr.

Den Namen Speckseite trägt auch ein bei Güsten befindlicher, heute umgefallener Stein, etwa 2 Stunden von hier. Er zeigt keine Nägel. Überaus reich dagegen ist mit Nägeln besetzt ein gleicher Stein, der sich am Rathause in Ermsleben (2 Stunden von Aschersleben) befindet, desgleichen die beiden unter dem Namen Graf Hoyersteine bekannten Sandsteine bei Welfesholz oder Gerbstedt (4 Stunden von Aschersleben). Auch in Eisleben (6 Stunden von Aschersleben) befand sich früher ein solcher Stein auf dem Markte; und so ließen sich noch eine ganze Reihe ähnlicher aufzählen, die bereits in der Litteratur bekannter geworden sind, ganz abgesehen von der großen Anzahl derer, die unbekannt als Prellsteine in den Städten und Dörfern unserer Gegend ihre Dienste verrichten.

Bis nach Naumburg, nach Zörbig, nach Halberstadt und nach Krottdorf bei Oschersleben hin scheinen sie nachweisbar zu sein, die einen vernagelt, die andern nicht. Danach wird der Standort dieser Steine nicht gerade an die Grenzen eines engern Volksstammes gebunden gewesen sein, aber doch scheinen sie fast ausschließlich in dem Lande westlich der mittlern und untern Saale, also im alten Hassegau und im Friesenfelde, vorzukommen.

Die Entstehung der Speckseite haben wir mit Becker jedenfalls in uralte Zeiten hinaufzusetzen. Ehe man menschliche Reste in Urnen beisetzte, mögen schon lange heilige Feuer zu Ehren der Sonne an dieser Stätte abgebrannt sein. An derselben Stelle setzte man dann später Urnen bei, genau so, wie wir in christlicher Zeit die Gräber unserer Lieben in der Nähe der Kirche bargen. Mit der Einführung der christlichen Religion verlor diese Opferstätte ihre hergebrachte Bedeutung, aber in heiliger Erinnerung an das, was sie einst war, mag später noch mancher aus Aschersleben und Umgegend hierher geschlichen sein, um einen Nagel in die Poren des Steines zu treiben und dadurch die Erfüllung heißersehnter und doch kaum für erfüllbar gehaltener Wünsche festzunageln. Noch heute glaubt das Volk Krankheiten vernageln zu können und übt diese Sitte, wenn auch nicht mehr in Steinen, so doch z. B. in Bäumen. Altehrwürdig ist so den Ascherslebern ihre Speckseite, und wird es bleiben bis auf späte Tage.

Prof. Dr. **Straßburger**-Aschersleben.

Das Schloß zu Calbe a. S.

Eine durch ihren Gemüse-, besonders Gurkenbau weithin bekannte Stadt ist Calbe an der Saale. In früheren Jahrhunderten wurde ihr Name oft genannt, weil das Schloß zu Calbe eine gewisse Berühmtheit erlangt hat.

Das ehemalige Schloß oder die Burg zu Calbe a. S., die heutige Wohnung des Domänenpächters, wird zum ersten Male in der zu Wallhausen 961 vom Kaiser Otto I., seinem Kanzler Ludolf und Archikaplan Bruno unterschriebenen Schenkungsurkunde als „Calveri burgowarde“ erwähnt. Solche Burgwarten waren an der Elbe Magdeburg, Frohse, Barby und an der Saale Rosenburg und Calbe. Sie dienten sämtlich zum Schutze gegen die jenseits wohnenden slavischen Völkerschaften. Im Jahre 965 schenkte Otto I. seine Schlösser zu Calbe im Gau Nordthüringen und „Rosburg“ im Gau Sirimunt mit allem Zubehör an die Moritzkirche zu Magdeburg. Otto III. bestätigte diese Schenkung beider Schlösser, welche curtes (Wirtschaftshöfe) genannt werden, in der zu Magdeburg 992 gegebenen Urkunde. Meist war mit einem Wirtschaftshof auch eine curia dominicalis, ein herrschaftliches Haus, zur jeweiligen Aufnahme des anwesenden Landesfürsten verbunden. — Das Schloß nebst der Stadt Calbe ist mithin eine der ältesten Besitzungen des 968 entstandenen Erzbistums Magdeburg und die Sommerresidenz vieler Erzbischöfe und Administratoren gewesen. Das Schloß war in früherer Zeit von der Doppelmauer der Stadt und vom Stadtwalle eingeschlossen. Nördlich grenzte an das Gebäude der Küchengarten, auf dem 1847 die Zuckerfabrik entstand; östlich wurde es nicht nur vom eigentlichen Burggraben sondern auch vom Mühlgraben begrenzt. Auch führte ehemals ein Gang zwischen den Mauern zu dem vor dem Schloßthore liegenden fast einen Hektar großen Lustgarten. Zum Schloß gehörten außer Tausenden von Morgen Äckern und Wiesen, einer weit gedehnten Fischereigerechtsame und einem großen Weiderecht, vier Vorwerke: Grizehne, Rajoch, Gramsdorf und Lödderitz. Unter der Gerichtsbarkeit des Schlosses standen ehemals die Dörfer Brumby und Micheln, die beiden Vorstädte der Stadt Calbe, Eickendorf, Biere, Eggersdorf, Elmen, Zens, Gramsdorf, Lödderitz und die Feldmark Tornitz. Die Erzbischöfe und Administratoren ließen das Recht durch Vögte oder Gerichtsverwalter, Justiz- oder Gerichtsamtmänner ausüben. Mit dem Amt war auch vor langem Zeitraum das Zollgeleite verbunden; die Beamten hießen Geleitsmänner. Jetzt wird das Schloß und sein Zubehör als königliches Domänengut von einem Oberamtmann verwaltet.

Mannigfachen Zerstörungen und Brandschatzungen ist das Schloß unterworfen worden. Die allerälteste Verwüstung verübte der Wendenfürst Misterojus 982. Heinrich der Löwe steckte 1180 auf seinem kriegerischen Zuge gegen den Erzbischof Wichmann von Magdeburg den erzbischöflichen Hof zu Calbe in Brand. Das durch den genannten Erzbischof wiederhergestellte Gebäude wurde 1203—1204 durch Heinrichs Sohn, Kaiser Otto IV., abermals teilweise durch Feuer zerstört. Desgleichen vernichteten die Markgrafen zu Brandenburg, Johann und Otto, und Heinrich, Markgraf zu Meißen, 1240 das Schloß. Erst Erzbischof Burchard III. gab nach der Urkunde von 1313 Anordnung, das Schloß und seine Befestigung wieder erstehen

Nach einer photograph. Aufnahme von E. Cleve-Calbe.

Das Schloß Calbe a. S.

zu lassen. Der weitere Ausbau und zum Teil Neubau blieb dem Erzbischof Theoderich oder Dietrich überlassen. Dieser legte 1363 den Ostflügel des Gebäudes an, ließ ihn mit sieben Türmen versehen, das Dach mit sechs gothischen Erkern zieren und mit Gräben und Mauern umschließen, so daß das Schloß im Landfrieden eine „Veste" genannt wurde. Erzbischof Ernst von Sachsen, welcher sich im Schloß zu Calbe öfters aufhielt, führte 1512 einen Teil der heutigen Westseite auf. Sein Wappen an der Vorderseite des Gebäudes deutet mit einer entsprechenden Inschrift darauf hin. Sein Nachfolger, Erzbischof Albrecht V., erweiterte 1531 den Bau in der Art, daß das Gesamtgebäude in ein zusammenschließendes Viereck verwandelt wurde. Am früheren Westeingange des Gebäudes ließ der Erbauer als ein besonderer Verehrer des heil. Mauritius dessen in Stein gehauenes Bild auf der rechten Seite und auf der linken Seite sein eigenes Wappen anbringen. Auch die Erzbischöfe Sigismund und Joachim Friedrich von Brandenburg verschönerten durch Erweiterungen und

Neueinrichtungen das Gebäude, wie solches ein im innern Schloßhof angebrachter Stein mit Inschrift bezeugt. Im Dreißigjährigen Kriege erlitt das Schloß vielfache Verwüstungen. Die Erker sind 1704 wegen ihrer Baufälligkeit, die Türme auf Befehl des hier am 26. Juni 1708 weilenden Königs Friedrich I. entfernt. Nur ein abgestumpfter Turm im inneren Schloßhof dient zur Zeit als Treppenturm.

Von den inneren Räumen des viereckigen Gesamtgebäudes sind nicht uninteressant die Schloßkirche und der frühere Fürstensaal. Die Schloßkirche, ehemals von den hier weilenden Erzbischöfen als Kapelle benutzt, dient zur Zeit der evangelisch-reformierten Gemeinde als Gotteshaus. Nachdem das Schloß Calbe aufhörte, Residenz fürstlicher Häupter zu sein (1680), wurde der Gottesdienst in der Schloßkirche gänzlich eingestellt. Erst 1707, am 4. Sonntage des Advents, wurde das Kirchlein, welches eine Reihe von Jahren „zum Futterboden, bald zur Obstkammer, bald gar zum Gänse- und Hühnerstalle gebraucht worden“ und nun erneuert war, vom Inspektor Mag. Joh. Heinrich Hävecker eingeweihet. Mit der Einweihung des Gotteshauses verband der Inspektor Hävecker gleichzeitig die Einführung des Studenten der Theologie Christian Bartenstein, welcher die Schloßvorstadtgemeinde, wenn der Pastor auf dem Filial Trabitz sein Amt ausübte, „mit Gottes Wort trösten, auch katechisieren und predigen solle.“ So hatte die Schloßkirche gewissermaßen wieder ihren eigenen Schloßprediger, Schloßprädikanten, der gleichzeitig Katechet für die Jugend der Schloßvorstadt war. Doch löste sich das Verhältnis bald, da der König Friedrich I. von Preußen den vertriebenen und in Calbe a. S. eingewanderten Pfälzern, Wallonen und Mannheimern 1710 den Mitgebrauch der Schloßkirche gestattete. Die reformierten Gemeinden (französische und deutsche) hatten bis 1722 je ihren eigenen Prediger. Da aber die französische Gemeinde sehr klein wurde, sind beide Gemeinden vereinigt worden. Wie schon erwähnt, benutzt die evangel.-reformierte Gemeinde zur Zeit nur allein die Kirche.

Im ehemaligen Fürstensaal, sind bei dem jeweiligen Aufenthalt der Erzbischöfe und Landesfürsten wichtige Landtage abgehalten, feierliche Belehnungen vorgenommen und auch Vergleiche zwischen streitenden Parteien zu verschiedenen Zeiten geschlossen worden. Auch tagte hier 1344 unter dem Erzbischof Otto eine Kirchenversammlung des ganzen Erzbistums Magdeburg. —

Bei einem Fastnachtsvergnügen im Rathaussaale am 17. Februar 1382 stürzte der Erzbischof Ludwig, der an demselben teilnahm, so unglücklich die Treppe hinab, daß er starb. Seine Leiche wurde vom Fürstensaale aus durch seinen Bruder in aller Stille nach Magdeburg übergeführt. — Während des vom Erzbischof Friedrich III. abgehaltenen Landtages erkrankte der Erzbischof plötzlich an einem bösartigen Fieber und starb am Abend St. Martini 1464. Seine mit feierlichem Gepränge von Calbe nach Magdeburg geleitete irdische Hülle, welche im Fürstensaal öffentlich ausgestellt war, wurde im Dome daselbst bestattet. — Der Erzbischof und spätere Kardinal Albert V. erhielt 1517 ein nach der erzbischöflichen Residenz Calbe gerichtetes Schreiben, die Abschrift der 95 Wittenberger Thesen nebst beigefügtem lateinischen Brief Luthers, worin derselbe bat, dem Ablaßunfuge zu wehren. Die erzbischöflichen Räte öffneten das Schreiben und sandten es dem in der Mainzer

Diöcese weilenden Erzbischof. Luther, welchem darauf durch den Hofmeister des Erzbischofs, Graf Botho zu Stolberg, eine ernste Rüge erteilt wurde, richtete 1520 abermals ein Schreiben in dieser Angelegenheit an den Kardinal. Diesmal empfing er eine unterm 25. Februar 1520 zu Calbe ausgefertigte Antwort, welche der Empfänger als eine „harte, unartige, unbischöfliche und unchristliche" bezeichnete. — In der am 26. Oktober 1552 im Fürstensaale veranstalteten Wahlversammlung wurde Sigismund, Sohn Joachims II. von Brandenburg, einstimmig zum Erzbischof postuliert. Unter seiner Regierung und im Beisein seines Vaters tagte betreffs der Augsburgischen Konfession einer der wichtigsten Landtage 1556 hierselbst. — Während des Dreißigjährigen Krieges fand 1625 in Gegenwart des dänischen Reichskanzlers von Uhlenfeld ein Landtag statt, auf welchem eine Reichshilfe von 1764 Mann zu Fuß und 387 Mann zu Pferde verlangt wurde. — Unter dem letzten Administrator des Erzbistums Magdeburg, Herzog August von Sachsen, wurde bei dem 1638 im Fürstensaal abgehaltenen Landtag der Prager Friedensschluß zwischen dem Kaiser und dem Kurfürsten von Sachsen vollzogen. — Als 1681 in Halle die Pest ausbrach, hielt das Konsistorium samt dem Schöppenstuhl im Fürstensaal bis 1683 seine Sitzungen ab.

In der Südostecke des Schlosses befand sich in früherer Zeit die sog. Marterkammer, deren Folterwerkzeuge erst vor etlichen Jahrzehnten entfernt sind.

Unter der Regierung des Erzbischofs Günther nahmen die Magdeburger 1433 das Schloß zu Calbe ein, plünderten dasselbe arg und führten einige Wagen voll Raub hinweg. Als ein Turm gesprengt wurde, fand man einen darin vom Erzbischof gefangen gehaltenen Priester, welcher eine Oblate mit Blut besprengt und die Menschen durch ein vorgebliches Wunder irregeführt hatte, um dadurch eine Wallfahrt nach Wartenberg bei Wittenberg zu veranlassen.

Denkwürdig ist noch, daß von 1414—1416 Hans v. Quitzow, einer der adeligen Raubritter, welche sich gegen den ersten Hohenzollern Friedrich auflehnten, im Schloß zu Calbe gefangen gehalten wurde.

Heute hat das Schloß seine Bedeutung verloren, aber immerhin ist es ein ehrwürdiger Zeuge von den wunderbaren Geschicken unserer Heimat.

M. Dietrich-Calbe.

Schönebeck.

Schönebeck liegt bekanntlich an der Elbe, aber es lag nicht immer daran, sondern an einem schönen Bache, wie sein ursprünglicher Name „Skonebeke“, woraus mit der Zeit „Schönebeck“ entstanden ist, sagt. Wie ist nun Schönebeck an die Elbe gekommen? Bei einer Hochflut der Elbe riß sich der Strom ein neues Bett und ist dann auch darin geblieben, die „alte Elbe“ (bei dem Dorfe Plötzky vorüberfließend) ist für gewöhnlich nur ganz klein. Wann diese gewaltige Änderung vor sich gegangen ist, läßt sich nicht ganz genau ermitteln, es mag zwischen 1000 bis 1010 geschehen sein. Für das damals noch kleine Dorf ist dieser Umstand höchst günstig und förderlich gewesen, da eine Wasserstraße Verkehr, Handel und Wandel und somit auch Wohlstand schafft. Das später in Salze gewonnene Salz wurde von Schönebeck aus auf der Elbe verschifft und ebenso wurde auf derselben das zum Salzsieden nötige Holz von Böhmen her herangebracht, da die waldlose Börde nichts liefern konnte.

Um das Jahr 1200 herum wurde das Dorf eine Stadt und zwar eine Handels- und Schifferstadt, worauf auch die Namen der früheren St. Nikolaikirche und der jetzigen St. Jakobikirche hindeuten; Nikolaus und Jakobus galten damals als Schutzpatrone der Kaufleute, Schiffer und Fischer. Der Ackerbau ist in Schönebeck niemals bedeutend gewesen, denn einmal war die Feldmark nur wenig umfangreich und zweitens ist das Land nicht sehr ergiebig, denn der Kies steht zu hoch. Wenn hier gut geerntet werden soll, so muß es „alle Nächte Regen und alle Tage Sonnenschein“ geben, ja man kann sagen, wenn hier recht gut geerntet wird, dann ist teure Zeit zu erwarten, denn dann ist es für die Börde z. B. zu naß gewesen.

Die Stadt gehörte lange den Grafen von Mühlingen und Herren zu Barby, welche sie im Jahre 1372 an das Erzstift Magdeburg verkauften. Die Erzbischöfe von Magdeburg waren recht oft in Geldverlegenheiten und verpfändeten dann wohl ihr Eigentum; so geschah es auch mit Schönebeck; außerdem hatte die Stadt von den Feinden der streitbaren Herren viel zu leiden, besonders im Dreißigjährigen Kriege, so daß der Ort ganz verarmte. Auch nach dem Westfälischen Frieden sah es noch sehr übel darin aus, da Mißwachs, Wassersnot und Pest die Bewohner schwer heimsuchten.

Im Jahre 1687 kam die bis dahin dem Domkapitel in Magdeburg verpfändete Stadt an Brandenburg, doch wurde es auch dadurch nicht wesentlich besser.

Eine Zeit des Aufschwungs kam erst mit dem Jahre 1704, als Schönebeck eine Salzstadt wurde. Die in Elmen aus der Erde herausgepumpte Sole wurde in unterirdischen Holzröhren nach Schönebeck geleitet und dort in „Koten" gesotten. Die „Saline" lag und liegt an einem Nebenarm („Kanal") der Elbe. Anfangs war übrigens der Betrieb Pächtern überlassen, und erst im Jahre 1793 trat die landesherrliche Verwaltung ein. Viele Einwohner der Stadt fanden nun als Salzsieder lohnende Beschäftigung, andere als Handwerker, besonders gab es viele Böttcher („Böttcherstraße"). Der Vertrieb des Salzes hob die Schiffahrt, so daß sich auch bald die Einwohnerzahl vermehrte und ein gewisser Wohlstand eintrat.

Nach einer photogr. Aufnahme v. C. Klee-Schönebeck.

Schönebeck an der Elbe.

Eine sehr schnelle, wir möchten sagen gewaltsame Erweiterung erfuhr die Stadt in den Jahren 1771 bis 1774 durch die von Friedrich dem Großen ausgeführte Anlegung der Kolonistenstraßen. Wenn man auf dem „Hummelberge" (Allendorffs Kaiserbrauerei) steht, so sieht man, daß eine gerade Straße von Schönebeck nach Großsalze führt (Friedrichstraße), eine zweite von Schönebeck nach Frohse (Königstraße) und eine dritte von Großsalze nach Frohse (Wilhelmstraße). Diese drei Straßen schließen eine sehr große Ackerfläche ein, und dieser Raum sollte (das war der Plan des Königs) mit der Zeit bebaut werden, so daß aus den drei genannten Orten eine Stadt entstände. Ob diese großartige Idee jemals ausgeführt werden wird, wer kann es wissen? Thatsächlich ist das lange Zeit leer gebliebene Dreieck schon hier und da bebaut und wird es immer mehr in der neueren Zeit. Zur Hebung und inneren Kräftigung der Stadt haben diese Straßen jedenfalls sehr wenig beigetragen; verschiedene andere Umstände aber haben es bewirkt, daß das gewerbliche Leben sich immer mehr entwickelt hat. Schon bald nach dem Anfange des 19. Jahrhunderts wurde die Stadt weithin so beschrieben:

„Schönebeck — Schön Gebäck, schön Gebräu,
Schön Geläut, schön Gebäu."

Wir müssen es uns versagen, alle jetzt vorhandenen gewerblichen Anlagen hier anzuführen, aber einige davon wollen wir doch etwas näher besehen: Zunächst den Moltkeschacht. Wenn man von Schönebeck mit der Bahn nach Leipzig fährt, so sieht man gleich nach dem Verlassen der Station links an der Bahn einen Turm mit der Eiseninschrift „Graf Moltke, 1890". Der Turm steht über dem Eingange zum „neuen Schacht". Dieser Salzschacht ist ein Beweis dafür, daß durch menschliche Kunst und Ausdauer auch die größten Schwierigkeiten überwunden werden können. Als die Solquellen in Elmen anfingen, schwächere Sole zu liefern, mußte man darauf denken, etwas Besseres zu finden, und nach vorherigen Bohrungen legte man im Jahre 1873 einen neuen Schacht an und zwar in der Nähe der Saline, kam aber erst im Jahre 1888 zum Ziele, d. h. man stieß auf das gesuchte Steinsalz. Mehrere Male im Laufe der 15 Jahre wurde ernstlich erwogen, ob man die angefangene Arbeit nicht lieber liegen lassen und den Schacht zuschütten solle. Das von allen Seiten massenhaft andrängende Wasser drohte nämlich fortwährend, das bereits Gewonnene wieder zu zerstören. Doch gelang es, wenn auch mit unendlicher Mühe und unter großen Kosten, das mächtige Element zu bändigen und zwar auf folgende Weise: Man baute von oben nach unten einen sogenannten „eisernen Mantel" in den Schacht. Jedesmal, wenn man ein Ende abgeteuft d. h. Erde und Steine herausgeschafft hatte, baute man „Tubbings" ein, das sind 120 cm lange, 60 cm hohe und 14—70 mm dicke Eisenplatten, welche nach innen etwas gebogen sind und beim Zusammensetzen einen eisernen Reifen bilden. Die einzelnen Tubbings schließen dicht aneinander, doch wurden die Fugen noch durch eingetriebene Pitschpinekeile (amerikanisches Peitschenfichtenholz) so gedichtet, daß sie keinen Tropfen Wasser durchließen. So stark auch das Wasser nun drängte, diese eisernen Reifen vermochte es doch nicht zu zerstören. War so ein Ende dicht gemacht, so wurde weiter abgeteuft und der Mantel verlängert. Bis zu einer Tiefe von 319 m wurde dies fortgesetzt, dann hörte der Wasserzufluß auf, und man konnte das Einbauen der Tubbings unterlassen. Daß eine Unmasse Eisen da eingebaut ist, kann man sich leicht denken, doch hat das Eisen viel weniger gekostet als das Einbauen desselben und sein Transport hierher. Je tiefer es ging, desto schwieriger war es natürlich auch, das Wasser nach oben zu heben, und immer stärkere Maschinen und Pumpwerke mußten dazu in Betrieb gesetzt werden. Als man endlich das gesuchte Salz erreichte, war man in eine Tiefe von 350 m gelangt. Das Salzlager hat eine „Mächtigkeit" von 95 m, dann kommt Anhydrit (wasserfreier Gips) und darunter soll dann wieder Steinsalz kommen; abgeteuft sind bis jetzt 445 m. Der Magdeburger Dom viermal aufeinander gesetzt, würde noch nicht aus dem Schachte hervorragen. Der Abbau geschieht in 3 „Etagen", wie wir Laien sagen, oder „Sohlen", wie es bergmännisch heißt. Der Sicherheit wegen bleiben zwischen den einzelnen Etagen mächtige Schichten unberührt, außerdem stehen auch da, wo man fördert, gewaltige Pfeiler. Anfangs nahm man Sprengungen vor, jetzt wendet man mehr das sogenannte „Spritzverfahren“ an. Man führt von oben Wasser ein und spritzt dasselbe durch eine eigens dazu hergestellte Vorrichtung, ähnlich einer Rasenspritze, gegen die Salzsteinwände; die scharf treffenden Strahlen lösen das Salz auf, und es läuft dann die Sole in gemauerte Bassins, in welchen man das Salzwasser durch abgesprengte Stücke noch salzhaltiger macht. Diese Sole wird dann nach oben gefördert und durch unterirdische Eisenröhren nach Bad Elmen geführt, wo unter dem Gradierwerke Reservoirs von solch riesenhafter Ausdehnung vorhanden sind, daß 78000 cbm darin aufbewahrt werden können. Hier wird die Sole geklärt, d. h. die in derselben befindlichen fremden Bestandteile, wie Lehm, Thon, Gips u. s. w., senken sich allmählich nach unten. Die so geläuterte Sole wird dann nach Bedarf nach Schönebeck zurückgeleitet, um auf der Saline in den Siedepfannen in Salz verwandelt zu werden. Der Abbau des Schachtes geschieht infolge Abkommens mit anderen Salinen in mäßigem Umfange, immerhin wird jährlich weit über eine Million Centner Salz hergestellt.

Ein zweites großindustrielles Werk ist die chemische Fabrik „Hermania“. Dieses Millionenwerk ist ein interessanter Beleg dafür, daß oft die größten Werke aus recht kleinen Anfängen hervorgehen. Im Jahre 1794 erbat sich der Apotheker Hermann in Großsalze von der Salinenverwaltung die Abfälle der Coctur, besonders Pfannenstein und Mutterlauge, um daraus chemische Produkte herzustellen. Dieselben wurden ihm auch, da sie für die Saline ohne allen Wert waren, überlassen und zwar zwei Jahre lang unentgeltlich. Dann mußte Hermann 10 % Tantième vom Reingewinn abgeben und wurde unter diesen Bedingungen Administrator zweier „Kothe“ auf dem Cocturhofe in Schönebeck. Die Fabrikation wurde immer größer, auch die Pachtsumme, die Situation aber für beide Teile recht unbequem, da die Fabrik auf fiskalischem Grund und Boden stand. Der Sohn des inzwischen verstorbenen alten (Kommerzienrats) Hermann, Rittmeister Hermann, erwarb auf der Königstraße ein großes Stück Land, und nun wurde die Fabrik dahin verlegt. Heute werden außer den Direktoren, Chemikern und anderen Beamten etwa 340 Arbeiter jahraus, jahrein darin beschäftigt. Im Jahre 1897 wurde das hundertjährige Bestehen der Fabrik in großartiger Weise gefeiert.

Ein drittes größeres Werk ist das Speditions- und Elbschiffahrts-Comptoir, hierorts kurzweg die „Spedition“ genannt. Sein Entstehen ist eine interessante Illustration zu dem Sprichwort: „Der eine schlägt den Nagel ein, der andere hängt den Hut daran.“ Die Sache ist folgende: Das Herzogtum Anhalt besitzt bekanntlich in Leopoldshall, dicht bei Staßfurt, ein Steinsalzlager, welches schon lange für das Land eine wahre Goldgrube war. Um nun das gewonnene Salz noch besser, als nur auf dem Eisenbahnwege, vertreiben zu können, erwarb der damalige Staatsminister, Herr von Schätzell, hier in Schönebeck ein ansehnliches Stück Elbvorland und erbaute darauf ein großes Magazin, um mit der Bahn das Salz hierherschaffen und dasselbe von der so errichteten Umschlagsstelle aus auf der Elbe stromab- und aufwärts bequem verfrachten zu können. Besorgte nun die preußische Regierung in dem Unternehmen für ihr Staßfurter Salz eine zu scharfe Konkurrenz, oder waren andere Gründe vorhanden, kurz, die Erlaubnis zur Inbetriebsetzung der Spedition wurde verweigert, und der anhaltischen Regierung blieb nichts weiter übrig, als die ganze Anlage zu verkaufen. Für einen mäßigen Preis („für ein Butterbrot“, wie die Schönebecker sagten) erwarb sie ein Getreidehändler, welcher freilich vor der Hand auch nichts Rechtes damit anzufangen wußte, so daß es ihm ganz willkommen war, als er das große Gebäude im Jahre 1866 dem Staate als Lazarett für kranke und verwundete Österreicher zur Verfügung stellen konnte. In späterer Zeit wurde in diesen Räumen ein Speditionsgeschäft gegründet, welches im Jahre 1872 in eine Aktiengesellschaft verwandelt wurde. Das Ganze umfaßt jetzt ein Terrain von etwa 32 Morgen, das mit Speichern bedeckt und von vielen Eisenbahngeleisen durchzogen ist; diese führen zum Teil dicht an die Elbe, an welcher 3 Häfen angelegt sind. Gegen 100 Arbeiter sind mit Ein- und Ausladen beschäftigt. Ein reges Leben und Treiben herrscht jetzt da, wo vor einigen dreißig Jahren nur ein unbenutztes Gebäude auf einem weiten, öden Raume stand.

Eine, auch in gesundheitlicher Beziehung hoch zu schätzende Anlage ist das Wasserwerk, welches der Stadt reines, klares Quellwasser zuführt.

Durch die günstigen Verkehrsverhältnisse und viele industrielle Unternehmungen ist eine langsame aber stetige Entwickelung der Stadt gesichert.

W. Schernikau-Schönebeck.

Die „Consolidirten Alkaliwerke“ in Westeregeln.

Westlich von der Stadt Egeln liegt inmitten einer von der Natur reichlich bedachten Gegend an der Grenze der fruchtbaren Magdeburger Börde, das Dorf Westeregeln. Dort sind schon seit alter Zeit mächtige Gipslager im Abbau begriffen, aber tief unter dem Gipse ruhten noch mineralische Schätze, deren Erschließung den letzten 25 Jahren vorbehalten blieb.

In Staßfurt hatte man in den vierziger Jahren unter dem jüngern Steinsalze stark kalihaltige Salze, die sogenannten Abraumsalze, erbohrt, dann mit 2 Schächten aufgeschlossen und seit 1858 gefördert, desgleichen im benachbarten Leopoldshall, und diese beiden fiskalischen Schachtanlagen hatten lange Zeit die Welt mit Kalisalzen — der Bedarf war damals noch gering — versorgt. Da gelang es dem Scharfblicke des nachmaligen Grafen Douglas, unmittelbar bei Westeregeln einen Ort zu entdecken, wo zweifellos ebenfalls ganz bedeutende Kalilager liegen mußten.

Von 1872 an wurde nun hier gebohrt und dann abgeteuft, bis 1875 in die Förderung der ganz besonders reichen Kalisalze — zunächst nur Carnallit — eingetreten werden konnte. In einer gleichzeitig erbauten Fabrik wurde dieser Carnallit auf hochprozentiges Chlorkalium verarbeitet. So entstand hier das erste Privat-Kaliwerk unter dem Namen „Kali- und Steinsalz-Bergwerk Douglashall“, welches zu Beginn des Jahres 1881 in die Aktiengesellschaft „Consolidirte Alkaliwerke Westeregeln“ verwandelt wurde. Die Alkaliwerke förderten nunmehr aus zwei Schächten Carnallit und von 1886 ab auch Kainit. Diese Rohsalze wurden in getrennten Fabriken auf Chlorkalium, Kieserit und schwefelsaure Kalisalze verarbeitet oder direkt feingemahlen in den Handel gebracht.

Im Jahre 1884 hatte das Bergwerk die hohe Ehre, von dem Prinzen Wilhelm, dem jetzigen Kaiser Wilhelm II., befahren zu werden, zu dessen Ehren tief unter der Erde ein glänzendes Fest gefeiert wurde, und an welchen Tag noch heute ein im Direktionszimmer des Werkes hängendes Bild des hohen Herrn erinnert, das er, mit eigener Unterschrift und Widmung versehen, damals dem Werke schenkte. Unterschrift und Widmung lauten:

„Wilhelm, Prinz von Preußen. Douglashall d. 28. November 1884. In dank-„barer Erinnerung an meinen Besuch im Salzbergwerk, in welchem ich so manchen „Moment ergreifender und anregender Natur erlebt.“

Dem Prinzen und seiner hohen Gemahlin zu Ehren wurden von da ab die beiden Schächte „Prinz Wilhelm-Schacht“ und „Prinzessin Auguste Victoria-Schacht“ getauft.

So nahm nun das Werk im Laufe der Zeit einen schönen Aufschwung, bis es im Jahre 1891 von einer schrecklichen Katastrophe heimgesucht wurde. Im Herbste dieses Jahres stieß man beim Abbau von Kainit in den obersten Sohlen auf Süßwasser, den größten Feind des Salzbergbaues, und in wenigen Wochen waren die blühenden Schachtanlagen mit all den unermeßlichen Schätzen, den zahlreichen Arbeitsplätzen und den majestätischen unterirdischen Hallen, die die Bewunderung so vieler erregt, ein Raub des unaufhaltbaren Wassers.

Trübe Zeiten mußte da das Werk überstehen; aber ein Rasten gab es nicht. Während noch das gierige Wasser die letzten Räume der alten Schachtanlage auszufüllen bestrebt war, sauste schon an benachbarter Stelle der Bohrer in die Tiefe, um die Stätte für einen neuen Schacht ausfindig zu machen. Dieser neue Schacht, der Schacht III, wurde schon $1^1/_4$ Jahr nach der Katastrophe in Betrieb genommen, und unmittelbar darauf wurde auch schon am östlichen Ende des Mutungsfeldes der erste Spatenstich zu dem Schacht IV bei Tarthun ausgeworfen, so daß nun nach menschlichem Ermessen das Werk für lange Zeiten gesichert dasteht. Jeder dieser Schächte ist allein imstande, den gesamten Werksbedarf zu fördern, und ist deshalb aufs reichste mit allen modernen Einrichtungen bis zur unterirdischen, elektrischen Streckenförderung versehen. Große Mahlanlagen, sowohl für die in den Fabriken zu verarbeitenden Salze, als auch für die für die Landwirtschaft und den Export bestimmten, geben diesen Anlagen einen gewaltigen Umfang.

Auf dem alten Werke wurden seitdem zur Verwertung und Umarbeitung der Rohsalze mehrere neue Fabriken erbaut und die bestehenden radikal umgebaut, so daß nunmehr 6 Fabriken bestehen, und zwar zur Herstellung von Chlorkalium, Düngesalzen und Kieserit, für schwefelsaure Kalisalze, für Bittersalz, Brom und Ätzkalilaugen, verbunden mit Chlorkalkfabrikation, die den in den letzten Jahren ungeheuer gesteigerten Anforderungen vollauf genügen.

Die „Consolidirten Alkaliwerke" stehen mit an der Spitze der größten Kaliwerke, und ihre ausgedehnten Grubenfelder, die von Hadmersleben bis nach Tarthun 15 km lang sind, lassen es ganz ausgeschlossen erscheinen, daß in absehbarer Zeit irgend ein Mangel an Kalisalzen aller Art eintreten könnte. Der Salzbergbau wird daher auf Jahrhunderte hinaus eine Quelle des Wohlstandes für Westeregeln sowohl als auch für dessen Umgebung sein.

Glück auf!

Alfred Naupert-Westeregeln.

Der Hakelwald.

Der Hakelwald bedeckt einen Teil des letzten der Höhenzüge, welcher von Nordwesten nach Südosten ziehend den allmählichen Übergang zu den nordöstlichen Vorbergen des Harzes bilden. Der Höhenzug selbst ist eine Fortsetzung des Huy-Rückens, welcher von den Flußläufen und Thälern der Bode und Holtemme durchbrochen wird; man zählt ihn daher mit Recht zu den Ausläufern des Harzes. Der gegenwärtige Flächeninhalt des Waldes beträgt etwa 1350 ha, während die frühere Ausdehnung desselben einen bedeutend größeren Raum umfaßte. In der Leukefeldschen Chronik von Gröningen wird häufig der Vietling genannt, welcher sich im Anschluß an den Hakelwald zwischen Wegeleben und Gröningen bis zur Bode erstreckte. — Der Ortsname Hakeborn (Hakelquelle) weist darauf hin, daß die in dem Orte noch heute sprudelnden Quellen ihren Ursprung im Hakel hatten. Und daß auch der Höhenzug in seiner Verlängerung nach Bernburg und Aschersleben hin (vorbei an Cochstedt-Börnecke und Hecklingen-Häcklingen) in früheren Zeiten dicht bewaldet war, davon zeugen die bei Einführung der Tiefkultur vielfach zu Tage geförderten Reste von Baumstämmen auf den Feldmarken von Cochstedt, Schneidlingen, Börnecke und Schadeleben. Politisch wird der Hakel den Kreisen Oschersleben, Wanzleben und Aschersleben zugezählt. — Er besteht aus drei getrennten Teilen: dem nordwestlich größeren (großer Hakel), dem südöstlich kleineren (kleiner Hakel) und dem zwischen den beiden liegenden Präsidentenholze. Bischopie und Giessel sind die westlichen Vorsprünge des Waldes; sie sind vom großen Hakel nur durch einen breiten Weg, den Kalkweg, getrennt. Der Wald ist fiskalisches Eigentum; nur einige kleine Privathölzer sind in demselben mit eingeschlossen.

Der Waldboden besteht überall aus Muschelkalk, welcher an vielen Stellen deutlich zu Tage tritt. Die oberen Schichten desselben sind sehr locker, vielfach zerklüftet und reichlich mit Dammerde vermengt und gemischt; sie bilden daher einen für die Entwicklung und das Gedeihen der Pflanzen vorzüglich geeigneten Boden.

In den Thälern deckt meistens eine größere Thonschicht den Kalkstein. So einförmig und einfach der Boden in geognostischer Beziehung erscheint, so mannigfaltig ist er in physikalischer Hinsicht. Vier weit sich hinziehende und zum Teil tief hinabsteigende Thäler finden wir im Innern des Waldes; das Teufelsthal, das Wasserthal, das kalte Thal und die Lindengrund. Daneben zeigt der Boden überall Unebenheiten, Erhöhungen und Vertiefungen in beständigem Wechsel, und so bilden sich denn fortlaufende Übergänge vom nassen zum trockenen, vom festen zum lockeren Erdreich. Arm ist der Hakel an fließenden Gewässern; weder Fluß noch Bach durchströmt oder berührt ihn. Neben zwei Quellen, die eine in unmittelbarer Nähe der Dumburg, die andere im Wasserthal, finden wir in unserem Walde nur kleine Tümpel oder Kulke, in welchen sich das Regenwasser sammelt. Sie bieten dem Wilde und den Sängern des Waldes im heißen Sommer den oft begehrten Labetrunk. Bei andauernder Dürre aber versiegen auch sie gänzlich. Für den an und für sich trockenen Boden des Waldes — überall Kalkboden, der die Nässe schnell aufsaugt — sind die meteorologischen Verhältnisse hier insofern sehr günstig, als sich um den allein und hochgelegenen Wald häufig Regenwolken bilden, Gewitter sich sammeln und über demselben sich entladen und dadurch die Niederschlagsmenge erheblich erhöhen. „Der Hakel zieht die Regenwolken an", sagt der Landmann. Die Menge der jährlichen Niederschläge erreicht hier im Durchschnitt die Höhe von etwa 100 cm. Diesem günstigen Umstand verdankt es der Wald, daß sein Boden an allen den Stellen, die durch Bäume und Sträucher gegen die Einwirkung des Windes und der Sonne genügend geschützt sind, stets feucht bleibt. — Die Temperatur des Hakel nähert sich schon merklich der des Harzes. Sie ist wegen der Höhe des Bergrückens, welcher sich in seinem höchsten Punkte bis zu 210 m erhebt, bedeutend niedriger als in dem tiefer gelegenen Gelände. Die Jahrestemperatur dürfte etwa 8,12 ° C. betragen. Die Winde wehen vorherrschend aus Westen und Nordwesten. Trotzdem ist das Klima ein reines und gesundes.

Der Hakel ist ein Laubwald, Nadelhölzer fehlen gänzlich. Den Hauptbestand bildet die Eiche; daneben finden sich aber Linden, Birken, Ahorn, Espen, Eschen (letztere fast nur in den Thälern) in großer Zahl. In letzter Zeit hat man auch die Buche angepflanzt und wie es scheint mit gutem Erfolg. Unter diesen Waldbäumen entwickelt sich das Unterholz in solcher Fülle, daß an Stellen, die jahrelang nicht durchforstet wurden, der Wald fast undurchdringlich erscheint (Hagk-Hakel). Erwähnt sei hier, daß die Hakeleichen, wenn auch nicht durch Schönheit des Wuchses, so doch durch Festigkeit des Holzes sich vor denen in den Ebenen vorteilhaft auszeichnen. Sie entfalten sich in den ersten hundert Jahren ihrer Entwicklung sehr üppig. Später schreitet das Wachstum nur sehr langsam vorwärts. Im hohen Alter verringert sich nicht selten der Umfang ihrer Krone; die Spitze derselben zeigt trockene Äste und Zweige. Da ihre Pfahlwurzel nicht überall tief in den Untergrund — Kalkstein — zu dringen vermag, so treibt sie gewaltige Seiten- und Nebenwurzeln. Doch überall vermögen auch diese bei heftigen Frühjahrs- und Herbststürmen den Sturz des Waldriesen nicht zu hindern. Ein eigentümliches und gewiß seltsames Gebilde kann man in der Nähe der Dumburg bewundern: ein Eichenzwillingspaar — zwei Eichen, welche in fast halber Höhe, ähnlich wie die siamesischen Zwillinge, fest miteinander verwachsen sind.

Vorzüglich gedeiht in unserem Walde die kalkliebende Linde. An geschützten Stellen finden sich Bäume dieser Art mit kegelförmigen Kronen von weitem Umfang und bedeutender Höhe, deren untere Zweige fast wieder auf den Boden herabhängen. Sie bilden eine von der Natur geschaffene große Laube, unter welcher wohl fünfzig Personen Schutz und Schatten finden können. — Der Unterbusch besteht neben dem Lindenaufschuß aus mancherlei blühendem Gesträuch und Gestrüpp. Am weitesten verbreitet ist der Haselstrauch. Unter dem Gebüsch, das überall Luft und Licht Zutritt gewährt, zeigt sich ein üppiger, reicher Graswuchs. Gleich weit ausgebreiteten grünen Teppichen liegen die Waldlichtungen da, durchwirkt von den im herrlichsten Blütenschmuck prangenden Stauden und Kräutern. Ein Blumenflor, so schön und reich an Farbenpracht, wie ihn kein zweiter Wald Norddeutschlands bietet, strahlt dem Auge, wohin wir es auch wenden, entgegen. Vom frühesten Frühjahr bis in die späteste Herbstzeit bietet sich uns hier das Bild des ewig blühenden Waldes.

Ein reges Leben und Treiben beginnt im Walde, wenn Kinder und Erwachsene aus den umliegenden Ortschaften herbeiströmen, die lieblich duftenden Maiblümchen zu pflücken. Die köstliche Walderdbeere, Brombeere und Himbeere, ja selbst auch die Heidelbeere stellen durch die Menge ihrer Blüten eine ausgiebige Ernte in Aussicht. Neben dem duftenden Waldmeister winkt lieblich lächelnd das Wunderveilchen; Türkenbund, Diptam, der purpurblaue Steinsamen, eine große Menge der verschiedensten Orchideen, der Eisenhut und die europäische Trollblume schmücken den Wald. Selbst die schönste unserer deutschen Waldpflanzen, der Frauenschuh, eine große Seltenheit in den Wäldern Norddeutschlands, blüht hier in günstigen Jahren.

Sobald der Wald seine Reize entfaltet, wird es auch lebendig in Busch und Baum. Die gefiederten Sänger halten ihren Einzug und ihr Gesang erfüllt Berg und Thal. An jedem heiteren Tage bietet der Wald dem Besucher ein ohrenentzückendes Konzert mit immer wechselndem, reichem Programm. Unermüdlich thätig sind neben den Sängern die Hüter und Schützer des Waldes aus der Vogelwelt, um den Wald von Schädlingen aller Art zu säubern.

Auf dem höchsten Punkte des Waldes, von mächtigen Eichen umrahmt, liegt die Dumburg, die Ruine einer alten Ritterburg. Die hochaufstrebenden Mauerreste zeugen von längst verschwundener Pracht, bilden aber immer noch einen malerischen romantischen Schmuck des Hakel (s. Abb.). — Noch kann man die jetzt von wildem Gestrüpp bewachsenen und teilweise verschütteten Burggräben und Wälle erkennen, und die Mauerreste geben noch ein ziemlich deutliches Bild ihrer früheren Form. Doch scheint der jetzige Eingang in dieselbe, eine hohe, schmale Pforte, nicht der ursprüngliche zu sein. Wahrscheinlich hat man erst in späteren Jahren, um einen bequemeren Zugang zu gewinnen, einen Mauerspalt durch Ausmauerung in eine Thür umgewandelt. — An der Südwestseite der Burg erhebt sich eine Schutzhütte mit flachem Dach. Von hier aus bietet sich dem Auge ein wahrhaft bezaubernder Anblick dar. Man übersieht ein weites, fruchtbares, idyllisches Thal, das sich vor dem Harze in der Richtung von Halberstadt bis Aschersleben in einer Länge von 32 km und in einer Breite von 15—20 km halbkreisförmig ausbreitet. Die südwestlichen Ausläufer des Hakel, Bischopie und Giessel, liegen zu den Füßen der Burg. Wohl zwanzig Dörfer liegen in diesem Thale umschlossen von den Städten Halberstadt, Quedlinburg, Blankenburg, Ballenstedt, Aschersleben mit ihren Domen, Kuppeln und Schlössern. Der Harz mit Brocken, Viktorshöhe, Hexentanzplanz und Roßtrappe bilden den Hintergrund dieses schönen Bildes.

Über die Erbauung der Dumburg (nicht Domburg) sowie über die Entstehung des Namens können weder Geschichte noch Sage Auskunft geben. Wohl aber erzählt die Sage, daß die Besitzer derselben zur Zeit des Fehdeunwesens als echte Stellmeiser und Schnapphähne es allen ihresgleichen an Frechheit und Grausamkeit bei ihren Überfällen und Plünderungen zuvorgethan haben. Sie berichtet über die nichtswürdigsten Räubereien, welche sie in den benachbarten Städten verübten. Viele Schädel Erschlagener oder solcher, die unter den Grausamkeiten der Besitzer und ihrer Genossen ihr Leben in dem Burgverließ endeten, sind von Zeit zu Zeit aus Schutt und Trümmern an das Tageslicht gefördert worden. Auch scheinen in der nächsten Umgebung der Burg heftige Kämpfe stattgefunden zu haben; denn nicht selten sind von Holzhauern beim Fällen der Bäume zerbrochene Waffen und Teile von Ritterrüstungen gefunden worden. Wie weit sich die Zeit der Verübung all der Greuel in die Vergangenheit erstreckt, darüber fehlt jede Nachricht. Einer der grausamsten Besitzer, dem Jungfrauenraub und Schändung nachgesagt werden, soll unter der schwarzen Eiche am heutigen Waldeingange von Cochstedt aus, durch das Femgericht verurteilt und gerichtet worden sein. Die Geschichte berichtet nur über einen ihrer letzten Besitzer, Ludwig von dem Knesebeck. Dieser stand unter der Lehnsherrschaft des Herzogs von Braunschweig-Lüneburg. Er geriet wegen eines frechen Raubes, den er an Magdeburgischen Kaufleuten verübt hatte, in Fehde mit dem Erzbischof Dietrich von Magdeburg (1361—1367). Unter dem Vorwande, daß erzbischöfliche Landsassen ihn an Gut und Eigentum geschädigt hätten, überfiel er auf der Heerstraße von Aschersleben nach Magdeburg einen Warenzug der Magdeburger im Werte von 800 Mark Silber, nahm ihn und brachte ihn in seiner Burg in Sicherheit. Der Erzbischof, welcher unablässig bemüht war das Räuber- und

Photograph. Aufnahme v. B. Heine-Hedersleben.

Die Dumburg im Kgl. Forstrevier Hakel.

Fehdenwesen zu unterdrücken und deshalb schon 1362 und 1363 mit den benachbarten Fürsten, Herren, Domkapiteln, Stiften und Städten zwischen Elbe und Bode ein Landfriedensbündnis geschlossen hatte, klagte gegen den Ritter bei seinem Lehnsherrn, dem Herzog von Braunschweig. Da dies keinen Erfolg hatte, rüstete er mit den Städten Halberstadt, Quedlinburg, Aschersleben und zog gegen die Feste Knesebecks, die Dumburg. Dieselbe wurde belagert und berannt. Der Ritter sah, daß seine Burg einem solchen Sturm nicht lange widerstehen könne; deshalb bat er um Frieden. Dieser wurde ihm gewährt. Er mußte aber alles Geraubte zurückgeben und zur Sühne noch 200 Mark Silber zahlen. — Daß die Dumburg gleichzeitig mit Stecklenburg und Hadmersleben (1367) zerstört sei, ist geschichtlich nicht erwiesen. Dagegen steht fest, daß dieselbe im Jahre 1372 durch Bischof Albrecht III. von Halberstadt von Herzog Magnus von Braunschweig gleichzeitig mit Westorf und Schloß Gröningen erworben wurde. Im Jahre 1390 wurde dieselbe den Besitzern von Schloß Gröningen überwiesen.

Zahlreicher als die geschichtlichen sind die sagenhaften Berichte und Erzählungen, wie sie teils in Chroniken verzeichnet sind, teils aber einzig im Gedächtnis der Bewohner der umliegenden Ortschaften fortleben. Man erzählt: Wenn irrende Wanderer des Nachts zur Geisterstunde der Burg sich nähern, so werden sie wie gebannt bei derselben festgehalten. Alsdann vernehmen sie ein erst leises, dann lauteres Ächzen und Stöhnen aus der Tiefe. Zur Mitternachtsstunde steigen vor ihren Augen Geister herauf, die Särge mit Totengerippen und zerschmetterten Schädeln tragen. Schaudern erfaßt den Wanderer, wenn er sieht, wie die Träger flehende Blicke auf ihn richten und ihm winken. — Die Geister sind die Mörder so vieler Unglücklicher. Sie können nicht ruhen, bis das Gebein des letzten ihrer Opfer in geweihter Erde seine Ruhestätte gefunden hat.

Die in ganz Deutschland bekannte Sage vom wilden Jäger knüpft sich an die Person des wilden Ritters Hakelberg, dessen Geschlecht in früherer Zeit im Besitze der Dumburg war. Zwei Ritter dieses Geschlechtes hat die Sage zu der Persönlichkeit des wilden Jägers verschmolzen. Der eine, Bohrmund, lebte in altersgrauer Zeit. Er war ein gewaltthätiger, roher, wüster Gesell, hetzte das Wild, Pferde, zuletzt auch Menschen grausam zu Tode. Ihn traf ein furchtbarer Fluch. Deshalb muß er seit seinem Tode der Ruhe nachjagen, die ihm fort und fort in Gestalt eines Edelhirsches flieht. Der andere, Hans oder Henning, gehört einer viel späteren Zeit an. Er war ein ehrenwerter, wohlgesinnter Ritter und stand als Oberjägermeister im Dienste des Herzogs von Braunschweig. Als leidenschaftlicher Jäger lag er oft Tag und Nacht dem Weidwerk ob und durchzog mit lautem Halloh die Jagdgründe seines Herrn. Nach vollendeter Jagd verletzte er sich einst das Fußgelenk an dem Hauer eines Ebers und starb an der Verletzung. — Wegen der Verschiedenheit der Charaktere dieser beiden Ritter läßt die Sage den wilden Jäger bald als eine dem Wanderer übelgesinnte Persönlichkeit, bald als einen wohlwollenden, gutmütigen Geist erscheinen.

Doch lassen wir die Sage selbst reden:

Ein Schäfer aus Gröningen lag einst in einem Schäferkarren neben der

Herde. Da, zur Mitternachtszeit wurde es lebendig in und über dem Hakelwalde. Ein wildes Hallohgeschrei erhob sich, Rossegewieher und Hundegebell wurde laut und dazwischen erklang der dumpfe Ton des Waldhornes. Ein Edelhirsch brach aus dem Walde hervor und floh dicht an der Herde vorbei dem Harze zu. Die Herde fuhr erschreckt in die Höhe und drängte sich an den Karren. Der Schäfer trat aus demselben und trieb durch lautes Geschrei den Hirsch in eine andere Richtung. Kaum aber hatte er den Karren wieder bestiegen, da wurde es über ihm in den Lüften laut; der wilde Jäger folgte mit seiner Meute der Spur des Hirsches. Übermütig rief der Schäfer ihm zu: „Glück auf, Hakelberg!" Doch kaum war sein Ruf verklungen, so antwortete eine Stimme dem Donner gleich: „Nimm hier den Lohn für deine Hilfe!" und krachend flog ein Pferdeschenkel gegen die Thür des Karrens und versperrte sie. Der Schäfer konnte nicht heraus. Erst mit dem Hahnenschrei verschwand der Spuk. Als der Schäfer ängstlich aus dem Karren trat, war seine Herde verschwunden. Mühsam brachte er sie nach langem Suchen im Felde wieder zusammen.

Ein armer Köhler stand des Nachts bei seinem Meiler. Er war tief betrübt; denn am nächsten Donnerstag sollte die Taufe seines jüngst geborenen Söhnleins stattfinden, und da der Herr Kaplan mit zum Taufschmause kam, so durfte doch der Braten nicht fehlen; er wußte aber nicht, wie er ihn beschaffen sollte. Plötzlich hielt ein Jäger hoch zu Roß neben ihm und bat um einen frischen Trunk. Der Köhler reichte ihm eine Kanne mit Ziegenmilch, die der Jäger mit Behagen leerte. Dann fragte er den Armen, wie es ihm sonst gehe, und dieser erzählte ihm nun treuherzig, wo es ihm fehle. Der Jäger lächelte und sprach: „Für den Braten will ich sorgen; auch möchte ich Patenstelle bei dem Jungen übernehmen, wenngleich ich behindert bin zu kommen." Darauf ritt er von dannen und bald hörte der Köhler die wilde Jagd über den Harz toben, dem Hakel zu. Am Tage vor der Taufe war alles soweit vorbereitet; nur der Braten fehlte. Ehe der Köhler sich zur Ruhe legte, hing er seinen mit einer eisernen Spitze versehenen Haken an die Giebelseite seines Hauses, so daß die Spitze über die Seite der Wand hervorragte. Als er dann in das Haus trat und sich in der Thür noch einmal umwandte, sah er einen großen Hirsch aus dem Walde in vollem Laufe heranstürmen. Wie von einer unsichtbaren Macht getrieben, rannte das Tier geradeswegs auf die Spitze des Köhlerhakens, stürzte zu Boden und verendete. Der Köhler holte sein Weib herbei und rief: „Siehst du? Hakelberg hat sein Wort gehalten!" Beim Zerlegen des Hirsches fanden sich mehrere Goldstücke unter der Zunge desselben. Daß es nun bei der Taufe hoch und herrlich herging, braucht nicht erst lange erzählt zu werden. Der Täufling erhielt den Namen Hans.

Über die ungeheueren Schätze, welche in den verschütteten Gewölben der Burg verborgen liegen, berichtet die Sage folgendes:

Ein armer Holzhauer fällte einst am St. Michaelistage eine Buche, welche zwischen den Trümmern der Burg emporgewachsen war. Da sah er einen Mönch, der durch einen Zauberspruch eine verborgene Thür öffnete und so in das Gewölbe gelangte. Der Holzhauer hatte sich das Sprüchlein gemerkt, und so gelang es ihm denn auch an einem späteren Tage unter Anwendung desselben ebenfalls die Thür zu öffnen. Als er nun näher trat, sah er vor sich einen hellerleuchteten Saal, in welchem Kisten und Kasten gefüllt mit Gold und Edelsteinen standen. Zögernd nahm er einige Goldstücke und entfernte sich. Da rief ihm eine Stimme nach: „Komm bald wieder!" Er folgte dem Ruf und sammelte sich nach und nach einen großen Schatz. Davon gab er der Kirche den Zehnten und bescherte den Armen reichlich.

Als er von seinem Nachbar, einem Geizhals, eine Metze borgte, um sein Gold zu messen, mußte er diesem auf vieles Drängen das Geheimnis verraten. Sofort machte sich dieser mit Esel und Wagen auf den Weg, um Säcke Goldes zu holen. Auch er gelangte durch das Zaubersprüchlein in die verborgene Schatzkammer. Gierig füllte er seine Säcke und eilte mit seinen Schätzen dem Ausgange zu. Er erreichte denselben aber nicht. Die Geister fielen in Gestalt von Hunden über ihn her und zerfleischten ihn. Einige Tage später fand man seinen Leichnam im Walde.

Heute ist die Dumburg das Ziel vieler Hakelbesucher. Auf dem freien Platze vor derselben laden Stühle und Bänke den Ankommenden zu behaglicher Ruhe ein. Wer sich erquicken will an Waldluft und Blumenduft, wer sich erfreuen will an Vogelsang und Liederklang und wer Herz und Auge erlaben und weiden will an dem wahrhaft schönen Anblick der freien Gottesnatur, der komme!

Rektor Fettback-Cochstedt.

Die Erdsenkungen in Staßfurt-Leopoldshall.

In grauer Vorzeit schon wurden in der Nähe von Staßfurt Salzquellen in reicher Anzahl entdeckt, aus welchen bis in die neuere Zeit auf preußischem und anhaltischem Gebiete Solsalz gewonnen wurde. Die preußische Saline war früher im Besitze einer adeligen Pfännerschaft und wurde von dieser im Jahre 1796 an den preußischen Staat verkauft. Dieser konnte aber, weil an verschiedenen Punkten der Gegend südlich vom Harze Steinsalz gefunden war, sich mit der Verarbeitung der schwachen Sole nicht mehr begnügen, und ließ deshalb am 24. April 1839 auf dem Hofe der Staßfurter Saline nach Steinsalz bohren. In einer Tiefe von 256 m gelangte man im August des Jahres 1843 auf Steinsalz, in welchem die Bohrungen bis auf 325 m fortgesetzt wurden, ohne damit die Mächtigkeit des Lagers zu ergründen. Die Arbeiten zur Hebung des reichen Salzschatzes wurden nun fleißig fortgesetzt, so daß am 31. Januar 1852 die Inangriffnahme des Förderschachtes erfolgen konnte. In demselben Jahre geschah auch die feierliche Einweihung des neuen Schachtes.

Der letzte Tagesbruch bei Leopoldshall.

„Habt Acht!
Halt mit Wacht
An diesem Schacht,
Du liebe Vaterstadt!
Daß er niemals untergehe,
Daß er fort und fort bestehe
Zum Wohl der Stadt.

Aus zehntausend Bergmannshänden
Mög er seine Schätze senden,
Segensfülle reichlich spenden
Für Staat und Stadt.
Niemals hör man aus ihm Wehe,
Allen drin es wohlergehe!
Gottes Segen ruhe drauf!
Glück auf!

Mit diesen Wünschen begrüßten die Bürger Staßfurts die Eröffnung des Schachtes inmitten ihrer Vaterstadt, der bis vor einiger Zeit den erhofften Segen spendete. Auch der anhaltische Staat brachte in der Nähe Staßfurts einen Schacht zwecks Salzbergbaues nieder, dessen Grubenbaue von denen des preußischen Werkes zur Zeit in den oberen Solen nur durch eine stehengelassene Wand von 50 m Stärke getrennt ist. Dieser Schacht ist leider in diesem Jahre (1900) infolge Eindringens von Süßwasser „ersoffen". Jedoch sind Ersatzschächte geschaffen.

Sowohl im preußischen, als auch im anhaltischen Schachte ist der Abbau zunächst in der Weise erfolgt, daß in gewissen Entfernungen Salzpfeiler stehen gelassen sind, welche die auf ihnen lagernde Last zu tragen haben, und zwar ist im alten preußischen Werke der Abbau in 7 übereinander liegenden Etagen erfolgt. Jede Etage ist ca. 8 m hoch, und von der über ihr liegenden durch eine Salzlage von 5 m Stärke getrennt.

Auch in Leopoldshall, dem anhaltischen Schachte, ist Etagenbau getrieben. Von einem sonstigen Stützen des Hangenden, als durch die stehengelassenen Salzpfeiler, glaubte man wegen der bedeutenden Tiefe des Schachtes und angesichts dessen, daß sich über das Salzlager eine felsenfeste, viele Meter starke Anhydritdecke wölbt, absehen zu dürfen.

Etwa im Jahre 1880 aber merkte man zuerst in Leopoldshall, daß die Pfeiler einzelner Etagen nachzugeben begannen: Die Ausdehnung der unterirdischen Hohlräume war wegen des starken Betriebes so groß geworden, daß die natürliche Spannung im sog. Hangenden aufgehoben wurde, und so erfolgte, weil die Salzlagen in schräger Richtung einfallen, ein Abgleiten der betreffenden Tragflächen und infolgedessen ein Einstürzen der Pfeiler. Mehrere Etagen brachen nach und nach ineinander zusammen, so daß dieselben nicht mehr befahren werden konnten. Diese Zusammenbrüche wirkten natürlich bis zur Oberfläche, und fast täglich spürte man Erschütterungen. Die Folge davon war, daß die anhaltische Regierung mehrere durch die fortwährenden Bewegungen unbewohnbar gewordene Wohnhäuser ankaufen und abbrechen lassen mußte.

Große Aufregung aber rief es in den Nachbarorten hervor, als im Jahre 1882 im Südosten von Leopoldshall in unmittelbarer Nähe des Ortes ein Tagebruch mit einem Durchmesser von ca. 25 m und einer Tiefe von 20 m erfolgte. Später stellte sich heraus, daß hier ein Erdfall vorlag, der auf das Zusammenbrechen einer Gipsschlote zurückzuführen war, welcher das Wasser durch die Grubenbaue entzogen war. Nach und nach jedoch waren die Erschütterungen in Staßfurt immer bedenklicher geworden. Bedeutende Erdsenkungen bis zu $^3/_4$ m fanden in einigen Straßen statt. Nach einer noch im Lote stehenden Wand der Häuser dieser Straßen (Ritter- und Wallstraße), konnte man wohl vergeblich suchen. Einige Häuser mußten auf polizeiliche Anordnung abgebrochen werden. Auch die auf dem Marktplatze stehende St. Johanniskirche hatte derart gelitten, daß sie geschlossen und später renoviert werden mußte. — Auf Seiten der preußischen Bergverwaltung glaubte man Veranlassung zu haben, den Herd der im Staßfurter Gebiet nunmehr stärker fühlbaren Oberflächenerschütterungen in fortgesetzten Gebirgszerstörungen über dem zunächstliegenden Teile der Leopoldshaller Grube zu suchen, welche infolge der Pfeilerbrüche seit mehreren Jahren nicht mehr befahren werden konnte. Später wurde die Gegend zwischen den beiden Grubenfeldern und der oberen Grenze der preußischen Grube als Ausgangspunkt der Erschütterungen erkannt. Bald beriefen zwecks positiver Erörterungen der in Betracht kommenden Verhältnisse die beiderseitigen Regierungen eine Kommission von bergmännischen Fachmännern zusammen, welche alle bezüglichen Fragen — Entschädigung der betroffenen Einwohner, Anordnung von Verkehrsmaßregeln gegen Weitereinstürze ꝛc. — löste.

Johanniskirche in Staßfurt.

Während nun die unruhigen Berggeister thatsächlich längere Jahre hindurch nicht aufkommen konnten und die rührigen industriellen Nachbargebiete sich lebhaft entwickelten, verspürte man in jüngster Zeit wieder nicht unbedeutende Erschütterungen, die wohl auf die bei Leopoldshall in großer Ausdehnung und Tiefe vorkommenden Tagesbrüche (siehe Bild S. 255) zurückzuführen sind. Diese haben im Laufe des jüngsten Halbjahres an Ausdehnung derart zugenommen, daß viele Hektar mit Getreide bestelltes Land zwischen dem Ort Leopoldshall und der Rathmannsdorfer Landstraße niedergingen. Die Brüche sind terrassenförmig erfolgt und haben eine ungefähre Tiefe von ca. 30 bis 40 m.

Zum Glück aber haben vorausschauende Fachmänner dafür gesorgt, daß in jeder Weise Ersatz geschaffen und neue, mächtige Schächte angelegt sind, damit den fleißigen Bergmannshänden noch für lange Zeiten die erwünschte Arbeit gesichert ist.

Berthold Reuße.

August Hermann Francke und seine Stiftungen.

1.

Man pflegt Halle die Schulstadt zu nennen. Warum das? Die andern Städte der Welt haben doch auch Schulen und recht großartige. Aber mit Halle hat es in dieser Beziehung seine eigne Bewandtnis. Halle hat seine Universität, desgleichen seine städtischen Schulen, höhere und niedere, mit und ohne ausländische Sprachen, aber das ist nichts Sonderliches. Halle besitzt etwas ganz eigenartiges, was man sonst nicht findet, es birgt in seinen Mauern einen richtigen Schulstaat.

Kommst du vom Bahnhof her die Franckestraße herab, dann siehst du zu deiner Linken eine hohe Mauer, die nimmer ein Ende nehmen will. Und über die Mauer hinweg ragen ebenso lang hingezogene Gebäude mit vielen Stockwerken und zahllosen Fenstern. Bist du endlich an das Westende gekommen und biegst links um, um an dem majestätischen Vorderfrontgebäu vorüber in das Thor einzutreten, — wieder lange Häuserreihen und daran nach Süden sich schließend drei mächtige Gärten, zu deren Umwanderung man eine gute halbe Stunde braucht.

Die ungeheure Häusermasse, eine kleine Stadt innerhalb der Stadt, das sind die Franckeschen Stiftungen, welche im Sommer 1898 die Jubelfeier ihres zweihundertjährigen Bestands gefeiert haben.

Was dazu alles gehört, weiß in Halle jedes Kind, in der Ferne aber macht sich mancher keine Vorstellung davon, und er glaubt sich verhört zu haben, wenn man ihm sagt, daß die Anstalt nicht weniger als drei volle Gymnasien enthält: die sogenannte Lateinische Hauptschule, das Pädagogium und das Realgymnasium (letzteres jetzt umgewandelt in eine Oberrealschule); dazu noch eine Reihe anderer Schulen, vier an der Zahl, dann die eigentliche Waisenanstalt und das große, mächtige Pensionshaus. 5—6000 Schülerbeine bewegen sich tagtäglich nach den Stiftungen August Hermann Franckes, und pläsierlich ist's, von dem Altan des Hauptgebäudes herab am Morgen die Völkerwanderung zu sehen. Es kommt dazu noch eine Reihe erwerbender Institute, als da sind die Buchdruckerei, die Buchhandlung, die Apotheke, die Bibelanstalt und eine Meierei, von welcher aus lange Zeit die liegenden Gründe der Stiftungen bewirtschaftet wurden. Auf der höchsten Höhe der von West nach

Ost sanft ansteigenden Anstalten steht ein stattliches Gebäude, den Vorderhof nach Osten schließend. Darin wohnt der Direktor des Ganzen. Der sitzt da auf dem Thron wie ein kleiner König, denn was er zu regieren hat, das ist ein richtiger Schulstaat, einzig in seiner Art.

Und der Schöpfer dieses Schulstaats?

„Muß das ein reicher Mann gewesen sein, der Francke! Mindestens ein zehnfacher Millionär!“ So hörte ich einmal im Vorübergehen ein Bäuerlein sich äußern. Jawohl, er war reich, der Pfarrer und Professor Francke, aber in der Steuerliste der Amtsstadt Glaucha hat er nicht gar hoch gestanden, denn sein Reichtum lag nicht da, wo ihn der königliche Steuerrevisor sucht, sondern an einem vor Menschenaugen verborgenen Fleck. Diesen verrät die über dem Ausgang prangende Inschrift: „Fremdling, was du erblickst, hat Glaube und Liebe vollendet.“ Das war's. In seinem Herzen barg er das Kapital, damit er den Bau unternommen hat: die tiefe Religiosität. Freilich damit allein würde er das Haus nicht unters Dach gebracht haben. Es ist manch einer ein tief frommer Mann, aber ein Waisenhaus kriegt er nicht zustande. Frömmigkeit paart sich oft mit praktischem Ungeschick. Das ist das Große an Francke, daß sich zu dem frommen Herzen eine glückliche Hand gesellte, die alles beim rechten Ende anzufassen wußte, nach dem Psalmwort: „Alles, was er macht, gerät wohl.“

Nach einer photogr. Aufn. v. O. Gebhardt-Halle.

Denkmal von A. H. Francke.

Dem Pfarrer von Glaucha, der Vorstadt von Halle, hatte die Not der Armen schon lange auf der Seele gebrannt, da fand er eines Morgens in der Armenbüchse 7 Gulden. Erst stand er einen Augenblick still, dann rief er plötzlich: „Sieben Gulden, das ist ein rechtes Kapital, davon muß ich eine Armenschule errichten!“

Seine Frau hielt es für einen Scherz, aber es war im Ernst gemeint. Und richtig, bald war die Armenschule fertig. War's ein Wunder, wie einst in der Wüste mit den sieben Gerstenbroten? Wie man's nimmt. Der Glaube rief zu Gott hinauf: „Mich jammert des Volks — ach Gott, vom Himmel sieh drein und laß mich dein Arm sein, den Elenden zu helfen!“ Francke konnte beten, daß es eine Art hatte. Und siehe, nun kam's geflossen von allen Seiten, was not war. Der, dem beides gehört, Silber und Gold, rührte an die Herzen, da mußten sie geben.

War nun aber einmal der Anfang gemacht, so gab's kein Aufhören mehr; denn je genauer er hinsah, desto dunklere Tiefen der Not gähnten ihm entgegen, desto lauter hörte er's rufen: Hilf uns!

Die kleine Armenschule in Glaucha war bald zu eng geworden, so ging er in Gottes Namen daran, ein größeres Haus zu bauen und größere Pläne auszuführen.

Das Geld zum Baugrund hatte ihm der himmlische Bankier bald gezahlt, und nun fingen alsbald die Arbeiter an zu graben. Der Spott verzog den Mund: „Wenn er das Haus unters Dach kriegt, laß ich mich hängen!“ Das Haus kam unters Dach, aber der Spottvogel hat sich hernach doch nicht hängen lassen.

Da stand es nun, das mächtige, prächtige Gebäude, an dessen Vorderseite die beiden schwarzen Adler unter der goldenen Sonne sitzen, darunter der Spruch: „Die auf den Herren harren, kriegen neue Kraft, daß sie auffahren mit Flügeln wie Adler.“ Und nun ging's weiter, zu beiden Seiten des Vordergebäudes fügte sich Haus an Haus. Francke hatte sich zuerst an einen gelernten Baumeister gewendet um den Riß. Die Arbeit gefiel ihm nicht. Da sprach seiner Mitarbeiter einer, Namens Neubauer, ein Kandidat der Theologie: „Das Geld für die Zeichnungen können wir sparen.“ Und der Mann entwarf selbst einen Riß, so geschickt, als wäre er als Baumeister auf die Welt gekommen.

Es war überhaupt eigen: von dem großen Gottesmann ging es aus wie Sonnenschein, und in dem Sonnenschein wuchs es rings um ihn her, sein Geist entzündete in seiner Umgebung die Gaben und Kräfte, daß er bald einen Generalstab um sich hatte, mit dem er sich konnte sehen lassen. Und König Friedrich Wilhelm I. von Preußen, der erst zufolge böser Ohrenbläsereien schlecht auf Francke zu sprechen gewesen war, als er eines Tags nach Halle kam, um sich den Francke in der Nähe anzusehen, sprach er mit dem Blick auf dessen Gehilfen, die er in ihrer Arbeit beobachtet hatte: „Höre Er, Francke, solche Kerls habe ich nicht!“

Nun muß man aber nicht denken, das Geld zu den unaufhörlichen Bauten und Landerwerbungen, sowie zum Unterhalt der Hunderte von Schülern und Bediensteten wäre so zu sagen scheffelweis eingelaufen. Der Herrgott hat's ihm vielmehr nur immer brockenweise gegeben, damit er ja nicht sollte aufhören zu beten und zu bitten, wie er selbst einmal gesagt hat: „Der liebe Herr hat es mir immer nur zugekörnt und immer gerade so viel gegeben, als not war.“

Manchmal sah's schlimm genug aus. Eines Tags kam Neubauer und brachte die Rechnungen der Bauhandwerker: „Herr Professor, die Leute wollen nicht länger mehr warten. Bis Mittag müssen hundert Thaler da sein, sonst bleibt alles liegen.“ Da ging der Professor in sein Kämmerlein und besprach sich mit seinem himmlischen Zahlmeister, wie er aber in sein Studierzimmer zurückkehrte, siehe, da kam eben eine Geldrolle, und wie er den Inhalt zählte, da waren es gerade hundert Thaler. Dieser Vorfall steht aber nicht etwa einzig da, er ist nur einer unter vielen. Der Biograph Franckes hat seine Not, eine gewisse Eintönigkeit in seinem Leben als Gründer zu vermeiden: bis zur Ermüdung geht's da immer so: Not und Hilfe, Not und Hilfe.

Es ließe sich von August Hermann Francke noch vieles erzählen. Er gleicht einem Edelstein, der in allen Farben spielt. So zum Beispiel könnte man sagen, wie er als Professor mit seinen Studenten gewesen ist und wie er den Armen unter ihnen in seiner Anstalt den Tisch gedeckt hat, wie er es auch gewesen ist, der die ersten evangelischen Missionare zu den Heiden entsandte in einer Zeit, wo man von Mission noch gar nichts wußte, oder nichts wissen wollte; wie er Bibeln drucken ließ für das arme Volk u. s. w. Aber der Schwerpunkt seines Wirkens und der Erklärungsgrund seiner Weltberühmtheit liegt doch in der Gründung seiner Anstalten. Damit hat er sich ein Denkmal ohnegleichen gesetzt, ein besseres als das, was Meister Rauch aus Erz gegossen. Ach, wer übersieht den langen, langen Lichtstreifen, den dieser leuchtende Stern am Himmel des Reiches Gottes hinter sich hergezogen hat und noch herzieht!

Im Garten des Pädagogiums hat man ihm unter hohen Ulmen eine Urne errichtet, daran steht eine Doppelinschrift, wie sie schöner und sinniger nicht gedacht werden kann. Auf der einen Seite steht: „Er hat Gutes gethan und ist nicht ermüdet", auf der anderen: „Er erntet ohne Aufhören."

Wie ich das zum erstenmale las, da kam mir's naß in die Augen.

Armin Stein.

2.

Barmherzige, aus der Tiefe frommen Glaubens geborene Liebe hat die Franckeschen Stiftungen geschaffen, wie noch heute das Wort bezeugt, das den Besucher derselben als letztes grüßt. Ein einziger schlichter Mann, ein Vertriebener, ein Geächteter und Gebrandmarkter hat sie gegründet und hat durch die Kraft seines Glaubens und durch das Werk seiner Liebe die Herzen entzündet, und zu seinen Freunden und Helfern gemacht, die ihn vorher flohen und schmähten. Grafen und Fürsten, Kaiser und Könige zählte der schlichte Prediger von Glaucha neben Hunderten und Tausenden aus allen Schichten des Volkes zu seinen Gönnern und Freunden, bei ihm suchten sie Rat und Hilfe, ihm boten sie Gut und Leben dar. Wohl hat die Welt A. H. Francke einen Pietisten gescholten; aber sein Pietismus war nicht Methodismus in der Seelenpflege, Dogmatismus im Religionsunterricht, Pedantismus in der Beurteilung der Jugend. Franckes Pietismus war nichts anderes als ein Zurückgehen auf die edelsten Grundsätze der Reformation und ein Drängen in erster Linie auf tüchtige christliche Volksbildung. Inmitten der sozialen Nachwehen des dreißigjährigen Krieges griff der Pietismus geschickt und thatkräftig hinein in alle Bevölkerungsschichten durch Erziehung und Unterricht und übte seine propagandistischen Wirkungen über die deutschen Grenzen hinaus, diesseits und jenseits des Oceans.

In solchem Geiste hat A. H. Francke außer seinen gewaltigen „Stiftungen" die Kirche seiner Zeit neugegründet, wie nicht minder die Schule, das Almosen- und Armenwesen und alles, was der hilfsbereite Mensch nur irgend im Dienste seiner Mitmenschen zu thun verpflichtet ist und zu leisten vermag. A. H. Franckes Anstalten und Veranstaltungen hatten insgesamt einen hervorragend gemeinnützigen Zweck, alle bildeten ein einzigartiges geschlossenes Gefüge zur Lösung allein seelsorgerischer, weitgehend erzieherischer Aufgaben, all sein Thun war eine einzige Sozialpädagogik. — Weit über Halles Grenzen hinaus nahm man A. H. Franckes Thun sich zur Richtschnur; von seiner großen Pflanzschule für Erziehung und Unterricht gingen zahlreiche Helfer und Förderer einer gesunden Pädagogik aus, die sich später als Schulmänner, als Universitätslehrer, Gelehrte und Schriftsteller einen geachteten

Namen erwarben und in des Meisters Geiste für dasselbe hohe Ziel wirkten; an vielen Orten wurden Waisen- und Schulanstalten nach den Grundsätzen Franckes umgestaltet oder neugegründet, oder aber sie empfingen vom Halleschen Waisenhause ihre Lehrer und Leiter, wie z. B. die Waisenhäuser in Berlin, Potsdam, Züllichau, Bunzlau, Sorau, Stettin, Wernigerode. Epochemachend wirkte Francke weiter durch die Errichtung der ersten Lehrerbildungsanstalt, es war das sein **seminarium praeceptorum,** worin die didaktisch-pädagogische Ausbildung der Lehrer systematisch, theoretisch und praktisch betrieben wurde. Hiermit gab er einen höchst segensvollen Anstoß zur Gründung von Lehrerbildungsanstalten. Überall, wo die Pietisten eine Waisen- und Schulanstalt gründeten, verbanden sie damit ein Seminar, so Francke selbst in Halle; Christoph Schienmeyer, ein Schüler Franckes, in Stettin (1732); Steinmetz in Kloster Bergen (1736); Hecker in Berlin (1748) u. s. w. In ursächlichem Zusammenhange mit der Gründung von Seminaren stand die Errichtung zahlreicher Volksschulen um jene Zeit, womit die von der Reformation geborene Idee der Volksschule ihre Verwirklichung erlangte. Man darf behaupten, daß der mächtige Aufschwung in der Fürsorge für die Volsschulen unter König Friedrich Wilhelm I. von A. H. Francke ausgegangen ist; denn der genannte König zeigte sich in solchen Dingen und vielen anderen durchaus als von Francke beeinflußt. Zeitlebens blieb ihm des Königs Gunst erhalten, alle seine Gründungen begleitete er mit dem größten Interesse. Wiederholt war er selbst in Halle, zuletzt im Jahre 1720; und die langen Gassen von Schul- und Wirtschaftsgebäuden mit all den segensreichen Anstalten nötigten dem Könige die größte Hochachtung ab. Voll Anerkennung betrachtete der König die schlichten Männer, die als getreue Helfer Francke zur Seite standen. Und als der König dann durch den Hof schritt und die Waisenkinder und Schüler in guter Ordnung aufgestellt fand, wie es dem strammen Soldatenkönig wohl gefallen mochte, da waren es über 2000 Kinder, und bei ihnen standen 167 Lehrer und 8 Lehrerinnen. Was Wunder, daß dieser Anblick und mächtige Eindruck dem Könige zum gewaltigsten Antriebe wurde, seinem ganzen Lande solcherlei Segnungen zuteil werden zu lassen! So wurde König Friedrich Wilhelm I. durch A. H. Francke zum „Vater des preußischen Volksschulwesens“. In A. H. Francke und Friedrich Wilhelm I. erschienen die rechten Männer zur rechten Zeit, die in der Besserung des Lehrerstandes durch Errichtung von Lehrerbildungsanstalten und in der rechten Auferziehung der Jugend durch Gründung zahlreicher Volksschulen Heil und Rettung und die vorzüglichsten Mittel einer weitausgreifenden wahrhaften Volksbildung und Volkserziehung ersahen.

Und welches war der Anfang so gewaltiger Thaten? Welches war der Grundstock eines so weit- und tiefgehenden Einflusses? Materiell angesehen, war der Anfang klein und unscheinbar genug: ein „ehrlich Kapital“ nur von sieben Gulden! Aber was wäre wohl daraus geworden, hätte sich diesem nicht das weit ehrlichere Kapital an Liebe und Glauben zugesellt? Und mit dem letzteren wuchs das erstere ohne Aufhören, so daß sich bald Haus an Haus, eine Anstalt an die andere reihte: zu der Armenschule bezw. Freischule (1695) fügte sich die Bürgerschule (1695), zur Bürgerschule die lateinische Hauptschule (1697), zu dieser das Pädagogium

(1696), die große weitberühmte Lehranstalt, die, bald mit dem Namen „Königliches Pädagogium" geziert, doch Franckes eigenste Schöpfung war, und, obwohl von Prinzen und Grafen besucht, im selben Geiste geleitet wurde wie die Schule, darin die ärmsten Waisenkindlein unterrichtet und erzogen wurden. Diesen Unterrichtsanstalten schlossen sich die Erziehungsanstalten an, nämlich die Pensionsanstalt (1697) und die Waisenanstalt für Knaben und Mädchen (1695), deren Pflege noch heutzutage in Halle und in der deutschen Welt als Franckes Hauptthat gilt, und um welcher willen das große Heer von Anstalten mit dem Namen „Waisenhaus" belegt wird; zu den genannten kamen als erwerbende und Wohlthätigkeitsanstalten die Buchhandlung des Waisenhauses (1698), die Buchdruckerei (1701), die Apotheke

Nach einer photogr. Aufnahme v. O. Gebhardt-Halle.

Äußere Ansicht der Franckeschen Stiftung.

und Medikamentenexpedition (1698), die Cansteinsche Bibelanstalt (1710), deren Bibelausgabe für Millionen von Menschen zum Segen geworden ist, die Ostindische Missionsanstalt (1705), Freitische (1696), Hospiz (1697), Witwen- und Frauenzimmerstifte (1696 bezw. 1704) und eine Papiermühle (1725 bis 1764) — welche Veranstaltungen alle neben so vielen unausgeführt gebliebenen Entwürfen in ihrer wohldurchdachten gegenseitigen Durchdringung das geniale Streben dieses unvergleichlichen Mannes erkennen lassen, der alles nach einem hohen Ziele lenkte und leitete. Aber mit dem allen war die erzieherische Fürsorge Franckes noch keineswegs zu Ende: über seine Anstalten hinaus erfuhr zunächst seine kirchliche Gemeinde (Glaucha) und durch ihre vorbildlichen Einrichtungen die ganze Stadt und weiterhin das ganze Land den Segen seines Wirkens. Da gab es ein Krankenhaus, ein Armen- und Siechenhaus, eine Veranstaltung für einheimische und fremde Arme und Bettler (eine Art „Herberge zur Heimat"), Unterstützungskassen für verarmte Handwerksleute (zur Fortsetzung ihrer Hantierung), für Vertriebene, Abgebrannte ꝛc. ꝛc. Es ist Franckes Lebensaufgabe geworden, die Armut in jeder Gestalt, „die materielle, wie die geistige und sittliche Not" zu bekämpfen, und dabei faßte er nicht lediglich die Interessen und den Gesichtskreis des Proletariats ins Auge. Für alle und alles hatte Francke ein Herz, und Raum und Geld dazu, aber es war das keine planlose sentimentale Almosengeberei, sondern ein wohlgefügtes System mit festen Grundsätzen, eine groß und hoch und weit angelegte Sozialpädagogik mit wahrhaft erzieherischen Idealen. – Ein Blick auf einen Teil der Hauptgebäude, auf die hervorragendsten und ausgedehntesten der Franckeschen Stiftungen — wie ihn das vorstehende Bild eröffnet — mag wenigstens in etwas das große Werk A. H. Franckes dem zur Anschauung bringen, der es noch nicht in Wirklichkeit geschaut.

Aus der schaffensfreudigen, hilfsbereiten Zeit A. H. Franckes und den Zeiten nach ihm, in denen das Andenken des einzigen Mannes lebendig und frisch geblieben ist, stammt auch ein umfänglicher Grundbesitz — die Rittergüter Reideburg, Canena, Berga, Stichelsdorf — sowie eine Anzahl größerer oder kleinerer Vermächtnisse, die einen bedeutenden Zuwachs noch kürzlich, bei der 200jährigen Jubelfeier (1898), erhalten haben. Dennoch haben die Franckeschen Stiftungen staatlicher Hilfe nicht entraten können, und diese ist ihnen angesichts ihrer Bedeutung auch stets gern gewährt worden. — Vieles von dem, was Francke gegründet hat, ist im Laufe der Zeit verschiedenen Wandlungen ausgesetzt gewesen, aber der Kern ist geblieben, der Geist A. H. Franckes schwebt noch heute über seinem Werke; es hat sich eine gesunde Tradition herausgebildet, der sich noch gern jeder Nachfolger A. H. Franckes in der Leitung seiner Stiftungen unterworfen hat.

Wo aber wäre je ein Mann gewesen, der mit jenem „ehrlichen Kapital" gleich Großes und Gewaltiges hätte schaffen können? Das macht, er war von Gott zur Leuchte gesetzt und zur Größe geboren, ein Mann ohnegleichen, der sich unter anderen Lebensverhältnissen ebensogut zu einem großen Heerführer oder Staatsmann oder dergl. entwickelt haben würde, wie er thatsächlich der größte aller Gründer und Stifter gewesen ist. Und doch hieß sein Alles nur: Gottvertrauen! So zeigt ihn uns sein Denkmal, so belehrt uns die schlichte Inschrift desselben: „Er vertrauete Gott!"

Otto Schulze, Halle.

Die Halloren in Halle a. S.

Der wirklich seßhafte Teil der Einwohner der Stadt Halle a. S. hat sich seit 1817 bis heute nahezu verdreifacht. Nichtsdestoweniger, und obwohl die alte Salz- und Schulstadt mehr und mehr auch eine sehr lebhafte Fabrik- und Handelsstadt geworden ist, hat sich in ihren Mauern doch der Rest einer sehr interessanten Volksgruppe zu erhalten vermocht, deren Geschichte mit jener der Stadt und ihres ältesten

Gewerbes stets auf das engste verknüpft war. Wir meinen natürlich die Halloren, in deren Händen heutzutage noch immer, wie bereits vor langen Jahrhunderten in denen ihrer Vorfahren und Vorgänger, die Arbeit bei den Salinen liegt. Freilich ist der materielle Wert der Salzquellen, die bis zu Anfang des 18. Jahrhunderts der Stadt Halle sehr bedeutende Reichtümer zugeführt haben, unter der Ungunst der wirtschaftlichen Verhältnisse und — wie bereits einmal längere Zeit nach dem Siebenjährigen Kriege — seit mehreren Jahrzehnten wieder durch übermächtige auswärtige Konkurrenz bedeutend gesunken. Freilich hat sich auch die Zahl der bei den Salzwerken beschäftigten Halloren seit der Zeit jenes ersten Niederganges der städtischen Saline während des letzten Drittels des 18. Jahrhunderts durch Wegzug oder Übergang zu anderen Berufsarten wesentlich verringert. Nichtsdestoweniger hat sich die Salzsiederei noch immer einträglich genug gezeigt, um noch einen ganz stattlichen Rest des alten „Stammes" in ihrem Dienst erhalten und ernähren zu können. Noch immer treten die Halloren unserer Tage in dem Gewühl des städtischen Lebens auch für Fremde in ihrer eigentümlichen Tracht deutlich hervor, und gar nicht selten erscheinen sie in einer aus dem 17. Jahrhundert beibehaltenen Tracht als die Träger und Begleiter von Leichen nach den Friedhöfen. Sonntags sieht man sie oft mit dunkeln, durch mächtige, in den Familien forterbende, silberne Knöpfe geschmückten Westen auftreten. Mit jedem Neujahr wandert eine stattliche Schar in bunten, namentlich roten Röcken (wie sie auch auf hallischen Ansichts-Postkarten gern dargestellt werden) durch die Stadt, um die jetzigen Mitglieder der sogenannten Pfännerschaft, ihre Dienstherren, zu begrüßen. —

Wir brauchten von den Halloren vorher den Ausdruck „Stamm", der bei ihnen selbst geläufig ist. Damit berühren wir zugleich, allerdings nur in aller Kürze, das ethnographische Problem, welches sich an ihren Namen und ihr Bestehen bei unseren Salzquellen in Halle seit uralter Zeit knüpft. Die alte landläufige Ansicht war es bis etwa 1843, daß die Halloren als ein Rest der seit ca. 805 aus dem Besitz der Salzquellen durch die fränkischen Karolinger verdrängten Sorben angesehen werden müßten; die neuen deutschen Herren hätten also die in der Salzsiederei seit alters erfahrenen Leute an diesem Platze unter erträglichen Bedingungen zu ihren unfreien Unterthanen gemacht, und in diesem kleinen Stamme sei der Dienst bei den Salzquellen fortan immer weiter vererbt worden. Diese Theorie ist jedoch seit ca. 1843 durch Heinrich Leo und Chr. Keferstein stark erschüttert worden — ohne daß freilich eine der neuerdings aufgestellten Vermutungen über die ethnographischen Verhältnisse der Halloren durchgreifendes Ansehen zu gewinnen vermocht hätte. Zunächst fand allerdings die Annahme jener beiden Forscher vielen Beifall, die in den ältesten Salzleuten an dieser Stelle des Saalethales Kelten erblickten. Kelten als Rest einer uralten, noch der hermundurischen (also der ersten deutschen) Besitzergreifung vorausgegangenen keltischen Ansiedelung; ein Rest, der aber wegen seiner Geschicklichkeit in der Salzsiederei zuerst von den Hermunduren, später von den Sorben, dann wieder bei der zweiten deutschen Eroberung durch die Franken geduldet worden sei. Bald aber ist (namentlich auch gestützt auf Müllenhoffs Forschungen) die Thatsächlichkeit einer wirklichen Besiedelung unseres

Saale=Abschnitts durch Kelten sehr stark angefochten worden. Die auffälligen Spuren von keltischem Wesen in den Salinen, namentlich die zahlreichen, dieser Saline eigentümlichen technischen Bezeichnungen, wurden auf die Ansetzung keltischer Kriegs=gefangener, oder auf die Ansiedelung teuer geworbener keltischer Arbeiter aus Salinen der Alpenwelt, wie namentlich Reichenhall, zurückgeführt.

Weiter hat wieder die Annahme das Übergewicht gewonnen, daß in den Halloren vielmehr ein Rest uralter, nachher freilich keineswegs ungemischt gebliebener, germanischer Bevölkerung zu sehen sei. Man könnte dabei an die Hermunduren denken; die Halloren selbst leiten die Abkunft ihrer ältesten Vorfahren am liebsten

Halloren-Festtracht.

von den Franken, dem großen Karolinger ab — freilich nicht ohne mancherlei ungeschichtliche, zum Teil völlig sagenhafte, beziehentlich legendarische Unterlagen. Doch fehlt es auch nicht an Umständen, die gerade für diese Ansicht ernsthafter sprechen. Dann wäre anzunehmen, daß bei der Vertreibung der Sorben durch die Karolinger das alte Salzwerk zu Grunde gegangen, und daß die Eroberer bei dessen Herstellung neben den fränkisch freien und unfreien Ansiedlern auch Leute aus keltischen Salinen als erste Lehrmeister nach Halle geführt haben. —

Mit einer gewissen Zurückhaltung, mit einer gewissen Vorsicht möchten allerdings auch wir uns für die Annahme einer germanischen Abkunft der Halloren aussprechen. Allerdings ist es gar nicht zu leugnen, daß es ihnen wiederholt gar nicht möglich gewesen sein wird, sich von einer mehr oder minder starken Durchsetzung mit anderen Elementen freizuhalten. Für die älteste Zeit kommt dabei (ohne auf das etwas schattenhafte keltische Element hier näher einzugehen) namentlich der slavische Einfluß in Betracht; und es ist schwerlich zu bezweifeln, daß während der Zeit der Sorbenherrschaft slavische Elemente tief in die Salinen eingedrungen sind — hat doch auch einer der vier „Hauptbrunnen“ der „Halle“ dauernd den Namen des „Wendischen Brunnens“ behalten; ein zweiter heißt Meteritz. Für die spätere, historische Zeit wissen wir aber, daß die Halloren sich gegen die Aufnahme und Assimilierung von Männern aus der umwohnenden Bevölkerung in die Reihen ihrer Arbeiter keineswegs ganz ablehnend verhalten haben.

Nach einer photogr. Aufn. d. Ateliers Urban-Halle.

Hallorin.

Vor der Umgestaltung und Vereinfachung des technischen Betriebes der Salzsiederei, nämlich durch Einführung der Dampfmaschinen und der großen gemeinsamen Siedehäuser unterschied man, je nach der Art des Dienstes, drei Gruppen der Halloren: Zuerst die sogenannten Bornknechte oder Gerenthner, welche die Sole aus den Salzbrunnen „zogen“ und sie in die vielen Kothe oder kleinen Siedehütten trugen. Männer dieser Klasse brauchten keineswegs ursprünglich durch ihre Geburt dem Stamme anzugehören, konnten also — unter gewissen Bedingungen — auch aus anderen Kreisen für die Dauer angenommen werden. Das war wohl schon im 14. Jahrhundert der Fall. Dagegen sollten die „eigentlichen“ Halloren stets Männer ehelicher Geburt sein, deren Eltern beiderseits dem Stamme angehörten. Man unterschied dabei die „Salzwirker“ — Siedemeister, Sieder oder Sogger, Gruder oder Heizer, Salzträger und die bei der Salzbereitung beschäftigten Knechte — und die verschiedenen Abteilungen der mit der Verladung des Salzes betrauten „Läder“. Die Abteilungen der Gerenthner und der Läder bestehen seit einer Reihe von Jahrzehnten nicht mehr. —

Aus den neueren Zeiten ist es ja bekannt, daß die Hallorenfamilien es nach wie vor nicht gern zuließen, daß ein Mädchen ihres „Stammes“ sich außerhalb ihres Kreises verheiratete. Dagegen trug man kein Bedenken, für junge Halloren die Bräute auch unter den jungen Bauerntöchtern der Umgegend zu suchen. — Der Name „Halloren“, der jetzt fast ohne Ausnahme gebraucht wird, bietet ebenfalls manches Problematische. Die Sprachforscher bezweifeln allerdings nicht, daß Worte ähnlichen Klanges in keltischen, wie in slavischen Dialekten die Arbeiter in Salzwerken bezeichnen. Daß aber dieser Name gerade in Halle schon in alter Zeit — etwa in der Zeit der Ottonen — geläufig gewesen sei, ist bisher wenigstens noch nicht bewiesen worden. Die moderne Form (eigentlich „Hallorum") ist urkundlich und schriftstellerisch bis jetzt zuerst seit dem Jahre 1630 nachweisbar. Die ganze ältere Zeit hat sich vielmehr der Ausdrücke, wie „Salzwirker", Hallvolk, Hallleute, Hallknechte u. dgl. m., so gut wie ausschließlich bedient. —

Vollständig klar ist dagegen die Stellung und Thätigkeit der Halloren während der Zeit, wo für die Stadt Halle wirklich von einer Geschichte die Rede sein kann, was allerdings erst seit 1064, beziehentlich seit dem Beginn des 12. Jahrhunderts der Fall ist. Niemals aber sind in der Zeit beglaubigter Geschichte die Halloren die Eigentümer der Salinen gewesen. Daß ein solches Verhältnis einmal bestanden habe, war lediglich in den wirtschaftlich so kritischen Zeiten der zweiten Hälfte des 18. Jahrhunderts durch die Behauptung der damals vielfach bedrängten Halloren — erklärlich, aber darum nicht richtig, weil sie nur, dem vielfachen Wechsel seitens der Pfänner im Besitz der Anteile an den Solgütern gegenüber, die Stetigkeit der Salzwirker bei den Salinen im Auge hatten. Dagegen kennt sie die Geschichte seit sehr alter Zeit in der engsten Verbindung mit ihren — nach der modernen Phraseologie — „Arbeitgebern", nämlich mit den von alters bis auf diese Tage sogenannten „Pfännern", gleichviel welche wechselnde äußere Gestalt und persönliche Füllung der Rahmen der hallischen Pfännerschaft vom 11. Jahrhundert bis zur Gegenwart gehabt hat. Ursprünglich also wahrscheinlich „Unfreie", erscheinen die Halloren in historischer Zeit wie ein Clan, wie eine Gefolgschaft um die Pfännerschaft gruppiert. Die Arbeit bei den Salzquellen ist ihr bürgerlicher Beruf, ihre hochgehaltene Kunst — zugleich lange ihr ausschließliches Privileg, welches mit großer Zähigkeit festgehalten wurde. Bis zu der Zeit, wo sie angefangen haben, zu den Arbeiten der sogenannten Bornknechte auch andere Deutsche zuzulassen, hat diese strenge Abgeschlossenheit als die Klasse jener werkthätigen Arbeiter, deren fleißige Hände lange den wesentlichsten Teil der Reichtümer der Stadt Halle aus den „Salzbrunnen" zu schöpfen hatten, wohl fast noch mehr als die ethnographischen Erinnerungen, die Halloren zu einer Art eigenen „Stammes" werden lassen. Die hallische Stadtgeschichte zeigt dann fast auf jedem Blatt, wie diese Geschlossenheit durch die Organisation der alten selbständigen Behörden des „Thales" und die erst 1802 auch formell erloschene eigene Gerichtsbarkeit des „Thales" noch gestärkt worden ist.

Während der Jahrhunderte bis zu den Verheerungen des Dreißigjährigen Krieges; während der langen Zeit, wo die Zahl der Einwohner der Stadt Halle die Höhe von 14000 Seelen kaum überstiegen haben wird; wo dagegen die der Salzwirker weit größer war als jetzt — derart, daß sie noch in der Mitte des 16. Jahrhunderts etwa 700 waffenfähige Männer aufbringen konnten — wo die Salinen für die Stadt eigentlich das einzige Lebenselement waren — in dieser Zeit ist auch die Bedeutung der Halloren für das städtische Leben ganz außerordentlich groß gewesen. Daher denn wieder die lebhafte Teilnahme des Rates und der Bürgerschaft für die Sitten, Bräuche, Rechtsgewohnheiten, für die Feierlichkeiten und die Feste der Söhne des „Thales", der „Halle", von der ein Teil, wie namentlich das sogenannte Pfingstbier, noch bis auf die Gegenwart sich erhalten hat. Als erfahrene, an Hitze und Kälte gewöhnt, mit Feuerarbeit wohl vertraute Männer sind sie allezeit bis auf unsere Tage — wo eine regelmäßige Feuerwehr ihnen diese Aufgabe abgenommen hat — berufen gewesen, bei schweren Bränden, die die Stadt Halle so oft heimgesucht haben, die Wut des Feuers zu bekämpfen und die Flammen mit der auch für diesen Zweck überaus wirksamen Sole zu löschen. Daß sie noch jetzt einen großen Teil der Begräbnisse zu leiten pflegen, ist bereits erwähnt worden. —

Marktplatz in Halle.

Die Halloren sind aber auch ein sehr wichtiger Faktor bei verschiedenen Erscheinungen der städtischen Politik gewesen. Im Falle einer Fehde, welche die Stadt Halle zu bestehen hatte, besetzte ein Teil von ihnen die starken Thorkastelle; ein anderer war mit der Handhabung der trefflichen Artillerie betraut, über welche die Stadt bis zum Einzuge der Wallensteiner (1625) in Halle verfügt hat. Bei dem Hader zwischen der Pfännerschaft und den großen Zünften, der während des 15. Jahrhunderts die Stadt wiederholt erschüttert hat, stand ihre wuchtige Kraft den Pfännern zur Verfügung, die seit alters mit sehr kluger Politik dafür gesorgt hatten, daß ihre Arbeiter gut bezahlt, gut gehalten, namentlich aber mit einem Anteile an dem aus der Salzsiederei zu ziehenden Gewinn begabt wurden.

Bis auf die Gegenwart vererbt hat sich mit geringen Veränderungen der (urkundlich zuerst 1446 erwähnte) Brauch, daß die Salzwirker bei der dem jedesmal neu antretenden Landesherrn (zuerst also den Erzbischöfen) zu leistenden Huldigung durch diesen nachher mit reichen Geschenken bedacht wurden: in unserer Zeit gewöhnlich mit einem ausgezeichnet schönen Roß. —

Über den inneren Zusammenhang des bekannten Privilegs, kraft dessen die „Salzwirkerbrüderschaft" an jedem Neujahr durch eine solenne Abordnung den Landesherrn und seine Familie feierlich begrüßt, sowie über die ältere Geschichte wissen wir dagegen nichts Sicheres anzugeben. Als ein geschlossenes Korps bestand dieselbe bereits im Jahre 1525 „seit alters" — wie lange schon, wissen wir aber nicht sicher. Damals aber wurde diese Masse (zu der jedoch die Bornknechte nicht gehörten) amtlich berechtigt, unter Vorbehalt der Bestätigung durch den Salzgrafen, jährlich zu Pfingsten sich vier Vorsteher zu wählen. Seit den späteren Zeiten des 17. Jahrhunderts werden sie auch von amtswegen als Salzwirkerbrüderschaft bezeichnet. Auch der Name der Brüderschaft „U. L. Frauen" soll uralt sein. Gesichert ist aber nur, daß die Bornknechte des Wendischen Brunnens mit ihren Frauen an dem Altar der Maria in der Moritzkirche im Jahre 1509 und die Salzwirker in derselben Kirche im Jahre 1524 zu Ehren der Maria Brüderschaften rein kirchlichen Charakters gebildet haben.

Im Verlaufe der späteren Zeit sind die Halloren sehr eifrige Anhänger der Reformation im lutherischen Sinne geworden. Das hat sie freilich auch veranlaßt, um die Wende des 16. und 17. Jahrhunderts mit großer Schroffheit gegen einzelne namhafte Reformierte in Halle aufzutreten. Während des ersten Drittels des Dreißigjährigen Krieges ist ein sehr bedeutender protestantischer, militärischer Führer aus ihren Reihen hervorgegangen. In der Stadt selbst waren sie trotzige Gegner der Wallensteinischen, beziehentlich der kaiserlichen Besatzung, die seit 1625 die materielle Kraft der Bürgerschaft zu Grunde richtete; selbst erbitterte Straßenkämpfe haben sie dabei unter Umständen nicht gescheut. Dagegen sind sie während des vierten Jahrzehnts des 17. Jahrhunderts lebhafte Anhänger der schwedischen Sache gewesen. Als etwas über vier Jahrzehnte nach dem Westfälischen Frieden Halle Universitätsstadt geworden war, hat sich sofort eine langjährige Verbrüderung zwischen den rauhen, kraftvollen Salzwirkern und der oft sehr unruhigen akademischen Jugend der jungen Fridericiana ausgebildet.

Keine Freundschaft dagegen, vielmehr zähe, bis in die Zeit der Befreiungskriege hinein fortdauernde, selbst auf die derbe Jugend des „Stammes" und deren wilde Knabenspiele sich ausdehnende Gegnerschaft bestand zwischen den pfännerschaftlichen Halloren und den sogenannten Neuküttern, nämlich den bei der etwa seit 1722 (für lange) „endgültig" abgezweigten fiskalischen oder königlichen Saline arbeitenden Stammesgenossen. Das Verhältnis wurde natürlich nicht besser, weil in der Zeit zwischen 1763 und 1799 die Verwaltung, die wirtschaftliche Ergiebigkeit und zugleich die Sorge für die Interessen der Salzwirker bei der königlichen Saline sehr viel besser waren, als bei der pfännerschaftlichen.

Die schlimmen Notstände, durch die sich in eben dieser Zeit bis zu den rettenden Reformarbeiten in dem letzten Jahrzehnte des 18. Jahrhunderts die pfännerschaftliche Saline mühsam, zuletzt mit kräftiger Hilfe der Staatsregierung, durcharbeiten mußte, wirkten auch auf die Lage und die Zahl ihrer Halloren fühlbar zurück. Es sind ja keineswegs alle Söhne des „Thales“ zu allen Zeiten Salzwirker und in Halle selbst geblieben. Ausgezeichnete Schwimmer, Schwimmkünstler und Schwimmlehrer, wie sie es stets waren, sind ihrer viele in dieser Weise (wie noch heute) beschäftigt worden. Manche andere haben in anderen Laufbahnen ihr Glück gemacht, nicht bloß bei der preußischen Armee. Auch Geistliche und Lehrer sind aus einigen ihrer Familien hervorgegangen, und während des 19. Jahrhunderts war es der Stolz der Halloren, daß der geniale Tondichter Robert Franz (Knauth) ein Hallorensohn gewesen ist. —

Die Notlage aber der drei bis vier letzten Jahrzehnte des 18. Jahrhunderts ist Anlaß geworden, daß damals ihrer besonders viele zu anderen bürgerlichen Berufsarten übergingen, daß überhaupt die Zahl der dauernd an die Salinen geknüpften Salzwirker merklich abgenommen hat. In der Zeit allgemeiner Herstellung seit 1817 hat sich auch die Lage der Halloren endlich wieder ganz erträglich gestaltet; materiell etwa so, wie wir sie noch heute kennen; nur daß bei den politischen Bewegungen und Umgestaltungen des Jahres 1848 ihnen manche altgewohnte Privilegien in Sachen des Fischfanges und des sogenannten Lerchenstriches verloren gegangen sind. Die im Jahre 1868 vollzogene Wiedervereinigung beider Salinen in den Händen der Pfännerschaft hat äußerlich die Lage der Halloren in der Art verändert, daß die Arbeiten der Siederei nur noch in den Räumen der bisherigen „königlichen“ Saline betrieben werden. Hier also wirken noch immer die stattlichen, kraftvollen Nachfolger unserer alten starken Salzwirker, deren physische Art auch durch die doch immer überwiegend festgehaltene Ergänzung des eigentlichen „Stammes“ aus sich selbst im ganzen nur wenig beeinträchtigt zu sein scheint. Dagegen ist in unseren Tagen von mancherlei Verschiedenheiten des Dialektes der Halloren von der Sprache ihrer deutschen Umgebung, wie sie noch vor 50 bis 60 Jahren Chr. Keferstein beobachtet hatte, nicht viel mehr die Rede. Mit allen ihren Lebensäußerungen — unter denen jedoch die noch vor einem Menschenalter nicht gar seltenen, als „Fischerstechen“ bekannten Schwimmfeste neuerdings so ziemlich abgekommen sind — gehören sie nach wie vor zu den merkwürdigsten Erscheinungen in dem reichen Leben der Stadt Halle. Was ihre Zahl anbetrifft, so wird dieselbe gegenwärtig mit der des 16. Jahrhunderts nicht mehr zu vergleichen sein. Das der Salzwirkerbrüderschaft an Stelle älterer Ordnungen unter dem 25. August 1843 landesherrlich verliehene Statut erkennt als deren Mitglieder an: „alle Nachkommen der ursprünglichen Halloren, die sich auf den beiden (damals noch getrennten) Salinen mit der Salzfabrikation beschäftigen, sowie deren Angehörige, Witwen und Waisen; ferner die Pensionäre unter den Arbeitern, und deren Angehörige, Witwen und Waisen, sowie die nicht in Arbeit bei den Salinen stehenden Halloren — Abkömmlinge derselben, jedoch nur, sofern sie nicht einen anderen Beruf sich gewählt, Mädchen und Frauen, soweit sich diese nicht außerhalb der Brüderschaft verheiratet haben.“ Von vielleicht tausend Mitgliedern jedes Alters und Geschlechts, die noch heute zu den Halloren gerechnet werden können, sind jetzt noch etwas über hundert bei der Saline beschäftigt.

Professor Dr. Gustav Hertzberg, Halle.

Giebichenstein und das Saalthal.

„Bei Halle hebt sich steil und jäh
Und steigt mit einem Male
Hoch, hoch hinauf in Wolkenhöh'
Ein Felsen aus der Saale.
Drauf stand die Zwingburg wohlbemannt,
Davon das Sprüchlein ging im Land:
Wer kommt nach Giebichenstein,
Kehrt selten wieder heim."

Wer vor etwa 80 Jahren von dem Kirchthor der Stadt Halle nach der Burgruine Giebichenstein wandern wollte, mußte einen mitten durch Ackerfelder und Obstplantagen führenden Weg passieren, auf dessen linker Seite nur ein einsames kleines Gasthaus „Die Weintraube" stand. Welch eine Veränderung ist aber im Laufe der Jahre mit dieser Gegend vor sich gegangen! Jener einsame, bei Regenwetter schier grundlose Feldweg hat sich in die schöne breite Straße einer Großstadt verwandelt, auf welcher Straßenbahnwagen mit elektrischem Betriebe hin und her fliegen. Schöne Villen und stolze Häuserreihen verbinden schon seit Jahrzehnten Halle und Giebichenstein, so daß es für den Fremden nicht mehr möglich ist, die Grenze der beiden Orte herauszufinden. Auf diese Weise äußerlich schon lange miteinander vereint, ist Giebichenstein mit den Vororten Trotha und Cröllwitz nun auch durch die am 1. April 1900 erfolgte Einverleibung mit der Stadtgemeinde Halle in seiner innern Verwaltung verbunden worden.

Der Ort Giebichenstein verdankt seine Entstehung und seinen Namen der Burg Giebichenstein. Die Erbauung der Burg, sowie der Ursprung ihres Namens, ist in unaufgeklärtes Dunkel gehüllt. Einige Geschichtsforscher meinen, er rühre von Heinrich II. her, welcher bei der Übergabe der Burg zum Erzbischof Dagamus die Worte sprach: „Dir gew ick den Stayn." Weil aber die Burg schon vor jener Zeit den Namen trug, erscheint jene Auffassung glaubwürdiger, welche meint, daß er von „Gibich", einem Halbgott der alten Deutschen, herrühre, der seinen Wohnsitz in Felsen oder Steinen haben sollte; solche Felsen nannte man „Gibichensteine". Der Felsen, auf welchem noch heute die Trümmer der alten Feste zu finden sind, eignete sich durch seine ungefähr 40 m aus der Saale schroff aufsteigenden Felswände sehr gut zu einer natürlichen Festung. Es ist möglich, daß schon die Römer bei ihren Streifzügen in das germanische Land hier oder auf dem Berge dicht daneben ein Kastell errichtet hatten; denn es sind nahe bei der Burg, im jetzigen Amtsgarten, viele römische Geräte und Münzen gefunden worden. Geschichtlich wird die Burg zuerst im Jahre 968 erwähnt, als Kaiser Otto I. das Erzbistum Magdeburg gründete und auch den Giebichenstein demselben einverleibte. Während 5 Jahrhunderten, bis 1503, als die neuerbaute Moritzburg zu Halle die Residenz der Erzbischöfe wurde, war die Burg der Lieblingsaufenthalt von 40 Erzbischöfen. Die Burg selbst bestand aus zwei Teilen, aus der eigentlichen Festung auf der Höhe des Felsens, welche ein großes Viereck mit vier großen Ecktürmen bildete und dem Schlosse am Fuße des Berges. Rings um den Berg zog sich ein tiefer mit der Saale in Verbindung stehender Wassergraben. Über diesen Graben führte nur eine schmale Zugbrücke, so daß die Burg eine sichere, fast uneinnehmbare Festung war. Sie wurde deshalb von den Erzbischöfen und den deutschen Kaisern gern als Gefängnis für vornehme Gefangene benutzt; von diesen sind die geschichtlich am bekanntesten: Herzog Gottfried von Lothringen, Herzog Ernst von Schwaben, der rebellische Stiefsohn Kaiser Konrads II. und Landgraf Ludwig II. von Thüringen mit dem Beinamen der „Springer". Um die Person dieses letzteren hat sich ein romantischer Sagenkreis gebildet.

Ludwig, ein schöner, tollkühner und kunstsinniger Fürst, lernte bei einem Gastmahl zu Nebra Adelheid, die schöne Gemahlin Herzogs Friedrich II. von Sachsen, kennen, und eine tiefe Liebe zu ihr entbrannte in seinem Herzen, welche der Unstern seines Lebens werden sollte. Er tötete im Einverständnis mit Adelheid deren Gemahl im Zweikampf, und kaum ein Jahr später führte er die Witwe als seine Gattin heim. Während einer ganzen Woche wurde die Hochzeit auf der Schönburg

Giebichenstein als Bischofssitz.

bei Naumburg an der Saale im Beisein vieler vornehmer Gäste auf das glänzendste gefeiert. Doch das scheinbar ungetrübte Glück sollte bald gestört werden und die Blutschuld ihren Rächer finden. Das Gerücht, daß der Herzog nicht einem unglücklichen Zweikampfe, sondern einem wohlüberlegten Morde zum Opfer gefallen sei, verbreitete sich immer mehr und der Bruder des Ermordeten, Bischof Albert von Bremen, verklagte Ludwig beim Kaiser Heinrich IV. Von nun an ist Ludwigs Leben unstät und flüchtig; er wird von seinen Nachbarn befehdet und vom Kaiser verfolgt und gefangen genommen. Hier auf dem Giebichenstein soll er zwei Jahre lang in strenger Haft gehalten worden sein; er war an Ketten geschmiedet, und acht Edelleute bewachten ihn Tag und Nacht. Unaufhörlich dachte Ludwig über seine Rettung nach, und im flehentlichen Gebete wandte er sich an den heiligen Ulrich und gelobte, wenn dieser Heilige ihm einen Weg zur Befreiung zeige, wolle er ihm zum Danke eine Kirche erbauen. Schließlich griff er zur List. Er stellte sich todkrank, so daß man ihn aus Mitleid von seinen Ketten befreite, auch schickte man nach seinem Geheimschreiber, damit er diesem seinen letzten Willen mitteilen konnte. Doch anstatt des Testamentes verabredeten beide einen Fluchtplan, und in einer Nacht, als Ludwig unbewacht war, rettete er sich durch einen Sprung aus dem hohen Burgfenster in die unten vorüberfließende Saale, und mit Hilfe der Seinen, welche bereits am andern Ufer der Saale mit flinken Rossen auf ihn warteten, kehrte er glücklich zu seiner Gattin zurück. Um sein Gelübde zu erfüllen, baute er die Kirche zu Sangerhausen und weihte sie dem heiligen Ulrich.

Es ist wohl mit Recht bezweifelt worden, daß Ludwig sich durch einen direkten Sprung vom Burgfenster aus in die Saale gerettet hat, weil er dabei entweder an dem Felsen zerschellt oder durch den furchtbaren Anprall auf die Oberfläche des Wassers getötet worden wäre. Wahrscheinlicher ist es, daß er vielleicht durch Bestechung mit Hilfe eines Wächters die Freiheit erlangt hat, und daß dann von diesem, um seine Untreue zu verdecken, jene Erzählung von dem Sprung aus dem Fenster verbreitet worden ist.

Nach dieser Zeit geriet Ludwig noch zweimal in die Gefangenschaft des Kaisers, aus der er aber wieder befreit wurde. So war sein ganzes Leben eine Kette von Verfolgungen und Fehden bis in das späte Alter. Zuletzt wurde das Verlangen nach Frieden und Ruhe in seiner Seele so groß, daß er in Begleitung seines Ratgebers, des Bischofs Dittmar von Halberstadt, nach Rom zum Papst Urban II. pilgerte, um Vergebung seiner Sünden zu suchen. Der Papst legte ihm eine harte Buße auf, nämlich sich schon jetzt für immer von seiner geliebten Gattin zu trennen. Zur Sühne ihrer Schuld mußten beide ihre letzten Lebensjahre im Kloster verbringen, um dort im Gebet den Frieden für ihre Seele zu suchen. Wie erschütternd mag der Jammer Adelheids gewesen sein, als ihr Ludwig bei seiner Rückkehr des Papstes Willen verkündete, und wie schwer wird sich Ludwig von der treuen Gefährtin seines Lebens und von seinen Kindern getrennt haben! Sie fügten sich beide dem harten Urteilsspruche, und Ludwig beschloß sein Leben als Mönch im Schlosse Weißenburg, welches er zum Kloster Zscheiplitz verwandelte, Adelheid dagegen starb als Nonne zwei Jahre später im Kloster Reinhardsbrunn, wo beide wieder vereint ihre letzte Ruhestätte gefunden haben.

Leider zerstört die unbarmherzige Geschichtsforschung auch diese schöne Sage, indem sie behauptet, daß es gar nicht möglich sei, daß Ludwig als Gefangener auf dem Giebichenstein gelebt habe; ebensowenig ist es geschichtlich erwiesen, daß Ludwig selbst den Herzog Friedrich ermordet hat, vielmehr soll er sich den Haß des Kaisers aus andern politischen Gründen zugezogen haben.

Kehren wir zurück zu unserm Giebichenstein. Weil der Giebichenstein auch die Gerichtsbarkeit über die ganze umliegende Gegend besaß, war er zu gleicher Zeit das Gefängnis für viele Verbrecher. Die zum Tode Verurteilten wurden auf dem östlich davon liegenden Galgenberge, der noch heute davon diesen Namen trägt, erhängt. Bei der Langwierigkeit in den Prozeßsachen jener Zeit mag auch mancher unschuldig Verhaftete vergebens auf seine Befreiung gehofft haben, weshalb der Spruch im Lande verbreitet war:

„Wer kommt nach Giebichenstein,
Kehrt selten wieder heim.“

Nachdem 1503 die Moritzburg zu Halle die Residenz der Erzbischöfe war, wurde der Giebichenstein mit der Gerichtsbarkeit einem Schloßhauptmann übergeben. Von da an verfiel das Schloß mehr und mehr, und Feuersbrünste in den Jahren 1573, 1603 und 1636 zerstörten alles bis auf die noch jetzt sichtbaren Ruinen. In den Trümmern des Schlosses am Fuße des Berges wurde später eine Domäne errichtet, und der tiefe Wallgraben ist von den Pächtern derselben in einen schönen Park, den jetzigen „Amtsgarten", verwandelt worden. In diesem Zustande befindet sich der Giebichenstein noch heute. Den schönsten Anblick gewährt die Ruine zur Frühlingszeit, wenn das dichte Fliedergebüsch, welches die Trümmer wie mit einem grünen

Nach einer photogr. Aufnahme v. Thümmler-Halle a. S.

Ansicht des Saalthales vom Klausberge aus.

Kranze umrahmt, in voller Blüte steht. Da träumt es sich dort oben herrlich von vergangenen Zeiten, während sich das Auge an der schönen Umgebung erquickt. In der Jetztzeit ist der Gedanke aufgetaucht, die alte Feste, ähnlich der Rudelsburg, wieder aufzubauen, die so realistisch wirkenden Wirtschaftsräume der Domäne nach den umliegenden Dörfern zu verlegen und an ihrer Stelle schöne Villen zu erbauen. Möge die Zukunft dieses schöne Projekt verwirklichen!

Der Burg Giebichenstein verdankt das Dorf Giebichenstein seine Entstehung. Die ersten Einwohner siedelten sich in der Nähe der Burg an, und im Jahre 1827 zählte es nur 500 Seelen, deren Zahl 1875 auf 5763 stieg. Zur Zeit der Einverleibung mit Halle zählte es etwa 16000 Einwohner und war das größte Dorf der Provinz Sachsen, das äußerlich allerdings einem Dorfe nicht mehr ähnlich sieht; denn wir sehen hier schöne breite Straßen mit hohen Häusern oder schönen Villen. In den Straßen finden wir alle Einrichtungen einer Großstadt: Kanäle, Wasserleitung, Gasbeleuchtung und elektrische Straßenbahnen. Zwar ist Giebichenstein nicht reich an wichtigen, sehenswerten Gebäuden, von denen es nur eine ältere evangelische Kirche auf einer Anhöhe in der Nähe der Burg und ein neuerbautes katholisches Gotteshaus giebt, aber die Zierde Giebichensteins ist das schöne Saalthal mit seinen abwechselungsreichen, malerischen Landschaftsbildern von Berg und Thal, Wiese und Wald, welche wir am besten auf einem Spaziergange durch das Saalthal kennen lernen.

Wenn wir von Halle aus eine Wanderung an dem rechten Ufer der Saale entlang unternehmen, so führt unser Weg an großen Wiesen vorüber, die uns im Sommer durch ihr saftiges Grün und ihre farbigen Blüten erfreuen, während sie im Winter auf künstliche Weise überschwemmt herrliche Eisflächen bilden, auf welchen sich Tausende von Hallensern dem Eislauf widmen. Besonders bei Eisfesten wimmelt es hier von fröhlichen Menschen, die nach dem Takte der Musik hin und her gleiten, während eine vielköpfige Menge die Ränder der Wiesen umsteht und sich an dem bunten Treiben ergötzt.

Von den Wiesen aus führt eine neuerrichtete eiserne Hängebrücke nach dem herrlichen Stadtparke der Insel „Peißnitz“. Dieser Landstrich, einst dem Kloster Neuwerk gehörend, kam später in den Privatbesitz des Rittergutes Grimritz und wurde vor einigen Jahren von der Stadt Halle erworben. Seit dieser Zeit ist die Insel dem öffentlichen Verkehr erschlossen und ein Lieblingsaufenthalt vieler Spaziergänger geworden. Von der Brücke aus führt eine Birkenallee nach dem neuen großen Restaurationsgebäude, welches malerisch zu den Füßen eines mit Bäumen und Sträuchern bepflanzten Felsens liegt. Die Insel zerfällt in zwei Teile; der südliche besteht aus Wiesen und Ackerland, während der nördliche dicht bewaldet ist. Der Naturfreund findet hier in schattigen Laubgängen unter hohen Eichen, Rüstern und Eschen einen herrlichen Aufenthalt. An solchen Plätzen, die einen freien Ausblick gestatten, sind Ruhebänke angebracht. Von hier aus überschaut man die Saale und das gegenüberliegende felsige Ufer. Auch die Vögel lieben diesen Teil der Insel, weil sie im dichten Buschwerk und auf hohen Bäumen passende Nistplätze finden; viele Singvögel, ganz besonders zahlreiche Nachtigallen, erfreuen den Wanderer mit ihrem lieblichen Gesange, weshalb die Peißnitz auch den Namen „Nachtigalleninsel“ trägt. Noch bis spät in den Herbst hinein, wenn die Bäume und Sträucher der gegenüberliegenden Höhen schon längst ihr buntes Gewand tragen, bewahren die Bäume der Peißnitz ihr grünes Laub, weil ihren Wurzeln der Lebensquell, das Wasser der Saale, so nahe ist.

Kehren wir zurück zu dem Wege an dem rechten Ufer der Saale, so finden wir hier am Endpunkte der Wiesen die schönen Privatbesitzungen der Kommerzienräte Bethcke und Lehmann mit ihren großartigen Parkanlagen. Weiter nach Norden begleiten den Fluß rechts hohe Porphyrfelsen, welche in früheren Zeiten bis dicht an das Ufer reichten; um den Verkehr zu erleichtern, wurde hier mit vieler Mühe der Platz zu einem breiten Fahrwege gesprengt. Unter schattigen Kastanienbäumen wandern wir an dem „Felsenburgkeller“, einem in romanischem Stile erbauten Restaurant mit schönem Garten und einem andern Restaurant, dem „Saalschlößchen", vorüber, während an dem jenseitigen Ufer die Bäume der Peißnitz zu uns herüber grüßen und ihre grünen Laubkronen in dem Wasser der Saale spiegeln. Weiter hin gelangen wir zu der Besitzung des Baumwollspinnereibesitzers Rabe; zu dieser gehört das Wohnhaus des Fabrikherrn, eine im gotischen Stile erbaute Villa mit schönem, noch zwei andere Villen einschließenden Park und die großartige Fabrikanlage der Baumwollenspinnerei, in der über 500 Menschen Beschäftigung finden. Auch von hier aus bietet sich uns ein herrlicher Ausblick nach der gegenüberliegenden Spitze der Peißnitzinsel, den bewaldeten Cröllwitzer Höhen und der Ruine des alten Bergschlosses Giebichenstein. Am Fuße des Burgfelsens vorüber führt eine große eiserne Brücke über die Saale und verbindet Giebichenstein mit dem auf dem linken Ufer gelegenen früheren Vororte Cröllwitz. Diese Brücke wird im Volksmunde scherzweise der „Strich durch die Natur" genannt, weil sie sich durch ihre massige Eisenkonstruktion so prosaisch von der lieblichen Schönheit ihrer Umgebung abhebt.

Cröllwitz war zu Anfang unseres Jahrhunderts ein kleines Fischerdorf von etwa 100 Einwohnern, deren Zahl bis 1900 auf etwa 3000 gestiegen ist. In früheren Zeiten wurde hier ein beliebtes Volksfest, das „Fischerstechen", auf der Saale gefeiert, zu welchem die Zuschauer von nah und fern herbeiströmten. Jetzt nähren sich die Bewohner von Acker- und Gartenbau, zum größten Teile aber finden sie ihre Beschäftigung in dem nahen industriereichen Halle. Die bedeutendsten Gebäude sind die bereits über 100 Jahre alte beliebte „Bergschenke" auf den Cröllwitzer Höhen, nahe am Ausgangspunkte der Brücke, und die große Kefersteinsche Papierfabrik am Fuße des Ochsenberges. Hier ist der Ort, wo im Jahre 1806 vor der französischen Übermacht zurückweichend die Brigade Treskow ihren Heldentod fand. Um sich vor der Gefangenschaft zu retten, sprangen viele Preußen in die Saale, unter ihnen auch die Fahnenjunker von Kleist und von Platen, die sich vor dem Todessprunge in ihre Fahne hüllten, damit auch diese nicht in die Hände der Feinde fiele.

In der Nähe von Cröllwitz liegt das neuerbaute Königliche Gestüt „Kreuz". An diesem vorübergehend, erreichen wir in 15 Minuten die „Dölauer Heide", einen schönen Wald, der größtenteils mit hohen schlanken Kiefern und Fichten bewachsen ist. Wir finden hier auch stattliche Eichen, Tannen und Birken, sowie die verschiedensten Büsche und Sträucher. Die Heide, die „Lunge von Halle" genannt, wird an heißen Sommertagen wie zur Winterzeit oft von den Hallensern besucht. Besonders an den Sonn- und Festtagen wird der Wald in allen Richtungen von fröhlichen Menschen durchschwärmt; lustige Lieder, übermütiges Lachen und Scherzen, und der Jubel der Kinder geben Zeugnis davon, wie wohl und glücklich sich hier die Menschen fühlen. Schöne Restaurants, wie der Schützenhof, der Waldkater, das Waldhaus und das Heideschlößchen, bieten dem müden Wanderer einen schönen Aufenthalt.

Wenden wir uns zurück zur Burgruine und wandern weiter am Ufer der Saale entlang, so begleitet uns rechts der große Amtsgarten, während drüben am linken Ufer auf den Höhen und zu den Füßen derselben die stattlichen Häuser und Villen von Cröllwitz liegen. Ein dicht an der Saale gelegenes Restaurant, der „Krug zum grünen Kranze", ist ein sehr beliebter Aufenthalt der Halleschen

Studenten. Für manchen ehemaligen Musensohn knüpfen sich an diesen Ort sehr „schneidige“ Erinnerungen, weil hier alljährlich viele Mensuren ausgefochten werden. Weiter nach Norden drängen sich vor unseren Blicken die Trothaer Felsen oder die Klausberge dicht an das Ufer der Saale heran, so daß ein Teil derselben, der „Brachmannfelsen“, wie ein Kap in das Flußbett hineinragt. Die Klausberge führen ihren Namen nach Augustinermönchen, welche sich im 12. Jahrhundert vor Erbauung des Klosters zum „Neuen Werk“ in Halle hier angesiedelt hatten und vom Volke die Klausner genannt wurden, während der Brachmannfelsen seinen Namen der Dichterin Luise Brachmann verdankt, die in einem Anfalle von Schwermut von hier aus in die Saale sprang und in deren Fluten ihren Tod fand. Rechts davon sehen wir das in den Felsen eingelassene eigenartig schöne Denkmal der Gemeinde Giebichenstein für die hochseligen Kaiser Wilhelm I. und Friedrich III. Die herrliche Gestalt einer Walküre schreitet gleichsam aus dem Felsen heraus und tritt mit den Füßen auf den Kopf eines überwundenen Drachen. Ihre rechte Hand hält das gesenkte siegreiche Schwert, während die linke schützend einen Palmenzweig über das aus Bronze gegossene Medaillonbildnis der beiden Kaiser hält. Eine Tafel unterhalb des Denkmals trägt die Inschrift:

Zwei-Kaiserdenkmal am Klausberge.

Den großen Kaisern
Wilhelm I. und Friedrich III.
Giebichenstein, 18. Oktober 1890.

Nahe am Brachmannfelsen ist auch die Jahnshöhle zu finden; in dieser hielt sich der Turnvater Jahn öfters auf, als er während seiner Studentenjahre in Halle weilte und Zuflucht vor seinen Verfolgern suchte. Die Klausberge waren früher nur kahle Porphyrfelsen, in den letzten Jahren sind sie jedoch durch die Anpflanzung vieler Bäume und Sträucher bedeutend verschönert worden. Von der Spitze des Berges bietet sich dem Beschauer nach allen Seiten hin eine entzückende Fernsicht dar. Nach Süden zu ist der Anblick besonders schön. Wie ein breiter Silberstreifen windet sich die Saale dahin. Hunderte von Kähnen und Gondeln, sowie die langen spitzen Boote der Rudervereine gleiten spielend darauf hin und her, während schwere Lastkähne mühsam von Menschen oder vom Kettendampfer gezogen und große Holzflöße nur langsam die Flut durchschneiden. Zu beiden Ufern erheben sich die bewaldeten Höhen, links mit der ehrwürdigen Burgruine und rechts mit der Bergschenke, weiter rechts die Peißnitz mit ihren grünen Wipfeln und links das gewaltige Häusermeer der Stadt. Die Schönheit dieses herrlichen Panoramas mag auch der

Dichter Eichendorff empfunden haben, der hier oft und gern verweilt hat. Auf einem einfachen Denkmal, einer schlichten vierseitigen Steinsäule, ist noch das Gedicht zu lesen, welches er hier verfaßt haben soll:

„Da steht eine Burg überm Thale
Und schaut in den Strom hinein:
Das ist die fröhliche Saale,
Das ist der Giebichenstein.
Da hab' ich oft gestanden,
Es grünten Thäler und Höh'n.
Und seitdem in allen Landen
Sah ich nimmer die Welt so schön."

Nicht nur bei Tage ist dieser Anblick schön, sondern auch in linden Sommernächten, wenn von den vergnügungslustigen Hallensern Wasserfahrten unternommen werden. Dann gleiten die mit Laubgewinden und Lampions geschmückten Kähne mit ihren fröhlichen Insassen durch das ruhige Gewässer, während zu beiden Seiten die bewaldeten Höhen mit den Trümmern der Burg im bengalischen Lichte erglühen, und auf den Berghöhen und der Peißnitz schöne Feuerwerkskörper abwechslungsreich bald als farbenprächtige Feuerräder, Sterne oder Schlangen aufflammen, bald als Raketen und Leuchtkugeln in strahlenden Bouquets gen Himmel steigen, darüber spannt sich das dunkle Himmelsgewölbe mit seinem klaren Sternengeflimmer und Mondenschein. Wenn dann von den Musikkapellen bekannte Weisen herüberschallen, denen eine vielköpfige Menschenschar am Ufer lauscht, so glaubt man sich wohl bei diesem zauberisch schönen Anblick in die Pracht der Märchenwelt von „Tausend und eine Nacht" versetzt. Besonders für den Fremdling ist ein solches Fest, wie es z. B. beim Ärztekongreß und zur Feier des 200jährigen Stiftungsfestes der Universität Halle stattfand, von unvergeßlichem, überwältigendem Eindruck.

Dicht neben dem Klausberge liegt die Saalschloß-Brauerei. Sie besteht aus den Gebäuden einer Aktien-Bierbrauerei und einem bedeutenden Vergnügungslokal mit großen Sälen und schön gepflegtem, parkähnlichem Konzertgarten. Östlich davon befindet sich in einem lieblichen Seitenthale das Solbad „Wittekind". Die hier vorhandene Solquelle war schon in den ältesten Zeiten bekannt und soll von Karl dem Großen dem besiegten Sachsenherzog Wittekind geschenkt worden sein, woher der Name dieser Quelle stammen soll. Jedenfalls ist hier schon in den frühesten Zeiten Salz bereitet worden, aber weil die Sole lange nicht so stark war, als in den Salzbrunnen zu Halle, wurde die Salzgewinnung eingestellt. Lange Zeit war die Quelle vergessen und wurde im Jahre 1705 zufällig von einem Spaziergänger wieder aufgefunden. Aufs neue suchte man Salz zu gewinnen und leitete deshalb die Sole nach der Domäne Giebichenstein. Weil aber die Ausbeute zu gering war, stellte man nach einigen Jahren die Arbeit abermals ein. Erst 1846 wurde der damalige Besitzer von Wittekind auf die Quelle aufmerksam gemacht, und dieser beschloß, ein Solbad zu errichten. Die Baulichkeiten wurden sofort in Angriff genommen und im Jahre 1848 eingeweiht. Die erste Gruppe der Gebäude umfaßt das stattliche Kurhaus mit seinen großen Gesellschaftsräumen und die Nebengebäude mit Logierzimmern und Wirtschaftsräumen. Vor dem Kurhause dehnt sich der umfangreiche, schattige Konzertgarten aus, in welchem während der Saison Früh- und Nachmittagskonzerte den Kurgästen angenehme Unterhaltung bieten. Die zweite Gebäudegruppe, das eigentliche Bad, enthält die geschmackvoll nach Art der Schweizerhäuschen errichteten Baderäume und, einige Meter tiefer gelegen, die zum Betriebe des Bades nötigen Maschinenanlagen. Das Bad hat eine von rauhen Winden geschützte fast rings von bewaldeten Bergen eingeschlossene herrliche Lage. In der nächsten Umgebung finden wir schöne Villen mit anmutigen Parkanlagen, so daß sich das Auge überall an den mannigfaltigsten Naturschönheiten erfreuen kann. Zu dem Bade gehört auch noch der schattige Kurpark oder nach einem früheren Besitzer der „Schmelzer-Park“ genannt. Hier wohnte in einem noch vorhandenen alter-

Nach einer photogr. Aufnahme v. O. Thümmler-Halle a. S.

Bad Wittekind.

tümlichen Gebäude, dem „Unterschmelzer“, der Freund Goethes, Kapellmeister Reichardt, in dessen gastfreiem Hause der große Dichter gern weilte. Man zeigt heute noch an der Nordseite des Hauses einen großen Rosenstock, welcher von Goethes Hand gepflanzt sein soll. Noch ein weiteres Andenken an Goethe findet sich hier an einem lauschigen Ruheplätzchen in der Nähe eines rieselnden Bächleins. Hier stehen auf einer Steinplatte eingegraben folgende an Philomele gerichteten Worte:

„Dich hat Amor gewiß, o Sängerin, fütternd erzogen;
Kindisch reichte der Gott dir mit dem Pfeile die Kost.
So, durchdrungen vom Gift die harmlos atmende Kehle,
Trifft mit der Liebe Gewalt nun Philomele das Herz.“

Ob der große Dichter, dem Gesange der Nachtigallen lauschend, wohl hier jene Worte niederschrieb? Alljährlich ist das Solbad Wittekind der Sammel punkt der Halleschen Aristokratie, sowie vieler Fremden, die hier Linderung ihrer Leiden suchen.

Dicht neben Bad Wittekind liegt eine große schöne Privatbesitzung, der „Reilsberg". Dieser Berg war noch zu Anfang unseres Jahrhunderts eine öde Schaftrift der Giebichensteiner Domäne. Im Jahre 1803 schenkte ihn König Friedrich Wilhelm III. dem verdienstvollen Professor Reil, welcher diesen Berg mit einem Kostenaufwande von ungefähr 100 000 Mark zu einem schönen Park umwandelte. Jene damals gepflanzten Bäume sind jetzt herrlich empor gewachsen und wir sehen hier alle unsere heimatlichen Bäume und Sträucher wieder, wenn wir die lauschigen Gänge durchwandeln. Auf der Spitze des Berges finden wir, von hohen Bäumen überschattet, die einsame Grabstätte Reils, die ein Denkmal aus weißem Sandstein bezeichnet. In der Mitte desselben befindet sich eine Marmortafel mit dem Namen, Geburts- und Todestag, während die beiden sinnreichen Seitenreliefs auf den ärztlichen Beruf des Entschlafenen hinweisen. Auch auf dem Reilsberge genießt man, besonders nach Süden hin, eine weite Fernsicht über das Bad Wittekind und das Häusermeer von Giebichenstein und Halle, nach Norden zu hemmen leider die Kronen der hohen Bäume den Blick.

Nach Osten hin liegt der bereits früher genannte Galgenberg, auf dessen Gipfel sich jetzt das Reservoir der Wasserleitung für Giebichenstein, Trotha und Cröllwitz befindet. Zu den Füßen des Berges zieht sich die Magdeburger Chaussee, sowie der Bahndamm der Halle-Halberstädter Eisenbahn entlang, jene großen Verkehrsadern, welche Halle in erster Linie mit dem Saalkreis verbinden. Sie berühren zunächst den ehemaligen Vorort Trotha, dessen zahlreiche hohe Schornsteine ihn schon von ferne als einen Fabrikort erkennen lassen. Hier finden wir eine große chemische Fabrik, Zuckerfabrik, Dampfschneidemühle, Ziegelbrennereien u. s. w. Haben wir Trotha verlassen, so gelangen wir zu den reichgesegneten Fluren des Saalkreises mit seinen zahlreichen Dörfern und Städten, sagen dem lieblichen Saalthal „Lebewohl" und eilen dem in der Nähe zu uns herübergrüßenden Petersberge zu.

A. Rauschenbach-Giebichenstein.

Der Petersberg.

Etwa 10 km nordwärts von Halle a. S. liegt der 350 m hohe Petersberg. Da er allmählich emporsteigt, und seine ganze Umgebung eben ist, so erscheint er aus der Ferne viel großartiger als er in Wirklichkeit ist. Auf ihm soll schon der römische Feldherr Drusus eine Festung (castellum) erbaut und mit einem Tempel des Mars und der Bellona versehen haben. In den frühesten heidnischen Zeiten war er für die Umwohner eine heilige Opferstätte. Später wurde hier von der immer weiter vordringenden Wendenmission eine Kapelle errichtet, welche dem heiligen

Petrus geweiht wurde. Von dieser Zeit an wurde der Berg, der vordem Lauterberg (mons serenus) hieß, Petersberg genannt.

Aus den Ruinen des alten Kastells begann im Jahre 1124 Graf Dedo von Wettin, ein Kloster zu bauen. Doch ehe der Bau vollendet war, starb er, und nun vollendete sein Bruder und Erbe, Conrad von Wettin, das Werk. Dieser wurde seiner Tapferkeit halber von Kaiser Konrad III. zum Markgrafen von Meißen ernannt, und so wurde er der Stammvater des sächsischen Königshauses. Der Papst Honorius hatte 1127 die Stiftung des „dem heiligen Petrus geweihten Klosters der regulierten Chorherrn des Augustinerordens" bestätigt. Der erste Propst war Herminoldus. Zu den Stiftsherren gehörten später auch die Pfarrer von Eilenburg, Niemegk, Zörbig, Ostrau, Nauendorf und Löbejün. Im hohen Alter legte Conrad seine Rüstung und sein Schwert am Altar des Domes zu Meißen nieder und zog als Mönch nach seinem Kloster auf dem Petersberge. Hier starb er auch, und die Gruft der Kirche birgt seine sterblichen Überreste nebst denen seiner Gemahlin und seiner Schwester.

Das Augustinerkloster des Petersberges war mit reichen Mitteln ausgestattet; es besaß zum Beispiel 100 Jahre nach Conrads Tode noch 450 Hufen Land. Im Jahre 1540 wurde das Stift Petersberg, welches zu großem Ansehen gelangt war, säkularisiert. Im August des Jahres 1565 schlug der Blitz in den Turm der Kirche, und die durch denselben entstandene Feuersbrunst verwandelte das ganze Kloster mit der herrlichen Kirche in einen Trümmerhaufen.

Durch August den Starken wurde der Petersberg mit allen Gerechtsamen an den Kurfürsten Friedrich III. von Brandenburg verkauft; so kam das Stift an Preußen.

In den Jahren 1853—57 ließ König Friedrich Wilhelm IV. von Preußen einen Neubau im Stile der alten byzantinischen Klosterkirche aufführen. Die feierliche Einweihung des neuen Gotteshauses fand am 8. Oktober 1857 in Gegenwart des Königs Friedrich Wilhelm IV. von Preußen, des Königs Johann von Sachsen und der übrigen sächsischen Fürsten statt. Im Innern der in Kreuzesform erbauten Kirche befinden sich außer den Gräbern des Gründers und seiner Gemahlin noch sehenswerte Nachbildungen der Grabdenkmäler der Grafen von Wettin. Die Kirche ist ein Prachtbau, welcher nicht nur dem Berge, sondern auch der ganzen weiten Umgegend zur Zierde gereicht.

Der Petersberg ist die höchste Erhebung der Gegend zwischen Saale und Mulde. Von dem Gipfel des Berges hat man bei klarem Wetter eine herrliche Fernsicht über mehr als 70 Städte und Dörfer. Man überschaut einen Teil des Harzes, das Saalethal, die Städte Magdeburg, Cönnern, Löbejün, Wettin, Cöthen, Dessau, die alte Sorbenfeste Zörbig, Bitterfeld, Delitzsch, Brehna, Landsberg, Leipzig, Schkeuditz und Halle a. S. und eine große Zahl von Dörfern. Wegen seiner herrlichen Aussicht auf das weitgedehnte flache Land übt der Petersberg eine bedeutende Anziehungskraft auf die Bevölkerung der Umgegend aus. Hauptsächlich am Himmelfahrtstage, am großen Missionsfeste, welches hier alljährlich abgehalten wird, und an dem an drei Sonntagen abgehaltenen Kirschfeste wandert eine große Schar Besucher nach dem Petersberge.

Für die klimatischen Verhältnisse der Umgegend ist der Berg von weittragendster Bedeutung; denn er bildet eine Wetterscheide. Fast alle heranziehenden Gewitter teilen sich hier und verlieren so an Heftigkeit. Die Beobachtung eines derartigen Naturschauspieles von des Berges Spitze gewährt einen prächtigen Anblick, weil man die Entwickelung desselben von Anfang bis Ende verfolgen kann. Für die umliegenden Orte ist der Berg ein Wetterprophet. Wenn sich der Berg in Nebel hüllt, dann giebt es Regen, oder wie das Volk sagt: „Wenn der Pfarrer auf dem Petersberge raucht, dann giebt's Regen."

Ein anderes prächtiges Schauspiel kann man besonders im Frühjahr und Herbst beobachten: Wenn die ganze Umgegend, wie das häufig geschieht, in dichten Nebel gehüllt ist, so erscheint sie wie ein großer wogender See, aus dem der Petersberg wie eine Insel herausragt.

G. Erfurth-Dammendorf.

Wettin, der Stammsitz des sächsischen Königshauses.

Zu den lohnendsten Ausflügen in die Umgegend der Stadt Halle a. S. gehört eine Dampferfahrt nach Wettin, einem Städtchen, welches etwa 15 km nördlich von Halle liegt. Saaleabwärts führt uns das Boot vorbei an wohlgepflegten Anlagen, lieblich bewaldeten Inseln und steilen Porphyrhöhen, deren kahle, zerklüftete Wände hart an die Ufer treten. Auf einem der höchsten Felsen liegt die Burgruine Giebichenstein. Scharen von Gondeln begleiten uns, bis wir die Vororte Cröllwitz und Trotha hinter uns haben. Das anfangs so enge Saalethal erweitert sich jetzt plötzlich zu einem weiten grünen Kessel, doch schon nach halbstündiger Fahrt beim Dorfe Lettin nehmen die Ufer wieder ihren früheren felsigen Charakter an. Höhen und Thäler, Dörfer, wohlgepflegte Baumplantagen und Wiesen folgen nun im bunten Gemisch und bieten dem Auge ein stets wechselndes Bild. Beim Dorfe Salzmünde, wo die Salzke sich in die Saale ergießt, verläßt der Fluß plötzlich seine ursprünglich westliche Richtung und wendet sich im rechten Winkel nach Norden. Zur Linken erheben sich von hier ab sanft aufsteigende Buntsandsteinhöhen, die letzten Ausläufer des Mansfelder Berglandes, während die Porphyrkuppen zur Rechten die sonderbarsten Formen und Gestaltungen annehmen und stellenweise bis in die Fluten hinein ragen. Nach etwa zweistündiger Fahrt erblicken wir in der Ferne einen mächtigen, dicht am Saaleufer aufsteigenden Felsen, dessen Gipfel gekrönt ist mit einem Turm und altem Mauerwerk. Es ist das Schloß Wettin, die Stammburg des sächsischen Königshauses. Darunter liegt das etwa 3000 Einwohner zählende

Städtchen gleichen Namens, dessen schmale Gassen den Berg von drei Seiten umschlingen. Der Dampfer hält unmittelbar unter der Burg. Auf steilen in den Stein gehauenen Stufen geht's im Zickzack den Felsen hinauf. Oben ist derselbe mit einer kaum fußhohen Mauer umgeben, von welcher der Besucher einen herrlichen Blick über das schöne Saalethal genießt. Auf dem höchsten Teile des Berges liegt die ehemalige Burg, dicht daneben, aber etwas tiefer, das gräfliche Schloß. Nur wenig ist noch erhalten von den ehemals starken Befestigungen, auch die Gebäude besitzen zum Teil nicht mehr ihre ursprüngliche Gestalt. Wohl aber gewährt das Ganze noch ein Bild einer gewaltigen Feste aus jenen Zeiten, wo Raub und Fehdelust die Menschen nötigte, die steilsten Klippen als ihre Wohnplätze zu erwählen.

Leider berichtet uns Geschichte und Sage nur wenig über die ersten Anfänge der Burg. Man vermutet, daß schon die Römer hier ein Kastell anlegten. Der Name Wettin dagegen ist wendischen Ursprungs und stammt her vom Worte „Widin"*), wie die Stadt auch in alten Urkunden genannt wird. Wie schon erwähnt, hat der Ort dem gräflichen Geschlecht, von dem die Könige von Sachsen abstammen, den Namen gegeben. Die Heimat der Wettiner ist in dem zwischen Saale, Schlenze, Harz und Wipper sich ausdehnenden Teile des Nordschwabengaues zu suchen. Zur Zeit, als die Sorbengaue östlich der Saale unterworfen und germanisiert wurden, hat dieses Geschlecht seinen ursprünglich nur kleinen Besitz besonders nach dieser Richtung hin erweitert. Wann aber der Burgwart Wettin, nach welchem sie sich erst viel später nannten, in ihre Hand gelangt ist, bleibt noch immer unbekannt. „Graf von Wettin" nannte sich zuerst Thiemo, welcher um das Jahr 1053 starb; er scheint also schon im Besitz der Burg an der Saale gewesen zu sein. Thiemo hinterließ einen Sohn gleichen Namens, und dieser ist der Vater der beiden berühmten Grafen Dedo und Konrad, von denen die Geschichte schon mehr Spuren hinterlassen hat. Dedo faßte zuerst den Plan, auf dem Lauterberge, dem jetzigen Petersberge, ein Kloster zu gründen. Er hatte nämlich seine Gemahlin Bertha, eine Tochter des in jener Zeit vielgerühmten Grafen Wipprecht von Groitzsch, verstoßen, nach der Aussöhnung mit ihr aber als Sühne eine Pilgerfahrt nach dem heiligen Lande und den Bau eines Klosters gelobt. Noch bevor er die Heimat wieder erreichte, starb er jedoch, und sein Bruder Konrad verwirklichte seinen Plan. Konrad ist der bedeutendste der Wettiner Grafen und der eigentliche Gründer der Grafschaft. Er vereinigte in seiner Hand sämtliche Allodialgüter seiner Familie und wurde vom deutschen Kaiser im Jahre 1127 zum Markgrafen von Meißen ernannt. Sein Gebiet, das anfangs nur 8 Quadratmeilen umfaßte, erweiterte er von der Spree bis zur Saale, so daß es an Größe das heutige Königreich Sachsen überragte. Konrad focht während seiner Regierungszeit gegen die Normannen, Polen und Slaven und führte viele Fehden mit deutschen Grafen und Herren. Alt und lebensmüde legte er im Jahre 1156 seine Rüstung und sein Schwert im Dome zu Meißen am Altare nieder und zog in seinem Kloster auf dem Petersberge nach der Sitte damaliger Zeit die Mönchskutte an, um sich auf die Ewigkeit vorzubereiten. Die Mönchskleider scheinen ihm jedoch

*) Ein Ort gleichen Namens liegt an der Donau in Bulgarien.

schwerer geworden zu sein als die Rüstung, denn schon nach wenigen Monaten starb er. Begraben wurde er auf dem Petersberge an der Seite seiner Gemahlin Luitgard. Der Volksmund sagte von ihm:

„So wechselt's in der Welt, der lange Zeit gekrieget,
Wird nun ein Mönch; der Löw' als wie ein Lamm still lieget."

Nach Konrads Tode wurde das Land unter seine vier Söhne geteilt. Otto bekam Meißen, Dietrich die Lausitz, Friedrich Brehna und Konrad Wettin. Von der Linie Meißen stammen die Könige von Sachsen ab. Die Wettiner Besitzer starben 1217 aus, worauf die Grafschaft an die Brehnaer fiel. Auch diese blieben nur wenige Jahrzehnte im Besitz Wettins, denn der letzte Graf Otto, der kinderlos war, schenkte vor seinem Tode, im Jahre 1288 die Grafschaft dem Erzstift Magde-

Nach einer photogr. Aufnahme v. O. Jäckel-Wettin.

Wettin.

burg. Die Wettiner Grafen wohnten in dem am Südende des Berges gelegenen Schlosse, während die eigentliche Burg von den Burggrafen bewohnt war. Nach dem Tode des letzten Administrators von Magdeburg fiel das Erzstift auf Grund des Westfälischen Friedens an Brandenburg, und so kam Wettin im Jahre 1680 unter die Herrschaft der Hohenzollern. Die Burg kaufte 1689 Kurfürst Friedrich III., um sie seinem Kanzler Danckelmann zu schenken. Als dieser aber später in Ungnade fiel, verpachtete sie der Fürst als Domäne, und seitdem führt diese den Namen „Burgamt Wettin".

Wenn der Wanderer die romantisch gelegene Bergfeste mit ihren Gebäuden und Befestigungen betrachtet, so werden unwillkürlich Bilder aus jenen längst vergangenen Zeiten, da noch edle Grafen und tapfere Ritter hier hausten, vor seinem Geiste aufsteigen. Er lasse sich aber genügen an dem, was seine Phantasie ihm vorspiegelt und versuche nicht etwa hinter Thor und Mauer mit seinen leiblichen Augen

Umschau zu halten. Zu plötzlich würde er sonst zurückversetzt werden in die realistische Gegenwart, und mit Trauer im Herzen würde er sich abwenden von diesem Gemäuer, das auf Grund seiner mehr als tausendjährigen Vergangenheit wohl so manches Erinnerungszeichen an deutsche Länder- und Fürstengeschichte aufweisen dürfte. Keine Inschriften, keine Waffensammlungen, keine Ahnengalerieen, nicht Burgkapellen noch mittelalterlich geschmückte Säle erinnern mehr an die frühere Pracht und Herrlichkeit und an die mächtigen Geschlechter, die hier des Lebens Lust und Leid durchkosteten. Wo Ritter sich einst ergötzten beim Spiel und frohen Becherklang, da sieht man jetzt vollgestopfte Speicher und in den Räumen, in denen fahrende Sänger vor edlen Frauen ihre lieblichen Minnelieder erklingen ließen, da ertönt jetzt das Brüllen wohlgenährter Rinder. Sic transit gloria mundi!

Ein nicht minder hohes Alter als die Burg hat das Städtchen Wettin. Schon im Jahre 961 wird es in den Chroniken erwähnt. Es ist eine echte Bergstadt. Die Straßen sind zum Teil so uneben und steil, daß Wagen gar nicht fahren können. Die Bewohner beschäftigen sich hauptsächlich mit Ackerbau und Schiffahrt. In der Nähe der Stadt liegt der Schweizerling, eine schön bewaldete Porphyrkuppe, von deren Gipfel man eine herrliche Rundsicht hat. Man überblickt von hier aus einen großen Teil des Saalkreises und des Mansfelder Berglandes. Im Süden sieht man die Türme von Halle und bei klarem Wetter im fernen Westen sogar den gewaltigen Brocken. Vom Fuße des Schweizerlinges nach Nordosten zu breitet sich eine flache Thalmulde aus, die mit vielen alten, mit Gestrüpp bewachsenen Halden bedeckt ist. Es sind dies die letzten Reste des einst so blühenden Steinkohlenbergbaues. Schon im 15. Jahrhundert wurden die Kohlen entdeckt, als man hier nach Kupferschiefer suchte, eine ordnungsmäßige Ausbeute wurde aber erst unter Kurfürst Friedrich III. von Hohenzollern unternommen. Leider sind die Schächte soweit ausgebeutet, daß vor etwa 10 Jahren der Betrieb eingestellt werden mußte, wodurch die Bewohner des Städtchens um einen Haupterwerbszweig ärmer geworden sind.

K. Bernau-Halle-Trotha.

Die Himmelfahrtsdörfer und das Himmelfahrtsbier.

Wie an vielen Orten die Kirmeß, so wird in den sogenannten fünf Himmelfahrtsdörfern Gorsleben, Krimpe, Zörnitz, Fienstedt und Gödewitz, sämtlich im Mansfelder Seekreise belegen, das Himmelfahrtsfest seit Anfang des 13. Jahrhunderts als Volksfest gefeiert. Die Veranlassung dazu wird verschieden angegeben; am meisten ist darüber folgende Sage verbreitet: Der Landgraf Ludwig von Thüringen zog mit dem Kaiser Friedrich II. in das heilige Land, um gegen die Türken zu kämpfen. Seine fromme Gemahlin Elisabeth, eine Tochter des Königs Andreas von Ungarn, ließ er auf der Wartburg zurück und empfahl sie dem Schutze seines Bruders. Dieser wurde gegen dieselbe aber immer unfreundlicher, und als nach einigen Jahren sich das Gerücht verbreitete, ihr Gemahl sei gestorben, da trieb sie der hartherzige Schwager trotz harter Winterkälte und Schneegestöber aus dem Lande. Von ihrer Amme Gertrud begleitet, kommt sie auf ihrer Wanderung eines Abends nach Gorsleben. Der Bauer Hans, welcher zufällig vor seiner Thüre steht, sieht sie kommen und sagt:

„Wunaus bei dän Schnice,
Ae gieht j' eich wärrlich bis an dä Kniee,
Varr eich is das änne schlächte Schmeere,
M'rr siehts eich an, ihr sidd matt!
Kummet rinn, äßt eich bei uns satt!"

Freudig nahmen die beiden Frauen die Einladung an und erzählten dann dem Bauer die Veranlassung ihrer Wanderung. Dieser war dadurch so gerührt, daß er zur Landgräfin sagte:

„Wenn se immer met uns will äſſen,
Sellen mir r'rr hälfen aussen Dräcke,
Denn kann se bleiben meiner Traue
Bei uns do met ehrer Fraue. — —
Was m'rr han in Leib un Läben,
Wommer eich au gären gäben
Alles, was d'rr um eich säht,
Das is eire, nähmets an."

Mit Freuden nahm Elisabeth das Anerbieten an und versprach, dafür zu sorgen, daß den Bauern von Gorsleben der Zehnt erlassen würde, wenn ihr Mann glücklich wieder in die Heimat und zu seiner Herrschaft käme.

Der Bauer that den beiden nun alles, was er ihnen an den Augen absehen konnte; die Gräfin aber gab er für seine Muhme aus.

„Hans nu, där hatte veel Freinde rumhär,
Nich blus in Gorschlebben und Gödewitz;
Au in Fienstedt, in Krimpe un in Zärnitz;
Do gungen se hen, die kamen au här,
Un vun jeden Schlachtefeste
Kriechten se allepot man's beste.
Wenn ärrend einer Kräpplichen buhk,
(Dozemol hutte nich, wie alleweile
Jeder Bäcker wecke feile);
Wenn do ä Lappen vull keiner hentruhk,
Un Sieborger*) drzu änne Kanne,
Das rächenten se sich varr änne Schanne."

So verging der Winter. Als dann Himmelfahrt heran kam, machten sich alle Leute, groß und klein, alt und jung, in den Dörfern auf die Berge, um den Aufgang der Sonne zu beobachten. Die Gräfin, welche in ihrer Wehmut gern allein sein wollte, war mit ihrer Amme sehr früh gegangen und bis dicht vor Salzmünde auf den Berg gekommen, wo sie vor sich die Dölauer Heide und viele Ortschaften liegen sah; dorthin sandte die Sonne eben ihre ersten Strahlen, und beglückt riefen beide: „Willkommen!" Da plötzlich vernahmen sie Hufschläge von Pferden und als sie sich umdrehten, hielt vor der Gräfin ihr Gemahl. Beide sanken einander voller

*) Seeburger Wein.

Freude in die Arme und feierten unter den ersten Strahlen der Himmelfahrtssonne das Wiedersehen. Nachdem erzählte die Gräfin ihrem Gemahl, wie es ihr während seiner Abwesenheit ergangen und führte ihn zu den guten Leuten nach Gorsleben, wo sich auch bald die Freunde und Bekannten des alten Hans einfanden, um den Grafen kennen zu lernen.

Damit nun für ewige Zeiten dieses Tages gedacht werden sollte, erließ der Graf den Einwohnern der schon genannten fünf Dörfer den Zehnt und verordnete, daß sie dafür am Himmelfahrtstage ein Fest feiern und dabei gemeinschaftlich eine Tonne Bier trinken sollten; auch jeden Fremden, den sein Weg vorbeiführe, sollten sie mittrinken lassen. Sollten sie es ja unterlassen, das Fest zu feiern, so sollten sie den Zehnten wiedergeben, dazu ein kohlschwarzes Rind mit weißem Kopfe, einen schwarzen Ziegenbock mit vier weißen Füßen und vergoldeten Hörnern, eine Tonne Eselsmilch, eine Tonne Mückenfett und ein vierspännig Fuder Semmelmehl. Als der Landgraf die Bauern dann fragte, ob sie damit zufrieden wären, antworteten sie:

„Ja! ja! härzlich gären,
's sall Alles wuhl bafolget wären."

So wird denn in den fünf Dörfern heute noch zur Erinnerung an diese Wohlthat das Himmelfahrtsfest als Volksfest gefeiert. Gleich nach Ostern beginnen die Vorbereitungen dazu, und auswärtige Verwandte, Freunde und Bekannte werden eingeladen. Die schöne volkstümliche Feier findet auf dem sogenannten „Bierhügel" bei Salzmünde statt. Auf demselben steht ein einfach behauener, etwa 2 m hoher Stein, dessen Inschrift unsern Geist zurückversetzt in längst vergangene Jahrhunderte.

Auf der Nordseite finden wir die Worte: „Die Stätte, die ein guter Mensch betrat, ist eingeweiht; nach Jahrhunderten klingt sein Wort und seine That von Enkeln wieder." An der Ostseite lesen wir die Widmung: „Der Pfalz- und Landgräfin von Thüringen, Elisabeth der Heiligen, der ungarischen Königstochter, die dankbaren Gemeinden Gödewitz und Salzmünde." Auf der Südseite:

„Selig, wer zu gold'nen Saaten
Hier den Samen ausgestreut;
Selig, wer nur edlen Thaten
Seine Lebenstage weiht:
Dessen Stern wird nie vergeh'n,
Sein Gedächtnis fortbesteh'n."

Die Inschrift auf der Westseite giebt uns endlich genaueren Aufschluß über die Bedeutung dieses Denksteines. Da lesen wir: „Sie beglückte benachbarte Ortschaften mit großen Wohlthaten, die im Munde des Volkes unvergessen bleiben, und stiftete am Himmelfahrtstage 1222 auf dieser Stätte eine Festfeier zur Erinnerung an die ihr bezeigte Liebe und Verehrung."

Dieser Hügel liegt in Gödewitzer Flur, gehört aber dem Besitzer von Salzmünde, welcher jährlich zur Erhaltung dieses ehrwürdigen Festes eine bedeutende Summe spendet, durch welche die Kosten für Musik, Bier, Beköstigung der Kinder in Salzmünde und Gödewitz, sowie für Geschenke an dieselben u. s. w. gedeckt werden. Allerdings beteiligt sich nun auch die Gemeinde Salzmünde selbst sehr rege an dem

Feste. Nach dem Gottesdienste ziehen Erwachsene und Schulkinder unter schmetternder Marschmusik des Dölauer Bergsängerchors den Berg hinauf nach dem „Bierhügel“, wo sich gewöhnlich schon eine große Menschenmenge aus der Umgegend versammelt hat. Dorthin kommt unter den Klängen der Musik auch die Schuljugend von Gödewitz mit ihren Angehörigen. Aber welch ein Gefährt erblickt man dazwischen? — Zwei große stämmige Ochsen, reich mit Guirlanden geschmückt, ziehen eine Art Schlitten, auf dem ein mächtiges, mit Grün geschmücktes Bierfaß liegt. Es enthält das „Himmelfahrtsbier“, was auf dem Bierhügel getrunken werden soll. Die Schuljugend stellt sich auf und preist in Liedern die Schönheit der Natur. Nachdem wird eine Ansprache gehalten, durch welche die Versammelten in die längst verschwundenen Zeiten zurückversetzt werden, und dann folgende Urkunde für die Gemeinde Gödewitz verlesen:

„Höret und schweiget!

Andere Gäste schweigen auch, weil wir Kraft und Macht haben:

1. Von unserer Hohen Landes-Obrigkeit, als des Durchlauchtesten Fürsten und Hr. Hr. des Heiligen Römischen Reiches u. s. w.

2. Von unserer Gemeinde allhier, daß wir sollen gebieten Recht und wollen verbieten unrechte Wege und Stege, Haß, Zank, falsche Worte, falschen Eid oder Unfug auf unserem Gemeinde- und Bierhügel anzurichten, er thue es denn mit Recht, so soll ihm auch mit Recht geholfen werden.

Denn weil jährlich, wenn die Glocke 10 schlägt und das Vieh zum Dorfe geht, so pflegen wir allhier sieben Ring-Eimer Bier zu trinken auf unserm Gemeinde- und Bierhügel, von einer Königl. Jungfrau Elisabeth zu einem Erbgedächtnis geschenkt und verehret worden. Wo wir aber solch Geschenk und Erbgedächtnis verachten, so sind wir schuldig, der Obrigkeit zu geben:

Den Zehnten von Allem, was wir haben, soweit unsere anliegende Marke liegt, ein kohlschwarzes Rind mit einem weißen Kopfe, einen schwarzen Ziegenbock mit 4 weißen Füßen und vergoldeten Hörnern, eine Tonne Eselsmilch und ein vierspännig Fuder Semmelmehl. Weil nun aber einer solchen Strafe mit so wenig vorzukommen ist, so trinket alle in Frieden und Einigkeit, Kinder und Gesinde, andere Gäste trinken auch, trinket alle in Gottes Namen!“

Nachdem beginnt der gemütliche Teil des Festes.

Auch in Fienstedt wird am Gemeindebrunnen unter Konzertmusik das Himmelfahrtsbier getrunken und dabei eine ähnlich lautende Urkunde, wie die der Gemeinde von Gödewitz verlesen.

In Gorsleben wird das Fest in der sogenannten „Himmelfahrtsscheune“ gefeiert. Es ist dies ein Gemeindetanzsaal, welcher zugleich als Spritzenhaus dient und da steht, wo sich früher der Sage nach das Haus des alten Hans befand.

In ähnlicher Weise findet sich diese Feier auch in Krimpe und Zörnitz. Die Vergnügungen werden überall noch am Freitage fortgesetzt und tragen stets den Charakter eines Volksfestes, woran sich die Einwohner der umliegenden Ortschaften rege beteiligen.

C. Müller-Schochwitz.

Die Dübener Heide.

Lieber Leser, solltest du die Dübener Heide noch nicht aus eigener Anschauung kennen, so mache dich zunächst von einer falschen Vorstellung frei: Stelle dir ja unter der Dübener Heide keine öde Sandgegend vor, die ihren Bewohnern nicht bietet, was sie bedürfen, du irrst sonst.

Die Dübener Heide ist eine riesige, wohlgepflegte, wildreiche Waldung, die der Direktion dreier königlicher Oberförstereien unterstellt ist. Sie erstreckt sich nördlich von Düben bis Kemberg, nach Osten hin erreicht sie fast die Elbe bei Dommitzsch, während sie westlich hinter Gräfenhainichen an der Mulde endet. Im und am Walde liegen saubere und wohlhabende Dörfer mit ausgedehnter Feldmark. Wohlgepflegte Pferde mittleren Schlages bearbeiten den leichten Mittelboden, und im Sommer sieht das Auge üppige Kleefelder und wogende Weizenbreiten, auch Raps.

Woher dann aber der Name „Heide“? Ja, Heide heißt hier zu Lande der Wald. Die Leute gehen hier nicht in den „Wald“, sondern in die „Heide“ oder in den „Busch“.

Man muß sich wundern, daß selbst Bücher, die einen Anspruch auf Wissenschaftlichkeit machen, falsche Vorstellungen über die Dübener Heide verbreiten. Trotz vieler großer Drangsal und Not in früherer Zeit, sind heute die Heidedörfer ziemlich wohlhabend.

Die Ortschaften der Dübener Heide wurden 1429, 1430 und 1433 durch die Hussiten arg verwüstet; 1450 wurden sie im sächsischen Bruderkriege nicht minder schonend von den Böhmen behandelt, während drei Jahre zuvor die Spanier hier gehaust hatten. Im Dreißigjährigen Kriege hatten dieselben Ortschaften wiederum arg zu leiden. Pastor Joachim Reinecke aus Authausen schrieb 1646 als Anmerkung zum Ephoralumlauf: „Wie ich hier mit Weib und Kind lebe, kann ich nicht beschreiben. Kein Brot, kein Salz, nichts ist zu finden; auch Schuhe und Kleider sind nicht vorhanden, womit ich meinen Leib bedecken könnte.“ (Obst, Chronik des Kreises Bitterfeld.)

Authausen selbst hatte keinen Einwohner mehr, die beiden Filialdörfer Kossa und Pressel zusammen noch 18. Im Siebenjährigen Kriege und zu Anfang des vorigen Jahrhunderts wurde unsere Gegend die Einquartierung und die Kontributionen nicht los, führten doch über Düben wichtige Militärstraßen.

Und siehe, dasselbe Authausen, von dem ich dir soeben erzählte, ist jetzt mit seinen über 600 Einwohnern das verhältnismäßig wohlhabendste Dorf im Kreise Bitterfeld nach der Steuerstatistik, und im benachbarten Durchwehna wurden unlängst zwei Bauerngüter zu je 100000 Mark verkauft. Nun, ich denke, wenn die

Dübener Heide nach all der überstandenen Trübsal heute so dasteht, dann kann sie gar so übel nicht sein. Habe ich dir bis jetzt gewissermaßen etwas Respekt vor der so oft geschmähten Dübener Heide beibringen wollen, so will ich im folgenden versuchen, dich für sie zu gewinnen. Wir wollen miteinander die Heide ein wenig durchwandern; ich werde dir hier und da, wie sich's für einen Führer geziemt, etwas vorplaudern, und vielleicht sehen wir uns daraufhin einmal in der Dübener Heide beide wieder. —

Der Bismarckstein.

Der Mittagszug hat dich langsam aber sicher der Station Düben zugeführt. Den schönen Nachmittag benutzen wir nach einer kleinen Stärkung zu einem Rundgange durch die Stadt. Mit Wohlgefallen durchwanderst du die Straßen, die, soweit ein Plätzchen sich dazu bietet, mit Anpflanzungen versehen sind. Dank einer guten Verwaltung und der Rührigkeit eines Verschönerungsvereins und eines Vereins zur Hebung des Fremdenverkehrs ist Düben zu einer Perle deutscher Kleinstädte geworden. Im alten Dübener Schlosse, das sich in den Wassern der Mulde spiegelt, verlebte Napoleon I. die Zeit vom 10. bis 14. Oktober 1813 „die drei schrecklichsten Tage seines Lebens". Ein Denkstein – an der südöstlichen Gottesackerecke – erinnert daran, daß hier am 15. September 1631 die erste Begegnung Gustav Adolfs von Schweden und des sächsischen Kurfürsten Johann Georg stattfand, welcher dann der Weitermarsch der verbündeten Truppen nach Breitenfeld folgte.

Der Lutherstein.

Andern Tages früh geht's durch den herrlichen Park mit seinen Denkmälern — darunter eine Germania von Professor Eberlein — und dem Bismarckstein, nach dem eine halbe Stunde entfernten ehemaligen Alaunbergwerk. Jetzt ist dasselbe zum Kaiser-Wilhelms-Bad geworden, einem Paradies für Erholungsbedürftige.

Nachmittag wandern wir nach dem Gesundbrunnen, einer Stahlquelle mitten im Walde mit Schutzhütte. Wir treffen dort schon lustige Gesellschaft vor. Sommerfrischler lagern im Schatten der Bäume; die Damen hantieren am brodelnden Kaffeekessel, während die Herren den Bierflaschen zusprechen, die aus dem kühlenden Wasser des Brunnens äugen. Du wirst sicher am Abend meinen, daß es ein schöner Tag war.

Der nächste Tag führt uns ein Stück weiter in die „Heide“. Die Reinharz'sche Straße verfolgend, gelangen wir in kurzer Zeit in den duftenden Nadelwald, und bald gewahren wir Bäume von so stattlicher Größe, daß mancher von ihnen einen Wert von 200 Mark in sich hat. Der Mineraloge kann unterwegs seine Sammlung um einige der massenhaft vorkommenden versteinerten Seeigel — Krötensteine — bereichern, der Pflanzensammler um einige in der Sammlung noch nicht vorhandene Farnkräuter. Den lieben Angehörigen daheim aber sammeln wir ein schönes Gericht aus verschiedenen eßbaren Pilzen zum Gruß aus der Dübener Heide. In etwa zwei Stunden haben wir, später links abbiegend, den Eisenhammer erreicht. Derselbe war früher ein Eisenhammerwerk, jetzt ist er ein im herrlichsten Laub- und Nadelwald gelegener, beliebter Ausflugsort mit Fremdenpension. Hei, wie schmecken Bier und Imbiß nach der schönen Waldpartie!

Der Kemberger Straße folgend, wandern wir dann im Walde weiter und gelangen nach etwa einer halben Stunde an einen mitten auf der Straße liegenden, von Anlagen umgebenen, gewaltigen erratischen Block, den Lutherstein. Bis hierher geleiteten Studenten und Freunde aus Wittenberg den großen Reformator, als er zur Disputation nach Leipzig reiste; hier verabschiedeten sie sich auch unter Thränen von ihm, als er in seinem Wägelchen über Düben nach Worms weiterfuhr.

Vom Lutherstein ist's nicht mehr weit nach dem Wachtmeister, einer besuchten Sommerfrische, ähnlich dem Eisenhammer. Unser Weg aber führt uns weiter nach Kemberg. Der Weg Düben-Kemberg durchschneidet die Dübener Heide von Süden nach Norden. Der Lutherstein befindet sich auf halbem Wege. Würden wir vom Lutherstein rechtwinkelig zur Straße Düben-Kemberg eine gleiche Strecke zurücklegen, die ebenfalls den Lutherstein zum Mittelpunkt hat, dann hätten wir die Dübener Heide den vier Haupthimmelsgegenden nach durchwandert. Immer aber werden wir neue, interessante Punkte in der Heide auffinden.

Ich will dich jedoch nicht länger auf unserer papierenen Wanderung herumführen — komm und siehe, du wirst gewiß „die Dübener Heide“ liebgewinnen.

F. Kunze-Düben.

Wittenberg.

Wittenberg verdankt seine Entstehung dem Umstande, daß eine befestigte Grenzwarte (Burgward) von den Deutschen gegen die Slaven angelegt werden mußte. Nur so war es dem Ballenstädter Albrecht I. dem Bären möglich, das von ihm erworbene, zwischen Schwarzer Elster und Mulde längs der Elbe belegene Landgebiet zu behaupten. Fremde Kolonisten, zumeist aus dem Holländischen, zog er heran. Sie siedelten sich um den neuen Burgward an und gaben demselben wohl auch die Bezeichnung: Wittenberg oder Wittenburg mit Rücksicht auf die zahlreich vorhandenen Weißbirken oder die in der Nähe befindlichen Sandhügel. Nach Albrechts I. Hinscheiden verfiel sein Land mehrfacher Erbteilung. Das östliche Gebiet desselben erhielt durch Kaiser Friedrich Barbarossa den Namen Herzogtum Sachsen, zu dessen Residenz Albrecht II. (1260—1298) Wittenberg erhob, dem 1293 Stadtgerechtsame zuerkannt wurden. Unter seinem Nachfolger Rudolf I. zur Hauptstadt des Kurkreises emporgestiegen, führt es seitdem in seinem Wappen neben der sächsischen Raute und einem Fisch die Kurschwerter, nämlich zwei gekreuzte rote Schwerter in schwarz-weißem Felde, als Stadtfarben aber die Farben des Kurkreises: schwarz-gelb. Als die Askanier 1422 ausgestorben waren, ging Kursachsen auf das Haus Wettin über, dessen Fürsten anfänglich jedoch in Altenburg, Dresden oder Torgau residierten. Erst Friedrich der Weise (1486—1525) hielt häufig in Wittenberg Hof, nachdem er dort das weithin leuchtende Schloß, bestehend aus Ober- und Unterschloß und dazwischen liegendem Turnierhof, neu erbaut hatte. Er hat ebenso wie sein Nachfolger Johann der Beständige, der machtvolle Beschützer der deutschen Reformation, in der von ihm errichteten Schloßkirche seine letzte Ruhestätte gefunden, während sein Sohn Johann Friedrich der Großmütige, welcher infolge der Niederlage auf der Lochauer Heide unweit Mühlberg 1547 der Kurwürde verlustig gegangen war, in Weimar bestattet liegt. Bis zum Jahre 1815, wo sie bei Beendigung der Freiheitskriege an Preußen abgetreten werden mußte, hat dann das sächsisch-albertinische Haus über die Stadt geherrscht. Bereits um 1400 mit Wall und Graben umgürtet, schuf Johann der Beständige sie in eine Festung um. Als solche hat sie viele Schreckenstage gesehen, namentlich im Siebenjährigen Kriege, in welchem mehr denn 300 Gebäude, darunter die Schloßkirche, in Trümmer sanken, und in den Freiheitskriegen, an deren Ende sie in der Zeit vom April 1813 bis

13. Januar 1814 belagert und zuletzt mit Sturm genommen wurde, wobei 32 Häuser zu Grunde gingen. Die Vorstädte haben damals 244 Häuser eingebüßt.

Die Kämpfe sind es jedoch nicht, welche vor und in den Thoren Wittenbergs durch die Waffen der Krieger ausgefochten worden sind, denen die Stadt ihre Weltberühmtheit verdankt — vielmehr hat es diese erlangt durch die gewaltigen Geistessiege, welche auf ihrem Boden die neue Zeit gegenüber dem Mittelalter in den Tagen der erlauchten Reformation gewonnen hat. Erinnerungen hieran begegnen dem die Straßen Durchwandernden auf Schritt und Tritt.

Treten wir von Osten in die Stadt ein, so kommen wir zu dem Platz, an welchem eine Eiche an die am 10. Dezember 1520 vor dem Elsterthore durch Luther erfolgte Verbrennung der päpstlichen Bulle erinnert, durch welche dem Reformator der Bann angedroht wurde. Nicht weit davon ragt der stattliche Bau des Augusteums empor, von Kurfürst August zu Universitätszwecken 1564—83 errichtet, jetzt eine Bibliothek sowie Wohnungen für Beamte und Mitglieder des im Jahre 1817 begründeten Königlichen Predigerseminars enthaltend. Zur Reformationszeit lag hier ein Garten, durch welchen man zu dem im Jahre 1502 begonnenen Klostergebäude der Augustinermönche gelangte. Hier nahm am 9. März 1508 der 24jährige Bruder Martinus Luder de Mansfelt Wohnung, und zwar in einer Zelle, welche im Hauptturm des Hauses lag, durch welchen der Eingang zum Garten führte.

Lutherhaus in Wittenberg.

Nach dem Reichstage von Worms kehrten viele Ordensbrüder dem Kloster den Rücken, so daß 1524 außer dem Prior nur Luther noch dort weilte, welcher jedoch die Augustinertracht abgelegt hatte. Er durfte mit fürstlicher Erlaubnis weiter daselbst wohnen. Ja, Johann der Beständige schenkte ihm 1526 die gesamten Klostergebäude, damit er dort mit seiner Gattin Katharina von Bora, welche er das Jahr zuvor heimgeführt hatte, sich bequem einrichten könne. Diese machte ihm auch die prächtige Sandsteinpforte, welche mit seinem Wappen und Bildnis geziert, sowie mit zwei Sitzplätzen versehen ist, zum Geschenk. Und — wahrlich — noch jetzt weht dem, welcher an dieser Pforte vorüber die Wendeltreppe hinaufgestiegen ist und in Luthers ehemalige Wohn- und Familienräume eintritt, der Geist deutscher Behaglichkeit und Traulichkeit wohlthuend entgegen. Da ist zunächst das Vorzimmer, in welchem so mancher einst gespannt des Augenblicks harrte, wo er dem Größten seines Zeitalters ins Auge sehen würde, wenn die gegenüberliegende Thür sich öffnete zum Eintritt in die „Lutherstube", wie sie jetzt allgemein bezeichnet wird. Das ist die Stätte, wo Deutschlands größter Sohn Freud und Leid als Familienvater getragen, wo er fleißig studiert, gewacht, gebetet hat. Dort in der Ecke der in Pyramidenform sich hoch erhebende Ofen mit den Bildern der Evangelisten und anderem figürlichen Schmuck auf einzelnen seiner Kacheln, dort in der Nähe des Fensters mit den kleinen Butzenscheiben und dem hölzernen Doppelsitz der Tisch, aus Eichenholz festgefügt, auf welchen die tüchtige, wirtliche Frau Käte die Speisen aufgetragen hat für den Gatten und die Kinder, für die Kostgänger und die fremden Besucher, welche in dem gastlichen Hause in großer Anzahl Jahr für Jahr vorsprachen, so daß das nicht unbedeutende Einkommen manchmal nicht ausreichen wollte, die Kosten des Haushaltes

Marktplatz zu Wittenberg.

zu bestreiten. Oben die Decke mit bunten Blumenranken, aus denen liebliche Engelsköpfe grüßen, — an den Seiten die Wände mit bräunlichem Anstrich und Malereien.

An die Lutherstube lehnten sich noch sechs weitere Zimmer an, welche seit dem Jahre 1842 erneuert und allmählich zu einer Reformationshalle umgewandelt worden sind, deren feierliche Weihe Kaiser Friedrich als Kronprinz am 13. September 1883 vollzog. Bilder Luthers, seiner Familienglieder und Mitarbeiter, der fürstlichen Beschützer der Reformation, denkwürdiger Vorgänge aus der Gründungszeit der evangelischen Kirche finden sich hier gesammelt, daneben Erinnerungen an Luther, als: Ringe, Becher, Rosenkranz; ferner Bibeldrucke und Originalausgaben von etwa 1300 Schriften des Reformators und seiner Zeitgenossen, außerdem viele Medaillen und Siegel.

Nachdem wir vor dem Scheiden aus dem Lutherhause noch einen Blick in das ehemalige, jetzt gottesdienstlichen Zwecken dienende Refektorium und in den gleich diesem im Erdgeschosse befindlichen Unterrichtsraum der Lutherschule geworfen haben, kehren wir über den Hof durch das weite Thor des Augusteums zurück und gehen draußen westwärts die Kollegienstraße hinauf. Ihren Namen trägt sie von dem **Coll'egium Fridericianum**, welches linker Hand an der Stelle der jetzigen Infanteriekaserne stand und einen einfachen Bau mit drei schlichten Giebeln bildete. Dieses Universitätsgebäude enthielt einen großen Hörsaal und eine Anzahl Nebenräume für Vorlesungen. Am 18. Oktober 1502, dem Einweihungstage der von Friedrich dem Weisen begründeten Hochschule, ist es zum erstenmale in Benutzung genommen worden.

Nur wenige Schritte davon entfernt ist das Melanchthonhaus belegen, an einem altertümlichen Giebel kenntlich und mit einer Tafel versehen, auf welcher man die Inschrift liest: „Hier wohnte, lehrte und starb Philipp Melanchthon.“ Hinter dem Hause finden sich noch jetzt die Mauerreste des Hörsaales, in welchem der **praeceptor Germaniae** dociert hat. Sein Studierzimmer, welches gelegentlich der 400jährigen Wiederkehr seines Geburtstages auf Grund sorgfältiger Forschungen eine der ursprünglichen ähnliche Ausstattung erfahren hat, lag eine Treppe hoch.

Verfolgen wir nun die eingeschlagene Wegrichtung weiter, so gelangen wir auf den großen, von teilweise recht alten, giebelgeschmückten Gebäuden umschlossenen Marktplatz. Auf seiner nördlichen Seite steht das stattliche Rathaus. In den Jahren 1523—1540 ist es erbaut worden. Doch hat man die Vorhalle und den allegorische Figuren und Inschriften enthaltenden Balkon erst 1573 hinzugefügt. Die Glocke auf dem Turme entstammt dem Jahre 1587 und soll bei Hinrichtungen geläutet worden sein, weshalb sie den Namen „arme Sünderglocke“ erhalten hat. Die inneren Räume sind zum Teil recht ansehnlich und vor einigen Jahren in würdiger Weise erneuert worden. Das Archiv enthält viele Urkunden wichtiger Art Auch werden manche Sehenswürdigkeiten auf dem Rathaus gezeigt. Vor demselben aber haben die Denkmäler der Reformatoren Luther und Melanchthon ihren Standort gefunden. Bei der 300jährigen Gedächtnisfeier der Reformation wurde am 1. November 1817 der Grundstein zum Lutherdenkmal durch König Friedrich Wilhelm III. persönlich gelegt, während die Enthüllung des Standbildes am Reformationstage 1821 stattfand. Auf granitenem Unterbau steht unter dem von Schinkel entworfenen Baldachin die von Schadow modellierte Statue Luthers, welcher, die heilige Schrift in der Linken, den Blick gen Himmel richtet.

Das ebenfalls meisterlich gearbeitete Standbild Melanchthons wurde, nachdem der Grundstein am 19. April 1860 gelegt worden war, am 31. Oktober 1865 feierlich geweiht. König Wilhelm I., der nachmalige Kaiser, war hierbei zugegen. Während Professor Drake die Statue modelliert hat, ist der Baldachin vom Oberhofbaurat Strack gezeichnet worden. Der Reformator schaut, die linke Hand auf die Brust gelegt, in der Rechten die Augsburger Konfession haltend, gen Himmel empor. Auch dieses Denkmal enthält, wie dasjenige Luthers, an den vier Seiten des Fußgestells Inschriften.

Nur durch eine Häuserreihe vom Markt getrennt, erhebt sich auf dem Kirchplatz, der einst Begräbnisstätte war, die Stadt-Pfarrkirche. Der älteste Teil derselben, der jetzige Altarraum, ist noch vor dem Jahre 1100 gebaut und bald nach 1400 dergestalt erweitert worden, daß das jetzige „ansehnliche Gebäude entstand, das mit zwei von Quaderstücken aufgeführten, gleich hohen Türmen prangt, so mit eisernen Gittern umgeben und durch einen steinernen Gang oder Brücke zusammengehängt sind." Weil sie der Jungfrau Maria geweiht war, setzte man in das Hauptportal im Westen neben anderem figürlichen Schmuck eine Marienstatue ein. Während man durch das Nordportal direkt in das Schiff tritt, schließt sich an das Südportal erst noch eine Taufhalle an. Die Außenwände enthalten eine Anzahl von Statuen der Apostel und von Grabmonumenten, im Süden unter dem Dach hinlaufend eine lateinische Inschrift aus dem Jahre 1570 und einen Stein mit dem Bilde einer Sau, im Norden eines zu den Emporen und der ehemaligen Ordinandenstube führenden Treppentürmchens in Steinarbeit die Darstellung des Heilandes als Weltenrichters mit Schwert und Lilienstengel, welche auch im Siegel der Kirche sich findet. Das Innere der letzteren ist 1864 gründlich repariert, 1892 ausgemalt, neuerdings auch mit farbigen Fenstern geschmückt worden. Die Kanzel lag ehedem der jetzigen gegenüber an dem ersten nördlichen Pfeiler neben dem schönen Grabmal des Studiosus Matthias von Schulenburg (gest. 1569). Unfern des Altars, dessen Vorderwand mit Gemälden Lucas Kranachs des Älteren (Abendmahl, Absolution, Predigt, Taufe), dessen Hinterwand mit solchen Lucas Kranachs des Jüngeren (Auferstehung, Gericht, Opferung Isaaks, Aufrichtung der ehernen Schlange) geschmückt ist, erhebt sich der Taufstein, ein Kunstwerk von Hermann Vischers Meisterhand (1457). Seine acht Seiten tragen eine große Zahl von Säulen, Figuren von Löwen und anderen wilden Tieren, sowie Statuetten der Apostel. An den Wänden des Altarchors gewahren wir außer Gedächtnistafeln und Bildern den Grabstein des vor dem Altar bestatteten Reformators Bugenhagen, dessen Büste auf dem Kirchplatz aufgestellt worden ist, ferner das Grabmal des jüngeren Kranach (gest. 1586), in Alabaster die Auferstehung Christi kunstreich darstellend.

Inneres der Schloßkirche zu Wittenberg.

Treten wir an der Nordseite aus der Pfarrkirche auf den Kirchplatz heraus, so sehen wir rechts das Superintendenturgebäude mit einer an den einstigen Bewohner, Johannes Bugenhagen, erinnernden Tafel über der Thür. Wir gehen an derselben vorüber nach der Südseite des Platzes, betrachten die dort befindliche Kapelle des heiligen Leichnams und Blutes, deren steiles Dach schon auf ein hohes Alter schließen läßt (erbaut 1377) und wenden uns nun, einen schmalen Durchgang benutzend, dem Marktplatz zu. Von hier begeben wir uns durch die Schloßstraße, an deren Eingang linker Hand das einstige Haus des älteren Kranach steht, mit einer Apotheke, welche er schon eingerichtet hatte, nach der Schloßkirche hin. Sie liegt neben dem Eingangsthor zur ehemaligen herzoglichen Hofburg. Friedrich III., der Weise, hat sie an Stelle der von Erzmarschall Rudolf I. 1340 erbauten, allen Heiligen geweihten Burgkapelle in der Zeit von 1490—99 errichten lassen, und neben sonstigem Schmuck mit Schätzen heiliger Dinge, deren man 5005 zählte, reich ausgestattet, welche auf den steinernen Emporen gezeigt wurden. Nach Gründung der Universität (1503) zur akademischen Stiftskirche geworden, erhob sich vor dem Hochaltar das Katheder für die großen Promotionen, welches jetzt in der Aula des Lutherhauses Aufstellung gefunden hat. An der Hauptthür, welche bei der Beschießung Wittenbergs 1760 vernichtet worden ist, hat Dr. Martin Luther am 31. Oktober 1517 die 95 Sätze angeschlagen, welche einen Weltbrand entzündeten. König Friedrich Wilhelm IV. hat die jetzigen Prachtthüren mit den in Erz gegossenen Thesen, den Fürstenbildern und dem Lavagemälde geschenkt. Die von seinem Vater bereits geplante würdige Herstellung der Kirche konnte er nicht durchsetzen. Dies blieb seinem Bruder, dem nachmaligen Kaiser Wilhelm I. vorbehalten, der jedoch ebenso wie sein den Erneuerungsbau eifrig fördernder Sohn Kaiser Friedrich III. die Vollendung nicht erleben sollte. Sie ist erst unter Kaiser Wilhelm II. erfolgt, der an der Spitze der evangelischen Fürsten und ihrer Vertreter am Tage der 375jährigen Wiederkehr des Thesenanschlags, am 31. Oktober 1892, die Weihe des restaurierten Gotteshauses in feierlichster Weise vollzog. Hoch ragt nun gen Himmel der dem ursprünglichen ähnlich gebildete Turm mit seiner weithin leuchtenden Inschrift: „Ein feste Burg ist unser Gott, ein gute Wehr und Waffen." Überwältigend ist der Eindruck, welchen der das Innere der Kirche Betretende empfängt. Ursprünglich einschiffig, nunmehr dreischiffig, zählt sie 14 freistehende Pfeiler. Auf ihnen ruht das in reich gegliederten, aus Sandstein mit überschießenden Rippen gefertigte Deckengewölbe. Wie die Wände in gotischem Stil farbig ausgemalt sind, so ziert Glasmalerei alle Fenster. Diejenigen im Chor zeigen biblische Vorgänge, deren Auswahl Kaiser Friedrich getroffen hat, und zwar das mittlere die Kreuzigung Christi, die beiden unteren die Anbetung der Hirten und der morgenländischen Weisen, die Auferstehung und die Geistesausgießung. Der Altar erhebt sich auf farbigen Fließen, ist **11 m** hoch, dreiteilig und in reinweißem Kalkstein hergestellt. Über dem Unterbau sieht man die überlebensgroßen Statuen des Heilandes, der Apostel Petrus und Paulus. Den oberen Teil des Altars bilden turmartige abgestufte Aufbauten mit durchbrochenen, Kreuzblumen tragenden Spitzen. Unter kleinen mit Spitzen gekrönten Baldachinen sind acht Statuetten von Aposteln angebracht.

Vor dem Altar haben die Kurfürsten Friedrich der Weise und Johann der Beständige ihre letzte Ruhestätte gefunden, deren lebensgroße Reliefbilder von Peter und Hans Vischer zu Nürnberg in Kupfer gegossen, in der nördlichen bez. südlichen Mauer befestigt sind. Von sonstigen Bildern sind noch aus alter Zeit vorhanden die Krönung der Maria auf der Südseite des Langhauses und Sandsteinreliefs der Herzogin Kunigunde sowie des Kurfürsten Rudolf III. mit seiner Gemahlin Anna unter dem Orgelchor, wo auch ein Sarkophag die Namen hier bestatteter fürstlicher Personen nennt, während daneben an der Wand ein Sandsteinstreifen die Figuren neun heiliger Jungfrauen enthält.

Thesenthür der Schloßkirche zu Wittenberg.

Die Kanzel hat ihre Stelle am zweiten Pfeiler der Südreihe. In Holzbildhauerei kunstvoll ausgeführt, sehen wir an ihr in vier Feldern die Evangelisten mit ihren Abzeichen, sowie die Wappen der vier Lutherstädte. Vor ihr befindet sich das Grab Luthers, über welchem ebenso wie über demjenigen Melanchthons, welches nördlich davon liegt, eine Erzplatte mit lateinischer Aufschrift angebracht ist. Neben der Kanzel sind die Fürstenstühle aufgestellt mit den betreffenden Wappen, während der Kaiserstuhl im Chor auf der gegenüberliegenden Seite seinen Standort hat. An neun Pfeiler im Schiff sind ciselierte Säulen angelehnt, auf denen in Lebensgröße die Statuen der bedeutendsten Reformatoren stehen. Die Sandsteinbrüstung der Emporen ist mit 52 schön gemalten steinernen Wappen von Fürsten und Edlen geziert, welche der Reformation sich angeschlossen haben, während an den Bogen der Emporen 22 Bronzemedaillons mit den Köpfen von Vorläufern und Beschützern der evangelischen Sache sich befinden. In den herrlichen, mit Glasmalerei geschmückten Fenstern der Nord- und Südfront sehen wir die Wappen derjenigen Städte, welche zuerst der reformatorischen Bewegung sich angeschlossen haben.

Nachdem wir so auf unserem Gange durch die Lutherstadt an deren vornehmsten Stätten und Denkmälern vorübergewandelt sind, nehmen wir von ihr Abschied, indem wir durch unser Herz tönen lassen den alten Vers, welcher an einem schlichten Hause derselben zu lesen ist: „Gottes Wort, Luteri leer — Verget nu und nimmermer.“

Pastor Wagner-Wittenberg.

Ein Rundgang durch Torgau.

Wenn ich dich, lieber freundlicher Leser, zu einem Gange durch das altertümliche Torgau veranlasse, so will ich dir in erster Linie die geschichtlichen Merkwürdigkeiten der Stadt zeigen. Mit dem „altertümlichen Torgau" brauchst du es aber nicht allzu genau zu nehmen; denn aus manchem Gestürzten ist neues Leben erblüht. Du denkst dir Torgau wohl gar noch als Festung? — Das hat seit einer Reihe von Jahren schon aufgehört. Wenn du von dem Bahnhofe auf schön gepflegtem Promenadenwege durch das ehemalige Glacis in die Bahnhofstraße einbiegst, wird dein Auge von den schmucken Neubauten gefangen werden, die schon manchen alten Bekannten, der nach jahrelangem Fernsein die Stadt betrat, zu Ausrufen der Bewunderung genötigt haben. Da ist von dem „alten Torgau" nichts zu spüren. Nähern wir uns aber der inneren Stadt, so kannst du hier und da noch Überreste der ehemaligen Festungswerke erblicken; doch auch sie müssen allmählich neuen Straßen und Anlagen weichen. Langsam ansteigend führt uns unsere Straße nach dem viereckigen Marktplatze. Unter den ihn umrahmenden Gebäuden fällt das altertümliche Rathaus mit seinen Türmen und Giebeln besonders auf. Der prächtige Erker an der sogenannten Trinkstube bezeugt, daß die Kunst im 16. Jahrhundert schon zu hoher Blüte gediehen war. Von der früher auf dem Hofe des Rathauses stehenden Nicolaikirche sind noch zwei alte, eigentümlich geformte Türme geblieben, das andere hat dem Gerichtsgefängnis Platz machen müssen. In den oberen Räumen des Rathauses ist eine Sammlung sächsischer Altertümer untergebracht, die außerordentlich viel Sehenswertes birgt, darunter kunstvolle, mehrere Jahrhunderte alte Rüstungen der Torgauer Geharnischten. Beim Weitergehen erblicken wir am Ende der Bäckerstraße den Paradeplatz, und in der Ritterstraße bezeichnet eine eiserne Tafel das der „alten Post" gegenüberliegende Gebäude, in welchem Friedrich der Große während des Siebenjährigen Krieges wiederholt gewohnt hat. In demselben Hause hat mehrere Jahre hindurch der aus den Freiheitskriegen bekannte Freiherr von Lützow als Kommandeur einer Kavalleriebrigade Wohnung genommen. Gleich daneben steht die

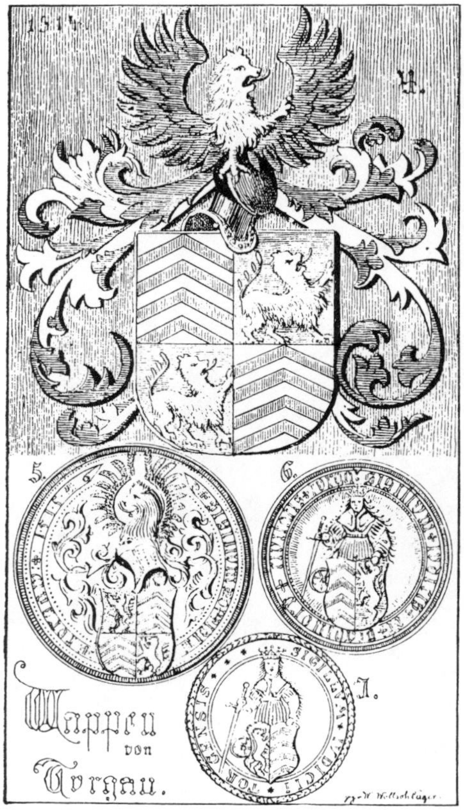

Stadtkirche. Ein bestimmtes Jahr ihrer Erbauung läßt sich nicht mit Sicherheit feststellen, ihre ursprüngliche Anlage fällt wahrscheinlich in das 11. Jahrhundert. Von den früheren zwei Türmen ist leider nur noch einer erhalten. Das Innere macht wegen der schlanken, emporstrebenden Pfeiler einen erhebenden Eindruck. Sehenswert sind die 1582 erbaute Kanzel und der Altar. In der Sakristei werden kostbare alte Gemälde aufbewahrt, darunter ein solches von Lukas Kranach, dem Zeitgenossen Luthers. Hinter der Kanzel erblicken wir ein Denkmal von Luthers Gattin mit der Inschrift: „Anno 1552 den 20. Dez. ist in Gott selig entschlafen allhier in Torgau Herrn Dr. Martin Luthers selig hinterlassene Witwe Katharina von Bora." Der Kirche gegenüber liegt das Predigerhaus. In ihm hat der große Reformator oftmals geweilt, sei es bei Gelegenheit von Gastpredigten, Kircheneinweihungen oder Visitationen. Eine Tafel an dem Gebäude erinnert immer daran, daß Torgau „die Amme der Reformation" ist; denn ihre Inschrift lautet: „In diesem Hause wurden im Jahre 1530 von Luther, Melanchthon, Bugenhagen und Jonas die Torgauer Artikel, die Grundlage des augsburgischen Bekenntnisses, zur Überreichung an den Kurfürsten Johann den Beständigen zum Abschluß gebracht." Unser Weg führt uns weiterhin an dem altertümlichen Zeughause vorüber nach dem ehemaligen kurfürstlichen Residenzschlosse Hartenfels, so genannt, weil es auf dem Porphyrfelsen erbaut ist, der die ältesten Stadtteile trägt und sich bis in die Elbe hinein fortsetzt. Das Schloß ist 1481 bis 1544 erbaut und gewährt mit seinen zahlreichen Türmen und Erkern noch heute einen stattlichen Anblick. In ihm wurde 1526 das Torgauer Bündnis abgeschlossen zum Schutze der evangelischen Sache gegen die katholischen Reichsstände. Jetzt dient es als Kaserne. Die sogenannte Schloßbrücke führt uns über den Wallgraben des mittelalterlichen Torgau, von dem wir hier noch epheuumrankte Teile der ehemaligen Stadtmauern erblicken, an denen schon die Hussiten vergeblich ihre Belagerungskünste erprobten. Wenn wir von der eisernen Elbbrücke aus unsere Blicke dem Schlosse zuwenden, dann fühlen wir erst recht die imposante Fülle des mächtigen Baues, und wir verstehen, warum Kaiser Karl V., als er nach der Schlacht bei Mühlberg (1547) das Schloß erblickte, ausrufen konnte: „Fürwahr, eine recht kaiserliche Burg!" An der Südseite des großen Schloßgartens zieht sich das „Fischerdörfchen" entlang, derjenige Stadtteil, der an der Stelle einer uralten Wendenniederlassung entstanden ist. An dem neuen Postgebäude vorbei wenden wir unsere Schritte nach der Promenade,

Photogr. Aufn. v. Fr. Jacob's Buchhandl., Torgau.
Stadtkirche in Torgau.

Nach einer photogr. Aufnahme v. Fr. Jacob's Buchhandlung, Torgau.

Schloß Hartenfels in Torgau.

Nach einer photogr. Aufnahme v. Fr. Jacob's Buchhandlung, Torgau.

Rathaus in Torgau.

einem mit prächtigen Linden und Kastanien bestandenen Platze, von dem uns fröhlicher Jubel entgegenschallt; denn an der Promenade liegen die Torgauer Schulen, deren Zöglinge diesen prächtigen Platz in den Unterrichtspausen als Erholungsort benutzen. Vor dem Gymnasium steht ein schlichter Obelisk, welcher uns mahnt, der Tapferen zu gedenken, die für Deutschlands Einheit ihr Leben eingesetzt haben. Am westlichen Ende der Promenade hat ein anderer Denkstein seinen Platz gefunden, auf dem wir die Worte lesen: „Dem königl. preußischen Oberst von Wolffersdorff für die tapfere Verteidigung von Torgau vom 9. bis 15. August 1759.“ Dieser Oberst verteidigte in der genannten Zeit die Stadt gegen Österreicher und Reichsvölker so tapfer, daß ihm und seinen braven Soldaten freier Abzug mit klingendem Spiele und fliegenden Fahnen gewährt wurde, als Pulver und Blei zur Neige gegangen waren.

Und nun, lieber Leser, folge mir noch hinaus durch das ehemalige Festungsglacis zu dem Hafen, der den Fahrzeugen Schutz gegen Hochwasser und Eisgang gewährt, in dessen riesige Speicherräume durch elektrische Kraft spielend große Warenmassen gebracht werden. Von hier aus werden die Waren der Eisenbahn zugeführt, die sie in weite Fernen schafft. — Von dem hohen Hafendamme hast du auch einen weiten Fernblick über die gesegneten Fluren der Elbaue, die im Südwesten von blauen Höhenzügen begrenzt wird. Ein Spaziergang durch das zu prächtigen Anlagen umgewandelte, die ganze Stadt umziehende frühere Festungsglacis läßt uns überall die Spuren der Neuzeit erblicken. Hier siehst du die Präservenfabrik, dort die Zündschnurfabrik, die ihre Erzeugnisse bis nach überseeischen Ländern verschickt. Besonders in der Nähe des Bahnhofes sind neuerdings weitläufige Fabrikanlagen erstanden. Auch die neben dem als Festungsgefängnis dienenden „Fort Zinna“ neuerbaute Kavalleriekaserne fällt durch ihre großartigen Anlagen auf.

Nach einer photogr. Aufnahme v. H. Burghard-Torgau.

Hafen der Stadt Torgau.

Laß die angeschauten ehrwürdigen Zeugen der Vergangenheit noch einmal an deinem Geiste vorübergleiten! Dort das mittelalterliche Schloß und das vielhundertjährige Gotteshaus, hier Dampf und Elektricität — wieviel Stürme sind inzwischen dahingebraust über Strom und Au! Wieviel würden die epheugeschmückten, grauen Mauern erzählen können von festem Gottvertrauen, von glühender Vaterlandsliebe, von mutigem Bürgersinne und unentwegter Königstreue! Mögen sie der raschlebigen Jetztzeit eine Mahnung heiliger Heimatsliebe sein, die gleich stark ist an den sonnigen Rebenhügeln des Rheines, an den burgengeschmückten Ufern der Saale und hier an des „alten deutschen Reiches östlicher Mark“.

E. Kautz-Torgau.

Die Torgauer Geharnischten.

Alle zwei Jahre, am Donnerstage nach Pfingsten, wird in Torgau ein Volksfest gefeiert, das weit über das Weichbild der Stadt hinaus bekannt sein dürfte. Es ist der Auszug der Bürger-Geharnischten-Compagnie, verbunden mit dem der vereinigten Bürger-Compagnien.

Als noch die Burg von Torgau einsam über die Elbe hinausragte und die Ritter täglich gezwungen waren, gegen die östlich wohnenden Slaven Ausschau und Wache zu halten, da wurden auch die Umwohner der Burg zu Wachtdiensten herangezogen, auch sie hatten die Verpflichtung, den Burgfrieden wahren zu helfen.

Jeder Bürger mußte nach seinem Vermögen einen ganzen oder halben Harnisch, Schwert, Spieß, Armbrust oder später Feuerrohr besitzen, die ärmeren und die Vorstädter mehrere gemeinsam einen Harnisch. So bestimmen die Statuten der Stadt fortlaufend bis zum Jahre 1787: „Ein jeder Bürger soll mit Harnisch und anderen Wehren, so auf sein Haus gelegt sind, jeder Zeit, zu Tag und Nacht gerüstet und bereit sein, daß auf jederen Notfall kein Mangel zu spüren.“

Kein Wunder, daß sich die Bürger zu der ihnen obliegenden ernsten Aufgabe durch stete Waffenübungen vorbereiteten, und aus diesen Übungen sind die jährlichen Waffenbelustigungen hervorgegangen.

Die erste urkundliche Erwähnung von einer Thätigkeit bewaffneter Torgauer Bürger bringt ein Vertrag der Stadt mit den Orten Oschatz und Grimma vom 11. April 1344. Es handelte sich in diesem Vertrage um polizeiliche Maßnahmen.

Oft haben seit dieser Zeit die Torgauer im Dienste ihrer Landesherrn von ihren Waffen Gebrauch gemacht. Im Jahre 1542 entbot sie Johann Friedrich zur Teilnahme an der „Wurzener Fehde“, und 1546 stellte die Stadt Torgau wehrhafte Bürger zur Verteidigung Wittenbergs, die nach der Mühlberger Schlacht in ihre Heimat zurückkehrten. Bei Hoffesten, sowohl in Torgau, wie auch in Dresden, haben bewaffnete Bürger Torgaus den Dienst am kurfürstlichen Hofe und an der Tafel verrichtet. Auch zur Besatzung Dresdens wurden sie 1608 herangezogen. An der Spitze derselben standen der Bannermeister, ein Angehöriger des Rates und die Offiziere.

Als Geharnischten-Compagnie werden sie zuerst 1730 erwähnt, in welchem Jahre der damalige Kurprinz eine Parade über sie abhielt.

Auszug der Geharnischten von Torgau.

Mit der Bildung der stehenden Heere wurden die Geharnischten ihrer ursprünglichen Aufgabe entfremdet, und sie traten nur noch bei fürstlichen Besuchen und anderen feierlichen Gelegenheiten in Waffen an, sowie bei ihren jährlichen Auszügen. Sehr oft haben sie bei der Anwesenheit der sächsischen Kurfürsten Spalier gebildet; und als Torgau preußisch wurde, da lenkten sie die Aufmerksamkeit der hohenzollerschen Fürsten und Prinzen in hervorragendem Maße auf sich. Am 7. Juni 1827 wohnte Prinz Wilhelm, nachmals Wilhelm I., dem Auszugsfeste bei, und er bezeigte hierbei der Geharnischten Compagnie sein lebhaftes Interesse. Als 1846 Friedrich Wilhelm IV. in hiesiger Stadt weilte, da marschierten auch die Geharnischten an ihm vorüber, ebenso nahm der Kronprinz Friedrich Wilhelm am 26. Juni 1876 auf dem Markte die Parade über sie ab. Bei den Lutherfestzügen 1883 waren sie nicht nur in Torgau, sondern auch in Wittenberg und Erfurt thätig.

Namentlich hat ihnen aber unser jetziger Kaiser sein lebhaftes Interesse zugewandt. Bei seiner Anwesenheit in Torgau gelegentlich des Jubiläums des Pionierbataillons von Rauch freute er sich über die mittelalterlichen Gestalten, die auf dem Markte Aufstellung genommen hatten; durch eine Deputation aus ihnen ließ er sich später verschiedene Photographien derselben in Berlin überreichen, und er zeichnete die Mitglieder der Deputation durch Beweise seiner königlichen Huld aus. Auf seinen Wunsch nahm die Compagnie auch an der Einweihungsfeier der Schloßkirche zu Wittenberg teil. So war die Compagnie stets eine Stätte zur Pflege echter Vaterlandsliebe.

Die Rüstungen der Geharnischten bestehen aus Harnisch, Vorder- und Rückenteil, Halsberge mit halben oder vollen Armen und Krebs mit Schürze oder Schenkelschutz. Ein jedes ausziehende Mitglied hat das Recht, die Rüstung in seiner Wohnung aufzustellen, doch muß diese abgeliefert werden, sobald sich derselbe nicht mehr am Auszuge beteiligt. Die Rüstungen sind Eigentum der Compagnie, jedoch steht dem Magistrat das Aufsichtsrecht zu. In früherer Zeit waren sie Inventar des Hauses oder Besitz des einzelnen, doch wurde im letzteren Falle deren Erbrecht durch Ortsstatut geordnet.

Die vorhandenen Panzer gehören teils dem 16., teils dem 17. Jahrhunderte an. Zum größten Teile sind sie in Nürnberg gefertigt, wie die auf ihnen befindlichen Meisterzeichen beweisen; da jedoch auch in Torgau Kunsthandwerker von bedeutendem Rufe waren, so ist anzunehmen, daß verschiedene Rüstungen auch hier gefertigt worden sind.

Bis zum Jahre 1791 hat der Auszug jährlich stattgefunden, von dieser Zeit ab nur alle zwei Jahre. Möge dieses Fest in seiner Gestalt noch lange bestehen bleiben, zum Zeugnis für das lebende Geschlecht als ein Beweis der Wehrhaftigkeit des Bürgerstandes in früherer Zeit.

Rektor E. Henze-Torgau.

Lauchhammer.

In der nordöstlichen Ecke des Liebenwerdaer Kreises, wie auch des Regierungsbezirkes Merseburg, liegt das Eisenwerk Lauchhammer, das mit seinen Nebenwerken Riesa, Gröditz (Sachsen) und Burghammer (Schlesien) im Handelsregister unter der Firma „Aktien-Gesellschaft Lauchhammer, vereinigte vormalige Gräflich-Einsiedelsche Werke“ eingetragen ist. Das Hauptwerk Lauchhammer ist durch Gottes Segen und gewissenhafte menschliche Leitung aus geringem An- und Umfange zu einem weit-, ja, weltberühmten Werke erwachsen.

Große Montierwerkstatt.

Der Name Lauch ist von dem wendischen Worte „Lugk“, d. i. Sumpf, Sumpfwald genommen und zeigt, daß die Gründung Lauchhammers in einer von Wenden bewohnten, sumpfigen und bruchigen Gegend unternommen worden ist. Das 5 km entfernt liegende Rittergut Mückenberg, das unter den sächsischen Kaisern — 919 bis 1024 — oder bald nach dieser Periode in Anlehnung an die Burg Meißen als vorgeschobene Grenzwarte des gegen das Wendentum ankämpfenden und vordringenden Germanentums im 11. Jahrhundert erbaut wurde, besaß hier, wo das heutige Lauchhammer liegt, eine von Sumpf und Wald umgebene Wassermühle, die den Namen Lauchmühle führte.

Als der kursächsische Kabinettsminister Freiherr von Löwendahl Mückenberg mit Zubehör seiner Gemahlin als erbliches Eigentum übergab, ließ diese kluge, fromme und mildherzige Edelfrau an die Lauchmühle eine Schneidemühle anlegen, um den großen, fast wertlosen Holzreichtum hiesiger Gegend — ein Scheitklafter kostete vier Groschen — wenigstens in etwas nutzbringender zu machen. Beim Grundgraben der Schneidemühle fand man Raseneisenstein. Rasch entschlossen und bestärkt in ihrem Vorhaben durch ihren Gemahl und durch einige Bergräte aus Freiberg, gründete Freifrau von Löwendahl das Eisenwerk Lauchhammer, um der armen Bevölkerung ihrer erbunterthänigen fünf Dörfer neue Nahrungszweige und dauernden Verdienst zu verschaffen. Am 25. August 1725 wurde der erste Hochofen angeblasen und damit ein Werk eröffnet, das der ganzen Gegend zu einem merklichen Wohlstand verholfen hat.

Wachspräparat einer großen Tierfigur.

Die Gründerin leitete mit großer Umsicht und Treue das Werk, im Volksmunde bis in die neueste Zeit „die Schmelze" genannt, bis zu ihrem 1776 erfolgten Tode und hatte die Freude, das Werk ihrer Hand, aus Frömmigkeit und reiner Menschenliebe geboren, gedeihen und emporblühen zu sehen. Es wurden auf ihrem Gebiete und nach ihrem Befehl sechs Hammerwerke angelegt, in denen das im Hochofen gewonnene Gußeisen teilweise zu Schmiede- und Stabeisen umgearbeitet wurde. Die edle Frau hat ihrem Namen ein bleibendes Gedächtnis durch die Gründung des Eisenwerkes, wie durch mehrere Legate zum Wohle der Armen ihrer Herrschaft gestiftet. —

Nach dem Tode der Freifrau v. Löwendahl kam Lauchhammer durch testamentarische Erbfolge in Besitz der Gräflich-Einsiedelschen Familie, der es bis zum Jahre 1872 angehörte. Die Grafen Kabinettsminister Detlev Kurt v. Einsiedel und sein Sohn, Kabinettsminister Detlev v. Einsiedel haben von 1776—1862 für die Erweiterung und Entwickelung Lauchhammers Großes geleistet. Unter ihrer Leitung wurden nun nicht mehr nur Eisenwaren: Öfen, Töpfe, Pfannen, Badewannen, Treppen, Geländer für Gärten und um Gräber verfertigt, sondern durch Anlegung von Modellier- und Ciselierwerkstätten und Bronzegießereien die Kunst in hohem Maße gefördert. Und was die Gräflich Einsiedelsche Verwaltung angestrebt und ausgeführt hat, das hat die seit 1872 bestehende, obengenannte Aktiengesellschaft nicht allein bewahrt, sondern durch die Klugheit und das ernste Streben ihrer Vertreter, der Direktoren des Werkes, erweitert, vergrößert und den Zeitverhältnissen entsprechend ausgebildet. Lauchhammer verdankt den Kunstwerken, die aus den hiesigen Werkstätten hervorgegangen sind und noch hervorgehen, seinen Weltruf. Es sind das nicht in erster Linie die kleinen Kunstsachen: Spiegel, Schreibzeuge, Tische, Schalen, Grabkreuze, Kruzifixe, Taufbecken u. s. w., sondern vor allem die großen Denkmäler, die hier gegossen und ciseliert worden sind. Dahin gehören die Denkmäler Friedrich Wilhelms III. für Königsberg, Breslau, Köln a. Rh. und Berlin (Lustgarten); Wilhelms I., Chemnitz; Friedrichs III. in Wörth; Bismarcks, Moltkes u. s. w.; ferner der Kampf St. Georgs mit dem Lindwurm (Schloßhof Berlin), die Kriegerdenkmäler in Leipzig, Elberfeld u. a. O.

Aber das herrlichste Denkmal, das hier gegossen, bleibt doch das von dem leider zu früh verstorbenen, großen Künstler Rietschel in Dresden entworfene und modellierte Lutherdenkmal für Worms, dessen vierzehntägige Ausstellung hier an mehreren Tagen gegen 25000 Besucher von nah und fern herbeilockte. Die Lutherbildsäule ist noch mehrere Male allein, einmal sogar für New York in Lauchhammer gegossen worden.

Lauchhammer hat jetzt einen bedeutenden Umfang; in etwa 50 Wohnhäusern wohnen gegen 600 Einwohner, die meistens aus Beamten- und nur zum kleinen Teile aus Arbeiterfamilien bestehen. Außer den Wohngebäuden zeichnen sich besonders noch aus das Kontor, die Gießereien, Niederlagen, das Lehrlingsheim mit seinen 80 Insassen, die 1899 erbaute neue Schule, die Post und besonders die elektrische Centrale, die nicht allein die Werkstätten mit elektrischem Lichte versorgt, sondern auch eine elektrische Kohlenbahn treibt. Erwähnenswert ist auch die Brücken und Maschinenbauanstalt Oberhammer. In diesen Werkstätten arbeiten gegen 1800 Arbeiter, die mit Ausnahme der wenigen, in den vorgenannten Familienhäusern wohnenden Arbeiter, in den nahe gelegenen Dörfern des Amtsbezirks Mückenberg, zu dem auch Lauchhammer als Gutsbezirk gehört, wohnen. Das heutige Lauchhammer gleicht mit seinen in nächster Umgebung liegenden stillen Weihern, saftigen Wiesen, schönen Gärten und Gemüsebeeten, die an die Stelle des ehemaligen düstern Erlenwaldes auf sumpfigem Grunde getreten sind, einer von Kiefern- und Fichtenwaldungen grün umkränzten Oase in hiesiger Sandgegend.

So ist Lauchhammers heutige Gestalt, daß es Gott erhalt'!

Baudiß-Lauchhammer.

Bilder aus der Muldestadt Eilenburg.

1. Eilenburg als Industriestadt.

Schon frühzeitig hatte sich in der alten Muldestadt Eilenburg, als Geburtsort von Martin Rinckart und Franz Abt bekannt, ein reges Betriebs- und Handelsleben entwickelt. Führte doch die alte Hauptverkehrsstraße Frankfurt a. O.-Leipzig, sowie später die Poststraße Dresden-Berlin über dies Städtchen. Das wußten seine Bewohner sehr zu schätzen, und die Anlage einer Anzahl fester Brücken über die Mulde sollte den Verkehr noch mehr durch den Ort lenken. Zur Anlage von Mühlen bot die Mulde namentlich durch ihr starkes Gefälle Anlaß, und noch heute sind diese Mühlen, es sind sowohl Mahl- als Schneidemühlen, erhalten. Allerdings sind sie längst aus dem Besitz des Kurfürsten von Sachsen, dem sie gehörten, in Privatbesitz übergegangen. Die ausgedehnten Wälder der Umgegend lieferten den Schneidemühlen Holz in Fülle, und hiermit im Zusammenhange strebte schon im Mittelalter das Tischlereigewerbe kräftig empor. Ja, letzteres ist mit in die Neuzeit herübergekommen, denn noch heute versorgen etwa 70 Tischlereien auswärtige, namentlich Leipziger Möbelhandlungen mit einem Teile ihres Bedarfs. Wie wichtig für sie das Bestehen der Schneidemühlen und auch einer Anzahl von Holzbildhauereien am Orte ist, ist leicht ersichtlich; das Bestehen der Getreidemühlen dagegen war die Ursache eines ausgedehnten Getreide- und Mehlhandels, der heute noch in hoher Blüte steht.

Naturgemäß haben sich sämtliche Betriebe hauptsächlich in den letzten Jahren kräftig entwickelt. Verhältnismäßig hoch stand ja das Gewerbe aller Art auch in früheren Jahrhunderten. Aber wie leicht und oft wurde sein Wohlstand durch die entsetzlichen Kriegsleiden zerstört. Denn viele Kämpfe Deutschlands tobten zum Teile im Muldegebiet: Heinrichs IV. Sachsenkriege, die Hussitenkriege, der Meißener Bruderkrieg, der Dreißigjährige-, der Siebenjährige-, der Freiheitskrieg. Sie alle griffen mehr oder weniger in die Eilenburger Gegend hinüber und waren die Ursache, daß die Stadt oft ganz entvölkert war und der Rat die Häuser vermauern lassen mußte, um sie nicht allerlei Gesindel zu überlassen.

Diese Kriege waren auch die Ursache, daß ein namentlich im 16. und 17. Jahrhundert blühendes Gewerbe — das Braugewerbe — völlig zu Grunde ging. Auf 14 Bürgerhäusern lag die Braugerechtigkeit — auch Martin Rinckart übte dies auf seinem Privathause ruhende Recht aus trotz seines geistlichen Amtes — eine große Anzahl von Hopfengärten umgab die Stadt, zahlreiche Bierkellereien, von denen noch heute Reste vorhanden sind, wurden angelegt, und das Eilenburger Bier war weithin berühmt, ja 1395 erklärte Graf Wilhelm der Einäugige es für das beste Bier im ganzen Lande. Aber der Dreißigjährige Krieg vernichtete auch diesen Erwerbszweig.

Die Neuzeit hat nun auch hier andere Betriebe entstehen lassen, und zwar derartige, daß sie für Eilenburg charakteristisch geworden sind. Mühlen, Tischlerei, Holzbildhauerei haben sich zwar erhalten, und das natürliche Erzeugnis der Muldenwiese, die Weide, findet wegen ihrer vorzüglichen Biegsamkeit jetzt mehr als je am

Nach einer photogr. Aufnahme v. A. Petzold-Eilenburg.

Eilenburg.

Orte Verwendung in Korbflechtereien und einer Kinderwagenfabrik, während sie früher einen Handelsgegenstand nach auswärts bildete.

Diese natürlichen Bedingungen waren es auch, welche die Eilenburger Piqué- und Kattunfabriken, Wäschereien und Bleichereien, sowie eine Tuchfabrik entstehen ließen, denn das weiche Wasser der Mulde eignet sich für derartige Betriebe sehr gut. Die Eilenburger Kattune waren namentlich früher sehr berühmt; auch heute noch liefern die Fabriken sehr gute Erzeugnisse, wenn sie auch einen Teil ihres Absatzgebietes an Elsasser Fabriken verloren haben sollen. Die Bleichereien und Wäschereien, die dicht an der Mulde liegen, erhalten ihre Aufträge aus allen Teilen Deutschlands. Auf den natürlichen örtlichen Verhältnissen beruht weiterhin auch die große Zahl der hiesigen Gärtnereien, die ihre Produkte, sowohl Blumen, als auch Gemüse und besonders Kränze, vorzugsweise nach Leipzig liefern.

Der größte Teil der sonstigen Arbeiterbevölkerung Eilenburgs ist in den Eisengießereien, Maschinenfabriken und der Celluloidfabrik beschäftigt. Die letztere, die als erste derartige in Deutschland — jetzt giebt es drei — 1887 mit einem Anlagekapital von 3000000 Mark begründet wurde, beschäftigt ca. 300 Arbeiter beiderlei Geschlechts. Das Fabrikat Celluloid, das zuerst in Amerika fabrikmäßig hergestellt wurde, ist eine Zusammensetzung von Nitrocellulose, welche durch Kampfer und Spiritus in eine hornähnliche Masse verwandelt wird. Durch Färbung der wasserklaren Masse läßt sich jede beliebige Imitation erzielen: Bernstein, Malachit, Achat, Horn u. s. w., sowohl in Form von Platten, Röhren u. s. w. jeder beliebigen Stärke. Die verschiedensten Artikel werden in den Celluloidwarenfabriken daraus hergestellt, z. B. Griffe, Kämme, Luxusartikel. Auch in der Elektrotechnik findet das Celluloid bedeutende Verwendung zu Akkumulatoren-Kasten. Die leichte Bearbeitung des Stoffes verschafft ihm täglich neue Verwendung. Die Fabrik, die in Deutschland ihr Hauptabsatzgebiet hat, erzeugt jährlich 300000 kg Celluloid. Die in Celluloidwarenfabriken entstehenden Abfälle, werden in einer hier am Orte bestehenden Dermatoidfabrik zu einem Lacke verarbeitet, der zum Appretieren der verschiedensten Gegenstände: Holz, Papier u. s. w., verwendet wird.

N. e. Lichtdruck v. Römmler & Jonas-Dresden.
M. Martinus Rinckart, geb. 1586, gest. 1649 in Eilenburg, n. d. Originalgemälde in der Stadtkirche daselbst.

Unter den Maschinenfabriken erwähnen wir eine, die Pressen für Kunststeine erzeugt. Diese Steine werden aus Kalk und Sand, Kalk und Hochofen- oder Steinkohlenschlacke hergestellt. Neuerdings ist es dieser Fabrik gelungen, durch ein ganz neues Verfahren, Pressen für völlig ausschlagfreie Cementmosaikplatten mit lebhaften Farben zu verfertigen. Der Verkehr ist hierdurch sehr gestiegen und erstreckt sich sowohl auf das Inland, als auch auf das Ausland.

Eine ähnliche Steigerung des Absatzes weist eine der drei hier bestehenden Ziegeleien auf, die, durch ein patentiertes Verfahren, Sims-, Ziegel- und Verblendsteine von besonderer Güte herstellt. Eigenartig ist auch eine am Orte bestehende Weböseufabrik.

Die Entstehung und Vergrößerung dieser Fabriken haben natürlich die Bevölkerungsziffer und den Verkehr beträchtlich steigen lassen, so daß sich vor einigen Jahren ein Erweiterungs- und Umbau des Bahnhofs notwendig machte. Und auch der gesteigerte Postverkehr rückt die Idee des Neubaues eines Postgebäudes in größere Nähe.

2. **Martin Rinckart** (der Dichter von „Nun danket alle Gott").

Der Name Rinckart ist mit der Geschichte Eilenburgs aufs engste verknüpft. Die Vorfahren unseres Dichters hatten in der Stadt in hohem Ansehen gestanden und städtische Ämter verwaltet, und Martin selbst, der hier am 24. April 1586 als Sohn eines Böttchermeisters geboren war, brachte den größten Teil seines Lebens in der Würde eines Archidiakonus hier zu. Hier verlebte er seine Jugend, bis er auf die Thomasschule zu Leipzig kam, wo seine musikalische Begabung besonders gefördert wurde, und nachdem er Kantor in Eisleben und später Pfarrer in Erdeborn bei Eisleben gewesen war, trat er 1617 sein hiesiges Amt an, um es bis zu seinem Tode 1649 in treuer Fürsorge, hingebender Opferwilligkeit und echt seelsorgerischer Liebe zu verwalten. Seine dichterische Begabung schuf eine größere Anzahl von Werken, die ihm den Titel eines kaiserlichen Poeten einbrachten. Wir erwähnen hier nur kurz seinen „Eislebischen Ritter" (Luther zu Ehren gedichtet), den „unverschämten Ablaßkrämer" u. s. w. Mit dichterischen Worten begleitete er die Ereignisse jener schreckensvollen Zeit, er besang Gustav Adolf, er bejammerte seinen Tod; er beklagte Deutschland und pries deutsches Wesen gegenüber dem fremdländischen; er dichtete Trostlieder und gab der Bitte um ein Ende der Not in unzähligen Versen Worte. Als die Pest 1637 die Stadt entvölkerte, da waltete er als einziger Geistlicher furchtlos monatelang seines traurigen Amtes, bei den Beerdigungen der unzähligen Opfer. In der folgenden Hungersnot ließ er mit gleichgesinnten Freunden Brotkorn auf eigene Kosten kommen und verteilen, und als dann Derfflinger in die Stadt brach und den verzweifelnden Bürgern 30000 Thaler Kriegssteuer abverlangte, da war es Rinckarts Fürbitte, welche die drohende Einäscherung abwendete und fast völlige Befreiung von den unerschwinglichen Kriegskosten erzielte. Das unvergänglichste Denkmal aber, das er sich setzte, ist sein 1636 als Tischgebet entstandenes und von ihm komponiertes Lied: „Nun danket alle Gott", welches noch heute eine unserer schönsten Perlen der evangelischen Lieder ist. An seinem jetzt abgetragenen Amtshause an der Nikolaikirche brachte man 1886 folgende Gedenktafel an:

Hier lebte
Archidiakonus Magister
Martin Rinckart,
der Dichter des Liedes:
„Nun danket alle Gott".
* 23. April 1586 † 8. Dezember 1649.

3. Des kleinen Volkes Hochzeitsfest auf der Eilenburg.

Sage von Gebr. Grimm.

Das kleine Volk auf der Eilenburg wollte einmal Hochzeit halten und zog daher in der Nacht durch das Schlüsselloch und die Fensterritzen in den Saal, und es sprang hinab auf den glatten Fußboden, wie Erbsen auf die Tenne geschüttet werden. Davon erwachte der alte Graf, der im hohen Himmelbette in dem Saale schlief und verwunderte sich über die vielen kleinen Gesellen. Da trat einer von ihnen, geschmückt wie ein Herold, zu ihm heran und lud ihn in geziemenden Worten gar höflich ein, an ihrem Feste teilzunehmen. „Doch um eins bitten wir," setzte er hinzu, „ihr allein sollt zugegen sein; keiner von eurem Hofgesinde darf sich unterstehen, das Fest mit anzuschauen, auch nicht mit einem einzigen Blicke." Der alte Graf antwortete freundlich: „Weil ihr mich im Schlafe gestört habt, so will ich auch mit euch sein.“ Nun ward ihm ein kleines Weiblein zugeführt, kleine Lampenträger stellten sich auf, und eine Heimchenmusik hob an. Der Graf hatte Mühe, das Weibchen beim Tanze nicht zu verlieren, das ihm so leicht daher sprang und ihn endlich so im Wirbel drehte, daß er kaum zu Atem kommen konnte. Mitten in dem lustigen Tanz aber stand auf einmal alles still, die Musik hörte auf, und der ganze Haufen eilte nach den Thürspalten, Mauselöchern oder wo sonst ein Schlupfwinkel war. Das Brautpaar aber, die Herolde und Tänzer schauten aufwärts nach einer Öffnung, die sich oben in der Decke befand und entdeckten dort das Gesicht der alten Gräfin, welche vorwitzig nach der lustigen Wirtschaft herabschaute. Darauf neigten sie sich vor dem Grafen, und derselbe, der ihn eingeladen, trat wieder hervor und dankte ihm für die erzeigte Gastfreundschaft. „Weil aber,“ sagte er dann, „unsere Freude und unsere Hochzeit also ist gestöret worden, daß noch ein anderes menschliches Auge darauf geblickt hat, so soll fortan euer Geschlecht nie mehr als sieben Eilenburger zählen.“ Darauf drängten sie sich nacheinander schnell hinaus; bald war es still, und der alte Graf war wieder allein im finstern Saale. Die Verwünschung ist bis auf die gegenwärtige Zeit eingetroffen, und immer einer von den sechs lebenden Rittern von Eilenburg gestorben, ehe der siebente geboren ward.

Rektor C. Müller-Eilenburg.

Der Mann ohne Kopf.

Wen gruselt's nicht bei dem Gedanken an obige Spukgestalt, und wem taucht nicht aus seiner Jugendzeit eine Gespenstergeschichte auf, in der ein Mann ohne Kopf seine grausige Rolle spielt? Die Stadt Schkenditz führt nun sogar einen Mann ohne Kopf in ihrem Wappen. Das hat natürlich dem Volke zu mancher sagenhaften Deutung Veranlassung gegeben. Die bekannteste und heute noch geläufige Sage ist folgende:

Ein Schkeuditzer, Namens Albanus, wurde in alter Zeit wegen Leinwanddiebstahls zum Tode verurteilt. Noch auf dem Schafotte beteuerte er seine Unschuld, indem er ausrief: „So gewiß ich unschuldig sterben muß, werde ich meinen Kopf mit den Händen auffangen!“ Der Kopf wurde abgeschlagen, und — siehe da! — der Gerichtete fing ihn mit beiden Händen auf und zeigte ihn dem erstaunten Volke, welches das Wunder in seinem städtischen Wappen darstellte

Wie die Umschrift auf dem Siegel besagt, stellt der „Mann ohne Kopf“ den heiligen Alban dar, den ersten Märtyrer Englands, der im Jahre 303 wegen seines Eiferns gegen den heidnischen Götzendienst in Verulam hingerichtet wurde. Als Schutzheiliger der Kirche von Schkeuditz wurde St. Alban zunächst im Siegel der Kirche geführt, und als dem wendischen Orte Stadtrechte verliehen wurden, nahm man ihn auch als Schutzpatron der Stadt in das städtische Wappen auf.

O. Abitzsch-Schkeuditz.

Das Merseburger Schloß in Geschichte und Sage.

Es ist ein gar stolzer Bau, der sich an der höchsten Stelle Merseburgs dicht neben dem altehrwürdigen Dome erhebt. Kein Fremder, dem er von der Thüringischen Eisenbahn aus zuerst ins Auge fällt, vermag sich seinem Eindruck zu entziehen. Weithin schauen seine Türme und Zinnen in das Land hinein, an die Zeiten gemahnend, da er als Haupt und Mittelpunkt eines umfassenden Gebietes galt. Den schönsten Anblick aber gewährt er von der Ostseite aus, wo ihm zu Füßen die Saale dahinflutet und in ihrem Wasser malerisch seine geschmackvollen Frontgiebel wiederspiegelt. Und in nächster Nähe gewinnt er noch, anstatt zu verlieren: wenn man seinen fast quadratischen Hof betritt, so muß man sich wunderbar gefesselt fühlen von dem reichen architektonischen Schmuck des Mauerwerks, von den prächtigen Erkern und Portalen und von dem in der Südostecke stehenden herrlichen Brunnen.

Das Merseburger Schloß hat eine alte und ruhmvolle Geschichte. Die ehernen Tafeln, welche zu beiden Seiten des inneren Thores angebracht sind, wissen davon zu erzählen. Sie berichten, daß von Heinrich I. bis auf Wilhelm von Holland so ziemlich alle deutschen Kaiser und Könige, und zwar meist zu wiederholten Malen, ihren Aufenthalt hier nahmen. Damals war Merseburg eine der wichtigsten Städte in den sächsischen Landen, und mancher glänzende Reichstag versammelte sich in seiner Hofburg, um weittragende Beschlüsse zu fassen. Mit den heimischen Großen aber kamen nicht selten auswärtige Fürsten und Gesandte, welche die Gunst und Freundschaft des Herrschers zu erbitten hatten und ihm ihre Huldigung zu Füßen legten. Dann füllten sich die Hallen mit edlen und erlauchten Gästen, und der nahe Königshof, der später zum Schloßgarten umgeschaffen wurde, wimmelte von reisigem Gefolge allerlei Art.

Das heutige Schloß war es freilich nicht, das jene glorreichen Tage sah, denn es verdankt seine Entstehung erst der zweiten Hälfte des 15. und seine Vollendung dem Beginn des 18. Jahrhunderts. Das frühere Schloß aber, das den Kaisern während ihrer Anwesenheit in Merseburg zur Residenz diente, stand genau auf derselben Stelle, so daß seine Geschichte mit gutem Recht auch als die Geschichte des andern gelten kann. Es kann vielleicht von Heinrich II. erbaut sein, was wenigstens aus der Thatsache geschlossen werden dürfte, daß dieser Herrscher trotz seiner häufigen Besuche die von seinen Vorgängern benutzte Pfalz den Bischöfen überließ.

Das letzterwähnte Gebäude, von Heinrich I. errichtet, erhob sich zweifellos weiter südlich, da wo das Saaleufer nach der Mündung der Geisel zu steil abfällt.

Mit dem Namen Heinrichs I. ist die älteste Geschichte Merseburgs eng verknüpft. Das soll nicht heißen, daß der Ort durch ihn ins Dasein gerufen wurde, denn derselbe existierte bereits länger als ein Jahrhundert und ist als eine fränkische Gründung aus der Zeit Pipins des Kurzen anzusehen. Aber er hat Merseburg eigentlich erst zur Stadt gemacht und hat ihm jene Bedeutung verliehen, die man ihm in immer steigendem Maße unter den sächsischen und fränkischen und selbst noch unter den staufischen Kaisern zuerkannte. Vor seinem Regierungsantritt, zu Beginn des 10. Jahrhunderts, waltete hier der reichbegüterte Graf Erwin, der auf der alten Burg am nördlichen Ende der die Saale begleitenden Höhe saß. Bei Gelegenheit eines Kriegszuges wider die Sorben lernte Heinrich den Grafen nebst dessen schöner Tochter Hatheburch kennen, und die letztere wurde bald darauf seine Gemahlin, obgleich sie als Witwe gelobt hatte, den Schleier zu nehmen. Doch der Bischof von Halberstadt erklärte die Ehe mit einer Braut der Kirche für sündhaft und forderte unter Androhung des Bannes die Auflösung derselben, und Heinrich gehorchte dem geistlichen Spruche und trennte sich von der Gattin, um einige Zeit nachher die dem Geschlechte Wittukinds entsprossene Mathilde zu heiraten. Hatheburch begab sich ins Kloster, ihr Sohn Thankmar aber, dem sie kurz zuvor das Leben geschenkt, wurde von Verwandten der Mutter auferzogen und ging einem verbitterten Dasein und einem tragischen Ende entgegen. Merseburgs vergaß indes Heinrich nie, und wäre es ihm auch nicht um seiner ersten Liebe willen teuer gewesen, so hätte es doch durch seine günstige Lage an der deutschen Ostgrenze die Augen des fürstlichen Helden auf sich lenken müssen. Unter den wenigen vorhandenen Städten, welche der auf den Königsthron erhobene Sachsenherzog behufs Schaffung starker Schutzwehren gegen die ungarischen Eindringlinge mit Mauern umgab, befand sich auch die unsrige, die er außerdem zur Pfalzstadt machte und mit einem steinernen Palast, sowie mit einer Kirche und einem dem heiligen Laurentius geweihten Kloster versah. Alles verbrecherische Gesindel aber, sobald es sich nur tapfer und kriegsfähig erwies, sammelte er in einer der Vorstädte an, gab den Leuten Unterhalt und Waffen und gebot ihnen, die Feinde der deutschen Herrschaft nach Möglichkeit zu belästigen und zu schädigen, die Angehörigen des eigenen Volkes jedoch in jeder Weise zu schonen. Daraus entstand die berühmte „Merseburger Schar", welche in den polnischen Feldzügen der nachfolgenden Kaiser den Kern der Heere bildete und als die erste stehende Truppe in Deutschland betrachtet werden kann. Im Jahre 933 lief der Waffenstillstand mit den Ungarn ab, und die letzteren brachen aufs neue raubend und verwüstend in das Reich ein, wurden jedoch am 15. März bei einem Orte Riade gründlich aufs Haupt geschlagen. Ein Gemälde der Schlacht, deren Schauplatz man nicht genauer kennt, der aber in größerer oder in geringerer Nähe von Merseburg zu suchen ist, ließ der Sieger in seinem hiesigen Palast anbringen.

Auf Heinrich den „Städtegründer" folgte dessen Sohn Otto der Große, welcher in der ersten Zeit seiner Regierung die heftigsten Kämpfe mit den deutschen Fürsten, insbesondere mit seinen nächsten Verwandten zu bestehen hatte. Seinen Bruder

Heinrich mußte er bei solcher Gelegenheit im Jahre 939 zwei Monate lang in Merseburg belagern, und auch dann gewann er den Platz nur vertragsweise, nämlich gegen freien Abzug sämtlicher Eingeschlossenen. Zu der militärischen Bedeutung aber, welche unsere Stadt damals besaß, kam bald noch eine kirchliche, die ihr Otto durch Gründung eines Bistums im Jahre 968 verlieh.

Unter Otto II. sprach der Papst auf Betreiben des ehrgeizigen Erzbischofs von Magdeburg die Aufhebung des kaum geschaffenen Merseburger Bistums aus, und erst durch Kaiser Heinrich II. aus der jüngeren Linie des sächsischen Hauses wurde

Nach einer photograph. Aufnahme von F. Herrfurth-Merseburg.

Das Merseburger Schloß.

dasselbe mittelst Urkunde vom 4. März 1004 wieder hergestellt. Zum Bischof ernannte der Kaiser dabei seinen bisherigen Kaplan Wigbert, der die alte Stiftsbibliothek begründete, in welcher vor einem halben Jahrhundert die kultur- und litterarhistorisch wichtigen „Merseburger Zaubersprüche“ entdeckt worden sind. Wigberts Nachfolger war der als Geschichtsschreiber bekannte Thietmar, zu dessen Zeit der fromme Heinrich mit dem Bau des Domes begann, der die bis dahin benutzte, jedenfalls ziemlich bescheidene Kirche neben der alten Pfalz zu ersetzen hatte. Die letztere blieb übrigens nun nicht länger kaiserliche Residenz, sie war vielmehr schon bei der Wiederherstellung des Bistums den Bischöfen überlassen worden; zum Aufenthalt der Herrscher diente dafür von jetzt ab ein Palast, der an der nördlichen Seite des Domes, auf der Stätte des heutigen Schlosses, errichtet wurde.

Heinrich II. ist derjenige Kaiser, welcher am häufigsten in Merseburg verweilte. Selten verfloß ein Jahr, ohne daß sich der Kaiser an diesem Orte, den er auf jede Weise bevorzugte und begünstigte, aufhielt.

Auch weiterhin erfreute sich das Merseburger Schloß wiederholt der Anwesenheit deutscher Kaiser und Könige. Am Peter-Paulstage 1057 kam der junge Heinrich IV. mit seiner Mutter und Vormündern nach Merseburg, um die zu einer Versammlung entbotenen sächsischen Fürsten von der Untreue gegen das fränkische Kaiserhaus abzuhalten, und als Heinrich zur Feier des nächsten Weihnachtsfestes hier anwesend war, stellte sich in der Hofburg mit wichtigen Aufträgen des römischen Stuhls der Abt Hildebrand ein, der nachmals so bekannte Papst Gregor VII. Im Oktober 1080 verlor der Gegenkönig Rudolf von Schwaben an der Elster Hand und Leben, und wurde in der hiesigen Domkirche mit großer Pracht beigesetzt; seine abgehauene Hand zeigt man noch heute vor. Sieben Jahre später traf Heinrich hier ein und brach beim Anblick des schönen Monumentes seines einstigen Widersachers in die Worte aus: „O, daß doch alle meine Feinde so herrlich begraben lägen!"

Durch Urkunde vom 25. November 1188 überließ Friedrich Barbarossa den kaiserlichen Palast an der Nordseite des Domes den Bischöfen. Ein großartiges Schloß war es jedenfalls nicht, doch den damaligen Ansprüchen mochte es genügen, zumal es keine zahlreichen Gäste aufzunehmen und keinen glänzenden Versammlungen zu dienen brauchte; denn seit Wilhelm von Holland kam kein deutscher Herrscher mehr nach Merseburg. Bischof Thilo von Trotha, der von 1466 bis 1514 regierte, ließ das alte Schloß abbrechen und an derselben Stelle das jetzige aufbauen. An demselben ließ er, wie an allen seinen Bauwerken, sein Familienwappen anbringen, das einen Raben mit einem Ringe im Schnabel zeigt und der Sage einen gar willkommenen Stoff geboten hat.

Thilo von Trotha — so erzählt man — besaß einen kostbaren Ring, der ihm besonders lieb und wert war. Eines Tages vermißte er diesen Ring, nachdem er ihn beim Waschen abgezogen und in das offene Fenster seines Schlafgemachs gelegt hatte. Niemand war in das Zimmer gekommen als der alte Kammerdiener Johannes, den der Bischof um seiner Treue willen hochschätzte, und gegen den er anfangs nicht den geringsten Verdacht hegte. Aber der Jäger Ulrich, der den Johannes haßte, wußte allmählich solchen Verdacht in dem Herzen seines Herrn rege zu machen, und der Lieblingsrabe des Bischofs sollte seiner Bosheit und Tücke vollends zum Siege verhelfen. Er brachte dem gelehrigen Vogel die Worte bei: „Hans Dieb!" und als Thilo dieselben hörte, schwanden ihm auch die letzten Zweifel. Er befahl die Verhaftung des greisen Dieners und ließ ihm auf der Folter das Geständnis erpressen, daß er den Ring entwendet und dann beseitigt habe. Johannes wurde zum Tode verurteilt und enthauptet, obgleich er auf dem Schafott sein erzwungenes Bekenntnis widerrief und feierlich seine Unschuld beteuerte. Als sein Kopf gefallen war, streckten sich seine Hände über dem Rumpfe zum Himmel empor, wie er es als Beweis für die Wahrheit seiner Worte vorhergesagt hatte. Einige Zeit darauf beschädigte der Sturm einen der Türme des Schlosses, und als der Schieferdecker behufs vorzunehmender Reparatur das Dach erstieg, fand er in dem Neste eines Raben neben anderen glänzenden Dingen auch den verlorenen Ring. Da erkannte der Bischof, wie schwer er an dem treuen Diener gefehlt habe, und der Kummer darüber verließ ihn nie wieder, so lange er lebte. Zum Gedächtnis dessen aber, was geschehen war, und als Sühne für seine rasche That nahm er das Bild des Raben mit einem Ringe im Schnabel in sein Familienwappen auf und ordnete zugleich an, daß für alle Zeiten ein lebender Rabe im Merseburger Schloßhofe unterhalten werden solle.

Nach einer photograph. Aufnahme von F. Herrfurth-Merseburg.

Portal des Merseburger Schlosses.

Einen prächtigen Raben, für dessen Unterhaltung jährlich eine bestimmte Summe ausgesetzt ist, kann man thatsächlich heute noch in einem hohen, stilvollen Holzkäfig des vorderen Schloßhofes sehen. Im übrigen aber ist die Geschichte, so interessant sie auch sein mag, in das Gebiet der Sage zu verweisen. Die Chronisten des 16. Jahrhunderts kennen sie noch gar nicht, und der im 17. Jahrhundert lebende Möbius, der sie zuerst erwähnt, bezeichnet sie ausdrücklich als Fabel. Das Geschlecht der Trothas führte den Raben mit dem Ringe nachweislich schon in seinem Wappen, ehe der ihm entsprossene Bischof Thilo existierte, der dieses Wappen an den von ihm errichteten Bauwerken anbringen ließ. Ein berechtigter Stolz auf den Glanz seiner Regierung mochte ihn dazu antreiben, und der gleiche Stolz war es sicherlich auch, der ihm die Stiftung des lebenden Raben eingab. Letztere steht außerdem keineswegs einzig in ihrer Art da, wie schon das Beispiel der im Stadtgraben von Bern unterhaltenen Bären zeigt.

Als Thilo von Trotha starb, dämmerte bereits der Morgen der Reformation herauf, welche der bischöflichen Herrlichkeit auch in Merseburg ein Ende machen sollte. Vergebens suchten Thilos Nachfolger an ihrem Teile die Bewegung zu hemmen, doch diese war viel zu groß und gewaltig für sie, als daß sie nicht schließlich den Sieg hätte davontragen müssen. Am 25. September 1520 ließ der Bischof Adolf von Anhalt die gegen Luther gerichtete päpstliche Bannbulle in der Domkirche verlesen und an deren Thüren anschlagen, und 25 Jahre später, am 2., 4. und 6. August 1545, stand derselbe Luther auf der Kanzel derselben Domkirche und predigte der heilsuchenden Menge das Evangelium von dem alleinseligmachenden Glauben. Seit 1561 gab es auch dem Namen nach keinen Bischof von Merseburg mehr, und in dem von Thilo erbauten Schloß saßen nun als weltliche Administratoren des Hochstifts die dazu berufenen Fürsten des schutzherrlich sächsischen Hauses. Ihre Residenz erschien ihnen freilich bald zu klein, zumal eigentlich nur der östliche Teil als Wohngebäude eingerichtet war und die Zimmer überdies den Eindruck der Enge und Unbequemlichkeit machten. Administrator Johann Georg erwirkte deshalb auf dem Stiftstage des Jahres 1604 eine reichliche Beisteuer von den Ständen, um das Schloß zu renovieren oder vielmehr umzubauen, womit dann auch im April 1605 begonnen wurde. Der westliche Flügel behielt wohl im ganzen die frühere Gestalt, der nördliche und östliche dagegen erfuhren eine fast völlige Umwandlung und bekamen ihre schönen Frontgiebel und den Schmuck ihrer Erker und Portale.

Der Dreißigjährige Krieg brachte auch dem Merseburger Schlosse gar oftmals fremde Einquartierung, bald von schwedischen, bald von kaiserlichen Truppen. Acht Jahre nach dem Westfälischen Frieden starb der Kurfürst und Administrator Johann Georg I. und hinterließ das Hochstift nebst verschiedenen anderen Gebieten seinem Sohne Christian (dem Älteren), der damit eine eigene Linie der Herzöge von Sachsen-Merseburg begründete. Von Christian dem Älteren sagt ein Lobgedicht, das unter einem denkmalartigen Reliefbilde in dem Hausflur des alten Fischhauses am Gotthardsteiche zu lesen ist:

„Es mag Augustus sich mit seinem Rome preisen,
„So er ganz marmorn ließ und nur von Ziegeln fand:
„Dem Theuren Christian muß man mehr Ruhm erweisen,
„Der baut nicht Städte bloß, der baut sein ganzes Land.“

Dieses Land war ja nun allerdings nicht groß, aber gebaut hat Christian thatsächlich recht viel, wenn auch wohl etwas weniger als der Kaiser Augustus. Durch ihn erhielt auch das Schloß eine geschmackvollere Ausstattung. Den ehemaligen Königshof, den die Kaiser zur Unterbringung ihres Gefolges benutzten, schuf er zum Schloßgarten um, versah ihn mit Mauern und bedeckten Gängen und errichtete in ihm die heute noch stehenden vier Steinpyramiden. Dem Enkel und dritten Nachfolger Christians des Älteren, Herzog Moritz Wilhelm, verdankt Merseburg die Vollendung des Schlosses und die Erbauung des Schloßgartenpavillons. Moritz Wilhelm war ein äußerst gutmütiger und freundlicher Herr, mochte aber in seiner Erziehung vernachlässigt worden sein, worauf man wenigstens aus seinen mancherlei Sonderbarkeiten schließen dürfte. Nicht selten ging er allein auf den Friedhof, setzte sich auf das Grab irgend eines ihm bekannten Mannes, beweinte

Nach einer photograph. Aufnahme von F. Herrfurth-Merseburg.

Die Nordseite des Merseburger Schloßhofes.

den Tod desselben und stellte Betrachtungen darüber an, wer wohl einst an seiner eigenen Ruhestätte sich einfinden und sein Hinscheiden beweinen würde. Sein größtes Vergnügen aber war die Musik, der er in meist recht wunderlicher Weise huldigte, und der er persönlich mit nicht geringem Eifer und Geschick oblag, so daß man ihm deshalb auch die Bezeichnung „Geigenherzog“ gegeben hat. Er besaß eine Sammlung von Musikinstrumenten aller Art, die einen ganzen Saal anfüllte, und die er stets durch neue zu vermehren suchte, wenn solche ihm nur irgendwie begehrenswert erschienen. Am höchsten schätzte er die Geige in ihrer verschiedenen Gestalt, vom Kontrabaß und Cello bis zur Bratsche und Violine; sie spielte er am liebsten, sie mußte ihn zur Tafel, zur Beratung und selbst zur Kirche begleiten, und wenn etwas ihm besonders gefiel, gab er dies durch einen oder mehrere kräftige Striche mit dem Bogen zu erkennen. Manche hübsche Geschichte ist darüber im Umlauf, die hübscheste möge hier kurz ihren Platz finden:

Die Hofpredigerstelle in Merseburg war vakant geworden, und zahlreiche Bewerber meldeten sich zu derselben. Unter ihnen befand sich auch der Kandidat Traugott Sebald, der einzige Sohn eines verstorbenen Kantors und Schulmeisters. Seine Aussichten, die sehr einträgliche Stelle zu erhalten, waren freilich mehr als gering, aber um seiner Mutter und Braut willen hoffte er, bei dieser Gelegenheit wenigstens in ein frei werdendes kleineres Pfarramt einzurücken. Er begab sich ins Schloß und geriet aus Zufall in den Instrumentensaal, wo ihn seine Liebe zur Musik verleitete, eine der Geigen zu ergreifen und ihr Melodie auf Melodie zu entlocken. Der Herzog kam ungesehen hinzu, und entzückt über des jungen Mannes Spiel bestimmte er, daß Traugott mit noch einem Bewerber zur Probepredigt zugelassen würde. Den Text schrieb Moritz Wilhelm selbst vor, nämlich Hosea 4, 11: „Unzucht, Wein und Most machen toll.“ Dabei war ausdrücklich bemerkt, daß der Kandidat am Schlusse der Predigt eine besondere Nutzanwendung auf den durchlauchtigsten Herrn zu bringen habe. Der entscheidende Sonntag kam, und Traugott predigte nach Anleitung seines Textes über die beiden großen Laster der Gegenwart, über die Unkeuschheit und über das Saufen. Der erste Teil samt der Nutzanwendung, welche letztere bei dem vorwurfsfreien Leben des Herzogs glücklicherweise keine Schwierigkeiten bot, gefiel diesem ausnehmend gut, und zu wiederholten Malen hörte man aus der Hofloge ein kräftiges „Rum rum“ der Baßgeige ertönen. Aber jetzt folgte der bedenklichere zweite Teil, und auf den Schluß desselben war jedermann äußerst gespannt; denn von dem durchlauchtigsten Durste wußte die ganze andächtige, oder vielmehr neugierige Versammlung. Auch Moritz Wilhelm trat, die Baßgeige im Arm, dicht an die Brüstung der Loge vor, und seine rote Nase funkelte bedeutungsvoll dem Prediger entgegen. „Und nun sagt,“ begann dieser seine Nutzanwendung, „sagt, die ihr dem Laster des Saufens huldigt, was ihr zu eurer Entschuldigung anführen könnt! Dürft ihr sprechen: Gott der Herr hat den Wein in diesem Lande so süß, so köstlich geschaffen und zur Freude der Menschen wachsen lassen? Nein, es giebt keinen elenderen, erbärmlicheren Soff in der ganzen Christenwelt als den Wein, der hierzulande bei Naumburg und da herum an der Saale und an der Unstrut wächst. Das kann euch also durchaus nicht entschuldigen. Aber, werdet ihr sprechen,“ fuhr unser Redner mit erhobener Stimme fort, nach der Hofloge und der daraus hervorleuchtenden roten Nase blickend, „unser durchlauchtigster Herzog trinkt ja auch!“ Hier machte der Kandidat eine tiefe Verbeugung vor dem Herzog und lüftete ehrerbietigst sein Käppchen. „Ja, das ist ganz was anderes! Der hat's! Dem schmeckt's! Wohl bekomm's ihm! Amen.“ Rum rum rum, tönte die Baßgeige aus der fürstlichen Loge, und dann nochmals und nochmals: Rum bidiwum bidiwum! Nach der Predigt wurde der Kandidat zur herrschaftlichen Tafel befohlen und fand unter der Serviette ein versiegeltes Schreiben, das die wenigen Worte enthielt: „Jeremias 15, 19. Moritz Wilhelm, Herzog zu Sachsen.“ Er schlug die Schriftstelle auf und las: „Darum spricht der Herr: Wo du dich zu mir hältst, so will ich mich zu dir halten, und du sollst mein Prediger bleiben.“ Der Sinn war deutlich genug, und Traugott Sebald legte dankerfüllten Blickes die Hand aufs Herz, ein stummes Gelübde, das der Herzog wohl verstand. Als aber der beglückte junge Mann heimkehrte zu seiner Mutter und Braut, gab ihm der Kellermeister 18 Flaschen Wein mit, und zwar nicht etwa von einem Gewächs, wie es bei Naumburg und da herum gedeiht. Achtzehnmal hatte nämlich der Herzog in der Kirche die Baßgeige gestrichen, und für jeden solchen Strich erhielt der Hofprediger stets eine Flasche.

Moritz Wilhelm war der vorletzte Herzog von Sachsen-Merseburg. Elf Kinder hatte Christian der Ältere besessen, wie ein über dem Eingange zur Fürstengruft befindliches Bild zeigt, das die Grablegung Christi darstellt. Aber die so hoffnungsvoll aufblühende Familie welkte schnell dahin, und mit Moritz Wilhelms Oheim und Nachfolger Heinrich schloß 1738 auch der letzte Sproß dieses Hauses die Augen. Nun fiel das Hochstift an die Kurlinie zurück und teilte mehr als sieben Jahrzehnte hindurch alle Schicksale der sächsischen Lande, nur hinsichtlich der Verwaltung einen Rest von Selbständigkeit bewahrend. Zu Beginn des Siebenjährigen Krieges hatte Merseburg den ersten preußischen Angriff zu erfahren, und am 31. Oktober 1757 machte Friedrich der Große Miene, hier den Übergang über die Saale zu erzwingen. Der französische Feldherr Soubise zog rasch seine Truppen heran und besetzte die ganze Höhe des Flußufers, von welcher das Schloß herniederschaut. Mittlerweile aber benutzte Friedrich die Gelegenheit, bei Weißenfels die Saale zu überschreiten, und Soubise marschierte schleunigst ab, um einige Tage später, am 5. November, bei Roßbach gründlich aufs Haupt geschlagen zu werden. Am 8. November traf der siegreiche König in Merseburg ein, übernachtete in einem Hause am Entenplan und begab sich am nächsten Tage nach dem Schlosse, das ganz mit Gefangenen angefüllt war, und auf dessen Hofe 53 erbeutete französische Geschütze standen. Ein halbes Jahrhundert nachher sah dasselbe Schloß einen andern Gast, den Kaiser Napoleon, der den bei Jena geschlagenen Preußen folgte und am 19. Oktober 1806 mit seiner Generalität hier Quartier nahm. Durch raschen Friedensschluß vermochte sich der zum König erhobene Kurfürst von Sachsen sein Land und mit ihm Merseburg zu erhalten, aber in den Oktobertagen 1813 konnte man auf der Höhe über der Saale den Kanonendonner der Leipziger Völkerschlacht hören, welcher der sächsischen Herrschaft im Hochstift ein Ende bereitete. Der größte Teil des letzteren fiel nebst der Hälfte des mit Napoleon verbündet gewesenen Königreichs an Preußen, wie am 15. Mai 1815 ein Beschluß des Wiener Kongresses festsetzte.

Durch Urkunde vom 22. Mai 1815 ergriff König Friedrich Wilhelm III. von der neuen Erwerbung Besitz, und am 3. August desselben Jahres, dem Geburtstage des Monarchen, erfolgte in unserem Schlosse die feierliche Erbhuldigung der Stände. Im März 1816 erhielt die neugebildete Provinz Sachsen ihre Einteilung in drei Regierungsbezirke, und Merseburg wurde der Sitz der Regierung des nach ihm benannten Bezirks. In dem gleichen Jahre bezog Graf Kleist von Nollendorf das Schloß, und zwar als kommandierender General unserer Provinz, in welcher Stellung er bis zum Juni 1821 verblieb. Der Herbst 1844 brachte den Besuch König Friedrich Wilhelms IV., welcher mit seiner hohen Gemahlin hierher kam, um das von der Ritterschaft ihnen dargebotene Fest im Schloßgarten entgegen zu nehmen.

Wilhelm I. weilte als König in den Jahren 1862 und 1865 und als Kaiser in den Jahren 1876 und 1883 auf unserem Schlosse. Namentlich die beiden letztgenannten Jahre bilden Glanzpunkte in der neuesten Geschichte Merseburgs, denn viele deutsche Souveräne, königliche und fürstliche Prinzen, sowie Abgesandte der meisten europäischen Staaten sammelten sich damals an dem hier aufgeschlagenen Hoflager des kaiserlichen Helden, und die fast tausendjährige Stadt durfte Zeuge sein von der Herrlichkeit des wieder auferstandenen Reiches, nachdem die einst von ihr geschaute Herrlichkeit des alten Reiches längst dahingeschwunden war. Kaiser Friedrich III. war nur als Kronprinz hier anwesend, nämlich dreimal in der Begleitung seines erhabenen Vaters und dann 1886 zur Einweihung des Domes, dessen jüngste umfassende Restaurierung durch ihn angeregt und gefördert worden ist. Der jetzt regierende Kaiser Wilhelm II. kam zum erstenmale 1883 anläßlich des großen Manövers nach Merseburg und besuchte hierauf unsere Stadt drei Jahre nach seiner Thronbesteigung, als ihm die Provinzialstände im August 1891 ein glänzendes Huldigungsfest hier bereiteten.

A. Schmelzer-Merseburg.

Hans Sachs in Merseburch.

Eingeflochten in einen zur Erinnerung an Hans Sachs vom Herrn Geheimen Regierungsrat Haupt gehaltenen Vortrag.

Da ich in mein siebzehntes Jar
war eingekommen vnd ein Haar
oder zween wollt an dem Kinne sprießen,
thet es mich blöden bubn verdrießen,
allzeit zu schawen dieselbe wand
in meiner Werkstub wohlbekannt.
Vnd sprach zum Vatter: Durch eure Güt
bitt ich mit willen vnd gemüt,
ihr lasset das mich nicht entbehren,
das ich von Hertzen thu begeren.
Ich bitt, es werde mir sogleich
ein Vrlaub zu vmbziehn das Reich,
wie das mit Flug thun gut Geselln,
die schawn das frembde Handwerk wölln.

Der Vatter sprach: Ich geb Dir Frist;
zieh hin, wo doch Dein Wille ist.
Doch hüte Dich vor süßem Most
vnd Füllerey vnd Leckerkost;
sollt nicht schlampampen vnd voll essen,
darob des Himmels gar vergessen.
So faß Dir einen tapffern Mut
vnd fare hin in Gottes Hut.

Nun zog ich dann als junger Knabe
geströlt vnd wolgezieret abe.
Fleissiglich that die mutter zeigen,
wie ich mich höflich sollte neygen,
damit ich thete alle ehr,
wo ich einem herrn begegnet wär.

Gieng denn gen Regenspurg vnd Passau,
gen Salzburg, Hall vnd auch gen Braunau,
arbeit also das Handwerk mein
in Bayern, Franken vnd am Rhein.

Fünf gantze jar ich wandern thet
in diese vnd vil andre stätt,
wollt mich des Handwerks wol befleissen
vnd auch dem Meistergesang erweisen
all herzenliche lieb vnd gunst,
der schönen, löbelichen kunst.

Als ich so loff das land hindurch,
da kam ich auch vor Merseburch
vnd wandert durch das Sixtithor,
das Bischoff Thilo bawt zuvor.
Da waren Thürn vnd Brustwehrn viel,
gerüstet fein zum Kriegesspiel,
mit Darrißbuchsen wol bestellt
von Herrn von Bose, wie man meldt.

Hat auch Herr Thilo zugerichtt
den Thumb zu bawen, den man sicht!
War zwar gestorben dieses jar
just als in Merseburch ich war,
also daß doch dies Gotteshauß
noch nicht gebawet worden auß.

Nun hat sein Herrschaft vnd Gewalt
zu hendt Herr Adolf von Anhalt;
der hub an schärpffer zu regieren,
ließ alle Jüdn aus Mersburch führen,
macht ihre schule bloß vnd frey
an der Kapittelsbäckerei.

Da ich stund vor dem krummen Thor,
so kam daher ein gantzer Chor
machtlos vnd hellig, müd vnd math,
mußt meiden sie ihr hauß vnd statt.

Alsdannen ich mir angeschawt
das Schloß, so Herre Thilo bawt,
vnd eines raben wahrgenommen,
der jetzt in sein gefängkniß kommen,
(mich krenkete das gute thier,
das es so eintzig sitzt allhier),
versah ich mich der Arbeit mein
vnd lag bei einem meister ein,
der wohnte an Sankt Maximi
vnd war ein Kalandsbruder hie.

Zu Mersburch hab' ich aller enden
ersehn die leut aus manchen stendten,
fürsichtig, endelich vnd wacker,
ob sie nun bawen feld vnd acker,
oder sitzen den Tag vnd schreiben
oder ehrliche Hantierung treiben,
auff das in allem stand vnd ampt
gemeiner statt werd' nichts versambt.

Da meines bleibens nicht mehr was,
als zog ich meine Straß fürbaß.
Das rhu vnd fride aufferwachs
in Merseburch, so wünscht Hans Sachs.

Die Weißenfelser Schuhfabrikation.

Weißenfels ist ein verkehrsreicher und blühender Industrieort. Die Stadt besitzt viele und zum Teil sehr umfangreiche Fabrikanlagen. Scharen fleißiger Arbeiter finden in diesen Fabriken lohnende Beschäftigung. Die hiesige Papierfabrik, eine der größten Deutschlands, beschäftigt 500 Arbeiter und fertigt durchschnittlich täglich 700 Centner Papier. In höchster Blüte aber steht die Schuhfabrikation, ja sie bildet den weitaus größten Bestandteil aller hier vertretenen Industrieen. Weißenfels besitzt nach Pirmasens die größte Anzahl von Schuhfabriken des Deutschen Reiches und steht in betreff der gelieferten Masse ebenfalls an zweiter Stelle. Aus kleinen Anfängen ist dieser Industriezweig hervorgegangen. In den 50er Jahren zählte man hier nur 2—3 Fabriken mit mechanischem Betriebe und je 50 Arbeitern. Heute bestehen hier 63 Schuhfabriken einschließlich 5 Ausputzfabriken. Von diesen Fabriken haben 20 Dampf-, 14 Motor- und die übrigen Handbetrieb. Dieselben beschäftigen gegenwärtig 2300 männliche und 900 weibliche Arbeiter, die größte, die Blasig'sche, allein 360 bis 400 Arbeiter und Arbeiterinnen. Wenn man annimmt, daß eine Fabrik mit 100 Arbeitern nur täglich 300 Paar Schuhe und Stiefel fertig stellt, so ergiebt das eine jährliche Gesamtproduktion von 4 Millionen Paar, deren Umsatz den erstaunlichen Durchschnittswert von 10—12 Millionen Mark repräsentiert. Die Absatzgebiete der Weißenfelser Schuhwaren erstrecken sich nicht nur über ganz Deutschland, sondern auch über einen großen Teil des Auslandes. Besondere Absatzgebiete des Auslandes sind Holland, Dänemark, Schweden, Norwegen, die Türkei und Ägypten. In den sämtlichen Fabriken der Stadt wird fast nur der mittelschwere und solide Arbeits- und Gebrauchsschuh oder -stiefel hergestellt, welcher von dem besser situierten Deutschen mit Vorliebe gekauft wird. In den letzten Jahren haben einige Fabriken angefangen, neben durchgenähten und genagelten Schuhwaren auch Rahmenarbeit herzustellen. (Siehe unten.) Überhaupt ist in letzter Zeit das anerkennenswerte Streben bemerkbar geworden, durch Herstellung besserer Artikel aller Konkurrenz das Gleichgewicht zu halten. Und wenn die Weißenfelser Artikel sich wie bisher im deutschen Publikum wegen ihrer Güte, Paßform und Billigkeit großer Beliebtheit erfreuten und gerne gekauft wurden, so dürfen sich heute die neuesten Muster der hiesigen Fabrikate würdig an die Seite der Erzeugnisse der ersten Fabriken der Welt stellen. Aber auch in dem Bestreben, die meisten technischen Einrichtungen und Verbesserungen sich dienstbar zu machen, ist der Weißenfelser Fabrikant keineswegs hinter seinen ausländischen Kollegen zurückgeblieben. Was Wunder also, wenn die hiesigen Fabriken sich immer weitere Absatzgebiete erschließen, ja auch einen Weltruf haben. Lieferte doch erst vor kurzer Zeit eine hiesige Fabrik dem kriegführenden Burenheere auf Bestellung 10000 Paar schwerer und dauerhaft gearbeiteter Schuhe. „Die in der hiesigen Schuhindustrie gezahlten Löhne sind im Verhältnis zur Größe der Stadt, zum Preise der Lebensmittel und zur Höhe der in anderen Industriezweigen gezahlten Löhne hoch zu nennen. Wochenlöhne von 30—40 Mark bei täglich zehnstündiger Arbeit für gelernte Arbeiter, von 15—22 Mark für Arbeiterinnen sind durchaus keine Seltenheit. Um so merkwürdiger aber ist der hierorts herrschende Arbeitermangel, der um so fühlbarer wird, je mehr die Schuhindustrie an Umfang gewinnt."

Und nun ein Gang durch eine Fabrik!

Eine mühevolle Arbeit der früheren Schuhmacherei, das Nähen mit Pfrieme und Draht, braucht jetzt nicht mehr durch die menschliche Hand verrichtet zu werden. Die Steppmaschinen besorgen in äußerst sauberer und schneller Weise diese Arbeit. Von diesen Maschinen werden Oberleder, Futter, überhaupt alle Teile dauerhaft zusammengeheftet. Ihre technische Zusammensetzung ist verschieden, einzelne sind sogar mit zwei Nadeln versehen. Hilfsmaschinen aller Art finden bei dem Ausnähen der Knopflöcher, Anheften der Knöpfe, Aufnähen der Schleifen und Agraffen, Befestigen der Ösen u. s. w. ausschließliche Verwendung. Das in früherer Zeit durch die Hand verrichtete und sehr beschwerliche Schneiden und Schärfen des Sohlenleders wird jetzt durch die Stanzmaschine ausgeführt. Diese Maschine leistet mindestens das Hundertfache von dem, was menschliche Kraft fertig zu stellen vermochte, und noch dazu mit einer Genauigkeit und Sicherheit, die kaum durch menschliche Geschicklichkeit zu erreichen gewesen wäre.

Das Zwicken, die Verbindung des oberen Teiles der Schuhwaren mit der Brandsohle durch Eisenstifte, geschieht vielfach noch durch gelernte Arbeiter, wird aber auch durch die Erfurter Zwickmaschine besorgt. Diese Maschine drückt das Oberleder, welches an das Futter festgenäht und mit einem Klebestoffe versehen worden ist, durch an dieser Maschine angebrachte Zangen fest an die Sohle, leimt beides zusammen und verbindet die Teile dann durch Stifte. Die beste dieser Maschinen ist die amerikanische Zwickmaschine, welche fast nach Art der Arbeiter zwickt.

Die Hauptarbeit der älteren Schuhmacherei, das Nageln der Schuhwaren, haben jetzt die Ley'schen und Stanley'schen Maschinen übernommen. Die Holzstifte zum Nageln der Schuhe und Stiefel werden von den Maschinen aus eigens dafür vorbereiteten Holzrollen selbst geschnitten und auch zugleich in 2 Reihen in die Sohle hineingetrieben. Die neuesten für das Nähen der Waren im Betriebe befindlichen Maschinen sind die Mc. Kay'sche und die Mansfelder Sohlendurchnähmaschine.

Einen weiteren Fortschritt hat die Schuhfabrikation durch Einführung der Rahmennähmaschine erfahren. Mittels dieser Maschine wird an die sogenannte Brandsohle ein Rahmen angeheftet, die Ledersohle dann aufgelegt und beides zusammengenäht. Diese Arbeit wird mit dem Namen „Doppeln" bezeichnet.

Sobald nun die Schuhwaren genagelt oder genäht worden sind, werden sie durch dazu geeignete Maschinen geglättet und beschnitten oder gefraißt. Durch einen einzigen Druck einer Maschine wird ihnen dann der ganze Absatz angeheftet, eine zweite befestigt denselben mit Stiften, von einer dritten wird er beschnitten und in die richtige Form gebracht und darauf mit einer besonderen Art Glaspapier glatt gerieben oder gebimst. Zuletzt folgt nun das Färben, Kantensetzen und Abbürsten der Waren; auch diese Arbeiten werden durch Maschinen ausgeführt. Die fertig gestellten Schuhwaren werden darauf einer gewissenhaften Prüfung unterzogen und sortiert. Die besseren Sorten werden paarweise in Pappkästen gelegt, während gewöhnlichere Waren in Kisten verpackt und ihrem Bestimmungsorte zugeführt werden.

Barthmann-Weißenfels.

Die Schlacht bei Roßbach.

(Nach einer alten Familienchronik.)

Von Merseburg südwestlich liegt der Ort Roßbach, bei dem am 5. November 1757 die sonderbarste und denkwürdigste aller Schlachten, die „bataille amusante“, geschlagen wurde. Friedrich der Große hatte dem Herzog von Bevern das Kommando der Armee, welche Schlesien decken sollte, übergeben und war in gewaltigen Märschen nach Thüringen geeilt, um die vereinigten Heere der Franzosen und Reichstruppen am weiteren Vorrücken zu verhindern. Er war in sehr bedrängter Lage. Seit der Schlacht bei Prag war ihm die Siegesgöttin nicht wieder hold gewesen; Schlag auf Schlag war über ihn hereingebrochen. Auch that es ihm weh, gegen ein Volk kämpfen zu müssen, für das er eine besondere Vorliebe hatte. Sein Herz wünschte darum sehnlichst den Frieden. Diese Gefühle offenbart er in seinem Schreiben an den Herzog von Richelieu, den Höchstkommandierenden des kombinierten Heeres. (Gesch. d. Siebenjähr. Krieges v. J. W. v. Archenholz, S. 106.) Es enthält das Gesuch an Richelieu, in Paris die Friedensunterhandlungen einzuleiten. Am Pariser Hofe wurde jedoch dieses Ersuchen abschlägig beschieden, und es blieb dem Könige nichts anderes übrig, als das Waffenglück entscheiden zu lassen.

Am 12. September stand er schon in Erfurt. Da aber der Herzog von Richelieu über die Elbe zu gehen und Friedrich in den Rücken zu fallen drohte, zog sich dieser nach Sachsen zurück. Er kam gerade zur rechten Zeit, um einen Zug Haddicks nach Berlin verhindern zu können. Die verbündeten Franzosen und Reichstruppen waren Friedrich bis vor Leipzig nachgerückt. Sie wollten den Marschall Keith, der mit 7000 Mann in Leipzig stand, zur Übergabe zwingen. Als aber Friedrich der Große herbeieilte, zogen sie sich bei Weißenfels und Merseburg über die Saale zurück. Friedrich folgte ihnen auf dem Fuße und erzwang sich bei beiden Städten den Übergang über die Saale. —

Ein Merseburger Bürger berichtet darüber in einer Familienchronik folgendes: „Den 30. Oktober zeigten sich nachmittags in der Aue zwischen Trebnitz und Kriegsdorf preußische Husaren. Bald rückte der König von Preußen mit einer starken Armee herbei. Ein Detachement französischer Grenadiers marschierte über den Neumarkt (Vorstadt Merseburgs jenseit der Saale) dem Feinde entgegen, wurde aber mit Kanonenschüssen zurückgetrieben. So wie die Grenadiers wieder über die Brücke waren, wurde selbige von den Franzosen in Brand gesetzet und die schöne Brücke, welche mit einem Dache überbaut war, innerhalb einer Stunde gänzlich ruiniert. Das preußische Chor zog sich über die hohe Brücke (über einen Arm der Saale, die sog. alte Saale) in die Merseburger Aue hinunter, stellete sich in Schlachtordnung auf und blieb den Rest des Tages im Angesicht der Stadt Merseburg also stehen. Darauf sie sich, da die dunkle Nacht hereinbrach, in die nächsten Dörfer und auf den Neumarkt einquartireten. Der Herzog Moritz von Anhalt-Dessau wohnete im Pfarrhause auf dem Neumarkt, der König von Preußen nahmen dero Quartier in der Fasanerie (an der hohen Brücke). Diese Nacht wurde in Merseburg sehr unruhig zugebracht. Jeder Hauswirt mußte vor sein Haus eine Laterne hängen. Die Bürgerschaft wurde zusammengetrieben und mußte nebst den Soldaten an der Saale von der Dachbrücke weg durch den fürstlichen Garten bis an den Mühlanger Schanzgräben aufwerfen.

Den andern Tag ganz in der Frühe mußten zwei deutsche Regimenter und französische Grenadiers solche Schanzgräben benutzen. — Die Reichs- und französische Armee, welche in 80 000 Mann bestand, hatten in der Nacht die Saale von Halle bis Weißenfels besetzt. Die Weinberge vor dem Klausenthore bis an das Schloß waren mit Kanonen bestanden. Prinz Soubise kommandierte die französische und der Prinz von Hildburghausen die Reichsarmee. Der erste hat auf hiesigem Schloß logiret. Der König von Preußen marschirete mit einem Teil seiner Armee nach Weißenfels, allda die Franzosen bei Zurückziehung aus der Stadt die schöne Brücke über die Saale gleichfalls wegbrannten. Sie ruinireten auch die Schifferbrücke zu Halle. Alle Fähren über die Saale wurden versenket.

In der Nacht des 1. zum 2. November setzten sich die französische- und Reichs-Armee, so in und um Merseburg stunden, früh 7 Uhr in Marsch gen Mücheln zu, da sie sich zwischen Mücheln und Crumpa ins Lager setzeten und die Preußen allda erwarteten. Sobald als die Franzosen aus der Stadt waren, kam der Fürst Moritz von Anhalt jenseit der Saale an die ruinirete Dachbrücke, ließ den Magistrat der Stadt Merseburg dahin fordern, da er demselben befahl, im Namen seines Königs die Brücke wieder zu bauen und ließ auch zugleich ein Detachement Grenadiere und Compagniezimmerleute bei der Neumarktmühle durch die Fischergasse herüberfahren. Das Zimmerhandwerk wurde zusammengefordert, Menschen und Pferde zusammengetrieben und mußte alles Hand anlegen, daß sie diesen Tag noch fertig wurde und die Preußen hinüber in die Stadt nebst der Artillerie und der Bagage marschireten und das Nachtquartier allhier hielten. — Den 3. November marschirete das preußische Chor aus Merseburg über Frankleben bis Lunstädt, allda sie in den Feldern die Nacht campireten. Den Morgen darauf, als den 4. November gegen 10 Uhr zog sich der König von Preußen, welcher von Weißenfels herüberkam, mit dem Fürsten Moritz zusammen."

Das Schlachtfeld, das man vom Janushügel weit übersehen kann, ist ein hügeliges Gelände. Es wird im Südwesten durch die Unstrut, im Süden und Osten durch die Saale begrenzt. Die von Merseburg ausgehenden Straßen nach Weißenfels, Naumburg und Freyburg durchschneiden das Hügelland. Den höher gelegenen westlichen Rand der Hügelplatte nahmen bei Branderode die Franzosen und Reichstruppen ein. Ihr rechter Flügel lehnte an das Hakenholz, der linke stand bei Crumpa. Das preußische Heer stand bei Roßbach, beide Heere waren getrennt durch den Leihebach. Friedrich der Große beschloß, den Feind sofort anzugreifen. Als die Kavallerie auf den Höhen ankam, fand man, daß der Feind sein Lager

Schlachtplan v. Rossbach.

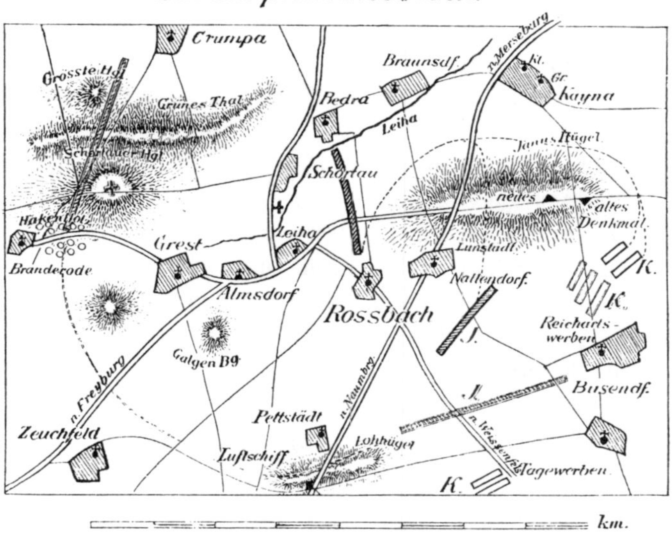

verändert hatte. Er hatte die oben angegebene Stellung eingenommen, während er tags zuvor mehr nach Mücheln zu stand. Besonders der rechte Flügel auf der Höhe bei Branderode war im Hakenholz stark verschanzt. Die Franzosen eröffneten sofort eine Kanonade, die aber ohne sonderliche Wirkung war. Friedrich hielt es für ratsam, sich ins Lager zurückzuziehen. Die Franzosen waren überzeugt, daß der König beim Anblick ihrer 60000 Mann in Schrecken geraten sei. Sie wurden von stolzer Siegeshoffnung erfüllt, die Pfeifen und Trompeten schmetterten, die Trommeln wirbelten, und der Rückzug der Preußen wurde zu einem Siege der Verbündeten aufgebauscht.

Auch die erwähnte Chronik sieht in dem Rückzug eine Niederlage. „Die combinirete französische und Reichsarmee", berichtet sie, „machten ein so großes Feuer aus Kanonen auf die Preußen, daß sie sich mit Verlust etlicher 100 Mann zurückziehen mußten. Der König von Preußen bezog dero Hauptquartier in Roßbach und die Armee setzte sich den Franzosen gegenüber ins Lager und stunden in der Form eines Winkelhakens von Roßbach bis gen Bethern (Bedra). Gegen Abend des 4. November kam der Feldmarschall Keith mit noch etlichen Regimentern Kavallerie von Halle über Clobicau und Neumark an der Geisel und vereinigte sich mit der preußischen Armee, so daß der König von Preußen nun 22000 Mann beisammen hatte. Gegen Morgen als des 5. November rückte die französische und Reichsarmee aus ihren Lagern bei dem Gasthof „Luftschiff" herunter und über den Lohhügel, daß sie um die Preußen herumkämen und von der Flanke angriffen." —

St. Germain blieb in seiner Stellung auf dem Schortauer Hügel vor der Front des preußischen Lagers. Die Verbindung mit der marschierenden Armee stellten Laudons Grenzer auf dem Hügel hinter Almsdorf her. Als die Verbündeten nachmittags 2 Uhr zwischen Pettstädt und Reichardtswerben angekommen waren, wollte Prinz Soubise ein Lager beziehen lassen, weil es zu einem Angriff zu spät sei. In Wirklichkeit suchte der Führer der Franzosen einen offenen Kampf zu meiden. Er verkannte nicht die schlechte Zucht in seinem Heere. Auch unterschätzte er nicht die Kriegskunst des preußischen Königs, seine schnellen Bewegungen und geschickten Manöver. Der Führer der Reichstruppen, Prinz von Hildburghausen, spottete über sein Zaudern und trieb zum Angriffe. Die Verbündeten standen auch wirklich vor der Alternative, entweder anzugreifen oder über die Unstrut zurückzugehen, um einer ausbrechenden Hungersnot zu entgehen; schon bei Mücheln hatte der Hunger die Franzosen zu schweren Ausschreitungen verleitet. Unser Chronist klagt darüber: „Die Dörfer bei und um Mücheln waren alle ausgeplündert und den armen Leuten alles genommen, auch die Kirchen wurden nicht geschont."

Während die Führer der Verbündeten noch herumstritten, wurde plötzlich das preußische Lager abgebrochen, und die Preußen wandten sich nach Merseburg zu. Sofort war man einig. Wie durfte man den „Marquis von Brandenburg" mit seinem kleinen „Piquet" entfliehen lassen! Also schnell noch über Reichardtswerben und um den Janushügel herum. — Friedrich der Große hatte geglaubt, der Feind wolle sich auf der Freyburger Straße nach der Unstrut zurückziehen. Die Truppen blieben deshalb im Lager und kochten mittags ruhig ab. Der König saß mit seinen Generalen bei der Tafel im Schlosse zu Roßbach. Da meldete der Flügeladjutant, Hauptmann Gaudy, der Feind sei von der Freyburger Straße nach Pettstädt eingeschwenkt. Zweifelnd stieg der König mit seinem Gefolge auf den Dachboden des Herrenhauses. Zunächst erblickte er nur die Reiterei, dann aber das Fußvolk. Er erkannte sofort den verhängnisvollen Mißgriff, die gesamte Reiterei auf einen, den rechten Flügel zu stellen und beschloß, die feindliche Kavallerie noch während des Aufmarsches über den Haufen zu werfen. Seydlitz, dem er den Oberbefehl über die Kavallerie übertrug, sollte dieses Vorhaben ausführen. Er ließ sofort satteln und sprengte im Galopp davon. Der König gab nun das Signal zum Aufbruch, und in 2 Minuten lagen die Zelte. Selbst die Franzosen verglichen dieses geschwinde Abbrechen des Lagers mit einer „**décoration d'opéra**". Das Freibataillon Meyer blieb bei Schortau zur Deckung gegen St. Germain stehen. Unser Chronist fährt fort: „Um 3 Uhr war alles aufgepackt und es hieß: Vorwärts marsch! Die Preußen zogen über Lunstädt auf der Straße nach Merseburg und thaten, als ob sie retirireten. Da sie aber vor Kayna ankamen, schwenketen sie rechts ab. Hinter dem Janushügel formiereten sie sich zur Schlachtordnung. (Von Lunstädt ostwärts erstreckt sich ein langer, zu beiden Seiten sanft abfallender Hügelzug, der im Janushügel seinen höchsten Punkt erreicht. Hinter diesem Zuge waren die Preußen geschützt wie hinter einem Vorhang. Der Feind hatte keine Ahnung von dem Aufmarsch der preußischen Truppen.) Da brach nun die Reiterei der Preußen, die in zwei Treffen stand, hervor. Der General Seydlitz führete das 1. Treffen. Wie ein Hagelwetter stürmeten die Reiter auf die österreichischen Kürassierregimenter. Selbige setzten sich kräftig zur Wehr und schlugen etliche Attacken zurück. Da kam noch der Herzog von Broglio mit 52 Schwadronen herbei. So rief nun der General Seydlitz auch sein anderes Treffen heran und warfen die Franzosen über den Haufen, daß selbige in Eile retirireten.

Denkmal des westlichen Janushügels.

Der Herzog von Broglio wurde tödlich blessiert und starb an seinen Wunden in Merseburg. Er wurde auf dem Stadtgottesacker bei dem Bahrenhause zur Erde bestattet, da ihm von weißem Marmor ein Epitaphium gesetzet worden.

Der General Seydlitz verfolgete die Franzosen bis Tagewerben. Nun waren auf dem Janushügel Kanonen hinaufgefahren und eröffneten ein großes Feuer. Über den Hügel rückte der Prinz Heinrich mit 7 Bataillonen und avancierte auf die combinirete Armee und fingen ein schreckliches Kartätschenfeuer an. Die Franzosen hatten sich bei dem Orte Reichardtswerben in Gefechtskolonnen formieret. Da das Schießen anfing, war es mit der Ordnung vorbei, alles war durcheinander. Da kam nun noch der General Seydlitz von Tagewerben her. Da war es nicht anders, als wenn Himmel und Erde einfielen. Sie hieben alles ohne Pardon nieder. Abends um 6 Uhr war kein Regiment mehr beisammen. Das Gefecht hatte nur $1^1/_2$ Stunden gedauert. 6000 Tote lagen auf der Walstatt, über 60 Geschütze und 5—6000 Mann Gefangene fielen in preußische Hände. Die Franzosen würden noch mehr verloren haben, wenn sie nicht aus Vorsorge sich retiriret hätten und nicht die Nacht eingefallen wäre. Die Blessierten wurden hierher (nach Merseburg) geschafft und in vielen Häusern und in den Kirchen untergebracht, daß man in vielen Tagen keinen Gottesdienst in St. Maximi halten konnte. Die an ihren Blessuren Gestorbenen wurden auf dem Sixtiberge begraben."

Friedrich der Große schrieb nach der Schlacht an Podewils: „Soeben haben wir die Franzosen und Reichstruppen gänzlich geschlagen. Der Generallieutenant Graf von Revel ist gefangen und viele Generale und Offiziere. Der Himmel hat die gerechte Sache gesegnet. Man soll ein Tedeum halten mit Kanonendonner zu Berlin, Stettin und Magdeburg. Ich habe den Feind verfolgt bis zum ersten Engpaß. Mein Bruder Heinrich ist leicht verwundet, ebenso General Seydlitz." (Von Ranke).

Die moralische Wirkung des herrlichen Sieges von Roßbach war gleichbedeutend mit der politischen. Friedrich der Große gewann sich durch ihn alle Herzen der Deutschen, und das deutsche Nationalgefühl erwachte wieder nach langer Demütigung vor der fränkischen Hegemonie.

Auf dem Janushügel setzte die Gemeinde Reichardtswerben im Jahre 1766 aus Dankbarkeit und zur Erinnerung an jene glorreiche Schlacht ein einfaches, würdiges Denkmal. Im Jahre 1792 besuchte der Prinz Louis Ferdinand das Schlachtfeld, und auf seine Veranlassung wurde vier Jahre später ein besseres aus Sandstein errichtet. Nach der Schlacht bei Jena ritt Napoleon über dieses Schlachtfeld. Um die Niederlage der französischen Waffen zu verwischen, ließ er das Denkmal abbrechen und nach Paris schaffen. Als aber die Verbündeten Paris erobert hatten, fanden sie das Denkmal nicht mehr vor, die Pariser hatten es in die Seine versenkt, weil sie es den Deutschen nicht wieder ausliefern wollten. An Stelle der geraubten Säule haben dann die Offiziere des III. Armeekorps eine dreiseitige gußeiserne Säule errichtet, welche die Inschrift trägt: „Denkmal der Schlacht von Roßbach den 5. November 1757. Auf dem Marsche nach der Deutschland befreienden Schlacht von Leipzig von preußischen Kriegern des III. Armeekorps wieder errichtet den 23. Oktober 1813."

Zur 100jährigen Gedenkfeier wurde am 5. November 1857 auf Veranlassung des Königs Friedrich Wilhelm IV. der Grundstein zu einem würdigen Denkmal auf dem westlichen Janushügel gelegt Aus Sandstein errichtet, zeigt es hoch zu Roß die Siegesgöttin mit Fahne und Lorbeerkranz. Ihr zu Füßen liegt ein französischer Soldat. Die Inschrift lautet: „Zum Gedächtnis des Sieges, den Friedrich d. G. am 5. November 1757 hier über den dreifach stärkeren Feind erfocht. Errichtet von Friedrich Wilhelm IV. im Jahre 1860." Das ganze Denkmal krönt der preußische Adler. Als Wärter ist ein alter Invalide angestellt, der dieses Denkmal preußischer Tapferkeit hütet.

Miedlig-Merseburg.

Bilder aus der Entwicklung von Zeitz.

Wenn wir heutigen Tages die Augen über die Gegend von Zeitz streifen lassen, so sehen wir üppige Saatfelder und grünende Wiesen. Dazwischen liegen große, von baumreichen Gärten umgebene Dörfer. Hier und da ragt ein altersgrauer Turm empor. Und das silberhelle Band der weißen Elster zieht sich durch die lachende

Landschaft. Zahlreiche Bäche, oft in tiefeingeschnittenen Erosionsthälern fließend, eilen ihr zu. Im Südwesten finden sich große zusammenhängende Wälder, während sonst nur die steilen Hänge zum Flusse hinab bewaldet sind. Auf der östlichen Grenze des thüringischen Triasgebietes liegend, reicht diese Landschaft im Nordosten schon in das Diluvialgebiet der Leipziger Ebene hinab.

Mitten in diesem Bilde liegt, von fast allen Seiten weithin sichtbar, die Beherrscherin des Ganzen, die Stadt Zeitz, die Stadt auf dem Berge.

Wenn wir in die graue Vorzeit zurückblicken, so treffen wir in hiesiger Gegend als Bewohner die Hermunduren. Beim Untergange des thüringischen Reiches fiel der nördliche Teil an die Sachsen; der südliche ging in den Besitz der Franken über. Die hiesige Gegend jedoch, weit abgelegen von den Hauptsitzen genannter Stämme, wurde von den Wendensorben besiedelt. Sie fanden hier, was sie suchten:

Alte Stadtmauer von Zeitz.

eine reich bewässerte, ziemlich ebene Gegend. Der Wende saß in seiner kleinen Hütte im Dorfe, im Bache fing er seine Fische, oder er bestellte mit dem alten wendischen Hakenpfluge seine Felder. Eine Anzahl wendischer Ortsnamen und Dorfanlagen erinnern noch an sie. Eine solche ist ursprünglich wohl auch unsere Stadt. Auf wen die erste Gründung des Ortes zurückzuführen ist, kann nicht nachgewiesen werden. Ebenso ist auch eine Erklärung des Stadtnamens bisher nicht vollkommen gelungen. Handel treibend ist der Wende friedlich mit den Germanen zusammengekommen. Dem Händler folgte alsbald der Missionar. So wurde das Wort vom Kreuz schon frühe hier verkündet. Sogar eine Kapelle hat hier gestanden, die bereits um das Jahr 800 als Wallfahrtskapelle einen gewissen Ruf genoß. Die sogenannte „Brühlkirmeß“, die am Himmelfahrtstage jetzt noch gefeiert wird, soll dieser Kapelle ihre Entstehung verdanken. An das kirchliche Fest hat sich ein Markt angeschlossen, von dem nur das Volksfest übrig geblieben ist, erinnernd an vergangene Zeiten.

So mag Zeitz schon früher die größte Niederlassung der hiesigen Gegend gewesen sein. Als dann der Bischof seinen Sitz hier nahm, hatte das für die Vergrößerung der Stadt wohlthätige Folgen. Die Beamten des Bischofs wohnten in Zeitz, und dadurch eröffnete sich dem Handel ein neues Absatzgebiet.

Weit und breit auf den Hügeln um die Stadt, die sich in der Gegend des heutigen Brühls befand, stand noch Wald. Durch die Vermehrung der Bewohner vergrößerte sich die Stadt; der Wald wurde zurückgedrängt. Und so ist die Stadt nach dem Berge zu gewachsen, bis dann später der Hauptteil der Stadt auf dem Berge lag. Dieser wurde dann mit Mauer und Graben umzogen, deren Verlauf noch heutigestags zu erkennen ist. Die Stadt selbst war dem Bischofe unterthan, der in ihr in seinem Namen Gericht halten ließ.

Die Gewerke vereinigen sich zu Innungen, deren Satzungen aber immer vom Bischofe bestätigt werden müssen. Bald erlangen diese eine gewisse Macht. Und wenn uns auch die Geschichte der Stadt nichts über Kämpfe zwischen den Geschlechtern mit den Innungen berichtet, so war doch eine Bestimmung vorhanden, nach der im Rate der Stadt höchstens zwei Ratsmänner aus einer Innung sitzen durften, — ein Zeichen, daß sich die Innungen ihrer Macht bewußt waren.

Das im 12. Jahrhundert wieder erwachte religiöse Leben trug auch seine Pulsschläge bis in unsere Gegend. 1114 wird der Bau des Klosters Posa bei Zeitz begonnen und den Benediktinern übergeben; im Laufe der nächsten 50 Jahre wird noch ein Nonnenkloster zu St. Stephan erbaut. Das Franziskanerkloster folgte 1241.

Die Benediktiner, die aus Hirsau kamen, sollten vor allen Dingen bei der Christianisierung des Landes mit helfen. Sie brachten den Weinbau mit; und die Waldhöhe ihres Klosters wurde ein Weinberg. Die Nonnen zu St. Stephan hatten als besondere Aufgabe die Pflege in dem Elsbethhospitale, das dem mildthätigen Sinne Zeitzer Einwohner seine Entstehung verdankt. An die Franziskaner erinnern noch ihre Klostergebäude und der „Brüderablaß", ein Jahrmarkt nach Cantate, der jedenfalls auf einen Ablaßbrief des Klosters und die daraus entstandene Wallfahrt zurückzuführen ist.

Fünf Kirchen und mehrere Kapellen befanden sich in dem nicht viel mehr als 1000 Einwohner zählenden Orte. Aber es wird auch geklagt, daß die Kirchen leer gestanden haben. — Die älteste Kirche und die Hauptkirche der Stadt ist St. Michael. Man vermutet, daß die von Boso in dem Bergwalde bei Zeitz angelegte steinerne Kirche den Grund zu derselben gelegt habe.

Von den Leiden, die im Mittelalter die Städte trafen — Feuersbrunst, Pest, Verheerung durch die Feinde —, ist unsere Stadt nicht verschont geblieben. Die Rührigkeit der Bürger und auch die Fürsorge des Bischofs halfen jedoch meist schnell über solche Übel hinweg. Aber die Nähe des Bischofssitzes brachte auch manchen Nachteil mit sich, wie denn die Stadt oft in die Streitigkeiten des Bischofs verwickelt wird: die Hussiten zerstörten 1429 die Stadt und ihre Befestigung ziemlich gründlich. Bald aber erhob sich die Stadt wieder aus Schutt und Asche. Die Befestigungen wurden rasch wieder hergestellt. Die noch erhaltenen Reste stammen aus dieser Zeit. Die Thore waren durch starke Türme geschützt, ebenso standen mehrere in der Mauer Außerhalb der Mauer befand sich ein tiefer, trockener Graben. Auf derselben war ein Umgang, dessen Tragsteine an einzelnen Stellen noch zu erkennen sind. Ebenso befanden sich in der Mauer noch Schießpforten und Pechnasen. — Sicher konnte jetzt der Bürger hinter seinen Mauern wohnen.

In dieser Zeit wurden die meisten der Häuser aus behauenen Steinen erbaut, meist in mehreren Geschossen übereinander. Aus dem Anfange des sechszehnten Jahrhunderts stammt das Rathaus. Es zeigt spätgotische Formen. Die fünf Erker und die beiden Giebel zeigen schöne Verzierungen in Backstein ausgeführt. Spätere Zeit hat wohl angebaut, aber das Alte ist vorherrschend. Auch der Bischof leistete zu diesem Baue eine Beisteuer, indem er aus seinem Forste einen Teil des Bauholzes lieferte.

Rathaus in Zeitz.

Die Schrift Luthers „Von der Freiheit eines Christenmenschen" hat auch hier die Gemüter bewegt. Tausende bäuerlichen Standes versammelten sich. Zwischen Zeitz und Gera lagerten sie auf dem „Hungerberge" und bedrohten von hier aus Städte, Rittergüter und Klöster. Ihr Anführer war Hans Enderlein aus Hassel bei Droyßig.

Seinem Herrn von Bünau auf Droyßig stattete er mit seiner raublustigen Schar einen Besuch ab, der in Küche- und Keller des Herrn von Bünau viel Schaden anrichtete. In Zeitz zogen die Bürger des Nachts aus, Thore und Mauern besonders zu bewachen. Nach der Schlacht bei Frankenhausen verschwand zuerst Hans Enderlein, bald darauf die anderen Anführer, und der Bauer kehrte zu seinen Diensten zurück. Übrigens wurden die Zurückkehrenden gnädig behandelt und meist nur mit einer Geldstrafe belegt.

Der Wohlstand der städischen und ländlichen Bevölkerung stieg immer mehr. An die Stelle der Weinberge, die früher die Berghänge bedeckten, ist vielfach das Hopfenfeld getreten. Der Wald wurde immer weiter auf die Berghöhen zurückgedrängt und immer mehr Land dem Ackerbau dienstbar gemacht; denn jeder Bürger hatte in der städtischen Feldflur Besitz. Von seinen eigengebauten Früchten und von seinem Weine durfte er verkaufen. Fremde Weine zu verzapfen war ihm jedoch nicht gestattet. Dieses Recht hatte sich der Rat vorbehalten. Und wie gut das Geschäft ging, erhellt daraus, daß aus dem Abwurfe des Ratskellers die Hälfte sämtlicher städtischen Geldbedürfnisse bestritten werden konnte. Die Abgaben waren im übrigen nach den zu brauenden „Bieren" bemessen, die ziemlich einer Haus- und

Nach einer photograph. Aufnahme v. F. Giepler-Leipzig.

Schloß Droyßig.

Einkommensteuer entsprachen. Nach ihr richtete sich auch die Verpflichtung eines jeden zur Verteidigung seiner Heimatsstadt. Genau war vorgeschrieben, mit welchen Waffen jeder ausgerüstet beim Zeichen der Glocken an der Mauer zu erscheinen hatte.

In dieses ruhige Leben voll Wohlhäbigkeit kam der Dreißigjährige Krieg, alles vernichtend, was Fleiß und Sparsamkeit der Bürger geschaffen. Obgleich die Kriegsfurie erst vom Jahre 1630 hier ihre Brandfackel schwang, genügten die 18 Jahre des Krieges noch vollständig, jeden Wohlstand zu vernichten. Es würde zu weit führen, die Unglücksjahre einzeln aufzuzählen. Nur das mag erwähnt werden, daß mehr als die Hälfte der Häuser verlassen oder niedergebrannt und zwei Drittel der Einwohner durch die Schrecknisse des Krieges untergegangen waren.

Die politische Zerrissenheit unseres Vaterlandes, im großen und ganzen verderblich, hatte aber auch, gerade nach dem großen Kriege, ihre Lichtseiten; wurden doch dadurch Mittelpunkte geschaffen, von denen aus die Kultivierung des verwüsteten Landes begann. So auch in Zeitz.

Mit dem Aussterben der herzoglichen Linie war Zeitz kein solcher Mittelpunkt mehr. Das Land wurde von Dresden aus verwaltet. Zeitz wurde Landstadt. Der früher so lebhafte Handel hörte auf, Industrie gab es wenig. Nur der gewaltige Schloßbau mit seiner großen Zahl von Nebengebäuden erinnerte noch an die frühere Glanzperiode.

Das ehemalige Stiftsgebiet gehörte jetzt zum Kurfürstentum Sachsen. Im Siebenjährigen Kriege teilte unsere Stadt das Schicksal des unglücklichen Landes. Der Kriegsschaden war sehr beträchtlich. Bedeutende Summen Geldes und große Lieferungen für die feindliche Armee wurden von ihr verlangt. Und wenn auch

Schloß Moritzburg bei Zeitz.

keine Brandstätten u. dergl. an den Krieg erinnerten, so war der Schaden beinahe so hoch, wie der im Dreißigjährigen Kriege erlittene. Nur die lange Friedenszeit war imstande, die Wunden des Krieges zu heilen. Die Jahre 1806—1815 sind äußerlich fast spurlos an der Stadt vorübergegangen. Das Stiftsgebiet kam 1815 zu Preußen. In die Gebäude des Schlosses wurde später eine Korrektionsanstalt gelegt.

Schon in der Mitte des 18. Jahrhunderts blühte in Zeitz die Weberei. Es wurden vor allen Dingen Tuchstoffe gefertigt. Der Siebenjährige Krieg vernichtete diese Industrie fast ganz; nur nach und nach blühte sie wieder auf. Der Kurfürst von Sachsen schenkte dem Webwarenfabrikanten Albrecht aus Gera seinen Lustgarten bei dem Schlosse, damit er dort eine Fabrik anlege. Hierdurch kam es, daß bald wieder die Weberei blühte. Vielfach wurde im Auftrage Albrechts im Hause gearbeitet, wodurch viele Meister und Gesellen Beschäftigung fanden. Zeitz lag ziemlich dicht an der preußischen Grenze. Der hohe Eingangszoll veranlaßte mehrere

Fabrikanten, ihre Anstalten nach Zeitz in das preußische Gebiet zu verlegen. Der Magistrat unterstützte diese Absichten, indem er den Unternehmern städtischen Grund und Boden in Erbpacht gab, um ihnen die Anlage der Fabrik zu erleichtern. Meist wurden Webereien errichtet. So waren im Jahre 1857 300 Meister und 350 Gesellen als Weber thätig. Auch andere Fabriken entstanden. So gab es schon 1842 mehrere Handschuhfabriken. 1843 entstand die Pianofortefabrik von Hölling und Spangenberg. Ebenso gab es Wagenfabriken u. a. m. Durch diese industrielle Beschäftigung der Bewohner nahm die Einwohnerzahl der Stadt beständig zu. So zählte sie 1849 11 813 Einwohner in 887 Häusern. Die Mehrzahl der Einwohner waren freilich Fabrikarbeiter. Eintretende Arbeitslosigkeit und Teuerung riefen in solchen Kreisen sofort große Not hervor, wie es thatsächlich in den Jahren 1845 bis 1847 der Fall war. Trotzdem der Magistrat und wohlhabende Bürger viel zur Linderung der Not thaten, wurde der Mangel gerade in der Arbeiterbevölkerung recht schmerzlich empfunden. Als infolge einer guten Ernte die Lebensmittel wieder zu gewöhnlichen Preisen zu haben waren, war doch ein großer Teil des Hausrates u. dergl. der Not zum Opfer gefallen. Bei der dadurch hervorgerufenen Unzufriedenheit fanden Hetzapostel einen wohlvorbereiteten Boden für ihr verderbliches Thun. Die Bewegung im Jahre 1848 schlug hier sehr hohe Wogen. Ein Pöbelhaufen rottete sich am 20. März unter Anführung einiger Schreier zusammen, stürmte das Schloß und zerstörte darin die Arbeitsgeräte u. dergl. und raubte die vorhandenen Vorräte. Der Tumult dauerte bis zum andern Morgen. Am andern Tage traf Militär ein. Bald darauf wurde eine Bürgerwehr errichtet. Noch längere Zeit befand sich eine Abteilung Soldaten hier. Im Herbste erneuerten sich die Unruhen noch einmal. Sie fanden jedoch entschlossene Behörden, und so verlief der Aufruhr ohne viel Schaden.

Die Herstellung der Gewebe in Fabriken brachte es mit sich, daß die Hausindustrie immer mehr zurückging. Die großen Webereien stellten sogar hie und da ihren Betrieb ein, wogegen Fabriken anderer Art hier errichtet wurden.

Das Auffinden und die Ausbeutung der Kohlenlager in der Nähe der Stadt und der allgemeine industrielle Aufschwung hatte für Zeitz einschneidende Folgen. Zudem wurde 1859 die erste Eisenbahnlinie eröffnet. Bald sorgten noch mehrere Bahnlinien für einen leichteren Verkehr mit den Nachbarstädten, so daß hier eine Reihe Fabriken der verschiedensten Art entstanden.

Jetzt zählt die Stadt über 27 000 Einwohner und 60 Fabriken, welche über 4000 Arbeitern lohnenden Verdienst geben. Sie ist durch ihre Pianofortefabriken, Webereien, Holzbildhauereien und Kinderwagenfabrikation weithin bekannt.

Braun-Zeitz.

Zeitzer Sagen.

I. Johann Käselieb.

Zu der Zeit, als Kaiser Otto der Große in Deutschland regierte, lebte in dem Dorfe Rasberg bei Zeitz ein einfacher Mann mit Namen Johann Käselieb. Er besaß nichts als ein Häuschen und einige Stücke Feld. Er war von Geburt ein Wende, hatte sich aber vor Jahren mit seiner einzigen Tochter Anna taufen lassen. Der Name Käselieb war ein Spottname. So nannten ihn seine Nachbarn, weil er Käse sehr gerne aß, weil er sie aber auch sehr gut zu bereiten verstand.

Käselieb war dem Christentum von Herzen zugethan. Von den meisten andern getauften Wenden konnte man das nicht sagen. In den hellen Nächten suchten sie noch immer in dem heiligen Walde bei Hainsburg den Tempel des Wendengottes Radegast auf. Am eifrigsten hing aber noch an dem alten Wendenglauben Käseliebs Tochter Anna. Dadurch bereitete sie ihrem Vater schweres Herzeleid. Mit eindringlichen Worten suchte er ihr eine christenfreundlichere Gesinnung einzuflößen; er bemühte sich, sie zur Heirat mit einem christlichen Jünglinge zu bewegen — alles vergebens! Käselieb glaubte schließlich, seine Tochter befände sich in dem Banne eines bösen Zauberers. Er wehklagte und jammerte; betrübt ging er in seiner Stube umher, und der Schlaf floh sein dürftiges Lager. Da beschloß er, zu dem Priester Boso zu gehen, der an dem Marienkirchlein auf dem „Kaltenfeld" seines Amtes waltete, und ihm sein Herz auszuschütten.

Seine Erzählung erregte bei Boso die größte Verwunderung. Er verlangte Anna zu sprechen, um durch Beschwörungsformeln, Beten und geweihtes Wasser den Satan aus ihr zu vertreiben. Doch dem widersprach Käselieb mit den Worten: „Alle Eure Bemühungen würden fruchtlos sein, und ich will nicht, daß ihr Gewalt geschieht. Sagt mir lieber ein recht schweres Werk, durch dessen Vollendung ich etwas für das Heil ihrer Seele thun kann!" Boso überlegte einige Augenblicke. Dann zeigte er nach dem Platze, wo heute das Schloß Moritzburg steht, und sprach: „Wohl, es giebt für dich verdienstvolle Arbeit! Du weißt, daß unser mächtiger Kaiser Otto hier eine Stiftskirche errichten will, um die heilige Lehre Jesu fester unter dem Wendenvolke zu pflanzen. Obgleich er selbst 20000 Gulden zu diesem Bau beigesteuert hat, fehlt es doch an Geld, weil die neugetauften Christen zu spärliche Gaben darbringen. Damit die Heiligen sich deinen Gebeten um die Rettung Deiner Tochter anschließen, so fahre Steine herbei zum Bau der Stiftskirche!" Voller Freude sagte Käselieb zu; nur bat er, daß im geheimen nichts gegen seine Tochter unternommen würde, was ihm Boso auch versprach.

Von nun an fuhr Käselieb jeden Tag Steine nach Zeitz. Erstaunt sah seine Tochter diesem Treiben zu und meinte, er möge lieber Steine zur Verbesserung seines eigenen Hauses herbeischaffen. Doch er antwortete: „Du verstehst mein Thun freilich nicht; denn du bist krank. Aber ich bete zu Gott und allen Heiligen, daß sie mein Werk freundlich ansehen und dir und mir Gnade gewähren." Allein auch diese freundliche Rede rührte sie nicht; vielmehr fing sie nun an, den Kirchenbau nach Möglichkeit zu verhindern. Bestärkt wurde sie in ihrem Vorhaben durch den alten heidnischen Oberpriester am Tempel Radegasts, der ihr wiederholt sagte: „Mit der Vollendung der Stiftskirche stürzt unser alter Glaube zusammen, und die Götter unserer Väter verlieren ihre Macht."

In einer vom Vollmond erleuchteten Nacht wanderte Anna wieder einmal zu Radegasts Tempel. Sie war in ein weißes Gewand gehüllt, das von einem blauen Gürtel zusammengehalten wurde. In der Hand trug sie einen Spieß. Wer ihr begegnete, wich ihr scheu aus und betrachtete sie als ein Wesen höherer Art. Freundlich begrüßte sie der Oberpriester, fuhr aber ernst fort: „Der Bau unserer Feinde schreitet unaufhaltsam vorwärts. Dein Vater selbst hilft dazu. Kannst du nichts thun, daß unsere Götter den Sieg über den gekreuzigten Christengott davontragen?" Anna bat um ein paar Tage Geduld und eilte am frühen Morgen bekümmerten Herzens nach Hause.

Nun besuchte sie die waffenfähigen Wenden in ihren Wohnungen. Mit glühender Begeisterung schilderte sie ihnen das traurige Schicksal ihrer Götter, und daß nur Einigkeit und mutige Entschlossenheit imstande seien, einen erfolgreichen Kampf gegen das Christentum zu führen. Aber die Furcht der Wenden vor der gewaltigen Macht Kaiser Ottos war noch so lebhaft, daß ihre Worte ergebnislos verhallten. Mit thränenden Augen mußte sie dem Oberpriester den Mißerfolg ihres kühnen Unternehmens eingestehen.

Joh. Käselieb.

Käselieb fuhr immer noch Steine nach Zeitz. Ein Jahr war schon bei dieser Beschäftigung vergangen. Er betrieb sein frommes Werk mit solchem Eifer, daß er sich um sein Hauswesen gar nicht mehr kümmerte und seine Felder nicht mehr bestellte. Weil er aber doch leben wollte, verkaufte er einen Acker nach dem andern. Sein Häuschen ging denselben Weg, und zuletzt machte er noch Schulden. Aber unverdrossen hielt er aus, bis der Kirchenbau vollendet war. Am letzten Tage nahmen ihm seine hartherzigen Gläubiger sogar das Zugvieh und den Wagen, so daß er nichts mehr besaß, als seine Peitsche und die Deichselwage.

Pfingsten war ins Land gekommen. Kaiser Otto weilte in der Nähe von Zeitz und vergnügte sich mit seinem Gefolge an der Jagd. Er kam auch an Radegasts Tempel. Vor wenigen Minuten war der greise Oberpriester tot niedergesunken. Einmal hatte ihm das goldene Kreuz der vollendeten Stiftskirche entgegengefunkelt. Auch Anna war in der Nähe. Als sie den Lärm der Jagd vernahm, versteckte sie sich hinter die Bildsäule des heidnischen Gottes. Kaiser Otto erblickte das Götzenbild. Mit gewaltiger Kraft warf er seinen Speer danach und zertrümmerte es. Von einem fallenden Stücke desselben wurde Anna erschlagen, ohne daß es die Jagdgesellschaft merkte.

Nach Zeitz zurückgekehrt, nahm der Kaiser die neuerbaute Kirche in Augenschein. Als er aus der Thür des herrlichen Gebäudes trat, sah er Käselieb, der die Peitsche und die Deichselwage in der Hand, sich demütig vor ihm beugte. Boso sprach zum Kaiser: „Großmächtigster Herr, Ihr seht hier einen Mann, der infolge seiner thätigen Mithilfe beim Bau dieser Kirche arm geworden ist. Tag für Tag hat er Steine herzugefahren, und dabei ist er um sein gesamtes Hab und Gut gekommen. Er nennt nichts mehr sein eigen, als was er in der Hand hält. Trotzdem fühlt er sich aber glücklich, weil der Bau zu einem guten Ende gelangt ist.“ Mit Wohlgefallen hörte der Kaiser diese Rede. Dann sprach er: „Ich will ihm allen seinen Schaden ersetzen und ihm aus meiner eigenen Kasse so viel auszahlen lassen, daß er sich ein besseres Besitztum kaufen kann, als er früher besaß. In der Kirche aber soll ihm ein Denkmal gesetzt werden für alle Zeiten.“

Käselieb vermochte sich vor Freude kaum zu fassen. Er genoß aber sein Glück nur kurze Zeit. Nach einigen Tagen wurde von Holzfällern die Leiche seiner Tochter aufgefunden. Über ihren Tod grämte er sich so sehr, daß er bald starb. In der Schloßkirche zu Zeitz ist aber noch heute sein Bildnis zu sehen. In Stein gehauen bemerkt man ein kleines Männchen mit Peitsche und Deichselwage in der Hand. Daneben stehen die Worte:

Ich . heyse . Keselieb.

II. Der dreibeinige Hase.

Vor ziemlich hundert Jahren wollte Edwin, ein wohlhabender junger Kaufmann, mit der Post von Zeitz nach Leipzig fahren. Es war eine kalte Dezembernacht, und eben hatten die Uhren der Stadt die zwölfte Stunde verkündigt. Der Vollmond sandte sein Licht nieder auf das friedlich schlummernde Zeitz. Außer dem Plätschern der Brunnen und dem müden Schritte des Nachtwächters war nichts zu hören. Edwin hatte sich in einen warmen Mantel gehüllt und die Mütze tief in das Gesicht gezogen. Als er in die Nähe des Posthauses kam, lief ihm mehrmals ein Tier zudringlich um die Füße herum. Anfänglich hielt er es für einen Hund; aber im Scheine des Vollmonds bemerkte er bald, daß es ein Hase mit drei Beinen war, der allerlei wunderliche Sprünge vollführte. Obgleich Edwin frei von Aberglauben war, überlief es ihn doch eiskalt, und die Haare standen ihm zu Berge. Als das Tier wieder in seine Nähe kam, versuchte er ihm einen Fußtritt zu versetzen. Aber der Hase wich ihm aus, setzte sich mitten auf der Straße vor ihm hin und machte ein Männchen. Mit feuchtglänzenden Augen sah er traurig zu ihm auf und bewegte seine einzelne Vorderpfote, als wenn er ihm winken wollte zu folgen.

Edwin hatte seinen Schreck bald überwunden. Die Lust zu einem wagehalsigen Unternehmen ergriff ihn, und er nickte mit dem Kopfe. Sofort lief der Hase dem Schlosse zu, Edwin ihm nach. Keine Wache rief ihn an, und als er den ersten Hof durchschritten hatte, blieb der Hase vor der Rentkammer sitzen. Die Thüre stand weit offen, und Edwin trat klopfenden Herzens ein. Hinter ihm fiel die Thüre zu, und der Hase sprang ängstlich um ihn herum. Das Zimmer war angenehm erleuchtet, ohne daß eine Lampe oder ein Licht sichtbar waren. Auf einem Tische in der Mitte des Zimmers lag eine Pergamentrolle. Edwin ahnte bald, daß der Hase ein verzaubertes Wesen sein müsse, und er rief: „Unglückliches Geschöpf, was kann ich für dich thun?“ Da zeigte der Hase eifrig mit der einen Pfote nach der Rolle, so daß sie Edwin ergriff und öffnete. Er las folgendes:

— Ich bin der Bischof Johann I. Zeit meines Lebens habe ich einen Wandel geführt, wie es einem Diener des Höchsten nicht geziemt. Auf meiner Burg Saaleck habe ich mich den tollsten Ausschweifungen hingegeben. Auf einer Jagd lernte ich einmal Margarete, das schöne Weib eines Försters, kennen, zu der ich in heißer Leidenschaft entbrannte. Durch zuverlässige Diener ließ ich sie in einer dunklen Nacht entführen und in mein Schloß nach Zeitz bringen. Aber weder durch Lockungen noch durch Drohungen konnte ich sie meinen Wünschen geneigt machen. Da schleppte ich sie voller Wut hierher in meine Schatzkammer, sperrte sie ein und ging davon, um sie durch Hunger zu zähmen. Am frühen Morgen erschien ein Bote, der mich wegen wichtiger Verhandlungen nach Naumburg rief. Daselbst war ich fünf Tage lang angestrengt beschäftigt. Auf dem Heimwege nach Zeitz fiel mir Margarete ein. In wildester Eile ritt ich nach Hause, öffnete die Thür zu ihrem unfreiwilligen Aufenthaltsorte und — prallte entsetzt zurück. Margarete lag tot am Boden: Der Hunger und die Kälte hatten ihrem jungen Leben ein frühzeitiges Ende gesetzt. In den Todesqualen hatte sie sich Gesicht und Hände zerfleischt. Heimlich ließ ich sie begraben, und das Andenken an ihr trauriges Ende brachte mir manche schlaflose Nacht. Aber zu Saaleck vergaß ich sie doch bald wieder, weil ich mich immer mehr den sinnlichen Zerstreuungen überließ.

Eines Tages erschien der Förster bei mir, der mit blitzendem Dolche und funkelnden Augen seine Frau von mir verlangte. Seine beständigen Nachforschungen hatten ihn auf den Verdacht gebracht, daß ich der Entführer seiner Frau sein müsse. Ich antwortete ihm: „Vor deinem Dolche fürchte ich mich nicht. Dein ungestümer Angriff auf meine geheiligte Person soll dir auch verziehen sein, weil ich mir deinen Schmerz vorstellen kann. Aber von deiner Frau weiß ich so gewiß nichts, als es in deinem Forstgebiete keinen dreibeinigen Hasen giebt.“ Durch die Sicherheit meines Auftretens ließ sich der Förster täuschen. Er entschuldigte sich mit ehrerbietigen Worten und ging von dannen. Der Vorsicht halber sandte ich ihm aber einen vertrauten Diener nach und ließ ihn im Walde ermorden.

Mitten in meinem Sündenleben überraschte mich der Tod. Als ich vor den Thron des Höchsten kam, sprach Gott zu mir: „Um dich von deiner Frevelthat gegen die Frau des Försters zu reinigen, hast du das Dasein eines dreibeinigen Hasen als unmöglich hingestellt. Du selbst sollst von nun an ein dreibeiniger Hase sein. Bis zu jeder Mitternacht sollst du dich ruhelos im Walde des ermordeten Försters umhertreiben. Dann magst du dich nach einem Erlöser umsehen. Dein Erlöser kann aber nur ein redlicher Mann sein, der dir mutig bis an den Ort folgt, wo du das unglückliche Weib umgebracht hast, und das Zeichen des Kreuzes über dir macht, nachdem er deine Schandthat kennen gelernt hat.“ Seit bald fünfhundert Jahren streife ich als dreibeiniger Hase umher, und noch nie ist es mir gelungen, jemand bis an diesen traurigen Ort zu bringen. Du bist der erste, der den Mut besaß, mich bis hierher zu begleiten. Vollende nun dein Erlösungswerk, indem du das Kreuzeszeichen über mir schlägst und für mich ein Vaterunser betest.“ —

Soweit las Edwin. Jetzt näherte sich ihm der Hase und nahm eine demütige Stellung vor ihm ein. Edwin war tiefbewegt. Er sprach: „Gern will ich deinen Wunsch erfüllen, unglücklicher Geist!“ Er machte das Zeichen des Kreuzes über dem Hasen und betete dabei ein Vaterunser. Da durchleuchtete blitzartig ein heller Schein das Gemach, das zugleich von einem dichten Nebel erfüllt wurde. Als sich dieser verzogen hatte, stand der Bischof in der Tracht seiner Zeit vor Edwin, und der Hase war und blieb verschwunden. Der Erlöste sprach: „Ich danke dir, Edwin! Der Herr möge dir vergelten, was du an mir Gutes gethan hast!“ Da glitt ein Schatten durch das Zimmer. Entzückt streckte der Bischof seine Hände aus und rief: „So bist auch du versöhnt, Margarete?“ Die Erscheinung machte eine zustimmende Bewegung und verschwand. Aufs neue wurde der Raum von einem blendenden Glanze angefüllt, dann war alles verschwunden. Als Edwin wie aus einem tiefen Traume erwachte, befand er sich vor dem Posthause. Der Wagen stand bereit, und als es auf einem nahen Turme „Eins“ schlug, rasselte der Postwagen von dannen. Ohne weitere Abenteuer ging die Reise glücklich von statten.

Ehrhardt-Zeitz.

Naumburg.

Nicht viele Städte unserer Provinz werden auf den ersten Blick das Auge des Fremden in dem Maße fesseln wie die freundliche Saalestadt Naumburg. Der Wanderer, der im Eisenbahnwagen das Saale- oder Unstrutthal entlang der alten Bischofsstadt entgegeneilt, ist überrascht und entzückt von der Schönheit des vor ihm sich aufrollenden Panoramas. Von den südlichen Höhen grüßen, aus dem frischen Grün der an den Abhängen sich hinziehenden Gärten und Weinberge hervorlugend, in lichten Farben gehaltene Villen, welche mit vielgestaltigen Türmchen gekrönt sind. Über diese hinweg grüßen aus blauer Ferne mit majestätischer Hoheit der massige Turm von St. Wenzel, die zwei stattlichen Zwillingsbrüderpaare des Doms und die beiden spitzen Nadeln der St. Moritzkirche, während weiter westlich, fast am Ende des malerischen Bildes, der stolze Bau des Kadettenhauses sich mit seiner vollen Frontseite hart an den Rand der Höhe herandrängt. Fürwahr, ein imposantes Bild von bestrickendem Reize, dem kein für Naturschönheiten empfängliches Gemüt widerstehen dürfte.

Was Naumburg zunächst so vorteilhaft von manchen anderen Städten unterscheidet, das ist die wohlthuende, angenehme Ruhe, die auch in den entlegensten Straßen herrschende, fast peinliche Sauberkeit und Reinlichkeit und nicht zuletzt der

Vorzug einer reinen, rauchfreien, gesunden Luft. Die Stadt hat entschieden einen vornehmen, aristokratischen Charakter, und die städtischen Behörden haben bislang in wohlverstandenem Interesse ängstlich darüber gewacht, daß ihr dieser vornehme Zug auch gewahrt bleibe.

So ist es erklärlich, wenn hier die Merkzeichen größerer industrieller Unternehmungen, die qualmenden Schornsteine, in dem Weichbilde der Stadt und auch in deren Umgebung fast gänzlich fehlen, obgleich ihre Lage — Knotenpunkt dreier Eisenbahnen und Mündung der schiffbaren Unstrut — für Gründung von Fabrikanlagen eine äußerst günstige ist. Rühmlich bekannt sind die hiesigen Kamm- und Elfenbeinfabriken, deren konkurrenzfähige Erzeugnisse weit über die deutschen Grenzen hinaus, ja über das Weltmeer den Weg gefunden haben. Erwähnenswert ist auch

Nach einer Photographie im Verlag v. C. König-Naumburg.

Das Marienthor in Naumburg.

eine Buchdruckerei, die gegen 200 Arbeiter beschäftigt und namentlich für Leipziger Verlagsfirmen arbeitet. Andere industrielle Etablissements, in denen Porzellan- und Glasmalereien, Malz, Spielkarten, Bürsten und Pinsel hergestellt werden, sind von geringerem Umfange und untergeordneter Bedeutung, wenn auch in diesen Artikeln Hervorragendes geleistet wird, so besonders in der Glasmalerei. — Weit besser als sein Ruf ist der Naumburger Wein, dessen bessere Jahrgänge den Vergleich mit fremden Weinen nicht zu scheuen brauchen; der Versand an Tafeltrauben und Flaschenweinen ist ein ziemlich bedeutender. Ein lebhafter Handel nach auswärts wird auch betrieben mit Obst (Pflaumen und Kirschen), Gemüse (Blumenkohl und Sellerie), ganz besonders aber mit Gurken. Immerhin entsendet Naumburg zu dem weite Gaue Deutschlands durchflutenden, mächtig anschwellenden Industriestrome nur ein schwaches Rinnsal, das in seiner bescheidenen Kleinheit sich fast unbemerkt unter den reichen industriellen Flußadern des Landes verliert.

Bekannter und wohlangesehen ist Naumburg in der Welt der Juristen. Ein großer Teil derselben, bis zu den höchsten Stellen hinauf, hat während seiner Laufbahn hier — Sitz des Oberlandesgerichts für die Provinz Sachsen und Anhalt, eines Land- und Amtsgerichts — kürzere oder längere Zeit eine freundliche Heimstätte gehabt und bewahrt auch in der Ferne seinem lieben „Thüringer Eldorado" ein treues Gedenken. Auch andere Gelehrte und Gebildete aller Stände gedenken gern der Stätte, wo ihnen zu Füßen geliebter Lehrer der Weisheit Schätze erschlossen wurden (Domgymnasium, städtisches Realgymnasium mit Vorschule). Um die Ausbildung der „höheren Töchter" bemühen sich eine höhere Töchterschule und eine private Familienschule, während Bürger- und Volksschule dafür sorgen, daß den Kindern aller Stände eine ausreichende Bildung für das Leben zu teil wird. In der am 1. April 1900 mit etwa 180 Schülern eröffneten Kadettenanstalt (Sexta bis Obertertia) empfangen vorzugsweise Offizierssöhne die erste Anleitung und Vorbereitung zu ihrem späteren militärischen Berufe. Außerdem ist Naumburg noch Garnison des 55. Artillerie- und eines Bataillons des 96. Infanterieregiments.

Nach einer Photographie im Verlag v. C. König-Naumburg.

Der Dom. (Von Westen gesehen.)

Alle diese Momente sind der Grund, Naumburg zu einem höchst angenehmen Heim für solche Leute zu machen, die nach des Lebens aufreibender Thätigkeit einen ruhigen Lebensabend genießen wollen, ohne jedoch der Sphäre ganz entrückt zu sein, in der sie bisher gelebt und gewirkt haben. Eine ungewöhnlich hohe Zahl von pensionierten höheren Gerichts- und Verwaltungsbeamten, Militärs, Lehrern und Gelehrten aller Art aus allen Teilen des Deutschen Reichs hat sich hier zur Ruhe niedergelassen, so daß man die Stadt nicht mit Unrecht „Thüringer Pensionopolis" genannt hat.

Der Zusammenfluß einer solchen Menge von Gebildeten aller Stände drückt dem gesellschaftlichen Leben seinen eigentümlichen Stempel auf. Wenn man auch nicht behaupten kann, daß ein ausgeprägter Kastengeist strenge Schranken zwischen den einzelnen Gesellschaftsklassen aufrichtet, so ist doch das Bestreben nach Zusammenschluß dieser Klassen und Abschließung unschwer zu erkennen. Trotzdem findet jeder in seinem Kreise und nach seinem Geschmacke in reichem Maße Gelegenheit zur Befriedigung der verschiedensten Interessen und Bedürfnisse; dafür sorgen eine ständige Gemäldeausstellung, ein Theater, Künstlerkonzerte, musikalische Vereinigungen, Lesegesellschaften u. dergl.

Den geistigen Genüssen, die in bunter Abwechslung und in fast zu ausgiebiger Weise dargeboten werden, gesellen sich jene hinzu, die ringsum die Natur in verschwenderischer Fülle gewährt. Köstliche Waldwege über die Berge und weiche, kühle Pfade im Thale an den Ufern der Saale und Unstrut entlang, mit schnell wechselnden, oft wunderlieblichen Ausblicken, führen nach dem idyllisch gelegenen Schulpforta und Bad Kösen, nach der romantischen Rudelsburg und Schönburg, nach dem rebenumkränzten Freyburg und nach dem weithin leuchtenden Schlosse Goseck. Nicht minder schöne Aussichtspunkte sind in unmittelbarer Nähe der Stadt. Sie gewähren eine reizende Thalsicht, so der Promenadenweg um die mit vielen Sommerrestaurants besetzte Spechsartshöhe, die Terrasse am Oberlandesgericht, vor allem aber der auf der südlichen Höhe der Stadt gelegene parkartige Bürgergarten, der ganze Stolz eines jeden Naumburgers. Von hier schweift der Blick über das weite Häusermeer der Stadt, aus welcher als Wahrzeichen einer vergangenen kraftvollen Zeit die Türme von St. Wenzel und vom Dome hoch hervorragen, thalwärts, zu den die silberhellen Flußadern begleitenden üppigen Wiesen und zu den Fruchtgefilden der Aue und weiter hinüber zu den im Rebengrün prangenden, waldgekrönten Bergen mit ihren Schlössern und Burgruinen.

Gräben und Mauern der Stadt, die einst in manch heißer Fehde Zeugen des stolzen Mutes der wackeren Naumburger waren, sind zum größten Teile verschwunden. An ihrer Stelle finden wir jetzt schattige, wohlgepflegte Promenadenwege und gärtnerische Anlagen, welche die ganze innere Stadt umgeben.

Von bemerkenswerten Gebäuden seien erwähnt: das Theater, das Schwurgericht (in dem schönen Treppenhaus das großartige Freskogemälde „Abels Tod“ von Bendemann), das im 14. Jahrhundert erbaute und 1518—60 restaurierte Rathaus mit vielen Verkaufsgewölben, das einstige Residenzschloß der Herzöge von Naumburg-Zeitz und jetzige Amtsgerichtsgebäude und die Kadettenanstalt. Das Hauptgebäude derselben besteht aus einem großen Vorder- und zwei kleineren Seitenflügeln und ist von vier mächtigen Kuppeln gekrönt. Das alte, noch gut erhaltene Marienthor, die St. Wenzels- oder Stadtkirche mit wertvollen Bildern von Lucas Cranach und anderen alten Meistern, vor allem aber der Dom, bilden Sehenswürdigkeiten Naumburgs. Der Dom ist in der Zeit von 1000 bis 1250 erbaut und stellt eine im romanisch-gotischen Übergangsstile gehaltene dreischiffige, kreuzförmige Pfeilerbasilika dar, die mit zwei Chören, der Westchor von beispielloser Schönheit, vier Türmen und einer Krypta ausgestattet ist. Seine Renovierung erfolgte 1875 bis 1885. Die Länge des Domes beträgt 96, die Breite 25 m. Die Menge von Kunstschätzen, die der Naumburger Dom beherbergt, ist zu groß, und der Fremde thut gut, sich mehr dem Totaleindruck des gewaltigen Baues mit den herrlichen Kapitälen und den mächtigen Säulenbündeln hinzugeben, als sich in die kleinen Einzelheiten zu verlieren.

Vor dem Dome steht ein Brunnen mit einem Standbilde, das den mächtigen Thüringer Fürsten Eckart II., den Gründer des Domes und der Stadt, darstellt. Von 1028 bis 1564 war Naumburg der Sitz des Bistums Zeitz, später kam es bis 1815 unter die Verwaltung von Kursachsen. Die evangelische Lehre wurde zuerst in der St. Wenzelskirche seit 1525 verkündet, während der erste evangelische Bischof am Dom, Dr. Amsdorf, von Luther selbst im Jahre 1542 in sein Amt eingewiesen wurde.

An zwei großen Heerstraßen liegend, hat Naumburg zu wiederholten Malen von der Kriegsfurie arg zu leiden gehabt, und eine reiche Fülle geschichtlicher Ereignisse von mehr oder minder großer Bedeutung hat sich in seinen Mauern abgespielt. Es hat mehrere Fürstentage gesehen, und Kurfürsten, Könige und Kaiser sind die erlauchten Gäste der Stadt gewesen, so Kaiser Karl V. mit dem gefangenen Kurfürsten nach der Schlacht bei Mühlberg, Gustav Adolf vor der Schlacht bei Lützen, Friedrich der Große nach der Schlacht bei Roßbach, Friedrich Wilhelm III. und die Königin Luise vor der Schlacht bei Jena und Auerstedt, und endlich hat Napoleon I. wiederholt in den Mauern Naumburgs geweilt.

Bekannt ist die dem Hussitenliede zu Grunde liegende Erzählung, daß der Hussitenführer Prokop, der der Stadt den Untergang geschworen habe, durch die Bitten der Naumburger Kinderschar zum Abzuge bewogen worden sei. Ist auch diese Begebenheit von der Geschichtsforschung längst in das Gebiet der Sage verwiesen, so feiern doch die Naumburger, alt und jung, arm und reich, nach altgewohnter Art noch heute ihr Kirschenfest, leben und wohnen dabei wie einst die Juden beim Laubhüttenfest in luftigen Zelten und singen die ewig junge, frische Weise des neckischen Hussitenliedes mit seinen fragenden Schlußzeilen: „Kennt ihr nicht das Kirschenfest, wo man 's Geld in Zelten läßt?"

Auch dieses Fest ist ein Zeichen thüringer Fröhlichkeit. Allen Besuchern des Festes wird dieses wie auch die in der Stadt und deren Umgebung verlebten Tage sicher stets eine angenehme Erinnerung sein.

Edm. Kuntze-Naumburg.

Die Kösener Pforte.

Westlich von der alten vieltürmigen Bischofsstadt Naumburg a. d. Saale, da, wo dieser Fluß durch die sich hier gegenüberstehenden Muschelkalkberge des Thüringer Hügellandes und der äußersten Ausläufer des sächsischen Berglandes durchbricht, liegt an der Grenze von Thüringen und der alten thüringischen Mark, des sogenannten Osterlandes, der noch in der neueren Kriegsgeschichte mehrfach wichtig gewordene Kösener Paß, die alte porta Thuringiae, von der auch das Cistercienserkloster St. Marien zur Pforte benannt ist. Streng genommen müßte das ganze Saalthal bis Goseck auf der einen und Schönburg und Leißling auf der anderen Seite den Namen einer Pforte erhalten; denn erst unterhalb der zuletzt genannten Orte nimmt die Saale den Charakter eines Tieflandsflusses an. Wir wollen hier aber nur den Teil des Thales schildern, welcher sich von dem Eintritte der Saale in den Naumburger Kreis bei Kleinheringen in einer Länge von einer Meile und in einer Breite von 750 bis über 2000 m bis unterhalb Kösen erstreckt. Von Naumburg aus erreichen wir dieses Gebiet in westlicher Richtung nach einer Wegstunde.

Südwestlich von Naumburg, auf dem Höhenrande des Plattenholzes hat man einen wunderherrlichen Ausblick über das ganze Thal. Zu unseren Füßen liegt da der Kösener Kessel, nach Westen hin treten die Berge von beiden Seiten eng zusammen, während rechts vom Beschauer, aber für ihn nicht sichtbar, die Königliche Landesschule Pforta versteckt liegt. Die Berge links gehören zum sächsischen Berglande, diejenigen rechts drüben sind die letzten Ausläufer der Finne, links schön bewaldete Höhenzüge bis 230 m ü. d. Meeresspiegel und sich von Pforta bis zur Rudelsburg erstreckend, rechts drüben aber wie ein mächtiges Verteidigungswerk aus einer Höhe von 270 m ü. d. Meeresspiegel steil zur Saale abfallende Hänge mit einzelnen kleineren Gehölzen und mit Saalwein bestanden.

Das ist der Boden, von dem gar manch geheimnisvolle Sage im Volke lebt, der in der Geschichte öfters bedeutungsvoll war. In grauer Vorzeit kämpften hier Deutsche gegen die vordringenden Sorben. Hier spüren wir heute noch das die Kultur fördernde Walten und Schaffen der Mönche. Da hindurch führt seit alten Zeiten die mitteldeutsche Heerstraße, auf welcher Luther gen Worms zog. Und hier brausten die Kriegsvölker in all den großen Kämpfen von 1547 bis 1813 vorüber. Auch die neuere Verkehrsader, die Thüringer Eisenbahn zieht sich hier hindurch.

Willst du, lieber Leser, mit mir eine Wanderung durch die ganze Gegend der Kösener Pforte machen? So komm'! Wir verlassen Naumburg in westlicher Richtung durch die Kösener Straße, kommen an dem neuen Kadettenhause vorüber und durchwandern das freundliche Dorf Almrich oder Altenburg a. S. Sobald wir an die „kleine Saale“, einen von Mönchen hergestellten Nebenarm unseres Heimatflusses, gelangen, erblicken wir links den schön bewaldeten Knabenberg, rechts führt der Weg über die Almricher Brücke und auf neuer Kreischaussee auf die Höhen des linken Saaleufers, und geradeaus zieht sich die Landstraße über Pforta nach Kösen. Wir biegen links ab und gehen am Fuße des Knabenberges durch sumpfige Waldgründe. Hier gelangen wir bald zur „Klopstockquelle“, die uns an den Aufenthalt des Dichters der Messiade in Pforta erinnert. Wir stehen hier schon auf pförtischem Grund und Boden, und bald befinden wir uns vor dem Hauptportal der Landesschule.

Als Stifter Pfortas gilt ein reicher Graf Bruno v. Pleißen, der zu Schmölln im Altenburgischen ein Nonnenkloster anlegte. Bald wurde aber dieses Kloster mit Benediktinern und später mit Cisterciensern aus Walkenried im Harze besetzt. Diese wurden jedoch von den heidnischen Slaven hart bedrängt, weshalb Bischof Udo von Naumburg den Mönchen diesen Platz an „der Pforte“ übertrug. Das neue Kloster wurde St. Marien zur Pforte genannt, und seine Besitzungen vermehrten sich durch

Nach einer photogr. Aufnahme v. C. König-Naumburg.

Schulpforta.

Schenkungen ganz beträchtlich. — Luthers Kirchenverbesserung hatte auch auf Pforta großen Einfluß, und nach manchen Fährnissen verwandelte Moritz von Sachsen, der spätere Kurfürst, am 21. Mai 1543 Pforta in eine Fürstenschule. Noch heute zeigt das prächtige Portal die Standbilder des ersten Gründers, Brunos v. Pleißen, und des Herzogs Moritz. — Wenn auch die Landesschule im Laufe der Zeiten manche Wandlungen durchgemacht und besonders in Kriegszeiten manche Gefahr bestanden hat, so ist ihr doch ihr guter Ruf erhalten geblieben und hat sich immer weiter verbreitet bis an die Grenzen unseres Vaterlandes. Und nicht wenige berühmte Männer waren ehemals alumni portensis! Wir nennen außer Klopstock nur noch Fichte und Ranke. — Nach einem Rundgange durch die Anstalt, bei dem uns besonders die Kirche manches Sehenswerte bietet, wandern wir in nördlicher Richtung hinüber nach den „Saalhäusern“ und ersteigen von hier aus die Höhe. Die Weinberge an den Abhängen sind einst von den Mönchen Pfortas und des Naumburger Georgenklosters angelegt worden, und seit acht Jahrhunderten hat der Weinbau hier in Blüte gestanden und der ganzen Gegend sein Gepräge gegeben. Freilich an Spöttern hat es nicht gefehlt, gar mancher mag „Naumburger Schattenseite“ gekostet haben und dabei auf Gedanken gekommen sein, wie sie Claudius ausspricht:

„Thüringens Berge, zum Exempel, bringen
Gewächs, sieht aus wie Wein,
Ist's aber nicht; man kann dabei nicht singen,
Dabei nicht fröhlich sein!“

Und doch ist auch beim Saalwein schon so mancher fröhlich gewesen und hat gesungen, als sei er zu Bacharach am Rhein! Welch herrliches Fest war früher die Weinlese auch in diesen Bergen! Sogar ein Gellert hat den Weinbau und die Berggeselligkeit gepriesen! Aber freilich, jetzt sieht es aus, als ob der Weinbau zu Grunde gehen sollte. Ungunst der Witterung, „Peronospora“ und „Phylloxera“ haben sehr geschadet, und mancher Berg steht kahl infolge der Reblausverfolgung. So ist es kein Wunder, wenn manch ein Weinbauer in trüben Gedanken die Zeit kommen sieht, wo das edle Gewächs der Reben aus der Gegend verschwunden sein wird.

Während solcher Betrachtungen haben wir den Gipfel vollends erstiegen, und die wunderherrliche Aussicht belohnt unser mühsames Klettern. Können wir doch, da wir auf dem höchsten Punkte der Gegend stehen, Naumburg und Weißenfels erblicken und darüber hinaus nach Norden sogar die Leipziger Ebene feststellen. Zu unsern Füßen aber liegt Pforta, und nach Westen hin öffnet sich das Panorama von Kösen bis zur Rudelsburg, ja bei besonders günstigem Wetter vermögen wir die Berge um Jena mit dem Fuchsturm zu erkennen. Wenige Schritte links hin am Bergrande steht ein Denkstein, der „Napoleonstein“ genannt. Hier soll Napoleon I. nach der Schlacht bei Leipzig auf seinem Rückzuge auf der alten strata regia, jetzt „Franzosenweg“ geheißen, gerastet haben. Allerdings wurde von diesen Höhen die von den Verbündeten besetzte Kösener Brücke beschossen, und diese Thatsache mag den Namen veranlaßt haben; aber Napoleon hat nie hier gestanden. Die Inschrift weist vielmehr sicher darauf hin, daß dieser Stein zur Erinnerung an die Schlacht bei Belle-Alliance gesetzt worden ist.

Wir wandern weiter in westlicher Richtung durch kleine Gehölze bis zur Wilhelmsburg oberhalb Kösen und dann über die steil am Berge heraufkommende Heerstraße hinüber in den Wald und durch das hübsche „Waldtheater“ hinab in eine kleine Waldschlucht mit dem unheimlichen Namen „Hölle“. Doch ein mühsamer Aufstieg bringt uns nach dem „Himmelreiche“, und hier genießen wir den schönsten Blick auf die gegenüberliegenden Felswände des Rudelsburg- und Saaleckburgberges. Auf äußerst steilem Abstieg zur Saale und durch das Dorf Saaleck gelangen wir zu ihnen hinüber. Damit haben wir unser Hauptziel erreicht und wollen nun eingehender diese beiden Burgen kennen lernen, deren altersgraue Mauern Zeugen sind ihrer besseren Vergangenheit, ihres Verfalles und bei der Rudelsburg auch des Wiederauflebens.

Nach unverbürgter Sage soll Schloß Saaleck, so geheißen, weil hier die Saale eine Ecke macht, im 9. Jahrhundert von den Karolingern zum Schutze gegen umwohnende Heiden erbaut sein. Urkundlich aber kommt der Name erst im 12. Jahrhundert vor. Damals führte die Heerstraße von Naumburg nach Thüringen hier vorüber. Die unter der Rudelsburg belegene „Judenfurt", deren Namen aber bereits bei dem Volke verblaßt ist, erinnert daran, und hier mögen die Herren v. Saaleck den Zoll erhoben haben. Heute stehen nur noch zwei runde Türme, alles andere Mauerwerk erscheint längst wie in die Erde verschwunden. Der westliche Turm ist verwittert und dem Einsturz nahe, auf den östlichen aber führt eine 80 Stufen hohe Treppe zu einem kleinen, mit altertümlichen Geräten und Waffen ausgestatteten freundlichen

Nach einer photogr. Aufnahme v. Sophus Williams=Berlin.

Die Rudelsburg (Eingang).

Zimmer mit drei bunten Fenstern, aus denen man einen reizenden Ausblick auf das Saalethal genießt. Reste von altem Gemäuer zwischen den Trümmern lassen vermuten, daß hier der tiefe Burgbrunnen belegen gewesen. Auf welche Weise die Burg zu Grunde gegangen, weiß man nicht; schon im 17. Jahrhundert standen nur noch die beiden Türme.

Ganz anders verhält es sich mit der Rudelsburg. Schon der Berg an sich tritt vor den übrigen ringsum hervor. Nach Norden und Osten, wo ihn die Saale bespült, fällt er senkrecht und schroff ab, so daß eine Besteigung von dieser Seite aus unmöglich ist. Gegen Süden ist er weniger jäh und zum Teil sogar mit Obstbäumen bepflanzt. Nur nach Westen hin stuft er sich allmählich ab. Auf zwei Pfaden kann man zur Burg emporsteigen, der eine führt vom Dorfe Saaleck aus, der andere kommt von Kösen herauf. Überall liegen noch die Trümmer von Mauern, Türmen, und Gräben, die die ehemalige Ausdehnung der ganzen Burganlage erkennen lassen. Die innere Burg ist von der früher äußeren durch einen Graben geschieden. An Stelle der alten Zugbrücke führt heute eine gemauerte Brücke hinüber. Gleich links am Eingange der Burg steht der gut erhaltene viereckige Wartturm, der unten keine Einlaßpforte zeigt. In der Höhe von 50 m umgiebt die kegelförmige Spitze eine steinerne Brustwehr. Außer dem Turme und den Kellerräumen im hintern Teile der Burg war lange Zeit nur noch ein Gewölbe vorhanden, in dem ein wunderliebliches Fensterplätzchen die herrlichste Aussicht bietet. Jetzt finden wir noch andere Zimmer und den Rittersaal wieder hergestellt, der dem müden Wanderer Gelegenheit zur Ruhe und Erfrischung giebt, ebenso wie die im Burghofe gelegene weite Halle, deren Dach jetzt ebenfalls zur Aufnahme von Gästen hergerichtet ist. Als bei Gelegenheit der großen Manöver König Friedrich Wilhelm IV. am 7. September 1853 hier von den Kreisständen festlich bewirtet wurde, ward diese Halle erbaut, auch der Weg zur Burg verbessert. Welcher Wandel hat seitdem hier oben stattgefunden! Heute finden wir ein im ganzen Jahre geöffnetes „Restaurant“, ganz der Neuzeit entsprechend eingerichtet und durch seinen guten Ruf zugleich das Ansehen der Burg mit vermehrend. —

Nach einer photogr. Aufn. v. G. Williams-Berlin.

Bismarck-Denkmal auf der Rudelsburg.

Die ersten Urkunden von der Rudelsburg stammen aus dem 12. Jahrhundert, als ein Hugo von Ruteleibisberg mit diesem Orte beschenkt wurde. Wahrscheinlich ist sie angelegt zum Schutze der Reisenden, die auf der vorbeiführenden Heerstraße kräftigen Schutzes bedurften gegen Wegelagerer und Raubritter, deren vornehmste die Kotzen auf Bedra und Beringer von Meldingen auf der Altenburg bei Eckartsberga waren. Von dem Leben auf der Burg in jener Zeit wird uns nichts berichtet, aber „ohne Zweifel ist in dem Zeitalter, wo auf der Wartburg der Hof des Landgrafen Hermann von Thüringen die glänzende Freistatt für Gesang und Dichtkunst war, wo auf der Neuenburg über Freyburg Heinrich von Veldecke seine Eneit vollendete, auch den Pfad zur Rudelsburg so mancher fahrende Sänger emporgewandert und hat dort oben sein Lied erklingen lassen. — Aber mit dem Jahre 1319 verbleicht der Glanz der Feste, keine Urkunde nennt in dem nächsten Menschenalter ihren Namen." (Corsenn, Rudelsburg.) Erst aus Naumburger Kämmereirechnungen erfahren wir, daß der Rat der Stadt in der Osterzeit 1348 die Burg stürmen und zerstören ließ. Zum andern Male wurde sie 1450 im Bruderkriege vom Kurfürsten Friedrich gebrochen. Um 1600 scheint die Burg verlassen worden zu sein, und seitdem ist sie verfallen. Erst seit Beginn des 19. Jahrhunderts hören wir wieder, daß an schönen Sommertagen Gäste zu ihr hinaufgestiegen sind. Bei dem Burgwart fanden sie einfache Bewirtung. Besonders die Studenten der drei nächsten Hochschulen Jena, Halle und Leipzig kamen hier zu gemütlichen Kneipereien zusammen. So erzählt uns das Lied von Allmers, dessen erste Strophen hier stehen mögen:

„Dort Saaleck, hier die Rudelsburg,
Und unten tief im Thale,
Da rauschet zwischen Felsen durch
Die alte liebe Saale;
Und Berge hier und Berge dort,
Zur Rechten und zur Linken.
Die Rudelsburg, das ist der Ort
Zum Schwärmen und zum Trinken!

Das wissen die Studenten auch
In Jena und in Halle
Und trinken dort nach altem Brauch
Im Hof und auf dem Walle.
Umringt von moosigem Gestein,
Wie klingen da die Lieder!
Die Saale rauscht so freudig drein,
Die Berge hallen wieder!"

Und unter den Studenten erstand der alten Burg noch ein Sänger. In lauer Sommernacht 1826 dichtete hier oben Franz Kugler das allbekannte „An der Saale hellem Strande". Seit 1893 hat man sein Andenken zu erhalten gewußt durch eine Ehrentafel mit seinem Bildnisse, die im Burghofe angebracht ist. Seitdem aber 1872 der Wiederherstellungsbau zu Ende geführt worden war, vergrößerte sich die Zahl der akademischen Burggäste mit jedem Jahre. Der Verband der deutschen Corpsstudenten hielt seine alljährlichen Versammlungen in den Pfingsttagen in Kösen ab und schloß dieselben mit der Taufe der jungen Füchse auf der Burg. So ist es denn auch kein Wunder, wenn wir hier oben die schönsten Denkmäler der deutschen Corpsstudenten erblicken. 1872 wurde die adlergekrönte Gedenksäule für die in den Kämpfen für Deutschlands Einigkeit und Unabhängigkeit gefallenen Corpsstudenten enthüllt. 1890 folgte das dem Andenken des ersten deutschen Kaisers gewidmete Denkmal. Und seit 1895 hat sich die hehre Gestalt des Altreichskanzlers Bismarck hinzugesellt. Als Göttinger Jungbursch mit dem Speer in der Faust, zu seinen Füßen Tyras, so sitzt er da, das Auge scheinbar in die Ferne gerichtet. Scheinen sich nicht der Norden und der Süden unserer Provinz hier die Hand zu reichen? Dort in der Altmark Geburtshaus und erster Wirkungskreis und hier nach vollbrachtem Werk das beste Zeugnis, dankbare Liebe und Verehrung der akademischen

Jugend! An Bismarck erinnert uns übrigens noch ein Gedenkstein, ein einfacher Felsblock, der rechts am Wege vor dem Eingange zur Burg liegt. Er trägt die einfache aber bedeutungsvolle Aufschrift: „1.4. 1895. Die Kunos." Das sind nämlich feuchtfröhliche und wanderlustige Bürger Naumburgs, die noch etwas Romantik lieben und besonders zur Zeit des Vollmondes auf der Burg zusammentreffen. Der meist von ihnen benutzte Weg, jene Schlucht nach der SaaleckSburg hin, ist etwas gangbar gemacht und führt den Namen „Kunoklamm". So sehen wir, daß die Burg nicht nur für Studenten, sondern für Wanderer aller Stände einen beliebten Zielpunkt bildet, „und keiner, der einen Sommerausflug in das schöne Thüringer Land unternimmt, versäumt es, die alte, ewig junge Feste aufzusuchen, im Schatten ihrer Mauern bei einem Kännchen kühlen Lichtenhainers sich zu erholen und von ihrem Turme den Blick über das herrliche Saalethal schweifen zu lassen. Fremde und Einheimische, der Städter und der Bauer, der Student und der Philister, jung und alt, hoch und niedrig, alles wandert dort Jahr aus Jahr ein zur Burg empor, und über Trümmern und Asche vergangener Jahrhunderte tummelt sich unbekümmert und guter Dinge in munterem Treiben das lebende Geschlecht." (Corsenn, Rudelsburg.)

Doch die Zeit drängt; darum steigen wir durch die Kunoklamm hinunter zur Saale. Dort nimmt uns das Motorboot auf und führt uns nach Kösen. Vorbei geht es an dem Dorfe Lengefeld und den weit über die nächsten Kreise bekannten Kalksteinschneidewerken, vorbei an den zahlreichen Holzflößen auf der Saale, die uns zeigen, daß Kösen noch immer ein Hauptmarkt für Bauhölzer ist, bis wir dicht unter dem Kösener Gradierwerke wieder ans Land steigen. Wir pilgern empor zu den herrlichen Anlagen und werfen zum Abschied noch einen letzten großen Rundblick auf Kösen, die freundliche Badestadt, und die ganze Kösener Pforte. Wir verlassen mit frohgestimmtem Herzen diesen schönen Landstrich, indem uns die Verse durch den Sinn gehen:

„O Vaterland, wie bist du schön
Mit deinen Saatenfeldern,
Mit deinen Thälern, deinen Höh'n
Und all den stolzen Wäldern!
O Vaterland, drum wollen wir
Dir unsre Lieder singen,
Zu deinem Preise sollen hier
Laut Herz und Becher klingen!"

Kloß-Naumburg a. S.

In der Glockengießerei zu Laucha.

Im anmutigen Unstrutthale, kaum zwei Meilen westlich von Naumburg, liegt inmitten wohlgepflegter Obstplantagen und üppiger Fruchtfelder das kleine Städtchen Laucha. Die Südhänge der nahen Berge sind mit prächtigen Reben geschmückt, denn seit alten Zeiten treiben die Bewohner von Laucha neben lohnendem Ackerbau auch Weinbau.

Zuweilen ziehen dicke, schwarze Rauchwolken über das friedliche Städtchen. Sie entsteigen der Glockengießerei, welche in der Mitte des vorigen Jahrhunderts hier einen Platz gefunden hat. Mehr als tausend harmonische Geläute sind aus dieser Gießerei hervorgegangen, wodurch der gute Ruf der Lauchaer Glockengießer in alle Gaue Deutschlands gedrungen ist. Bei Johann Ulrich, einem Vorfahr des Lauchaer Glockengießers, welcher gleichzeitig zu Apolda eine Gießerei besaß, ist unser großer Dichter Friedrich von Schiller wiederholt eingekehrt, um hier zu seiner allgemein bekannten, herrlichen Dichtung, dem „Liede von der Glocke", spezielle Studien zu treiben. Unstreitig ist es dieser Dichtung mit zu verdanken, daß alle Gebildeten dem Glockengusse ein lebhaftes Interesse entgegenbringen. Eine Reihe geflügelter Worte aus jener Dichtung sind ja Gemeingut aller Deutschen geworden.

Interessant erscheint darum selbst die Werkstätte des Glockengießers und wird oft von Reisenden aus nah und fern aufgesucht. Vom Bahnhofe Lauchas führt unter alten, schattenspendenden Linden ein prächtiger Promenadenweg nach dem sogenannten Unterthore, in dessen unmittelbarer Nähe, zwischen Obstbäumen halbversteckt, die Glockengießerei liegt. Sie besteht aus der eigentlichen Gießerei und einer daranstoßenden Werkstatt, welche zugleich zur Aufbewahrung von Schablonen, Modellen und Maschinen dient. Die Gießerei selbst umfaßt einen weiten Raum, der zu einem guten Teil von dem riesigen, aus feuerfesten Steinen aufgeführten Schmelzofen eingenommen wird. Ein rauchfassender Schornstein ist nicht vorhanden, dieses Gebäude entbehrt der Decke, daher sind die sichtbaren Sparren und Gebälke vom Rauche gleichmäßig geschwärzt. Dicht daneben ist „des Dammes tiefe Grube" gegraben und der Boden darin festgestampft. Sie ist geräumig genug, mehrere Glockenformen aufzunehmen und ermöglicht es den Arbeitern, sich bei ihren mannigfachen Thätigkeiten unbeengt darin zu bewegen, denn der Glockenguß ist nicht das Werk weniger Stunden, sondern wochenlange, mühevolle Arbeit geht dem eigentlichen Gusse voraus.

Für jede zu gießende Glocke muß stets eine neue Gußform geschaffen werden. Zunächst stellt der Meister unter Benutzung der von den Vorfahren ererbten Maßstäbe mit peinlichster Sorgfalt genau die Größe, Form und die Ausdehnungen der zu verfertigenden Glocke fest. Steht es doch in seiner Macht, der Glocke einen hohen oder tiefen Ton zu verleihen; je stärker er die Glocke fertigt, desto höher wird ihr Ton, während andererseits die geringste Vergrößerung des Durchmessers der unteren Lichtweite einen tieferen Ton zur Folge hat. Hat der Meister die Ausdehnungen der Glocke festgestellt, so zeichnet er auf eine nicht mehr eintrocknende Bohle aus Erlenholz den senkrechten Durchschnitt derselben, die sogenannte Glockenrippe, auf. Nun mauert man aus Ziegelsteinen auf dem Boden der Dammgrube ein mit mehreren Luftkanälen versehenes Fundament für die Glockenform. Auf dieses baut man den aufrechtstehenden, hohlen Kern, der genau der inneren Höhlung der Glocke entspricht, ebenfalls aus Ziegelsteinen auf und giebt ihm durch Auftragung mehrerer Lehmschichten die richtige Form. Um sich den Aufbau dieses Kernes als auch des Fundamentes zu erleichtern, schlägt man zunächst einen kurzen Baumpfahl in den Boden der Dammgrube. Dann setzt man auf diesen eine eiserne

Spindel, welche mit ihrem oberen Ende in eine Öse greift, die an einem über die Dammgrube gelegten Träger befestigt ist.

Der eingeschlagene Pfahl darf nur zwei Drittel der Höhe des Kernes erreichen, und wenn das Mauerwerk bis dahin vorgeschritten ist, so legt man einen platten Eisenstab, welcher in der Mitte eine runde Vertiefung (Pfanne) hat, quer über den Pfahl und vermauert dieses Grenzeisen mit seinen beiden Enden in der Wandung des Kernes.

Das Loch der Öse muß sich jedoch stets lotrecht über der Pfanne des Grenzeisens befinden. An der Spindel ist mittels eiserner Schrauben die bereits erwähnte Bohle aus Erlenholz befestigt, welche die Figur des senkrechten Schnittes der zu gießenden Glocke trägt. Die nach innen gekehrte Schmalseite des Brettes zeigt das Profil, welches die Innenwand der Glocke erhalten soll. Durch Drehung der Schablone um die Spindel und durch Auftragung breiiger Lehmmasse auf den gemauerten Kern, erhält derselbe die gewünschte Form. Jedoch wird in der Decke eine kleine Öffnung belassen, damit in seinem Innern ein mäßiges Kohlenfeuer unterhalten und der Kern gründlich getrocknet werden kann. Hierauf wird der Kern mit einer Fettschicht überzogen, um das Anhaften später aufzusetzender Lehmschichten zu verhindern. Hiermit ist der erste Teil der Arbeit erledigt.

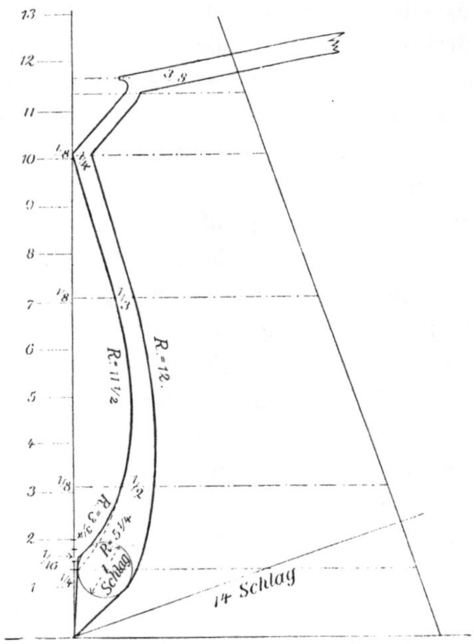

Eine Ullrichsche Glockenrippe.

Auf diesen Kern wird nun die sogenannte Dicke, das Glockenmodell oder Hemd, aus Lehm aufgetragen und mittels der zuvor geänderten Schablone, aus welcher die Wandstärke der zu gießenden Glocke herausgeschnitten wurde, abgedreht. Die auf diese Weise gewonnene Lehmglocke gleicht in Form und Stärke vollkommen der Glocke, die gegossen werden soll. Der letzte dünne Überzug dieses Modells besteht aus Talg und erhält, aus Wachs gegossen, alle die Inschriften und Verzierungen, welche die Glocke tragen soll.

Nun wird der letzte Teil der Form, der Mantel, angelegt. Seine erste Schicht besteht aus einem Gemisch von gebranntem Lehm, Holzkohlenstaub, Kälberhaaren und Wasser und ist mit einem feinen Haarpinsel äußerst sorgfältig dem Modell oder Hemde angefügt worden, so daß sich alle Inschriften und Verzierungen an der inneren Wand des Mantels ein- und abgedruckt haben. Nachdem diese erste Schicht des Mantels getrocknet, werden zur Verstärkung desselben noch mehrere Lehmschichten aufgetragen. In eine der obersten Schichten sind, der Mantelform entsprechend, gebogene, am oberen Ende mit Haken versehene Eisenstäbe eingeformt und mit Ketten mehrfach umschlungen, wodurch der Mantel ein festes Gerippe erhält.

Auch der Mantel wird durch das Feuer, welches sich im Innern des Kernes befindet, gründlich getrocknet. Die aus Wachs gegossenen Inschriften und Verzierungen des Glockenmodelles schmelzen hierdurch, und das geschmolzene Wachs dringt in den Lehm des Glockenhemdes ein. Da sich nun Mantel und Hemd leicht voneinander ablösen, wird ersterer mittels Flaschenzuges in die Höhe gewunden, sorgfältig untersucht und, wo sich kleine Beschädigungen finden, mit Lehm sauber ausgebessert und dann mit Fichtenholzspänen ausgeflammt.

Alsdann wird das Glockenmodell stückweise weggebrochen, die obere Öffnung des Kernes sorgfältig geschlossen, der Mantel wieder herabgelassen und über den Kern gestülpt. Hierbei ist größte Sorgfalt nötig, damit der Mantel nicht verrückt wird, sondern sehr genau wieder auf seine ursprüngliche Stelle kommt. Zwischen

a Dammgrube.
b Pfahl.
c Hohlraum des Kernes.
d Mauerwerk des Kernes.
e Lehmschicht des Kernes.
f Glockenmodell oder Hemd.
g Schablone.
h Spindel.
i Grenzeisen.
k Balken.
l Zugöffnung.

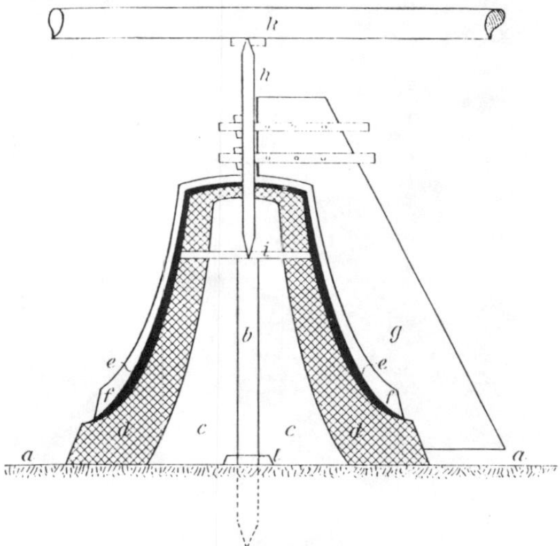

Herstellung einer Glockenform.

Kern und Mantel ist nun ein leerer Raum entstanden, welcher in seinen Ausdehnungen genau der Glocke entspricht, die gegossen werden soll.

In die obere Öffnung des Mantels wird nun noch das sogenannte Kronenstück eingesetzt und durch Lehm befestigt. Die Form zur Krone, welche vier Henkel in sich birgt, wird besonders gefertigt und enthält außer diesen das Gießloch, durch welches gleich „feuerbraunen Wogen“ das flüssige Glockenmetall einströmt, und die Windpfeifen, durch welche während des Gusses die in die Form eingeschlossene Luft entweichen kann. Hiermit ist die Gußform vollendet.

Nun wird die Dammgrube schichtweise mit trockener Erde gefüllt und rings um die Glockenform tüchtig festgestampft, um dem Mantel mehr Widerstandskraft gegen das flüssige Metall zu verleihen.

Dicht neben der Dammgrube steht der Schmelzofen, der keinen Schornstein aufzuweisen hat und nur aus dem Feuerloch und dem Metallherde besteht. In das

Feuerloch wirft man von oben „trockenes Holz vom Fichtenstamme“. Unten ist ein Rost angebracht, durch welchen die Asche in den Aschenraum fällt. Schlägt die helle Feuersäule aus dem Feuerloch empor, so wird mittels eines eisernen Schiebers das Schürloch oben geschlossen. Die eingepreßte Flamme sucht einen Ausweg und findet einen solchen in dem Schwalch, einem Verbindungsloche zwischen Feuerraum und Schmelzofen. Sie sticht und züngelt, gleich einer Lötrohrflamme, in den Schmelzofen, und erzeugt eine Wärme von über 1100° R. Der Schmelzherd ist einem Backofen sehr ähnlich. Seitlich sind drei Thüren angebracht, durch welche man das Metall in den Ofen wirft. Auch ermöglichen dieselben das Umrühren des Metalles, wenn dieses flüssig geworden ist. Oben sind vier Zuglöcher oder Windpfeifen an-

Zusammensetzung von Glockenformen.

gebracht; durch deren Öffnen und Schließen wird die Flamme gelenkt, und zugleich lassen sie auch den Rauch entweichen. Gegenüber vom Schwalche befindet sich das Zapfenloch; hier strömt das flüssige Metall aus. Es ist durch einen schmiedeeisernen, kegelförmigen Zapfen, dessen starker Teil nach innen gerichtet ist, geschlossen. Von diesem Stichloche des Ofens führt bis zum Gießloche der Form eine Gießrinne aus Ziegeln gemauert, die man unmittelbar vor dem Gusse mit Holzkohlen erwärmt. Wenn mehrere Formen zu füllen sind, so werden Verzweigungen der Gießrinne angelegt, welche man dem fließenden Metalle der Reihe nach öffnet.

Etwa fünf bis acht Stunden dauert es, bis das Glockenmetall — Kupfer und Zinn — flüssig wird; ist dies geschehen, so färben sich die Windpfeifen gelb. Zeigt das Metall noch einen klaren Spiegel, so kann der Guß vor sich gehen. Mit einem „Das walte Gott!“ „In Gottes Namen!“ wird der Zapfen mit einer eisernen Stange vom Meister kräftig in den Ofen gestoßen, und wie ein glühender Flammenbach fließt das flüssige Metall durch die Gußrinne und sammelt sich zunächst in einem auf die Glockenform gemauerten Becken; denn das Gießloch der Glocke wird vorläufig durch einen birnförmigen, an einem Eisenstabe befestigten Zapfen verschlossen. Droht das Becken überzufließen, so wird mit größter Geschwindigkeit der Zapfen emporgehoben, und brausend ergießt sich das Glockengut in die Form. Das Emporsteigen des Metalls in dem Becken und das Ausfließen desselben aus den Windpfeifen verkünden dem Glockengießer, daß die Form gefüllt ist. Sofort wird feiner Holzkohlenstaub aufgeschüttet, damit das über der Glocke stehende Metall recht lange flüssig bleibt, und bei Bedarf noch nachfließen kann.

Der Guß selbst ist das Werk weniger Minuten. Eine sengende Hitze verbreitet sich in der Gießerei, und augenscheinlich bewahrheitet sich das Wort des Dichters: „Von der Stirne heiß, rinnen muß der Schweiß!“

„Bis die Glocke sich verkühlet“, wenden wir uns dem Glockenmetall zu. Die Glockenspeise besteht aus einem Gemisch von vier Teilen Kupfer und einem Teile Zinn. Ehemals war man der Ansicht, daß eine Beigabe von Silber den Wohlklang der Glocke erhöhe, darum sind in alten Glocken öfters Spuren von Silber zu finden. Zuweilen werden auch Kanonen zu Glocken umgegossen.

So wurde z. B. im Jahre 1894 die 115 Centner schwere Dreikaiserglocke des Naumburger Domes aus 14 Kanonenrohren gegossen, die Kaiser Wilhelm II. zu diesem Zwecke schenkte. Doch muß bei Verarbeitung solchen Materials kurz vor dem Gusse eine Mischungsprobe vorgenommen werden. Zu diesem Zwecke schüttet man in einen ausgehöhlten warmen Ziegelstein etwas Glockenbrei und läßt ihn erkalten. Ist der Bruch feingezackt, so ist das Mischungsverhältnis von Kupfer und Zinn richtig, zeigt er aber grobe Zacken, so muß das Gemisch noch eine Beigabe von Zinn erhalten.

Bereits am Morgen nach dem Gusse hat sich die Glocke soweit verkühlet, daß die Dammgrube entleert, der Mantel zerschlagen und die Glocke aus der Grube gewunden werden kann. Doch ehe sie „wie ein goldener Stern“ strahlt, wird noch mancher Schweißtropfen vergossen. Mit Feilen und Bimsstein wird sie so lange bearbeitet, bis „von dem Helm (das ist die obere Wölbung) zum unteren Teile, dem Kranze, es spielt wie Sonnenglanz.“

Nachdem die Glocke noch einen schmiedeeisernen Klöppel erhalten hat, wird sie zu dem Glockenstuhle emporgewunden und zu ihrem höheren Zweck als Nachbarin der Himmelsmächte an ihren Bestimmungsort gebracht, wo sie von Jahr zu Jahr die Ehre Gottes verkündet!

So wird noch heute wie vor Jahrhunderten die Glockengießerei als eine Kunst betrieben, die sich vom Vater auf den Sohn und Enkel forterbt.

Schröter-Laucha a. U.

Aus Lauchstädts Vergangenheit.

Zwei Stunden westlich von Merseburg liegt in ebener, ländlicher Gegend das alte, vielgenannte Bad Lauchstädt. An der Hand einer reichen Badelitteratur läßt sich die Geschichte desselben, welche mit der des Bades eng verbunden ist, leicht verfolgen.

Schon zu Ende des 17. Jahrhunderts wurden die Heilwirkungen der Quelle durch Zufall entdeckt. In dem Garten des damaligen Amtsschössers Edeling entsprang ein Quell, den der Besitzer zu einem Fischbehälter benutzen wollte. Die hineingesetzten Fische starben jedoch nach kurzer Zeit, weshalb der Behälter wieder zugeworfen wurde und die Quelle ihren Abfluß nach einem Graben erhielt. Einst besuchte der berühmte Professor Dr. Hoffmann aus Halle, Verfasser epochemachender Schriften über Heilquellen, seinen Freund Edeling. Von diesem Besuche erzählt er selbst:

„Als ich vor mehr als 20 Jahren meinen besonders wertgeschätzten alten Schulfreund und Gevatter, den seligen Herrn Amtsschösser Edeling zu Lauchstädt besuchte, und wir nach eingenommener Mittagsmahlzeit in seinem Garten spazieren gingen, ward ich eines kleinen, durch denselben fließenden Baches gewahr, welcher in dem Garten überall eine gelbe Erde angeleget und schloß daraus, daß das Wasser was Eisenhaftes bei sich führen müsse.

Ich ließ mir daher, solches zu probieren, ein Glas bringen, schöpfte davon und sahe, daß es ein wenig trübe war, und als ich solches kostete, verspürte ich einen martialischen und etwas vitriolischen Geschmack. Endlich streute ich gepulverte Galläpfel hinein und ward gewahr, daß es eine Purpurfarbe davon annahm.

Da ich nun solches sahe, ließ ich mich vernehmen, daß es ein gesund Wasser sei, welches in vielen, sonderlich langwierigen Krankheiten, als Fiebern, Geschwulst, Bleichsucht bei den Frauenzimmern 2c., insonderheit aber äußerlich als ein Bad zur Stärkung der schwachen Glieder mit nicht geringem Nutzen würde gebraucht werden.

Diese meine Rede merkte gedachter Herr Amtsschösser und recommandierte dasselbe unter der Hand sowohl einigen Einwohnern des Ortes, als auch andern benachbarten Leuten, die mit dergleichen Art Krankheiten, davon ich gedacht, behaftet waren.

Da nun diese erwünschte Wirkung und Besserung dadurch erhielten, so priesen sie dasselbe wiederum Anderen an und recommandierten solches immer weiter, also, daß sich nicht allein viele Kranke dabei einfanden, sondern auch daselbe häufig in Fässern an auswärtige Örter abgeholet und mir, da ich nach 2 Jahren wieder dahin kam, viele Exempel sonderbarer Kuren, die damit geschehen, erzählet wurden.“

Indessen starb Edeling. Dr. Hoffmann wurde nach Berlin berufen, und es geschah zunächst nichts für bessere Ausnutzung der Quelle, bis ein Müller, Berthold, dem herzoglichen Leibmedicus in Merseburg Dr. Strauß eine Probe des Wassers zur Untersuchung überbrachte. Dieser bestätigte Hoffmanns Urteil, und nun entschloß sich die verwitwete Herzogin von Sachsen-Merseburg, Erdmuthe Dorothea, im Jahre 1710 die Quelle fassen zu lassen. Zugleich ließ sie ein kleines hölzernes Haus darüber bauen und zwei Linden davor pflanzen. (Beide stehen nicht mehr; eine derselben ist erst in diesem Frühjahr gefällt worden.)

Der Ruf von der heilkräftigen Quelle verbreitete sich schnell. Die Zahl der Kranken nahm zu. Bauliche Erweiterungen und Verbesserungen wurden vorgenommen. Als dann das Gebiet des Hochstifts Merseburg an Kursachsen fiel, nahm der Besuch besonders zu. Zahlreicher stellten sich auch solche Badegäste ein, die nicht allein Genesung von körperlichen Leiden, als vielmehr Zerstreuung und geselliges Vergnügen suchten.

Ein entscheidendes Ereignis in der Geschichte des Bades brachte das Jahr 1775: der Kurfürstliche Hof von Dresden nahm zugleich mit andern fürstlichen Herrschaften in Lauchstädt Residenz. Von dieser Anwesenheit des Kurfürstlichen

Aufgen. v. Photogr. Fr. Hildebrandt in Lauchstädt n. e. alten Lithographie v. E. Rabeding.

Die beiden Schillerlinden vor dem Brunnen.

Hofes datiert für Lauchstädt die Periode des höchsten Aufschwunges und seiner eigentlichen Glanzzeit, die bis in den Anfang des 19. Jahrhunderts gewährt hat. Einen besonderen Glanz erhielt die Saison des Jahres 1804 dadurch, daß die verwitwete Königin von Preußen das Bad besuchte.

Der Badearzt Dr. Krieg giebt in einem Schriftchen „Lauchstädt, ein kleines Gemälde" ein glaubwürdiges Bild von der Zusammensetzung der Badegesellschaft im 18. Jahrhundert. Er schreibt:

„Man kann in der Allee nicht zwei Schritte gehen, ohne auf ein Kreuz zu stoßen, ohne einer Uniform zu begegnen und einen Herrn mit gold'nem Knopf vor oder hinter sich zu sehen. Die Domherrn, die Offiziers und Kammerherrn, samt dem übrigen gelehrten und ungelehrten Adel, als da sind Kanzler, Hof-, Regierungs- und Kammerräte und Assessoren, halten alle fest zusammen und bilden einen so dichten Zirkel, daß kein Mensch es wagen darf, sich unter sie zu mischen und durchzudringen."

Neben dieser „hochansehnlichen Gesellschaft“ tauchten aber auch Vertreter bürgerlicher Kreise auf. Man sah wohlhabende Familien aus dem Kaufmanns- und Beamtenstande. Besondere Beachtung erfuhren sogen. „litterarische Größen“: Gellert, Gottsched, Gleim. Auch mögen hier manche zarte Verbindungen eingeleitet und geschlossen worden sein; denn „nicht nur gebrechliche Mütter und Tanten“ fanden sich in Lauchstädt ein, sondern auch „frische, blühende Töchter und Niecen“, die „durch Tanz und Minnespiel“ sich da erheitern wollten.

Ein Herzensbund, der nicht unerwähnt bleiben darf, wurde in Lauchstädt geschlossen, die Verlobung Schillers mit Charlotte v. Lengefeld. Man erzählt in Lauchstädt: „Unter einer der prachtvollen Linden, die vor dem Brunnen standen, soll Schiller am Morgen des 3. August 1789 „Lotten“ seine Liebe und den Wunsch, sie zu besitzen, gestanden haben.“ Ganz so hat sich dieses Ereignis „leider“ nicht zugetragen. Wohl hat Schiller die beiden von Lengefeldschen Schwestern zu genannter Zeit in Lauchstädt besucht. Er reiste darauf nach Leipzig zu seinem Freunde Körner. Aus einem Briefe Schillers, den er noch am Abend jenes 3. August von Leipzig aus an die Schwestern sandte, geht hervor, daß Schiller am Morgen desselben Tages gegen die Schwester der Geliebten sein Herz geöffnet hat. „Lotte“ gab ihr Jawort schriftlich in ihrer Antwort auf den Leipziger Brief.

Die späteren Besuche Schillers in Lauchstädt galten dem berühmten Lauchstädter Theater. „Dieses so oft gefeierte, in der Geschichte der deutschen Schaubühne so viel genannte Theater hatte in dieser Zeit eine solche Bedeutung gewonnen, daß es fast den Anschein hatte, als kämen die Fremden nicht mehr der Kur, sondern nur des Theaters wegen her. Die eigentliche Saison begann nicht, wenn die Badegäste sich einstellten, sondern wenn die Schauspieler aus Weimar eingetroffen waren, mit dem Schlusse der letzten Theatervorstellung endigte sie.“

Der erste Komödiant mit Namen „Wilde, aus Leipzig und mit sehr guten Attestatis versehen“ meldete sich beim Kurfürstlichen Amte im Jahre 1761. Er versprach, „keine Zoten und Possen, sondern vielmehr die besten und meistens des Professor Gellerts theatralische Stücke aufzuführen; er sei auch nicht willens, ein ordentliches Theater aufzubauen, sondern brauche nur in einem in der Allee stehenden Gebäude einen Raum von vier bis fünf Schritten.“ Wildes Gesuch wurde genehmigt, und er spielte täglich mit Ausnahme der Sonntage.

Später kam der Direktor der berühmten, damals in Weimar stationierten Schauspielergesellschaft, Joseph Bellomo. Er gab in einem brettenen Komödienhaus, das bereits auf demselben Platze stand, wo sich gegenwärtig noch das Theater befindet, während der Badezeit theatralische Vorstellungen. Als dann Herzog Karl August auf Goethes Veranlassung ein eigenes Hoftheater unter Goethes Leitung gründete, spielte natürlich dieses in Lauchstädt und zwar zunächst in Bellomos Bretterbude. Zu diesem „Musentempel“ wallfahrte aus der Umgegend von Lauchstädt, besonders aus Halle „alt und jung, Kavaliere und Professoren, Bürgersleute und Studiosi.“ Ein Badegast aus dieser Zeit erzählt:

„Es traf sich gerade einmal, daß ich nach Halle reiste und an dem Tage „Kabale und Liebe“ in Lauchstädt gegeben wurde. Habe ich je eine lebhafte Straße gesehen, so war es diese. Eine Kette von Reitern, Fußgängern und Wagen dehnte sich auf dem ganzen Wege aus, das eine Ende davon war Lauchstädt, das andere Halle." In besonders großer Zahl waren die Halleschen Studenten vertreten, diese „leidenschaftlich fordernden Jünglinge," wie Goethe sie nannte. Sie behaupteten im Theater das Parterre. Hier haben sie manch tollen Streich ausgeführt. In einem Berichte des Schauspielers Becker heißt es: „Schon seit mehreren Vorstellungen hatten andere Schauspieler die Erfahrung gemacht, daß Kirschkerne auf das Theater geworfen wurden, ja von einem sagt man, daß er durch das ganze Stück soll wirklich getroffen worden sein, und er hat es ertragen! Auch wurden während der Akte alle grünen Blätter, welche in den Kirschkörbchen liegen, über das Orchester

Nach einer photogr. Aufnahme von Fr. Reichardt-Leipzig.

Das Theater von außen.

weg aufs Theater geworfen, so daß man, wenn der Vorhang aufging, wie in einem grünen Garten war." Becker berichtet weiter über eine Vorstellung der „Räuber": „Wie der zweite Akt anging und ich meinen Monolog hielt, kam mir ein Kirschkern auf den Tisch, an welchem ich saß, geflogen. Ich stand auf, trat vor und sagte zu einem Trupp, der vorn am Orchester saß und Kirschen aß: „Was soll das? Kirschkerne auf das Theater zu werfen!" in einem festen und befehlenden Tone. Sie fingen an zu pochen, aber alles zischte: „Stille!" Wie es stille war, ging ich in meiner Rolle weiter und durch das ganze Stück herrschte Ruhe und Stille wie niemals. Nach der Vorstellung brachten mir die Studenten ein Vivat vor meiner Thür und hat sich bis jetzt keiner wieder unterstanden, Kirschkerne oder Blätter auf das Theater zu werfen." Das ist die bekannte Kirschkernkanonade im Lauchstädter Theater.

Derselbe Schauspieler klagt aber auch über die traurige Beschaffenheit des Theaters. „Die Studenten nennen es eine Schafhütte, drum fällt auch die Achtung weg, auf die wir Anspruch machen können, weil wir in einem so elenden Hause spielen, in dem sich nichts gut ausnimmt.“ Goethes Bemühungen gelang es endlich, daß mit dem Bau eines neuen Schauspielhauses im Februar 1802 begonnen wurde. Im März lag zwar, wie Goethe selbst erzählt, das „akkordierte Holz noch bei Saalfeld eingefroren.“ Nach wenigen Monaten aber, als das Mauerwerk aufgeführt war, schrieb Goethe in etwa acht Tagen das Vorspiel „Was wir bringen,“ mit dem der Neubau eingeweiht werden sollte. Am Morgen des 26. Juni 1802 wurde in dem neuen Hause noch gesägt und gehämmert, am Abend erfolgte die glückliche Aufführung von „Was wir bringen,“ dem sich Mozarts „Titus“ anschloß. Dieser

Nach einer photograph. Aufnahme von Fr. Reichardt-Leipzig.

Das Innere des Theaters.

Tag war einer der bedeutungsvollsten in der Geschichte des hiesigen Theaters. Es folgten in den Jahren 1803 und 1804 bei Anwesenheit des Dichters hochinteressante Aufführungen Schillerscher Dramen. Diese und die Person Schillers zogen die Gebildeten in Massen nach Lauchstädt. Seine Person war der Gegenstand höchster Verehrung.

In „Schiller in Lauchstädt“ v. A. Pick wird eine Augenzeugin genannt, die noch als Greisin mit Begeisterung von der Zeit sprach, wo es ihr vergönnt war, den großen Mann im Theater, auf der Promenade und im Salon zu sehen. An den Wochentagen beteiligte sie sich an den Bällen, welche daselbst gegeben wurden, und denen Schiller beizuwohnen pflegte. Seine Person war ihr noch vollkommen gegenwärtig: Lange, hagere Gestalt mit gesenktem Kopfe, der Gesichtsausdruck voll

Milde und Freundlichkeit; sein Auftreten anspruchslos, von einer größeren Bescheidenheit als manchem Badegast lieb war, und doch der Neugier der jungen, schönen Damenwelt sich nicht entziehend.

In derselben Schrift finden wir Auszüge aus den Tagebüchern des Schauspielers aus Weimars Glanzzeit, Anton Genast. Dieser schreibt aus dem Jahre 1803, daß Schillers Ankunft in Lauchstädt bei den versammelten Badegästen großes Interesse erweckt hätte, weil alt und jung noch weit mehr für ihn als für Goethe geschwärmt habe. Dann fährt er fort: „Aber wie anders bewegte sich Schiller in der Gesellschaft Goethe gegenüber! Die bunte Menge beängstigte ihn förmlich und Ehrenbezeugungen, die Goethe als etwas Selbstverständliches aufnahm, wurden ihm unheimlich und machten ihn schüchtern; darum suchte er zunächst einsame Wege auf, um den ewigen Begrüßungen zu entgehen; aber wenn es hieß: „Schiller ist dahin gegangen," wählte man gewiß den Weg, wo man ihm begegnen mußte. — Schillers Stücke zogen stets ein großes Publikum herbei und füllten immer die Kasse. Gewöhnlich kam er während der Vorstellung auf die Bühne, und ich sah die innere Befriedigung auf seinem Gesicht, wenn er zu mir sagte: „Das ischt ja heute wieder eine recht gute Einnahme! Ich habe an Goethe geschrieben, daß wir recht gute Geschäfte machen."

Auch „Wallensteins Lager" und die ‚unsterbliche' „Jungfrau von Orleans" fanden bei vortrefflichen Aufführungen großartige Aufnahme.

1804 wurde die Saison in Gegenwart Schillers mit „Tell" eröffnet.

Ein Jahr später war Schiller nicht mehr unter den Lebenden. „Als ein wertes und würdiges Andenken des verehrten Schiller" veranstaltete Goethe eine dramatische Aufführung des „Liedes von der Glocke". Am Schlusse derselben trat unter der emporschwebenden Glocke die Muse hervor und sprach den von Goethe gedichteten „Epilog zu Schillers Glocke".

Goethe weilte noch öfter in Lauchstädt, da bis zum Jahre 1811 die Weimarische Hofschauspielergesellschaft Vorstellungen gab.

Als er das letzte Mal Lauchstädt verließ, nahm er Abschied mit den Worten:

Lebet wohl!
„Lebet wohl, geliebte Bäume,
Wachset in der Himmelsluft!
Tausend wonnevollen Träume
Schlingen sich durch euren Duft.
Doch was steh' ich und verweile?
Wie so schwer, so bang wird's mir!
Ja, ich gehe, ja, ich eile;
Aber ach, mein Herz bleibt hier!
Lebet wohl, mein Herz bleibt hier!"

Mit Stolz bewahren wir diese einfachen, liebevollen Abschiedsworte des Dichters, die gewiß nicht nur die Gefühle seines Herzens zum Ausdruck brachten, sondern auch aller derer, die einst längere Zeit in Lauchstädt weilten. Das waren neben den größten Geistern unseres Volkes Hunderte der vornehmsten und reichsten

Leute. Sie alle fanden in dem einfachen Badestädtchen Erholung, Zerstreuung und Genüsse mannigfachster Art.

Wie anders heute! Wohl stehen noch die alten, interessanten Bade- und Gesellschaftsräume, überragt und beschattet von herrlichen Linden- und Kastanienbäumen, die um vieles größer und prächtiger geworden sind; wohl giebt die Quelle heute noch „gesundes" Wasser, wie vor 200 Jahren: die Zahl der Badegäste hat trotzdem von Jahr zu Jahr abgenommen und ist heute eine verschwindend kleine.

Doch im Sommer 1896 schien es, als ob die alte Zeit mit ihren zahlreichen und vornehmen Badegästen wiederkehren wollte. Männer und Frauen aller Stände und Berufsarten besonders aus Leipzig, Merseburg und Halle veranstalteten ein Kostümfest, welches alle, Mitwirkende wie Zuschauer in die Blütezeit des Bades zurückversetzte und die Pracht und den Glanz zeigte, den die feine Welt ehemals in Lauchstädt entfaltete. Man sah wie vor 100 Jahren „unter der Kastanienallee Gruppen von Herren und Damen, die Damen geschminkt, in Reifröcken und hohen Hackenschuhen, kokett mit dem Fächer spielend, die Herren gepudert, mit langem, fein gefälteten Spitzenkräusel und Spitzenmanschetten, die porzellanene Tabatiere zwischen den Fingern drehend, mit tiefen Verbeugungen die Hand mit dem Hute weit nach hinten schwenkend, grüßten sie aneinander vorüber." Auch der Großherzog Karl Alexander von Sachsen-Weimar beehrte das Fest mit seinem hohen Besuche. Noch einmal öffneten sich die Pforten des fast hundertjährigen Theaters einem hochsinnigen sächsischen Fürsten, und Mitglieder der weimarischen Hofbühne gaben „Die Geschwister" von Goethe und Scenen aus „Wallenstein" von Schiller. Wahrlich ein seltenes Fest, ein seltener Besuch! Wohl nie wieder wird das alte, ehrwürdige Gebäude einen höheren Besuch erhalten und vornehmere Gäste in seinen Räumen versammelt sehen. — Gegenwärtig ist es geschlossen. Bis vor wenigen Jahren noch gaben wandernde Theatergesellschaften während der Sommermonate wöchentlich zwei Vorstellungen, die bei kunstsinniger Leitung und guter Aufführung von den kunstliebenden Einwohnern Lauchstädts gut besucht wurden, während die Zahl der auswärtigen Besucher derselben stetig abnahm.

Um so zahlreicher aber sind die Gäste aus nah und fern, die zur schönen Sommerzeit die herrlichen Badeanlagen besuchen. Hier herrscht heute noch fröhliches Leben und Treiben, und im Schatten der alten hohen Bäume wird oft und gern geredet von den großen, längst vergangenen Zeiten.

R. Elkner-Bad Lauchstädt.

Die Lutherstadt Eisleben.

Eisleben! Wo ist ein Deutscher, dem diese Stadt unbekannt wäre? Eisleben ist bekannt als Hauptstadt des Mansfelder Bergbaues: in seinen Mauern konnte die Mansfelder Kupferschiefer bauende Gewerkschaft im Sommer 1900 in Gegenwart beider Kaiserlichen Majestäten das 700jährige Bestehen des Mansfelder Bergbaues feiern. Eisleben ist auch bekannt als die Stadt, in der es seit dem letzten

Jahrzehnt des abgelaufenen Jahrhunderts infolge gewaltiger unterirdischer Erdfälle fortwährend kracht, so daß ängstliche Gemüter nicht begreifen, wie die Eisleber noch ruhig auf ihrer Scholle sitzen bleiben können. Aber nicht als Bergwerksstadt hat Eisleben seine Berühmtheit erlangt, sondern es ist durch einen Mann weltbekannt geworden, an dessen Namen sich in der Weltgeschichte der Anbruch einer neuen Zeit knüpft: unsere Vorstellung von Eisleben ist unauflöslich mit der Person Luthers verbunden. Wir können uns Eisleben ohne Luther nicht denken. Darum nennen wir Eisleben die Lutherstadt.

Eisleben, der alten Lutherstadt, wollen wir im Geist einen Besuch abstatten. Kommen wir mit der Halle-Kasseler Bahn von der alten Salzstadt Halle her, so fällt unser Blick zwischen Wansleben, Ober-Röblingen und Erdeborn auf das weite Becken des ehemaligen Salzigen Sees, dessen gewaltige Wassermassen vor den Augen des jetzt lebenden Geschlechts verschwunden sind. Ja, das eine der beiden schönen „blauen Augen des Mansfelder Landes" ist in den 1890er Jahren ausgelaufen, indem das Wasser teils in die Eisleber Schächte durchbrach, teils von der Gewerkschaft ausgepumpt werden mußte. So hat die Gegend um den ehemaligen Salzigen See viel von ihrem früheren Reiz verloren; denn die auf dem einstigen Seeboden wogenden Kornfelder können das die ganze Landschaft belebende Wasser nicht ersetzen. Hoffentlich bleibt wenigstens das andere blaue Auge, der Süße See, den nur eine niedrige Erhebung vom Salzigen trennt, unserem Mansfelder Lande erhalten. Kommen wir westwärts von Kassel her, so ziehen, nachdem wir eben den für norddeutsche Verhältnisse langen Tunnel bei Blankenheim hinter uns haben, die Schächte und sonstigen Bergwerksanlagen bei Wimmelburg, besonders zur Nachtzeit, wenn alles in elektrischem Licht erstrahlt, unsere Aufmerksamkeit auf sich. Gleich darauf liegt Eisleben in der Thalmulde und an den diese bildenden Erhebungen vor unseren Augen, die ganze Häusermasse überragt von dem Wahrzeichen der Stadt, den drei Türmen der Markt- oder Andreaskirche.

Station Eisleben — aussteigen! Wenn wir wollen, können wir auf dem Wege nach der in einiger Entfernung liegenden Stadt die neueste Errungenschaft Eislebens benutzen, die „Elektrische", eine 1900 dem öffentlichen Verkehr übergebene Kleinbahn, die das ganze dicht bevölkerte Mansfelder Berggebiet bis Hettstedt durchschneidet. Aber um gleich die Sehenswürdigkeiten auf dem Wege mitzunehmen, ziehen wir es vor, nach väterlicher Weise zu Fuß zu gehen. Kaum haben wir ein paar Schritte gethan, da leuchtet in der Ferne der Süße See auf. Ganz deutlich können wir bei klarem Wetter trotz dritthalbstündiger Entfernung wahrnehmen, wie sich das malerisch am Ostende des Sees gelegene Schloß Seeburg in der blauen Wasserflut spiegelt. Das Dorf, welches uns über einer reben- und waldgeschmückten Schlucht auf der Höhe auffällt, ist Ober-Rißdorf. Rechts und links vom Bahnhofswege breiten sich freundliche Anlagen aus: der Bismarckhain und die Galgenschlucht. Zwischen dieser und den Anlagen des alten Stadtgrabens ist seit den letzten Jahrzehnten ein hübscher neuer Stadtteil im Entstehen, der bereits ein Denkmal erhalten hat: im Knick der Königstraße stellt eine Bronzebüste auf granitenem Sockel, im Hintergrunde vom Grün der Anlagen umkränzt, den Erfinder der Schnelldruckpresse dar: Friedrich König, geboren zu Eisleben 1774. Verfolgen wir die Bahnhofstraße weiter, so überschreiten wir bald die Böse Sieben, früher wegen ihrer Wildheit zur Zeit der Schneeschmelze und bei starken Niederschlägen „der wilde Bach" geheißen. Für gewöhnlich sieht man es dem träge dahinschleichenden Wasser nicht an, wie böse es werden, ja daß es den ganzen unteren Stadtteil überschwemmen kann. Am Ende der Bahnhofstraße, die erst seit 1866 entstanden ist, beginnt die Altstadt.

Luthers Geburtshaus zu Eisleben.

Wir biegen links ein. Wo die Dr. Lutherstraße von der Hallischen Straße abzweigt, stoßen wir auf Luthers Geburtshaus. Das früher davorliegende Haus ist abgerissen. Seine Stelle nehmen jetzt Gartenanlagen ein, aus denen eine Bronzebüste des Reformators hervorlugt. Luthers Geburtshaus ist nur in seinem unteren Teile erhalten geblieben. Den Oberstock hat eine Feuersbrunst 1689 eingeäschert. Einige Jahre nach dem Brande wohl nicht in seiner alten Form wieder aufgebaut, dient er jetzt dem Verein für Geschichte und Altertümer der Grafschaft Mansfeld als Museum. Das häßliche Bildwerk, das 1817 über der Hausthür angebracht ward, ist eine arge Versündigung an der bildenden Kunst und würde am besten durch eine geschmackvollere, im Stile des 15. Jahrhunderts gehaltene Darstellung ersetzt. Bemerkenswert ist die altertümliche Hinterseite des Hauses. Im Hausflur hängen die Bilder einiger sächsischer Kurfürsten sowie Ölgemälde des 16. Jahrhunderts von den Grabgewölben angesehener Eisleber Familien auf dem alten Gottesacker. Die dreifenstrige Stube im Untergeschoß ist Luthers Geburtsstube. In ihr haben jedoch die Eltern des Reformators noch kein Jahr gewohnt; denn sie zogen bald nach Mansfeld weiter, wo es der Vater durch Fleiß und Sparsamkeit zu Ansehen und Wohlstand brachte. In der Lutherstube werden noch einige Erinnerungsstücke an den Reformator aufbewahrt. Hinter Luthers Geburtshause liegt die Lutherschule, für würdige, bedürftige Kinder vom Könige Friedrich

Wilhelm III. anläßlich der 300jährigen Reformationsfeier 1817 erneuert. Die St. Petri-Pauli-Kirche, die sich dahinter erhebt, ist vermutlich Luthers Taufkirche. Allerdings wurde die gegenwärtige Kirche damals neu gebaut, aber der Turm war bereits seit einigen Jahren fertig. Wahrscheinlich ist Luther im Turmgewölbe, das man endlich in einen würdigen Zustand setzen sollte, am 11. November 1483 getauft. Man zeigt auch den Taufstein noch, den eine spätere Inschrift ausdrücklich als Luthers Taufstein bezeichnet; aber der Stein scheint erst aus späterer Zeit zu stammen. Am Petri-Kirchplatz steht das Eisleber Schullehrer-Seminar.

Marktplatz mit Lutherdenkmal in Eisleben.

Wir kehren wieder zur Hauptstraße zurück und zwar zum Plan. In ihn mündet die Lindenstraße ein, in der der schon genannte Erfinder der Schnelldruckpresse geboren ward. Das Haus (Nr. 32) ist mit einer Gedenktafel versehen. Die Lindenstraße führt zur Wiese, auf der alljährlich im September der große Wiesenmarkt abgehalten wird, nicht nur für Eisleben, sondern für die ganze Umgegend seit Jahrhunderten ein Volksfest, nach dem man festzustellen pflegt, ob ein Ereignis in die Zeit vor oder nach der „Wiese" fiel. Eine Verengung am Gasthofe „Zum goldenen Ring" zeigt uns noch heute die Stelle des Stadtthors, das zum ältesten Stadtkern, dem Markt und seiner nächsten Umgebung, führte.

Ein schönes, zum Teil noch altertümliches Bild gewährt uns der Marktplatz, auf der Westseite von dem spätgotischen Rathause begrenzt, hinter dem die massige Andreaskirche mit ihren drei Türmen wirkungsvoll aufsteigt. Den Mittelpunkt des Marktplatzes bildet das herrliche Lutherdenkmal, ein Werk des Professors R. Siemering in Berlin, das 1883 bei Gelegenheit der 400jährigen Lutherfeier eingeweiht ward. Auf einem mächtigen granitnen Unterbau steht die Erzgestalt des Reformators, angethan mit dem wallenden Chorrock und bedeckten Hauptes. Die Rechte streckt sich eben aus, um die Bannbulle ins Feuer zu werfen, während die Linke die Bibel ans Herz drückt: Luther ist dargestellt als Protestant und Bekenner. Gerechter Unmut, heiliger Ernst, feste Entschlossenheit, unerschütterliches Gottvertrauen lagert auf seinem Angesicht. Die Seiten des Sockels schmücken Erzbilder aus Luthers Leben: vorn die sieghafte Reformation unter dem Bilde eines Engels mit dem niedergetretenen Teufel zu Füßen und einem Schilde vor der Brust, auf dem Luthers Wappen zu sehen ist: das bekreuzte Herz auf weißer Rose („des Christen Herz auf Rosen geht, wenn's mitten unter Dornen steht"); hinten Luther in seiner Familie, an den Seiten Bibelübersetzung und Disputation mit Eck. Das herrliche Denkmal kennzeichnet auch äußerlich Eisleben als Lutherstadt.

Wir steigen die Steinstufen am Rathause empor. An einem Vorsprunge der Seitenwand vor der altertümlichen überdachten Treppe ist ein kleiner gekrönter Kopf angebracht, an dem wir achtlos vorübergehen würden, wenn man uns auf ihn nicht aufmerksam machte. Dieser Kopf soll an den „Knoblauchskönig von Eisleben", Hermann von Luxemburg, erinnern. Hermann hat sich als Gegenkönig Heinrichs IV. 1081 eine Zeitlang in Eisleben aufgehalten. Weil hier viel Knoblauch gebaut wäre, soll er spottweise der Knoblauchskönig genannt sein.

Die St. Andreaskirche ist durch Luther geschichtlich denkwürdig. Leider hat das ehrwürdige Gebäude durch die Erdbewegungen schwer gelitten: tiefe Risse zeigen sich in Mauern und Wölbung, so daß sich ein teilweises Absteifen nötig machte. Die Marktkirche gehört bis auf zwei bemerkenswerte, etwa aus dem 11. Jahrhundert stammende ältere romanische Pfeiler in ihren ältesten Teilen der Übergangszeit von der romanischen zur gotischen Bauweise an, woraus wir auf einen Neubau der Kirche in der ersten Hälfte des 13. Jahrhunderts schließen dürfen. Eine große Feuersbrunst 1498 zerstörte das frühere Kirchenschiff, so daß abermals ein teilweiser Neubau nötig war. Unter Benützung des erhalten gebliebenen Chors wurde das Langhaus mit dürftigen Mitteln schmucklos wiederhergestellt. Der massive Glockenturm im Nordosten der Kirche entstand im 15. Jahrhundert, die Nord- und Südkapelle bald danach. Im großen und ganzen hat die Kirche ihr Aussehen, wie es zu Luthers Zeit war, beibehalten. Die Kanzel, auf der heute noch gepredigt wird, ist dieselbe, auf der schon Luther gestanden, von der er seine letzte Predigt vier Tage vor dem Tode gehalten hat. Hier vor diesem Altar hat er ebenfalls kurz vor seinem Hingange die letzte Ordination vollzogen; hier im hohen Chor war seine Leiche aufgebahrt; hier in dieser Kirche fand auch am 19. Februar 1546 die erhebende Leichenfeier statt. Die beiden Seitenkapellen enthalten Grabdenkmäler, unter denen besonders das des Grafen Hoyer VI. von

Mansfeld an künstlerischem Wert hervorragt. Es ist ein Bronzeguß in Lebensgröße. Der Graf ruht ausgestreckt mit übereinander gelegten Händen und geschmückt mit dem päpstlichen Orden des goldenen Vließes, das Schwert zur Linken und den Helm zu Füßen, auf einem Sandsteinsarkophage. Die Gesichtszüge sind lebenswahr, die ganze Haltung ist ungezwungen. Das Werk muß von einem tüchtigen Meister stammen, wenn auch nicht von Peter Vischer in Nürnberg, den man lange für den Schöpfer desselben angesehen hat. Graf Hoyer war übrigens in der Reformationszeit eine Säule des Katholizismus; aber es gelang ihm trotz aller Anstrengungen nicht, die neue Lehre von der Grafschaft fernzuhalten. Nach seinem im Jahre 1540 erfolgten Tode ward auch der Rest des Mansfelder Landes evangelisch. Gleich hinter Hoyers Grabmal steht der älteste Grabstein der Grafschaft, der im Bauernkriege aus dem Kloster Neu-Helfta, das unmittelbar vor der Stadt Eisleben lag, zur Sicherheit in die Andreaskirche geschafft wurde, woselbst er bis zum heutigen Tage verblieben ist. Der dem dreizehnten Jahrhundert angehörende Stein zeigt auf der einen Seite ein erhabenes, auf der anderen ein eingeritztes Bild. Die überaus plumpen Gestalten der Vorderseite sollen den Grafen Burchhard von Querfurt und seine Gemahlin Sophie von Mansfeld darstellen. In der südlichen Kapelle zeigt man noch den unter Glas aufbewahrten Kanzelbehang aus Luthers Zeit, eine wertvolle Stickerei einer unbekannten Mansfelder Gräfin des 15. Jahrhunderts. — Solange die Grafschaft Mansfeld als ehemaliges reichsunmittelbares Land eine eigene Landeskirche hatte, also bis zum Aussterben der männlichen Grafenlinie 1780, war der erste Pfarrer an St. Andreas Generalsuperintendent und Leiter des ganzen Mansfelder Kirchenwesens. Ein geräumiges Zimmer des Glockenturmes birgt noch das alte Konsistorialarchiv mit wichtigen, bis zur Reformationszeit zurückreichenden Akten, ferner eine wertvolle alte Bibliothek, die teils aus dem Karthäuser Kloster zu Erfurt, teils von dem Reformator Eislebens, Kaspar Güttel, herrührt, und an ersten Drucken (Inkunabeln) und insbesondere an ersten Lutherdrucken reich ist.

Luthers Sterbehaus.

Den Westtürmen der Andreaskirche schräg gegenüber liegt Luthers Sterbehaus, jetzt Küsterwohnung dieser Kirche. Zur Reformationszeit wohnte der Stadtschreiber Johann Albrecht darin, bei dem Luther 1546 als Gast abgestiegen war. Bei dem großen Brande 1498 ist das Haus jedenfalls mit abgebrannt, aber bald darauf in spätgotischen Formen wieder aufgebaut. Luther hauste in den beiden Vorderstuben des oberen Stockwerkes. Bis in die 1860er Jahre blieb das Haus in Privatbesitz. Da wäre es beinahe durch Kauf in katholische Hände übergegangen und abgebrochen, wenn es nicht König Wilhelm I. gekauft und der Stadt und Andreasgemeinde zu gemeinsamer Nutzung überlassen hätte. Bei Wiederherstellung der Lutherzimmer kam nach Beseitigung einer Holzverschalung das beachtenswerte Deckengebälk wieder zum Vorschein. Die gegenwärtige innere Einrichtung, aus den Erträgen von Luther-Festspielen beschafft, ist nach alten Mustern gearbeitet. Der Ort an der Westwand des größeren vierfenstrigen Zimmers, wo jetzt das lederne Ruhebett steht, ist wohl die Stätte, an der Luther verschieden ist. Der Eisleber Dr. Luther-Verein geht mit dem Gedanken um, diese Wand mit einem großen, Luthers Tod darstellenden Gemälde zu schmücken. In dem sarkophagartigen Aufbau inmitten der Stube wird das Bahrtuch, das über Luthers Sarge gelegen hat, unter Glas aufbewahrt. In einer noch vorhandenen Nische des schmalen zweifenstrigen Nebenzimmers stand Luthers Bett. Den kleinen Sitzungssaal im anstoßenden Hinterbau, in dem die Verhandlungen zwischen den Grafen in Gegenwart des Reformators stattfanden, hat jetzt der schon erwähnte Eisleber Altertumsverein als Büchereiraum inne.

Es war am 23. Januar 1546, als der Reformator in strenger Winterkälte, „alt, abgelebt, müde und kalt“, wie er von sich in einem gleichzeitigen Briefe schreibt, seine letzte Reise von Wittenberg nach Eisleben antrat. Er wollte sich den Bitten der Mansfelder Grafen, sie nach langem erbitterten Streit zu versöhnen, nicht entziehen. Mit Freuden wolle er sich, schrieb er an Graf Albrecht, den wohlwollenden Förderer der Reformation im Mansfelder Lande, in seinen Sarg legen, wo er zuvor seine lieben Landesherren vertragen und freundlichen, einmütigen Herzens ersehen habe. Seine Söhne Johannes, Martin und Paul, sowie sein Diener und Hauslehrer Ambrosius Rutfeld, zu denen sich in Halle noch D. Jonas zugesellte, begleiteten ihn. In Halle wurden sie durch die hoch mit Eis gehende Saale aufgehalten. Erst am vierten Tage konnten sie, aber immer noch unter Lebensgefahr, über den Fluß setzen. An der Grenze der Grafschaft, bei Langenbogen, empfing den Reformator ein gräfliches Ehrengeleit mit 113 Pferden. Kurz vor der Stadt wurde Luther von einem heftigen Unwohlsein befallen, das jedoch glücklich vorüberging. Gleich am folgenden Tage begannen die Verhandlungen, die zwar langsam, aber mit gutem Erfolge vorrückten. An den drei Sonntagen und am Feste Mariä Reinigung predigte der Reformator in der Andreaskirche. Nach Wittenberg, insbesondere an seine Hausfrau, schrieb er fleißig Briefe. In den letzteren, die von dem innigen Verhältnis zwischen beiden Ehegatten ein beredtes Zeugnis ablegen, suchte er seine Frau über seinen Zustand, über den sie mit Recht in Sorge war, zu beruhigen. Jeden Abend gegen 8 Uhr ging er aus dem im unteren Stockwerk gelegenen Speisezimmer in seine Stube hinauf, stand eine Weile andächtig betend am Fenster, unterhielt sich noch ein wenig mit seinen Zimmergenossen und schlief dann gewöhnlich ruhig ein. Am 16. Februar litt er jedoch an heftigen Brustbeklemmungen. Noch brachte er die Verhandlungen glücklich zu Ende, aber am Mittwoch, den 17., war seine Kraft erschöpft. Er lag meist auf dem ledernen Ruhebette. Bisweilen ging er auf und ab, sah zum Fenster hinaus und betete. Todesahnungen zogen durch seine Seele. Einmal sagte er: „D. Jonas und Herr Michael*), ich bin hier in Eisleben getauft, wie — wenn ich hier bleiben

*) Hofprediger Michael Cölius aus Mansfeld.

sollte!“ Die Abendmahlzeit nahm er noch in dem unten gelegenen Speisezimmer ein. Während des Essens sprach er viel vom Tode und ewigen Leben. Kaum nach oben gekommen, befielen ihn Brustkrämpfe. Man verschaffte ihm aber durch Reiben mit warmen Tüchern Linderung und gab ihm auch Arznei ein. Von neun bis zehn Uhr schlief er sanft und natürlich. Als er erwachte, stand er auf und ging in die Kammer, um sich in das gewärmte Bett zu legen. Beim Überschreiten der Schwelle sprach er: „Walt's Gott, ich gehe zu Bette. In deine Hände befehle ich meinen Geist, du treuer Gott.“ Dann schlief er wieder drei Stunden. Als er um ein Uhr erwachte, antwortete er auf Jonas' Frage, ob er wieder Schwachheit empfinde: „Ach, Herr Gott, wie ist mir so wehe! Ach, lieber D. Jonas, ich achte, ich werde hier zu Eisleben, da ich geboren und getauft bin, bleiben.“ Von innerer Unruhe getrieben, ging er noch ein paarmal durch Kammer und Stube, beim Überschreiten der Schwelle sich wieder Gott anbefehlend. Dann legte er sich klagend auf das lederne Ruhebett. Die Umstehenden erkannten jetzt die nahe Todesgefahr. Man holte den Stadtschreiber Albrecht nebst Frau herauf und schickte zu den beiden Ärzten der Stadt. Auch der Graf Albrecht, der nur einige Häuser abwärts in dem jetzigen Direktionsgebäude der Gewerkschaft wohnte, kam mit seiner Gemahlin, die den Kranken durch stärkende Mittel zu erquicken suchte. Als man Luther mit dem ausgebrochenen Schweiß als einem guten Anzeichen trösten wollte, entgegnete er: „Das ist kalter Todesschweiß.“ Darauf sprach er ein inbrünstiges Gebet, auch lateinisch mehrere Bibelsprüche, zuletzt dreimal schnell nacheinander: „Vater, in deine Hände befehle ich meinen Geist; du hast mich erlöset, du treuer Gott.“ Dann wurde er still. Man rüttelte ihn und rief ihn, aber er schloß die Augen und antwortete nicht. Graf Albrechts Gemahlin strich ihm den Puls mit stärkenden Wassern, welche seine sorgsame Hausfrau aus Wittenberg gesandt hatte. Noch einmal riefen ihm Jonas und Cölius ins Ohr: „Ehrwürdiger Vater, wollet ihr auf Christum und die Lehre, wie ihr gepredigt, beständig bleiben?“ worauf er deutlich mit Ja antwortete, sein letztes Wort ein Bekenntnis zu seinem Heiland bis in den Tod. Bald darauf erbleichte der Sterbende. Er lag da mit gefalteten Händen. Noch einmal holte er tief Atem, dann hatte der Streiter Gottes ausgerungen. Es war am Donnerstag, den 18. Februar, zwischen zwei und drei Uhr nachts. Die Ärzte gaben als Todesursache Herzlähmung an, welche sie mit der Heilung der langjährigen Schenkelwunde, die man künstlich offen gehalten hatte, in Verbindung brachten. Wie ein Lauffeuer verbreitete sich die Kunde von dem Tode des Gewaltigen durch die Stadt. Alles trauerte. In großen Scharen kamen sie, um thränenden Auges den teueren Gottesmann noch einmal zu sehen. Freitag, den 19. Februar, nachmittags 3 Uhr ward der Sarg unter dem Geläute aller Glocken von 24 Geistlichen der Grafschaft in die St. Andreaskirche getragen. Der Zudrang war so gewaltig, daß die geräumige Kirche die Menge nicht fassen konnte und Leitern an die Fenster gesetzt wurden. D. Jonas sprach am Sarge über 1. Thessalonicher 4, 13—18. Die Nacht hindurch hielten zehn Eisleber Bürger die Leichenwacht. Die Grafen von Mansfeld wollten die Leiche „des hochteuren, von Gott mit unaussprechlichen Gaben begnadeten Mannes“ gern in der Grafschaft behalten; aber der Kurfürst Johann Friedrich von Sachsen befahl, daß sie nach Wittenberg gebracht würde. Sonnabend, den 20. Februar, hielt Cölius in St. Andreas eine Abschiedspredigt über Jesaja 51, 1—2. Mittags zwischen zwölf und ein Uhr setzte sich dann der Leichenzug unter Glockengeläut in Bewegung, begleitet von einer unübersehbaren Menge. Zwei junge Grafen mit 50 Berittenen geleiteten den Sarg bis Wittenberg, wo die Leiche in der Schloßkirche nahe der Kanzel am 22. Februar in die Gruft gesenkt ward.*)

Luthers Sterbehause gegenüber steht das alte Gymnasium (jetzt Realschulgebäude), das unter Luthers Mitwirkung aus zwei Lateinschulen der Stadt, einer evangelischen und einer katholischen, als „fürnehme lateinische Schule“ wenige Tage vor dem Tode des Reformators hervorging. Wir treten in die Sangerhäuser Straße ein. Hier befinden wir uns so recht eigentlich im Senkungsgebiete.

---

*) Nach W. Rothe. D. Martin Luthers letzte Tage. Nach den zeitgenössischen Berichten zusammengestellt. Eisleben 1894.

Alle Häuser sind mehr oder weniger beschädigt. Die Risse sind vielfach ausgebessert, aber schon wieder von neuem aufgebrochen. Eine Anzahl Häuser hat wegen drohender Einsturzgefahr ganz und gar abgetragen werden müssen. Bei anderen sind Fenster, Thüren, ja ganze Seiten mit mächtigen Balken abgesteift. Das große Haus mit den vielen niedrigen Fenstern der Einmündung der Zeißingstraße schräg gegenüber war bis vor kurzem die Bergschule, in der niedere Bergbeamte ausgebildet werden; sie hat infolge der starken Beschädigung des Gebäudes in eine andere Stadtgegend verlegt werden müssen.

Wir haben nunmehr die Altstadt durchwandert. Wo die Sangerhäuser Straße in den Breiten Weg umbiegt, fängt die Neustadt an. Diese verdankt ihre Entstehung dem Bergbau, der schon Ende des 15. Jahrhunderts einen neuen Aufschwung genommen hatte, ein Umstand, der bekanntlich auch den Vater des Reformators, Hans Luther, von Möhra bei Eisenach in die Grafschaft Mansfeld zog. Neue Scharen von Bergleuten rief Albrecht VII. zur Vergrößerung seines Bergwerksbetriebes seit 1511 herbei. An zwei Stellen siedelten sich dieselben an: auf der Nußbreite, die fortan einen eigenen Stadtteil von Alt-Eisleben bildete, und in der Neustadt, die Graf Albrecht eigenmächtig gegen Gesetz und Herkommen mit den Rechten einer Stadt begabte. Diese Eigenmächtigkeit war die Veranlassung langjährigen Streites im Grafenhause selbst und zwischen Albrecht und der Altstadt. Letztere ging mit ihrer Klage bis an den Kaiser und verschaffte sich ein Rechtsgutachten zweier Universitäten dahinlautend, daß die neue Stadt wieder dem Erdboden gleich zu machen sei. Erst Luther, der den Streitpunkt wegen der Neustadt in seiner derben Art als das „stachlichste Stachelschwein“ bezeichnete, gelang es noch kurz vor seinem Tode, den häßlichen Streit aus der Welt zu schaffen. Die Neustadt hat bis zur westfälischen Zeit, also nahezu 300 Jahre, als besondere Stadt bestanden. Das altertümliche Steinbild auf dem Breitenwege, der Martin, das einen Bergmann in halb knieender Haltung mit einem Schild in der einen und einer Keilhaue in der anderen Hand darstellt, gilt als Wahrzeichen der neuen Bergmannsstadt. In der Nähe des Martin steht das alte Neustädter Rathaus, in dem jetzt einige Bürgerschulklassen untergebracht sind. Gehen wir die Annengasse bis zum Annenkirchplatz hinauf, so bietet sich uns von diesem ein überraschend schöner Überblick über die zu unseren Füßen liegende Stadt. Die Annenkirche, nach der Schutzheiligen der Bergleute benannt und von Albrecht gegründet, hat durch die Erderschütterungen stark gelitten. An ihr wirkte Martin Rinckart, der Dichter des Liedes „Nun danket alle Gott“, von 1611—1613 als Diakonus. Das an die Kirche anstoßende Gebäude mit den Erkern, jetzt Küsterhaus, war das ebenfalls von Albrecht gestiftete St. Annenkloster, dem Mönchsorden der Augustiner zugehörig und von Luther als Distriktsvikar wiederholt revidiert. Das Kloster war erst 1515 eingeweiht, aber schon 1523 von den unter dem Einfluß ihres Priors Kaspar Güttel evangelisch gewordenen Mönchen verlassen.

Auf dem Rückwege suchen wir in der Altstadt noch die Nikolaikirche auf, in der der Rektor der neuen Eisleber Lateinschule Dr. Johann Agrikola schon von 1525 an in evangelischem Sinne predigte. Agrikola war Eisleber Kind und

Freund Luthers. Er gehört mit zu den bekannteren Männern der Reformationszeit und ist der erste Verfasser eines evangelischen Katechismus. Leider trübte seine falsche Auffassung des alttestamentlichen Gesetzes die Freundschaft zwischen ihm und dem Reformator. Er starb als Generalsuperintendent des Kurfürstentums Brandenburg. Von der Nikolaikirche aus kommen wir auf die Freistraße, die Hauptpulsader des Verkehrs nach Hettstedt zu, ursprünglich Friesenstraße nach den hier ansässigen friesischen Kolonisten, die im 12. Jahrhundert den alten versumpften Seeboden der jetzigen Aue durch Anlegung von Gräben und Dämmen in fruchtbares Ackerland verwandelten. Von der Freistraße aus zweigt die Schloßstraße mit drei Sehenswürdigkeiten ab: es sind der alte runde Turm als letzter Rest des ehemals hier stehenden Grafenschlosses, der schöne 1883 eingeweihte Sandsteinneubau des Gymnasiums und das in gotischen Formen gehaltene hübsche neue Postgebäude.

Wir sind mit unserer Wanderung durch die alte Lutherstadt zu Ende. Der Kenner sieht es ihr gleich an, daß sie aus mehreren, zu verschiedenen Zeiten entstandenen Teilen allmählich zu einem Ganzen zusammengewachsen ist. Der älteste Stadtkern ist das Marktviertel, zu dem das Nikolai-, weiter das Petri-Viertel, ferner das längst mit dem Markt verwachsene neue Dorf oder Katharinen-Viertel, endlich die Nußbreite und die Neustadt hinzukamen. Die neuen Vorstädte entstanden zum Teil aus wüstgewordenen nahen Dörfern. Die großartige Erweiterung des Bergbaues seit den 1860er Jahren unter dem Ober-Berg- und Hütten-Direktor, Geheimen Rat Leuschner, hat der Stadt noch neuerdings einen mächtigen Zuwachs verschafft, ja ganz neue Stadtteile ins Leben gerufen und die Zahl der Einwohner (gegen 24000) mehr als verdoppelt, bis infolge der für den Bergbau ungünstigen Ereignisse: Ersaufens von Schächten, Auspumpens des Sees, Ausbesserung, bezw. Ankaufs vieler beschädigter Häuser und Sinkens der Kupfer- und Silberpreise, ein Stillstand eintrat. Gegenwärtig scheint es jedoch mit dem Bergbau und darum auch mit der Stadt Eisleben wieder aufwärts zu gehen. Nur wenige altehrwürdige Gebäude sind infolge mehrerer großer Brände, die ganze Stadtteile einäscherten, erhalten geblieben. Viele kleine, dürftige Häuser geben der Stadt noch einen kleinstädtischen Anstrich; dagegen fehlt es auch an schönen neuen Bauten nicht. Alles in allem bietet Eisleben, von dem wir noch hervorheben wollen, daß es auch eine Gärtnerstadt ist, ein interessantes Stadtbild. Wir scheiden von der alten Lutherstadt, deren Bewohner zum größten Teil mittelbar oder unmittelbar vom Bergbau leben, indem wir alle Wünsche, die wir für ihr weiteres Gedeihen auf dem Herzen haben, zusammenfassen in dem alten, schlichten Bergmannsgruß: Glück auf!

Pastor Max Könnecke-Eisleben.

Durch das Wipperthal.

Wer zum erstenmal an der Quelle der Wipper, am Ostabfall des Auerberges, unweit des Dorfes Hayn steht, der ahnt nicht, welche lachenden Bilder der Anmut ihr tieferer Lauf noch erschließt. Kann sich dieses rauschende Flüßchen, was landschaftliche Reize anbelangt, auch nicht mit der nahen Selke messen, so ist gleichwohl das Wipperthal eins der schönsten und lieblichsten im Harze, in welchem der Wanderer den ganzen Zauber deutscher Wald- und Bergpracht spürt. Gar bald verläßt das junge Kind des Harzes die Hochebene und tritt in einen hochstämmigen Fichtenwald ein. Hin und wieder schiebt sich eine Lichtung ein, von welcher frisch geschlagenes Scheitholz einen kräftigen Harzduft ausströmt. In überreicher Fülle drängen sich die lieblichen Kinder der Harzflora zum munter plätschernden Flüßchen, Haselgesträuch nickt darüber, und Buschwerk mannigfachster Art schafft geheimnisvolles Dickicht. Dann aber geht's in den hochstämmigen Buchenwald hinein. Schlank streben die silbergrauen Stämme empor, und wo sie den Himmel scheinbar berühren, breitet sich perlgrün das lichte frische Laub aus; von den Zweigen aber singen die munteren Bewohner des Waldes dem Wanderer einen fröhlichen Willkommen. Noch einige Schritte, und wir stehen vor einer Thalsenke, aus welcher die roten Ziegeldächer eines malerischen Fleckens herauslugen: Wippra.

Dieser Flecken war der Hauptort der gleichnamigen Grafschaft, die, den Edelherren von Wippra gehörend, zum größeren Teil im Friesenfelde, zum kleineren im Schwabengau lag, und die um 1045 zum erstenmal urkundlich erwähnt wird. Nördlich, dicht über dem Flecken liegen noch die Trümmer des Schlosses Wippra. Es war nicht nur einer der ältesten Edelsitze im Harze, sondern auch einer der größten. Vielfach wurde die Burg belagert, einigemal erobert und zerstört. Aus den Trümmern jedoch erstand sie stets zu neuem Glanze. Im Laufe der Jahrhunderte haben viele Geschlechter hier oben gehaust, bis endlich Volrad von Mansfeld der Vielherrschaft ein Ende machte, und bei der mansfeldischen Erbteilung 1501 wurde die Grafschaft Wippra vereinigt mit der Herrschaft Rammelburg. Nunmehr verschwindet nach und nach der selbständige Name der alten Grafschaft; die Burg verfiel, um nimmer aufgebaut zu werden. Nur die gewaltigen Trümmer zeugen noch von der Größe des Edelsitzes. Stiller und stiller wurde es hier oben, doch wenn ein Wanderer die umbuschten Trümmer betritt, dann werden die Bilder vergangener Ritterherrlichkeit wieder lebendig. Der Flecken Wippra, der sich im anmutigen Thale der Wipper ausbreitet, ist älter als das Schloß; schon 964 wird er in den Urkunden erwähnt. Fern vom großen Verkehr liegt er inmitten schön bewaldeter Berge, ein vielbesuchter Ort für Ruhebedürftige.

Oberhalb Wippra hat sich die Wipper mit der schmalen Wipper vereinigt, und nun führt ihr Lauf an rauschenden Bergwäldern und buntgesprenkelten Wiesen vorbei, bis das Thal sich unterhalb Friesdorf verengt. Dieses selbst, ein kleines Kirchdorf im ehemaligen Friesenfelde, liegt malerisch im Thale, das von der nahen Rammelburg wirkungsvoll gekrönt wird. Das Schloß gleichen Namens liegt auf einem Felsen, der sich nordwärts sanft abdacht, nach der Ost-, Süd- und Westseite jedoch steil zum Thale abfällt. Ein herrlicher Hochwald umrauscht die alte Bergfeste; freier hebt sich die Brust, heller leuchtet das Auge, wenn es voll Freude über dies rauschende grüne Meer dahinschweift, das sich in den sanft bewegten Linien seiner Berge wie ein Ordensband über das Land legt. Da zwischen den Bergkuppen saftige Matten, friedliche Dörfer und das silberne Band der schnell zu Thale eilenden Wipper — ein schönes Bild!

Wann die Burg erbaut wurde, ist nicht festzustellen, sicher ist, daß sie am Anfange des 13. Jahrhunderts bereits den Felsen krönte. Die Herren haben oft gewechselt. Bald gehörte sie den Edlen von Arnstein, bald besaßen sie die Grafen von Falkenstein, von welchen sie an den Grafen von Reinstein überging. Zu hohem Glanze erhob sich die Ritterfeste unter der Herrschaft der Grafen von Mansfeld, die auch die Grafschaft Wippra mit dem Rammelburger Besitze vereinigten. Zur Zeit der Bauernkriege zogen die Bauernhorden auch vor das Schloß Rammelburg, doch zu einem offenen Angriffe kam es nicht. Viel ernster gestaltete sich der Kampf des Grafen Albrecht IV. mit dem Herzog Heinrich von Braunschweig. Dieser zog mit großer Heeresmacht vor die Burg, und das Schicksal derselben schien besiegelt zu sein. Da übergaben die Belagerten das Schloß und retteten es vor der Zerstörung. Im Jahre 1579 ging die Lehnsherrlichkeit über Rammelburg und Wippra an Kursachsen über. Zu Anfang des 17. Jahrhunderts war das edle Geschlecht von Stammer Besitzer des Schlosses, von dem die Herrschaft in die Hände der Freiherren von Friesen überging, in deren Besitz sie sich gegenwärtig noch befindet.

Mansfeld.

Das volle Interesse des Wanderers verdient die kleine Schloßkapelle, welche den unteren Raum des Bergfried einnimmt und 1575 erbaut, 1829 von dem Freiherrn Ernst von Friesen erneuert wurde. Das Heiligtum enthält verschiedene Kunstschätze: das schöne Altarbild, Jesus betend in Gethsemane und die kostbare Fußdecke, welche zwei am Quell ihren Durst löschende Hirsche zeigt. Die kunstvolle Kanzel trägt die Wappen der edlen Geschlechter von Mansfeld, von Berlepsch, von Stammer und von Friesen. Das herrlich gemalte Glasfenster zeigt zwei Thatsachen, die sich hier ereigneten: die Trauung eines zum Christentum übergetretenen

Mohren und die Taufe eines 18jährigen Muhamedaners. Im Jahre 1897 legte eine Feuersbrunst einen Teil des südwestlichen Flügels in Asche. Leider ist derselbe nicht wieder aufgebaut worden. Sehr schön ist der das Schloß umgebende Park, der reich von bunten Sängern bevölkert ist. Unten rauscht die Wipper weiter in schnellem Laufe durch lachende Wiesengründe, auf denen Rinderherden weiden, und steigt man hinunter ins liebliche Thal, da öffnet sich dieses dem Blick in anmutiger Schönheit. Über uns taucht aus den rauschenden Wäldern die Rammelburg, vor uns liegt das kleine Dörfchen Biesenrode mit den Ruinen der Altenburg, dem ehemaligen Sitze der Edeln von Arnstein. Der Weg im Thale führt weiter bis Vatterode. Hier hört der landschaftliche Reiz des Wipperthales auf. Im Osten erhebt sich auf bewaldeter Höhe das Schloß Mansfeld.

Ein neues Bild zeigt sich den Blicken des Wanderers. Das industriereiche Gebiet der Mansfelder Kupferschiefer bauenden Gewerkschaft ist es, welches nun die Wipper durchflutet. Überall dampfende Schlote und emsiger Fleiß im tiefen Schoß der Mutter Erde. Ein letzter Blick gilt den Wäldern, die dort in der Ferne rauschen, und noch einmal grüßen wir die Rammelburg, den Edelstein im schönen Wipperthale!

Thierack-Klostermansfeld.

Questenberg, seine Geschichte und Sagen.

Als ein würdiges, schönes Gegenstück zu den malerisch an und zwischen gewaltigen Granitbergen gelegenen Orten des Nordharzes ist das romantisch zwischen steilen Kalkfelsen im Südharz gelegene Örtchen Questenberg zu bezeichnen. Von der Station Bennungen an der Halle-Kasseler Eisenbahn ist Questenberg in 50 Minuten bequem zu erreichen. Der Weg führt zwischen hohen, mit Tannen, Birken und Buchen bestandenen Bergen durch ein wunderbar schönes, von einem Bache, der Nasse, durchflossenes Thal, das wegen seiner Schönheit den Namen „Thüringer Schweiz“ erhalten hat. Je mehr sich der Besucher dem Orte nähert, desto höher und steiler werden die Kalkfelsen zur Rechten und Linken, und desto enger wird das Thal, zuletzt sich so weit verengend, daß das Dorf Questenberg nur in einer einzigen Hauptstraße angelegt werden konnte. Nur eine kleine Reihe Häuser konnte noch am Südwestufer des durch das Dorf fließenden Nassebaches errichtet werden, auch wurden einige kleine Häuser in dem engen, sich nach Osten öffnenden Thaleinschnitte erbaut.

Das Kirchlein des Ortes hat den Namen „St. Mariä Geburt“. Der erhabenste Schmuck des bescheiden einfachen Gotteshauses ist ein in demselben über der Kanzel angebrachtes, sehr gut erhaltenes Triumphkreuz. Die über der Thür des Pfarr- und Schulhauses angebrachten Hausinschriften fordern das Interesse und Nachdenken vieler Reisenden heraus. Die Inschrift am Pfarrhause heißt:

Questenkranz welket.
Die Burg sank in Trümmer. —
Gottes Erbarmen
Währt heute und immer.

Die Inschrift am Schulhause lautet:

Wer etwas kann,
Hat Lobes viel;
Ein' Schand' ist,
Wer nichts lernen will. —

Auf dem freien Platze zwischen Schule und Kirche steht, unter einer zur Erinnerung an die 50jährige Wiederkehr des Tages von Leipzig errichteten Linde, eine Roland-Säule aus Holz, wenig künstlerisch hergestellt. Das Dorf soll früher eigene Gerichtsbarkeit besessen haben. Zu dieser Annahme berechtigt auch das seit alters her in der Kirchhofsmauer angebrachte Halseisen.

Auf schmalem, allmählich emporführendem, an unbequemen Stellen mit Holzstufen versehenem Wege gelangt man nach dem „Schloßberge", der die Ruinen der alten Questenburg trägt. Ungefähr in halber Höhe findet man noch Reste der äußeren Ringmauer. Der freie Platz war der äußere Burghof; noch etwas höher lag der innere Burghof. Auf der Höhe angekommen, betritt man durch das alte Burgthor den Platz, auf dem die alte Burg gestanden, von der noch an einigen Stellen feste Umfassungsmauern vorhanden sind, desgleichen zwei große Keller, eine mit Schießscharten versehene Brustwehr und eine alte Turmruine, in deren unterem Teile allerlei in Stein gekratzte Figuren darauf hindeuten, daß der Turm wohl als Burgverließ gedient haben mag.

Die Geschichte der Burg reicht bis in die graue Vorzeit zurück. Die Sage läßt schon die Cheruskerfürsten in den ersten Jahrhunderten nach Christi Geburt auf diesem Berge eine feste Burg anlegen. Urkundlich ist sie jedoch erst im Jahre 1270 von den Grafen von Beichlingen-Rothenburg erbaut. Sie kam dann in den Besitz verschiedener Herren, bis sie die Grafen von Stolberg-Wernigerode erwarben, von welchen sie auf die Linie Stolberg-Roßla überging, in deren Besitz sie sich noch befindet. Dem Dreißigjährigen Kriege trotzten die festen Mauern und bildeten wiederholt eine uneinnehmbare Schutzwehr gegen die Feinde, und während des Siebenjährigen Krieges bot die Burg dem flüchtenden Landvolk wiederholt willkommenen Unterschlupf. Heute ist die feste Burg eine Ruine, und nicht lange mehr wird es währen, dann erinnern nur noch wüste, mit Gestrüpp überwachsene Schutthaufen an die einstmals so feste Burg.

An diese Burg knüpfen sich verschiedene Sagen, deren eine ihr den Namen gab:

Die Burg war mehrere Jahrhunderte im Besitze der Familie von Knauth. An einem heiteren Frühlingsmorgen — es war in der Woche vor Pfingsten —

sprang des Ritters einziges Töchterlein Jutta in den Garten der Burg, und da nur eine schwache Umzäunung diesen vom würzig duftenden Walde trennte, ließ es sich durch den Anblick der üppig prangenden Waldblumen verleiten, durch den Zaun zu schlüpfen und immer tiefer und tiefer in den Wald zu dringen, so daß es zuletzt den Rückweg nicht wieder zu finden vermochte. Da kam der Abend heran, und als die gefiederten Sänger des Waldes zur Ruhe gegangen waren und nur die Nachtvögel unheimlich rauschend durch die Zweige flatterten, sank das Kind, vom vielen Suchen und von der ausgestandenen Angst zu Tode erschöpft, bewußtlos auf den Rasen nieder, die gepflückten Blümlein mit seinen Thränen netzend. So fand es ein Köhler, trug es in seine Hütte, und die gütige Frau desselben pflegte mit mütterlicher Sorgfalt das erschöpfte Kind.

Der Roland in Questenberg.

Nicht geringer als die Angst des Kindes war die der Eltern auf der Burg. Das ganze Schloßgesinde und alle leibeigenen Bauern der Dörfer wurden nach allen Richtungen hin ausgesandt, um die Spur des verloren gegangenen Lieblings ausfindig zu machen. Keine Felsenschlucht und Höhle, keine Dickung des Waldes blieb undurchsucht, um, wenn das Kind auch nicht lebendig den klagenden Eltern zurückgebracht würde, seinen Gebeinen doch wenigstens ein christliches Begräbnis verschaffen zu können. Aber, o Freude! Da fanden die Bewohner des Dorfes Questenberg den so schmerzlich vermißten Liebling wohlbehalten vor der Hütte des Köhlers, ganz fröhlich nach den ausgestandenen Ängsten einen Kranz windend, dem das Kind an beiden Seiten Quasten angehängt hatte. Im Triumph brachten sie es nun, so schnell sie konnten, den geängstigten Eltern, deren Glück unbeschreiblich war, als das Kind, dem Vater um den Hals fallend und ihm den Kranz reichend, ausrief: Väterchen, da hab ich dir eine schöne Quäste mitgebracht! Von der Zeit an benannte der Ritter seine Burg, die bisherige „Finsterburg", die „Questenburg", und das Dorf, bisher „Finsterberg" genannt, soll von nun an „Questenberg" genannt worden sein. Ferner bestimmte der Ritter, daß auf dem der Burg gegenüberliegenden Berge ein hoher Eichbaum errichtet werde, der alljährlich am dritten Pfingsttage erneuert und mit einem frischen, mit Quästen gezierten Kranze geschmückt werden sollte. Seinen Mannen in Questenberg sollte bei dieser Gelegenheit stets ein fröhliches Fest, das danach benannte „Questenfest", bereitet werden. Der Köhler wurde reichlich belohnt, ebenso alle Gemeinden, die mit auf die Suche gegangen waren. Sie bekamen ein großes Stück Land zum Besitz, das noch heute die „Landgemeinde" heißt. Denen von Rotha aber, in deren Flur das Kind gefunden wurde, schenkte er die Wiese, auf der das verirrte Kind ermattet niedergesunken war, welche noch heute die „Fräuleinswiese" heißt. Dafür haben sie aber die Pflicht, alljährlich in der Nacht vom ersten zum zweiten Pfingsttage in der Pfarre zu Questenberg ein Brot und vier Käse abzuliefern, welcher geringe Zins wohl als eine Erinnerung an das erhaltene Geschenk anzusehen ist.

So wird bis heute das auf diese Weise entstandene Questenfest gefeiert. — Auf der höchsten Kuppe des Questenberges steht ein circa 10 m hoher, mehr als mannesstarker, entrindeter Eichenstamm, sicher im Kalkfelsen mit Hölzern befestigt. Seine Äste sind bis auf kurze Stümpfe abgesägt, und diese dienen als Sprossen beim Besteigen. An dem Baume hängt ein Kranz von über 2 m Durchmesser, der, um bei seiner Größe und Schwere die runde Form nicht zu verlieren, auf einen eisernen Reifen gewunden ist. Auch dient ein Querbalken, der rechts und links etwas hervorsteht, zum Aufhängen des Kranzes an einen starken Stumpf des Baumes. An dem Kranze befinden sich die sogenannten Quästen, das sind aus Birkenreisern gewundene Büschel. Ein ebensolcher Büschel ist an der Spitze des Baumes befestigt.

Die Queste.

Am Himmelfahrtstage werden unter Musikbegleitung alle zu dem Feste nötigen Hölzer gehauen. In früheren Jahren wurde jedes Jahr ein neuer Baum gesetzt. Davon hat man aber wegen der mit dem Setzen verbundenen Arbeit und Gefahr Abstand genommen; ein neuer Baum wird nur gesetzt, wenn der alte schadhaft geworden ist, und sein Besteigen ohne Lebensgefahr nicht mehr möglich ist. Der Baum darf nämlich nicht gefahren werden, sondern wird von den Männern und Burschen an Ort und Stelle getragen. Alle nötigen Hölzer werden von der Fürstl. Stolberg-Roßlaschen Forstverwaltung unentgeltlich geliefert und in dem südlich vom Questenberge belegenen „Rückfelde" geschlagen. Außerdem bekommt die Gemeinde zu dem Feste von der fürstlichen Rentkammer zu Roßla 40 Mark. Zum Feste wird in der Nacht vom ersten zum zweiten Pfingsttage vor dem Gasthause ein Tanzzelt errichtet. In dieser Nacht erscheint auch in der Pfarre der Mann aus Rotha mit seiner Abgabe, die er mit den Worten überreicht:

„Ich bin der Mann aus Rothe
und bringe die Käse mit dem Brote."

Er wird dann vom Pfarrer mit Speise und Trank freundlich bewirtet. Noch vor Sonnenaufgang muß er den Ort wieder verlassen haben. Sollte die Gemeinde Rotha die Abgaben versäumen, so steht den Questenbergern das Recht zu, den Rothaern das schönste Rind von der Weide zu nehmen und zu verzehren. Es ist ihnen aber bis jetzt noch keine Gelegenheit geboten worden, von diesem Rechte Gebrauch zu machen. In der Nacht vom zweiten zum dritten Pfingstfeiertage wird noch vor Sonnenaufgang der alte Kranz vom Questenbaume genommen und sodann die aufgehende Sonne mit dem Gesange des Kirchenliedes begrüßt:

„Dich seh ich wieder, Morgenlicht,
Und freue mich der edlen Pflicht,
Dem Höchsten Lob zu singen.
Ich will, entbrannt von Dankbegier,
O mildester Erbarmer, dir
Mit heilgem Mut lobsingen.
Schöpfer, Vater,
Deine Treue
Rührt aufs neue
Mein Gemüte.
Froh empfind ich deine Güte."

Am Vormittage versammeln sich die Männer des Ortes, festlich geschmückt, mit dem Gewehr in der Hand und den alten Questenfahnen zum Kirchgange. Der Ortspfarrer hält eine auf das Fest bezügliche Predigt. Nach dem Gottesdienste steigt alles den Questenberg hinauf. Dort wird der Kranz mit frischem Grün geschmückt und unter den Klängen der Musik wieder am Baume befestigt. Gewöhnlich nehmen die Bewohner der Umgegend an dem Feste teil. Sobald die Queste hängt, wird dreimal durch den Kranz geschossen, der Festzug ordnet sich und zieht in das Dorf hinab, wo das Fest mit einem Tanz im Freien beschlossen wird. Das Fest soll nach der Ansicht einiger Forscher das Überbleibsel von einem dem Sonnengotte (Baldur) gefeierten Opferfest sein, was auch sehr wahrscheinlich ist. Zu diesen Mutmaßungen berechtigen die vielen Beziehungen zur Sonne, die man beim Feste beobachten kann und die Form des Kranzes, der mit seinen Quästen und seinem Büschel die strahlende Sonne darstellt. Der ganze Berg mit seinen noch vorhandenen Wallgräben, zwischen denen noch heute viele Urnenscherben zu finden sind, wird für eine große altheidnische Opferstätte gehalten.

A. Höhne-Questenberg.

Eine Wanderung über das Kyffhäusergebirge.

An der Südseite der goldenen Aue erhebt sich steil das Kyffhäusergebirge, ein kleines, nur 19 km langes und 7 km breites Massengebirge, welches nach Südwest, Süden und Osten allmählich zu den Thälern der kleinen Wipper, der Unstrut und der unteren Helme abfällt, im Westen aber mit dem Kyffhäuserzuge, der auch „Windleite" genannt wird, zusammenhängt.

Der Nordrand des Kyffhäusergebirges besteht aus krystallinischen Gesteinen (Granit, Gneiß und Syenit). Über diesen liegt nach Süden hin das Rotliegende (rote Sandsteingebirge), welches den Hauptteil des Gebirges bildet, um welchen sich in breiter Zone die Zechsteinformation (in ihr wurde früher auf kurze Zeit Kupferschieferbergbau betrieben) hinzieht, zu welcher der von Steinthalleben über Falkenburg bis nach Udersleben streichende Gips gehört. Die höchsten Kuppen des Gebirges liegen im Gebiete des Rotliegenden: das Lengefeld 468 m und der Kyffhäuserburgberg 457 m. Interessant ist in diesem Gebiete das Vorkommen versteinerter vorweltlicher Baumstämme (Psaronien und Araukarien). Fast bis an seinen Fuß hinunter ist das Gebirge auf seiner Nordseite mit herrlichem Laubwalde bestanden. In diesen treten wir ein, nachdem wir vom Bahnhofe Berga-Kelbra nach halbstündiger Wanderung nach dem Städtchen Kelbra und von diesem in viertelstündiger Wanderung an den Fuß des Burgberges der Rothenburg gelangt sind. Auf schattigem, 3 km langem Waldwege ersteigen wir diesen Berg. Oben angelangt, stärken wir uns an einem frischen Trunke in der Burgwirtschaft und besichtigen dann die Ruine der **Rothenburg.** Die Rothenburg, welche ihren Namen von ihrem roten Gestein erhalten hat, ist ums Jahr 1100 vom Grafen Christian I. von Rothenburg erbaut worden, und ist nach dem Aussterben seines Geschlechts von 1209 bis 1377 im Besitze der Grafen von Beichlingen gewesen, von diesen an die Landgrafen von Thüringen verkauft und von letzteren 1378 als Lehen an die Grafen von Schwarzburg gegeben worden. Die Fürsten von Schwarzburg-Rudolstadt besitzen die Burg noch heute. Auf der Rothenburg ist um das Jahr 1260 der Minnesänger Christian Lupin als Sohn eines ritterlichen Burgmannes geboren; hier hat er, begeistert von seiner heimlichen Liebe zur minniglichen Tochter (Sophie) seines gräflichen Herrn, des Grafen Friedrich von Beichlingen, seine innigen Minnelieder gedichtet und gesungen, bis er nach Entdeckung des heimlichen Liebeshandels die Rothenburg verließ und ritterlicher Burgmann der Brandenburger Markgrafen zu Sangerhausen wurde. In der verfallenen Burgkapelle hat man um die Mitte des 16. Jahrhunderts das rätselhafte Metallbild gefunden, welches als Götzenbild, als Branntwein- oder Weindestillierapparat oder — wohl richtiger — als Taufbeckenträger gedeutet worden ist und jetzt als „Püstrich" im Fürstlichen Naturalienkabinett zu Sondershausen ein stilles Dasein führt. Vom Altan der Rothenburg aus bietet sich uns eine herrliche Aussicht auf das einst von den Rothenburger Grafen beherrschte Thal der goldenen Aue und auf den grünen Harz.

Phot. Aufn. v. P. Hallensleben-Benneckenstein.
Die Rothenburg.

Wir verlassen die seit 450 Jahren wüste Rothenburg und folgen dem nach Süden zur Kelbra-Frankenhäuser Chaussee führenden Fahrwege. Wir könnten zwar auch den neuen Fußweg einschlagen, welcher südöstlich von der Rothenburg von diesem Fahrwege nach Osten abbiegt, am Nordhange des Gebirges hinläuft und uns bei jeder Biegung neue, wechselnde Aussichten auf die untere Aue und den Unterharz bietet und nach einstündiger Wanderung zum Kyffhäuser führt; da wir aber einen größeren Teil des Gebirges kennen lernen wollen, so wandern wir in südlicher Richtung und gelangen bald zur Chaussee, die an der Lothshöhle (dem Schlupfwinkel des im Anfange des 18. Jahrhunderts lebenden, berüchtigten Räuberhauptmanns Loth) vorbeiläuft und allmählich bis zur „Windlücke", dem Hauptknotenpunkte des Kyffhäusergebirges, aufsteigt und sich hier wo der Fahrweg nach dem Kyffhäuser bei einem aus versteinerten Baumstämmen zusammengesetzten, mit dem schwarzburgischen Landeswappen (dem zweiköpfigen Adler) gezierten Obelisken nach Osten abbiegt, nach Süden wendet. Wir folgen der Chaussee und gelangen am „roten See" — eine jetzt mit Wald bestandene sumpfige Senke, in alter Zeit aber ein Fischteich der Rothenburger Grafen — vorbei nach 4 km langem Marsche nach dem **Ratsfelde.**

Das Ratsfeld ist ein Jagdschloß des Fürsten von Schwarzburg-Rudolstadt und besteht aus dem Jagdschlosse mit einem interessanten Kirchlein, aus einer Försterei und einem neuerbauten Gasthause. Das Jagdschloß Ratsfeld hat Graf Albert Anton II. von Schwarzburg 1697 auf einer weiten Waldblöße in tiefster Abgeschiedenheit erbaut; es dient noch heute seinen Nachkommen als gernbesuchter Aufenthalt, besonders in der herbstlichen Jagdzeit. Aber schon früher haben hier oben Menschen gehaust. Im nahen Ziegelhüttenthale lag einst das Dörflein Ratsfeld, dessen Bewohner den Wald gerodet und in Ackerfeld verwandelt haben, und neben dem jetzigen Jagdschlosse erhob sich (im Nordosten) — wie die bloßgelegten Grundmauern beweisen — ein fester Rittersitz, dessen ritterlichen Bewohnern höchst wahrscheinlich der Schutz des (von Ichstedt bis Badra) längs über das Gebirge laufenden „Rennweges" anvertraut war. Das Dörfchen Ratsfeld, sowie die anliegenden Wälder „das Königsholz" und „das Schüsselholz" waren Reichsgut. Auf dem Schüsselholze lastete die alte Pflicht, daß seine Lehensbesitzer, so oft ein deutscher Kaiser oder König in das Land Thüringen kam, einen Heerwagen voll Schüsseln zur kaiserlichen Hofstatt zu liefern hatte. — Das Ratsfeld ist nach der Sage der Ort, auf dem der wiederkehrende Kaiser Friedrich die letzte Schlacht schlagen und alle seine Feinde besiegen wird; auf dem Ratsfelde steht nach der Sage der dürre Birnbaum, an welchen der Kaiser als Sieger seinen Schild hängt, worauf der dürre Baum grünen und blühen wird. Auf dem weiten Wiesenplane des Ratsfeldes hielt aus diesem Grunde der deutsche Nationalverein am 31. August 1862 eine große Volksversammlung ab, auf welcher begeisterte Redner von Deutschlands Hoffnung und Zukunft zu der lauschenden Volksmenge sprachen.

Doch wir setzen unseren Reisestab weiter, überschreiten den Wiesenplan, indem wir nun der Frankenhäuser Chaussee nach Süden folgen. Kaum sind wir wieder in den Wald eingetreten, so geht unser Weg rechts ab und allmählich bergab. Wir gelangen bald, wie uns das Gestein verrät, in die südliche Gipsregion des Gebirges, welche mit Niederwald bestanden ist. Hier, zwischen Gebüsch, auf Waldblößen, lichten Abhängen und Hügeln erscheint uns eine buntzusammengesetzte Flora blütenprächtigster, interessantester und seltenster Arten, deren Anblick das Herz des Botanikers mit Entzücken erfüllt (u. a. Pulsatilla vulgaris und pratensis, Adonis vernalis, Arabis pauciflora und auriculata, Hutchinsia petraea, Polygala amara, Geranium sanguineum, Dictamnus albus, Euphrasia lutea, Orobanche caryophillacea, rubens, loricata, elatior, coerulea und arenaria, Trifolium rubens, Oxytropis pilosa, Astragalus exscapus, Cicer und danicus, Coronilla montana und varia, Orchis purpurea, tridentata und ustulata, Gymnadenia conopsea, Ophris muscifera, Anacamptis pyramidalis, Cephalanthera pallens, Epipactis rubiginosa).

Weiter hinunter tritt uns auf den steilen Gipsanhöhen, auf denen selbst Unterholz nicht mehr gedeiht, eine Steppenflora entgegen, welche in solcher Aus-

Nach einer Originalzeichnung von E. Fiedler-G.

Die Barbarossahöhle.

bildung nirgends in Norddeutschland ihresgleichen hat (zu dieser Steppenflora gehören namentlich: Anemone sylvestris, Alyssum montanum, Gypsophila fastigiata, Helianthemum Fumana, Potentilla cinerea, Chrysocoma Linosyris, Aster Amellus, Inula hirta, Scorzonera purpurea und hispanica, Campanula bonoviensis, Thesium intermedium, Carex supina, Stipa pennata und capillata).

Nach etwa einstündiger Wanderung haben wir den Südwestfuß des Gebirges erreicht. Im Osten liegt in einstündiger Entfernung die alte, aus 3 Teilen bestehende Salzstadt Frankenhausen, deren Saline als königliches Eigentum bereits im Jahre 952 genannt wird. In der Unterstadt liegt das fürstliche Schloß und über der Saline und der Oberstadt liegt der alte Hausmannsturm, der Rest der Oberburg Frankenhausen; nordwärts von ihm breitet sich „der Schlachtberg“ aus, der Schauplatz der Bauernschlacht des 15. Mai 1525.

Doch wir wenden uns westwärts, umschreiten die Bergecke und stehen vor dem Eingange der im Burgberge der Falkenburg befindlichen **Barbarossahöhle.** Bevor wir in diese großartige und vielbesuchte Höhle eintreten, ruhen wir im Gasthause aus und erfrischen uns an Speise und Trank. Hier laß dir erzählen, was Geschichte und Sage über die Falkenburg wissen. Diese kleine Burg ist ums Jahr 1360 vom Ritter Heinrich von der Valkenburg, einem Vasallen der Grafen von Beichlingen-Rothenburg erbaut, aber schon vor dem Jahre 1403, wo er bereits im Nachbardorfe Bendeleben wohnte, verlassen worden. Es ist vollständig unbekannt, ob er das gethan, weil es ihm zu einsam auf der kahlen Höhe war, oder weil mißgünstige Nachbarn sein Schlößlein gebrochen hatten. Letzteres behauptet die Volkssage, welche erzählt, es sei dieses aus dem Grunde geschehen, weil der Ritter die auf der Heerstraße Vorüberreisenden gefangen und beraubt habe. Sie erzählt weiter, daß Ritter Heinrich dem Geschlechte der Rothenburger Ritter von Lupin angehört habe und nach Bayern ausgewandert sei. (In Bayern existiert wirklich noch die adelige Familie von Lupin.)

Nun hinein in das Innere des Berges! Der Führer geleitet uns nach Erlegung des Eintrittspreises hinein in die 360 m lange, mannigfach gekrümmte Höhle, welche am 23. Dezember 1865 von nach Kupfererz suchenden Bergleuten entdeckt worden ist und durch elektrisches Licht erleuchtet wird. In der Höhle betrachten und bewundern wir die 5 krystallklaren Seen und die von der Decke gleich versteinerten Tierhäuten und Speckseiten herabhängenden Gipsschwarten, sowie die an den Seitenflächen der Höhle befindlichen tapeten- und bordürenähnlichen Zeichnungen und schriftähnlichen Faltungen.

Wir kehren zur Oberwelt zurück und wandern in nördlicher Richtung am Westfuße des Gebirges (2 km) bis zum Dörfchen Steinthalleben (früher „Thalheim“ genannt) und nehmen auf dem Wege die auf einem mäßig hohen Hügel des Gebirgsrandes befindliche vorhistorische Wallburg „Ochsenburg“ in Augenschein, welche in altheidnischer Zeit wohl eine Kultusstätte (ein heiliger Opferplatz) gewesen ist. Die nach Süden gerichteten Abhänge der nördlich und nordöstlich von Steinthalleben belegenen Kalkberge waren im Mittelalter Weinberge, welche größtenteils dem Südharzkloster Walkenried gehörten, welches hier am Kelterberge einen von einem seiner Mönche als Weinmeister verwalteten Weinhof besaß.

Von Steinthalleben (amtlich Steinthaleben geschrieben) folgen wir einem nach Osten laufenden Gebirgsthale und gelangen nach einem einstündigen, allmählichen Aufstiege wieder zum Ratsfelde, wandern an diesem vorüber, folgen der Chaussee bis zum Wassertümpel des „Ententeiches“, verlassen sie hier und schlagen einen Fußweg ein, der uns in nordöstlicher Richtung immer durch schattigen Hochwald zuerst am Bergesabhange hin, dann durch das Wolwedathal und endlich nach 4 km langer Wanderung zum **Kyffhäuserburgberge,** dem mächtigen Nordost-Eckpfeiler des Gebirges, führt. Noch ein 1 km langer, etwas steiler Aufstieg und wir stehen vor den Ruinen der alten Kaiserburg Kyffhausen.

Der Kyffhäuserberg ist den Umwohnern in altheidnischer Zeit ein heiliger Berg gewesen, eine Kultusstätte des Götterkönigs Wodan, des huttragenden Wetterherrn, und ist aus diesem Grunde von ihnen „Kufese“, d. h. der Hutberg, der Berg des huttragenden Gottes, — oder das Zelt des Wetterherrn genannt worden. Im Sommer dachte man sich den Gott thronend auf dem Berge, im Winter verschwunden und sitzend im Berge. An seine Stelle trat später im Volksglauben Kaiser Friedrich I. Barbarossa.

Der Kyffhäuserberg ist Thüringens Sagenthron! Jedem Deutschen ist die Sage von dem im Kyffhäuser schlafenden Kaiser Friedrich Rotbart, „der mit sich hinabgenommen hat des Reiches Herrlichkeit und einst wiederkommen wird mit ihr zu seiner Zeit,“ bekannt. Neben dieser Hauptsage leben aber noch eine große

Kyffhäuser-Denkmal mit Kyffhäuserturm.

Menge anderer Sagen vom Kaiser Friedrich, von seiner Tochter Utchen, von seinen Raben, Rittern und Zwergen im Volksmunde, (gesammelt in K. Meyer, Kyffhäusersagenstrauß), so daß der Berg und seine Ruinen ganz umsponnen sind von den Epheuranken der geschäftigen Volkspoesie.

Auf diesem die ganze Gegend beherrschenden Berge erbaute der sächsische Pfalzgraf Friedrich von Bottendorf nach der Unglücksschlacht am Welfsholze (1115) zum Besten der Sache seines hartbedrängten Kaisers Heinrich V. 1116 eine Burg, welche von dessen Feinden unter der Anführung Herzog Lothars des Sachsen 1118 nach langer Belagerung erobert und zerstört wurde. Erst Kaiser Friedrich I. Barbarossa ließ, als er im Mai 1152 auf seinem Königsritte durch die deutschen Gaue in diese Gegend nach dem Königshofe Tilleda kam, die zerstörte Burg Kufese als Reichsburg wieder aufbauen. Kaiserliche Burggrafen wohnten seitdem auf ihr und führten ihre Beschützung und die Verwaltung des zu ihr gehörigen Reichsgutes bis zum Jahre 1290, wo Kaiser Rudolf I. die Reichsburg Kufese dem Grafen Friedrich von Beichlingen auf der Rothenburg gab, dessen Nachkommen sie bis 1377 besaßen, wo sie dieselben an die Landgrafen von Thüringen verkauften. Von letzteren erwarben 1378 die Grafen von Schwarzburg die Burg, die im Besitz der Fürsten von Schwarzburg-Rudolstadt verblieben ist bis auf den heutigen Tag. Seit dem Anfange des 15. Jahrhunderts ist die Burg Kyffhausen eine Ruine.

Wir durchschreiten die Ruinen der aus 3 Abteilungen (Oberburg, Unterburg und Kapelle) bestehenden Kyffhäuserburg. Von der Oberburg ist nur der Kaiser Friedrichs-Turm und das Burgthor („Erfurter Thor" genannt) besser erhalten. Von der Unterburg sind nur wenig Mauergetrümmer und die Reste zweier Türme vorhanden, da ein Steinbruch in ihr zur Herstellung von Mühlsteinen einst angelegt wurde, wobei der größte Teil der Mauerreste beseitigt worden ist. Besser ist die romanische Burgkapelle erhalten, die einst mit wunderlichen Bildern ausgeschmückt war, wie der Pirnaer Mönch im Anfange des 16. Jahrhunderts berichtet, und im Jahre 1546 Schauplatz des Treibens eines wahnwitzigen Schneiders aus Langensalza war, der sich für den wiedergekommenen Kaiser Friedrich ausgab.

Auf der Ostecke erhebt sich das von sämtlichen Kriegerverbänden Deutschlands dem Andenken Kaiser Wilhelms I., des Begründers des neuen Deutschen Reiches, geweihte K y f f h ä u s e r - D e n k m a l, d a s s c h ö n s t e und großartigste Nationaldenkmal welches Deutschland bis jetzt besitzt. Die unterste Terasse bildet einen halbkreisförmigen Festplatz, welcher 20 000 Personen faßt; über ihr liegt die mittlere Terrasse, welche den Hof des unterirdischen Schlosses mit dem erwachenden Kaiser Friedrich I. Barbarossa umgiebt. Auf der oberen Terrasse erhebt sich der 65 m hohe Denkmalsturm, aus dem (aus einer halbkreisförmigen Nische) das 8 m hohe Reiterstandbild Kaiser Wilhelms I. tritt. Den oberen Abschluß des Turmes bildet die deutsche Kaiserkrone.

Wir lösen uns beim Denkmalswächter eine Karte und besteigen den Denkmalsturm. Von ihm aus hat man eine Aussicht, die nicht schöner, nicht entzückender gedacht werden kann, die unwiderstehlich durch ihren Zauber und durch die Fülle ihrer Schönheiten uns hinreißt: prächtige Felder, friedliche Dörfer, Waldesgrün im Süden und Westen, der Harz in seiner Laubpracht im Norden, altersgraue Städte, berühmt in der deutschen Geschichte (Nordhausen, Wallhausen, Allstedt, Sangerhausen), im Süden in blauer Ferne der Thüringer Wald und im Osten am Fuße des Berges der uralte O r t T i l l e d a, über dem einst auf der vorderen Spitze des Pfingstberges der alte K ö n i g s h o f T i l l e d a lag, in dem die Kaiser des sächsischen, salischen und hohenstaufischen Hauses (u. a. Kaiser Friedrich I. Barbarossa und sein Sohn Heinrich VI., der hier Anfang März 1194 sich mit dem Herzoge Heinrich dem Löwen aussöhnte) oft Hof gehalten haben.

Wir verlassen den Turm und das am 18. Juni 1896 in Gegenwart Kaiser Wilhelms II. und vieler deutscher Fürsten eingeweihte Kyffhäuserdenkmal, besichtigen beim Abstiege noch den an der Nordseite der unteren Terrasse desselben errichteten, am 8. August 1896 eingeweihten „Gedenkstein des Kyffhäuserverbandes der Vereine deutscher Studenten zur Erinnerung an die kaiserliche Botschaft vom 17. November

1881" und suchen die Burgwirtschaft auf, um noch einen Abschiedstrunk zu thun. Der Tag geht zur Neige, und die Sonne malt auf die grünen Matten der Bäume gigantische Schatten! Wir treten den Abstieg an und wandern hinunter in die goldene Aue, durch das im Anfange des 10. Jahrhunderts von Wenden gegründete und lange von ihnen bewohnte Dörfchen Sittendorf und sodann, immer auf ebener Chaussee, hinüber nach dem Dorfe Roßla, der Residenz der Fürsten von Stolberg-Roßla. Hier werfen wir noch einen Blick hinüber nach dem Kyffhäusergebirge und lassen uns „die Klippen" über dem Städtchen Kelbra zeigen, auf denen der Verband deutscher Studenten im Jahre 1900 ein Bismarck-Denkmal errichtet hat und besteigen auf dem Bahnhofe Roßla das Dampfroß. Noch ein Händedruck zum Abschiede und es geleite dich, lieber Wandergenoß, der Wunsch: „Glückliche Heimreise!"

Karl Meyer-Nordhausen.

Die Stadt Mansfeld.

Hast du, lieber Leser, je eine Gegend durchwandert, wo der Arbeiter in den dunklen Herzkammern der Natur ihren tiefsten Sinn erspürt, wo er gräbt, bis er das lautere Erz gefunden und darüber selbst den schönen Frühling draußen vergißt?

In einer solchen Gegend liegt das Städtchen Mansfeld.

Anspruchslos und bescheiden, ruhig und friedlich, abseits von dem Lärmen und Treiben der hastenden Welt liegt es da an langgezogenen Bergrücken und auf einer bergartigen Bodenanschwellung, unberührt von dem Betriebe der unterirdischen Werke, die sich in etwa halbstündiger Entfernung befinden, nur hin und wieder durch die Hüttenthätigkeit gestört, die den Rauch der Öfen aus den kurzen Röhren ihrer Schornsteine überall hinsendet.

Doch ist es nicht so sehr das ungestörte Heiligtum frischen Naturlebens, das die Berghöhen beglückt; es sind nicht so sehr die Bergestiefen mit allem romantischen Zubehör von Bergknappen und Grubenlichtern; es ist vielmehr der hehre Ernst mit dem die Geschichte der Vorzeit hier in das Leben der Gegenwart hineinragt und dessen Stempel der Stadt aufgeprägt ist, der uns hier vor die Seele tritt. Einst eine blühende Residenzstadt der Grafen von Mansfeld, jetzt der kleine eingeengte Hauptort des Mansfelder Gebirgskreises; einst brausend und wiederhallend vom Leben, das ihre zahlreichen Bewohner, das zahllose Fuhrwerke auf der sie berührenden Land- und Heerstraße von Nürnberg und dem Reiche nach Hamburg, das der schwungvoll in ihrer unmittelbaren Nähe betriebene Bergbau (75 000 Mark Gewinn für die Grafen) und andere für ihr Gedeihen wichtige Einrichtungen (Bierzwang, Jahrmärkte u. s. w.) ihr verliehen, und jetzt — still und tot, Gras zwischen den Steinen des Straßenpflasters sprießend. Welch ein Gegensatz zwischen sonst und jetzt! Und dazu blicken die Ruinen der drei Schlösser auf dem Schloßberge in die stillen Straßen!

Gewiß, es ergreift uns hier mit voller Macht das Bewußtsein, daß auch Großes und Schönes früher oder später unwiderruflich der Zerstörung geweiht ist; aber wir erhalten hier zugleich die Gewißheit, daß es noch ein Besitztum giebt, das dem allvernichtenden Grimme der Zeit siegreich widersteht — und das ist hier der Ruhm der Stadt, die Heimat Luthers zu sein.

Treten wir nun ein in die Stadt; aber nur mit herabgespannten Erwartungen; denn schöne Plätze, welche den Brennpunkt eines lebhaften Stadtverkehrs bilden, viele elegante Häuser, modisches Schaugepränge der Verkaufsläden, großartige Elemente mittelalterlicher Bauformen oder das verjüngende Element einer modernisierenden Eleganz finden wir hier nicht, oder nur höchst spärlich.

Wir gehen die einseitig mit Häusern besetzte Thalstraße — eine Fortsetzung der Hettstedt-Leimbacher Chaussee — entlang, dann rechts um die Ecke. So, nun sind wir in der Hauptstraße, die sich durch die ganze Länge der Stadt erstreckt. Wäre sie an einer Stelle nicht eingeengt und nicht etwas krumm — man würde vom Eingange aus den höher gelegenen Ausgang deutlich in der Ferne schauen können! Wenige Schritte nur, und vor dir steht rechts als drittes Gebäude in der Reihe ein kleines, unscheinbares Haus, dem man es ansieht, daß es der Odem der Zeit angehaucht hat — das Lutherhaus. Hier wohnte des großen Luthers strenger und kernhafter Vater und seine fromme und ernste Mutter, von hier aus trug ihn sein späterer Schwager Nikolaus Oemler auf seinen Armen „in und aus der Schule"; hier wurde das Kind des Mansfelder Bergmannes in den Entbehrungen und Demütigungen der Armut unter der strengen, oft harten Hand der elterlichen und der Schulzucht für die große Bestimmung seines Lebens gestählt an Leib und Seele; hier wurde in die kindliche Seele der Keim jener ernsten und innigen Frömmigkeit gepflanzt, die später der tiefste Lebensgrund seiner Persönlichkeit geworden ist.

Das ursprüngliche Haus war zweistöckig. Der Stadtrichter Honigmann, der es 1805 erwarb, hat die größte Hälfte desselben abbrechen und den jetzt noch vorhandenen Anbau stehen, das Wohnhaus aber da aufbauen lassen, wo sonst die Scheune stand. Die vordere Wand des historischen Hauses grenzt hart an die Straße, besitzt nur zwei Fenster und zeigt einen mit einer Thür verschlossenen Kellereingang. Die rechte Giebelwand ist dem Nachbarhause angefügt, während die linke frei steht — sie trägt die Aufschrift 1530—1885. Die Rückwand, welche dem Hofe zugekehrt ist, enthält den Eingang. Die Thür, ein Steingewände mit je einem Sitze in den senkrechten Säulen, trug auf dem aus rotem Sandstein gefertigten Rundbogen das altlutherische Wappen, die Buchstaben J. L. und die Jahreszahl 1530. Die harte Hand der Zeit hat das Wappen abgeblättert, von den Buchstaben war schließlich das J. und von der Jahreszahl waren die 1 und 0 abgewischt — die Kunst hat das Fehlende ergänzt.

Im Innern befinden sich unten vorn heraus zwei Räume, hinten hinaus nur ein solcher, und oben im Giebel ist ein Stübchen vorhanden, in dem Luthererinnerungen unser Interesse erregen.

Heute hat das Haus den 16. Besitzer. Im Jahre 1880 brachte es eine Vereinigung von Männern, an deren Spitze der damalige Oberpfarrer und Superintendent in Mansfeld, jetzige Generalsuperintendent D. Faber stand, von den Erträgnissen einer in den Kirchen der Provinz Sachsen am ersten und zweiten Weihnachtsfeiertage 1879 veranstalteten Sammlung für 4800 Mark an sich und übergab es als Geschenk der Stadt, die es zur Wohnung einer Diakonissin und als Kinderbewahranstalt eingerichtet hat.

Dem Lutherhause gegenüber erblicken wir ein Haus, dem man ebenfalls sein hohes Alter von weitem ansieht — das Gasthaus zum goldenen Ring. In dem früheren Saale desselben soll Luther der Mansfelder Bürgerschaft gepredigt haben, so oft er sich bei seinen dortigen Freunden und Verwandten aufgehalten hat.

Die Verengung der Straße passierend, gelangen wir auf den Kirchplatz, an dem wir rechts das ansehnliche Kreishaus, in dessen Mitte wir das schlichte Siegesdenkmal und links die hochtürmige Kirche sehen.

Das kirchliche Bauwerk ist nach außen schlicht und einfach, aber dennoch ein schöner Schmuck der Stadt; nach innen ist es frisch und lebhaft, aber dennoch ein Bild frommer Demut und stillen Ernstes. Einer der vier Eingänge ist durch eine Vorhalle ausgezeichnet, in der sich ein Bildnis, den Ritter St. Georg im Kampfe mit dem Drachen darstellend, befindet, welches an folgende Sage erinnert:

„Ehe es Grafen von Mansfeld gab, hauste ein Ritter namens Georg auf dem Mansfelder Schlosse. Einen Berg vor der Stadt aber, der noch heute der Lindberg heißt, hatte sich ein Lindwurm zur Wohnstatt gewählt, und diesem mußten die Bewohner von Mansfeld jeden Tag ein Mädchen als Zoll geben, damit er sie leben ließ. In dem kleinen Städtchen war bald keine Jungfrau mehr zu finden, und nun forderte der Wurm die Tochter des Ritters. Da zog der Ritter selbst am folgenden Morgen gegen den Drachen, erlegte ihn und befreite die Stadt. Seitdem hieß er nicht mehr Georg, sondern St. Georg, und zum Andenken wurde sein Bild, wie er den Drachen tötet, über der Kirchthür in Mansfeld angebracht und ist dort noch zu sehen.“

Das Innere gewährt einen harmonischen Gesamteindruck. Die prächtigen Glasmalereien rings um den Altarplatz verbreiten über denselben ein zauberhaftes Halbdunkel, das eine ergreifende Wirkung auf ein empfängliches Gemüt ausübt.

Fast die ganze Südseite des Altarplatzes nimmt der gräfliche Kirchenstand ein. Johann Georg III. ließ ihn 1708 in seiner jetzigen Gestalt und Schönheit mit dem Begräbnisgewölbe darunter herrichten. Von den zehn Särgen, die in letzteren aufgestellt wurden, sind sieben von Diebeshänden entwendet worden. In dieser Kirche hat Luther das göttliche Wort gehört, hier hat er betend auf den Knieen gelegen, hier seinen Landsleuten gepredigt.

In unmittelbarer Nähe des Gotteshauses, an der Ostseite, treffen wir das Geburtshaus des berühmten Reisenden und Naturforschers Franz Wilhelm Junghuhn, der am 26. Oktober 1812 geboren wurde und am 20. April 1864 zu Rembang bei Bandong auf der Insel Java starb.

Weiter aufwärts schreitend, gelangen wir, nachdem wir vor dem früheren, mit einem Türmchen gezierten Rathause vorübergegangen sind, auf den Markt. In traulicher Nachbarschaft berühren sich hier das neu erbaute, für die Verhältnisse einer Kleinstadt prächtige Rathaus und alte Rektoratsgebäude. Hier in letzterem empfing der kleine Martin Luther seinen ersten Unterricht.

Zum Andenken daran, daß der große Reformator die Stadtschule in Mansfeld besucht hat, heißt diese, infolge Allerhöchster Kabinetsordre vom 15. Oktober 1839, vom 1. November desselben Jahres ab „Lutherschule".

An das Rektorat schließen sich die Superintendentur und das Diakonat an. Auf dem Platze vor diesen Gebäuden, dem Oberplatze, bildet eine Linde das Erinnerungszeichen an die großen Ereignisse der Jahre 1870 und 1871.

Am Ende der Hauptstraße, das mit wenigen Schritten zu erreichen ist, ist ein Prachtbau aufgeführt, das Siechenhaus St. Johannis. Diese Anstalt, welche am 31. Oktober 1859 in einem älteren Gebäude eingeweiht ist, hat als Begründer „die sächsische Genossenschaft der Johanniter-Ritter." Die Unterhaltung gewährt die Ordenskasse der Genossenschaft. Aufnahme finden alle Personen männlichen und weiblichen Geschlechts, welche in der Provinz Sachsen geboren, völlig unbescholten sind und einen moralischen Lebenswandel führen, bedürftig und siech, d. h. von unheilbarer, die Erwerbsfähigkeit ganz oder zum größten Teil aufhebender Körperbeschaffenheit sind. Die Genossenschaft gewährt Wohnung, Beköstigung, Bekleidung, Wartung, Wäsche, ärztliche Hilfe, Arzenei, Aufsicht und Begräbnis.

Nur für Mansfelder ist das St. Georgen-Hospital im Nachbargebäude errichtet.

Noch eine Wohlthätigkeitsanstalt, nur für Mansfelder, finden wir in der Nähe der „Thalwand" — die Werneckesche Anstalt, welche Friedrich Ernst Wernecke, ein geborener Mansfelder, für Arme, namentlich für Maurer-, Zimmerer- und Schieferdeckerwitwen eingerichtet hat.

Weiter hinaus treffen wir noch einen umfangreichen, schönen Neubau — das Amtsgericht.

Und was für Leute bewohnen die Stadt? Der Bürgerstand ist fleißig, thätig und mäßig. Der Berg- und Hüttenarbeiterstand, der einen beachtenswerten Teil der Einwohnerschaft ausmacht, war früher fast auf Erblichkeit gegründet, so daß nur körperliche Untauglichkeit den Sohn bestimmen konnte, einen anderen Beruf als den des Vaters zu wählen. Auch war er durch keine fremden Elemente beeinflußt und hielt daher an den Gewohnheiten der Väter mit einer vielleicht unbewußten, aber darum nicht weniger warmen Pietät fest. Jetzt ist nun zwar ein Wandel eingetreten; aber es läßt sich immer noch behaupten, daß eine größere Zahl der aus der Schule entlassenen Knaben sich für Berg- und Hüttenarbeit entscheidet und daß trotz des Zuzuges von Italienern und Polen in einem gewissen Grade die alte Sitte ihr Recht behält. Eins aber ist im vollen Umfange geblieben: der Berg- und Hüttenarbeiterstand trägt heute noch die Bedingung einer ehrenvollen Fügsamkeit in sich und ist von einer bescheidenen Zufriedenheit, die den Wunsch nach einer freieren Bewegung, wie er von auswärts immer wieder an ihn herangebracht wird, nicht aufkommen läßt. Darum hält er treu zu seinem Arbeitgeber und treu zu Kaiser und Reich.

Rektor Walther-Schkeuditz.

Aus der goldnen Aue.

1. Der Bauerngraben.

Ungefähr in der Mitte zwischen Nordhausen und Sangerhausen, nördlich von Roßla und nahe bei dem Dorfe Breitungen findet sich ein schmales, tiefes Thal von 3 ha Größe. Hohe und steile Kalkfelsen von weißer und rötlicher Färbung schließen es ein, Wiesenkräuter und Buschwerk bedecken den unebenen Boden, der Wald grüßt hernieder, eine dürftige Wasserader verliert sich unter moosigem Gestein in der Tiefe.

Das ist der Bauerngraben. Geologisch betrachtet ist er eine Erdsenkung, wie man sie in kalkigem Boden allerwärts findet. Es läßt sich unschwer denken, daß die Oberfläche des Thalgrundes einst in gleicher Höhe mit den umgebenden Felsen lag, daß Wasserkraft die Tiefe unterminierte, der schwere Oberbau seine Stützen verlor, stürzte, und der Thalsohle die jetzige romantische Gestalt gab. An und für sich ist daran also nichts Auffallendes.

Aber diese Senkung hat eine Eigentümlichkeit an sich, die sie der ganzen Umgebung von alters her interessant machte, die geeignet ist, zum Nachdenken aufzufordern und auch den Touristen anzuziehen. Urplötzlich und ohne Regel bedeckt sich der blumige Wiesengrund mit Wasser, die Flut steigt über Nacht und füllt das Becken. Ein See ist entstanden, dessen Tiefe an manchen Stellen 15 m beträgt. Die Wolken malen ihr Bild auf der schweigenden Oberfläche, Wasservögel, die sich rasch einfinden, beleben die Ränder. Jede Jahreszeit kann dem Beobachter dieses Schauspiel bieten, jeder Tag kann es bringen.

Eine Zeit lang steht das Gewässer still und unvermindert; Monate, Jahre vergehen darüber, da ereignet sich die zweite Merkwürdigkeit: es wird plötzlich Ebbe, ohne sichtbaren Abfluß schluckt die Erde den Wasservorrat ein, Zutritt und Austritt bleiben gleich rätselhaft.

Es hat nicht an Versuchen gefehlt, wenigstens den Ausgang des Wassers zu erforschen, man suchte nach Kanälen, man färbte das Wasser, aber die verschwiegene Erde ließ sich ihr Geheimnis nicht entlocken.

Früher benutzte man den ergiebigen Boden zur Aussaat, aber die neckischen Wassergeister kamen oft dem Mäher zuvor und ersäuften die Ernte. Der Versuch ist nunmehr gänzlich aufgegeben worden, der Grund und Boden, der zum fürstlichen Kammergute gehört, wird forstmäßig verwaltet.

Bei den Landleuten der Umgegend gilt der Bauerngraben als Wahrzeichen. Wenn er trocken ist, erwartet man ein gutes Jahr, andauernde Füllung soll Mißernte und Teuerung bedeuten.

R. Stauch.

2. Das Froschfest in Thürungen.

Es geht beinahe nichts über einen ehrlichen Namen. Jeder königlich preußische oder sonstige Unterthan erhält bekanntlich deren zwei, einen bei seiner Geburt und den andern bei seiner Einreihung in die Register des Standesamts. Weniger all=

gemein bekannt ist die wundersame Thatsache, daß die neugeborenen Einwohner einiger Orte der „goldnen Aue“ noch einen dritten Namen bekommen, dem Ehre zu machen sie sich mit allen ihren Landsleuten ihr ganzes Leben zu befleißigen haben. So heißt der Einwohner von Berga: „Backsklaß“, jeder Rosperwendaer „Schnurrkatzert“, jeder Thürunger „Frosch“. „Backsklaß“ kommt von einer ins „Backhaus“ zu tragenden allbeliebten „Kloß“-pfanne; „Schnurrkatzert“ heißen die Rosperwendaer, weil sie von Natur ein treffliches Zungen„r“ sprechen; und „Frösche“ ist der Spitzname der Thürunger, weil in den ihre Gartenanlagen durchziehenden Gräben unzählige Frösche wohnen oder wohnten. Es giebt Leute, welche wissen, daß die goldene Aue früher Sumpfland war. Thürungen, das in der Mitte des Thales und ungefähr im Schwerpunkt des gleichschenkligen Dreiecks Berga-Roßla-Kelbra liegt, hat sich diese Feuchtigkeit länger bewahrt, als die höher gelegenen Orte seiner Umgebung; deshalb haben sich hier die letzten Reste der Ureinwohner des Helmegaues aus dem Stamme „Frosch“ am längsten gehalten. Da es aber in und um Thürungen immer trockner wird, überdies im nahen Kelbra eine Anzahl der langgebeinten Kinderfreunde ihre Sommerfrische zu verleben pflegen, und diese den armen Fröschen von altersher feind sind, so verschwinden letztere immer mehr. Es ist aber dafür gesorgt, daß der Ruhm von ihren Erdentagen nicht in Äonen untergeht: alle sieben Jahre feiert Thürungen das Froschfest, und daß dieses nicht ausstirbt, dafür sorgt wieder die vergnügungslustige Jugend des Dorfes.

Woher das Fest stammt, ob es ein Rest eines altheidnischen Frühlingsfestes ist, oder nur ein späterer Vorwand, ein Vergnügen wie andere Orte zu haben, das ist in völliges Dunkel gehüllt. Selbst die bekannten „ältesten Leute“, die sich immer nicht besinnen können, wissen davon nichts zu sagen. Auch ich, trotzdem ich keinen Gelehrtenruhm zu verlieren habe, wage keine Hypothese aufzustellen. Nur soll daran erinnert werden, daß eine ähnliche Feier zu Pfingsten im Elsaß weit verbreitet ist. Dort wird ein junger Bursche in ein grünes Kostüm gekleidet, das mit Laub und Blumen dekoriert ist. Im festlichen Umzuge wird er durchs Dorf geführt und vor jedem Hause erbittet man mit folgendem Verse Lebensmittel: „Pfingstequack hat d' Eier gefressen, hat d' Ochs und de Roß im Stall vergessn. Heb ingen us, heb owen us, heb alli blutt und blingli Vegel us. Een Ei herus, een Ei herus! — Oder i schick jug de Marder ins Hünerhus!“ — Haben sich dann Sack, Korb und Fäßchen mit den geschenkten Lebensmitteln gefüllt, so geht es zum Festplatz, wo das Schmausen beginnt.

Doch nun das Thürunger Fest. Seine Nähe verkünden, außer der erhöhten Arbeit der Schneider, des Bäckers und Fleischers, die allabendlichen Reitübungen der jungen Burschen; denn alle aktiven Festteilnehmer sind beritten, und überhaupt trägt das ganze Fest von jeher militärischen Anstrich. Am Nachmittage des Festsonntages versammeln sich die Reiter, zum Teil in alten Reserve- und Extrauniformen aus der Soldatenzeit, auf dem Festplatze am nördlichen Ausgange des Dorfes. Nachdem ein im Frack und Cylinder zu Pferde sitzender Festteilnehmer eine auf das Fest bezugnehmende Ansprache gehalten hat, stellt der „Wachtmeister“ die Truppe auf, teilt drei Patrouillen ab und macht dem „Rittmeister“ Meldung. Dieser macht das

Publikum höflichst auf die Gefahren des Reitens für die Zuschauer aufmerksam und rät Vorsicht an. Nun beginnt das Suchen nach dem Beherrscher aller Frösche, der sich in irgend einem Graben in der Nähe des Dorfes verborgen hält. Die Patrouillen werden ausgeschickt und kehren mehrmals zurück mit der Meldung: „Nichts gefunden!“ Endlich hilfts dem Froschkönig nichts, er wird entdeckt, und eine Anzahl Pferde mit ihren Reitern rückt zu seiner Gefangennahme ab. Der Angriff wird aber von den Mannen des Herrschers abgeschlagen, so daß die gesamte Streitmacht ins Gefecht geworfen werden muß. Siegreich bringt sie den Gefangenen mit zurück; er wird auf ein Pferd gesetzt und von zwei Reitern eskortiert im Triumphzug ins Dorf geleitet. Bewunderung erregt seine Gestalt bei der lieben Jugend: ein richtiger Frosch! ein Froschkopf, ein grüner Leib, ringsum mit Schilfrohr besteckt, — nur dreierlei fällt den staunenden Kindern auf: er ist gewaltig groß, trägt eine Krone, in der ein Glöcklein tönt, und „guck' emol, Fritze, der hätt' je richt'ge Stäweln (Stiefel) an!“ Das erweckt Argwohn, und selbst das naturgetreue Hüpfen des Gefangenen, welches auch das ausgesucht ruhigste Streitroß mitunter empört, selbst die täuschend nachgeahmte Sprache des Froschvolkes vermag die einmal aufgestiegenen Zweifel an der Echtheit der Froschnatur nicht mehr zu bannen. Man beginnt allerlei Vermutungen aufzustellen, daß irgend ein Landsmann den König der Hüpfer vorstelle, ja man hört schon die Frage: „Wer ists denn?“

Um die Beantwortung dieser Frage dreht sich der weitere Verlauf des Festes. Der Zug formiert sich. Voran die Musik, dann das Fabeltier und seine Begleiter, die junge Mannschaft zu Pferde. Dazwischen taucht überall auf der „Beias“, die lustige Person mit Schellenkappe und Pritsche, ein Hauptspaß für die Kinder! Zu Wagen folgt der „Herr Doktor“, der mit allerlei Mixturen, die wie Schnaps schmecken und wie Branntwein riechen, alle möglichen und unmöglichen Krankheiten kuriert, von denen die Festteilnehmer merkwürdig häufig befallen werden. Die Völker der goldenen Aue geben das Geleit. So zieht man von Haus zu Haus; der leitende „Rittmeister“ richtet an jeden Hausvater stets folgende Ansprache in Froschpoesie: „Wir halten hier an und bringen Ihnen ein Ständchen mit Musik, daß Sie möchten erraten, wer unser Froschkönig sei.“ Der gefragte Hausvater legt den Finger an die Nase und denkt nach; ein Name entflieht dem Gehege seiner Zähne, aber, mag er richtig oder falsch geraten haben, der Froschpotentat schüttelt das gekrönte Haupt, so daß das Glöcklein hell erklingt, und aus des Fragers Munde wird dem Manne die Antwort:

„Wohl geraten, aber nicht getroffen,
Die Strafe wird nicht zu hart gesprochen.
Es gebe ein jeder, was er will,
Nicht zu wenig und nicht zu viel:
Es ist für die Jugend zum Freudenspiel.“

Die „Strafe“ wird sofort vollzogen, der Mann mit der Büchse treibt die Steuer ein, ihre Bestimmung ist aus dem Schluß des Verses leicht zu ersehen.

Ist des letzten Zahlers letzter Beitragspfennig in die Vergnügungskasse gefallen, dann begiebt sich der Zug nach dem Festplatze zurück, und nun kommt die Kata=

strophe. Dem Pseudofroschkönig wird die Maske vom Gesicht gerissen. Die allgemeine Verwunderung benutzend entwischt der Entlarvte und entzieht sich den profanen Blicken durch eilige Flucht in das Gebüsch der Anlagen, die den Tanzplatz umgeben; erst als gewöhnlicher, etwas verschwitzter Sterblicher kommt er wieder zum Vorschein. Inzwischen sind auch die Ritter verschwunden, und wer die Pferdesprache verstände, würde in manchem Stalle den geflügelten Seufzer hören: „Ein wahres Glück, daß es nur alle sieben Jahre einmal vorkommt." So soll auch der Darsteller des Froschkönigs denken, trotzdem er von der Kelbraer Brauerei ein Stammseidel erhält. — Bald aber versammelt sich Thürungen von neuem auf dem Festplatze, und weithin tönende Musik verkündet Menschen und Fröschen, daß jetzt die Jugend ihr „Freudenspiel" beginnt.

H. Nickol-Kelbra.

Aus der Geschichte der Stadt Nordhausen.

In der Mitte des thüringischen Helmegaues lag seit alter Zeit das Dörfchen Nordhausen, welches seinen Namen von seiner Lage zu dem wahrscheinlich gleichzeitig mit ihm gegründeten Sundhausen (Südhausen) erhalten hat. Die günstige Lage Nordhausens am Ausgange des Zorgethales, an der uralten Heerstraße von Italien durch Deutschland nach Dänemark, an dem Kreuzungspunkte dreier Heerstraßen, sowie in der Mitte eines sehr ansehnlichen Reichsgutes veranlaßten den städtegründenden König Heinrich I., als er noch Herzog der Sachsen und Thüringer und damit Besitzer jenes Reichsgutes war, in der Zeit zwischen 908 und 914 nordwestlich von und über dem Dörfchen Nordhausen auf einer hervorspringenden steilen Bergesecke des Zorge- und Helmethales eine Stadt nebst einem Königshofe und einer Königsburg zu gründen. Diese neue Stadt umfaßte das heutige Marktviertel, den Pfarrsprengel der Markt- oder St. Nikolaikirche. Der Königshof, aus Wirtschaftsgebäuden bestehend, lag an der Südwestecke der Stadt. Zwischen der neuen Stadt und dem alten Dörfchen lag am Südabhange des Petersberges „der Loesberg“ (? Löseberg), der wahrscheinlich schon in altheidnischer Zeit ein Kultusplatz, eine Opfer- und Gerichtsstätte, und seit der angeblich durch Karl den Großen eingeführten Gaueinteilung Thüringens „das Landgericht (placitum provinciale),“ das höchste Gericht des thüringischen Helmegaues, gewesen war.

König Heinrich I. hielt sich auf der Königsburg zu Nordhausen oft und gern mit seiner frommen Gemahlin Mathilde auf; hier wurden ihm auch zwei Kinder geboren.

Nach dem 936 erfolgten Tode ihres ruhmreichen Gemahls weilte seine Witwe Mathilde noch häufiger in dem zu ihrem Witwengute gehörigen Nordhausen. Hier gründete sie auch 962 ein Nonnenkloster; demselben setzte sie als erste Äbtissin ihre langjährige, treue Dienerin und vertraute Freundin Richburg vor. Der zur Einweihungsfeier der Klosterkirche nach Nordhausen gekommene Enkel der Königin Mathilde, Otto II., schenkte dem neuen Stifte den Markt, den Zoll und die Münze in Nordhausen. Als ihr Sohn, Kaiser Otto I., aus Italien zurückgekehrt war, führte Mathilde ihn nach Nordhausen, weilte hier in der Königsburg im August 965 sieben Tage mit ihm und nahm sodann in der Klosterkirche (dem heutigen Dome) herzbewegenden Abschied, nachdem sie ihm die Fürsorge für dieses Kloster ans Herz gelegt hatte. Kaiser Otto I. vergaß im fernen Welschland nicht, was er der Mutter gelobt hatte. Er bestätigte dem Kloster zu Nordhausen das mütterliche Erbe in Westfalen, und schenkte ihm das benachbarte Dorf Bliedungen. Auch sein Sohn, Kaiser Otto II., erwies sich als Wohlthäter des Klosters und schenkte ihm Reichsgüter. Auf der Königsburg zu Nordhausen haben zeitweilig eine große Zahl der deutschen Kaiser Hof gehalten.

Im Jahre 1105, in der Woche vor Pfingsten, hielt Kaiser Heinrich V. mit der hohen Geistlichkeit Deutschlands eine Synode ab, auf welcher Erzbischof Ruthard von Mainz den alten Kaiser Heinrich IV. in den Bann that und Heinrich V. feierlich und unter heuchlerischen Thränen erklärte, daß er nicht aus Herrschsucht seinen Vater vom Throne verdrängen, sondern nur dessen Aussöhnung mit dem Papste und der Kirche herbeizuführen versuchen wolle. Kaiser Friedrich I. Barbarossa gab tauschweise dem Kloster des heiligen Kreuzes zu Nordhausen die Burg, den Königshof und die Stadt Nordhausen und bestellte später Herzog Heinrich den Löwen zum Schutzvogte von Nordhausen. Das Nonnenkloster erscheint 1158 als dem heiligen Kreuze geweiht, weil es im 11. Jahrhundert als hochheilige Reliquie ein Stückchen Holz vom Kreuze Christi erhalten hatte, höchstwahrscheinlich von der Ahnmutter der Anhaltiner, der Gräfin Hilda von Ballenstedt.

Als Kaiser Friedrich I. Herzog Heinrich den Löwen in die Reichsacht gethan und ihm seine Reichslehen abgesprochen hatte, zog der ergrimmte Löwe im Anfang des Maimonats 1180 vor die Stadt Nordhausen, warf Feuer hinein und zerstörte sie, wobei die Burg, der Königshof und das Nonnenkloster ihren Untergang fanden. Die Stadt, die Burg und das Kloster wurden bald wieder aufgebaut.

In dem Thronstreite zwischen Kaiser Otto IV. und Philipp von Schwaben stand die Stadt Nordhausen auf hohenstaufischer Seite und wollte den Landgrafen

Hermann von Thüringen, dem Otto II. die Stadt Nordhausen gegeben hatte, nicht als Herrn anerkennen. Erst nach sechswöchentlicher Belagerung ergab sich die Stadt dem Landgrafen, welcher 1199 auch vom Könige Philipp mit der Stadt belehnt wurde. Nach dessen Tode ergriff Otto IV. wieder Besitz von Nordhausen. Als Kaiser Friedrich II. nach Deutschland kam, trat Nordhausen sofort zu ihm über. Dieser Kaiser hielt am 22. Juli 1219 in Nordhausen Hof, verwandelte 1220 das Nonnenkloster zum heiligen Kreuze in ein Domherrenstift und erhob Nordhausen zu einer Reichsstadt. Das Stadtsiegel zeigte den Stadtgründer, den König Heinrich I. mit seiner Gemahlin Mathilde. Die Bildnisse dieses Königspaares zeigten auch die in der Reichsmünze zu Nordhausen geprägten Münzen.

Das Stadtregiment war seit 1220 in den Händen der auf der Reichsburg sitzenden Reichsritterschaft, und zwar übte der Vogt die hohe Gerichtsbarkeit und die Stadtverteidigung aus; der Schulze stand an der Spitze der Stadtgemeinde, erhob die Steuern und den Marktzoll; der Münzmeister stand der Reichsmünze vor. Seit dem Jahre 1266 erscheinen neben diesen drei Reichsbeamten die Ratsleute, aus den Patriziern der Stadt. Im Jahre 1277 bemächtigten sich die Patrizier des Stadtregiments, verjagten die Reichsritterschaft und brachen die Reichsburg. Der patrizische Rat blieb im Besitze der Stadtverwaltung bis 1375, wo nach einer blutigen Empörung die Plebejer (der inzwischen erstarkten Gilden oder Handwerksinnungen) an ihre Stelle traten.

Die Herrschaft über die Stadt hatte Kaiser Friedrich II. 1234 dem Landgrafen Heinrich Raspe von Thüringen übergeben. Als dieser starb, bemächtigten sich die Anhaltiner der Stadt Nordhausen, welche sie bis 1274 behielten. Durch den Beschluß des Reichstages zu Nürnberg wurde erklärt, der neue König Rudolf I. solle von allen Reichsgütern Besitz nehmen, welche Kaiser Friedrich II. bei seiner Exkommunikation besessen habe. Infolge dieses Reichstagsbeschlusses fiel Nordhausen an das Reich und an den Kaiser Rudolf I. zurück. Sein Nachfolger Adolf bestätigte 1293 die Privilegien der Stadt und verpfändete die Reichsstadt Nordhausen 1294 für 2000 Mark an den Landgrafen Albrecht von Thüringen. Dieser Kaiser kam in der Woche nach Weihnachten 1294 nach einem Raubzuge durch die Gebiete der Grafen von Stolberg und von Hohnstein nach Nordhausen und weilte hier bis zum 9. Januar 1295, wo er nach Mühlhausen zog. Er ist der letzte der alten deutschen Kaiser gewesen, welcher in Nordhausen geweilt hat. Damals wurden im heutigen Stadtgebiete von Nordhausen die Dörfer Gumprechtrode, Niedersalza und Niederrode verwüstet; die Einwohner dieser Dörfer zogen nach Nordhausen und siedelten sich an der Westseite der Stadt an. Im Südwesten der Stadt gründeten fromme Patrizier Nordhausens im 13. Jahrhundert an der Kreuzung der Heerstraßen den Siechhof (ein Pesthaus) und in der Stadt entstanden in demselben Jahrhundert das Barfüßer- oder Franziskanerkloster, das Dominikaner- oder Predigerkloster, und an die Marienkirche wurde das 1230 gegründete Cisterzienser-Nonnenkloster zu Bischoferode verlegt. Die reichen Nachbarklöster Walkenried und Ilfeld erbauten in der Stadt den Walkenrieder und den Ilfelder Klosterhof als Niederlagen für ihre zum Verkaufe bestimmten Getreidevorräte.

Im Anfange des 14. Jahrhunderts wurde im Neuendorfe ein Augustinermönchskloster erbaut.

Kaiser Albrecht gab 1307 den neben dem Dome liegenden Platz der zerstörten Reichsburg dem Deutschritterorden, der ihn dann an drei Bürger zu Hausstätten überließ. Das südlichste dieser Häuser trägt noch heute den Namen „die Finkenburg", welcher anzeigen soll, daß einst König Heinrich I. der Finkler an dieser Stelle seine Burg gehabt.

Zwischen dem Domstifte und der Bürgerschaft kam es 1325 zu großen Streitigkeiten, weil ersteres dem Streben der Bürgerschaft, außer der Stiftsschule noch eine bürgerliche Schule zu errichten, energisch als Patron aller Nordhäuser Kirchen entgegentrat. Es brach ein „Pfaffensturm" gegen die Domherren aus; die Domherren flohen aus der Stadt und bewirkten, daß Nordhausen mit dem Kirchenbanne belegt wurde. Erst 1326 wurde dieser aufgehoben, nachdem sich die Stadt dem Diözesanbischofe, dem Erzbischofe von Mainz unterworfen, den Domherren Abbitte geleistet und die Rädelsführer aus der Stadt verbannt hatte. Diese Verbannten versuchten am 14. April 1326 mit Hilfe der Nachbargrafen die Stadt zu überrumpeln und einzunehmen und waren bereits durch das Barfüßerthor eingedrungen, als sich die Bürger den Feinden entgegenwarfen und jene zur Stadt hinausdrängten, wobei 14 Verbannte gefangen wurden. Zum ewigen Andenken an diesen Sieg wurde bis zum Dreißigjährigen Kriege alljährlich am Siegestage eine feierliche Prozession um die Stadt unternommen und am Schlusse desselben auf dem Spendekirchhofe, beim Barfüßerkloster, die ewige Spende (Gaben an Brot, Heringen und Geld) verteilt. Als 1349 die fürchterliche Pest, „der schwarze Tod," im Lande Thüringen wütete, wurden in Nordhausen die Juden auf ihrem Gottesacker auf dem Rähmenplatze verbrannt, weil sie in Verdacht geraten waren, die böse Seuche durch Vergiften der Brunnen verursacht zu haben. Mit dem benachbarten Grafen von Hohen-

Das ehemalige Barfüßerthor in Nordhausen.

stein lebte die Stadt vielfach in Fehde. Hierdurch wurde eine Schuldenlast auf die Stadt gewälzt, wodurch wiederum neue Steuern nötig wurden. Diese neuen Steuern gaben Veranlassung zur großen Revolution am 13. Februar 1375, in welcher der patrizische Rat abgesetzt und teils getötet, teils vertrieben wurde. Fortan herrschte ein demokratischer Rat, über den die Viermänner gesetzt waren, in der Reichsstadt Nordhausen.

Aus dem 15. Jahrhundert ist als wichtigstes geschichtliches Ereignis zu melden, daß 1466 die Stadt Nordhausen alle Ansprüche und Rechte der Nachbargrafen von Stolberg und von Schwarzburg über den Nord-, Ost- und Südteil der Stadtflur für 4004 rheinische Gulden erkaufte. Am Ende des 15. Jahrhunderts war Nordhausen eine wohlbefestigte Reichsstadt. Die eigentliche Stadt war auf ihrer Nord-, Ost- und Südseite mit Wallgraben und doppelten Mauern, auf der Westseite mit einer einfachen Stadtmauer umgeben. Die Vorstädte im Südosten, Süden, Westen und Nordwesten der Stadt waren durch Teiche und eine Mauer geschützt. In und vor den Stadtmauern erhoben sich 77 Türme und Bollwerke. Das mächtigste Bollwerk war „der Zwinger" vor dem Töpferthore. Ein großer Teil der Stadtflur war mit „Landwehren" (Wall und Graben) umgeben. Rings um die Stadt standen an Stellen, welche eine weite Ausschau darboten, meist an der Flurgrenze, 7 Warttürme, deren Besatzung das Herannahen von Feinden durch Emporziehen eines Korbes an einer Stange nach der Stadt berichteten.

Das 16. Jahrhundert brachte der Stadt als neuen Erwerbszweig die **Branntweinbrennerei**. Im Jahre 1507 wird zum ersten Male der „bornewyn" erwähnt; er wurde anfänglich in verschiedenen Bürgerhäusern gebrannt und verkauft. Eine Zeit lang durfte er nur auf dem Ratskeller verkauft werden, später aber von jedem Brenner nach Entrichtung einer Abgabe an den Rat. Letzterer ordnete schließlich 1717 an, daß fortan niemand in einem Hause der Oberstadt mehr Branntwein brennen durfte, weshalb nur in den Vorstädten, besonders aber in der Neustadt Branntweinbrennerei betrieben wurde.

Die Branntweinfabrikation ist nach und nach der wichtigste Industriezweig Nordhausens geworden, weil der Rat streng darauf sah, daß nur guter Branntwein gebrannt wurde, und weil er dann noch — wenn auch in beschränktem Maße — brennen ließ, wenn anderwärts wegen zu hoher Getreidepreise das Brennen verboten war. Dadurch verschaffte sich der Nordhäuser Branntwein ein sich stets vergrößerndes Absatzgebiet.

Die **Reformation** fand in Nordhausen sehr bald Eingang; nach Luthers eigenem Zeugnisse ist „Nordhausen eine der ersten Städte gewesen, so das Evangelium angenommen." Luther selbst ist zweimal in Nordhausen gewesen, als Mönch 1516 am 30. Mai und als Warner vor dem Bauernkriege am 22. April 1528. Nach dem Bauernkriege wurden sämtliche Klöster der Stadt aufgehoben. Im leeren Predigerkloster richtete Johann Spangenberg die neue Lateinschule (das Gymnasium) ein, nachdem die 1329 gegründete Lateinschule bei der Neustädter Jakobikirche eingegangen war.

Durch das Aussterben der Grafen von Hohenstein kam die Stadt unter die Gewalt des Kurfürsten von Sachsen, und von diesen wurden die beiden Reichsämter (Reichsvogtamt und Reichsschulzenamt) 1697 an Brandenburg verpfändet. König Friedrich I ließ Nordhausen 1703 militärisch besetzen, löste die dem Rate verpfändeten Reichsämter ein und ließ sie selbst verwalten. Nach langen Streitigkeiten mit dem Rate trat König Friedrich Wilhelm I am 12. Mai 1715 die beiden Reichsämter in Nordhausen an den Rat ab und entsagte allen Hoheitsansprüchen auf den Westteil der Stadtflur gegen Zahlung von 50000 Thalern. Nun war Nordhausen in Wirklichkeit eine freie Reichsstadt. Die Herrlichkeit der Reichsfreiheit genoß die Stadt nur 87 Jahre. In dieser Zeit erholte sich Nordhausen

Rathaus in Nordhausen.

von den Drangsalen des Dreißigjährigen Krieges und von den vier großen Bränden, durch welche es 1612, 1686, 1710 und 1712 heimgesucht worden war. Der Reichsfreiheit Nordhausens machte der dem Frieden von Lüneville folgende Reichsdeputationshauptschluß ein Ende: die Reichsstadt Nordhausen wurde der Krone Preußen zugesprochen und am 2. August 1802 von preußischen Truppen besetzt. Unter dem glorreichen Scepter der Hohenzollern steht nun Nordhausen — abgesehen von der westfälischen Fremdherrschaft 1807—1813 — und ist wieder geworden, was es einst gewesen: „Eine treue Stadt des Kaisers und des Reiches," aber befreit von den hemmenden Fesseln einer kleinstädtischen Sonderstellung. Bei der Neuordnung 1815 wurde Nordhausen Kreisstadt des aus ihr und der ehemaligen Grafschaft Hohenstein bestehenden, zum Regierungsbezirke Erfurt gehörigen Kreises Nordhausen. Am 1. April 1882 schied sie aus dem Kreisverbande aus und bildete seitdem den „Stadtkreis Nordhausen.“ Während Nordhausen im Jahre 1802 nur 8355 Einwohner hatte, zählte es am Schlusse des 19. Jahrhunderts über 28000; 1824 hatte es 1400 Wohnhäuser, am Ende des 19. Jahrhunderts 2400. Seit Eröffnung der Halle-Kasseler Eisenbahn 1866 und der Nordhausen-Northeimer Eisenbahn 1869 hat sich die Stadt im Süden und Nordosten sehr entwickelt. Im 19. Jahrhundert hat die Stadt Nordhausen mehrere neue Industriezweige erhalten: Seit 1815 die Tabaksfabrikation, aus welcher sich besonders die Kautabakfabrikation zu hoher Blüte entwickelt hat; seit 1835 die Cichorienfabrikation, aus welcher sich seit 1849 die Fabrikation des Gesundheits- (Korn-) Kaffees entwickelt hat; seit 1842 wird die Branntweinfabrikation aus gereinigtem Kartoffelsprit betrieben; 1824 wurde eine große Vereinsbrauerei am Hagenthore gegründet, welche 1849 an Spangenberg verkauft und von diesem vergrößert wurde und jetzt mit der Förstemannschen im Besitze einer Aktiengesellschaft ist; seit 1851 sind noch mehrere Baumwollenwebereien entstanden, im Jahre 1865 zwei Spritfabriken und in den siebziger Jahren mehrere Maschinenfabriken und Eisengießereien. Die Gasanstalt wurde 1857/58 erbaut und die elektrische Centrale zur Abgabe von elektrischer Kraft zu Beleuchtungs- und Kraftbetriebszwecken, sowie zum Betriebe der elektrischen Straßenbahn 1899/1900. Das Wasserwerk wurde 1873 erbaut und im Januar 1874 in Betrieb gesetzt. Der Tapetendruck wurde schon 1812 begonnen, längere Zeit in der „goldenen Kugel“ (Rautenstraße) betrieben und 1863 in das Fabrikgebäude vor dem Altenthore verlegt. Die Telegraphenstation wurde am 1. Juli 1858 eröffnet und die erste Telephonleitung am 3. Februar 1883.

Die heutige Stadt Nordhausen ist von einem Kranze grüner Gärten umgeben. Ein Glanzstück gärtnerischer Anlagen bildet die zwischen dem Töpfer- und Hagenthore belegene städtische Promenade, an welche sich im Nordwesten das Gehege, der Lusthain der Nordhäuser, und an dieses Wildes Hölzchen und das Wäldchen des Kuhberges, sowie die Kastanienallee und der Stadtpark mit dem Hartmannsdamm anschließen. Die neue Kohnsteinallee auf der zwischen dem Schurzfelle und der Dietfurt belegenen Strecke der alten Kaiserstraße führt nach der Schnabelsburg (Gasthaus) und dem vielbesuchten Kohnsteinwalde. Von dem über der Stadt und dem Gehege sich erhebenden Geiersberge, auf dem die uralte, sagenreiche Marwigslinde steht, hat man eine entzückende Aussicht auf die goldene Aue bis zum Kyffhäuser im Osten, auf die Grafschaft Hohenstein bis zum Eller- und Ohmgebirge im Westen, auf die Höhenzüge des Postberges, Sternberges und Scherns und der Hainleite im Süden und auf das mächtige Harzgebirge im Norden. Die Nordhausen berührende Halle-Kasseler (Berlin-Frankfurter) Eisenbahn, sowie die von Nordhausen ausgehenden Eisenbahnlinien Nordhausen-Erfurt, Nordhausen-Wernigerode, Nordhausen-Northeim mit den Zweiglinien Walkenried-Braunlage-Tanne und Scharzfeld-Lauterberg-Andreasberg ermöglichen lohnende, interessante Ausflüge von Nordhausen nach allen Richtungen.

Karl Meyer-Nordhausen.

Bilder aus der Geschichte der Grafschaft Hohenstein.

1. Das Gericht zu Schiedungen 1525.

Es war um die Sommerszeit des Jahres 1525. Auf den Feldern der sonst so reich mit Getreide gesegneten Grafschaft Hohenstein sah es gar öde aus, die meisten Äcker lagen brach, wo aber der Landmann im vergangenen Herbste Samen gesäet hatte, da waren die Halme zu Boden geschlagen, wie vom Hagelwetter getroffen. Das hatten nicht rohe Kriegsvölker verschuldet, sondern die Bauern der Grafschaft selbst, die sich der von Thomas Münzer angefachten Bewegung, welche die Geschichte „den Bauernkrieg“ nennt, angeschlossen hatten. Der lockende Ruf nach Freiheit von Frohnden und Steuern an Klöster und Adelige war auch in die Harzgegend gedrungen, hatte die Bauern fanatisiert, und auch Dr. Martin Luthers Predigt in Nordhausen gegen die Bewegung hatte keinen Erfolg gehabt. Statt der erhofften Beschwichtigung der erregten Geister hatte er Hohn geerntet.

Am furchtbarsten wütete der Krieg in dem in der Grafschaft Hohenstein gelegenen oberen Helmethale. Es waren meist Clettenberger und Scharzfelder Landleute, welche von 12 Hauptleuten angeführt, in der Stärke von ungefähr 800 Mann im April 1525 das Kloster Walkenried überfielen, weil sie hier die meiste Beute erhofften. Die Mönche baten ihren Abt Paulus um ein Weggeld und entflohen. Die Bauern erbrachen den Weinkeller, ließen den Wein, den sie nicht trinken konnten, auf die Erde laufen, zerstörten den prächtigen Turm, die große Glocke, zerrissen die Bücher der wertvollen Bibliothek, verstreuten sie auf der Straße und warfen sie als Streu den Pferden in die Ställe. Die noch heute vorhandenen Ruinen des Klosters sind die traurigen Zeichen dieser schrecklichen Verwüstung. Eine andere Bauernschar suchte das Wipperthal heim. In Bebra, Stockhausen und Großberndten wurden die Pfarrhäuser geplündert, ebenso die Nonnenklöster zu Dietenborn und Münchenlohra. Als die Rebellen nach Elende kamen, um die „Rosenkirche“ und das Pfarrhaus zu plündern, soll der Pfarrer Klute, wie die Volkssage erzählt, seine Bienen gegen sie losgelassen haben, welche die Anstürmenden so zerstachen, daß sie das Feld räumten.

Herr des Landes war zu jener Zeit Graf Ernst V. von Hohenstein, welcher auf Schloß Clettenberg residierte. Ihn zwangen die Bauern, daß er sich in ihren Heeresbann aufnehmen ließ. Als sie einst in Walkenried waren, wurde der Graf von den Anführern der Bauern eingeladen, an den Exerzierübungen am Geiersberge teil zu nehmen. Der Graf ging mit seinem Bruder Heinrich voran und in ihrer Mitte der Hauptanführer Hans Arnold, ein Schäfer aus Bartholfelde. Dieser drehte sich auf einem Beine herum und sagte zum Grafen Ernst: „Sieh, Bruder Ernst, den Krieg kann ich führen, was kannst du?“ Der Graf antwortete: „Ei, Hans, sei zufrieden, das Bier ist noch nicht in dem Fasse, darin es gähren soll.“ Das nahmen die umstehenden Bauern sehr übel, und es fehlte nicht viel, daß sie dem Grafen Gewalt angethan hätten, wenn er sich nicht auf das Bitten gelegt hätte.

Indessen nahm der Aufstand ein baldiges Ende. Kaum waren die Bauern, dem Laufe der Helme folgend, in Heringen angekommen, als sie die Niederlage

Thomas Münzers bei Frankenhausen erfuhren. Da war die Bestürzung groß, und in vollster Unordnung kehrten sie in ihre Dörfer zurück.

Doch nun nahte die Abrechnung, und an einem bestimmten Tage zur Erntezeit ging es unweit des Dorfes Schiedungen im oberen Helmethale sehr lebhaft zu. Auf dem hohen Damme des ungefähr 100 Morgen fassenden Teiches (er ist später trocken gelegt) hatte Graf Ernst mit den Adeligen der Grafschaft Aufstellung genommen, während die Bauern von allen Seiten über die Berge gebeugten Hauptes und demütigen Blickes heranschlichen. Angethan waren sie mit weißen Kitteln, in der Hand aber trugen sie weiße, abgeschälte Weidenstäbe. Der Graf gebot, als die Geladenen sämtlich zur Stelle waren, Ruhe und fragte seine Begleiter nach Vorschlägen über die Art der Bestrafung der Rebellen. Zuerst nahm Bernhard von Tettenborn das Wort. „Mir haben diese ruchlosen Gesellen das größte Herzeleid bereitet, mein geliebter Sohn Theodor auf Scherenberg ist von ihrer Hand zu Tode gebracht, sein Gut verwüstet. Darum ist es recht und billig, daß jeder Edelmann neun Bauern an seinen Jägerspieß stecke und umbringe." Ein anderer Reisiger von der Hainleite sprach: „Was säumen wir lange? Zeigt nicht der vor uns liegende Teich den Weg der Bestrafung an? Auf denn, ihr edlen Herren der Grafschaft, jagen wir die Rebellen in die Fluten, daß sie ersaufen wie die Hunde, deren man sich entledigen will." Ein Gemurmel ging durch die Reihen der Ritter wie Beifall, in der Schar der Bauern aber erklangs wie Wehklagen. Der Graf schwieg, er schien einen besseren Rat erwartet zu haben. Da trat ein junger, schmucker Kriegsmann, der Nordhäuser Rittmeister Balthasar von Sundhausen, vor den Grafen und sprach: „Herr Graf, es ist wahr, dieser elende Haufe hat den Tod verdient, allein, wenn sie um's Leben gebracht werden, wer will dann Hand- und Spanndienste leisten und die Ländereien bestellen? Wer wird dann der unglücklichen Witwen und Waisen gedenken? Ich halte dafür, man schenkt ihnen das Leben und belegt einen jeden nach seinem Vermögen mit einer leidlichen Geldstrafe." Lautes Murren tönte bei diesen Worten aus den Reihen der Ritter, der Graf aber, froh, aus anderem Munde zu hören, was in seines eigenen Gemütes Tiefen lebte, rief laut, daß es der ganze Kreis der Versammelten hören sollte: „Sundhausen, du hast heute geredet wie ein ehrlicher Mann, dein Wort soll Ehre haben." Und zu den noch immer der Entscheidung ihres Geschickes harrenden Bauern gewendet, rief er laut: „Gehet heim! Auf dieses ehrlichen Ritters Bitte sei euch Gnade gewährt, obwohl ihr das Leben verwirkt habt. Gehet heim! Aber Gnad euch Gott, leiht ihr noch einmal verruchter Verführung euer Ohr! Vier Gulden Strafe bringt ein jeder von euch meinem Kämmerer in Ellrich!" Und dabei bliebs, obwohl die Ritter finster grollten und Sundhausen ein Leid zugefügt hätten, hätte diesen der Graf nicht durch seine Mannen im Geleit nach Nordhausen in Sicherheit gebracht.

2. Die Erbhuldigung zu Buhla am 19. Juni 1650.

Der furchtbare Dreißigjährige Krieg mit seiner Gefolgschaft von Hunger, Pest, Sengen und Brennen, Rauben und Morden hatte auch in der Grafschaft Hohenstein gehaust. Die Schlösser zu Clettenberg, Lohra und die Stammburg Hohenstein waren zerstört, manche Dörfer in Asche gelegt, die Einwohner ausgeplündert und getötet, die Äcker verwüstet und in Einöden verwandelt. Daß gerade dies kleine Ländchen so unsäglich heimgesucht wurde, hatte meist darin seinen Grund, daß während der Dauer des Krieges die Herren des Landes häufig wechselten. Die Grafen von Schwarzburg, der Herzog von Braunschweig, Wallenstein und der Graf Thun, zuletzt der Bischof von Halberstadt wechselten in der Beherrschung des Landes, das einem Spielball in den Händen der Fürsten glich, miteinander ab. Endlich schlug die Friedensstunde zu Osnabrück und Münster, und auch für die Grafschaft Hohenstein begann endlich die Zeit des Friedens nach Außen und nach Innen dadurch, daß das Land in den Besitz Kurbrandenburgs, unter die Herrschaft des Großen Kurfürsten Friedrich Wilhelm kam.

Es war ein hoher Festtag für die Grafschaft, der 19. Juni 1650, an welchem auf dem Herrenhause zu Buhla unter der Hasenburg die versammelten Stände des Landes ihrem neuen Landesherrn den Eid der Treue leisteten. Herr von Berlepsch, der Besitzer des Rittersitzes zu Buhla, hatte seinen Saal, der noch heute vorhanden ist, festlich geschmückt und bewillkommnete die ankommenden Vertreter der Ritter, der Geistlichen, der Städte und der Landschaft. Da sah man die Herren von Witzschefahl, welche einen ausgedehnten Besitz in der Grafschaft ihr eigen nannten, Burchhard Friedrich von Zengen auf Obergebra, Jobst von Tastungen auf Großwechsungen, Joachim Friedrich von Bila auf Hainrode, Herrn von Bodenhausen auf Stöckey, Herrn von Arnstedt auf Großwerther, die Herren von Werthern auf Kleinwerther u. A. Nach ihnen erschienen die Bürgermeister der Städte Ellrich, Bleicherode und Sachsa, die Schulzen der Amtsdörfer, zuletzt die Geistlichen der Grafschaft, voran der würdige Superintendent Magister Reinemann zu Bleicherode, alsdann der Hofprediger Urbani zu Clettenberg, Joachim Tölcke zu Salza, zuletzt der Ellricher Primarius, Magister Basilius Damius, kaiserlicher poeta laureatus. Als die Uhr vom Turme die zehnte Stunde verkündigte, begaben sich die kurbrandenburgischen Bevollmächtigten, der Statthalter, Excellenz Joachim Friedrich Freiherr von Blumenthal und der Kommandant von Halberstadt, Hans Christoph von Burgdorff aus den unteren Gemächern des Herrenhauses in den oberen Festsaal und nahmen an einem Tische Aufstellung. Lautlose Stille herrschte in der Versammlung, als der Freiherr von Blumenthal die Erschienen im Namen seines Herrn, des Kurfürsten von Brandenburg, begrüßte und seiner Freude über ihr zahlreiches Erscheinen Ausdruck gab. Er versicherte die Stände, deren Land nunmehr Kurbrandenburg einverleibt sei, der Gnade und des Wohlwollens seines Herrn und forderte sie zur Leistung des Erbhuldigungseids auf. Hierauf erwiderte der Landsyndicus, Lic. Johann Tytus, daß die versammelten Stände „in Anbetracht Ihrer Kurfürstlichen Durchlaucht berühmter Güte und vortrefflicher Tugenden es für ein Glück erachteten, unter einem so berühmten Prinzen nach so vielem Unglück zu leben.“ Hierauf leisteten die Edelleute, Freien und die Vertreter der Städte mit aufgehobenen Fingern den feierlichen Eid, daß sie ihrem neuen Landesherrn „getreu, hold und gewärtig sein wollten, als das getreuen und gehorsamen Ständen und Unterthanen von Rechts wegen oblieget und gebühret.“

Als die Eidesleistung beendet war, erhoben sich noch einmal die Versammelten und riefen dreimal laut und begeistert, daß der Saal erdröhnte: „Vivat Kurbrandenburg!" Zuletzt traten die Geistlichen vor die kurbandenburgischen Abgesandten, gaben den Handschlag und sprachen: „Vivat Rex, vivat Elector! Glück zu, Glück zu unserm neuen liebsten Landesherrn! Gott bestätige seinen Stuhl und lasse ihn sehen Kinder und Kindeskinder!"

Um 2 Uhr nachmittags verließen die brandenburgischen Abgesandten Buhla wieder, nachdem die Stände dem Kurfürsten ein freiwilliges Geschenk von 12000 Thalern gelobt hatten.

Der Kurfürst blieb Oberlandesherr der Grafschaft, gab sie aber als Lehn in die Beherrschung der Grafen von Sayn-Wittgenstein. Sein Sohn, Kurfürst Friedrich III., verleibte sie indessen am 12. December 1699 seinen Landen wieder ein. Seit jener Zeit steht die Grafschaft unter den Fittigen der brandenburg-preußischen Adler. Sie erfuhr im Jahre 1704 einen Allerhöchsten Gnadenbeweis dadurch, daß König Friedrich I. den Titel eines „Grafen zu Hohenstein" annahm und den zwölfteiligen, rot und weiß gefelderten Hohensteiner Schachschild in das große preußische Wappen einfügte.

3. Der Aufenthalt des Königs Friedrich Wilhelm I. in der Grafschaft Hohenstein 1722.

Der erste preußische Monarch, welcher die Grafschaft Hohenstein besuchte, war König Friedrich Wilhelm I. Es geschah das im Juni des Jahres 1722. Er kam über Benneckenstein nach dem Domainengute Clettenberg. Dort hatten in alten Zeiten die Grafen von Hohenstein und zuletzt die Grafen von Sayn-Wittgenstein-Hohenstein Residenz gehalten. Letztere hatten auf dem von ihnen erbauten „gräflichen Flügel" in dem sogenannten „Redoutensaale" ein Gemälde hinterlassen, auf welchem die Mitglieder der Wittgensteiner Familie abgebildet waren. Dem als Kind dargestellten Grafen August von Wittgenstein, welcher bekanntlich beim Könige Friedrich I. 1710 in Ungnade gefallen war, fuhr der König, als ihn der Fürst Leopold von Anhalt, der in seiner Begleitung sich befand, darauf aufmerksam machte, aus Unwillen mit dem Stocke in den Mund.

Es lag in der Art des Königs, besonders die wirtschaftlichen Verhältnisse seines Landes zu prüfen, und so kam es, daß er mit demjenigen Beamten, welcher im Rufe der Hartherzigkeit gegen die Unterthanen stand, streng in's Gericht ging. Dieser Fall trat zunächst in Woffleben ein. Vom dortigen Amtmann Fahrenholz war, wie die Pfarrchronik des Dorfes berichtet, allgemein in der Umgegend bekannt, daß er die Bauern seines Amtsbezirkes in den Dörfern Woffleben, Herreden und Höningen durch viele Hand- und Spanndienste so gedrückt habe, daß sie ihren eigenen Ackerbau versäumten und dadurch ganz verarmten. Als nun der König in den Amtshof einfuhr, rief er mit lauter Stimme: „Wo ist der Bauernschinder, der Amtmann Fahrenholz?" Dieser aber hatte aus Angst sein Heil in der Flucht gesucht. Aus Unwillen darüber betrat der König das Amtshaus nicht, sondern speiste in der mittleren Gutsscheune zu Mittag. Diese Scheune führte seitdem im Volke den

Namen „Königsscheune“. Sie stand bis zum Jahre 1894, wo sie ein Raub der Flammen wurde. Bei Gelegenheit des Aufenthaltes des Königs in Woffleben spielte sich ein drolliger Vorgang ab. Der „alte Dessauer“ mischte sich unter das Volk, welches draußen vor dem Gutshause stand und seinen König sehen wollte. Ehrerbietig zogen alle den Hut vor dem alten Haudegen bis auf einen Nordhäuser Bürger. Dieser meinte, da er er als „freier Reichsstädter“ nicht preußischer Unterthan war, seinen Hut auf dem Kopfe behalten zu dürfen. Darob wurde Fürst Leopold fuchswild und bearbeitete den Nordhäuser so mit seinem Rohrstocke, daß dieser vorzog, das Weite zu suchen.

Aus der Herrschaft Clettenberg begab sich der König in die Herrschaft Lohra. Zuerst suchte er deren Hauptstadt Bleicherode auf. Als er das Städtchen wieder verließ, lief eine Achse seines Wagens in Brand. Während der schadhafte Teil ausgebessert wurde, erschien die Frau des Amtmanns Hofmann auf Lohra, um den König um eine Ermäßigung der Pachtsumme zu bitten. Unglücklicherweise trug die Frau ein Kleid von französischem Kattun in der Meinung, damit einen Eindruck zu machen. Bei der bekannten Abneigung des Königs gegen alle ausländischen Stoffe, besonders aber gegen französische Industrieerzeugnisse war es begreiflich, daß die Frau einen Erfolg ihres Gesuches dadurch von vornherein geradezu vereitelte. Kaum hatte sie sich unter vielen Knixen dem Könige genähert und ihre Bitte vorgebracht, als derselbe unwillig erwiderte, daß er keinen Pfifferling von der Pachtsumme ablassen werde; denn wenn sie noch Geld für französische Kleider übrig habe, dürfte auch die Domänenkammer in Halberstadt ihr Geld erhalten können. Durch die Bitte der Frau auf die Wirtschaft ihres Mannes aufmerksam geworden, beschloß der König, nach Lohra zu fahren und sich mit eigenen Augen von dem Stand der Sache zu überzeugen. Er übernachtete in dem noch heute so benannten „Königszimmer“. Der Amtmann Hofmann wurde durch die von seiten der Amtsunterthanen eingelaufenen Beschwerden so belastet, daß ihn der König festnehmen und nach Magdeburg führen ließ. Am anderen Tage hielt sich der König auf dem Rittergute in Pustleben auf. Auch hier belustigte „der alte Dessauer“ die zahlreich herbeigeeilten Landleute wieder durch seine Späße, indem er sich diesen als ihren König vorstellte. Er rief aus dem geöffneten Fenster: „Wollt ihr den König sehen? Ich bin es!“ Lachend erwiderten diese indessen: „Dich kennen wir wohl, du bist der Dessauer, aber unser König bist du nicht.“ Über Nordhausen und Halle fuhr der König nach Berlin zurück.

Pastor R. Reichhardt-Rotta.

Ellrich und seine Gipsindustrie.

Station Ellrich, zwei Minuten! ruft der dienstthuende Schaffner mit lauter Stimme in die herrliche Harzluft hinein und erlöst uns damit von den mancherlei Beschwerden der Eisenbahnfahrt. Wir steigen aus und befinden uns auf einem kleinen Bahnhofe, der dasselbe einförmige Aussehen hat, wie alle Bahnhöfe. Ein-

und Aussteigen erledigt sich schnell, die Postbeamten schieben ihre Karren an den Packwagen, wechseln Briefbeutel und Packete aus, ein Glockensignal ertönt, Thüren werden geschlossen, ein Pfiff der Lokomotive, und schwer ächzend rollt der Zug dahin in das nahe Gebirge, um nach einem kurzen Bogen in einem Tunnel zu verschwinden. Unserem Auge bietet sich jetzt ein eigenartiger Anblick. Eine Menge Fabrikschornsteine sendet schwerfällige Rauchwolken gen Himmel, zahllose größere und kleinere Gebäude aus zierlichem Fachwerk bedecken das südlich vom Bahnhofe gelegene Gelände. Am meisten fällt uns zunächst auf, daß alles weiß bestäubt erscheint. Den Hintergrund dieser eigenen Anlagen bildet ein mäßiger Höhenzug, an dessen uns zugewandter Seite zahlreiche Steinbrüche die Arbeit des Menschen erkennen lassen. Wie Ameisen erscheinen uns die Thätigen da drüben, die sich bemühen, Gesteinsmassen loszubrechen und in Karren teils auf Schienen, teils auf anderen Wegen den Fabriken zuzuführen. Ein Panorama des Fleißes, wie man es wohl selten in solcher Ausdehnung anderweit finden dürfte.

Wir befinden uns den Gipswerken der preußischen Harzstadt gegenüber, auf einer der nördlichen schmalen Grenzhalbinseln des Regierungsbezirkes Erfurt. In kaum einer halben Stunde können wir westlich die braunschweigische oder östlich die hannoversche Grenze überschreiten.

Vor noch nicht ganz drei Jahrzehnten war hier von einer Industrie fast keine Spur zu sehen. Einzelne Kleinbetriebe entnahmen ihre Rohmaterialien unscheinbaren Brüchen und brannten daraus Gips so viel, oder besser so wenig als in Ellrich selbst und in allernächster Nähe gebraucht wurde. An einen weitgehenden Versand und Handel dachte niemand. Wie ganz anders heute!

Neun ausgedehnte Gipsbrüche sind im Weichbilde der Stadt im Betriebe und versorgen acht Fabriken mit zusammen rund 400 Arbeitern mit Material. Sieben Fabriken bilden Privatbesitz, eine ist einer Kommanditgesellschaft gehörig. Die Brüche gehören fast ausschließlich der Herzoglichen Hofkammer in Braunschweig und den Separationsgenossen in Ellrich, welche einen jährlichen, nicht unerheblichen „Bruchzins" für den Abbau erheben. Das Vorterrain auf preußischem Gebiet, auf dem die Fabriken mit ihren Gebäuden stehen, hatte früher einen Wert von höchstens 1200 Mark pro ha, während heute ein ha mit 12000 bis 20000 Mark bezahlt wird. Die Gipsberge selbst kosteten vor Einrichtung der Fabriken pro ha 100—120 Mark — da niemand ihren Wert kannte und vermutete, während man heute den Hektar auf 20000 bis 40000 Mark schätzt. — Fürwahr, eine enorme Steigerung des Bodenwertes in der verhältnismäßig kurzen Zeit von nicht ganz 30 Jahren! Damals erschienen jene Höhen als grämlich in die Welt schauende, kahle Hügel, auf denen nicht einmal die Schafe sich satt fressen konnten. Sparsam gediehen Moos und Flechten, hin und wieder suchte eine spärliche Strauchgruppe kümmerlich auf dem unwirtlichen Boden ihr Dasein zu fristen. An Tieren fanden Fuchs und Fischotter in den vielen Höhlen ihren Unterschlupf und in und an den vielen, vor den Bergen gelegenen Teichen willkommene Beute, während krächzend schwarze Raben und schwermütig, langsam im Fluge mächtige Kreise ziehend, Weihen und Habichte von hier aus Umschau hielten. Nicht einmal die vorwitzige Jugend hielt es der Mühe für wert, Excursionen dort hinauf zu unternehmen; denn weder Erdbeeren, noch Himbeeren, ja nicht einmal die sauren Schlehen waren dort zu finden.

Der hier gewonnene Gips bildet ein vorzügliches Baumaterial und findet in verschiedenen anderen Industriezweigen die weitgehendste Verwertung. Er trägt die chemische Formel: $CaSO_4 + 2H_2O$ und enthält in 100 Teilen: 32,54 Teile Kalk, 46,51 Teile Schwefelsäure und 20,95 Teile Wasser, es handelt sich also um schwefelsauren Kalk, der durch die verschiedenen Zubereitungsweisen für die verschiedenartigsten Zwecke nutzbar gemacht wird. Ziegeleien und Metallgießereien verbrauchen den Gips zur Herstellung ihrer Modelle. Der Stuckateur fertigt die feinsten Stuckarbeiten daraus, die als Rosetten, Kanten, Sterne, Wappen, Nischen, Vasen, Büsten dein Heim innen und außen zieren. Die Wände werden mit Putzgips abgetüncht, während zu Fußböden Estrichgips verwandt wird. Der Estrich als Fußbodenbelag ist in manchen Gegenden wenig bekannt; er wird hergestellt, indem besonders sorgfältig — „wie Schmalz“ — hergestellter Gipsbrei gleichmäßig auf den Fußboden ausgegossen und ausgestrichen wird. Als Fußbodenbelag für Hausböden, Schlafkammern und Nebenräume ist Estrich in gipsreichen Gegenden allbekannt, ja man legt in ihm auch eine eigene Art Familienchronik an; denn, ist der Estrich halb erstarrt, so drücken Kinder ihre Hände und Füße in irgend einer Ecke ab und schreiben das Datum daneben. Abdruck und Datum bleiben unvergänglich stehen und zeigen kommenden Geschlechtern, wie zierlich einmal Vaters Patschhändchen oder Mutters Füßchen waren. Neuerdings gewinnt Estrichbelag noch eine weitergehende Bedeutung, indem er als sehr wertvolle Unterlage für das immer mehr Eingang findende Linoleum verwandt wird.

Alle Abfälle und minderwertigen Massen wandern in die Welt unter dem Namen Düngegips und helfen der Landwirtschaft auf die Beine, da, wo Gips dem Boden fehlt. Namentlich Obst- und Beeren-Anbau bedarf des Gipses als notwendigen Bodenzusatz, aber auch andere land- und gartenwirtschaftliche Betriebe machen sich dieses billige Produkt mit bestem Erfolge zu Nutze. Durch Einlagen von Rohrmatten, Drahtgeflecht und ähnlichem bereitet man „Gipsdielen“. Es sind dies verschieden starke und beliebig lange Flächen von Gipswänden, die zur Bekleidung von Holzteilen, Treppen, Decken u. s. w. verwandt, aber auch als Scheidewände vielfach benutzt werden. Aus Gipsdielen lassen sich feuersichere Bekleidungen herstellen und Scheidewände von sehr geringer Stärke bauen. Die Wände und Bekleidungen sind feuer- und staubsicher und gewähren auch jenen unheimlichen Plagegeistern vom Geschlecht der sechsbeinigen, springenden, kriechenden und beißenden Insekten-Spezies keinen Aufenthaltsort — ein Umstand, der für den Bau von Kasernen und ähnlichen Wohnungen wohl ins Gewicht fällt. Die geringe Stärke der Wände — 5 cm starke Wände genügen schon zum Abschluß eines Zimmers — gestatten auch eine bessere Ausnutzung des Raumes. Endlich fabriziert man auch noch Lenzin, ein Produkt, das in der Farben- und Papierbranche Absatz findet.

Das Rohgestein wird nach Abraum der wertlosen Deckmaterialien in verschiedener Weise zubereitet. Stuck- und Dielengips wird in rohem Zustande zerkleinert und gemahlen, danach in Kesseln und Retorten hohen Hitzgraden längere Zeit ausgesetzt — wie man sagt, gekocht. Hierdurch verliert er etwa 15% seines Wassergehaltes. Er erhärtet und trocknet sehr rasch bei seiner Verarbeitung. Estrichgips wird vor dem Zerkleinern in Hochöfen bis zu 220° Celsius erhitzt — gebrannt. Er ist darnach fast ganz wasserfrei. Beim Gebrauch nimmt er Wasser nur langsam wieder auf und bleibt stundenlang weich.

Ellrich versendet jährlich über 9000 Doppelwaggons Gips im Werte von rund einer Million Mark und deckt damit etwa die Hälfte des Gesamtbedarfs in Norddeutschland. Die Haltbarkeit des Gipses ist eine unbegrenzte, hierfür legen die alten Stadtmauern von Ellrich Zeugnis ab; denn dieselben sind angeblich schon im 10. Jahrhundert errichtet und heute noch von solcher Festigkeit, daß bei Abbruchsarbeiten in der Regel eher die Steine selbst, als die Fugen gesprengt werden. Die Preise des Gipses variieren je nach der Art desselben. Es kosten:

Estrichgips	pro	10 000 kg	75	Mark
Putzgips	„	10 000 „	80	„
Stuckgips	„	10 000 „	90—100	„
Modellgips	„	10 000 „	150—200	„

Die Wohlfahrt der Stadt ist natürlich durch die Belebung dieses Industriezweiges wesentlich gehoben, denn die etwa 400 Arbeiter, welche in den Fabriken beschäftigt werden, erzielen einen jährlichen Durchschnittsverdienst von 1200 bis 1500 Mark pro Kopf. Hierzu kommt, daß in zwei anderen Industriezweigen, nämlich der Schuhleistenfabrikation und der Baumwollenweberei noch etwa ebensoviel fleißige Hände ihr gutes Brot finden, so daß von der für Ellrich infolge großer Brände und anderer schwerer Schicksalsschläge sprichwörtlich gewordenen Armut heute nichts mehr zu spüren ist.

Wollen wir einen Totalüberblick über das Industriegebiet gewinnen, so müssen wir den nahe am Bahnhofe gelegenen Burgberg ersteigen, von dem wir in beschaulicher Ruhe noch einmal alles überblicken können. Zwischen weißen Kalkwänden lugen anmutige Wasserspiegel gleich neugierigen Augen hindurch, und den Hintergrund grenzen schattige Eichenwälder harmonisch ab. Wir erfahren auch, daß wir uns dicht am Himmelreich und ebenso nahe bei der Hölle befinden; denn so hat man zwei Strecken unseres lieblichen Landschaftsbildes von Alters her genannt.

Wenden wir nun unseren Blick nach Norden, so ist die Scenerie wesentlich anders. Im Saatenschmuck prangende Fluren gleichen einem Riesenteppich in allen Tönen von grün und gelb, malerisch durchbrochen von schlängelnden Wasserbächen und zahlreichen Fischteichen; denn auch die Fischzucht steht in hoher Blüte in Ellrich und liefert manchem Feinschmecker die rotgetupfte Forelle, unvergleichlich in ihrem Wohlgeschmack. Die Nordgrenze der ausgedehnten Feldmark bilden schattige Buchen- und Eichenwälder, in denen mancher herrliche Punkt zur Rast einladet, manches Wiesenthal Dichter zu hohen, poetischen Ergüssen begeisterte. Und in der That ein Spaziergang durch die Limbach, namentlich abends, wenn die Rehe heraustreten und das liebliche Bild beleben, wird jedem in lebendiger Erinnerung bleiben.

Das friedliche Städtchen Ellrich mit seinen saubern Häusern macht auf den Fremden einen recht günstigen Eindruck. Bietet es an sich auch nichts Besonderes, so ist es doch mit seinem Kriegerdenkmal, seinem Kaiser Friedrich-Denkmal, seiner neuen Marktkirche und seiner reichen Industrie allgemein beliebt und wird von Fremden gern aufgesucht.

Diener-Stendal.

Eine Hörnerschlittenfahrt vom Ravensberge.

Verwundert höre ich dich fragen, lieber Leser: „Eine Hörnerschlittenfahrt in unsrer Heimatsprovinz Sachsen? Bisher habe ich immer gedacht, solche Fahrten würden nur im Riesengebirge unternommen!“ Aber folge mir nur, und du findest Gelegenheit, dir auch in unsrer Provinz ein derartiges Vergnügen verschaffen zu können.

Nach einer photograph. Aufnahme von Sophus Williams-Berlin.

Bad Sachsa.

Am Südwestrande des Harzes, in einem zwischen dem Herzogtume Braunschweig und der Provinz Hannover eingeschobenen Zipfel des Regierungsbezirks Erfurt liegt das Badestädtchen Sachsa und in seiner Nähe der wegen seiner umfassenden Fernsicht vielbesuchte Ravensberg, „der Brocken des Südharzes.“

Es ist ein schöner, klarer Wintertag in der Zeit zwischen Weihnachten und Neujahr. Wir sind mit der Bahn, die von der alten Reichsstadt Nordhausen aus nach Northeim in Hannover führt, bis zur Station Sachsa gefahren. Gleich beim Verlassen des Bahnhofs haben wir ein Landschaftsbild vor uns, welches unser Auge zur näheren Betrachtung einladet. Rechts erhebt sich in unmittelbarer Nähe der sagenreiche Sachsenstein, dessen blendendweiße Gipsfelsen mit dem Schnee an

Weiße zu wetteifern scheinen. Nach Nordwesten zu erblicken wir, die Berge des Südharzes, alle andren an Höhe überragend den stattlichen Ravensberg. Vor und neben demselben lagern eine Anzahl anderer bewaldeter und zum Teil mit Villen und Gasthäusern besetzter Berge. Wie eine verschobene Zeile zieht sich das Städtchen Sachsa in das von diesen Höhen umschlossene Thal hinein. Wir treten nun unsre Wanderung an. Nach etwa viertelstündigem Marsche auf ebener Chaussee haben wir den Ort erreicht. Die breite Hauptstraße desselben macht mit ihren sauberen Häusern und ihrer Kastanienallee auch jetzt einen überaus freundlichen Eindruck. Weihnachtlich werden wir gestimmt, da aus fast jedem Hause unmittelbar am Fenster der Christbaum noch hervorschaut, der vielfach von der Stubendecke herabhängt. Das im Hintergrunde auf einem Hügel liegende Kirchlein giebt der Straße einen wirkungsvollen Abschluß. Wir schreiten an der Kirche vorbei und kommen nun in die Oberstadt, das Badeviertel. Schmucke Villen, deren Anstrich vielfach in hellen, farbenfreudigen Tönen gehalten ist, verleihen diesem Stadtteile ein vornehm-heiteres Aussehen. Durch den jetzt stillen Kurpark, der aber im Sommer von zahlreichen, hier den Klängen der Musik lauschenden Badegästen belebt ist, an dem geschmackvoll gebauten städtischen Badehause vorüber, gelangen wir in den winterlichen Wald. Helle, fröhliche Stimmen veranlassen uns, den Blick nach links zu wenden. Auf dem im lieblichen Waldwiesenthale gelegenen Schmelzteiche tummelt sich die schlittschuhlaufende Jugend und gewährt ein anmutig fesselndes Bild. Nun beginnt auf gut gebahntem Wege der Anstieg. Langsamen Schrittes steigen wir zunächst durch Tannenwald bergan. Schwer haben die Bäume unter dem frisch gefallenen Schnee zu tragen; die mächtigen Äste hängen nahe am Stamme, und demütig beugen sich die schwächeren Zweige. Die kleinen Stämmchen verschwinden fast unter der weißen, weichen Masse und haben die Form spitzer Kegel angenommen. In dem nun beginnenden Buchenwalde ist das Ast- und Zweigwerk wie mit Krystallzucker überstreut. In unberührter Reinheit, nur hier und da durch die Spuren eines Wildes gezeichnet, dehnt sich die Schneedecke unter den kahlen Bäumen aus. Jetzt haben wir eine lichte Stelle erreicht, jenen schmalen Bergrücken, der nicht viel breiter als der Weg selbst ist, und dessen Abhang sich zu beiden Seiten ziemlich steil ins Thal senkt. Rechts schauen wir ins Osterthal, während nach links unser Blick in das Katzenthal hineinreicht. Von einem in dasselbe ragenden Felsenvorsprunge sieht das Hotel Katzenstein zu uns herüber, jenseits des Thales steigen die beiden Ratsberge auf, und auch der Ravensberg grüßt uns schon aus nicht allzugroßer Entfernung. Mit etwas besorgten Blicken betrachten wir wohl diese glücklicherweise nur sehr kurze Wegstrecke, wenn wir daran denken, daß wir diese nicht ganz ungefährlich scheinende Stelle bei unsrer Abfahrt mit dem Schlitten passieren müssen. Doch lassen wir uns durch unnötige Sorge die gute Laune nicht verderben! Rüstig schreiten wir bergan, und nun wird der Aufstieg mühsamer. Da werden wir plötzlich durch einen grellen Pfiff und den Ruf: „Bahn frei!“ erschreckt. Wir blicken auf und springen schnell zur Seite. Den steilen Lietweg herab kommt ein Hörnerschlitten gesaust. Ehe wir uns denselben recht haben ansehen können, ist er bereits vorüber und um eine Biegung des Weges unsern Augen entschwunden. Nur soviel haben wir erkannt, daß drei Personen in demselben saßen. Die steile Stelle ist erklommen. Jetzt führt der Weg sanfter bergan, und wir wandern bald auf preußischem, bald auf braunschweigischem Gebiete, da sich hier die Grenze zwischen diesen beiden Staaten entlang zieht. Nun noch eine steilere Strecke durch Buchenhochwald, noch eine Biegung und vor uns liegt das Hotel zum Ravensberg. Nach $1^1/_2$ stündiger Wanderung sind wir auf dem Gipfel angelangt. Freudiges Gebell der preisgekrönten Kriegshunde des Wirtes tönt den Neuangekommenen entgegen. Auch der Wirt selbst, der den Hörnerschlittensport in unsrer Harzgegend eingeführt hat, erscheint zu unsrer Begrüßung vor der Thür des Hauses. In Reih' und Glied stehen vor der Veranda desselben die Hörnerschlitten und die kleinen Sportschlitten aufgefahren. Wir treten zunächst in das warme Zimmer des Hotels, in dem wir bereits eine gemütliche Gesellschaft beisammen finden, die gleich uns eine Fahrt in's Thal unternehmen will.

Nachdem wir auch für leibliche Erquickung gesorgt, schicken wir uns an, zunächst die Schlitten, denen wir uns anvertrauen wollen, einer näheren Besichtigung zu unterziehen. Was vor allem an denselben auffällt, sind die nach vorn gebogenen, mächtigen Hörnern gleichenden Kufen, nach denen auch der Schlitten benannt ist. Auf diesen unten mit Stahl beschlagenen Schlittenhölzern steht ein bequemer stuhlartiger Sitz, auf dem zwei Personen Platz nehmen können. Vorn zwischen den Kufen befindet sich ein etwas niedriger angebrachter Sitz für den Lenker. Auch ist an jedem Schlitten eine Bremsvorrichtung, ähnlich der an Kutschwagen gebräuchlichen, vorhanden. Doch nun hinauf auf den Aussichtsturm! Herrlich ist das Bild, das unser entzücktes Auge schaut. Die helle, leuchtende Wintersonne übergießt mit ihren Strahlen den Schnee, daß er flimmert wie blankes Silber. Berge, Thäler, weite Felder, größere und kleinere Orte erscheinen vor unsren Blicken. Nach Norden zu liegt der Harz mit seinem Wechsel von Berg und Thal vor uns. Ganz klar und scharf abgegrenzt schaut der Vater Brocken zu uns herüber; sogar das Hotel und der Aussichtsturm sind deutlich erkennbar. Rechts von ihm erblicken wir den Wurmberg, während links die Achtermannshöhe mit ihrem kuppelartigen Gipfel gar nicht zu verkennen ist. Fast in gleicher Höhe mit uns präsentiert sich im Vordergrunde der Stöberhay mit seinem Gasthause, und etwas weiter nach rechts zeigt sich das hochgelegene braunschweigische Dorf Hohegeiß. Nach Osten zu schweift der Blick über die Klosterruine Walkenried hinweg, an Nordhausen vorbei bis zum Kyffhäuser hin. Im Süden erblicken wir einen großen Teil des Thüringer Berg- und Hügellandes mit zahlreichen Ortschaften, ja ganz im Hintergrunde tauchen freilich etwas verschwommen die Berge des Thüringer Waldes auf. Im Westen erkennen wir den Göttinger Wald mit seinen beiden „Gleichen", auch der Meißner ist am Horizonte sichtbar. Lange stehen wir und schauen. Wir können uns von dem prächtigen Bilde gar nicht losreißen. Doch die Zeit drängt. Bald erscheint die bleiche Mondsichel am Himmel. Es wird empfindlich kalt. Wir steigen herab vom Turme, nehmen noch einen erwärmenden Trunk zu uns, nehmen Abschied von der uns schnell lieb gewordenen Gesellschaft und machen uns bereit zur Abfahrt. Drei Hörnerschlitten fahren hintereinander auf und werden mit je zwei Personen besetzt. Junge, kräftige

Männer aus Sachsa nehmen ihren Platz zwischen den gebogenen Kufen ein. Kraft, Gewandtheit und Geistesgegenwart gehören dazu, einen solchen Schlitten ohne Unfall sicher zu Thal zu leiten, zumal der Weg vielfach scharfe Windungen und Krümmungen aufweist. Etwas Gefahr ist mit einer solchen Fahrt ja immer verknüpft, aber das gerade erhöht den Reiz derselben. Einige Nordhäuser Herren, die während des Winters schon öfters auf dem Berge waren und einige Übung im Lenken der Schlitten haben, ziehen es vor, die kleineren Sportschlitten zur Abfahrt zu benutzen. Hüte und Mützen werden nun festgesetzt, der Hals wird durch das Hochschlagen der Kragen geschützt, der Wirt giebt mit der Pfeife das Zeichen zur Abfahrt, mit dem Sportrufe: „Gut Schnee!“ werden wir entlassen, und dahin saust der erste Schlitten,

Nach einer photogr. Aufnahme von F. Tellgmann-Nordhausen.

Abfahrt der Hörnerschlitten vom Ravenskopfe.

den Berg hinab. Kaum ist er an der nächsten Wegebiegung verschwunden, so folgt unser Schlitten als zweiter nach. Mit wachsender Schnelle gleiten wir den steilen Abhang hinab; da giebts gleich an der ersten scharfen Biegung einen starken Ruck, und etwas unsanft kommen unsere Köpfe miteinander in Berührung. Doch dahin stürmt der Schlitten in immer schneller werdendem Laufe. Ein schneidender Luftzug raubt uns anfangs fast den Atem, dabei spüren wir ein eigentümlich prickelndes Gefühl im Gesicht, als würden wir mit feinen Nadeln gestochen. Doch verschwindet diese Empfindung nach kurzer Zeit wieder. Pfeilschnell scheinen die am Wege stehenden Bäume und Telegraphenstangen an uns vorüber zu fliegen. Da läßt der Schlitten im Laufe nach, ja der Lenker springt sogar auf und zieht denselben an den Hörnern eine kurze Strecke, die eine kaum merkliche Steigung zeigt, hinan. Doch kaum ist dieselbe überwunden, so gehts mit unverminderter Schnelligkeit bergab.

Durch den durch die Fahrt hervorgerufenen Luftdruck von den Bäumen losgelöst, stäubt uns oft ein feiner Schnee ins Gesicht, so daß wir unwillkürlich die Augen schließen.

Jetzt beginnt der Teil unsrer Fahrt, der das Interesse am meisten in Anspruch nimmt, aber auch wohl ein klein wenig Aufregung verschafft. Der Weg, der sich in Windungen am steil abfallenden Berghange entlang zieht und sich in starkem Gefälle senkt, erfordert die angespannte Aufmerksamkeit des Lenkers; aber die Sicherheit desselben in der Führung des Schlittens läßt kaum Beunruhigung in uns aufkommen. In fast unheimlicher Geschwindigkeit wird diese Strecke zurückgelegt und auch die Stelle glücklich passiert, die uns beim Aufstieg einige Sorge machte. Freilich gesehen haben wir soviel wie nichts; denn kaum können wir einen Blick ins Thal und nach dem Katzenstein werfen, so sind beide auch schon unsren Augen entzogen. Erleichtert atmen wir aber doch auf, als diese Stelle hinter uns liegt. So gleitet der Schlitten weiter dahin, wenn auch in gemäßigterem Tempo, und wir haben nun das angenehm-beruhigende Gefühl, als könnte uns nunmehr kein ernster Unfall treffen, als könnten wir im schlimmsten Falle durch ein Umschlagen des Schlittens in den Schnee zu liegen kommen. Jetzt auch erst kommen wir in die Lage, das eigentümlich Angenehme solcher Fahrt, das sanfte, ruhige, durch keinen Stoß gestörte und doch so schnelle Dahingleiten zu genießen. Glücklich gelangen wir so ins Osterthal auf den breiten Weg und nun fährt der Schlitten langsam in die Lindenstraße ein. Unsere Fahrt ist beendet, und wir müssen den Schlitten verlassen. Am nächsten Tage wird derselbe von zwei munteren Grautieren, die während des Sommers als Reittiere benutzt werden, wieder nach oben befördert.

Und möchtest du vielleicht gern noch wissen, freundlicher Leser, welche Zeit wir zu dieser Thalfahrt gebraucht haben? Bei der allerdings vorzüglichen Schneebahn hat es kaum zehn Minuten gedauert, um von der Kuppe des Berges nach Sachsa zu gelangen. Willst du aber dich selbst von der Wahrheit des Wortes: „Ein Vergnügen eigner Art ist eine solche Schlittenfahrt“ überzeugen, so folge meinem Rate: Sobald du in deiner Zeitung ein „Gut Schnee! Gut Schnee!“ als verlockende Überschrift einer Einladung des Ravensberger Wirtes findest und Zeit hast, so lenke deine Schritte auch einmal zur Winterszeit nach unsrem Südharze! Es wird dich sicher nicht gereuen.

Weber-Sachsa.

Landschaftliche Schönheiten des Eichsfeldes.

(Teilweise nach Duval und Fr. W. Grimme.)

„Von allen Länderstrichen in unserm Vaterland
Ist nur allein das Eichsfeld fast gar noch nicht bekannt.
Und mancher mag wohl denken: Es wär' auch lächerlich,
Wenn man gar preisen wollte so arg verschrienen Strich.“

So singt Duval vor mehr als fünf Decennien in seiner Beschreibung des Eichsfeldes. Und in der That ist das Eichsfeld auch heute noch für die meisten eine terra incognita oder gar ein Gegenstand des Bedauerns oder Schauderns.

Jedoch mit Unrecht! Zwar ist die Gegend nicht so fruchtbar und ergiebig wie andere, gesegnetere Gauen unseres Vaterlandes, und alljährlich müssen Tausende in der Fremde ihren Lebensunterhalt erwerben; allein auch hier sitzt der Gutsbesitzer und schlichte Handwerker, der Städter und einfache Bauer gerade so gemütlich und zufrieden auf seiner Scholle, wie anderwärts. — Auch seine Fluren tragen mannshohe Roggen-, Weizen- und üppige Kleefelder, saftige Wiesen, herrliche Obstanlagen, und selbst Tabak- und Rübenbau wird vielfach betrieben. Ein besonderer Schmuck des Eichsfeldes aber sind seine prächtigen Waldungen mit ihren altersgrauen Buchen, schlanken Tannen und knorrigen Eichen, welche ihre eisenharten Äste über Fels und Geklüft weit hinaus in die Luft strecken, und die mit diesen, den hohen Bergen und jähen Felsabstürzen zusammenhängenden landschaftlichen Reize. Wohl nur wenige Gegenden in unserm Vaterlande weisen auf verhältnismäßig so kleinem Raume so viele Naturschönheiten auf.

Besteige jene beiden Ecksäulen, welche die „Eichsfelder Pforte“ bilden, und eine herrliche Fernsicht eröffnet sich dir auf die „Goldene Aue“, auf die Vorberge des Harzes und den „Eichsfelder Kessel“! —

Hoch vom Berge winkt dir die alte zerfallene Burg Scharfenstein mit ihren ragenden Zinnen und fast verschütteten Burgverließen, und aus enger Waldschlucht schimmern dir die roten Dächer des gleichsam weltverlorenen Klosters Reifenstein entgegen.

Verfolgen wir den Lauf der Leine, so gelangen wir nach Heiligenstadt, der Metropole des Eichsfeldes, mit seiner herrlichen Umgebung, dem Dün, dem Iberge und der Elisabethhöhe, jener scharfen Felsennase, von welcher man eine prachtvolle Um- und Fernsicht hat. Seit vorigem Jahre ist daselbst ein 30 m hoher, hölzerner Aussichtsturm errichtet, von welchem die Aussicht noch herrlicher ist.

Sind wir bis zum Dorfe Uder gekommen, so begeben wir uns nach dem in südwestlicher Richtung sich hinziehenden Höhberge, einem herrlichen zu Uder, Lenterode und Thalwenden gehörigen Buchen- und Eichenwalde. Nachdem wir den sanft aufsteigenden Pfad mit seinem Moos-, Laub- und Blumenteppich etwa 30 Minuten verfolgt haben, fällt der Berg nach Nordwesten plötzlich schroff, fast senkrecht ab, so daß der Wanderer unwillkürlich einige Schritte von der schwindelerregenden Kante zurückweicht. Doch plötzlich hemmt er seinen Schritt; denn seinen staunenden Augen eröffnet sich ein Panorama, das unvergleichlich schön und fesselnd ist. — Wir befinden uns auf der Thalwender Klippe, so genannt nach dem zu unseren Füßen liegenden freundlichen Dörfchen Thalwenden, das mit seinen roten Ziegeldächern, seinem kleinen, allerdings baufälligen Kirchlein und seinem spitzen Türmlein einladend zu uns herauf winkt. — Zahlreiche Dörfer, üppige Saatfelder, silberne Bächlein, sanft gerundete Hügel, rauchende Schlote, dahinbrausende Eisenbahnzüge fesseln das trunkene Auge, welches zur Linken am Iberge und an der Hennefeste und zur Rechten an den sagenumwobenen „Gleichen“ bei Göttingen einen Ruhe- und Haltepunkt findet. —

Eine weit schönere und größere Um- und Fernsicht eröffnet sich uns, wenn wir von Uder aus eine Wanderung durch den Längenberg, einer umfangreichen fiskalischen Waldung zwischen Lenterode, Wüstheuterode und Eichstruth einerseits und Lutter und

Fürstenhagen andererseits, nach der Höhe von Kalteneber unternehmen. Sind wir bis Fürstenhagen, einer zu Lutter gehörigen Kolonie, gekommen, so wenden wir uns südöstlich und gelangen auf den Kamm des Hüneberges, welcher nach Süden teils sanft, teils schroff abfällt, und vor uns liegt die „Eichsfelder Schweiz“. — Verfolgen wir genannte Höhe vom „Eichstruther Kopf“ bis zur Höhe über Krombach, so zählen wir an 25 Ortschaften, welche eingebettet zwischen blühenden Gärten, in anmutigen, zum größten Teil von silbernen Bächen durchschlängelten Thälern liegend, mit ihren freundlichen Wohnungen anheimelnd und einladend zu uns herauf grüßen. Im Nordosten erblicken wir das schon eingangs erwähnte Schloß Scharfenstein, etwas mehr rechts und uns weit näher das Schloß, ehemals Burg, Gleichenstein bei Wachstedt, im Südwesten Eichsfelds Heiligtum, den Hilfensberg, die Kendelskuppe bei Hildebrandshausen, darüber hinaus am fernen Horizonte den Thüringer Wald mit dem Inselsberge, den Heldrastein bei Treffurt, im Süden anmutig im Walde versteckt das Gut Greifenstein und im Südwesten auf einem Plateau das dem Herrn Baron von Eichel-Streiber zu Eisenach gehörige Gut Goburg, auf welches bis vor wenigen Jahren das dort nötige Wasser durch das bei uns wenig bekannte Grautier geschafft werden mußte. Wahrlich ein großartiger Anblick, der das Gemüt erfrischt und das Herz des Beschauers weitet und höher schlagen läßt; nur schade, daß dieser schöne Erdenfleck so wenig bekannt ist und daß ein Aussichtsturm fehlt, welcher den Rundblick erleichtern und erweitern würde.

Nachdem wir uns mit schwerem Herzen von dem herrlichen Anblick losgerissen haben und thaleinwärts geschritten sind, gelangen wir über Krombach mit seiner uralten, in mehrere Teile gespaltenen Linde über Bernterode nach Martinfeld. Etwa eine halbe Stunde von diesem Orte nach Osten zu tritt uns plötzlich rechts vom Wege auf schwellendem Rasen ein niedliches Kirchlein, überaus reizend gelegen und Klüschen genannt, entgegen. Seine weißen Mauern umflüstern alte Linden; ein murmelnder Bach, die hier entspringende Rosoppe, schlängelt sich durch das enge Thal; hohe Bergwände, mit prächtigen Bäumen bedeckt, erheben sich neben ihr; hoch von einem gewaltigen, dicht mit Wald bekleideten Felsgipfel schauen die alten Mauern der ehemaligen Burg Gleichenstein mit dem sogenannten „blauen Wunder“, einer großartigen Aussicht in das sich nach Süden und Westen öffnende Thal. Das Ganze bietet ein wunderschönes Bild, besonders am Feste Mariä Heimsuchung, dem sogenannten Klüschenstage, an welchem alljährlich Tausende von nah und fern hierher wallfahrten und ihre Gebete Gott dem Herrn darbringen; aber auch an anderen Tagen begegnet man das ganze Jahr hindurch einzelnen Personen, welche hier in stiller Einsamkeit ihr Herz vor Gott, ihrem Schöpfer und Erlöser, durch inbrünstiges Flehen erleichtern.

Wenden wir unsere Schritte zurück über Martinfeld, Ershausen nach Geismar, so kommen wir zum Hilfensberge. Derselbe gleicht einem abgestumpften Kegel, ist etwa 465 m hoch, und seine Abhänge sind mit herrlichem Laubwalde bestanden. An seinem Fuße liegen die Ortschaften Geismar, Döringsdorf, Bebendorf und Großtöpfer, und von jeder führt ein Weg nach dem Gipfel. Der Berg ist sehr steil und mit einem Wagen nur über Döringsdorf und Bebendorf zu befahren. Nach anstrengendem Marsche gelangen wir endlich oben an und erblicken ein mit Rasen bekleidetes Plateau, von etwa 70 **ar** Größe. An der nördlichen, etwas höher liegenden Seite befindet sich eine vor einigen Jahren restaurierte und mit einem Turme versehene große Kirche, eine Kapelle und das gleichfalls in vorgenannter Zeit restaurierte Franziskaner-Kloster mit drei Patres, welche den Gottesdienst daselbst abhalten. Schon seit dem neunten Jahrhundert ist der Berg ein berühmter und gern besuchter Wallfahrtsort, der in der schönen Jahreszeit fortwährend von Andächtigen aus nah und fern besucht wird. Der Hauptwallfahrtstag, welcher alljährlich Tausende frommer Pilger aus allen Gauen unseres Vaterlandes, ja auch aus dem Auslande herbeizieht, ist der Montag nach Trinitatis, der sogenannte Hilfenstag. An diesem Tage gleicht der Berg einem wogenden Saatfelde; denn nicht nur andächtige Pilger besuchen alsdann den Ort, sondern auch zahlreiche Touristen, letztere hauptsächlich wegen der wundervollen Aussicht über das Eichsfeld und das Werrathal.

Diese ist in Wirklichkeit aber auch großartig und unvergleichlich schön, und nur derjenige, welcher dieselbe einmal genossen, kann sich davon eine Vorstellung machen. Halten wir Umschau vom nördlichen Rande des Berges, so liegt vor uns ein Teil des Eichsfeldes ausgebreitet, „und wir können von dem Dorfe Kella bis Küllstedt ganz deutlich jedes einzelne von Wiesen, Feldern, Bergen und Wäldern umgebene Dorf erkennen."

Am herrlichsten jedoch ist die Aussicht nach Süden. „Malerisch schön ist namentlich der Blick auf die Werra, deren Lauf wir von Treffurt an bis unterhalb Eschwege ganz genau verfolgen können. Rechts und links am Flusse liegen fruchtbare Auen mit von frischem Laub umsponnenen Dörfern und Weilern. Gerade vor uns liegt Wanfried, dort schaut der bei Treffurt gelegene Heldrastein zu uns herüber, in der Ferne der Thüringer Wald mit dem Inselsberge, da drüben die Ruine Boyneburg, weiter rechts das freundliche Eschwege und die hessischen Gebirge, über welche sich der wohlbekannte Meißner hoch erhebt. In der Richtung nach Kassel hin erscheint ein Gegenstand, den man allgemein für den Herkules auf der Wilhelmshöhe hält." — Auf diesem schönen Fleckchen Erde erinnert man sich unwillkürlich der Versuchung Christi durch den Teufel: „Dieses alles will ich dir geben, wenn du niederfällst und mich anbetest."

Gehen wir von hier aus zurück über Geismar und Lengenfeld, nach der ehemals hier gelegenen Stadt und Burg Stein — Lengenfeld unterm Stein genannt —, so gelangen wir nach etwa zweistündigem Marsche nach dem früheren Kloster Zelle, welches nach dem daselbst entspringenden Bache Frieda auch Friedensspring heißt. Dasselbe ist wohl eines der ältesten Klöster des Eichsfeldes und soll von einem Ritter von Tastau gegründet und mit Klosterfrauen aus dem Orden der Benediktinerinnen besetzt worden sein. Im Bauernkriege wurde dasselbe durch Pfeifer zerstört, bald darauf aber von den zurückgekehrten Nonnen wieder aufgebaut, bis es im Dreißigjährigen Kriege abermals arg mitgenommen und endlich infolge des Reichsdeputationshauptschlusses vom Jahre 1802 säkularisiert und durch die westfälische Regierung an die Herren Lutteroth und Röbling zu Mühlhausen für 180 000 Mark verkauft wurde.

Zelle liegt sehr idyllisch in einem engen Grunde, umgeben von hohen Bergen mit schönen, schattigen Waldungen, welche auf der Westseite bis dicht an die Klostermauern herantreten. Heimlicher Waldfrieden und eine heilige Stille umgiebt die in süßer Abgeschiedenheit liegenden Gebäude, so daß es noch heute seinen Namen mit vollem Recht verdient.

Etwa 200 Schritt unterhalb der Luhnequelle, zwischen Küllstedt und Bickenriede, liegt in einem anmutigen, von freundlichen Anlagen umgebenen Thalgrunde das frühere Kloster und jetzige Rittergut Annrode. Dasselbe soll von einem Ritter von Kämmerer im Jahre 1268 gegründet, mit 14 Hufen Landes ausgestattet und mit Nonnen aus dem Kloster Breitenbach besetzt worden sein. Im Laufe der Jahre wurde Annrode durch Schenkungen und Kauf sehr reich, bis es im Bauernkriege durch die Pfeiferschen Rotten beraubt und verbrannt wurde. — In kurzer Zeit blühte es jedoch wieder auf und wurde reich und angesehen, wie ehedem; im Jahre 1810 aber wurde es durch die französische Zwischenherrschaft aufgehoben und ein Jahr später an die Familie von Wedemeyer verkauft, in deren Besitz es noch heute ist. Der Luhnesprung, in einem mit schönen Anlagen versehenen Gehölz gelegen, ist im Frühjahre und Sommer, namentlich an Sonn- und Festtagen das gemeinschaftliche Ziel für Einheimische und Fremde.

Nach einer photogr. Aufn. v. F. Tellgmann-Mühlhausen i. Th.

Kloster Zelle.

Zu den schönsten und herrlichsten Punkten des Eichsfeldes gehört unstreitig der Hanstein, eine noch guterhaltene Burgruine, welche mit ihren noch stattlichen Türmen und ihren fast verwitterten Erkern ehrfurchtgebietend und stolz von ihrer Höhe auf die Umgegend herabschaut.

Der Hanstein gehört ohne Zweifel zu den ältesten Burgen des Eichsfeldes, und die Gründung desselben ist in undurchdringliches Dunkel gehüllt, daß noch kein Forscher eine auch nur annähernde Angabe gewagt hat; nur das ist geschichtlich erwiesen, daß schon in den Jahren 826—853 ein Dorf, Hanstedihus genannt, in dieser Gegend gestanden hat. Die Burg hat nacheinander die verschiedensten Herren gehabt, bis sie ungefähr in der Mitte des 12. Jahrhunderts an die Familie von Hanstein kam, in deren Besitz sie noch heute ist.

Der Hanstein ist seiner schönen Lage und seines großartigen Umblicks halber ein viel und gern besuchter Vergnügungsort, welcher von Tausenden aus nah und fern besucht wird. Er ist das gewöhnliche Ziel des Festtagsausflugs für die verschiedensten Vereine, für Turnfahrten der Schuljugend und Ausflüge der Studenten aus der nahe gelegenen Musenstadt Göttingen.

Von der Zinne des Hauptturmes hat man aber auch eine Aussicht, welche ihresgleichen sucht und zweifellos mit zu den prächtigsten auf deutscher Erde überhaupt gehört. Wohin man sich wendet, überall ist der Anblick großartig; zahlreiche Dörfer, reinlich und blinkend, geschäftige und rührige Städte, herrliche Laub- und Nadelwälder, blühende Fluren und Auen zwischen Hügeln und Bergen erfreuen das schauende Auge. Im fernen Osten erblickt man, in blauen Flor gehüllt, den Harz und vor demselben die schon erwähnten „Gleichen" bei Göttingen, den in früheren Zeiten ein kaiserliches Schloß tragenden kegelförmigen Rusteberg und die auf der linken Leineseite liegenden Berge Iberg, Elisabethhöhe u. s. w. — Von Westen her grüßen zu uns herüber die Werraberge, Kaufunger-Wald und der majestätische Meißner.

Nach einer photogr. Aufn. v. H. Struthmann-Heiligenstadt.

Burg Hanstein.

Vom Hanstein gelangen wir nach etwa 30 Minuten zur Teufelskanzel, einem ebenfalls allgemein bekannten und von Touristen stets besuchten Felsvorsprunge von etwa 452 m Höhe. Von derselben hat man gleichfalls einen ganz ausgezeichneten Überblick auf die hier hufeisenförmige Werra, die jenseitigen Berge, auf Allendorf, Bad Soden und zahlreiche andere hessische Ortschaften. — Nach der hier allgemein bekannten Sage soll hier vor alten Zeiten der Teufel, um die Menschen zu verführen und an sich zu locken, gepredigt haben. Als er eines Tages wiederum, priesterlich angethan, die Felsenkanzel bestiegen und seinen Vorspruch gesagt hatte, sah unter derselben ein Bäuerlein, das hier sein Frühstück verzehrte, hervor und sagte: „Herr Pfarrer, Sie haben etwas vergessen! Jede richtige Predigt muß mit den Worten beginnen: Im Namen des Vaters und des Sohnes und des heiligen Geistes, Amen." Über die heiligen Namen entsetzte sich der Teufel so sehr, daß er plötzlich in die unten fließende Werra fuhr, wo sich sein Pferdehuf tief abdrückte, wovon der Fluß hier noch heute die Form eines riesigen Hufeisens hat.

Fr. Sieland-Lenterode.

Das Eichsfeld und seine Bewohner.

Mögen andere Gegenden unseres herrlichen deutschen Vaterlandes großartig erscheinen an landschaftlichen Reizen, mögen wieder andere berühmt sein in allen Ländern der Welt, so lob' ich mir doch vor allen — mein Eichsfeld.

In Köln, nach einer Rheintour, von einem greisen, sehr erfahrenen Manne gefragt, wie mir es am Rheine und auf dem Rheine gefallen habe, konnte ich nur mein Entzücken über das Geschaute ausdrücken. Doch sah ich mich gezwungen in die Antwort hinein zu flechten, daß ich trotz aller Herrlichkeit mir alles großartiger vorgestellt und so in etwas enttäuscht sei. Da sagte der alte Herr, der viel in der Welt herumgekommen war: „Ja, das Eichsfeld ist auch schön, ja sehr schön; man kennt es nur nicht und ebensowenig seine Bewohner. Ich erwiderte: „Uns fehlt nur eins: entweder der Rhein oder der Wein."

Zwischen dem Harz und dem Thüringer Walde liegt hingestreckt ein schönes Hügelland, das ist unser liebes Eichsfeld. Der südliche Teil desselben heißt wegen seiner größeren Höhe das Ober-Eichsfeld, der nördliche Teil heißt Unter-Eichsfeld und ist zumeist Tiefland, das zur Provinz Hannover gehört und unter dem schönen Namen „die goldene Mark" bekannt ist. Das ganze Ländchen umfaßt ungefähr 20 Geviertmeilen, wovon 15 zum Ober- und 5 zum Untereichsfeld gehören. Die bekanntesten Erhebungen sind das Ohmgebirge (500 m) und der Sonnenstein im Norden, welche nach allgemeiner Tradition die „Eichsfeldische Pforte" bilden, während viele die Porta Eichsfeldica weiter südöstlich legen, nämlich dahin, wo die Halle-Casseler Bahn, von Bleicherode kommend, zwischen dem Dün und den Bleicheröder Bergen sich hinzieht, obwohl dies ganze Gebiet des Nordhäuser Landkreises — jetzt Kreis Grafschaft Hohnstein — nie zum Eichsfelde gehört hat.

Auf dem Obereichsfelde erhebt sich der Dün, der sich von Heiligenstadt, der Hauptstadt des Eichsfeldes, sogleich steil aufstrebend, weithin nach Osten zieht. Von der Helbequelle geht er in die Hainleite über. Vom Dün südwärts breitet sich die sogenannte „Höhe" aus, ein Plateau von oft mehr als 500 m Höhe. Mehr isoliert liegen der Hülfensberg, die Goburg, der Hanstein und der Rusteberg.

Sämtliche Erhebungen des Eichfeldes bestehen fast nur aus Muschelkalk. Darunter und in den Thälern ist Buntsandstein, welcher besonders im Kreise Heiligenstadt, weil ein ausgezeichnetes Bau- und Steinhauermaterial, in die Städte — Hannover, Magdeburg, Berlin — versandt wird. Wo Thon oder Lehmboden ist, wird derselbe mit dem gesuchten „eichsfeldischen Mergel" verbessert.

Der Boden ist in den Thälern sehr fruchtbar. An den Abhängen der Berge gewinnt nur eiserner Fleiß der schwarzen Ackerkrume den nötigen Ertrag ab. Die Berge sind meistens mit herrlichen Buchenwäldern, welche ja gut auf Kalkboden gedeihen, bestanden. An einigen Stellen sind die Berge freilich öde und kahl, was seinen Grund in der früheren unsinnigen Bewirtschaftung hat. Durch Aufmunterung und Unterstützung der Regierung zu Erfurt ist in den letzten zwei Decennien viel zur Wiederaufforstung dieser kahlen Stellen gethan.

Weser und Elbe nehmen die vom Eichsfelde kommenden Gewässer auf. Zum Flußgebiete der Weser gehören als Grenzfluß die Werra, und dann die Leine mit ihren verschiedenen Zuflüssen, zu denen auch in der Provinz Hannover sich die Rhume, mit der größten Quelle des Eichsfeldes und Deutschlands, ja vielleicht Europas gesellt.

Nicht weit davon liegt auch der einzige eichsfeldische See, der sagenumwobene, fischreiche Seeburger See. Das östliche Eichsfeld sendet seine Gewässer, von welchen die Unstrut und Wipper die bedeutendsten sind, zur Saale und mit ihr zur Elbe.

Das Klima des Eichsfeldes ist ziemlich kalt. Das mag wohl daher kommen, daß einesteils der Kalkboden zu leicht die Wärme wieder ausströmen läßt, wie auch, daß anderenteils die Hauptthäler von Osten nach Westen gehen und so dem kalten Ostwinde Thür und Thor offen lassen. Auch mögen die bedeutenden Höhen (im Mittel 300 m), Ursachen des kalten Klimas sein. Die mittlere Jahrestemperatur ist ein wenig mehr als 6° R.

Politisch gehört jetzt das Eichsfeld zum größten Teile zur Provinz Sachsen. Die Kreise Heiligenstadt und Worbis sind ganz eichsfeldisch. Vom Landkreise Mühlhausen rechnet man sechzehn Dörfer zum Eichsfelde. Die Bevölkerung beträgt über 110000 Einwohner, wovon ungefähr der 13. Teil evangelisch ist. Den Kern der Bevölkerung haben die alten Thüringer gebildet, welche sich aber mit den Sachsen und Franken vermischten. Selbst wendische Völkerelemente haben sie aufgenommen, wovon noch Benennungen einzelner Orte Zeugnis geben. Die Sprache ist im nördlichen Teile niederdeutsch oder platt, im Süden thüringisch-eichsfeldisch wie auch hessisch-fränkisch. Die Sprachgrenze fällt fast ganz mit der Gebirgsgrenze, welche Ober- und Untereichsfeld scheidet, zusammen.

Im Charakter der Eichsfelder liegen Heiterkeit, Frohsinn, Gutmütigkeit, strenge Rechtlichkeit und eine gewisse Derbheit. Wie alle Gebirgsvölker, lieben sie den Gesang. Eine leichte Erregbarkeit ist bedingt durch ihre große Lebhaftigkeit. Früher gab es wohl in den unteren Volksschichten bei Tanzlustbarkeiten leicht Händel und Streitigkeiten; heute hat sich dieses sehr geändert, was wohl der zunehmenden Bildung und dem regeren Verkehr zuzuschreiben ist. Dagegen hängt der Eichsfelder mit größter Liebe und seltener Treue an seiner Heimat. Trotz seines durch die Umstände gebotenen Auswanderns, zwecks größeren Erwerbes, trotz Ansiedelns in fremden, ja überseeischen Ländern, zieht's ihn immer wieder zurück in seine teure Heimat, zu seinen Bergen, zu seinem stillen Dörfchen, zu seinen kirchlichen und weltlichen Festfeiern, wie Kirchweihen, Schützenfesten und Hochzeiten. Auch in der Fremde hält er fest an heimischer Sitte und Sprache. Sein kirchlich- und patriotisch-treuer Sinn geht ihm auch in der Fremde nicht leicht verloren.

Sein Körperbau ist kräftig, weil er von Jugend auf an nahrhafte, kräftige Kost gewöhnt ist. Selbstgebackenes Schwarzbrot und Hülsenfrüchte sind ihm fast tägliche Speise. Als besondere Leckerbissen gelten die „Feldgieker", eine eichsfeldische Art Cervelatwurst, welche auch von Nichteichsfeldern mit größtem Wohlbehagen verzehrt wird. Man kann einem Eichsfelder in der Fremde, einem Soldaten keine größere Freude bereiten, als wenn man ihm einen Feldgieker schickt. — Der „Eisenkuchen“, auf besondere Art zubereitete Waffeln, bildet eine rasch hergestellte Beigabe zum Besuchskaffee. Kuchen aller Art, besonders Obstkuchen, als Kirsch-, Johannisbeer-, Stachelbeer-, Heidelbeer-, Zwetschen- und Apfelkuchen gilt dem Eichsfelder als notwendiger Leckerbissen; daneben liebt er Sauerkohl und Schweinefleisch oder auch Bratwurst. Drum schlachtet jede Familie mindestens eins der bekannten Borstentiere, und das Schlachtfest gilt als größtes Fest, zu dem Freunde und Verwandte geladen werden.

Die größte Anzahl der Bewohner beschäftigt sich mit Ackerbau, freilich vielfach unter schwierigen Verhältnissen. An vielen Stellen ist der Boden wenig ertragsfähig; doch eiserner Fleiß und zähe Ausdauer gewinnen auch dem schlechtesten Boden noch nennenswerte Erträge ab. Halm- und Hülsenfrüchte, Kartoffeln, Flachs, Raps und Zuckerrüben werden angebaut. Dazu kommt auf dem Untereichsfelde noch Tabak. An den Flußläufen ziehen sich saftige Wiesen hin. Das gewonnene Gras und der viel angebaute Klee geben dem durch eigene Zucht reichen Viehstande reichliche Nahrung. Die Ernte deckt nicht nur den eigenen Bedarf, sondern es wird auch sehr viel exportiert, besonders Weizen und Hafer. Die Kartoffeln, welche in großer Menge gebaut werden, sollen um 1740 hier heimisch geworden sein. Auch sie gehen zum Teil auswärts, hauptsächlich in die Industriestädte. In teuren Zeiten bildeten die Kartoffeln wohl das Hauptnahrungsmittel der ärmeren Bevölkerung. Früher gab es noch herrliche Obstanlagen, und die Gewässer wimmelten von Fischen. Heute erkennt man wohl den großen Nutzen dieser beiden Erwerbsquellen an und wendet der Obstbaumzucht und der Fischerei größere Aufmerksamkeit zu; aber es werden noch viele Jahre vergehen, ehe die vernachlässigten Obstplantagen und Gewässer nennenswerte Erträge abwerfen. Die Bienenzucht hat sich in der letzten Zeit sehr gehoben, und der erzielte Honig kommt an feinem Geschmack und Aussehen allem andern gleich.

Zwar hängen die Eichsfelder gern am Althergebrachten und wollen vom Neuen erst das Zweckmäßige, den Nutzen sehen, haben sie aber den Nutzen erkannt, so sind sie allen Neuerungen leicht zugänglich.

Von den Waldungen, welche mehr als 3 Quadratmeilen bedecken, gehören $^2/_3$ den Gemeinden und $^1/_3$ dem Staate. Der Gemeindewald, meist guter Buchenwald, bildet einen wesentlichen Teil des Reichtums der Gemeinden. Derselbe bildet den gemeinsamen, unteilbaren Besitz der sogenannten Gerechtigkeitsbesitzer. Der Anteil des Einzelnen wird an manchen Orten mit 1000 bis 1500 Mark und mehr verkauft. Alle Einwohner des Ortes haben das uralte Recht, in den Gemeinde- und Staatswaldungen an 2 Tagen in der Woche Raff- oder Leseholz zu sammeln. Seitens der Regierung wird dafür gesorgt, daß die Abholzung und Bewirtschaftung der Forsten nach festen, wirtschaftlichen Gesichtspunkten geschieht; auf diese Weise wird der übertriebenen und regellosen Abholzung eine Schranke gesetzt.

Da nutzbare Mineralien und große kraftspendende Ströme fehlen, so war die Entwickelung einer ausgedehnten Industrie unmöglich, die Herstellung von Erzeugnissen und Waren war stets nur auf Handfertigkeit angewiesen. Seit dem Streik der Bremer Cigarrenarbeiter haben jedoch die dortigen Fabrikanten das Eichsfeld mit einem Netze von Cigarrenfabriken überspannt. Außerdem finden wir daselbst Papier-, Nadel- und Cementfabriken. Fabrikmäßig werden jetzt auch wollene, baumwollene und leinene Waren hergestellt, wie auch in neuerer Zeit die mechanische Strickerei in Aufnahme gekommen ist.

Die Handweberei freilich, die früher in hoher Blüte stand, ist im Zurückgehen begriffen. Um derselben wieder aufzuhelfen, ist in Mühlhausen eine königliche Webschule errichtet.

Die Anfertigung von feinen Haararbeiten sowie von Strohdecken, Körben, Stöcken und ähnlichen Sachen beschäftigt eine große Zahl Bewohner.

Den Handel haben zumeist die Städte an sich gezogen. Doch ziehen auch heute noch zahlreiche Hausierer mit ihren vom Großhändler bezogenen Waren in alle Gegenden unseres großen deutschen Vaterlandes. Mancher Musikkapelle, die in den größern und kleinern Städten ihre frischen Weisen ertönen läßt, sieht man es nicht an, daß ihre Heimat Hundeshagen auf dem Eichsfelde ist. Um sich in ein besseres Licht zu stellen, verleugnen sie vielfach ihre Heimat und geben sich für Thüringer aus. Überall findet man Eichsfelder, und fast überall sind sie gut und treu geblieben und machen auch in der Ferne ihrer Heimat Ehre.

Die Wanderlust der Eichsfelder ist durch die Not bedingt. Die starke Bevölkerung, der Mangel einer größeren Industrie, der geringe Ertrag des Bodens, und der weit höhere Verdienst in der Fremde, das sind die Ursachen der zeitweiligen Auswanderung.

Ist aber auch nicht großer Reichtum auf dem Eichsfelde vertreten, der Bewohner hat nur bescheidene Ansprüche und lebt genügsam und zufrieden; Treue und Ehrlichkeit sind seine Haupttugenden; dem Nachbar bringt er volles Vertrauen entgegen, welches sich am besten darin zeigt, daß er selbst des Nachts sein Haus unverschlossen läßt.

Jedem Fremden gefällt es auf dem Eichsfelde, und nur ungern scheidet der Beamte von der ihm lieb gewordenen Gegend.

Die alten Trachten der Eichsfelder sind fast ganz verschwunden. Nur dann und wann sieht man noch an ganz vom Verkehre abgeschlossenen Orten Spuren der ehemaligen kleidsamen Tracht. Die Männer trugen am Sonn- wie Werktag aus selbstgemachtem, blaugefärbten Leinen auf besondere Weise gearbeitete Kittel; natürlich war der Sonntagsstaat feiner als der Arbeitskittel. Die Schulterstücken (eine Art Achselklappen) waren mit Schnüren oder Litzen besetzt. Der Staatsrock war aus feinem Tuch, gewöhnlich von blauer Farbe mit langen Schößen. Derselbe wurde nur bei feierlichen Gelegenheiten getragen, bei Trauungen, Kindtaufen u. s. w. So kam es, daß der Rock die ganze Lebenszeit aushielt und vielfach noch auf den Sohn vererbt wurde. Die Vornehmen trugen noch einen feinen Tuchmantel mit Pelerine, ähnlich wie die heutigen Hohenzollernmäntel; doch besaßen nur wenige dieses Kleidungsstück.

Die Trachten der Frauen und Mädchen waren gleichfalls von besonderer Art; doch auch sie verschwinden nach und nach. Die werktägliche Kleidung bestand aus einfach gefärbten oder auch aus ungefärbten Röcken (sog. „steifen Röcken"), Leibchen,

Jacke und Kopftuch. Zum Kirchgang und bei festlichen Gelegenheiten wurden weite, wollene Mäntel mit großen Kragen umgehängt. Für gewöhnlich trugen die Mädchen den Kopf ganz frei, während die Frauen die sogenannten Band- oder Schnurmützen aufsetzten. Dieselben waren meistens von schwarzer Farbe, aber immer aus breitem schwarzen, seidenen Band gefertigt. Eine derartige festliche Ausstattung einer Frau war ziemlich teuer. Das Kleid war von Seide; die spitzen Mützen enthielten einen feinen mit Gold oder Silber und Perlen gestickten „Einsatz". Die städtische Mode verdrängt jedoch das Althergebrachte immer mehr und bringt zwar Blendendes, aber vielfach Unsolideres dafür.

Bei Begräbnissen trugen die Frauen sogenannte Begräbnistücher, welche blendend weiß und in feine Falten gelegt sein mußten. Manches Mädchen bekam mit seiner Aussteuer auch ein halbes oder wohl gar ein ganzes Dutzend solcher Trauertücher.

Als Tischtücher wurden für gewöhnlich nicht weiße, sondern blauleinene Tücher benutzt. Porzellan gab es nur bei feierlichen Gelegenheiten. Irdenes Geschirr und hölzerne Löffel hatte man tagtäglich im Gebrauch. Später kamen die blaugeblümten Kaffeetassen in Mode.

Bei festlichen Anlässen läßt der Eichsfelder gern etwas draufgehen; denn er ist kein Mucker und Kopfhänger. Hochzeiten und Kirmessen (Kirchweihen) dauerten früher nicht unter drei Tage, heute höchstens zwei. Hochzeitsfeiern mit 50 und mehr Gästen sind nicht selten. Fröhlichkeit und gute Sitte geben auch hier jedem Feste die Weihe.

Jeder Fremde, der längere Zeit auf dem Eichsfelde heimisch war, wird seine Schönheiten erkannt, seine Bewohner geschätzt und liebgewonnen, und erkannt haben, daß sie vielfach besser sind, als ihr Ruf. Wer aber das Eichsfeld nur aus Büchern oder Beschreibungen kennt, der komme selbst, der schaue und bilde sich ein Urteil.

Th. A. Herzberg-Uder a. Leine.

Ein Spaziergang durch die Stadt Mühlhausen in Thüringen.

Schnaubend fährt das Dampfroß in den Bahnhof der vieltürmigen Stadt. Wir verlassen den Zug und folgen dem Hauptstrome derer, welche mit uns der Eisenbahn entstiegen sind. Der Weg führt uns über einen großen, durch musterhafte Sauberkeit ausgezeichneten Platz in die Augustastraße. Hier herrscht Reichtum und Überfluß; Villa reiht sich an Villa, davor in saftigem Grün Garten an Garten; hier und da ein hervorragendes Haus mit drei Stockwerken; aber im ganzen verleugnet sich auch hier die ganze Bauweise der Stadt nicht. Die modernen Kasernenbauten der Großstädte sind vermieden, die meisten Häuser haben zwei Stockwerke, viele sogar nur eins.

Links und rechts im Hintergrunde erblicken wir Fabrikessen in Menge. Herrscht doch in der Stadt eine rege industrielle Thätigkeit. Namentlich werden wollene und halbwollene Waren, Strumpfwaren und Phantasieartikel fabriziert. Ferner bestehen Garnspinnereien, Fabriken für Nähmaschinen und Fahrräder, Tabak und Cigarren, Seife, Leder, Schuhwaren, Leim und Malz. Dazu wird Eisengießerei, Färberei und Bleicherei betrieben. Auch wird in 14 Brauereien ein Bier gebraut, dessen Güte weit über die Grenzen Mühlhausens hinaus berühmt ist.

Auf dem Platze vor dem ehemaligen Erfurter Thore angelangt, stellen wir uns unter die mächtigen Kandelaber der elektrischen Straßenbahn und erfreuen uns der entzückenden Aussicht. Da sehen wir rechts am Kiliansgraben und links am Lindenbühl geschmackvolle Promenaden auf dem ausgefüllten Festungsgraben; sie sind nach dem Innern der Stadt durch die alte Festungsmauer abgeschlossen, welche bis zur Höhe zweier erwachsener Personen aufsteigt und mit ihren Bastionen und Türmen ein überaus fesselndes Bild giebt. Am Lindenbühl steht noch eine schöne Reihe alter Linden, unter deren Schatten, besonders beim Promenadenkonzert im Hochsommer, die Einwohner gern lustwandeln. Unmittelbar hinter den mittelalterlichen, zum Teil meterhoch mit Ephen umrankten Stadtmauern stehen moderne Fabriken, unter denen besonders eine hochmoderne Malzfabrik unsere Aufmerksamkeit erregt.

Wir betreten nun das Stadtinnere und gelangen nach kurzem Marsche durch die Erfurter Straße, immer der elektrischen Straßenbahn folgend, auf den Untermarkt. Unter den Bäumen dieses geräumigen Platzes läßt sich gut Umschau halten.

Dem Hause gegenüber, wo einst die Königin Luise und ihr königlicher Gemahl gewohnt haben, erhebt sich altersgrau und ehrwürdig die St. Blasinskirche. Im 13. und 14. Jahrhundert erbaut, ist sie nächst der Elisabethkirche in Marburg die älteste gotische Hallenkirche des Deutschen Ordens. An ihrer Westseite ragen zwei schöne, ganz bis in die Spitze aus Steinen ausgeführte Türme empor. Die Fensterrose des nördlichen Kreuzarmes ahmt das reizende Motiv der berühmten Rose des Straßburger Münsters nach. In bunter Farbenpracht fällt das Sonnenlicht in die schönen Innenräume dieses Gotteshauses. Nach mittelalterlicher Sitte befindet sich das Grabmal des Erbauers, Christian von Mühlhausen, Bischof von Samland, im Chor der Kirche. An seinen Namen knüpfen sich in der Geschichte Preußens wie des Deutschordens, die Errichtung des Samländischen Domkapitels und die Organisation desselben zu Gunsten des Ordens. Er war ein Mann von außerordentlicher Beweglichkeit, der bald zu Riga, bald zu Rom, am häufigsten aber in seiner engeren Heimat Thüringen auftrat, wo er abwechselnd zu Erfurt und zu Mühlhausen seinen Wohnsitz nahm.

Durch die Linsenstraße gelangen wir an den Kornmarkt. Die Länge desselben wird durch die Barfüßerkirche ausgefüllt, die jetzt als Magazin für die Kaufleute dient. Am Kornmarkte liegt auch das vornehmste Hotel der Stadt, der „Schwan“. Von ihm aus wenden wir uns rechts zum Rathaus, dessen geschwärzte Mauern mit ihren meterlangen, weit in den Rathaushof hineinragenden Regenwasserrinnen ein recht mittelalterliches Bild geben. Wir steigen die dunkle Haupttreppe hinauf und gelangen in einen hohen, offenen Saal, wo die halbdunkle Beleuchtung, die großen Darstellungen des Stadtwappens und die schweren eisernen Eingangsthüren zum Archiv und sonstigen Räumen den Eindruck des Altertümlichen verstärken. Hier wird es uns schon durch die bauliche Umgebung zu Gemüt geführt, daß wir uns im Centrum eines uralten und hochgeachteten Gemeinwesens befinden. Beginnt doch die urkundliche Geschichte der Stadt bereits 775; und es ist wahrlich nichts Geringes, auf eine ruhmvolle Vergangenheit vieler Jahrhunderte zurückblicken zu können. Das Gefühl dafür ist in der Bürgerschaft nicht erloschen, wenn auch seit dem Übergang der Stadt an den preußischen Staat 1802 die alte Freiheit dahin ist. „Wohl dem, der seiner Väter gern gedenkt.“ Dieser Gedanke hat eine ständige Ausstellung der historisch interessantesten schriftlichen Denkmäler veranlaßt, welche in den Archivgewölben aufgestellt ist, und deren Besichtigung Einheimischen und Fremden warm empfohlen werden kann. Auch wir setzen den Fuß über die Schwelle. Mit einem Kunstschlüssel läßt sich die schwere Eingangsthür öffnen; über einige Stufen hinab steigen wir in die Gewölbe, wo unter Glas und Rahmen in guter Übersicht die interessantesten Zeugen der Größe der alten Reichsstadt ausliegen. Kaiser- und Papsturkunden, Siegel von Fürsten und Städten, Stempel von Universitäten, Gerichtshöfen und Magistraten, die alten Rechtsurkunden und Privilegien der Stadt Mühlhausen, zahlreiche Urkunden auf Pergament aus dem täglichen Leben der Bürger, untersiegelte Ereignisse der Innungen, Kupferstiche mit Ansichten von Mühlhausen und zahlreichen anderen Städten, Handschriften berühmter Männer aus allen Zeiten, darunter der Männer der Reformation, der berühmtesten Generale des Dreißigjährigen Krieges, des alten Fritz und anderer Herrscher des preußischen Staates, kurz eine erstaunliche Menge hochwichtiger Archivalien reden ein beredtes Zeugnis des thatkräftigen Lebens, das innerhalb der Ringmauer und der zahlreichen gotischen Kirchen der Stadt geherrscht hat. Wir könnten hier stundenlang verweilen, denn die Ausstellung ist so reich, daß sie ein Stadtmuseum im kleinen genannt zu werden verdient. Aber wir möchten noch andere Teile der Stadt kennen lernen und werfen daher nur noch einen Blick auf die ebenfalls in den Archivgewölben aufgestellte prähistorische Ausstellung. Eine lange Reihe von Hausgeräten und Waffen giebt uns eine Vorstellung des eolithischen Menschen, welcher in dieser Gegend hauste, als noch das Wasser eines großen Sees um einzelne hervorragende Inseln rauschte, als um die Pfahlbauten ein mächtiger Urwald den Zugang erschwerte, als Mammute und allerhand Raubtiere darin ihr Wesen trieben. Am meisten fesseln uns die bis zu 51 cm langen Oberschenkelknochen jener vorgeschichtlichen Menschen und die Schmuckgegenstände, welche vor den Thoren der Stadt im vorigen Jahre von Herrn Lehrer Sellmann gefunden wurden und denen nach wohlberechtigter Schätzung ein Alter von nicht weniger als 3000 Jahren zukommt. Hochbefriedigt von der Fülle des Gebotenen eilen wir dem Ausgang zu und gewinnen durch die Ausstellung hochfeiner Photographien, die in edelstem Geschmack von Herrn Hofphotograph Tellgmann hergestellt sind, sowohl einen Rückblick über bereits gesehene Altertümer, als auch einen Überblick über das, was wir von Mühlhausen noch nicht gesehen haben, und was uns zur Fortsetzung unseres Spazierganges antreibt.

Wir verlassen die ehrwürdige Stätte, wo an der Grenze von Alt- und Neustadt das capitolium errichtet wurde, unter welchem Namen das Rathaus bereits 1310 urkundlich vorkommt, und gelangen, einige Nebengassen verfolgend, durch die Herrenstraße und das innere Frauenthor in die Promenaden an der Stadtmauer und an die Stelle, wo die Königin Luise thränenden Auges in die Landschaft hinausgeschaut. Bänke unter schattigen Bäumen laden uns ein, die prächtige Aussicht zu genießen: auf der einen Seite die hochragenden, altersgrauen Stadtmauern hinter einem tiefen jetzt zu Obstpflanzungen dienenden Festungsgraben, auf der andern Seite das saftige Grün weithin reichender Wiesen am Abhang des Hügels, auf dem wir stehen, und dahinter die breitlaubigen Promenadenbäume und ein blumenreiches Gartenviertel. Nicht brauchen uns, wie der hohen Königin, nach der dieses schöne Fleckchen Erde „Luisenruhe" genannt ist, schwere Sorgen um des Vaterlandes Glück und Ehre den Sinn zu beschweren; ihre Nachkommen auf dem Königsthrone haben in heißem Ringen Preußens Volk und Alldeutschland zu ungeahnter Machtfülle emporgehoben. Unweit von „Luisenruhe" ragt, umgeben von prachtvollen Blumenarrangements, das Sedandenkmal in Gestalt eines Obelisken empor, welches die Stadt Mühlhausen zum Andenken an den großen Krieg von 1870 und 1871 errichtet hat.

Wir gehen an ihm, immer längs der Stadtmauer, vorüber, lassen auch die Villa des Herrn Kommerzienrates Rechenbach zur Linken, in welcher Kaiser Wilhelm II. bei seinem Besuche der Stadt im Jahre 1891 Wohnung nahm, ebenso das „Schauspielhaus", in dessen stilvoll renovierten Räumen alle Winter recht gute Vorstellungen gegeben werden, und gelangen auf den Steinweg, die Hauptverkehrsstraße der Stadt. Hier herrscht kaufmännische Eleganz, bienenmäßiger Fleiß; die vorzügliche Geschäftslage hat überall moderne Bauten entstehen lassen.

In der „Bürgerschänke" überrascht uns die prächtige Ausstattung der Wände mit bildlichen Darstellungen alter, gegenwärtig niedergerissener Bauten von Mühlhausen. Wir sehen das große, zweistöckige Fleischhaus mit hohem Dach, an dessen Stelle jetzt am Obermarkt das Kaiserliche Postgebäude aufgeführt ist, eine Reihe alter Thore und Befestigungswerke, auch die malerische Klosterkirche, welche die letzte Zeit vor ihrem Abbruch als Turnhalle diente, und andere Baulichkeiten.

Noch gilt es, das vornehmste Baudenkmal der Stadt, die Marien- oder Obermarktskirche, zu besichtigen. Der Chor war bereits 1328 vollendet, der fünfschiffige Hallenbau aber scheint sich bis gegen das Ende des 14. Jahrhunderts hingezogen zu haben. Auf den Gedanken, fünf Schiffe zu bauen, konnte wohl nur der 1322 geweihte Kölner Domchor geführt haben, allein dies war eine Basilikaanlage nach französischem Vorbilde, und die Übertragung auf den bei dem deutschen Orden einmal beliebt gewordenen Hallenbau ist wahrscheinlich das Verdienst des Mühlhäuser Meisters. Ihrem Flächeninhalte nach ist die Marienkirche zu Mühlhausen nächst dem Erfurter Dome die größte Kirche in Thüringen. Der Prachtbau ist durch elementare Ereignisse schwer geschädigt, so daß sich sehr kostspielige Wiederherstellungsbauten nötig machten. Das ganze Innere mit den in vier lange Reihen geteilten 22 freien

Pfeilern macht einen streng einheitlichen, weihevollen und durchaus würdigen Eindruck. Der Aufbau des Altars enthält einen gothischen Flügelschrein mit schönem vergoldetem Laubwerk und bemalten Schnitzfiguren. In der Mitte ist die Krönung Mariä dargestellt, mit den beiden Johannes auf den Seiten und je sechs Heiligenfiguren in zwei Etagen auf den Flügeln. Die Außenseiten der Flügel sind bemalt und zeigen vier vor Teppichgründen stehende Gestalten (die Madonna, Johannes Evangelista, St. Anna selbdritt und Johannes Baptista). Die Predella enthält vier gemalte Bilder: das Gebet am Ölberg, die Gefangennehmung, die Dornenkrönung und die Auferstehung Christi. Hinter dem Altare befinden sich einige alte Gemälde mit Scenen aus der Legende des heiligen Nicolaus. Beim Aufgang zur Kanzel hängen Gemälde auf damastiertem Goldgrunde.

Nach einer photogr. Aufnahme v. F. Tellgmann-Mühlhausen i. Th.

Die Marienkirche in Mühlhausen.

Das Wappenschild mit einem Fische und drei Sternen bezeichnet den unbekannten Stifter, vielleicht einen von Toppelstein. Ferner ist hier dargestellt die Krönung Mariä. Erwähnenswert sind ferner die alten Glasmalereien der Chorfenster, welche verschiedenen Zeiten entstammen und in ihren älteren Teilen wahrscheinlich noch dem 14. Jahrhundert angehören. Unter den zahlreichen Grabsteinen der Marienkirche verdient hervorgehoben zu werden der des Bürgermeisters Gregorius Fleischaw († 1627), eines vielverdienten Mannes, der allezeit getreu an seinem Wahlspruch festhielt: „Im Unglück hab' einen Löwenmut, trau' auf Gott, es wird bald gut," und der des Baumeisters Heinrich von Sampach († 1382), der auf der Grabplatte ausdrücklich als „bawmeyster user lib vrowe" bezeichnet wird. Der bildnerische Schmuck des Hauptportales ist während des Münzerschen Stadtregimentes zerstört worden. Die auf dem Altan über dem Portal befindlichen vier lebensgroßen

Statuen sind in hohem Grade merkwürdig; sie neigen sich in so natürlicher Haltung über die Brüstung des Altans, daß sie, seitwärts aus einiger Entfernung gesehen, wie herabschauende, lebende Personen erscheinen. Die beiden mittleren Figuren stellen den Kaiser und die Kaiserin; die beiden Eckfiguren einen Hofherrn und eine Hofdame vor. Zur künstlerischen Wiederherstellung dieser Kirche sind bis jetzt etwa eine Million Mark aufgewendet, die teils aus städtischen Mitteln, teils durch eine Kirchenlotterie aufgebracht wurde.

Wir würden eine wesentliche Seite Mühlhäuser Eigenart nicht kennen lernen, wenn wir nicht die elektrische Straßenbahn zu einem Ausfluge in den Stadtwald benutzen wollten. Wir eilen daher zum Bastmarkte, wo die beste Einsteigstelle nach dem „Weißen Hause", einem von der Stadt verpachteten, beliebten Vergnügungsorte im Walde, sich befindet. Der Zudrang zu den Straßenbahnwagen ist bei schönem Wetter enorm; viele müssen, trotzdem zwei Wagen auf einmal fahren, warten und abermals warten, so daß wir froh sind, daß wir ein paar luftige und doch windgeschützte Plätze auf dem hinteren Perron gewinnen. Fort geht es in sehr raschem Tempo die Wanfriederstraße hinaus zu einem Restaurant am Schwanenteiche, der im Sommer zur Fischzucht und zum Rudersport dient und im Winter eine prächtige Schlittschuhbahn darbietet, weiter nach Popperode. Mit der gesetzmäßig höchsten Steigung erklimmt dann die Bahn die Höhe des Waldes, der sich stundenlang ausdehnt. Es ist der zweitgrößte Stadtwald in ganz Deutschland, er wird nur von dem der Stadt Görlitz übertroffen. Er bietet recht eigentlich die finanzielle Grundlage der Stadt; nur durch die reichen Einnahmen, welche sie aus einer rationellen Bewirtschaftung des Stadtwaldes bezieht, war die Stadt in der Lage, in den letzten Jahren außer den kostspieligen Tiefbauten, der Kanalisation und Wasserleitung, und außer sehr teuern Pflasterungen in ausgedehnten Straßenzügen, in rascher Folge eine Gasanstalt, ein Krankenhaus, zwei Volksschulen, eine Haushaltungsschule und eine höhere Mädchenschule zu bauen, sowie aus eigenen Mitteln die Gebäude eines königlichen Schullehrerseminars und einer „Preußischen Weber- und Wirkerschule" zu errichten und weitere Bauten für die Zukunft vorzusehen. Wir aber kümmern uns nicht um diese prosaischen Nützlichkeitsdinge, sondern freuen uns der hier sich aufthuenden Naturpracht, der in angenehmem Wechsel weithinreichenden Buchen- und Fichtenbestände, der überall bequem hinführenden Promenadenwege, der zahlreichen Ruhesitze, der balsamischen Luft, der durch das Laub glitzernden Sonne. Wenn wir uns müde gelaufen, kehren wir in einem der zahlreichen Etablissements, im Prinzenhaus oder im Weißen Haus, in Peterhof, im Waldfrieden oder im Waldschlößchen ein und lassen befriedigt noch einmal alles Gesehene im Geiste an uns vorüberziehen.

Eduard Heidenreich-Mühlhausen.

Brunnenfeste zu Mühlhausen in Thüringen.

In der Stadtflur von Mühlhausen i. Th., wo der waldgekrönte Hainich sanft zu dem nach dieser Stadt genannten Becken abgleitet, treten mächtige Quellen zu Tage. Die stärksten, zugleich die wasserreichsten in ganz Thüringen, sind die Popperodaer und die Breitsülzen-Quelle. Nach dem gelehrten Gutachten der Geologen sind sie wie andere größere Quellen, die anderwärts am Fuße sanft geneigter Abhänge des obersten Muschelkalkes sich finden, nur dadurch entstanden, daß die auf den Schichtenfugen von den benachbarten Höhen den Muldentiefsten zufließenden atmosphärischen Wasser an einem Punkte mit minimaler Seehöhe sich auf einer zufälligen größeren Schichtenkluft emporgezwängt haben. Anders faßt das poetische Volksgemüt die ihm wunderbare Erscheinung auf. Ihm ist das Hervortreten der mächtigen Wasseradern kein Zufall. Es sieht darin das Walten geheimnisvoller Kräfte, die durch einen gewaltigen Willen gelenkt, aus dem Erdinnern reichen Segen spenden. Niemand kann sich auch des Zaubers erwehren, wenn er in das herrliche Blaugrün dieser einzigen Quellen schaut. Nur die Unzulänglichkeit des irdischen Auges scheint es zu sein, die verhindert, daß wir durch diesen Zauberborn in der Erde Werkstatt sehen und ihr die Geheimnisse ihres Schaffens ablauschen.

Desto ergiebiger hat aber das geistige Auge der Dichter im Anschauen der offenbaren und verborgenen Quell-Schönheiten geschwelgt. Gar zahlreich sind in den letzten drei Jahrhunderten in lateinischer und deutscher Sprache Dichtungen zum Preise der Mühlhäuser Quellen, besonders der zu Popperoda, entstanden. Und als der Verfasser dieser Zeilen zur Hundertjahrsfeier Wilhelms I. ein Festspiel aus Mühlhausens Vergangenheit zu schreiben unternahm, wußte er nichts Besseres sich zu erdenken, um die Gemüther im Innersten zu erfassen, als die geliebteste Quelle zum Ausgangspunkte zu nehmen und die Quellnixe Borntrud als guten Geist der Stadt durch alle Zeiten walten zu lassen. Seinen Haupttreffer aber erzielte er dadurch, daß er im Schlußakt das althergebrachte „Bornfest“ auf die Bretter, welche die Welt bedeuten, brachte.

In der That giebt es nichts, was den Mühlhäusern so ureigen ist, wie ihre Brunnenfeste. Wann sie entstanden sind, läßt sich nicht feststellen; vermutlich liegt ihr Ursprung schon in heidnischer Zeit. Sie sind ein alter Dankgottesdienst, von allen Generationen an den Stätten abgehalten, die von der Natur zur Ansiedelung wie geschaffen waren. Die Zeit der Feste war der Frühsommer, wo des Himmels und der Erde Segen aller Kreatur am augenfälligsten ist; und das Dankopfer bestand in Blumen als den schönsten Gaben der gesegneten Fluren. Zu Anfang des 18. Jahrhunderts hatte man das Bedürfnis, eine Jubelfeier der Brunnenfeste zu begehen, und willkürlich das Jahr der Erbauung des Popperodaer Brunnenhauses durch den Bürgermeister Gregor Fleischhau 1614 als Beginn der Feste angenommen. Dies stimmt aber um so weniger, als bereits damals der schöne Festplatz mit mehrhundertjährigen Linden umstanden war. Richtig ist nur, daß in jenem Jahre der um Mühlhausen wohlverdiente Patricius et Consul Reipublicae

Molhusinae den vorerwähnten Brunnentempel erbaute, die Quelle einfaßte, den Festplatz mit einer Mauer umgab und den Festbrauch zeitgemäß abänderte. Es hat sich damals also nur um die Neuordnung eines uralten Brauches, nicht um eine Neuschaffung gehandelt. Ein besonderer Umstand spricht für die Annahme, daß die Brunnenfeste bereits von den heidnischen Mühlhäusern gefeiert wurden, der Umstand, daß zu diesem Feste ein eigenes Gebäck unter dem Namen „Stützel" auf der Tafel erscheint. Das ursprünglich einheitliche Fest ist im Laufe der Zeiten nach Kirchspielen und Anstalten geteilt worden, so daß jetzt jährlich eine ganze Reihe solcher Feste begangen wird.

Den Anfang macht das Knabenbrunnenfest gewöhnlich an einem Montage um die Mitte des Monats Juni. Seit 1873 nehmen daran nur die Knaben der Bürgerschule teil, während früher auch die Gymnasiasten mitfeierten. Die Schüler versammeln sich in der ersten Nachmittagsstunde mit ihren Lehrern im Schulgebäude und ziehen unter Vorantragung der Schulfahne und dem von Musik begleiteten Gesange geistlicher Lieder nach Popperoda. Es gewährt einen gar erfrischenden Anblick, die strammen Jungen zu sehen, wie sie stolz ihre an Stäben befestigten Blumensträuße tragen, die gleichsam zum Opfer in das klare Naß des Brunnens versenkt werden und malerisch geordnet noch tagelang das Auge des Besuchers entzücken. An der Quelle, die so geschmückt, wird eines der vielen seit alters üblichen Brunnenfestlieder gemeinschaftlich gesungen, worauf der Rektor oder ein anderer Lehrer der Anstalt von der Kanzel des Brunnenhauses die Festrede hält, welcher sich wiederum ein Gesang anschließt. Darauf werden jetzt wie vor Jahrhunderten „unter schuldlosen Freuden und Vergnügungen" wie es in einer Chronik heißt, einige Stunden in Gottes herrlicher Sommerpracht verlebt, bis sich die Jugend zum Liede „Nun danket alle Gott!" wieder um die Quelle sammelt und unter Absingen geistlicher Lieder zum Schulhause zurückkehrt, wo mit Gesang und Gebet die schöne Feier ihr Ende erreicht.

Photogr. Aufn. v. F. Tellgmann-Mühlhausen i. Th.
Brunnenhaus der Popperoder Quelle.

Hat bei diesem Feste schon ganz Mühlhausen mitgefeiert, so erreicht doch unstreitig in dem eine Woche später abgehaltenen „Mädchenbornfeste" dieser eigenartige Brauch seinen Höhepunkt. Ein Fest von höchster Anmut und Lieblichkeit, ein wahres Blumen- und Rosenfest ist dieser Tag, der von den Schülerinnen der höheren Töchterschule und der Mädchen-Bürgerschule begangen wird. Jedes einzelne Kind ist von den Eltern mit Bändern, Schleifen und Blumenkränzen nach Gestalt und Haarfarbe verschieden, mit einem geradezu auffallend guten Geschmack und

Schönheitssinn geschmückt, so daß der Auszug der Mädchen einem wandelnden Blumengarten gleicht. In die Quelle versenken die Mädchen als ihr Blumenopfer einen prachtvollen Stern, an welchem die größern schon tags zuvor gearbeitet haben, und der noch tagelang viele Besucher von nah und fern anzieht. Im übrigen ist der Verlauf des Festes, wie oben beschrieben, nur ist die Teilnahme eine fast noch größere.

Diese beiden sind die „städtischen" Brunnenfeste. Die der Volksschulen oder die „vorstädtischen" finden etwas später, aber in ähnlicher Weise statt; Mädchen und Knaben feiern gemeinsam, ebenfalls im Blumenschmucke, in Popperoda noch das der Vorstadtgemeinden St. Nicolai, St. Petri, St. Magarethen und das Waisenkinderbrunnenfest, zu welch letzterem Stiftungen von solcher Höhe gemacht worden sind, daß die Waisen am Abend mit Braten und sonstigen Leckerbissen bewirtet werden können. Auch zu den andern Bornfesten spenden ältere Stiftungen Geldbeiträge zur Deckung der Unkosten und liefern zum Teil auch Mittel zur Bewirtung der Lehrer, die mit ihren Angehörigen den Saal des Brunnenhauses als Festraum benutzen. An der anderen schönen Mühlhäuser Quelle, der Breitsülze (zusammengezogen aus Breiteshölzer Quelle), die mehr noch als die vorige ihre ländlich idyllische Art bewahrt hat, findet an demselben Tage, da die vorerwähnten Gemeinden in Popperoda feiern, das Brunnenfest der Vorstadtgemeinden St. Martini und St. Georgi statt; ebenso bis zum vorigen Jahre auch das Fest der katholischen Schulen. Was diese bewogen hat, von dem Brauche abzugehen, ist unbekannt geblieben. Seit dem Vorjahr ist aber noch eine andere Neuerung im Festbrauch eingetreten, welche man wohl verstehen und billigen kann. Die Volksschulen ziehen nicht mehr unter Absingen von geistlichen Liedern, sondern mit frohen Märschen den weiten Weg durch die Stadt. Der religiöse Charakter des Festes leidet darunter keineswegs.

Von der tiefen Bedeutung der Brunnenfeste für die Mühlhäuser berichten die Chronisten aller Zeiten. Jeder Versuch, sie aufzuheben, würde als ein frevelhafter Eingriff in das Volksleben und eine Gefährdung des städtischen Gedeihens betrachtet werden. Geht doch, wie Knauth berichtet, die Sage, daß, als in einem Jahre das Brunnenfest ausgefallen sei, die Quelle sofort aufgehört habe, ihr segenbringendes Wasser zu spenden. Da habe man dann alsogleich nachträglich das Brunnenfest gefeiert und siehe, in mächtiger Fülle sei plötzlich das Wasser wieder hervorgesprudelt. Auch der Verfasser legt in seinem erwähnten Festspiele den Mühlhäusern ans Herz, angesichts des „reinsten Bluts der hehren Mutter", das „täglich neugeboren", (ventris inexhausti purissima viscera) die Himmelsblume der Romantik und mit ihr ein schönes Stück Mühlhäuser Eigenart weiter zu pflegen, indem er ihnen zuruft:

Von alters hat Mühlhausens Bürgerschaft
Die Blume hier im Born gefunden,
Für ihr Gemüth aus ihm sich Jugendkraft
Erneut geschöpft in frohen Stunden.
Und nur, weß' Herz am bloßen Nutzen klebt,
Hält diesen schönen Brauch für überlebt.

Zum Nutzen wußtet ihr die Quelle gar
In Eure Häuser Euch zu leiten;
Doch eingeengt selbst, bleibt sie, was sie war,
Ein Freudenborn für alle Zeiten.
Erst, wenn euch aller Schönheitssinn verläßt,
Dann schlummert ein auch Euer Brunnenfest!

Dr. Spiethoff.

Die Vogteier.

Eine gute Stunde südlich von Mühlhausen in Thüringen liegt eine alte wendische Enklave, die Vogtei, bestehend aus den ansehnlichen Dörfern Oberdorla, Niederdorla und Langula. Bis gegen die Mitte des eben abgelaufenen Jahrhunderts hat das Völkchen seine alten Sitten und Gebräuche, auch die Kleidung und den Dialekt treu bewahrt, und erst in der zweiten Hälfte, namentlich nach dem französischen Kriege, hat sich leider vieles des Althergebrachten abgeschliffen und modernisiert. Im nachstehenden sollen einige Züge aus dem Leben und den Sitten der Vogteier mitgeteilt werden.

Eines Sonntagsmorgens kam in einem von den oben genannten Dörfern um die Ecke der gegenüberliegenden Kirchstraße herum ein junger Mann in langem, vielknöpfigen Rocke altdeutschen Schnittes, hohen Stiefeln und Kniehosen, aber ohne Kopfbedeckung, mit langsam gemessenem Schritte daher. Die Haare waren demselben zu einem sogenannten Krönchen auf der Mitte des Scheitels zusammengepappt. In der ausgestreckten rechten Hand hielt er ein weißleinenes Tuch, dessen vier mit schwarzen Buchstaben bestickte Zipfel herabhingen, und einen Rosmarinzweig. In einem Abstande von etwa zehn Schritten folgte eine Jungfrau, in einen langen, faltenreichen, schwarzen Mantel gehüllt und auf dem Kopfe einen aus seidenen Bändern, bunten Blumen und Flittern bestehenden Kopfputz tragend. Nach je zehn Schritten kamen dann ähnlich gekleidete Männlein und Weiblein im Gänsemarsche nach. Das Ganze war ein Hochzeitszug, und das mit Namen bestickte, weiße Tuch, welches der Bräutigam voraustrug, war ein sogenannter Jolappen, den er von seiner Braut bei Erlangung des Jawortes anstatt des anderswo üblichen Trauringes erhalten hatte. Der Jolappen spielt während des ganzen Ehelebens eine sehr wichtige Rolle. Er breitet sich vor dem Mantel der Hebamme aus, welche das ehelich geborene Kind zur Taufe trägt und wird endlich über den Sarg des Ehegatten gedeckt, der zu Grabe getragen wird. Die schwarzen Buchstaben in den Ecken des Tuches sind die Anfangsbuchstaben der Vor- und Zunamen der Eheleute in der bei den Vogteiern üblichen Kürzungsweise. So bedeutet z. B. A. B. = Annebarbe (Anna Barbara), A. E. = Anneve, A. L. = Anneliese, M. L. = Marieliese, I. M. = Kannmärten (Johann Martin), I. H. = Kannhenner (Johann Heinrich), B. A. = Baschen Anres

(Sebastian Andreas), I. A. = Kannoaden (Johann Adam), S. B. = Stollberg, W. = Weiß (Wiß), M. = Muder, W. B. = Weißenborn u. s. w.

Die Vogteier sind körperlich und geistig gut entwickelt. Die jungen Leute gehen meist zur Garde und sind bestrebt, sich fortzubilden. In Oberdorla besteht schon längere Zeit ein Bildungsverein. Ein namentlich in der Weltgeschichte bewanderter Landmann hieß der „gelehrte Stolberich". Dazu sind sie ein sehr kirchliches Volk. Die Kirchen sind Sonntags bis auf den letzten Platz gefüllt, rings auf den Emporen stehen in ihren langen, schwarzen oder dunkelgrünen Röcken die Männer, und in den Kirchstühlen sitzen Kopf an Kopf die Weiber, deren Kopfbedeckungen entweder aus sogenannten Schnurrbetzen (Mützen) bestehen, von schwarzer Farbe mit langen, breiten, nach hinten hängenden seidenen Bändern und dreieckigem, besticktem Schildchen und mit fräsenartiger Spitze besetzt, welche auf der Mitte der Stirn schneppenförmig vorspringt, oder in einfachen, dunklen Bandmützen mit Kopflappen, der die Stirn bedeckt. Die Männer tragen bei feierlichen Gelegenheiten „Dreimaster"; das sind breitkrempige Hüte, deren Krempen nach vorn und nach den Seiten aufgebogen sind und in dieser Lage durch Schnuren festgehalten werden.

N. e. phot. Aufn. v. A. Krebs-Mühlhausen i. Th.

Vogteier Trachtenbild.

Eigentümlich sieht es aus, wenn die Männer nach dem Gottesdienste in langem Zuge zu dreien oder vieren nebeneinander auf den Anger ziehen, um da aus dem Munde des „Heimbürgers" obrigkeitliche Verordnungen und andere Bekanntgebungen zu vernehmen. Von da aus bewegt sich der Zug nach dem nahe gelegenen Gemeinde-Backhaus, um das hier gar gewordene Sonntagsgericht, ein „Kartoffelgeschminke", abzuholen. Diese einfache Sonntagsspeise besteht aus Hammelfleisch und Kartoffeln mit Kümmel und Salz, welche im Backofen so geröstet sind, daß sie eine braune, zusammenhängende Kruste bilden.

Besonders hoch geht es an den kirchlichen Hauptfesten und zu der in den Herbst fallenden Kirmeß her. Da wird in der Schenke oder bei günstiger Witterung auf dem Anger getanzt, wobei die Jungfrauen in ihren kurzen, faltenreichen Röcken von den Burschen herangewinkt und tüchtig herumgeschwenkt werden. Zur Kirmeß giebt es gewöhnlich reichlichen Zwetschenkuchen (die böse Welt sagt: „Zuweilen mit Fliegenbeinen"). Am dritten Pfingsttage wird der „Schößmeier" geholt, erinnernd an einen alten heidnischen Gebrauch. Derselbe besteht aus einer Hohlpyramide von grünen Zweigen, welche auf ein Pferd gesetzt und mittelst einer durchgesteckten

Stange von zwei nebenher reitenden Burschen gehalten wird. In der Pyramide steckt ein Junge, an den zuweilen der Spottruf gerichtet wird: „Stoffel pfief!“ Hinterher folgt eine Gesellschaft berittener Bauernburschen und eine große Menge Neugieriger. Auf dem Anger angekommen, muß der Stoffel möglichst unbemerkt aus der Pyramide schlüpfen, die dann von den Festteilnehmern zertrümmert wird.

Die Werktagskleidung der Vogteier besteht gewöhnlich in Gamaschen oder Schaftstiefeln mit dicken, nägelbeschlagenen Sohlen, kurzen Kniehosen, blauen Spanskitteln aus Leinwand und dunkelblauen Zipfelmützen. Bei kälterem Wetter tragen die Männer und Burschen lange, meist dunkelgrüne Röcke aus Beidergewand (Wolle mit Leinen oder Baumwolle verwebt), und mit vielen blanken Knöpfen besetzt. Die Weiber tragen mächtige Schnallenschuhe, dunkelblaue Strümpfe und kurze, faltenreiche Röcke von dunkelgrünem Beidergewand, vielfach rot gefüttert, Mieder und Hemden, deren lange Ärmel bauschig zurückgeschlagen sind, sowie die schon oben bezeichneten Mützen und Kopftücher. Bei kalter Witterung schützen sie sich durch Jacken aus Beidergewand und gegen die Sonne durch kiepenartig geformte Strohhüte. Die gewöhnliche Beschäftigung der Vogteier ist Landbau und Viehzucht, doch leben sie bei dem Reichtum der Dörfer an Wald bis zum kleinen Mann herab vielfach vom Holzverkauf. In früheren Jahrzehnten hatten die sogenannten „Vogteier Wellchen“ einen ausgebreiteten Ruf, der in dem Liedchen Ausdruck fan

N. e. phot. Aufn. v. A. Krebs-Mühlhausen i. Th.
Vogteier Trachtenbild.

Vogteierchen, drei Dreierchen,
drei Röttelchen, drei Zinkerchen,
bing'*) zue!

Selbstverständlich giebt es unter den Vogteiern auch Handwerker, namentlich Maurer, Zimmerleute, Tischler, Schuhmacher und Schneider, und seitdem Mühlhausen Fabrikstadt geworden, leben in der Vogtei eine große Anzahl Weber, deren Frauen und Töchter Markttags in langen Zügen, das Strickzeug in der Hand, nach der Stadt pilgern, um in ihren hohen, schlank gebauten Tragkörben die fertigen Stücke an die Fabrikanten abzuliefern und Ketten und Garne wieder mit heim zu nehmen. Die sich unterwegs Begegnenden rufen sich die stereotype Begrüßungsformel zu: „Stoadt ginn?“ oder „Stoadt gewest?“. Abends lautet der übliche Gruß an die zur Spinnstube Wandernden „Spelle ginn?“ —

*) binde.

Von der konservativen Gesinnung der Vogteier giebt das Sprichwort Zeugnis: „Der Vogteier behauptet sein Recht.“ Leider haben die letzten Jahrzehnte und namentlich die Berührung mit der Stadt zum Teil nicht nur die praktische und kleidsame Tracht der Vogteier allmählich in städtische umgewandelt, sondern auch die Sitten und Gebräuche dieses Volkes vielfach abgeschliffen, so daß sich ihre Eigenart immer mehr verwischt und in absehbarer Zeit völlig verloren gegangen sein wird.

A. Krebs-Mühlhausen i. Th.

Erfurts Umgegend.

„Wer recht in Freuden wandern will, der geh der Sonn' entgegen: da ist der Wald so kirchenstill, kein Lüftchen mag sich regen. Noch sind nur die Lerchen wach, und im hohen Gras der Bach flüstert leis' den Morgensegen!“ — So nimm denn deinen Stock und Hut und wandere mit mir hinaus aus des Volkes wogendem Gedränge und der Straßen bedrückender Enge in die freie, herrliche Gottesnatur, in den lieblichen Steigerwald und laß alle Sorgen und allen Kummer zurück in dem dumpfen Gemäuer der Stadt, wo man sich liebt und haßt, neidet und beneidet wird, kauft und verkauft, handelt und feilscht, als hinge das Glück des Lebens allein davon ab! Den steilen Abhang hinansteigend und den Schienenstrang der Thüringischen Eisenbahn auf eiserner Brücke überschreitend, betreten wir den Augustapark, jenen Teil des Steigers, in dem im Jahre 1876 die unter dem Protektorat der Kaiserin Augusta stehende „Allgemeine Deutsche Gartenbauausstellung“ abgehalten wurde. Die Anwesenheit der Kaiserin verewigt ein Geschenk derselben, eine Säule mit einem gekrönten Adler. Nach wenigen Schritten stehen wir auf der Friedrich-Wilhelmshöhe, die ein Obelisk aus Sandstein schmückt, der zu Ehren König Friedrich Wilhelms III. errichtet wurde und uns an die schwere Zeit der Napoleonischen Fremdherrschaft und der Befreiungskriege erinnert. Hatten doch in diesen Jahren Speichellecker der Höhe den Namen „Napoleonshöhe“ beigelegt und auf ihr einen Säulentempel errichtet, dessen Spitze eine Siegesgöttin trug und in deren Innern die Büste des korsischen Eroberers aufgestellt war. Am 1. November 1813 brannte der ganze Bau bis auf den Grund nieder. Welch herrliche Aussicht aber bietet sich unsern Blicken auf die altehrwürdige Erfordia und das umliegende Gelände! Da liegt sie vor uns, die turmreiche Stadt mit ihrem Häusergewirr und ihren zahlreichen Kirchen, unter denen die auf einem Hügel liegenden, die Dom- und die Severikirche, besonders hervorragen. Hinter ihnen und westwärts erheben sich die beiden, jetzt zu Kasernen verwandten, ehemaligen Citadellen Petersberg und Cyriaksburg, welche in den ältesten Zeiten Klöster trugen, deren fleißige Insassen der Erschließung und Kultivierung der Gegend das größte Interesse entgegenbrachten. Den Hintergrund schließen die Fahnerschen Höhen, die Hainleite und das Harzgebirge, von denen bei heiterem Himmel das Kyffhäuserdenkmal und der Brocken herüberwinken. Strahlenförmig breiten sich von der Höhe Promenadenwege, nach ihrem ersten Erbauer Hedemannswege genannt, aus, die den Steigerwald zu einem einzigen großen Naturparke stempeln. Einer derselben führt uns westlich zur sogenannten Hochheimer Ecke, wo uns eine Ruhebank unter schattiger Eiche zum Bleiben einladet. Rechts in der Ferne schaut das Auge die Stadt und die Cyriaksburg, vor sich im Grün der Obstbäume das vom Steiger und den Fahnerschen Höhen eingeschlossene und von den Wellen der Gera bespülte Dörfchen Hoch-

Nach einer photogr. Aufnahme im Verlag von Alb. Riedling-Erfurt.

Der Steigerwald.

heim, über dem sich die kleine, aber schmucke evangelische Kirche erhebt, links die Fortsetzung des Steigers und der Fahnerschen Höhen, das Thal der Gera, die Wachsenburg und den Schneekopf des Thüringer Waldes. An der Hochheimer Ecke ist gewissermaßen die Porta Erfordiana, da die vom Thüringer Walde kommende und von Arnstadt an das Thüringer Hügelland durchfließende und durch Wipfra und Apfelstedt verstärkte Gera sich durch Fahnersche Höhen und Steiger durchgewaschen hat und nun das Tiefland des Thüringer Beckens betritt, um der Unstrut zuzueilen. Hier, am Fuße des Steigers und am rechten Geraufer bis zur Stadt, entspringen auch die Quellen des Dreienbrunnens, die eine durchschnittliche Wärme von 9—12° R. besitzen. Sie bewässern eine Gemüseanlage von 50 ha, die hauptsächlich dem Ratsmeister Christian Reichart, welcher am Ende des 19. Jahrhunderts lebte, ihre Entstehung verdankt. Die größte Quelle wurde 1232 gefaßt und mit einer Mauer versehen; sie führt heute den Namen Philosophenbrunnen und liegt in der Nähe der Restauration „Flora". In Klingen, das sind offene, flache Kanäle, wird die weltberühmte Brunnenkresse gezogen. Zwischen ihnen, auf 1—1 $^1/_2$ m erhöhten Bodenteilen, Jähnen genannt, erntet man Blumenkohl, Kraut, Sellerie, Porree u. s. w. Am linksseitigen Ufer der Gera dagegen zieht sich der Luisenpark hin bis zu den städtischen Anlagen, in denen die Statue des vor-

Nach einer photogr. Aufnahme im Verlag von Alb. Riedling-Erfurt.

Die Gärtnereien in Dreienbrunnen und die Cyriaxburg.

erwähnten Ratsmeisters Reichart ihren Standort gefunden hat. Im Luisenparke verweilte seinerzeit die unvergeßliche Königin Luise von Preußen; die Stätte aber, die ein edler Mensch betrat, die ist geweiht für alle Zeiten! — Von der Hochheimer Ecke weiter schreitend leiten uns die schattigen Promenadenwege, geziert mit Gedenktafeln an General v. Hedemann, und den ersten bedeutenden Kunstgärtner Erfurts, Friedrich Adolf Haage, an der Vesperbank vorüber zum Hopfengrunde und weiter zur Kuhweide und dem Waldhaus am südlichen Waldesrande. Eine überraschende Aussicht bietet sich hier dem staunenden Auge und ruft unser Entzücken wach. Siehe, da liegt vor uns ein großer Teil des Thüringer Hügellandes, besät mit unzähligen Flecken und Dörfern im Glanze der Sonne und läßt unsern trunkenen Blick schweifen bis hin zu den grünbewaldeten Höhen des Thüringer Waldes und seinen

Berghäuptern: Inselsberg, Finsterberg, Beerberg, Schneekopf und Kickelhahn; da ziehen sich lang aneinander gereiht wie Perlen an der Kette hin die Fahnerschen Berge, die Seeberge bei Gotha, die drei Gleichen bei Wandersleben, der Tannbuch, Horst und Haart mit den Rheinsbergen bei Arnstadt, die Willinger Höhen, der Singerberg bei Stadtilm und der Kranichfelder Forst; da schluchtet sich der Plauesche Grund von dem gewerbfleißigen Arnstadt hinein zu dem Massiv des Thüringer Waldes; da eilen die Dampfrosse der Thüringischen, Ritschenhäuser und Arnstadt-Ilmenauer Eisenbahn, um Reisende und Güter dem Süden des deutschen Vaterlandes zuzuführen. Wahrlich, wem da das Herz nicht aufgeht, der müßte ein steinernes oder erzenes Standbild sein! Ein ähnlicher Blick öffnet sich uns an der Schutzhütte über dem Schießhause auf das nördlich und östlich von Erfurt gelegene Gelände, nicht minder schön, nicht minder reizend und lieblich. Da erblicken wir den großen und kleinen Ettersberg, die Heilinger Höhen und Hartberge, die Hainleite, die Schmücke und Finne, das Kyffhäusergebirge und den Harz; da sehen wir die Unstrutpforte und die obere und untere Sachsenburg, das Thal der Gera bis zur Mündung in die Unstrut begleitet von den Fahnerschen Bergen im Westen. Sollen wir noch von dem stattlichen Erfurt und seinen reizenden Dörfern und lachenden Fluren reden? Nein! Wir schließen mit dem Ausspruche Luthers: „Erfurt und seine Umgebung ist wahrlich eine Schmalzgrube!“

Ch. Böhme-Erfurt.

Auf Steigershöh.

Verrauscht der Lärm; ein ahnungsvolles Schweigen
Liegt ausgebreitet über Flur und Hain;
Nur leise zwitschern Vöglein in den Zweigen
Und wiegen sich in süße Träume ein.

Die Blume senkt ihr Köpfchen, müd vom Strahle,
Der um sie warb mit heißem Liebeskuß;
Ein kühler West streicht über Berg und Thale,
Und flüsternd tönt vom Walde Gegengruß.

Es weilt der Fuß auf kahler Bergeshöhe,
Weit schaut der Blick hinein ins stille Land,
Tief drunten ruht die Stadt mit Wohl und Wehe,
Umschlungen von der Gera Silberband.

Sieh dort! Im West erstrahlt der Burg Gemäuer
Noch einmal purpurrot in hehrer Pracht,
Noch einmal eh' sich senkt der dunkle Schleier,
Auf schwerem Fittich zieht heran die Nacht.

Da plötzlich sendet wunderbares Klingen
Mariens Dom zur stillen Höh' empor,
Des Herren Fest will „Gloriosa" bringen
Willkommengruß im vollen mächt'gen Chor.

Und um mich wogt und rauscht die Flut der Töne, —
Bald hoch, bald tief, bald stark, bald zart und leis', —
In nie geahnter reicher Pracht und Schöne,
Zu klingen und zu singen Gottes Preis!

Wie schwinden da im Flug der Welt Gedanken,
Wie stimmt die Andacht ernst das Menschenherz,
Wie schwingt der Geist sich über ird'sche Schranken
Zum Höchsten auf und wandert himmelwärts!

Der Odem Gottes wehet durch die Lande,
Erfüllt das Herz mit Glanz aus jener Welt;
Der Gottesgeist sprengt Fesseln, sprengt die Bande,
Schafft wonnig Blühen unterm Sternenzelt.

Nun, Geist des Herrn, laß Lebensfluten rauschen
Auch stromesgleich durch Hütte und Palast,
Die kalten Herzen Lieb' um Liebe tauschen
Und Frieden wohnen, wo man sich gehaßt!

Dann wird ein neues Pfingsten steigen nieder,
Verklären Stadt und Dorf mit lichtem Schein,
Und hoch und niedrig, eines Stammes Glieder,
In Fried' ein Herz und eine Seele sein!

Ch. Böhme-Erfurt.

Rudolf von Habsburg in Erfurt.

(Nach einer im Erfurter Lutherfest-Almanach von Prof. Dr. Kirchhoff-Halle erschienenen Abhandlung.)

Während der „schrecklichen kaiserlosen Zeit" waren traurige Zustände im lieben deutschen Vaterland; Gesetzlosigkeit und schrankenloses Faustrecht herrschten in jenen Landesteilen, wo einst kraftvolle Fürsten die Krone getragen, wo unter ihrem väterlichen umsichtigen Walten der Landanbau, der Handel und der Verkehr sich entfaltet hatte. Nun, da die Frucht saurer Mühe reifte, pflückten sie Buschklepper und Wegelagerer, betrogen Kipper und Wipper den Handelsmann um seinen Verdienst! Wahrlich, Deutschlands Entwickelung drohte in einen tiefen, tiefen Schlaf zu versinken!

Unter der Herrschaft der Sachsenkönige hatte des Reiches Herrlichkeit begonnen. Die Städte waren entstanden, und die rührigen Bürger hatten, durch die festen Mauern geschützt, gleich den emsigen Bienen fleißig eingetragen. Ihre eigenen Bedürfnisse riefen die vielgestaltigsten Handwerke hervor, die erhöhten Ansprüche an dieselben und deren eigene strenge Gliederung in die Zünfte und Gilden förderten ungemein den Ausbau der Gewerbe. Den Fleiß krönte aber auch der Preis! Wohlhabende Zünftler und reiche Patrizier waren zahlreich in Erfordias Mauern zu finden.

Endlich gab der Waidanbau im freundlichen Thüringen mancherlei Gelegenheit zu gewinnbringender Thätigkeit. Ja, zur vollen Bewältigung der entstehenden Arbeit war sogar der Zuzug fremder Arbeiter aus des Reiches Osten erforderlich. Hier tritt bereits die alte Erscheinung der „Sachsengänger" deutlich hervor.

Bei diesen Reichtümern innerhalb der Stadt, bei den so regen Handelsbeziehungen nach allen Weltgegenden und bei dem Austausch der wertvollen Ladungen zwischen Erfurt und den angrenzenden Gebieten war es nun nicht anders möglich, als daß sich hier besonders die Raubritter ihre Beute zu erspähen suchten. Dazu kam, daß die Verbindungen der Städte, die Geleitswege, sich in einer trostlosen Verfassung befanden und dem Räuberunwesen geradezu Vorschub leisteten. Durch Hohlwege und tiefeingeschnittene Rinnthäler mußten die armen Pferde die schweren Fuhrwerke bergan schleppen, schlüpfriger Boden erschwerte jede Bewegung, und manch tiefe Wagenspur erzählte von der Anstrengung, die gemacht wurde, um festgefahrene Lastwagen wieder zu bewegen.

Endlich hatten die Städte noch keinen Bund zu Schutz und Trutz geschlossen, wie späterhin die stolze „Hansa"; ja neidisch blickten sie wohl gar auf des Nachbarn Entwickelung. Da war denn freilich in einer solchen isolierten Stellung die eigene Macht nur bis zum Weichbild wirksam, jede Anwendung derselben hinüber zum unruhigen Nachbarn zog unbedingt die blutigsten Fehden nach sich. Wogte doch im 18. Jahrhundert schon ohnehin in Thüringen der Kampf ruhelos umher! Der blutige Thüringer Erbfolgekrieg wirbelte alles wie im Spiel der Wellen durcheinander. Freund und Feind verwüsteten alles erreichbare Eigentum, jeder noch so kleine Stützpunkt fiel der Zerstörung anheim. Die Lasten der Kriege fühlte zwar der Bürger, doch seine schützenden Stadtmauern bargen ihn sicher vor der Kriegsfurie, an den Folgen der Kriege aber verarmte der Bauer, verödete das Land.

Da klang es wie Glockenläuten durch das Land: Der Kaiser kommt! Rudolf der Habsburger zieht nach Thüringen! Die Sehnsucht nach des Reiches Herrscher regte sich in jeder Brust, ein Frühlingsodem zog durch die Gaue, denn die Ordnung sollte ja Einkehr halten zwischen Harz und Loiba. Rudolf kam! Ihm vertraute das Volk, ihm jubelte der Bürger zu, auf ihn hoffte der Bauer; alle erwarteten die Regelung der bestehenden traurigen Verhältnisse und die Wendung zum Guten. Zu allen war die Mär gedrungen, wie der leutselige Kaiser jeden Hader schlichtete, daß Recht und Gerechtigkeit seine Urteile auszeichne, kurz, daß er seinem Volke ein Vater sei.

Dort oben im ehrwürdigen Peterskloster sollte der Herrscher seine Wohnung nehmen. Mächtig strebte der gediegene Bau empor, seine freie Lage über der Stadt machte ihn so recht zur Kaiserpfalz geeignet. Behaupteten doch auch des Klosters Insassen, daß ehedem hier des Frankenkönigs Dagoberts Pfalz gestanden, und daß diese die Grundstiftung des Klosters sei. Die Verpflichtung des Ordens, dem Herrscher bei seinem Aufenthalte in Erfurt eine gastliche Herberge zu bieten, war ihnen Beweis für die angeführte Annahme. Hier oben auf des Berges Gipfel dehnten sich die Gebäude. An der Ostseite des Berges wölbte sich die prächtige Klosterkirche. Kundige Hände hatten den herrlichen romanischen Bau aufgeführt. Mit Sorgfalt war Stein an Stein gefügt, kaum sind heute, nach so vielen Jahrhunderten, die feinen Fugen der Ausbesserung bedürftig, so scharf schließt Quader an Quader. Hoch ragten über dem Gotteshause die Türme empor, und aus ihrer Glockenstube verkündeten die vom Bruder Heidinricus de Achim hergestellten Glocken, vielleicht die ersten in Thüringen, die Festtage des Herrn und seiner Heiligen.

An die Klostergebäude schloß sich die Meierei an. Dieser waren die umfangreichen Ländereien unterstellt. Aus weiter Ferne wurde der Erntesegen herbeigeführt und fand hier Aufnahme in den ausgedehnten Gebäuden für die Zeiten der Not.

Aber auch ein Kunstwerk barg das Kloster da oben auf dem Berge, eine Wasserleitung war vorhanden. Noch zu Anfang des 12. Jahrhunderts mußte das Wasser durch mühsamen Transport zugeführt werden. Da ließ Abt Wernher I. eine auf den Fahnerschen Höhen entspringende kühle Quelle in Stein fassen und im Jahre 1136 mittels einer 700 rheinländische Ruten langen Leitung seinem Kloster zuführen. Im Kloster ergoß sich das Wasser aus dem Rachen eines aus Bronze gegossenen Löwen, dem Geschenk der Gleichengrafen, deren Wappen ja der Leu zierte. Ein Teil des Wassers gelangte zur Weiterführung nach der vom Kreuzgange umschlossenen kleinen Gartenanlage, als belebende Zierde des sorgsam gepflegten Gärtchens sprudelte dieses Wasser in ein großes steinernes Becken. (Fast 700 Jahre ruhte dieses Becken an diesem Ort, da ließ es der französische Kommandant auf den Steiger bringen, es sollte für den neuanzulegenden Springbrunnen benutzt werden. Wohl wurde der Versuch einer Anlage gemacht, aber die Ausführung entsprach nicht den Erwartungen.)

Die Gärtnerei fand im Kloster sorgsamste Pflege. Obst und Gemüse gedieh unter der kundigen Hand der Mönche. An der Sonnenseite des Berges rankte der Wein empor, und im Abendsonnenscheine, wenn die Abendglocken klangen, glaubte der Wanderer einen grünen Kranz um des Berges Gipfel zu erblicken.

Dort oben hielt der waffengeübte Habsburger Einkehr, da war für Monate des Reiches Mittelpunkt, von dort ergingen die kaiserlichen Befehle, die dem geplagten Lande Ruhe und Ordnung geben sollten. Vom Berge herab stieg der Kaiser, um die kriegserfahrenen Zünfte der Stadt zur weiteren Ausbildung anzuspornen; denn mit ihrer Hilfe sollte der Wurm am Mark des Volkes zertreten werden, die starken Arme der Bürger, dünkte dem Kaiser, seien die besten Schlägel gegen Buschklepper und Raubritter.

Zerstörung von Raubburgen. (Nach einem Bild aus dem Rathaussaale zu Erfurt.)

Im Frührot zog die Mannschaft zum Thor hinaus, lustig spielte der Wind um die reisige Gefolgschaft, und innig umringten der Stadt Banner die Fähnlein der Ritter. Durch den dunklen Wagdwald führte der Weg gen Arnstadt; denn die dem Gerathal entlang führende Handelsstraße sollte zunächst von dem Raubgesindel gesäubert werden. Unter des Kaisers Leitung wurde die Belagerung der Felsennester begonnen. Mochten noch so trotzige Mauern herniederblicken von des Berges Höhe, mochten Ritter und Knappen noch so verwegen auf deren Festigkeit und ihren Mut pochen: es half ihnen nicht viel, gar zu bald loderten die Flammen an den Dächern empor. Wenn dann die Feuergarben gen Himmel sprühten, wenn die schweren Rauchwolken das Raubnest umwirbelten und betäubend die Sinne gefangen nahmen, dann stürmten die so lange Unterdrückten empor um die Insassen der Burg der Elemente Wüten zu entreißen, damit sie der menschlichen Gerechtigkeit zur Sühne ihrer Unthaten zugeführt wurden.

Ein strenges Gericht waltete über den Frevlern und ihrem Anhang. Gar manchen Zug sah der Rabenstein nahen, und nicht müßig verbrachte der Henker seine Tage nach dem Fall einer jeden Raubburg. An 79 Ritter sollen durch ihn ihre Strafe erhalten haben. — Auf die Trümmer der gebrochenen Burgen, auf Wall und Berg säeten die Erfurter den Waidsamen. Späteren Nachkommen sollte er die Mahnung sein: hier brachen Erfurts Bürger der Übermütigen Burg!

Doch auch Festtage sah die gute Stadt droben auf dem Berge feiern. Glänzend war das Weihnachtsfest 1289. Zahlreiche Fürsten waren herbeigekommen, unter andern auch der Burggraf Friedrich von Nürnberg, um am „Hoftag“ teilzunehmen. Im Mai wurde in Gegenwart des Erzbischofs Gerhard II. von Mainz festlich die „Kirchweih“ gefeiert, und am 28. desselben Monats erteilte der Landgraf Albrecht von Thüringen an 16 Knappen den Ritterschlag. Hoch ging es her, als Margarete von Habsburg, des Königs Nichte, sich am 6. Juli mit Theodorich von Cleve vermählte; aber tiefe Trauer zog ein, als einen Monat später Erzbischof Rudolf von Salzburg, der eben diese Trauung vollzogen, starb und als die Glocken das Ableben dieses kaiserlichen Freundes in das Land hinausriefen. — Nochmals kehrten die Festtage wieder, als des Königs Sohn, Herzog Albrecht, nach Erfurt kam; aber nicht die Festtage hafteten so im Gedächtnis des Volkes, als die Leutseligkeit des Königs, mit welcher er einen Trunk selbstgezapften Bieres von einem Bürger entgegennahm und, den Ruf der Bierausrufer anstimmend, sprach: „Wol in, wol in, eyn edel trut gut Erforts bir had Sifrid von Butstete uf geton.“

Hermann Liersch-Erfurt.

Die drei Gleichen.

Im Süden des Regierungsbezirkes Erfurt, rings umgeben von dem Herzogtum Gotha, liegt die Enklave Wandersleben. Die nördlichen Vorberge des Thüringer Waldes durchziehen das Gebiet und auf ihren Höhen erheben sich drei alte, sagenumwobene Burgen, welche unter dem Namen die „drei Gleichen" weit über die Grenzen Thüringens bekannt sind. Sie erregen die Aufmerksamkeit jedes Reisenden, der im Thal der Gera und Apfelstedt von Erfurt nach Gotha fährt, und wer in Neudietendorf die Eisenbahn verläßt und ihnen über das gothaische Dorf Apfelstedt entgegenpilgert, den erfreuen sie durch ihre wechselvolle Gruppierung. Durch sie erhält die ganze Gegend ihr charakteristisches Gepräge und einen hohen landschaftlichen Reiz. Die nachbarliche Lage zu einander, die fast gleiche Höhe ihrer Berge und die Sage, daß alle drei in der Nacht des 31. Mai 1230 zugleich vom Blitz entzündet worden wären, sind wohl die Ursache, daß der Volksmund sie seit alter Zeit mit dem Sammelnamen die „drei Gleichen" bezeichnet; die Grafen von Gleichen haben sie nie zusammen besessen.

Nur die „Wandersleber Gleiche" und die Mühlburg liegen in der Enklave. Die Wachsenburg steht auf gothaischem Grunde. Die Zusammengehörigkeit der Burgen in Lage, Namen und Sage rechtfertigt es, daß hier alle drei gleich berücksichtigt werden.

Das Schloß Gleichen, eine Viertelstunde südlich von dem ansehnlichen Dorfe Wandersleben, in dem sich eine königliche Präparanden-Anstalt und eine landwirtschaftliche Haushaltungsschule befinden, krönt einen 369 m hohen, bewaldeten Bergkegel. An dem Nordfuße desselben liegt das alte Vorwerk und jetzige Gasthaus „Freudenthal"; von ihm führt der „Türkenweg" bequem den Schloßberg hinan. Durch das hohe Thor betreten wir den weiten, grünen Burghof, welcher von den bedeutenden Resten der ehemals stattlichen Gebäude größtenteils umgeben wird. Obgleich dieselben arg zerfallen sind, so kann man doch die einzelnen Räumlichkeiten nach ihrer früheren Bestimmung noch leicht erkennen: das große Herrenhaus, „Junkernkammer" genannt, umschlossen von hochragenden Mauern, daneben die Burgkapelle mit den gekoppelten Bogenfenstern, die offenen Lauben und die dahinterliegenden Wirtschaftsräume. Es gewährt einen eigenen Reiz, diese Gebäude, deren graues Gemäuer malerisch von dem Grün der in ihnen emporwachsenden Bäume und Sträucher bedeckt wird, zu durchschreiten. In der Südostecke erhebt sich der viereckige Bergfried; er war seinem Verfalle nahe und ist durch das thatkräftige und uneigennützige Eingreifen des Erfurter Thüringer Wald-Vereins gründlich erneuert worden. Ein Brunnen ist auf der Burg nie vorhanden gewesen, und dies ist wohl auch die Ursache, daß die Grafen von Gleichen mehr in Ohrdruf, Tonna und Erfurt Hof hielten als hier oben. Das Trinkwasser wurde durch Esel auf die Burg geschafft, und davon heißt noch heute der nördliche steile Pfad der „Eselsstieg" und die starke Quelle im Mühlberger Riedfelde der „Gräfinbrunn".

Die Kuppe des Berges bildete ein fester Sandstein; diesen hat man zum Aufbau der Mauern und Gebäude gebrochen und die entstandenen Höhlungen überwölbt.

Geschichtlich wird das Schloß Gleichen zuerst im 11. Jahrhundert erwähnt. 1088 wurde es neunzehn Wochen lang vergeblich von Heinrich IV. belagert. Der hartnäckige Verteidiger desselben war Eckbert II., Markgraf von Thüringen. Zur Feier des Weihnachtsfestes hatte der Kaiser mehrere seiner Ritter in die Heimat entlassen; am Christabend brach Eckbert plötzlich in das kaiserliche Lager ein und richtete ein furchtbares Blutbad an. Nur mit Mühe gelang es dem Kaiser zu entfliehen. Der Erzbischof von Bremen geriet in Gefangenschaft und mußte ein hohes Lösegeld zahlen. Der Erzbischof von Köln und die Bischöfe von Lausanne und Regensburg wurden erschlagen, zu ihrem Gedächtnis erheben sich zwei alte Steinkreuze an dem Wege von Wandersleben nach dem Freudenthal.

Später kam das Schloß an den Erzbischof von Mainz, der damit die Grafen von Tonna belieh, die fortan den Namen Grafen von Gleichen führten. Sie waren in Thüringen reich begütert und hoch angesehen und wurden zu Schirmvögten von Erfurt ernannt; die Chronisten rühmen von ihnen, „daß sie die Ehre ihres Namens nie durch Raub oder Mord befleckt hätten.“ Der bekannteste von den Grafen ist Ernst II., der im Jahre 1227 unter dem Kaiser Friedrich II. an dem Kreuzzuge teilgenommen haben soll.

Es ist der „zwiebeweibte“ Held der romantischen Erzählung, welche L. Storch die „berühmteste und verbreitetste aller thüringischen Sagen“ nennt; besonders durch die ausführliche und anmutige Darstellung in Musäus’ Volksmärchen ist sie in ganz Deutschland bekannt geworden.

Graf Ernst II. von Gleichen.

Schloß Gleichen, ob auch längst verfallen,
Und längst verblichen Pracht und Glanz,
Die Sage schmücket deine Hallen,
Mit ihrem schönsten Blütenkranz;
Von Minnedienst und Rittertum
Verkündet sie zu deinem Ruhm.

Von frommem Glaubesmut durchdrungen,
Zum heil’gen Lande zog der Graf;
Doch dort in heißer Schlacht bezwungen
Ein hartes Los den Edlen traf,
Gefangen in der Türken Hand
Ihm langsam Jahr um Jahr entschwand.

O nimmer, daß die Heimatsauen,
Wie er es hofft, sein Fuß betrat,
Wenn nicht in Liebe und Vertrauen
Des Sultans Tochter ihm genaht;
Sie schließt in Treue sich ihm an
Und rettet den geliebten Mann.

Sie ziehn nach Rom, des Papstes Segen
Vereint zum Ehebund das Paar;
Doch wie’s der Heimat geht entgegen,
Bewegt den Grafen immerdar
Die Sorge, wie sein traut Gemahl
Denkt über seine zweite Wahl.

Im Freudenthal im Lindenschatten
Da endet alle bange Qual,
Die Gattin ehrt aus Lieb zum Gatten
Melechsala als Mitgemahl,
Und hohe Freude ward beschert
Dem Bunde, wie die Sage lehrt. —

Der letzte Graf von Gleichen starb 1631 zu Ohrdruf, und seitdem sind die Gebäude des Schlosses dem allmählichen Verfalle preisgegeben.

Eine halbe Stunde südlich der „Wandersleber Gleiche“ erhebt sich auf dem westlichen Ende der Schloßleite (376 m) unmittelbar über dem Dorfe Mühlberg die Mühlburg. Sie ist jedenfalls die älteste Feste der „drei Gleichen“ und wird urkundlich im Jahre 705 als „Mulenburg“ zuerst erwähnt; der thüringische Herzog Heden schenkte sie nebst „Arnistati“ dem Bischof Willibrord von Utrecht. G. Freytag verlegt in die Räume dieser Burg einen Teil der Handlung des zweiten Bandes seiner „Ahnen“; sie ist das „Nest der Zaunkönige“. Nach einem alten Gemälde war die Mühlburg ein stattliches Gebäude von großer Ausdehnung und starker Befestigung; zur Zeit liegt von den Mauern fast alles in Trümmern und nur der 21 m hohe, auf Felsen stehende Bergfried ragt stolz in die Lüfte; er ist es vor allem, welcher dieser Ruine den malerischen Reiz verleiht. Der Turm ist unten, wo die Gebäude an ihn stießen, aus Bruchsteinen, nach oben aus den schönsten behauenen Quadern aufgeführt. Die Mauerstärke beträgt 2,25 m; der äußere Umfang ist gleich der Höhe. Von dankbaren Verehrern des Fürsten Bismarck aus der Gemeinde Mühlberg hat im Jahre 1900 dieser ehrwürdige Zeuge deutscher Vergangenheit eine Gedenktafel mit dem Bildnis des ersten Kanzlers des Deutschen Reiches erhalten. Nach Osten hatte die Mühlburg noch eine Vorburg, wie die tiefen Einschnitte auf der Schloßleite zeigen; Mauerreste sind davon nicht mehr vorhanden.

Die Geschichte der Mühlburg entbehrt der fesselnden Ereignisse; sie gehörte anfangs den Grafen von Orlamünde, kam dann an den Erzbischof von Mainz und wurde später von der Stadt Erfurt erworben, welche sie durch Burgmänner verwalten ließ. Einige Zeit versahen dieses Amt die Herren von Hellbach; sie gerieten mit dem Grafen von Gleichen durch eine ganz eigene Veranlassung in eine recht unerquickliche Fehde. Eins der Familienglieder derer von Hellbach war ein so toller Bursche, daß niemand mit ihm auskommen konnte, und deshalb bat die Edelfrau der Mühlburg ihre Nachbarin, die Gräfin von Gleichen, den losen Junker zu fangen und für einige Zeit festzusetzen.

Und es glückt, den jungen Herren
In den Käfig einzusperren,
War sein Widerstand auch groß;
Bald saß er in enger Klause,
Dachte sehnsuchtsvoll nach Hause
Und beklagt sein schweres Los.

An dem Tag, da dies geschehen,
Mußte in dem Schloß entstehen
Nun ein Brand zum Unglück auch;
Alles stürzte wie besessen,
Und der Junker ward vergessen,
Er erstickte in dem Rauch.

Als die Hellbachs dies erfuhren,
Sie dem Schlosse Rache schwuren
Und verlangten Buße schwer.
„So viel Silber ist zu geben,
Als der Tote wog im Leben!“
Also lautet ihr Begehr.

Darauf kam's zu hartem Streite,
Und man that auf Hellbachs Seite,
Was nur irgend möglich war;
Aber gründlich sich zu rächen,
In das Schloß selbst einzubrechen,
Dazu war zu klein die Schar.

Zwar man schoß auch nach dem Schlosse,
Aber ach, die Wurfgeschosse
Waren schlecht in jener Zeit,
Konnten höchstens Staub erregen,
Um denselben wegzufegen,
Lag ein Flederwisch bereit.

Arg kam einst der Koch in Schrecken,
Wie er, um den Feind zu necken,
Ihm zutrank voll Übermut;
Beinah' war es sein Verderben,
Klirrend flog das Glas in Scherben,
Diesmal traf der Schütze gut.

Als des Streits man endlich müde
Machten die Parteien Friede,
Und es ward bestimmt darin:
Für des Hellbachs junges Leben
Soll das Schloß als Buße geben
Jedes Jahr ein Füllen hin! —

Die Mühlburg und Schloß Gleichen gehören seit Anfang des vorigen Jahrhunderts durch Kauf von der französischen Regierung zum nahen Rittergute Ringhofen, dem Besitztum des Freiherrn von Müffling.

Die letzte der drei Schwesterburgen, die Feste Wachsenburg, liegt ein Stündchen nach Osten auf einem 414 m hohen freistehenden Bergkegel. Sie überragt die beiden anderen, hat noch wohlerhaltene Gebäude und wird von einem Burgwart, der zugleich die Wirtschaft führt, bewohnt. Ein bequemer Fahrweg führt von dem Dorfe Holzhausen und ein steiler Fußpfad von Haarhausen, eine Haltestelle der Neudietendorf-Arnstädter Eisenbahnlinie, hinauf. Durch das äußere Thor gelangen wir in einen weiten Hofraum, der die Burggebäude von drei Seiten umgiebt. In der Südostecke ist der 113 m tiefe Brunnen, aus welchem das Wasser mittels eines großen Rades, an dessen Welle die eiserne Kette mit dem Eimer hängt, heraufgetreten wird. Durch ein zweites Thor betreten wir den inneren Hofraum; er ist rings von hohem, grauem Gemäuer umgeben. Im Schatten eines stattlichen Wallnußbaumes ruht es sich hier süß an einem schönen Sommertage, und leicht sieht man sich in Gedanken in jene Tage zurückversetzt, wo einst hier die Harnische klirrten und holde Minnelieder erklangen.

Die Wachsenburg ist um das Jahr 933 von dem Abte Meingoth zu Hersfeld zum Schutze der umliegenden klösterlichen Lehnsgüter erbaut worden. Öfters haben die Äbte in den Sommermonaten hier oben geweilt, und der Abt Friedrich ist 1098 während seines Aufenthaltes nach kurzer Krankheit daselbst gestorben. Im Jahre 1120 war die Burg von den kaiserlichen Truppen besetzt; sie wurde von den vereinigten Sachsen und Thüringern so lange belagert, bis die Besatzung wegen Mangel an Lebensmitteln sich gezwungen sah, sich zu ergeben. Später hatten die Grafen von Schwarzburg und Käfernburg die Burg zu Lehen, bis sie 1306 dieselbe käuflich erwarben. Von ihnen kam sie in die Hände der Landgrafen von Thüringen und ist dann bei dem sächsischen Hause verblieben; 1640 fiel sie an Gotha, zu dem sie noch heute gehört.

Während des thüringischen Bruderkrieges zwischen dem Kurfürsten Friedrich dem Sanftmütigen und dem Herzog Wilhelm III. von Sachsen-Weimar besaß Apel Vitztum mehrere Jahre pfandweise die Burg. Es herrschten damals schreckliche Zustände im Lande. Man zählte gegen 200 Ortschaften, welche ausgeplündert und niedergebrannt wurden. Einer der schlimmsten Verwüster war Apel, den das erbitterte Volk wegen seiner Verheerungen „den Brandmeister" nannte. Nachdem endlich die fürstlichen Brüder sich versöhnt, wurde Apel Vitztum wegen Landesverräterei seiner Güter für verlustig erklärt und die Stadt Erfurt 1451 beauftragt, die Wachsenburg zu erobern. Drei Wochen hindurch wurde die Feste hart belagert und mit Karrenbüchsen von den umliegenden Höhen beschossen. Zu gleicher Zeit gruben Bergleute, welche man aus Eisleben hatte kommen lassen, einen Stollen in den Berg und stürzten dadurch einen Teil der Mauer. Bei der Eroberung fiel eine große Beute an Geld und Waffen, Gefangenen und Vorräten in die Hände der Erfurter. Drei Steinkugeln, welche im inneren Hofraume der Burg eingemauert sind, erinnern noch heute an diese Belagerung und Einnahme.

Ernst der Fromme hatte die Absicht, auf der Wachsenburg ein Zuchthaus einzurichten und begann mit dem Bau einer Kapelle, das Vorhaben blieb jedoch unausgeführt. Unter dem Herzog Ernst II. sind in den fünfziger Jahren des vorigen Jahrhunderts umfassende Reparaturen vorgenommen worden, und auch in den letzten Jahren ist viel zur baulichen Erhaltung und Wiederinstandsetzung der Gebäude und Räume geschehen.

Durch die umsichtige und unermüdliche Thätigkeit einiger wackerer Gothaer Herren ist die Aufmerksamkeit von nah und fern wieder in erhöhtem Maße auf die alte Feste gelenkt worden. Nach dem Vorbilde der Wartburg und Coburg hat man die Anziehungskraft der Burg durch die Sammlung und Aufstellung von Kriegserinnerungen aller Art zu heben verstanden. In der schönen Jahreszeit ist die Burg mit ihren Sehenswürdigkeiten das Ziel von zahlreichen Wanderern.

Das Schönste aber, was die Wachsenburg den Besuchern bietet, ist die großartige **Rundschau**; nach allen Seiten schweift der Blick von dieser hohen Warte umher. Wer das Glück gehabt hat, an einem Frühlings- oder Herbsttage in die klare Ferne zu schauen, der wird sich gern daran erinnern.

Ein einziger Blick von hier umspannt
Das weite, schöne Thüringerland!

Im Süden zieht die lange, wellenförmige Kette des Thüringer Waldes vom Kickelhahn bis zur Wartburg, aus welcher der Schneekopf und Inselsberg mächtig emporstreben. Im Westen erhebt sich der breite Hörselberg, davor das Schloß Friedenstein mit seinen beiden Türmen, und im Vordergrunde treten die Ruinen Gleichen und Mühlburg wirkungsvoll aus der Landschaft heraus. Im Osten liegt das freundliche Arnstadt mit der imposanten Liebfrauenkirche, und weiter nach Norden ragen die Türme des Domes und der Severikirche von Erfurt empor. Im Norden begrenzen die blauen Höhen des Harzes, der Brocken und die Josephshöhe, davor die Hainleite mit dem Possen und das Kyffhäusergebirge mit dem herrlichen Kaiserdenkmal den Horizont. Zwischen diesen Grenzpunkten liegen zahlreiche Ortschaften in der Nähe und Ferne und grüßen freundlich aus dem fruchtbaren Lande empor zu der alten Feste.

Einen anmutigen Wechsel in dem landschaftlichen Bilde verursachen endlich die größeren und kleineren Waldbestände, welche den Abhang des Schloßberges, den Nordabhang der Mühlberger Schloßleite und den Mantel des Kegels der Wachsenburg bedecken. Die **Flora** ist eine überaus reiche. Es ist im Frühling ein herzerfreuender Anblick, wenn sich der dunkle Waldgrund mit der Fülle zarter „Schneeglöckchen" (Leucoium vernum) mit der glänzenden Haselwurz, den blauen Leberblümlein und zahlreichen Anemonen (darunter auch A. silvestris) und Primeln schmückt. Für den Botaniker haben die „Aristokraten unter den Pflanzen", die **Orchideen**, eine besondere Anziehungskraft; er findet hier das blasse, stark nach Holunder duftende Knabenkraut (Orchis pallens) und die stattliche braunblütige Orchidee (O. fusca), das rote und schwertblättrige Waldvöglein (Cephalanthera rubra) und (C. ensifolia) die fliegenähnliche Frauenthräne (Ophris mucifera) und den Frauenschuh (Cypripedium Calceolus).

Für die Bewohner des Gebietes der „drei Gleichen" ist das Trinitatisfest, der alte Kräutersonntag Mittelthüringens, von besonderer Wichtigkeit. An diesem Tage werden an den Bergen der Gleichenburgen heilsame Kräuter gesucht. In dem nachstehenden Gedichte sind die Einzelheiten der alten Sitte getreulich geschildert.

Kräutersonntag.

Mittags am Trinitatistag
Da ziehn nach alter Sitte
Die Frauen in den grünen Hag
Mit ernst bedächt'gem Schritte.

In Schweigen wandeln sie den Weg,
Der so zum Wald muß leiten,
Daß sie nicht brauchen Brück' und Steg
Dabei zu überschreiten.

Sie rühren heut' die Hände nicht
Zu stricken und zu nähen,
Weil daraus sicher, wie man spricht,
Nur Unglück würd' entstehen.

Sie wollen, daß im ganzen Jahr
Dem Hause Glück erblühe,
Drum nehmen sie die Stunde wahr
Und scheuen keine Mühe.

Heut' sind begabt mit seltner Kraft
Die Kräuter in der Runde,
Ein Zauber ruht auf ihrem Saft
In stiller Mittagsstunde.

Für jede Krankheit ist ein Kraut
Zu finden im Reviere,
Und wird davon ein Trank gebraut,
Gesunden Mensch und Tiere.

Besonders sucht man „Poleich"*) gern,
Der ist geschätzt und teuer,
Hält er doch vom Gebäude fern
Blitzschlag und Schadenfeuer.

Es wird gepflückt ein voller Strauß
Und still dann heimgetragen;
So sorgte früher man fürs Haus
Und noch in unsern Tagen.

Herm. Reling-Wandersleben.

Suhl als Badeort und ehemalige „Rüstkammer Deutschlands".

Langgestreckt und reichverzweigt breitet sich im reizenden Thalschoße der munter plätschernden Lauter, dicht an der südlichen Abdachung des laubgrünen Thüringer Waldes die freundliche, preußische Bergstadt Suhl aus, anziehend wegen ihrer herrlichen Lage und bedeutsam zugleich durch ihre hochalterige Waffenindustrie. Rings von einem stattlichen Kranze malerischer Waldhügel umlagert, „vereinigt sie in ihrer Umgebung das idyllische und romantische Element zu einem prächtigen, in ähnlicher Weise nicht häufig vorkommenden Bilde." Geradezu großartig nimmt sich der unmittelbar an die Stadt fußende Domberg aus, der sich bis zu einer absoluten Höhe von 670 m aufgipfelt. Aus seinem ziemlich steilen und doch leicht passierbaren Südabhange ragt gegen 100 m über der grasreichen Thalsohle ein mächtiger Porphyrblock zwischen lauschigem Baum- und Buschwerk als riesige Felskrönung hervor, welche den sagenhaften „Ottilienstein" bildet und auf ihrer gänzlich ebenen Oberfläche eine kleine, nicht mehr benutzte Kapelle trägt, die gegenwärtig Restaurationszwecken zu entsprechen hat. Von der umfriedigten Zinne dieses Felsens bietet sich dem schaulustigen Wanderer ein wunderschönes Panorama dar, zumal dann, „wenn die Königin des Tages heiter lächelnd ihr rosiges Antlitz über die Berge hebt." Da gleitet unser Blick zunächst hinab auf den mächtig breiten Fuß des bergigen Riesen, der sich, von niedlichen Häusern und „schwebenden Gärten" bedeckt und

*) Thymus serpyllum.

oberhalb derselben vom eisernen Schienenstrange der verkehrsreichen Bahnlinie Neudietendorf-Ritschenhausen umgürtet, bis zu der freundlichen Stadt hineinschiebt, welche — um mit Ludwig Bechstein zu reden — „weithin durch das schöne Gebirgsthal die langen Arme ihrer Häuserreihen erstreckt, dicht zu Füßen der Schauenden hingebreitet, den riesigen Domberg umfängt wie ein Kind das Knie des Vaters.“ Schweift dann das sich ergötzende Auge nach längerem Verweilen auf der buntscheckigen Häusermasse — durchbrochen von dem ansehnlichen, quadratischen Marktplatze, von wohlgepflegten Gärten und spiegelnden Teichen — hinüber nach Süden, so stößt es an den sanften Vorhöhen auf wogende Saatfelder, terrassenartig übereinander

Nach einer photogr. Aufnahme v. Hause & Hofbauer-Suhl.

Suhl.

liegende Matten, um schließlich über dem dunklen Grün der dahinter aufragenden Waldberge die unregelmäßige Grenze des Horizonts zu erreichen. Ja, im Osten verschönert sich das prachtvolle Landschaftsbild noch durch den Umstand, daß sich in die smaragdgrünen Thalengen der klaren Lauter ausgedehnte Häuserzeilen hineinschlängeln, die sich endlich, unterbrochen von bewaldeten Gebirgsausläufern, in einzelne, malerisch gelegene Mühl- und Hammerwerke auflösen. Der natürliche Wall von mit Nadelwald bestandenen Bergkolossen öffnet sich aber nach Westen in einem herrlichen, breiten Wiesengrunde, der mit buntschimmerndem Blumenflor durchwebt, von murmelnden Gewässern durchrauscht und als sogenannte „Aue“ im fernen Hintergrunde von dem stattlichen Dorfe Heinrichs mit seinen benachbarten Waldeshöhen endlich geschlossen wird.

Eine weit umfassendere Rundschau gewährt aber der 20 m hohe „Bismarckturm“, der sich seit einigen Jahren auf dem bedeutend gelichteten Schädel des imposanten Dombergs erhebt, in der Nachbarschaft eines geräumigen Blockhauses in romantischem Schweizerstil mit anheimelnden Lokalitäten. Dieses herrliche Stück Erde, fast täglich von nah- und fernwohnenden „Bergkraxlern" aufgesucht, bietet jedem hier einkehrenden Besucher des Thüringer Waldes ein reichlich lohnendes Wanderziel und den ausflugslustigen Bewohnern von Suhl und Umgegend ein lauschiges Vergnügungs- und Erholungsplätzchen. Der monumentale, vierkantige Turm selbst, aus mächtigen Quadern erbaut und mit dem ausgehauenen Wappen Bismarcks verziert, gliedert sich in mehrere „Etagen" und übertrifft an architektonischer Schönheit und innerer Einrichtung bei weitem seine steinernen Genossen auf dem Kickelhahn, Schneekopf und Adlersberge.

Als echter „Lug ins Land" läßt er ausschauenden Blicken auf überraschend abwechselnde Landschaften der Nähe und Ferne freien Spielraum bis weit nach den blauen Hügelketten Frankens und den kuppenreichen Höhen der mit Buchen bestandenen Rhön.

Und senkt sich der Blick im seligen Empfinden,
So winkt die Stadt mir, in freundlichen Gründen,
Weit dehnend sich von Süd nach Nord;
Da lächeln so freundlich Türme und Zinnen,
Da wohnen so gute Menschen darinnen,
Waltende Vorsicht, laß mir den Port!

Nun, begeben wir uns denn auf einem der zahlreichen gangbaren Pfade bergabwärts nach dem freundlichen Suhl selbst. Die über 12000 Einwohner zählende Industrie- und Handelsstadt weist trotz ihres hohen Alters durchaus moderne Häuser auf, denn mehrere verheerende Feuersbrünste legten im Laufe der Jahrhunderte die ursprünglichen Wohnungen in Schutt und Asche. Ehemals der gefürsteten Grafschaft Henneberg zugehörig, fiel Suhl 1815 an Preußen und bildet heute die größte Stadt des Kreises Schleusingen und zugleich den gewerbthätigsten Ort des Thüringer Waldes.

Als Sitz eines Amtsgerichts, eines Steuer- und Postamtes, einer Reichsbank-Nebenstelle, Superintendentur, Oberförsterei, staatlichen Realschule u. s. w., sowie infolge einer günstigen Lage als Bahnstation der verkehrsreichen Linie Neudietendorf-Ritschenhausen, auf welcher die Schnellzüge Berlin-Stuttgart — und neuerdings Berlin-Mailand — längeren Aufenthalt haben, bietet die vielbesuchte Stadt mancherlei Vorteile und Bequemlichkeiten. Besonders angenehm berühren den vorübergehend hier weilenden Fremden — einheimische Bewohner selbstredend auch — die touristischen Vorzüge Suhls. So lassen sich Tagespartien nach Kissingen, Eisenach, Coburg, Meiningen, Friedrichroda, Schmalkalden, Ilmenau, Gotha, Erfurt, Weimar u. s. w. bei Benutzung der Eisenbahn leicht ausführen, während Personenpost-Verbindungen den Besuch Schleusingens, Schmiedefelds und einiger näher gelegener Ortschaften bestens ermöglichen. Das Ziel größerer Ausflüge bilden der vielbesuchte Luftkurort Oberhof, der hohe Geiersberg, Plänkners Aussicht, der große Beerberg — höchste Erhebung des Thüringer Waldes —, der turmbekrönte Schneekopf, die idyllische Schmücke u. s. w. Die bunte Mannigfaltigkeit der Wege und Pfade über Berg und Thal, durch Wiese und Wald verschaffen dem Freunde der schönen Gottesnatur immer neue überraschende Abwechselungen. Genesung Suchenden bieten aber die viel gepriesenen Solbäder Suhls Heilung von mancherlei Leiden und Beschwerden.

Indes, nicht die Schönheit der Lage allein bedingt den weitverbreiteten Ruf der alten Bergstadt, sondern vielmehr ihre weltbekannte Industrie, denn als ehemalige „Rüst- und Waffenkammer Deutschlands" — ja Europas —, als „Vulkans Residenz" hat sie einst rühmlich von sich reden gemacht, und noch heute ist die Fabrikation von Jagd- und Luxuswaffen aller Art geradezu ausschlaggebend für die ganze Charakteristik Suhls. Dieser vorteilhafte Umstand ist wiederum zurückzuführen auf die einstige Vortrefflichkeit des erzenen Rohmaterials, wie es durch schwungvollen Betrieb des Bergbaues in nächster und fernerer Umgebung der Stadt zu Tage gefördert wurde. Das in den benachbarten Bergen gefundene Eisen war von besonderer Güte, so daß bereits im 14. Jahrhundert ein beträchtlicher Export desselben im Gange war. Mit der Zeit wurde aber dies für sehr gut befundene Metall, wie es aus den gewinnbringenden Erzadern erbeutet wurde, hierorts bis zum 30jährigen Kriege selbst verarbeitet, und wenn auch nicht historisch erwiesen ist, daß „schon im 9. Jahrhundert die Essen von Suhl und Schmalkalden geglüht haben", so wird doch laut einer echten Urkunde vom Jahre 1437 ein beim „Dorffe zu Sull" gelegener Eisenhammer erwähnt.

Die eigentliche Gewehrfabrikation selbst entstand erst durch die hier in der guten alten Zeit für die süddeutsche Ritterschaft arbeitenden Panzerer, Plattner und Harnischmacher, welche allerhand Rüstungen und Schwerter lieferten und laut einer Urkunde vom Jahre 1499 ihrem gräflichen Herrn Wilhelm IV. von Henneberg in nicht näher angedeuteter Weise „zur Nutz" waren. Anno 1563 erhielten Suhls Schlosser, Büchsen-, Sporen- und Windemacher vom letzten Graf zu Henneberg-Schleusingen, Georg Ernst, ihre erste Innung, und von jener Zeit an gelangte Suhls eigentliche Waffenfabrikation zur beginnenden Blüte, deren üppigste Entfaltung überhaupt um das Jahr 1600 stattgefunden haben dürfte. „Wer besitzt Redefülle genug, um den Aufschwung unserer Vaterstadt und ihre glückverheißende Entwickelung zu schildern?" — rief voller Begeisterung vor genau 300 Jahren der hiesige Rektor Wendel aus, denn obgleich am 25. April 1590 ein gefräßiges Feuer fast ganz Suhl dem Boden gleich machte, so erstand die geknickte Stadt doch „bald wieder, gleich dem Vogel Phönix, aus ihrer eigenen Asche." Was Vulkanus so unbarmherzig dahingerafft, das ersetzte wiederum Mars voll und ganz, denn ungewöhnlich reiche Erzadern der die Stadt umgebenden Berge lieferten gediegenes Eisen in unermeßlicher Fülle. „Wer zählt die Rohrhämmer, die man allerorten hier sehen und hören kann, mag hoch vom Himmel der Schein der Sonne oder des Mondes blinken?" so läßt sich der zeitgenössische Wendel in lokalpatriotischem Tone hören. Überhaupt ist es fast unmöglich, all jene Länder und Städte aufzuzählen, „die unsere Schmiede mit feuerspeienden Waffen versehen hat", denn von der Newa bis zu den Säulen des Herkules, von Island bis Cypern erstreckte sich das weite Absatzgebiet für die „wundenbringenden" Fabrikate Suhls. Schon 1572, bevor der bekannte Ungarnkönig Stephan Bathori glücklich die entfachte Eroberungslust der ungestümen Russen dämpfte, waren vom hiesigen Gewehrfabrikanten Reitz Tausende von „Mousqueten" mit Luntenschloß zu diesem kriegerischen Zwecke geliefert worden. Ja, „als der mit dem Krummsäbel gewaffnete Türke die Ungarn mit schwerem Kriege zu überziehen begann, da schickten viele Fürsten ihre Gesandten nach Suhl, die um Geld und gute Worte ihnen Waffen von dort verschaffen sollten, mit denen sie die kriegswütigen Thrazier von ihren Städten fernhalten und der Gewalt mit Gewalt wehren könnten." Der Suhler Export an feuerspeienden Musketen und Hakenbüchsen erstreckte sich überhaupt nach Wendel auf die griechischen Inseln, die heutigen Karpatenländer, auf Spanien, Venedig mit seinen sämtlichen Kolonien, die „prächtigen Städte der Schweiz" (Basel, Zürich, Genf, Solothurn und Bern), auf Burgund, Innsbruck, die Städte im Etschthal, auf England, Lübeck, Dänemark, die russischen Ostseeprovinzen sowie auf das mächtige Danzig, und auch in den Zeughäusern des Polenkönigs zu Krakau „konnte man viele tausend Gewehre finden, die unser heimischer Waffenschmied gefertigt" hatte. Kurz nach dem erwähnten Brande ließ der als Regent völlig unfähige Kaiser Rudolf II. durch eine Prager Gesandtschaft mehrere Tausend knatternder Gewehre herstellen und direkt nach Wien liefern. Um jeglichen Zeitverlust zu vermeiden, hatten die kaiserlichen Boten besondere „Diplome" mitgebracht, laut welcher die mit der Fabrikation bedachten „Gewehrhändler" von dem üblichen Zoll für die bis Regensburg zu transportierenden Waffen befreit waren.

Ihren Höhepunkt erreichte Suhls alte Waffen-Industrie im ersten Jahrzehnt des 30jährigen Krieges, der ebenso wie die meisten Fehden des 16. und 17. Jahrhunderts zu einem erheblichen Teile mit Waffen des „deutschen Damaskus" geführt wurde. Wiederum war es aber auch diese furchtbar wütende Kriegsfurie, welche jenen Tagen des glänzenden Ruhms und blühenden Glückes Suhls ein jähes, grausames Ende bereitete. Es war am Gallustage 1634, wo der gefürchtete „Brandmeister" Isolani mit seinen kroatischen Bluthunden das entfaltete Leben Suhls verheerend knickte und die gesamte Industrie mit einem Schlage vernichtete. Von 853 kommunalen Feuerstätten blieben nur 84 Häuser verschont, und wer von den entsetzten Bewohnern nicht in die nahen Wälder entfloh, wurde ohne Gnade und Barmherzigkeit niedergemacht. Die besten ihrer Waffenschmiede hatte die eingeäscherte Rüstkammer Deutschlands verloren, denn viele kehrten dem verarmten Heimatsorte den Rücken und errichteten nach dem Kriege Gewehrfabriken in anderen Städten. Erst mit dem Westfälischen Frieden (1648) kam über Suhl, welches noch zehnmal während des unseligen Völkerzwistes durch rohe Horden plündernd heimgesucht worden war, wieder etwas Ruhe, doch hat es sich niemals wieder von dem niederschmetternden Schicksalsschlage des „bitteren" Oktobertages 1634 völlig erholt. Das frühere Hütten- und Bergwesen wurde 1690 einer gründlichen Revision unterzogen und wieder einem besonders dazu ausersehenen Bergmeister unterstellt, doch waren die meisten Bergleute in jenen schrecklichen Tagen ebenfalls ausgewandert.

Suhls Bergbau wollte jedoch trotz aller Bemühungen nicht wieder auf die einstige Höhe gelangen, und man sah sich daher genötigt, den erforderlichen Eisenstein aus den benachbarten Schmalkaldischen Werken zu beziehen. Ja auch die heimatliche Waffenindustrie vermochte nicht wieder den früheren Höhepunkt zu erklimmen, weshalb man zur Zeit Friedrichs des Großen die in jenen Tagen nicht ohne Gewinn betriebene Barchentweberei einführte. Seitdem haben die Weberei und Waffenfabrikation abwechselnd Suhls Existenz bestimmt. Als der Siebenjährige Krieg wieder ansehnliche Gewehrbestellungen mit sich brachte — von 1757 bis 1762 wurden hierselbst 20000 Schußwaffen für den preußischen Staat fertiggestellt —, so hob sich die althergebrachte Industrie wieder, obgleich inzwischen, am 1. Mai 1753, ein großes Schadenfeuer abermals Suhl fast gänzlich eingeäschert hatte.

Nach Beendigung der Freiheitskriege fiel Henneberg-Schleusingen und somit auch Suhl an das Königreich Preußen. Es lag nun den Königlichen Behörden viel daran, der einverleibten Berg- und Handelsstadt Suhl durch Zuwendung größerer Lieferungen einschlägiger Fabrikate für die vaterländische Militärausrüstung aufzuhelfen, doch stellte sie zunächst auch erhöhte Anforderungen bezüglich des bisherigen Herstellungsbetriebes. Gab es doch hierselbst noch keine Fabrik im eigentlichen Sinne, nämlich nach dem Prinzip zweckmäßiger Arbeitsteilung und zwar nach Regeln, welche alle Fesseln eines hemmenden Zunftzwanges ausschließen. Im Jahre 1815 wurde schon eine besondere Königl. Gewehrrevisions-Kommission eingesetzt, geleitet von einem höheren Offizier. Erst 1835 verbanden sich behufs Ausführung der staatlichen Aufträge die mit letzteren betrauten Firmen zu einem einheitlichen Fabrikbetriebe, welcher drei Jahre später eröffnet wurde. Hieran schloß sich 1840 die Einrichtung einer Lehranstalt für Militärbüchsenmacher, so daß sich Suhl wieder in seinem ehemaligen Glanze sonnen konnte. Doch bald wieder türmten sich düstere Wolken auf, denn der geniale Schlosser Dreyse in Sömmerda setzte bald darauf alle Welt in Staunen mit seiner epochemachenden Erfindung eines gänzlich neuen „Schießprügels“, des schnellfeuernden „Zündnadelgewehres“. Selbstverständlich erhielt er auch den Auftrag, die Fabrikation dieser für die Ausrüstung der preußischen Armee erkorenen Waffe selbst zu übernehmen. Suhl, mit einem Schlage lahm gelegt, mußte seine führende Rolle an Sömmerda abtreten und sich für die eigenen Fabrikate ausländische Absatzgebiete suchen. Indes, als nach dem deutsch-französischen Kriege das sogenannte „Mausergewehr“ zur militärischen Bewaffnung ausersehen wurde, da hatte auch Suhl in den Jahren 1872—1876 150000 Stück dieser todbringenden Feuerspeier herzustellen. Ebenso teilten sich später unsere größten Fabriken mit den staatlichen Betriebsanlagen von Berlin, Spandau, Danzig und Erfurt in die kriegsministeriellen Aufträge zur Herstellung der sogenannten „Magazingewehre“ und des jetzt noch gebrauchten Militärgewehres „Modell 88“. Seit jenen Tagen hat das ehemalige „Rüsthaus Deutschlands“ für unser vaterländisches Heer fast nichts mehr zu liefern, weil jene staatlichen Fabriken ausreichend leistungsfähig sind. Keineswegs darf jedoch diese nun ausgebliebene „Flut“ als besonderer Schaden angesehen werden, im Gegenteil, unsere heimische Waffenindustrie ist infolge der eingetretenen Ebbe an staatlichen Aufträgen in gesundere Bahnen gelenkt worden, denn Suhl hat seinen damals im Sinken begriffenen Weltruf durch Herstellung vortrefflicher Jagd- und Luxusgewehre, Scheibenbüchsen, Galanteriewaffen aller Art u. s. w. wieder erlangt, und, wo es Schützen und Jäger giebt, vom Nord- bis zum Südpol, ja auf dem ganzen weiten Erdenrund, kennt man Suhls vorzügliche Waffen.

Trotzdem einige unserer hiesigen Gewehrfabriken Hunderte von Arbeitern beschäftigen, so ist doch nicht nur ausschließlich die Waffenindustrie in Suhl zu Hause, sondern seit einigen Jahren blühen hier auch mehrere Fahrradfabriken, wie außerdem zwei große Porzellanfabriken einen beträchtlichen Export zu verzeichnen haben. Nicht minder verdient auch die bedeutende Spielwarenindustrie unserer Stadt erwähnt zu werden. Kurz und gut, Handel und Gewerbe stehen in voller Blüte, und mehr denn je kann unsere heimische Bevölkerung das altbekannte „lustige Suhl" verkörpern. Hören wir zum Schluß, was der vielgewanderte Trinius von diesem deutschen Damaskus schreibt: „Ich kenne keine Stadt diesseits und jenseits des Rennstiegs vor allem von dieser Größe — welche neben soviel Arbeitsfreudigkeit und Thatkraft, zugleich auch solch einen Schatz gediegenen Frohsinns bis heute bewahrte. Das Gemütvoll Poetische des Thüringers verbindet sich hier mit der genußfrohen Geselligkeit des Franken, nicht um das Morgen sich zu kümmern, wenn das Heute lacht, dem Übermut der Stunde sein Recht zu geben. In Suhl ist die Arbeit zu Hause, aber auch die Freude am Leben. Es wird hier viel gelacht und viel gesungen, und das giebt der Stadt ein anheimelndes Gepräge. Man muß „das lustige Suhl" lieb gewinnen und lieb behalten!"

F. Kunze-Suhl.

Aus der Grafschaft Henneberg.

Nur weniges erinnert in der Gegenwart an den einstigen Glanz der Grafschaft Henneberg. Selbst der Name erlischt als geographischer Begriff immer mehr, und nur Geschichtskundige wissen, um was es sich handelt. Hält man aber im Hennebergischen selbst Umschau, oder trifft man in der Fremde einen, der Henneberg seine Heimat nennt, dann wird man nicht vergeblich fragen; wer dorther stammt, nennt sich mit Stolz Henneberger, mag er Preuße, Bayer, Meininger oder Weimaraner sein, und er weiß wohl auch Bescheid, wenigstens soweit, daß er einzelnes aus der höchst verwickelten „Geschichte" zu erzählen weiß. Jedenfalls muß es sich unter den eigentlichen Hennebergern gut gelebt haben, und die wenigen Erinnerungen an die alte Zeit hält der Henneberger wert.

Henneberger Wappen.

Das Wappen: „Die Henne“ oder aus späterer Zeit „den Adler mit der Henne“ sieht er noch gern und wäre es auch nur auf dem schlichten, heimischen Wochenblatt.

Daneben erinnert ihn aber noch manches Heimatliche, sei es ein Schloß, eine Ruine, eine Kirche, eine Schule, oder auch nur ein Straßenname an die alte Zeit; in weiteren Kreisen bekannt ist aber das Königlich Preußische Gymnasium in Schleusingen, das sich noch jetzt das Hennebergische nennt.

Was Henneberg einst war, ergiebt sich, wenn man bedenkt, daß es sich vom Rennsteig südwärts bis zum Main erstreckte und an das Stift Fulda angrenzte. Heute haben vornehmlich vier deutsche Landesherren Besitz von der ehemaligen gefürsteten Grafschaft ergriffen: Bayern hat als Teile Hennebergs im Besitz: Kissingen, Münnerstadt und Schweinfurt. Hennebergisch sind die Hauptteile Meiningens: die Hauptstadt, Maßfeld, Wasungen, das Amt Sand, Frauenbreitungen und Salzungen. Ilmenau und Kaltennordheim sind in Weimarischen Besitz übergegangen, und Preußen hat 1815 bez. 1866 die alten Hennebergischen Bestandteile Schleusingen mit Suhl und Schmalkalden erhalten.

Nach einer photogr. Aufnahme v. A. Selke-Schleusingen.
Grabkapelle.

Vorher waren diese Landesteile lange Zeit, nämlich seit der hennebergischen Teilung vom Jahre 1660, im Besitze Hessens und Sachsens, und zwar war Schmalkalden an Hessen und Schleusingen an Kursachsen gefallen, während $^{7}/_{12}$ der alten Hennebergischen Lande an die Ernestiner übergegangen waren.

Die eigentliche Henneberger Zeit, wo das Land unter Henneberger Fürsten stand, liegt noch viel weiter zurück, starb doch der letzte Graf der Schleusinger Linie, Georg Ernst, der Stifter des Schleusinger Gymnasiums, schon 1583. Er ist neben dem Begründer der Schleusinger Grafenlinie, Berthold V., der bekannteste seiner Reihe; unter ihm wurde im Jahre 1544 die Reformation in seinem Lande zugelassen.

Auf das Leben und Wirken der einzelnen Grafen von 1274—1583 näher einzugehen, ist hier nicht am Platze. Charakteristisch ist ein immer wiederkehrendes Tauschen, Verpfänden und Verkaufen von Gerechtsamen oder Teilen des Landes. Vielfach wird auch Henneberg von den Nöten der Zeit heimgesucht, der Bauernkrieg legt die Stammburg Henneberg in Trümmer, und diese erinnern noch jetzt an jene Zeit der Verwüstung. Aber auch Zeiten des Glanzes, Feste, Kaiser- und Fürstenbesuche, sowie kriegerische Erfolge verleihen der Henne Macht und Ansehen, zumal die Hof haltung in der Residenz Schleusingen, wo die Hauptlinie des großen Grafengeschlechts ihren Sitz hatte. Neben ihr bestanden noch zwei Seitenlinien, Henneberg-Ascha bez. Römhild und Henneberg-Hartenberg. Alle diese Zweige weisen auf den Grafen Poppo I. zurück, der sich 1037 den Namen Graf von Henneberg gegeben hat.

Von einem seiner Ahnen meldet die Sage: Ein Berg in der Nähe Meiningens habe ihm so gut gefallen, daß er hier eine Burg zu bauen beschlossen habe. Da sei plötzlich beim Aussuchen des Burgplatzes eine wilde Henne aus dem Gesträuch aufgeflogen, und das habe ihn veranlaßt, die schwarze Henne auf drei grünen Hügeln im Wappen zu führen. Die Schleusinger Linie zeigt übrigens noch den zweiköpfigen Reichsadler im Felde, weil die Grafen späterhin auch Burggrafen von Würzburg wurden.

Sagenhaft wie die Begründung der Stammburg ist auch die des Schleusinger Stammsitzes. Der Name der Stadt wird nämlich durch folgende Sage mit dem Schlosse in Verbindung gebracht: Aus dem krystallhellen Wasser einer Grotte auftauchend sei einst an der Stelle, wo jetzt der Schleusinger Schloßbrunnen sein kühles Wasser hervorsprudeln läßt, einem jungen Grafen eine liebliche Fee erschienen, die Stirn mit einem funkelnden Bande geschmückt und daran die Schriftzeichen SLUS. Die Fee habe den Ritter zum Retter ihrer verzauberten Tochter aufgerufen, und der habe sie befreit, zur Gattin gewählt und oberhalb der denkwürdigen Grotte ein Schloß erbaut, zu dessen Füßen später die Stadt SLUSingen entstanden sei. Zur Erinnerung daran gilt noch jetzt die Wassernixe als Wahrzeichen der Stadt. Das Schloß aber, die Bertholdsburg, hat viele Schicksale und manche Umbauten erfahren; jetzt ist es, dank der Wiederherstellung durch Preußens König Friedrich Wilhelm IV., der Hauptschmuck der Stadt. Seit Berthold V. hat es 300 Jahre lang als Residenz der Grafen gedient; nach ihrem Tode fanden diese dann ihre Ruhestätte in der alten Prämonstratenser Abtei in Kloster-Veßra, nahe bei Schleusingen am Zusammenfluß von Schleuse und Werra. Noch jetzt ist daselbst die Kirche vorhanden und lenkt durch ihre schöne romanische Bauform die Augen auf sich, sie weckt aber zugleich Bedauern, denn sie dient fast nur profanen Zwecken und verfällt allmählich.

Blick vom Einfürst auf Hinternach.

Die Gruft der Henneberger Grafen ist übrigens längst geräumt, und die Überreste sind in den bildergeschmückten Steinsärgen nach Schleusingen übergeführt worden und hier in der Egidienkapelle geborgen, wo sie im Schutze der Johanneskirche wohl verwahrt sind.

Diese — die jetzige Stadtkirche Schleusingens — steht in unmittelbarer Nähe des Schlosses. Die Stadt selbst entwickelte sich zunächst unterhalb des Schlosses im Thale, später bildete sich im Anschluß an die Burg nach der Höhe zu eine Oberstadt, und diese wurde samt dem Schlosse mit schützenden Mauern umgeben. Dieser Teil ist auch jetzt noch der Hauptteil der Stadt, während die Häuser im Thale als Vorstadt gelten. So zerfällt Schleusingen in eine Ober- und Unterstadt.

Die erstere liegt auf dem Ausläufer, den der Hauptkamm des Thüringer Waldes zwischen dem Nahe- und Vesser- bez. Erlethal nach Süden vorschiebt. Zwei Hauptstraßen führen abwärts zum Markt.

In diesem obersten Stadtteile wütete 1876 eine heftige Feuersbrunst, der viele der leichtgebauten Fachwerkhäuser zum Opfer fielen. Vom unteren, recht engen

Nach einer photogr. Aufnahme von A. Selke-Schleusingen.

Aus dem Limperthal.

Ausgang der Bertholdstraße betritt man den stattlichen Markt, den Stolz Schleusingens. Jenseits desselben führt die Kirchstraße an den Gebäuden der Bürgervolksschule vorbei zur Johanniskirche und zum Schloßhof, von da aus auf Treppenstufen weiter hinab zum Schloßbrunnen und zur Vorstadt. Nebenher führt vom Markte aus der Burgweg abwärts zur Südseite des Schlosses und ebenfalls zur Vorstadt, bez. zum Bahnhofe und Schlachthause. Auf diesem Wege schneidet man die Suhl-Hildburghäuser Chaussee, die durch das ganze Thal behaglich sich hinzieht und nacheinander die im Schleusethal sich vereinigenden Flüßchen: Erle, Nahe und Schleuse überbrückt. Hier in der Thalstadt liegen einige größere gewerbliche Anlagen, vor allem die bedeutende Porzellanfabrik; das Nahethal aufwärts finden wir die städtischen Wohlfahrtsanstalten „Kleinkinderschule, Siechen- und Krankenhaus“.

Alles dies überschaut man am besten von den nahen Berghöhen. Der beliebteste Zielpunkt für Spaziergänger ist der garten- und waldreiche Kohlberg. Etwa in 15 Minuten erreicht man das Waldhaus (456 m ü. M.), (Schleusingen liegt 397 m ü. M.), das durch Natur und Kunst zu einem lieblichen Erholungsplatze gestaltet ist. Herrliche Ausblicke in das Erle- und Breitenbachthal entzücken das Auge. Vor uns liegt die in lebhaftem Aufschwung begriffene Glasfabrik „Friedrichswerk“ und in der Nähe das Hospital „St. Kilian“ mit seinem Gutshofe und dem hochragenden Kirchlein. Wenden wir dann den Blick mehr zur Linken, um dem Zuge der dunkeln Waldberge zu folgen, so findet das Auge seinen Ruhepunkt erst im Adlersberge, der durch seinen Turm deutlich gekennzeichnet ist und den ganzen Berg-

Nach einer photogr. Aufnahme von A. Selke-Schleusingen.

Schleusingen.

und Waldkranz beherrscht. Der vom Waldhause nach Norden und Nordwesten sich hinziehende Nadelwald bietet die herrlichsten Waldwege und ein Meer von würziger Waldluft strömt dem Wanderer zu. In etwa 20 Minuten erreicht man auf dem Dr. Frankewege das Limperthal. Jeder, dem stiller Waldfrieden wohl thut, wird an dem Wege über den weichen Waldboden und am Ziele selbst seine Freude haben. Läßt er sich daselbst auf einer der Bänke nieder, so hat er vor sich einen schönen Wiesengrund mit anmutigen Fischteichen, das Ganze von stattlichen Tannen eingefaßt. Das Ohr lauscht dem geheimnisvollen Rauschen des Waldes, wohl auch dem köstlichen Gesang der Waldvögel. Hier ist Wohlsein für den, der Ruhe sucht und die keusche Natur liebt.

Schleusinger Stadtwappen.

Die Schleusinger.

Friedlich wie das Städtchen und seine Landschaft sind seine Bewohner, und behaglich läßt es sich unter ihnen wohnen.

Die Schleusinger Art zeigt sich in allen Schichten der Bevölkerung, am besten und urwüchsigsten haben sie die mittleren und unteren Schichten bewahrt. Das prägt sich besonders im Dialekt aus. Fränkisch, wie er ist, hat er etwas Derbes wie der unverfälschte Schleusinger, der ihn spricht. Aber die Derbheit ist mit Humor gewürzt, und die unverkennbare Gutmütigkeit nimmt selbst dem scheinbaren Schimpfwort das Verletzende. Rauh und zärtlich ist er in einer Person. Wem's nicht gut genug ist, mit dem ist er bald fertig; wer aber Land und Leute lobt, dem thut er sein Herz auf. Seine Berge und sein Wald sind ihm lieb und wert, aber er hat es gern, wenn zum Naturgenuß auch andere, wenn auch bescheidene Freuden hinzukommen. Freundinnen der Natur gönnen sich wohl einen „Tütleskaffee", zu dessen Bereitung im Freien jede Teilnehmerin etwas beisteuert, während der nahe Wald immer von neuem Leseholz zum Feuerschüren spendet. Den Männern geht ein Kärtle Bier und eine Bratwurst, altbewährte heimische Erzeugnisse, über alles. Dabei ist sich aber der schlichte Mann dessen bewußt, daß er sich etwas Besonderes leistet, das schon an Luxus streift, und es gilt wohl das Wort: „Wurscht un Weck macht Batelsäck!" Die Gesellschaft ist ihm dabei das liebste, und er kann sich bei Spiel und Gesang, Musik und Tanz so recht von Herzen freuen und froh sein, wenn der Beutel auch nicht gefüllt ist. („Wemmer a niß homm, semmer doch beisomm!") Im Hause aber hätten Sonn- und Festtage für ihn keinen vollen Glanz, wenn er sich nicht auf seine rohen Klöße freuen könnte, das Nationalgericht, mit dem man auch dem Gaste die größte Ehre anthut. Glücklich der Mann, dessen Frau Sonntags nach der Vormittagskirche mit gutem Gewissen ihre Klöße auf den Tisch setzen kann, dann sind sie gewiß schneeweiß, nicht zu fest und nicht zu locker und von handlichem Format.

Henneberger Mädchen auf dem Wege zur Kirche.

Das Althergebrachte ist dem Henneberger lieb und wert, darum scheidet er auch nur mit schwerem Herzen aus der Heimat („drhämm, drhämm is doch drhämm") und freut sich schon beim Abschied auf ein Wiedersehn. Und das ist kein Wunder. Halten doch auch Auswärtige, wenn sie längere Zeit Schleusinger Luft geatmet haben, besonders frühere Schüler, an dem Städtchen fest wie an ihrer Heimat. Wer aber gar nicht hinauskommt, verwächst erst recht eng mit dem Alten, und es bedarf schon eines neuen Königs aus der Fremde, um den Bürger für Neuerungen zu gewinnen. Und auch da ist er lange ablehnend, aber er fügt sich allmählich mit Humor in das Unvermeidliche. Hartnäckiger als der Schleusinger verharren die Bauern der umliegenden Dörfer beim alten. Die Frauen und Mädchen kommen noch teilweise in der alten Tracht: dem schweren, gezackten Kirchenmantel, der gestickten Bänderhaube, dem langen Strohhut oder dem bunten Kopflappen zur Stadt, mögen sie nun, die „Kötze auf dem Buckel", zum „Johrmärtt" gehn, oder einen Leichenzug durch die Stadt geleiten und Sonntags zur Kirche kommen. Dorf und Stadt stehen überhaupt in enger Verbindung. Besonders zum „Vogelschisse" strömt alles herbei, drängt sich im Schießhausgarten zusammen, staunt über die Sehenswürdigkeiten und bewundert die mehr altmodischen Rockschützen und die schmucken Joppenschützen, wenn sie unter Kanonendonner und Hörnerklang in militärischer Haltung einherziehn. Im Herbst erwidern dann die Städter den Besuch der Bauern zur Kirmeszeit, wenn es um den Kirmesbaum oder auf dem Tanzboden lustig hergeht und Hilfe not thut, um Berge von trocknem und nassen Kuchen, wohl auch Gänseviertel zu vertilgen.

So lebt der Schleusinger in harmlos gemütlicher Art und läßt den Fremden gern an seinen Freuden teilnehmen, wenn er sich nicht gar zu „mausig" macht, protzt und aufschneidet. Und die Fremden werden nichts vermissen, was sonst kleine Städte mit schöner Umgebung gewöhnlich auszeichnet.

Doch es ist genug! Wer Sinn hat für unverfälschtes Volkstum und für harmlose Freuden im Verkehr mit Menschen, wer Ruhe und Erquickung in der Natur und dabei Gelegenheit zum Angeln von Forellen und Äschen oder zur Ausübung der Jagd sucht, der findet sie in dem alten, lieben Henneberger Nest, in Schleusingen!

Schleusingens Marktplatz.

Schleusingens Stolz ist sein „Märtt!" Wo wäre aber auch ein Städtchen mit einem gleich schön gestalteten Marktplatz, der zudem als Ausgangspunkt fast aller Straßen das ganze Städtlein beherrscht! Was man nur wünschen kann, ist bei ihm vereint; eine schöne, ebenmäßige Grundform in stattlicher Ausdehnung — an allen vier Seiten schöne Bürgersteige von Linden beschattet — zur Einfassung vier harmonisch gebaute Häuserreihen in freundlichen, bunten Farben.

Fast in der Mitte des Platzes steht der Marktbrunnen, der die „Brönnjomfer" trägt, die schon manchem Streich der Schleusinger Jugend mit nachsichtigem Auge zugesehen hat. Das Standbild stellt Elisabeth, die Gattin des letzten Henneberger

Grafen Georg Ernst, dar. In schlichter Haltung steht sie da, die Wohlthäterin der Stadt, das hennebergische Wappen an der Seite. Ihre Stiftung, das Rathaus, liegt gegenüber am Eingange zur Burgstraße und ist mit dem Wahrzeichen der Stadt — der singenden Nixe — geschmückt. An der anderen Seite der Burgstraße winkt „das Rößle", das weiße Roß, das nach wie vor seine Gäste aus Stadt und Land mit gleicher Liebe erquickt. Gegenüber, mehr aufwärts, liegt gleichfalls am Markt „der Baum", der Gasthof „zum grünen Baum", der sich rühmen darf, im Jahre 1850

Nach einer photogr. Aufnahme von A. Selke-Schleusingen.

Marktplatz.

unsern Bismarck bei einem Jagdausflug beherbergt zu haben. Auf derselben Seite nach dem Schloß zu schließt das Postgebäude die Häuserreihe ab.

Und was könnte dieser Markt alles berichten! Hier sammelt sich am Martinsabend und in der Neujahrsnacht jung und alt und singt das Lutherlied: „Ein feste Burg ist unser Gott", oder das Loblied: „Nun danket alle Gott"; hier jubelte Schleusingen 1866 und 1870 bei den Siegesbotschaften; von hier aus sah sich die Stadt aber auch, wie erzählt wird, durch Isolani bedroht; hier lagerten 1866 die damals feindlichen Bayern, und hierhin retteten die Bürger beim großen Brande 1876 Hab und Gut. — Viel kann also der Markt erzählen, von Gefahr und Not, aber auch von Freude und Hochgeziten.

Professor Walz-Barmen.

Ebbes[1]) von 'n Popierfetzle.

„Mor'n wärd Kärmes hier gefeiert,"
Hot d'r Vater moal gesöät,
On die Motter hot gescheuert,
On Klä-Jörgle[2]) sich gefröät.
Motter is ins Gärtle gange,
Holt 'n schönne Rosestrauß.
Jörgle, där hot ogefange,
Kroamt sei gaanzes Spillzeug aus.
On die liederliche Fliege[3]),
Wie se's widder neigetho',
Läßt a Stöck Popier doa liege,
Dänkt sich: Woas gett mich doas-o?
On doa is die Motter komme:
„Söll ich d'r dei Höärle ropf'?
Offgehobe! — Waggenomme!
Söll ich d'r dei Fenger klopf'?"
Ei, wie is mei Jörgle spronge,
Hot gedommelt sich, on wie!
Doas woar racht, denn broave Joange
Schmeiße kä Popierle hie,
Wann die guete Motter abe[4])
Hot gepotzt on rä gemocht. —
On doch kömmt racht oft in 'n Labe
So woas für. Hätt's net gedocht.

Weßt'r noch, ihr Leut' on Kenner,
In dan grusse Weltehaus,
Wie 's doa denn in Harbst on Wenner
Soah so miseroabel aus?
On d'r Früheling koam gegange,
Hot gesöät: „Zont[5]) gitt's a Fest!"
On doa hot'r ogefange
On gefegt doas gaanze Nest.
Eis on Schnee on dörre Stöcke
Kehrt'r wag aus Waald on Fäld,
On in Gärte, Wiese, Hecke,
Hot'r Blumme hiegestellt.
On hä böckt sich fröndlich nieder,
Söät zo 'n Baam: „Sei grün on frisch!"
Söät zo'n Brönnle: „Rausche wieder!"
On zo'n Vögle: „Seng racht hüsch!"
Mächt sei Ärwet[6]) fein on zierlich,
Spricht dann: „Alles ist bereit."
Wöllt 'r euch betröä manierlich,
Dörft 'r in mei Stub', ihr Leut'."
On doa senn die Leut' gekomme,
Ho'n von Harze sich gefröät,
Ho'n sich Blömmle metgenomme,
On woas ho'n sie hiegeläät
In'n Früheling sei Quortierle
In sei Groas on Kräutig nei?
Lauter gorschtige Popierle!
Söll doas euer Daank wohl sei?
Hot äns off d'r Boank gesesse —
Hortig, eh' m'r sich's versoah,
Hot's sei Butterbrot dort gesse:
Wopp dich, loag's Popierle doa!
On met sell' popierne Fetzle
Senn woahrhaftig überoal
Vollgekleckst die schönste Plätzle,
Kohlbärg[7]) goar on's Lemperthoal![8])
Sis a Schand! Doas gett net länger;
On wenn ich d'r Früheling wär',
Wöllt ich d'r schonn klopf' die Fenger,
Grusses Kend! Ja, guck m'r när!
Woas? Du frägst: „Is doas verbote,
Sich doa dauße hiezesetz'
On ze ess' sei Butterbrote?"
Geh' m'r hie met dän'n Geschwätz!
Eß statt äns doch dreie, viere,
Dreh' dei Körble röm on nöm,
Oaber Düetle on Popierle,
Nimmste widder hüsch met hem!
So gehüert sich's, on doas schickt sich.
Hoste doas noch net gewoßt?
Wärlich net? No horch, doa wünsch ich,
Doß de mich verstanne host!

Dr. A. Peters-Magdeburg.

[1]) Etwas. [2]) Klein Georg. [3]) Der liederliche Knabe. [4]) eben. [5]) Jetzt giebt's ein Fest. [6]) Macht seine Arbeit. [7]) Kohlberg, [8]) Limperthal sind besuchte Ausflugsorte bei Schleusingen.

Bräuche und Sitten am Nordfuße des Thüringer Waldes.

Begleite mich, lieber Leser, auf einem Ausfluge zu einem Naturvölklein, dessen Sitten und Gebräuche in unserer raschlebigen Zeit bald verschwunden sein werden. Laß alles daheim, was dich kränket und dir Sorge macht; mit leichtem Ränzel, Frohsinn und heiterem Mut laß uns von der breiten Heerstraße abbiegen in die schmucken Dörflein des sangesfrohen Thüringer Landes.

In einem Wiesenthal gebettet, von einem rauschenden Bächlein durchflossen und einem Walde von Obstbäumen umgeben, so liegt das Dörflein vor unseren Augen. Ein heller Nebelschleier erhebt sich allmählich über den Wiesen, während über den Dächern des Dorfes kerzengerade Rauchsäulen dem Himmel zustreben. Zu beiden Seiten der Chaussee stehen sauber abgeputzte, meist zweistöckige Häuser, welche in ihrer großen Mehrzahl die Front der Straße zukehren. Die fränkische Hausanlage, den Giebel nach der Straße gerichtet, findet man mehr im nördlichen, ackerbautreibenden Teile unseres Gebietes, etwa in der Gegend von Erfurt. Die Häuser im nördlichen, hügeligen Vorgelände sind mehr mit Ziegeln, am Gebirgsfuße und im Gebirge selbst, auf dem sogenannten „Walde", in ihrer überwiegenden Mehrzahl mit schwarzblauem Schiefer gedeckt. Sehr oft verwendet man hier dieses Material auch zur äußeren Verkleidung der Wände. Die des Gardinenschmuckes größtenteils baren, aber äußerst blank geputzten Fenster sind reichlich mit „Blumenstöckchen" ausgestattet; ebenso fehlen selten an der Straßenwand mehrere Stämmchen edler, farbenprächtiger Rosen und einige Käfige mit Singvögeln. Unter diesen armen Gefangenen nimmt besonders das liebliche Rotkehlchen eine sehr geschätzte Stellung ein. Am Straßenzuge entlang erheben sich in regelmäßigen Zwischenräumen große Holzbottiche, in welche plätschernd aus unterirdischer Röhrenleitung ein Strahl krystallhellen Wassers sich ergießt. Der Thüringer ist gar stolz auf seine Brunnen und freut sich, wenn Durchreisende deren schönes Wasser loben. Nur er selbst entschlägt sich möglichst seines Genusses, um, wie er sagt, nicht Gefahr zu laufen, daß ihm etwa bei häufiger innerer Anwendung des von Mutter Natur gespendeten Nasses die an den Quellen häufig wuchernde „Brunnenkresse zum Halse herauswächst".

Beim Eintreten in das Wohnzimmer fällt uns besonders der große Kachelofen auf. Auf einem gepflasterten, etwa 2 qm messenden Herde sich erhebend, nimmt er einen erheblichen Teil der Wohnstube für sich in Anspruch. In einer Wand desselben, nach der Stube sich öffnend, befindet sich ein Kasten aus starkem Eisenblech, die „Röhre". In derselben wird Sonnabend für Sonnabend der „Striezel", der Sonntagskuchen, gebacken. Auf dem ebenen Steinpflaster des Ofens, dem der Eisenrost fehlt, wird von der Küche aus durch ein großes Schürloch ein gewaltiges Holzfeuer unterhalten. Das Brennmaterial wird demselben mittels der langen, eisernen „Ofengabel" zugeführt. Mit derselben werden auch die Kochtöpfe an das Feuer gebracht; es ist dies eine viel Übung erfordernde Verrichtung. — Der Raum zwischen dem Ofen und der nächsten Stubenwand wird von einem gewaltigen Steinblocke ausgefüllt, welcher etwa 2 m in der Länge und je 1 m in der Breite und Höhe mißt. Dieser Raum führt den Namen „Hölle" und gewährt infolge seiner erträglich mäßigen Wärmeentwicklung besonders im Winter einen gar wohligen Aufenthalt. Dort erwärmt der Großvater seine vom Frost erstarrten Glieder; dorthin ziehen sich abends die Kinder zurück, von dort aus überwacht die Bäuerin den Fleiß ihrer Mägde beim Spinnrade.

Eine lange Holzbank an der Fensterwand, ein schwerer, meist in einer Zimmerecke stehender Tisch, einige Holzstühle, eine Kommode mit Glasaufsatz, angefüllt mit buntfarbigem Glas- und Porzellangeschirr und Flitterkram, eine Schwarzwälder Wanduhr und allenfalls ein Sofa bilden ihre Ausstattung.

Trotz dieser ans Ärmliche grenzenden Zimmereinrichtung lebt der Thüringer Landbewohner fast durchgängig in einem gewissen Wohlstande, er hat meist, wie man zu sagen pflegt, „sein gutes Auskommen". Seine Haupterwerbszweige sind am Fuße des Gebirges und weiter nach Norden hin Ackerbau und Viehzucht. Dem eigentlichen Gebirgsbewohner, dem „Wäldler", bieten die mannigfachsten Industriezweige Gelegenheit, die kargen Erträge seines Äckerleins durch Arbeit in der Fabrik auf ein auskömmliches Maß zu steigern.

Einer der hervorstechendsten Charakterzüge des Thüringers ist seine Genügsamkeit. Unnütze Ausgaben sind ihm verhaßt. Das zeigt sich besonders in seiner Kleidung und Kost. Solange ein Kleidungsstück der Ausbesserung noch fähig ist, wird es nicht in den Ruhestand versetzt. Die alten Volkstrachten sind leider, soweit das männliche Geschlecht in Frage kommt, fast gänzlich verschwunden. Die jüngeren Personen kleiden sich durchgängig „städt'sch". Etwas abweichend erscheint die Tracht der älteren Männer, soweit sie mit Industriearbeit nicht in Berührung kommen. Wochentags wird von ihnen zumeist der blauleinene Kittel, eine lange Blouse, getragen, des Sonntags geht der ältere Mann einher in einem langschößigen schweren Tuchrock. Eine kurze Weste von schwarzem Seidenstoff — zuweilen auch buntfarbig — umschließt die Brust. Ein schwarzseidenes, zu einem schmalen Streifen zusammengelegtes Halstuch bildet den Abschluß nach oben. Statt des Hutes deckt eine Mütze mit breitem Augenschirm den Kopf. — Ein mehr charakteristisches Gepräge weist die Tracht der älteren Frauen auf. Besonders die Landfrau liebt es, durch eine Menge schwerer übereinanderliegender Röcke ihrer Erscheinung Fülle und Rundung zu geben. Je größer der Besitz, um so breiter die Bäuerin.

Bescheiden ist die Kost, die der Thüringer Landbewohner jahraus, jahrein genießt. Kartoffeln in der mannigfachsten Zubereitung und Brot sind für weite Volkskreise die hauptsächlichsten Nahrungsmittel. Besser ist es natürlich Sonntags um den Tisch bestellt. Da erscheint stets Fleisch oder geröstete Bratwurst auf demselben als Beilage zu dem Lieblingsgerichte des Thüringers, dem Kartoffelkloß. Den Namen des letzteren läßt der Dichter von Rudolstadt, Herr Anton Sommer, in seinen mundartlichen Dichtungen durch folgendes Rätsel ergründen: „Horch, Andrees, ech will d'r ämal ä Ratsel offgabe, probier'sch, ob de 's rauskriechst. Gucke, 's sinn vier Silben. De erschte ös rond; de zwäte und drötte besamm — ös a rond; de erschte, zwäte un drötte besamm — ös a rond; de verte — ös a rond; un alle viere besamm — ös a rond. Was ös änn das? No, ech sih der'sch an Gesöcht an, däß de 's nech rausbröngst, du Drihnöckel, zermartre dei Geherne nech, ech will der'sch sa: das ös d'r Ardapfelklus" (Kartoffelkloß). Ja, so ein Kartoffelkloß ist, wenn er wohlgeraten, weder schliffig noch „klitschig", eine fein wollige Struktur aufweist, „nur was Rares".

Lobende Anerkennung verdient der Fleiß des Thüringers. Unthätigkeit und träges Dahindämmern sind ihm unerträglich. Ist die Feldarbeit beendet und das Getreide gedroschen, so sucht der Thüringer als Waldarbeiter Beschäftigung. Die Bäuerin sitzt bis spät in die Nacht hinein am Spinnrade und spinnt das Garn zu der schweren, fast unverwüstlichen Leinwand, die von den armen Webern des Waldes um kargen Lohn hergestellt wird. In vielen Dörfern findet sich noch die Einrichtung von Spinnstuben, in denen die Bäuerin für die Aufrechterhaltung der Ordnung sorgt.

Für alle religiösen und kirchlichen Dinge zeigt der Thüringer ein großes Interesse. Es besteht vielfach die Sitte, daß die Familienglieder regelmäßig abwechselnd zur Kirche gehen.

Besonderer Pflege erfreut sich die Musik. Das Verständnis und die Liebe zu derselben ist dem Thüringer angeboren. Wenn auch alle edlen Seelenregungen in ihm erstorben sein sollten, die Musikliebe kann ihm nicht verloren gehen; sie gehört zu seinem innersten Wesen. Eine oft nicht geringe Anzahl Schuljungen versteht es bereits, die Geige zu streichen, Klavier, ja selbst die Orgel zu spielen. Der von Natur gewiesene Pfleger der Musik ist auf den Dörfern der Lehrer, der „Herr Kantor". Sein Stand ist ein schwerer, wenn er auf musikalischem Gebiete nicht in allen Sätteln fest und sicher ist. Unter seiner Leitung steht der meist gemischtchörige Gesangverein, dessen Diskant- und Altstimmen in musikkundigen Schulknaben ihre Vertreter finden. Mit dieser Sängerschar hat der Lehrer, sekundiert vom Dorfmusikchor, Feiertags die sogenannte Kirchenmusik aufzuführen. Auf musikalischem Gebiete hängt man, soweit die Kirche davon berührt wird, fest am Hergebrachten, und es bedarf seitens der Kirchenbehörden vieler Zähigkeit, wenn in dieser Richtung eine Änderung vorgenommen werden soll.

In gleichem Maße wie für die Musik ist der Thüringer auch für Witz und Humor sehr empfänglich. Fast immer zu Scherz und Schalkheit aufgelegt, nimmt man sich gegenseitig selbst ein derbes Späßchen so leicht nicht übel. Beim Erzählen spart man nicht mit Worten, wählt lieber deren zehn, wenn auch zwei genügt hätten, um nur die günstige Gelegenheit zum Anbringen einer launigen, humorprickelnden Redewendung nicht ungenützt verstreichen zu lassen.

Wo viel Lichtseiten vorhanden, da werden Schatten selbstverständlich auch nicht fehlen. — „Wer niemals einen Rausch gehabt, der ist kein braver Mann." An sich ist dies ein nicht unebenes Wort. Nur soll man sich nicht verleiten lassen, Bravheit und Zahl der Räusche in ein gerades Verhältnis stellen zu wollen, folgernd: wo viel Räusche, da viel Bravheit. In vielen Dörfern Thüringens liebt man denn auch einen guten Tropfen, und bei Festen kommt es daher wohl auch einmal vor, daß sich dieser oder jener Teilnehmer einen Rausch holt.

Der Dorfgasthof ist nämlich oft Gemeindeeigentum und ein lebhaftes Geschäft. Der Pächter ist in manchen Dörfern verpflichtet, neben der ihm auferlegten Pachtsumme während des Sommers an die Nachbarn (das sind die Teilhaber am Gemeindevermögen), je nach Maßgabe ihres Grundbesitzes, ein festbestimmtes Quantum Freibier zu liefern. Dieses Freibier konnte bis auf ein halbes Liter herab innerhalb der bestimmten Zeit in beliebigen Quantitäten abgefordert werden. Zur Kontrolle bediente man sich einer höchst eigenartigen Quittung, des „Kerbholzes“. Ein solches Kerbholz ist ein etwa fingerlanger und breiter Brettstreifen, der aus einem größeren genau passend rechtwinklig herausgeschnitten worden ist. Auf den überspringenden Teil des größeren Holzes kommt der Name des Empfangsberechtigten. Ein kerbartiger Einschnitt über eine Breitseite des kleineren Holzes bedeutete Abholung eines ganzen, ein Einschnitt an einer Kante die Lieferung eines halben Liters. Der erste Literschnitt wird über beide ineinander gelegten Hölzer hinweggeführt. Das größere, mit dem Namen des Bierempfängers versehene Holz bleibt zur späteren Kontrolle in den Händen des Wirtes. Neben dem Gasthofe besitzen viele Gemeinden ansehnliche Waldungen, Ackergrundstücke oder andere Liegenschaften; aus diesem Grunde ist der Druck der Gemeindeabgaben nur wenig fühlbar. Ja es giebt Gemeinden, die bis vor wenig Jahren nicht nur keine Steuern zahlten, sondern an die Nachbarn noch bares Geld herauszahlten.

Vor Durchführung der Separation gehörten auch zum Eigentume vieler Gemeinden ausgedehnte Triften. Auf diesen weidete, und weidet zum Teil auch heute noch, der Gemeindehirte die Rinder der Dorfbewohner. Der größte Stolz des Hirten besteht darin, im Besitze eines wohl abgestimmten Geläutes zu sein. Der von fernher ertönende harmonische Klang der Herdenglocken bringt angenehme Unterbrechung in die Waldesstille. — Den ausgedehnten Gemeinderechten gegenüber stehen die Gemeindepflichten, unter welch letzteren das hier und da noch übliche „Frohnen“, unentgeltliche Verrichtung von Gemeindearbeiten, besonders Wegebauten, charakteristisch als Überrest alter Zeiten ist. Die Zahl der vom einzelnen „Nachbar“ zu leistenden Arbeitstage richtet sich nach der Größe seines Grundbesitzes.

Wir wollen nun den Thüringer bei seinen festlichen Gelegenheiten kennen lernen.

Der Sonntag ist gekommen. Schon am Abend vorher hat der Landmann seine Ackergeräte hinweggeräumt, um am Sonntage an Last und Schweiß der Woche nicht erinnert zu werden. Der Halbschatten der Dämmerung ruht noch auf dem im Thale liegenden Dörflein, aber schon eilen die Frauen mit den blankgescheuerten Wasserbutten dem Brunnen zu, um noch vor dem Erklingen der Kirchenglocken das Haus mit Wasser zu versorgen. Bald darauf tönen Hornklänge durch das Dorf: „Dies ist der Tag, den Gott gemacht.“ Der alte Kuhhirt ist es, der mit diesen ernsten Klängen dem Dorfe den ersten Sonntagsgruß darbringt, während er an den Wochentagen seinem Horne gar lustige Weisen zu entlocken vermag. Aus den Höfen schreiten spiegelblank geputzte Rinder, sich mit fröhlichem Blöken begrüßend. Das Geläute ihrer glockenrein abgestimmten Schellen wird allmählich voller und harmonischer, bis es im nahen Walde verhallt wie ferner Orgelklang. Da erglühen allmählich die Baumwipfel des das Thal nach Osten begrenzenden Hügels. Die Sonne sendet ihren ersten Gruß dem gegenüberliegenden Abhange zu. Ihre Strahlen treffen daselbst ein blühendes, taufrisches Flachsfeld. Tausende von zartblauen Blütenkelchen blicken auf zum glänzenden Tagesgestirn und neigen sich im leisen Morgenwinde einander zu, als ob sie flüstern wollten: „Heut ist der Tag des Herrn,“ während die Sänger in Wald und Flur ihr Morgenlied anstimmen. Der Sonnenschein steigt am Hügel herab und vergoldet die Dachfirste, auf denen die geschwätzige Schwalbe, ja selbst der plebejische Spatz ihre Sonntagstoilette zurüsten. Da ertönen in feierlich-langsamen und taktmäßigen Schlägen die Kirchenglocken; die Thüren öffnen sich, festlich gekleidete Menschen treten heraus und lenken ihre Schritte dem nahen Kirchlein zu.

Am Nachmittage durchstreift der Familienvater die Fluren und erfreut sich am Anblicke der üppigen Saaten, wenn er nicht vorzieht, auf der Dorfkegelbahn einen „Kamm“ zu schieben. Abends hört er beim Bierglase mit lachendem Gesichte den lustigen Anekdoten und Schwänken zu, in deren Erzählung sein Nachbar unermüdlich ist, oder er spielt mit dem Nachbar Skat oder „Rehkopf“, während man von der Straße her den Gesang des jungen Volks vernimmt.

Unter den kirchlichen Feiertagen wird das Trinitatisfest durch die strengste Sonntagsruhe ausgezeichnet.

Auffallend erscheint es, daß die Sitte, zu Weihnachten einen Christbaum zu schmücken, wenigstens auf den Dörfern, keinesfalls so allgemein verbreitet ist, wie man im Hinblick auf die meist nahen Waldungen wohl erwarten sollte. — Eine wichtige Rolle im Volksglauben und Brauch spielt die Zeit vom 25. Dezember bis 6. Januar, die sogenannten „zwölf Nächte“. Den 27. und 28. Dezember nennt man die „Kindeltage“. Am ersten derselben bewaffnen sich die Männer, wenn sie nur einigermaßen wissen, „was sich paßt“, verstohlen mit Birkenruten, um mittels derselben bekannte Frauen scherzend zu schlagen, in welchem Akte diese nichts anderes als eine zarte Aufmerksamkeit erblicken, über welche sie durch eine Spende von Nüssen und Honigkuchen dankend quittieren. Nach dem Grundsatze, daß eine Liebe der andern wert ist, vergelten am folgenden Tage die „beehrten“ Frauen gleiches mit gleichem. — Während der „zwölf Nächte“ passieren aber auch andere Dinge, wovon unsere Schulweisheit keine blasse Ahnung hat. Wenn beispielsweise in dieser Zeit ein Stück deines Viehes von der Kette sich befreit, in der Neujahrsnacht der Nachtwächter einen Sarg auf deinem Dachfirste stehend erblickt, dann bestelle dein Haus, einer deiner Lieben wird binnen Jahresfrist das Zeitliche segnen; mache insonderheit du selbst deine Rechnung mit dem Himmel, wenn du in der zwölften Stunde der Neujahrsnacht den eigenen Schatten, des Kopfes entbehrend, erblickst; du wirst erblassen, und keine Neujahrsnacht wird dir wiederkehren. Möchtest du als Landwirt wissen, in welchen Monaten des Jahres du Regen oder Sonnenschein zu erwarten hast, so nimm in der Stunde, in welcher zwei Jahre sich scheiden, zwölf Näpfchen aus Zwiebelhäuten, bezeichne je eins mit dem Namen eines Monats und fülle dann alle mit Salz. In den Monaten, deren Näpfchen das Salz zum Schmelzen bringen, wird Regen deine Felder netzen, in den andern Monaten Sonnenschein über ihnen lachen.

Eine nicht geringe Rolle spielt natürlich auch die Osternacht. In derselben führen zwischen 12 und 1 Uhr in dem allerdings nur kurz bemessenen Zeitraume von einer Sekunde alle Bächlein und Flüsse statt des Wassers süßen Wein. Wenn du solchen schlürfen willst, so mußt du unablässig kosten, dich strengstens aber des Sprechens enthalten.

Die in unserer Gegend fast allgemeine Sitte, zu Pfingsten die Stube mit einer grünen Birke auszustatten, ist in der dortigen Gegend weniger allgemein. Statt dessen pflegen die Schulkinder die Gemeindebrunnen mit kleinen Birkenbüschen anzuputzen, die mit Kränzen von Wiesenblumen, bunten Bändern oder Tapetenstreifen versehen werden.

Auf der Grenzscheide zwischen Kirchen- und Volksfesten steht die Kirchweih' oder Kirmse. Und doch singt Herr Anton Sommer: „De Körmse ös das größte Fast bei uns in ganzen Jahre," und er hat nicht unrecht, wenn man die Größe ihrer Bedeutung in ein gerades Verhältnis stellt zur Festesdauer und zur Menge des während derselben vertilgten Bratens und Kuchens. Eine rechtschaffene Kirmse hat pflichtgemäß drei Tage zu dauern, zwei aufeinanderfolgende Wochentage und den nächsten Sonntag als „Nachkirmse". Wie der Tod, so muß natürlich auch jedes Fest eine Ursache haben. In unserem Falle redet man sich ein, daß am ersten Kirmsentage einmal in grauer Vorzeit die Dorfkirche eingeweiht worden sei, weshalb auch am ersten Kirmsentage ein hierauf bezüglicher Festgottesdienst abgehalten wird. Die meisten Kirmsen entfallen auf die Monate September, Oktober und November, eine Zeit, in welcher landwirtschaftliche Arbeiten oft noch recht drängen. Die eigentliche Festfeier besteht in einem fast ununterbrochenen Schmausen und Trinken. Das junge Volk schließt sich während dieser Tage zu einer Gesellschaft mit unbeschränkter Haftung zusammen, um aus gemeinschaftlicher Kasse die Kosten der Tanzmusik und der vereint genossenen Getränke zu bestreiten. Während des Tanzes „giht ä Borsch mit d'r Kanne rom, dar thut 's Bier verschenke; de Leite alle, wie se komm, die missen von 'n trönke". Wenn es der Herr Gendarm nicht sieht und Recht in schreiend Unrecht verkehrt, steht den Burschen am zweiten Kirmsentage observanzmäßig das Recht zur Seite, mit dem Bettelkorbe allerlei wohlschmeckende Viktualien behufs gemeinschaftlicher Vertilgung zu sammeln und ausgelassenen Mummenschanz zu treiben. Während der Kirmse herrscht fast unbegrenzte Gastfreiheit, weshalb auch aus den umliegenden Dörfern Gäste in Scharen sich einzufinden pflegen; „a aus d'r Stadt sinn welche da, die gihn bei ihre Votterfra, das ös bei uns su Mode." Beim Abschiede muß man „jeder, Mann fer Mann, aenn Kermsenbönnel spöcke", alle möglichen Kuchensorten enthaltend. „Werd's endlich aber widder Ruh, da ös Holland in Nöten, 's Fläsch ös wack, d'r Brudschrank leer, da karcht mer nunne destermehr, un läscht 'n Dorscht met Kovent."

Den Volksfesten zuzuzählen sind auch die Jahrmärkte; die Schützenfeste, Vogelschießen genannt, sind da, wo sie überhaupt noch gefeiert werden, zu einem Schatten ihrer früheren Bedeutung herabgesunken.

Die Familienfeste, Taufen und Hochzeiten, werden in Freundeskreisen stets als wirkliche Feste gefeiert. Besonders zu der letztern sind nicht selten 70 bis 100 Personen geladen. Die große Hochzeit dauert drei Tage, zwei Wochen- und den darauf folgenden Sonntag; die kleine Hochzeit beschränkt sich bescheiden auf einen Tag. Die Einladungen übermitteln zwei vom Brautpaare prächtig aufgeputzte Brautdiener. Ein mit bunten Seidenbändern umwundener Strauß künstlicher Blumen ziert die Mütze, zwei buntfarbige Tücher flattern auf dem Rücken; auch der Griff des Gehstockes ist mit flatternden Bändern umwunden. So ziehen sie unter fröhlichem Jauchzen durch das Dorf und bitten in zierlichen Reimen die Gäste, an dem bestimmten Tage ihren Auftraggebern die Ehre ihrer Gegenwart teilhaft werden zu lassen. Zu den sonstigen Obliegenheiten der Brautdiener gehört auch das Bedienen der Gäste am Hochzeitstage. Eine große Zahl von Hochzeitskuchen aller Art wird gebacken, die Krone derselben ist der etwa 15 cm hohe Brautkuchen, von dem jeder Gast einen Teil erhält. Die jungen Burschen schmücken das Hochzeitshaus mit schlanken Fichtenbäumen, und in aller Frühe des Hochzeitstages erscheint vor dem Hochzeitshause die Dorfmusik und bringt einen Choral, den „Morgensegen“, zum Vortrag, um dann während der ganzen Hochzeit — bewirtet wie die anderen Gäste — am Platze bleibend der Hochzeitsgesellschaft „Unterhaltungsmusik“ zu liefern. Vom Standesamte zurückgekehrt, begiebt man sich noch am Vormittage unter den Klängen eines lustigen Marsches und unter dem Knallen der Pistolen zur Kirche. Nach beendigter Kirchenfeier hat vor dem Eintritte des Festzuges der Brautdiener, unter den aufgepflanzten Tannen stehend, eine in einem Hoch auf das Brautpaar ausklingende „Predigt“ (Ansprache) zu halten. Die weitere Feier besteht in der Hauptsache aus einer, von mehreren Bällen unterbrochenen, äußerst ausgiebigen Schmauserei. Nach dem zweiten Gange des Hauptschmauses giebt ein Trompetenstoß den Gästen das Zeichen, daß es nun an der Zeit, die mitgebrachten Geschenke an das Brautpaar abzuführen. Später werden oft mit recht zweifelhaften Legitimationen versehene Kollekten gesammelt. Auf einem Teller reicht man z. B. zwei — Stiefelabsätze an der Tafel herum. Auf deine fragenden Blicke wird dir seitens eines Eingeborenen folgender Bescheid: „Die Brautdiener haben ihren ‚laufenden Geschäften‘ mit solchem Eifer obgelegen, daß dabei ihr Schuhwerk schweren Schaden gelitten hat; gewähren Sie ihnen zur Reparatur desselben gütigst eine kleine Beihilfe.“ Auf dem nächsten Sammelteller brennt ein Stück dunkles Tuch. Dein ortskundiger Nachbar giebt dir folgenden Bescheid: „Die gierig lechzenden Flammen des Herdes haben den besten Sonntagsrock der Kochfrau ergriffen und ihn in Zunder und Asche verwandelt, Sie sehen hier seine letzten Überreste vor sich; erbarmen Sie sich der armen Abgebrannten.“ — Verzieht die Braut nach einem andern Orte, so sitzt sie beim Auszuge auf dem mit Teilen ihrer Ausstattung hochbepackten Leiterwagen. Unter Vortritt der einen Marsch blasenden Musikanten verläßt sie das Dorf, während hinter den Gartenzäunen die Burschen Gewehre und Pistolen abfeuern. Am Ende des Dorfes wird sie von den jungen Mädchen durch das Vorhalten eines an Fichtenbüsche befestigten Stückes Bettinlet „aufgehalten“. Das Bettzeug geht dann als Geschenk in ihr Eigentum über. Dafür hat aber die Braut auf ihre Kosten den Spenderinnen am nächsten Sonntage noch einen Ball zu geben.

Eigenartig sind auch die Gebräuche bei Begräbnissen. Ist ein Mensch gestorben, so öffnet man das Fenster, um der Seele den Weg zum Jenseits frei zu machen. Während die Angehörigen des verstorbenen Gatten in Thränen aufgelöst das Sterbebett umstehen, huscht ernst-geschäftig ein altes Mütterlein durch die stillen Räume, damit die durch Herkommen geheiligten Sterbebräuche keine Versäumnis erfahren. Sie setzt in Ruhe die unablässig schwingende „Unruhe" der Wanduhr, löst den Rindern im Stalle auf kurze Zeit die Ketten, klopft an das Bienenhaus und spricht: „Der Herr ist gestorben; der Herr ist gestorben." Allabendlich verbreitet an der Ruhestätte des Verstorbenen die mattbrennende Totenlampe gespenstischen Schein. Wenn nur die Totenfrau aufmerksam darauf sieht, daß kein Auge des Toten auch nur in einem engen Spalte geöffnet bleibt, damit er nicht auch noch ein anderes Familienglied „nach sich zieht". Der Tote verbringt die letzte Nacht im Hause. Ein wilder Herbstwind umtost das Haus, und raschelnd streifen die abgestorbenen Baumblätter die Fensterscheiben. Es schlägt 12 Uhr. Da öffnen die Kirchenglocken ihren ehernen Mund; man „läutet den Toten aus". Hinter den Fenstern des Trauerhauses erscheint Lichtschein. Die Familienglieder sammeln sich am Tische, und eines derselben liest aus dem dicken Gesangbuche Sterbelieder und Sterbegebete vor. Am andern Morgen bringt der Tischler den schmucklosen Sarg und läßt die sich sträubenden Kinder dreimal mit dem rechten Fuße in denselben treten, damit sie später sich nicht fürchten. Freunde, Verwandte und Bekannte sammeln sich, und unter Glockengeläut erscheint der Geistliche und der Lehrer mit der Schuljugend. Dem Zuge wird ein schwarzumflortes Kreuz vorangetragen. Während des Gesanges einiger Liederstrophen trägt man den Toten, mit den Füßen voraus, zur Hausthür hinaus, ja nicht mit dem Gesichte der Hausthür zugewandt; es würde sonst in Kürze ein anderes Familienglied ihm folgen müssen, oder er würde gar selbst wiederkommen, um im Hause „umzugehen". Nachdem die Stühle, die bisher den Sarg getragen haben, umgestürzt worden sind, schreitet der Leichenzug unter Glockengeläut dem Kirchhof zu. Am Grabe selbst wird meist nur eine kurze Liturgie gehalten. Die eigentliche Trauerfeier findet in der Kirche statt. Unter den ergreifenden Klängen einer Gamba geleitet Orgelspiel die Leidtragenden zum Kirchlein hinaus.

Der Glaube an Hexenmeister und Hexen, welche Menschen und Vieh krank machen und sonst allerlei Unheil anrichten, ist noch weit verbreitet. Um die bösen Künste derselben unwirksam zu machen, werden allerlei Mittel angewendet.

Infolge der guten Schulen wird dem Hexenglauben, der auch heute noch in den Köpfen spukt, wohl bald der Garaus gemacht sein. Wir bedauern selbstverständlich nicht sein Scheiden, beklagen aber, daß mit ihm auch gar mancher andere Brauch der Vergessenheit anheimfällt, der ein besseres Schicksal verdient hätte. Vieles von dem Geschilderten gehört bereits einer jüngeren Vergangenheit an; dem noch Bestehenden ist ebenfalls die Axt an die Wurzel gelegt. Wenn man auch hier und da über die „alten Zöpfe" stolz die Nase rümpfen wird, wenn du selbst in deiner Jugend an solchen mit flechten halfst, so wirst du trotzdem sagen wie Anton Sommer von der Kirmse: „'s war doch schiene."

A. Meuselbach-Giebichenstein.